京華風雲錄（卷四）：血色京畿（上）

京夫子　著

人民大會堂北京廳，文化大革命期間毛澤東曾在此居住、辦公。

人民大會堂一樓東廳，文化大革命期間周恩來召集中央工作碰頭會之廳堂。

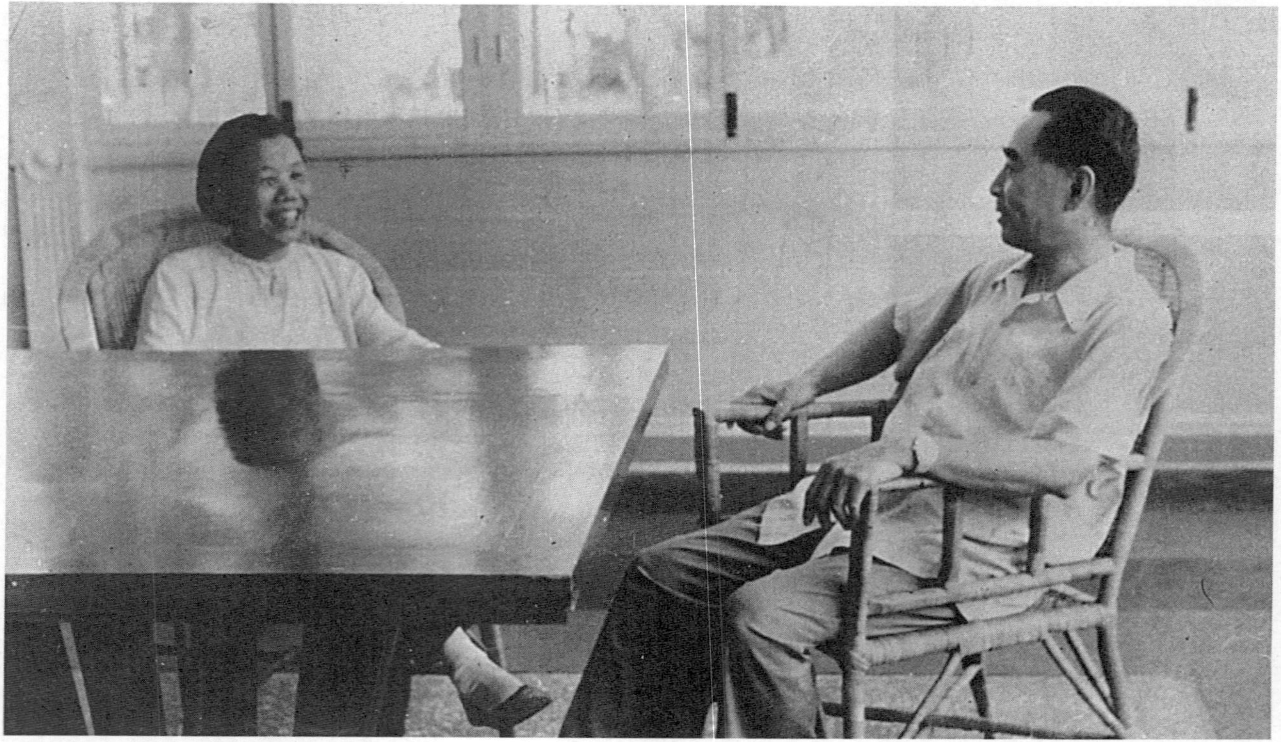

周恩來與夫人鄧穎超，數十年相敬如賓。

毛澤東和他的親密戰友林彪

周恩來、毛澤東與林彪

1967 年 7 月 21 日晨，毛澤東著浴衣和隨護人員於武漢郊外王家墩機場草地上，準備「撤離」。

中共「九大」投票，自我選舉之情景。左起：毛澤東、林彪、周恩來、陳伯達、康生、江青、張春橋等。

目次

開卷語

一九六〇年七月，北京地區進入酷暑季節。夏天是一年賽一年地炎熱了，連帶城區中心那長串綠色珠玉似的五座海子：什剎前海、什剎後海、北海、中海、南海，似乎沒有給四圍金碧輝煌、巍巍嵯峨的宮殿建築群帶來多少清涼。堤岸上原本蒼翠欲滴的綠柳垂楊，也被驕陽流火薰烤得顏色泛白，了無生趣。此時刻，中央領導人都到北戴河海濱避暑去了，在那裡游泳、跳舞、聽曲，邊召集會議，叫做療養、工作兩不誤。

上有九天，下有九地。全國大饑荒已經持續蔓延了大半年，如同鋪天蓋地的億萬蝗蟲蛇蝎，拚命吮吸著長城內外、大江南北日漸枯竭的生命汁液。公社社員餓得眼睛發綠，喉嚨伸出爪子。黨政機關內部簡報，各省區均有飢民群起搶劫公家糧庫的暴動，不得不命令部隊剿滅，以防止出現黃巢、李自成。河南、安徽等地已經出現無人村，甚至發生父食子、兄食妹現象，慘絕天倫。

首都北京是爲國家門面臉子，情況稍好些。也是居民口糧供應緊縮，副食品幾乎從商店貨架上絕跡，購買任何生活物品都需要票證：糧有糧票，油有油票，糖有糖票，煤有煤票，布有布票，鞋有鞋票，棉花有棉花票，粉絲有粉絲票，豆腐有豆腐票，奶粉有奶粉票……小至香菸、火柴、肥皂、洗衣粉，大至縫紉機、自行車、收音機等等，衣食住行，吃喝拉撒，舉手投足皆是票。有人統計過，人民政府替人民當家作主，給城鄉居民發放的各類票證多達一百六十四種。計畫經濟把人從頭到腳、體內體外包括性交生育都計畫周詳了。

鐵桶般江山，鐵桶般管理。鐵桶也有裂縫的時候。一天中午，中南海北門外鐵灰色的宮牆下，竟平地一聲驚雷，冒出來一樁新中國開國以來從未有過的反革命大案：一名身著靛藍色工裝的青年女子，雙手各舉著一塊硬紙牌，木雕似地靠牆站著，一塊上寫著「消滅人民公社！人民公社餓死我叔叔一家六口！」另一塊上寫著「打倒毛主席！彭德懷萬歲！」

中南海北牆外的那條街道名曰文津街，平日禁衛森嚴，有多路公共汽車、無軌電車經過，但不設站。那天有多少路人看到過這名青年女子雙手高舉著的反革命口號牌？青年女子很快被宮牆外的便衣警衛發現，拎小雞一般拎進北門去，在接待室拷上手銬，做了簡單的訊問、口供筆錄：

妳叫什麼名字？哪裡人？什麼成份？職業？要老實回答！

我叫劉桂陽，湖南衡南縣人，祖宗三代貧僱農。我本人是共青團員，鯉魚江火力發電廠運煤車間工人。

妳來北京，有不有單位證明信？

沒有。但我有工作證，上面有照片，出生年月，家庭成份，政治面貌等。你們搜出來看，可以打電報到我們工廠去查對。

妳的同夥哪？他們在哪裡？

沒有同夥，就我一個人，連我愛人都沒告訴，憑天地良心來告狀。

妳這叫告狀？是不折不扣的現行反革命行爲。

隨你們怎樣講，我反映的是眞實情況。

妳既是貧僱農出身，本人又是工人、共青團員，爲什麼要跑到黨中央、國務院的門口來幹這種不要命的反革命勾當？

同志呀，天爺呀！你們住在北京，坐在中央，飽崽不知餓崽飢呀！不知道公社社員吃野菜、樹葉，吃觀音土……鄉下連貓狗都餓死了，一些人家滅了門，我叔叔全家六口都餓死……。同志呀，天爺呀，我從小沒有父母，叔叔嬸嬸把我養大，送我讀初中。一九五六年進電廠當學徒，三年沒回老家。心想大躍進，吃公社食堂，他們日子過得好，我就紓心了。去年下半年聽講鄉下沒吃的，我還不相信。大半年也沒有寫信。今年五月請假探親，回老家看望叔叔、嬸嬸、兄弟姐妹，沒想到都得水腫病，吃觀音土吃死了呀……。嗚嗚嗚，新社會，餓死貧僱農，造的什麼孽呀！我老家那村子，餓死三十幾口……，我找到一個堂叔、兩堂妹，他們還沒有死，只是偎在火塘邊，剩下一口氣。堂叔告訴，我叔叔一家六口，都是他拖去埋的，一人一把茅草，連張裹屍身的蓆子都沒有……，堂叔破衣爛衫，和我講話，只是蹲在地下不起身，我的兩個堂妹也蹲在地下不起身。堂叔說，妹子妳帶有吃的，就留下一點，一家三口動不得身，去山上挖觀音土都沒得力氣……我們也出不得門，沒有東西遮下體，遮下體呀，嗚嗚嗚……。同志哥，老天爺！你們要關我、殺我，槍斃打靶，也要聽我把話講完，把話講完……我帶回去四包高價餅乾，只好給了堂叔、堂妹。他們接了餅乾，就當了我的面沒命的吃啊，吃啊，四包餅乾，共是六斤，一口氣吃光……，邊吃邊灌水。第二天一早，我去辭行。你們猜哪樣了?堂叔和兩堂妹，久餓猛吃猛灌水，都脹死了！嗚嗚嗚，我造的哪樣孽呀！我哭天喊地，做了殺人凶手呀……，我回到工廠，廣播裡天天喊三面紅旗，大好形勢。我什麼話都不敢講，講了就是反革命。嗚嗚嗚，我曉得凶手是哪個。搞大躍進，辦人民公社，吃公共食堂，我們一個村子就餓死三十幾口，還有更多的老人小孩在等死……，嗚嗚嗚！我一個貧僱農的後代想不通！一個共青團員想不通！一個電廠女工想不通！我就是要到北京來喊口號，我要打倒人民公社！我要打倒毛主席！我要喊彭德懷萬歲！萬萬歲！

在中南海北門接待室，青年女工又哭又鬧，戴著手銬還在地下打滾，耍潑，發瘋！只好用抹布堵上她的嘴，交北京市公安局去收押。這湖南女子性情剛烈。湖南人從小吃辣椒長大，天不怕地不怕，革命的、反革命的，都是一流角色，頂呱呱。

如此重大的反革命案情，新中國開國以來首宗民女大鬧中南海的惡性案件，北門値班室人員不敢相瞞，將訊問口供繕寫清楚，作爲急件送中央辦公廳，轉北戴河，報中央書記處。總書記鄧小平於百忙中看過，寫下六個字：「請少奇同志閱」。正主持中央工作會議的劉少奇看了「口供筆錄」，臉色鐵青地批下一行字：悲慘，湖南災情還算輕的，別的省區呢？此件交會議簡報組印發。又：全黨幹部要大興調查研究之風，會議之後，每位領導幹部都應深入農村基層，去看看那裡發生的事情。

載有這份「口供筆錄」的會議簡報，政治局常委會秘書田家英沒有呈送病中的毛澤東主席。整個上半年毛澤東仍在號召「繼續躍進」，「全黨爲一千八百萬噸鋼、六千億斤糧食而奮鬥」。直到這次中央工作會議前夕，他才勉強承認了全國出現大饑荒的事實。眞的死人了嗎？全國二十九個省市自治區都糧食緊張嗎？死了一些人，值得這麼大驚小怪嗎？但政治局委員的絕大多數，中央委員的絕大多數，都明確無誤地向他匯報：有統計數字，各省區的農村人口在成百萬、成百萬的減少，再不是個別地區的個別情況了。之後，毛澤東的健康狀況轉差，三天兩頭犯病，不得不向中央請假，並說自己已經進入遲暮之年，馬克思向他招手了。他多次委託田家英向政治局轉達他的意見：在他生病休息期間，由劉少奇同志代理黨主席職務。少奇同志早在一九四五年他赴重慶談判那次，就代理過了。

劉少奇在政治局會議上說：現在代不代理不要緊，要緊的是承認事實，救災救人，立即調整政策，開放自留地，允許農民種小菜，搞小自由，恢復農村集市，發放救濟糧款，發動生產自救。人民公社那些條條框框先放一放吧，誰的面子也顧不上了。既然一名貧僱農的女兒，青年工人都敢到中南海門口來喊冤，老百姓面對饑荒死亡，還怕你關他班房殺他頭？你不讓人活，人會讓你活？邏輯就這麼簡單。全黨同志立即行動，同心同德，千方百計渡過饑荒。等到出了黃巢、李自成，就晚了。

北戴河中央工作會議之後，劉少奇、周恩來、朱德、陳雲、鄧小平、彭眞、鄧子恢、李富春、李先念、薄一波等人分頭下各地農村調查研究，就地處理災情。只有毛澤東、林彪兩人身體不好，無法下去。毛澤東去了杭州養病，林彪長住蘇州養病。

國家主席劉少奇帶上夫人王光美，化名「劉鬍子」，不准湖南省委派人陪同，回到闊別四十四年的家鄉寧鄉縣花明樓公社炭子沖生產隊，住在一間空空蕩蕩的豬欄屋樓上（樓下住幾名工作人員），一住四十四天。用他樸素的話來說，闊別四十四年，工作沒有搞好，對不起家鄉，對不起鄉親們，一年補回一天，住四十四天。從中南海舒適的宮院福祿居，到炭子沖的這間四壁透風、蠅蟲飛撲的豬欄屋，國家主席和夫人就這麼住下了。他並成功地隱瞞住了他的眞實身份。除了省委、地委的主要負責人，農民群衆只知道他叫「劉鬍子」。白天，「劉鬍子」領著他年輕婆娘走村串戶，東看西看。看到的是農民窮苦，老人小孩都面帶菜色，流行水腫病，人人有氣無力，四鄉裡都有人餓死。一次，「劉鬍子」不嫌髒臭，在路邊上蹲下身子，用柴棍扒拉一堆人糞，說：看看，鄉親們吃的都是野菜、草根，拉的都是粗纖維，沒有糧食，沒有糧食啊。

晚上，點上油燈，擺上兩條大前門菸，請鄉親們座談。問寧鄉地方好山好水好田土，日子爲什麼這樣苦？起初鄉親們你看看我，我看看你，光抽他的菸，不回他的話。還懷疑他是在上頭犯了錯誤下來的，像彭老總的同黨，右傾分子。不是右傾分子，肯這樣下鄉蹲點？後來，他朝一屋子的鄉親們鞠躬了，賠禮了，承認這幾年中央犯錯誤了，包括毛主席在內都犯了錯誤，搞建設太性急，太過火，不管農民死活了，對不起父老兄弟，對不起大家啊！「劉鬍子」動了眞情，落淚了。一屋子的泥腳杆子也跟著紅了眼睛。他們不知道「劉鬍子」何以這樣大膽，講他自已犯了錯誤沒有什麼，敢講黨中央、毛主席也犯了錯誤？看來起碼是個淸官。共產黨這一朝也有淸官，除了彭德懷，還有「劉鬍子」。自古淸官爲民請命，不怕坐牢，不怕殺頭。於是鄉親們打消顧慮，開始吐苦水，吐大躍進、煉鋼鐵、公社化、公共食堂的苦水。「劉鬍子」說，公共食堂莫辦了，各家各戶回家開伙。鄉親們說：食堂早就沒米下鍋散伙了，各家煮青菜野菜，肚子越吃越餓。「劉鬍子」說：你們每戶有不有自留地？可以種點五穀雜糧充飢。鄉親們說：那不是資本主義？上級領導眞想救我們，就開恩把田土包給私人種，準保出糧食。「劉鬍子」說：可以試驗，救命要緊，先渡過荒年再談主義。大隊支書是個女的，名叫劉秀英，大躍進的積極分子，一聽「劉鬍子」膽大包天開黃腔，允許田土包給私人種，還了得？於是兩手扠腰，站在堂屋門口罵起來：劉鬍子！你找死！跑到我的生產隊來鼓吹單幹，我派民兵看住你，再到公社、縣裡去告你！

「劉鬍子」挨了罵,沒有計較,繼續和鄉親們商談救災大計。女支書果眞跑到公社、縣裡去報告。公社、縣裡也不好動作,只是告訴這名女黨員,我們也不知道「劉鬍子」是什麼人,只聽講是中央下來的,省委有指示,不准去干擾他的調查研究。民兵就不要派了,早有省裡的便衣在保護他。

就這樣,「劉鬍子」和他的婆娘白天四鄉裡轉,找鄉親們座談,拉泥腳杆子坐一條板櫈打講……晚上回到豬欄屋樓上,熬著油燈寫材料,一寫寫到天亮。天亮後,夫人心疼地看到他鼻子眼睛都被油煙熏黑了。他卻說:像煤礦工人吧?當年在安源煤礦搞工會,領導罷工,也下煤窰,就是這模樣。

「劉鬍子就是國家主席劉少奇,就是四十四年前從我們炭子冲出去的那個後生子劉衛黃……」花明樓四鄉八里,還是傳開了悄悄話。老實巴焦的鄉親們沒有大聲歡呼,只是奔走相告:「劉主席回來了,劉主席回來了,就住在炭子冲原先集體豬場的一間豬欄屋樓上。」

劉鬍子的化名「洩密」了,也就不再迴避。他和夫人王光美步行十多里去到他親姐姐劉紹德住的趙家冲。姐姐一手拉住老弟,一手拉住弟媳,泣不成聲:你姐夫魯瑞林餓死了,姐姐做了寡婆了……劉少奇和王光美去給姐夫上了墳,心情沉重得腳都邁不動。他在趙家冲一戶一戶看望、詢問,得知去年、前年並沒有鬧什麼水旱災害,都是煉鋼鐵、辦公共食堂、建萬頭豬場作下的孽,命令農民拆屋拼居,多次搬家,最多的搬了七次!人搬三次窮,荒唐的政策折騰得農民連個安身的住處都沒有。

回到炭子冲豬欄屋樓上,劉鬍子給中央政治局、書記處發加急電報,要求中央立即行文保護和尊重農民在土改時所分得的住房所有權,房前屋後小塊土地、果木的所有權。房屋被拆了的要作經濟退賠，協助農民重建。他同時指示寧鄉縣委和花明樓公社黨委：不要替我搞什麼故居了！讓住在草棚裡的鄉親們搬進去，能擠進多少戶就擠多少戶。

國家主席也眞是有職有權，講話算數，寧鄉全縣的水腫病人一律進醫院治療，湖南全省都可以這樣做，國家撥專款辦這件事，總之要把死亡數字降下來。在花明樓公社醫院裡，他去探望水腫病人，對大家說：我工作沒有做好，心裡好難過，對不起鄉親們！這幾年教訓深刻。要把這些教訓刻在石碑上，子子孫孫不要重犯。各級幹部都有責任，主要責任在中央，中央責任由我承擔。

人人都知道全國大饑荒的根子在毛澤東。寧鄉縣花明樓和湘潭縣韶山冲只隔一座嶺，相距十八里。劉少奇沒有去瞻仰毛澤東故居。由於過度勞累，生活條件差，劉少奇的胃絞痛復發，才返回北京去。

在這先後，周恩來、朱德、陳雲、鄧小平、彭眞等領導人也都回到了北京。和劉少奇一樣，帶回了各自調查所得到的農村災情及其救助辦法材料。更有二十九個省市自治區初步統計上報的「非正常死亡人口數字」。其中河南、安徽已死亡兩三百萬，兩百萬人口的青海死亡六十多萬，甘肅死亡一百多萬。情況還在惡化之中，估計全國「非正常減少人口三、四千萬」……死亡人口最少的省份是兩位主席的家鄉，自古魚米之鄉的湖南，十八萬六千餘人，其中包括劉少奇主席的姐夫魯瑞林。還出了個哭鬧中南海的「女犯人」劉桂陽。

三分天災，七分人禍。從鄉下調查回來的中央領導人衆口一詞。

面對中華民族有史以來的最大饑荒和亘古未有過的「人口非正常死亡」，毛澤東不得不同意召開一次中央全會，統一部署緊急救災。會議由劉少奇主持。首先調整了仍在「持續躍進」的鋼鐵、糧食指標，決定壓縮城鎮人口，精減幹部、職工，降低口糧標準，宣布國家進入「困難時期」，全力拯救破產中的國民經濟。

經劉少奇、鄧小平、彭真等人說服毛澤東，同意替一百多萬在反右傾運動被劃成右傾機會主義分子的幹部甄別平反，其中包括恢復鄧子恢的國務院副總理、中共中央農村工作部部長職務。在一次常委碰頭會上，朱德還提出應替彭德懷平反。毛澤東再不肯退讓，而說：把彭德懷請回來，廬山的事一風吹，三面紅旗不要了？那好，我和林彪長住南方養病，把北京交給你們。劉少奇只好在總司令和毛主席之間打圓場：彭老總的事，放後一步吧，過了眼下的大難再講。

此次中央全會開了一個多月，確定了「整頓、鞏固、充實、提高」的國民經濟八字方針。在最後一天的閉幕會上，毛澤東一臉病容，可憐楚楚，心情沉重地作了檢討，承認自己不懂經濟，闖了大禍，發生饑荒，餓死了人，他是始作俑者，難脫責任。在座的中央常委，政治局委員，中央委員，省市第一書記，也都難脫責任。責任人人一份。他宣布，這次全會之後，他要眞正退居二線，不再過問經濟、黨務，不再指揮工農業生產；只和林彪管管軍事和國際共運。還有就是讀書、養病，研究些理論問題。他並再次提議全會正式通過黨內文件，在他養病期間，由劉少奇同志代行黨主席職務。

毛澤東放權，去了南方休養。留在北京主持工作的劉少奇、周恩來、陳雲、鄧小平、彭眞、鄧子恢等人有了展示各自經濟才幹、治國賢能的機會。沒有了毛澤東的干擾，他們人人工作順暢。安徽、福建要搞土地承包，包產到戶？鄧小平、鄧子恢拍板：可以試驗，只要多產糧食，白貓黑貓，能抓到老鼠就是好貓；四川、湖南要解散公共食堂？劉少奇、鄧小平同意：公共食堂早就名存實亡，不單是四川湖南，全國農村的公共食堂都解散；知識分子、學者專家精神壓抑、苦悶？陳毅奉命到廣州召開全國知識分子座談會，代表黨中央放言高論：政治掛帥，又紅又專，政治要落實到業務上，紅要落實到專業上，保障學術自由，創作自由，要形成一種生動活潑，人人心情舒暢的政治局面；國家經濟困難，對外援助應當量力而行？中央書記處書記、專責外援工作的王稼祥宣布：三和一少，今後推行和平共處、和平競賽、和平過渡方針，對國外地下黨的活動、對亞非拉美民族革命運動的金錢物質援助要減少；機關學校、城市職工糧食不夠吃，要求效法農村社員種自留地？周恩來、陳雲批准：種吧種吧，房前屋後，院內院外，凡有空地都種上蔬菜雜糧，搞瓜菜代……。

是生動活潑了？還是烏煙瘴氣了？要活命，管不了許多了。黨中央、國務院帶頭，中南海內，大小院子都把花壇挖了，種了冬瓜南瓜蘿蔔白菜。毛澤東一家所住的菊香書屋，劉少奇一家所住的福祿居，朱德一家所住的含和堂，周恩來一家所住的西花廳等等院子，都由工作人員挖去花花草草，種上豆子茄子玉米西葫蘆。彷彿又找回了戰爭年代那種官兵一致、自力更生、艱苦奮鬥的傳統。

沒有毛澤東坐鎮的日子，由劉少奇全責中央工作，全黨上下，人人動手，瓜菜代，渡饑荒，「一人口大規模減少」的勢頭煞住了。這回是玩眞的，從中央領導人做起：毛、劉、周、朱、陳、林、鄧，家裡也都使用糧票、布票、副食票，按月訂量供應，不得超支，節餘歸己。金枝玉葉們也都肚子不飽，和平頭百姓的孩子一起品嚐「苦日子」的味道。中央七常委還帶頭不吃豬肉。照顧毛澤東、林彪兩大病號，特殊供應魚、蛋品、奶粉，並替他們從香港進口加拿大麥片，保障營養，又治療便秘。

劉少奇代理黨主席職務，集兩主席職權於一身，很快形成權力中心。人們彷彿一時間忘記了毛澤東。中央機關內部，開始形成輿論：早就該由少奇同志全權黨務、政務、經濟建設了；十幾年的媳婦熬成婆，少奇同志是當之無愧的最高領袖……更有一種悄悄勸進的耳語：劉公呀，千載難逢，機會不再！你若一味謙虛，講修養，姑息養奸，一旦經濟好轉，國家局面穩定，你就可能成爲替罪羔羊；他爲什麼把持軍權、情治權，死死不放？就是爲的有朝一日殺回馬槍；召開中央全會罷免他！把他永久性留在杭州養病，禁止他返回北京；替彭老總平反；彭老總獲平反，天下歸心……。

有悄悄的議論，也有悄悄的動作。彭眞手下，北京市委書記處書記兼政策研究室主任鄧拓，選出十多名靠得住的秀才，神不知鬼不覺地住進西郊動物園內一座前淸古建築暢觀樓，去整理毛澤東在一九五八年大躍進期間所作的一系列命令、批示，簡直是些狂言亂語：什麼河南省一名小學生用竹管代替鼓風機吹風，一天吹得出兩噸鋼鐵啦；什麼安徽全省一個晚上實現農業機械化啦；什麼浙江發射蠶絲衛星，一條蠶寶寶吐絲十五公斤；什麼甘肅一頭衛星豬體重一萬公斤；什麼四川全省普及大學教育，八千萬人口湧現六千萬詩人……瘋子！只有瘋子、神經病患者才寫得出這類批示，把國計民生當兒戲。名為經濟大躍進，實為思想大瘋癲！黨和國家竟然落到這樣一個精神不正常的人手裡……說是秀才們整理著毛澤東的「大躍進言論」，時而嘻笑怒罵，咬牙切齒，時而痛哭失聲，痛不欲生。

新中國的首都，彷彿聞得到幾絲絲變天的氣息。

要說北京的劉少奇們暫時擺脫了毛澤東，夜以繼日地忙於拯濟天下蒼生而無暇它顧的話，在南方以養病為名悠哉閒哉的毛澤東卻一天也沒有忘記北京的老朋友劉少奇們。

一九六一年九月二十三日，毛澤東在武昌東湖賓館接見來訪的前歐洲盟軍統帥、英國蒙哥馬利元帥。蒙哥馬利個子矮小，西裝革履、衣冠整潔。毛澤東則一付病態，身體肥碩，穿著打了補丁的舊襯衫、舊布褲，尤其是膝蓋上的兩個大補丁惹眼。腳下的皮拖鞋也裂著口子。蒙哥馬利去過世界各國，拜見各式各樣的領袖人物，卻想不到新中國的領袖毛澤東穿著如此樸素、破爛，簡直像個叫花子。毛澤東學識淵博、談鋒很健，從當年的歐洲戰場談到亞洲戰場，從珍珠港事件談到華北平原的青紗帳、地道戰、地雷戰，思緒跳躍，時中時外，時古時今，自顧自說，客人很難插嘴。談著談著，還是談到了中國的大躍進，遇上連續三年的自然災害，加上蘇聯背信棄義逼中國還債；現在中國人民是在過「苦日子」。你們西方報紙不是講中國三個人共一條褲子嗎？赫魯曉夫也罵我們的公社社員喝大鍋清水湯？所以我今天穿了補丁衣服接待你。其實我平日也習慣穿舊衣服，破了有專人送到上海的工廠裡去縫補。有句俗語，新三年，舊三年，縫縫補補又三年……

毛主席您身體怎麼樣啊？聽說還能游長江？蒙哥馬利好不容易找到了問話的空隙。

毛澤東搖搖頭說：不行了，高血壓，心臟有毛病，中過兩次風，馬克思已經向我招手了。你們西方人去見上帝，我們共產黨人去見馬克思，還有列寧、史達林。

蒙哥馬利搖搖頭，表示不相信：怎麼會呢？您還不到七十歲。

毛澤東舉起兩根指頭：中國人講人生七十古來稀，還差兩年，就古來稀了……放心，我已經把黨和軍隊的事情安排好了，接班人也有了。叫做安排後事了。

蒙哥馬利經歷過兩次世界大戰，這時也不能不大吃一驚，毛澤東要放棄權力，安排交班了？他盡量語氣平靜地問：你們不搞選舉，權力交接沿用古老的方式……您的接班人是誰？

毛澤東閉了閉眼睛，之後認眞地盯住客人說：可以告訴你，也不怕你傳出去，就是國家主席劉少奇。他現在也代理黨主席。過不了多久，我們的兩個主席，就都是一個姓氏，姓劉不姓毛了。

毛澤東通過蒙哥馬利對外放話，目標對內。値此他的領袖地位最爲疲軟無力的時刻，此舉專爲穩定劉少奇。我都公開對外宣布你爲權力繼承人，又實際上讓你代理黨主席……我已是個多病之身，時日不多的人，你還急什麼？完全不用著急了。

不管北京的劉少奇是否動過什麼心思，或是他周圍的人是否眞有過什麼動作，毛澤東在武昌東湖的放話確是起到了奇妙的作用。不久，北京西郊動物園暢觀樓內的那個「文件復核小組」悄悄撤走了。悄悄來，悄悄走，不動聲色，不留痕跡。倒也留下各種猜測：有說康生系統的人打進了暢觀樓內部，小組的行踪行將曝露；有說毛主席最近以嚴厲口氣提到鄧拓不老實，一九五八年擔任《人民日報》社社長兼總編輯時，天天在報紙上發牛皮衛星消息，居心叵測；有說毛澤東又在武昌中風倒地一次，醫療小組搶救一小時才甦醒。稍懂醫學常識的人分析，以毛的肥胖、高血壓、老年性支氣管炎，再有中風倒地的話，必然併發腦溢血，就像史達林突然去世那樣；也可能成為植物人。毛一旦成為植物人，少奇同志就順理成章、名正言順地成為黨和國家的最高領袖。大勢如此，夫復何求？

毛澤東巡行南方，時而武昌，時而南昌，時而長沙，時而南京，時而上海，時而杭州，其實並沒有閑著。他對北京的老同事們的一言一行洞若觀火。使他十足沮喪的是一場大饑荒下來，自己昔日的那些親信，包括鄧小平、彭眞、李先念、譚震林，甚至賀龍、李井泉、陶鑄、宋任窮這些人，加上劉少奇原先的老班底鄧子恢、薄一波、安子文、劉瀾濤等等，如今都齊集在劉少奇周圍，形成權力核心。劉少奇還明裡暗裡向解放軍總參謀長、軍委秘書長羅瑞卿示意，妄圖染指兵權。對不起，黨務大權、政務大權、經濟大權都可以放給你們，只有三大系統分寸不放：通過林彪、羅瑞卿掌控軍隊系統，通過康生、謝富治掌控黨內黨外情報系統，通過謝富治、汪東興掌控政治保衛系統，劉少奇你一個也挖不動……林彪這次經受住了考驗，表現突出。自廬山會議取代彭德懷當上國防部長，便心有靈犀，配合默契，號令解放軍全體官兵大學毛澤東著作，大學毛澤東人民戰爭思想。林彪還創造了「四好連隊」、「五好戰士」、「一幫一、一對紅」等具體的政治工作形式，務求把毛澤東軍事思想滲透到每個幹部、戰士的腦子裡，溶化到血液中。林彪還要求包括元帥、大將在內的全軍師以上高級將領，寫出各自的戰爭回憶錄，來大歌大頌毛澤東軍事思想的豐功偉業。

因之，在三年困難時期，在大饑荒的日子裡，毛澤東在黨內的威信是大大下降了，但在軍隊系統的威信反倒是空前高漲，達到狂熱的程度。槍桿子裡面出政權。軍隊是權力的基石。北京的劉少奇、鄧小平、彭眞們就抓抓你們熱衷的黨務政務、經濟大計、賑災救命吧。你們也統過兵，打過仗。對不起，到了和平時期，你們連一個排、一個連的部隊都調不動，連你們的警衛員都是中央警衛局派出，在警衛你們的同時，也要定期向警衛局匯報動態的。

一九六二年一月十一日至二月七日，在北京召開了空前規模的中央工作會議，亦即「七千人大會」。會議由劉少奇提出，也由劉少奇主持。經過歷時兩年的全國緊急救災、生產渡荒，各地的「人口非正常死亡」已經基本制止住，大局趨於穩定，黨中央、國務院領導集體總算可以鬆一口氣。但錯誤要澄清，教訓要記取，經驗要總結。不然難關渡過，有的人可能故態復萌，又把黨的思想路線引回到左傾狂熱去。把全國七千多個縣委第一書記、地委第一書記、廠礦企業黨委第一書記召集到北京來開一次工作會議，氣魄夠大，決心夠堅定。劉少奇代表黨中央準備了工作報告，以書面形式發給與會者分組討論。縣委書記、地委書記們在討論劉主席的報告時，無不聯想到自己工作的地方，活活餓死了那麼多無辜生命，許多人熱淚盈眶，痛悔不已，發誓、詛咒，再不能搞左傾狂熱那一套了。改正錯誤、吸取教訓的頭件事，是替彭德懷元帥平反！當年廬山會議不反右傾，聽從彭老總的意見，及早採取措施的話，全國就不會出現這麼大的饑荒，「非正常減少三、四千萬人口」了。

劉少奇每天都抽出時間，下到各省討論組去聽取意見，也發表意見：三年饑荒是三分天災，七分人禍，血的教訓。和平時期死了這麼多人，我們共產黨領導人應當下罪己詔。可以考慮在每個縣委、地委、省委直至中南海的門口立石碑，刻下我們的教訓，讓子子孫孫來記取！彭德懷同志可以平反，錯了就改正，早改正比晚改正主動，總不能把問題帶到棺材裡去。劉少奇並特意囑咐湖南省委書記張平化，回去要給那個青年女工平反。

一時間會上會下，要求替彭德懷平反的呼聲不絕於耳。毛澤東雖然從不下組參加討論，但每天都要審讀所有的會議簡報，掌握動向。他警惕著「劉克思」的言論，先不忙回應。直到會議的後期，他把林彪同志從蘇州接回來，在大會上發表長篇講話，談一九五八年以來經濟工作的失誤，談黨內民主生活，談批評與自我批評的原則，大談民主集中制，少數服從多數，局部服從整體，全黨服從中央。他坦承作爲中央主席對工作失誤應負第一份的責任，中央常委、政治局委員應負第二份的責任，中央各部委、各省市自治區黨委要負第三份責任。依此類推，地委、縣委、公社黨委則要負第四、第五、第六份責任。大躍進是全黨動手，出了些問題也應由全黨來負責。而不是把責任推給別人。要端正全黨的馬克思主義學風，在困難面前要表現出原則的堅定性和策略的靈活性。當前正是考驗全黨幹部黨性立場的時候。本主席願意和大家一起接受新考驗，適應新形勢，學習新事物。對於被錯劃了右傾機會主義分子幹部可以甄別平反，恢復黨籍和工作。但同時也要提防颳兩股風：一是翻案風，一是黑暗風。要保三面紅旗，而不是砍三面紅旗。對右傾機會主義的頭子，非但不給平反，還要成立專案審查，繼續查清軍事俱樂部，裡通外國等問題。

毛澤東講話後，林彪元帥作了簡短有力的發言，代表的無疑是四百多萬解放軍官兵。林彪拉長聲音、抑揚頓挫，鏗鏘有力地說：我們黨的歷史，黨的經驗，一再說明一條眞理，凡是我們的工作取得成績、事業取得勝利的時候，正是我們全黨幹部努力執行毛主席的正確路線、方針的時候；凡是我們的工作不順利、事業受到挫折的時候，正是我們沒有貫徹毛主席思想、違背毛主席指示的時候！一九五八年的工作失誤就是這樣造成的，千眞萬確……

對於林彪元帥獨樹一幟、瞞天過海的高論，全場諤然，台上台下，面面相覷。就在這時，毛澤東起立了，帶頭鼓掌了。他邊鼓掌邊看看左右給不給面子。劉少奇、朱德、周恩來、陳雲、鄧小平、彭眞們只好跟著起立，跟著鼓掌。接下來才是台下的與會者們全體起立，全體鼓掌。

毛澤東就是有這種氣魄，有這種魅力。任何黨內紛爭，只要他出面定個調子，大會就要跟著合唱，誰也不敢不加入合唱。包括劉少奇、朱德這些人在內，都是從不和毛澤東公開抬槓的。

七千人大會閉幕那天，全體與會者再次以熱烈的掌聲，擁護毛主席「關於黨內民主生活」的重要講話，通過了劉主席代表中央所作的工作報告。在呼喊口號時，除了「毛主席萬歲」、「共產黨萬歲」之外，與會者們還自發地高呼了「劉主席萬歲」！主席台上，毛澤東拉住劉少奇的手說：少奇你聽到了嗎？現在是兩個主席，兩個萬歲，很好嘛，「萬歲」的重任，你早就挑起來啦。

第一章　南國木棉紅浪漫

一晃四年過去。

嶺南春來早。一九六六年的春天更是異乎尋常，一月中旬，廣州街頭那一株株高大偉岸的木棉樹，不忙抽枝長葉，而先綻放出簇簇紅艷，滾滾花團，萬千火舌般燃燒著，燦爛著，昂首蒼穹，簡直要把藍天白雲都給點著了。

木棉樹又名攀枝花，花開時節無嬌飾，只是紅得痛快，紅得熾熱，紅得壯烈，甚至紅得帶幾分凶險。因之兩廣地方稱木棉樹為英雄樹，木棉花是英雄血。在一般人的眼睛裡，它們是南國熱土上的報春使者。

清晨，中南局第一書記、廣州軍區第一政委陶鑄乘中央專機自北京返回廣州。廣東省委第二書記趙紫陽在白雲機場停機坪迎候。坐上紅旗牌防彈轎車，趙紫陽問老上級是回中南局大院還是去小島賓館？陶鑄說：松林山莊。

松林山莊位在白雲山峽谷深處，是多年前陶鑄以軍區幹休所名義修建的郊外別墅群。其中有棟聽泉閣，橫跨一道山溪，二樓、三樓的每個房間都可以聽到溪水叮咚流淌。別的軍區負責人都不習慣這日夜不斷的流水聲，唯陶鑄以黨領軍，文官氣習，鍾愛此閣，樂於頭枕泉聲，怡然山水雅興。更有一項他人不懂的奧妙：溪水叮咚形成的自然聲波，可以防備有關部門的偵聽。近幾月黨中央連著爆出幾樁偵聽案子，聽講連毛主席的專列火車、北戴河別墅都被人做過手腳，把楊尚昆、羅瑞卿這些人物都牽扯了進去，中南海裡也鬧得人心惶惶。

沿途一株株火紅的木棉樹閃過。陶鑄一邊聽趙紫陽匯報省委近段的緊要工作，一邊不時撩起煙色車簾望著那一樹樹怒放著的紅棉，猛然覺得：今年花開這樣早？比往年早了二十幾天吧？回頭問問氣象局……往年春天看到木棉花開紅勝火，他總是興致勃勃的要吟幾句打油詩；此時見到一片血紅顏色，卻是別一番滋味。黨內軍內，局勢將有大變，難道這就是徵兆？

車進松林山莊。一片並不十分開闊的峽谷平壩，四圍山崖上，長滿鐵骨青枝、四時蒼翠的松樹。空氣新鮮、潮潤而清冽。稍有山風颳過，便會響起陣陣松濤來的。加上溪流的嘩嘩聲，鳥雀的啁啾聲，真是個拋卻塵囂的安靜所在了。人間何處無桃源？

轎車停在聽泉閣門口。陶鑄、趙紫陽進了二樓客廳，由兩名面目嬌好的女兵迎著：首長早！首長好！浴池已經放好水，首長先泡澡？陶鑄眼睛亮了亮，隨口答道：好好，小鬼，有早點沒有？端幾樣來，兩壺濃茶，我和紫陽同志邊早餐邊談工作。就在這裡，不去餐廳了。

依陶鑄平日習慣，每至聽泉閣，先洗按摩浴，舒適放鬆了再談其他。按摩浴池全套設施連同抽水馬桶，都是義大利進口材料建造，比廚房餐室還寬敞、講究。今天卻是進門先吃早點，談工作。

粵式早點小籠小碟，什麼鮮蝦餃、煎牛腸、椰蓉糕、魚翅卷等等，可以說比中國任何地方的早點都精緻可口，花式繁多。陶鑄、趙紫陽均是行伍出身，吃起早點來風捲殘雲，速戰速決。之後，陶鑄吩咐兩名女兵：好，肚子問題解決，請帶上房門，通知值班室，兩小時內，除了黨中央的電話，其他一律不要接進來；還有，通知中南局機要室，十一點送湖南張平化同志來我這裡，不要帶秘書。

女兵退出後，陶鑄往沙發上一仰，一時心事重重，顯得有些疲憊。趙紫陽小陶鑄十一歲，河南滑縣人，一九四九年南下廣東時是一名地委副書記，陶鑄一步一步將其提拔上來的。人稱「小諸葛」。私下裡，趙尊陶爲「老哥」：趕了早班飛機，老哥是不是先打個盹，休息一下？

陶鑄擺擺手：有些犯睏，但睡不著。你們的會議結束了？讓張平化留下來，他沒講什麼吧？中南局剛開完五省書記碰頭會。趙紫陽說：平化昨晚上還找過我，請陶書記回來儘快約見他。

陶鑄說：近段大事太多……還是先和你通通氣，再找他談。主席離開北京三個多月了，行蹤不定，有時連中央書記處都不知道他老人家去了什麼地方。

趙紫陽習慣地掏出筆記本，被「老哥」制止住：今天和你談的事，只能用腦子記，不能外傳，包括對你家屬……明白了？好。我們一條一條來。第一，羅瑞卿出事了，去年十二月八日至十五日，主席在上海主持常委擴大會，突然宣布羅瑞卿隔離審查，任命楊成武代理總參謀長。對羅的處理很敏感，事關京畿防衛，是個大動作。目前只傳達到大軍區司令員、政委一級。這消息夠刺激的吧？

趙紫陽搔了搔頭髮，說：很震驚。羅瑞卿是副總理，列席中常委，也是林總的老部下，去年還傳出是國防部長的接班人。一向被認爲對毛主席忠心耿耿的。這次突然變故，有什麼背景？

陶鑄說：天機難測。我了解羅長子。他擔任的要職太多了。近幾年風頭太勁，鋒芒太露，得罪了林總。加上劉主席提名他做國防部長接班人，毛主席不能不有所警覺……總之很複雜，我們不瞎猜；第二，楊尙昆、田家英也出事了。田家英出了什麼事，還沒有聽說，只知道他已被送回北京家中軟禁。楊尙昆則是被翻出來一九五八、五九年在毛主席專列臥室裡安裝偵聽器的老案子，經劉少奇處理過的嘛。也涉及到羅長子。爲什麼又給翻出來？

見趙紫陽聽的一頭霧水，陶鑄繼續說：主席這次對羅、楊、田採取行動，或許還有更大的目標，還有更多的人物被牽扯進來……所以先個別和你談談，透透氣。同時也想聽聽你的看法。

趙紫陽一臉謙恭的微笑，顯然未及進入角色：還是請老哥多指點，免得我成爲一名事務主義者，政治上的糊塗蛋。

陶鑄說：有這個認識，說明你並不糊塗。你想沒想到，是一號和二號相鬥，這回要見眞章了。羅瑞卿被隔離，楊成武代總長，毛主席一舉解決了京津地區防衛？北京軍區司令員楊勇會聽誰的？石破天驚。老哥說的「一號」、「二號」，不就是毛主席和劉主席？兩位主席相鬥？話出老哥之口，又千眞萬確，勿庸置疑。

陶鑄說：我們在下面的，難以接受這事吧？其實一號、二號的分歧，自一九四九年進城那天起，就開始了。分歧集中在國家建設的路線方針上。二號主張保持新民主主義階級二、三十年不變，城市先發展資本主義經濟，農村先發展富農經濟，直到整個國家經濟發展到相當水平，再來實行社會主義；一號則認爲不能等那麼久，可以跨過資本主義發展階段，在一窮二白的基礎上建設社會主義。共產黨領導革命就是爲了徹底消滅資本主義。這是分歧的焦點。十五、六年來，從初級社、高級社、公私合營、到「冒進」反「冒進」、大躍進、公社化，廬山會議反右傾，兩位一路磕磕碰碰走過來，次次都是一號占上風，二號讓步、妥協。當然，三年大饑荒，一號的威信受到影響，二號的地位得到加強。直到去年一月，爲了「黨內走資派」這個提法，一、二號的矛盾表面化了，變得不可調和了。

趙紫陽問：去年一月，兩位主席之間，究竟出了什麼事？偶爾聽到一兩句，至今不明頭緒。

陶鑄閉了閉眼睛，深吸一口氣：此事絕密，本不可告訴你，傳出去要掉腦袋的……好吧，給你吹吹風，透個底。我連曾志都沒說……去年一月上旬，不是開了第三屆人大會議嗎？對，我在會上被任命爲十二名副總理之一。會議期間，少奇、小平同志趁六位中央局第一把手都在北京之便，大會之中套小會，開了政治局常委擴大會議，研究國民經濟和農村社教運動等問題。會前，小平同志向毛主席建議：研究農村工作，主席身體欠佳，不必出席了。沒想到老人家生了氣。元月四日，老人家忽然抱病出席，進門就說：你們不想我來開會，我自己來了，准不准許啊？主持會議的少奇同志連忙請老人家在正中位置上坐下，並給大家講話。老人家開門見山，談開了黨內的修正主義：修正主義的代表人物就是黨內那些走資本主義道路的當權派，簡稱走資派。黨內走資派代表的是地主資產階級的利益，地富反壞右五類分子的利益，是當前城鄉社會主義教育運動亦即「四清」運動的主要目標……說著，老人家指著我：陶鑄同志，你在一份材料中有句精彩之論，階級鬥爭，一抓就靈。容我借用一下，抓黨內走資派，靈不靈啊？

此種敏感話題，被老人家拉扯進來，我好不自在。看得出來，少奇、恩來、小平、彭眞等人對老人家的這番突如其來的話大眼瞪小眼，無所適從。少奇同志更是漲紅了臉膛，彷彿領略到了老人家的某種意向，渾身都打了個冷噤似的。平心而論，少奇同志不能不敏感啊。或許，也是少奇同志過敏了，以爲剛過完三年大饑荒，就要把他主持一線工作所做的政策調整，向私有制觀念所作的某些妥協、讓步，要當做走資本主義道路來清算了。於是，少奇同志不能不表態了。他說：主席啊，城鄉社會主義教育問題，情況很複雜，不同的省區、不同的縣社生產隊，差異也很大。當前的主要矛盾，還是「四清」與「四不清」的矛盾，是黨內外矛盾的交叉，有敵我性質的矛盾，但最主要、最大量的還是人民內部的矛盾，需要通過思想鬥爭、批評教育的方法來解決。……老人家見劉少奇根本不承認他的「黨內走資派」的提法，立即針鋒相對地說：農村的地富是後台老闆，前台是「四不清」幹部。「四不清」幹部就是當權派，代表地主資產階級利益。你只搞地富，打一下死老虎，貧下中農是通不過的。迫切的是整幹部，就是要發動群衆整我們這個黨，整黨內走資本主義道路的當權派！少奇同志呢，平時很有修養的，這次卻較上勁了，堅持說：四清運動，各種矛盾交叉在一起，很複雜，還是一切從實際出發，實事求是，有什麼矛盾解決什麼矛盾，不能把所有的矛盾都上升爲敵我矛盾，一窩蜂的又來大搞階級鬥爭。老人家見劉少奇竟在會議上跟自己公開頂撞，臉都氣烏了，情緒激動地說：我們這個運動，叫什麼主義教育運動，不是什麼「四淸」、「四不淸」運動。什麼多種矛盾交叉，哪有那麼多交叉？你那個道理講不通！所謂「四淸」、「四不淸」，什麼社會裡都有；黨內外矛盾交叉，什麼政黨都能用，沒有說明矛盾的性質！我們要搞的，不是別的主義的教育運動，是社會主義教育運動。我再講一遍，重點是整黨內走資本主義道路的當權派！黨內走資派，縣、地、省三級有，中央的某些部門也有！……好傢伙，政治局常委擴大會，開成黨的一把手和二把手、黨主席和國家主席的頂牛會，這在黨的歷史上是從未發生過的。政治局常委周、朱、陳、鄧，列席常委彭眞、羅瑞卿，加上東北局的宋任窮，華北局的李雪峰，西北局的劉瀾濤，華東局的柯慶施，西南局的李井泉，中南局的我，還有軍委葉帥，中組部安子文等人，都從未在黨的會議上見過這種局面，一時間誰都插不上嘴，也不敢插嘴。連出面勸解的都沒有。當然，多數人都擔心，「黨內走資派」這個提法一旦公開化，恐怕黨內的中高級幹部，就要人人自危了。這時，少奇同志見老人家指「走資派在中央的某些部門也有」，便以討教的口吻說：對於這個派，那個派，我總是理解不了。走資本主義道路的人，肯定是有的，但資產階級作爲一個整體，都要消亡了，怎麼可能有什麼派？一講到派，人數就太多了。不是到處都有敵我矛盾。主席你早在一九五七年的《正確處理人民內部矛盾》一書中說過，大規模的、暴風驟雨式的階級鬥爭結束了，人民內部矛盾才是我們社會的主要矛盾；以我的矛攻我的盾？老人家瞪圓了眼睛：少奇同志！我只要你回答，承不承認黨內有走資本主義道路的當權派？有，還是沒有？劉少奇毫不示弱地反問：說中央的某些部門也有走資派，請問，煤炭部、冶金部，哪個是走資派？少奇同志選了國務院的兩大生產部門做例證，很有說服力。老人家不假思索，脫口而出：張霖之就是！少奇同志大概擔心煤炭部長的安危，不得不替老部下張霖之辯護幾句：總理啊，你是瞭解張部長的，他一九二九年入黨，紅軍時期、抗戰時期、解放戰爭時期，一直在軍隊工作，是新四軍一名戰將，後轉任二野五兵團政委，四九年後到國務院系統工作。這樣一位紅小鬼出身、為黨的事業奮鬥幾十年的同志，怎麼能隨便指他是黨內走資派呢？這時，周總理也低聲說：張霖之艱苦樸素，煤炭部是有成績的部門……老人家桌子一拍站起身來，衝著少奇同志吼了一嗓子：我說是就是！你說不是就不是！吼罷離了會場。

趙紫陽眼睛直愣愣地望著陶鑄老哥，都聽傻了：驚心動魄，驚心動魄……真沒想到上面會鬧成這樣。後來又是怎麼收住的？

陶鑄說：高處不勝寒哪，不收住，黨和國家豈不分裂了？當時啊，總理、總司令、陳雲同志、小平同志、彭真同志都不好出面，怕加深誤會。總理和小平同志找我談話，講我長期在中南局工作，算中間人物，適於出面做做說和工作。我硬著頭皮答應試試，但必須加上葉帥和組織部長安子文。葉帥是主席的詩詞好友，安子文是少奇同志的老下級。我們三個去見少奇同志，說主席年紀大了，身體多病，情緒欠穩定，少奇同志是二把手，接班人，還是要給毛主席一個面子，認個不是，平息了黨內的這場紛爭吧。少奇同志也正在苦惱之中，他原本打算把「黨內走資派」這個提法交由會議表決的，經我們三人勸說後，顧及大局，同意妥協。少奇同志在第二天的會議上向主席老人家認了錯，賠了不是。老人家卻是有備而來，一手舉著黨章，一手舉著憲法，衝著少奇、小平兩人說：你們一個不准我開會，一個不准我發言，我講一句頂一句。今天，本人要重申一個黨員和公民的權利，黨章和憲法給予我出席權和發言權。少奇你那個檢討作不得數。你、我之間不是什麼個人的意氣之爭，而是深刻的政治爭論。你憑什麼剝奪我講話的權利？少奇同志說：主席，你不要生氣了，我都賠禮了，沒有人能剝奪你的任何權利，都是在你領導下做工作，所有的中央文件都是經過你同意、批准的嘛。老人家疑心少奇話裡帶話，還在堵他的嘴，登時勃然大怒，指著少奇的大鼻頭說：你有什麼了不起？叫你代理了幾天黨主席，羽翼已豐？要和我對陣？告訴你劉少奇，我動一根指頭就可以捅倒你！當時啊，少奇同志委屈得哭都哭不出。虧得總理、總司令帶領我們好說歹說，總算把少奇勸住了，把主席老人家的怒火平息下去……會議結束時，通過了老人家主持起草的社教運動文件《二十三條》……黨和國家的工作，表面上一切如常。紫陽啊，最近一年來，能說一切如常嗎？五月份，被監護了六年的彭老總，分配去西南大三線工作；十月份，中央辦公廳主任楊尙昆突然被撤職，說是要分配來我們廣東當副書記；十一月十日，上海《文匯報》發表姚文元的〈評新編歷史劇《海瑞罷官》〉，大有來頭呀！十二月份，羅瑞卿總參謀長突然被捕……

趙紫陽緊張了：老哥，中央這樣鬧，我們下面怎麼辦？

陶鑄長嘆一聲，攤攤手：看情況吧。我這人一向寧左勿右的。剛才講的，絕對保密……對了，還要對你講第三點。這次在北京，小平同志找我談話，調中央工作的事已定，做書記處常務書記兼中宣部長，還有那個副總理頭銜……紫陽啊，和你講心裡話，這種時候，我是不願意去的。上頭太複雜，不是那塊料，應付不過來。

趙紫陽說：從本職工作，個人感情方面講，我也不願老哥離開。上頭的確複雜。總覺得老哥還是留在中南局的好。升任中央領導，一切從頭開始。

陶鑄苦笑笑：你的意思是高處不勝寒。我何嘗不是這個想法。在中南局，我是一把手，說話作得數。到了中央，就成火腿三明治，夾在中間誰都得應付。周總理那樣資歷功績的人，都和小媳婦似的……但小平同志已經把話講白了，是中常委一致決定。主席也講了，去年柯慶施去世了，今年安排陶鑄來加強書記處班子，就這樣定吧。所以我無推卻餘地，只能服從組織決定。所幸主席、總理和小平，對我這頭蠻牛還比較愛護、信任。

趙紫陽也笑笑：把你稱作黨內一頭蠻牛，出自毛主席之口……看來，省委、中南局、廣州軍區，只有準備替老哥餞行、慶賀高升了。

陶鑄忽然臉一沉：糊塗！你們誰也不准搞這類動作。我陶鑄兩袖清風，一身窮骨，只帶幾箱書走。紫陽呀，你、我前面的路還長，要步步愼重。小平總書記還徵詢過關於廣東省和中南局第一把手的繼任人選的意見。我建議不用從外地調進，廣東省委第一書記由現在的第二書記趙紫陽升任，中南局第一書記由現在的第二書記王任重升任。小平同志說，書記處也是這個意思，就委託你先和趙、王兩位打聲招呼吧。當然這些都要以中央正式行文爲准。

趙紫陽說：老哥一走，我肩上擔子重了。今後想請示、討教，都不方便了。自四九年南下到廣東，一直是老哥手把手拉扯著……。

陶鑄說：客氣什麼？你小我十一歲，總要讓你獨當一面嘛。長江後浪推前浪，相信你會比我幹得出色……可以提前告訴你一點信息，以王任重同志和毛主席的關係，遲早也會去中央工作。所以你要好好的幹……怎麼樣？人稱你爲小諸葛，點子多，對我進京趕考，有什麼建議沒有？

這時，電話鈴聲響了，是警衛值班室報告：張平化同志到了。陶鑄隨手按了免提電話一個鈕子：知道了，請平化同志稍候。

趙紫陽笑笑，搔了搔頭髮，說：建議沒有，小點子倒是有兩個，不知道合用不合用。

陶鑄說：繞什麼彎子？有點子直說。

趙紫陽說：我就斗膽了。老哥進京工作之前，可否在廣州先表示個態度？有兩件事可做……現在全黨全軍正掀起學毛著熱潮。建議老哥在《羊城晚報》或是《南方日報》上發兩篇專論，就以你在中南局和廣東省委機關的兩次學毛著動員大會上的講話爲基礎，題目也是現成的：〈論毛澤東思想是當代馬克思主義的頂峰〉，〈再論毛澤東思想是當代馬克思主義的頂峰〉。

陶鑄說：好，可以考慮。但不以我個人名義發表，做社論吧。免遭物議。當初這兩次講話是有針對性的，就是擁林批羅。羅長子忘乎所以，竟在全軍政治工作會議上反對林副主席的提法，說什麼「把毛澤東思想稱爲頂峰，最高最活的馬克思主義，難道還有次高次活？都到頂峰了，今後還怎麼發展？」聽講羅長子又是受了田家英的影響。你還有另外一個點子？

趙紫陽說：廣州軍區有個戰士作家叫金近邁的，不是寫了本小說《歐陽海之歌》嗎？我抽空翻了翻，寫的不錯。作品通過歐陽海成長的六十幾個小故事，來歌頌毛澤東思想的光輝照耀，使這名普通士兵最後爲革命獻身，成爲活學活用毛主席著作的英雄人物。我的意見，可否請幾位權威人士來誇一誇這部小說？因此想到，郭沫若同志，賀龍元帥、陳毅元帥、葉劍英元帥，不都正在我們小島賓館避寒、過春節嗎？何不安排記者對他們做一次專題訪問，大歌大頌一下？

陶鑄沙發扶手一拍，連聲叫好：紫陽老弟，你眞是智高一籌……兩個點子都很好，我老陶照單全收。對了，還有件大事。今早上臨上飛機之前，接到汪東興同志一個電話，說主席可能來廣州小住。時間大約在二月初。要絕對保密……紫陽，這事我只告訴你一人。你看，主席來，住哪裡爲好？

趙紫陽驚喜地說：喜事喜事，又要接駕……小島賓館空不空得出來？現在賀帥、陳帥、葉帥加上郭老四家住在裡面，讓他們搬出來，不妥吧？我建議，可否安排主席住蘭圃？總司令每次都指定住蘭圃，喜歡園子裡的上千種蘭草。蘇聯伏羅希洛夫訪問廣州也住過。還有就是這松林山莊，主席六二年來住過，喜歡這裡空氣清新，環境幽靜。又便於安全保衛。

陶鑄說：可以，先對珠島、蘭圃、松林山莊三處地方實施警衛管制，准備主席蒞臨。好了，今天先談這些。你去忙你的。我大約四月份赴京，日子多著呢。下面還要和張平化同志談事情。

張平化原名張楚材，湖南酃縣人。一九二七年入黨，歷任紅軍團政治部主任，師宣傳部部長。參加長征。抵延安後做過毛澤東的秘書。屬於才識平庸、誠實聽話一類幹部。一九四九年南下任武漢市委書記，一九五六年因錯判殺人被通報全黨。一九五七年經毛澤東授意升任湖北省委副書記。一九五九年廬山會議後期取代周小舟，升任湖南省委第一書記，在全省幹部中大抓反右傾分子，頗獲中央兩位主席好感、信任。

陶鑄和張平化是老上下級關係，見面握手、問候，落座即談正題：你已經等了我兩天，急著回長沙？我是被小平和周總理留了兩天，早上剛回。聽講你去中南科學院看望了周小舟同志？

張平化說：陶書記消息靈通。是省裡周禮、周世釗幾位前輩念舊情，委託我就便去看望一下小舟……他還請我向你致候呢。

陶鑄說：謝謝了。我是一九六二年去看過他一次，他要求平反，中央沒有批准。之後再沒有見過。我也是身不由己。曾志比我講朋友義氣……做爲老朋友，我不能不提醒你，今後還是少去接觸周小舟的好。氣候正在變化中。廬山的事沒有完。

張平化問：還沒有完？人員都處理過了，時間也過去六、七年。

陶鑄說：平化你是老實人，反應慢一點，不要緊。上海《文匯報》的文章讀了沒有？就是姚文元的那篇〈評新編歷史劇《海瑞罷官》〉，大有來頭的。起初北京所有的報紙刊物都拒絕轉載，《人民日報》更是不予理睬。還有人下令新華社不播發，全國報刊不轉載。這事鬧得很僵。毛主席發了幾次脾氣，罵了娘。經周總理出面調解，才讓北京和全國各地的報刊轉載了。

張平化驚訝得嘴巴張得老大，好一刻合不攏來：老上級，這些情況，我們在省裡工作的人，一點不摸底呢……主席去年十一月到長沙，沒有透這些呢。哪哪，上頭出了什麼事情了？

上頭確是出了事情。羅瑞卿被撤銷軍內、黨內職務，隔離審查，還不算大事？但還有不有別的人牽扯出來？陶鑄也心裡無數，只是些朦朦朧朧的預感而已。比如說彭眞、陸定一兩位的地位是否穩固？彭眞是中央書記處常務書記，劉少奇說是實際上的副總書記；但中央爲什麼要調自已去北京任書記處常務書記兼管宣傳戰線的工作？中宣部長陸定一又是幹什麼吃的？還有中宣部的常務副部長周揚呢？近來也像遇上大麻煩了……然而這些，陶鑄是不能說出來的。即便是對張平化這樣的老下級，也只能環顧左右而言他：很敏感呀，平化同志。我們還是談談周小舟的事。……對他的際遇，我和曾志都是同情的，很有才華的一位同志，可惜了。同情管什麼用？誰叫他當初得意忘形，放著大好前程不奔，而去跟了彭老總搞什麼爲民請命？他至今不肯認錯、服輸。最近幾年，常常抄錄一些古人的牢騷詩詞送朋友。他的書法練的不錯，我看到過兩幅。其中一首是蘇東坡的〈西江月〉：

世事一場大夢，人生幾度新涼。夜來風葉已鳴廊，看取眉頭鬢上。酒賤常愁客少，明月多些無妨。中秋誰與共雲光，把盞淒然北望。

平化同志，你說他這情調健康嗎？要是讓主席知道了，不是自找霉頭嗎？

張平化拍拍額頭，記起來了：對對，去年春節，小舟也錄過一首王安石的七絕〈六年〉，送給我們的周士釗前輩：

六年湖海老侵尋，
千里歸來一寸心。
西望國門搔短髮，
九天宮闕五雲深！

陶鑄板了板臉孔說：周小舟自比王安石，不自量力。我們黨的國門是對他緊閉著的嗎？中南海是九天宮闕？荒唐透頂。

張平化說：周小舟還有一幅自撰聯，就掛在他家客廳裡，許多人看了哈哈大笑。怎麼寫的？

一心記住六億人口
兩眼看清九根指頭

陶鑄氣憤地說：他這是對毛主席的反諷！簡直反動。我真後悔當初同意安排他來廣州工作了，遲早是個禍害。所以我要提醒湖南同志，不要再上周小舟的當。他是人還在，心不死。我再講一次，廬山的事沒有完，彭德懷、周小舟都不是死老虎。鬥爭仍在繼續。

張平化問：毛主席不是去年親自找了彭老總談話，分配他去四川成都，出任大西南三線建設的副總指揮了嗎？在某種意義上，也算中央給他恢復名譽了。

陶鑄說：平化呀，你看問題看表面……記住，廬山的事情沒有完，我今天給你講了三遍。

張平化掏出筆記本，匆匆記下幾個字：好好，我一定回去傳達陶書記的指示。很重要，這事太重要了，我們湖南的同志要敲敲警鐘，否則犯了錯誤還不自覺。

陶鑄擺擺手，笑笑：老同事了，什麼指示不指示？互相提個醒啦。還有件事，去年十二月上海會議期間，毛主席忽然問我這個中南局書記，湖南有個什麼女工，六〇年跑到中南海北門外寫反動標語，呼反動口號，要打倒毛澤東，還有什麼彭德懷萬歲等等。對這樣一個壞人，後來怎麼樣了？陶書記你知道不知道？我報告主席，不清楚這件案子，要問問張平化同志再做匯報。

張平化腦子裡轟地一響，登時緊張得臉都煞白了：有這回事……那是少奇同志讓我們寬大處理的呀！女工名叫劉桂陽，判了她有期徒刑三年，監外執行。一九六二年一月的七千人大會期間，少奇同志提起這事，囑咐我回湖南後去鯉魚江發電廠看看，給她平反，恢復名譽；並鼓勵她今後多向上級反映情況，但要注意方式方法，不要偏激，要相信黨中央，相信毛主席。七千人大會後，我拉上省公安廳長和當地地委書記，專門去了趟鯉魚江發電廠，開全廠大會，替劉桂陽平了反。還在劉桂陽家裡吃了一頓中飯，吃的是她丈夫從田裡捉回的泥鰍。他們夫婦流了淚，喊了劉主席萬歲，毛主席萬歲，共產黨萬萬歲。整個事情就是這樣。要不要我給主席寫份匯報材料？

陶鑄耐心地聽著，嘆口氣說：很有人情味的……以後有機會，還是給主席口頭匯報吧。文字的東西要慎重。關鍵是「劉主席萬歲」一類口號，不能有，要勸止。黨內黨外，都是不好的風氣。少奇同志本人也多次強調，毛主席健在，全黨全軍全國只能喊毛主席萬歲，而不應增加任何別的人。

張平化試試探探地問：陶書記，綜合近幾月上頭發生的一些事情，是不是中央兩位主席之間，有什麼芥蒂？哎呀，不該問，不該問。

陶鑄笑笑說：你在我這裡問什麼都可以，不會有偵聽的。平化同志啊，老同志了，黨內的事，自己用眼睛看，耳朵聽，腦子想，做判斷。我和你一樣，知道的也就這樣多。主席去年十一月到長沙，住了幾晚？有新指示、新意向沒有？

張平化本不想回答這個問題。打聽毛主席的行蹤和談話意向，犯著大禁忌呢，封建時代是要掉腦袋的，現在不掉腦袋了，被中央警衛局知道了，也了不得呢。但陶鑄同志是頂頭上司，也是毛主席信得過的幹部，馬列主義靈活應用，只好實話實說了：主席上次是路過長沙，只住三晚。沒有住蓉園，也沒有回韶山滴水洞，而是住九所……那地方陶書記也住過的，靠近省軍區大院的山坡，建有地下人防工程。主席單獨見我兩次。對了，他問我讀了上海《文匯報》姚文元的文章沒有？《湖南日報》爲什麼不轉載？我說讀了，不大懂明史。中央有通知，省級黨報暫不轉載。毛主席嘆了口氣，就再沒有說別的了。看得出來，他老人家有心事。臨走時，還對我講了一句：要去杭州，會林老總。羅瑞卿在上海出事，是十二月上旬。我聽到一點消息，說主席並不想搞掉羅，是林總堅持要搞掉的。

陶鑄不示對否，另問：老人家近來胃口如何？還吃那麼辛辣油膩？

張平化說：胃口還可以吧，陪他吃過兩頓飯。還那麼辣，油膩減了些，喜歡吃洞庭湖的甲魚，就是王八，廣東人叫水魚，加桂皮八角炖，和吃紅燒狗肉一樣的。

陶鑄說：你回去後，替我這裡弄幾筐來……我們也要準備接駕……還有，主席讓你找人整理的那個歷史材料，他帶走了嗎？

張平化壓低了聲音：對了，上次向你匯報過……是汪東興同志去年六月份派人到長沙，讓我找幾位政治上可靠的大學歷史系老師，把春秋戰國到清末民初，歷朝歷代宮變奪權的史料，條列出來，不超過兩萬字，印成大字本，供中央首長研究階級、階級鬥爭學說做參考。省委找了幾個專家，忙了幾個月，弄出一份史料。正好主席路過長沙，就帶走了。從這件事來看，主席還是信任我們的。

陶鑄說：好好。這事就到這裡爲止。你沒有對少奇同志或他身邊的人提及過吧？

張平化說：沒有。湖南是兩個主席的家鄉。中間的事摻和不得。我們有紀律，從不亂傳話的。

陶鑄說：很好。在下邊工作，凡事要把捏好分寸。平化同志，這次留你在廣州等我，其實還有另外一件重要事，你要有思想準備。

張平化一時又心情緊張起來：我？是不是組織上發現我什麼錯誤？陶書記指出來，我一定深刻檢查，堅決改正。

陶鑄笑了：看看，想到哪裡去了？你是個誠實的同志，我還不了解？是這樣的，中央決定調我進書記處工作，和彭眞同志一起任常務書記，兼管宣傳戰線工作。這次在北京，小平同志代表中央常委找我談了話，中宣部要增加一位常務副部長，也就是第一副部長。毛主席講要找一個老實人到中宣部加強領導。於是想到了你。小平同志委託我先和你打個招呼。

張平化眼睛都瞪圓了：這事，這事太突然，我沒有思想準備……和陸定一同志不熟悉，從沒在他手下做過事。中宣部第一副部長不是周揚同志嗎？他是老資格的理論家。而我，完全外行。

陶鑄說：就是要用外行領導內行。你在紅軍時期當過師政治部宣傳部長，也不是什麼外行囉。可以告訴你，主席對中宣部的現狀不滿意，批得厲害。這次派你、我去摻砂子。明白這個意思嗎？

張平化心裡一百個不願意。省委第一書記，好歹算一方諸侯，要權有權，要錢有錢，要物有物。中央宣傳部，衙門大得很，裡面有什麼？一堆秀才攪一堆理論，咬文嚼字，蔴紗扯不清，還動輒得咎，去找罪受？於是說：我不是那塊料子，是放到火上去烤啊……可不可以向中央反映個人的意見？

陶鑄說：當然可以。但中央常委議定了的事，很難改變的，你、我只能服從。所以，你倒是要考慮一下，誰接任湖南省委第一書記合適？小平同志的意思，原則上不從外地調進。由現在的二把手王延春同志升任，怎麼樣？

張平化腦子裡一盆漿糊似的，有些酸溜溜地說：中央都決定了，我服從，無條件服從。

這時，門外有人嗒嗒地敲門。陶鑄一看手錶：喲，快一點鐘了，又要解決肚子問題了。進來！

一位俏麗女兵輕輕推門而入：報告首長，曾志同志來了。廚房已為客人燒好了「龍虎鬥」……

陶鑄起了身，拉著張平化的手說：今天是專為你準備了一道嶺南名菜。以後崗位移動了，想上粵菜館子，不那麼方便了。曾志是來替你餞行的。

張平化一付受寵若驚的樣子：「龍虎鬥」？貢品佳饌，不敢當，不敢當。記得還是那年陪主席來廣州，開過一次葷。

陶鑄、張平化正要去小餐廳，卻見曾志領著位年輕俊俏的女子進來了。陶鑄一眼認出來：志新妹子！來廣州出差？兩年不見了，簡直沉魚落雁了，哈哈哈。這位是張平化同志。

年輕女子叫張志新，曾志的弟媳，在遼寧省委宣傳部工作。她亭亭玉立，落落大方，一手拉住姐姐，一手拉住姐夫，臉蛋紅紅，眼波欲流，好一位北國美人兒呢。

第二章　早春二月　西湖佳話

杭州西湖。一月間飄了一場小雪，二月初就放晴了。緊跟著桃樹含苞，柳絲吐芽，碧波蕩漾，新荷團團，鶯飛草長，春風又綠江南。

西湖正南方，有半島狀園林突出湖面，三面環水，南屏晚鐘、雷峰夕照、三潭映月等著名景觀皆出其間，是個風景絕佳的去處。遊覽圖上稱爲南山路三十七號，實名汪莊，爲清末民初上海汪姓茶葉富商所建。一九四九年之後，汪莊和西山路七號的劉莊一樣，幾經修繕，成爲毛澤東的行宮。

這次，毛澤東在汪莊住的時間最長。自去年十一月上旬起，整座西湖公園就實施軍事管制、禁止閑人出入了。軍事管制還須不露痕跡，讓浙江省公安廳、杭州市公安局的男女幹部穿上便服，裝扮成遊客，巡邏於白堤、蘇堤各處路口、景點。到了周末假日，則讓上述幹部們的家屬、小孩入園遊玩，不致使面積達數十平方公里的偌大一座公園罕見人跡。一旦被偉大領袖毛主席察覺，認作令他和人民群衆隔絕，就會招致雷霆之怒了。好在毛主席習慣大白天睡覺，下午三時以後起床辦公，找人談話，晚飯後看戲、跳舞，偶爾外出散散步，見不到什麼遊人，也就不足爲奇了。

至於普通的杭州市民，每天上班下班，忙生計，忙運動，忙學習毛著作，就是有空到西湖邊上走走，見到四處都是士兵站崗，公安巡邏，入園口豎著「內部整修、停止開放」的告示牌，誰還不知趣、不識相？新中國成立十幾年來，人民江山治理得鐵桶一般，西湖公園不時關閉，滿城居民都是黨的馴服工具，早就習慣了。君不知，首都北京的兩座前清禁苑北海公園、頤和園，也不時以「內部整修」爲名一月兩月的暫停開放，見多不怪了呢。文化革命期間，北海公園更是「暫停開放」十年之久，供江青、周恩來們休息、散步，誰能怎麼著？黨和國家和人民，黨在國家之上，國家在人民之上，領袖更在黨、國、人民之上。百代都行秦政制，兩千多年來就這麼秩序，共產黨這一朝能免俗？

毛澤東住在西湖汪莊最有安全感。浙江省公安廳廳長王芳是延安警衛團紅小鬼出身，對領袖絕對忠誠；杭州警備區司令員陳勵耘是林彪愛將，政治上絕對可靠。再者，整個滬、寧、杭地區，均在南京軍區許世友司令員的王牌軍——第六十軍的拱衛之下。六十軍跟駐守在山海關外的瀋陽軍區的王牌軍第三十八軍一樣，實爲兵團級勁旅，諸兵種合成十多萬人馬，是一堵獨擋一面的鐵壁銅牆。

萬里車書一混同，
江南豈有別疆封？

提兵十萬西湖上，
立馬吳山第一峰。

是誰的七言絕句？出自《資治通鑑》還是《二十四史》？毛澤東記不起了。他酷愛讀史。委託湖南張平化組織專家編寫的《歷代宮變、兵變紀要》，兩萬來字，已讀過兩遍，乃警世、喻世文章。送了一份給蘇州的林彪，上海的藍蘋，不知他們讀出滋味沒有？

藍蘋是昨天晚上到杭州的，住在她的老地方——蘇堤春曉對面的劉莊。毛澤東下午起床，穿了睡衣坐在汪莊凌波閣喝濃茶，用早點，遠遠看到一女子騎自行車，繞蘇堤穿花渡柳，悠悠款款過來了。騎自行車可以鍛練身體。在蘇堤上騎車，樹靜湖靜，鶯燕剪影，好一幅長卷畫圖似的。但見那女子漸行漸近，著一襲風衣，紮一塊素色印花頭巾，臉蛋兒白淨。莫非一位現代西子？啊，什麼現代西子，原來是婆娘藍蘋。也是五十出頭的人了，依然身條修長，滿頭青絲，臉上沒什麼皺紋，偶爾看上幾眼，還算過得去的。藍蘋的問題是不能光了身子，肌膚乾癟，有胸無乳，皺皺巴巴，不忍睹。過去是同志加恩愛，現在恩愛早沒有了，剩下政治上的信任。

女護士倒是十分嬌媚，悄沒聲息地送上一壺新茶，新添幾樣點心，柔聲報告：主席，她來了。吳儂軟語，最能引人性慾。退下。

藍蘋進來時，毛澤東翻閱著手中的報紙，並不挪動身子，只是抬了抬下頷，示意在餐桌對面坐下。婆娘臉蛋紅潤，氣色不錯。懷疑又是精心化過妝的。藍蘋卻是不改習性，見面叫叫嚷嚷：老闆呀，你這裡的女同志，個個絕色，欲把西湖比西子，濃妝淡抹總相宜哪。

矯柔造作。半個多月沒見面，卻像天天在一起，脫不了那股子俗氣。政治夫妻，也只好如此了：北京方面有什麼新的動態？

見面就談工作。藍蘋說：現在連我都不能回北京了。謝富治、康生他們都反對我回去。那裡正發生一些鬼裡鬼氣的事。我和總理在電話裡說，坐鎮上海京劇院，邊排練、邊修改《智取威虎山》。

毛澤東問：什麼鬼裡鬼氣的事呀？

藍蘋說：你這裡真安靜。彭眞、賀龍布置北京衛戍區，新組建兩個團，聽說一色的山西大漢，並不歸中南海警衛師管轄。你說這事正常嗎？

毛澤東不動聲色：妳是怎麼知道這事的？

藍蘋說：謝富治安插在北大、人大黨委內部的人密報的。說是北京衛戍區的人拿了彭眞的批示找北大、人大借學生宿舍。兩所大學都抽調了幾個年級的師生下鄉搞社教，有空出來的宿舍。……謝富治把密報交我看了，我要謝富治以中央政治保衛部和公安部部長的名義，通知北大、人大黨委，不得借學校宿舍作兵營，距中央機關那麼近，影響不好嘛。新組建的部隊應拉到遠郊區縣去紮營。

毛澤東說：是了，以後凡有這類事，妳都不要出面，只通過謝富治、康生他們去辦理。彭、賀也不是新組建什麼部隊，而是從山西調兩個團進京，加強首都防衛。

藍蘋說：原來你知道這事啊。彭眞的手越伸越長，伸到部隊來了。他和賀龍搞在一起。賀龍有什麼權利調動部隊？康生和我都覺得不是正常舉動。他們是不是受到什麼人的指使？

毛澤東說：不要妄加猜測。彭、賀老資格，歷史上有大功的人物。除了在我這裡，妳不要隨便議論，弄不好要跌跤子的。賀鬍子代林總主持軍委日常工作，可以調動團級單位，早有規定呢。

藍蘋說：他這次是調動了兩個團的人馬，並打算駐紮在北京城裡，想搞什麼名堂？

毛澤東有些不耐煩地說：不要把問題想那麼複雜、嚴重。我和林彪都不回北京，他們調動部隊有屁用？這事就到這裡打止。各人心裡有數就是。

說著，毛澤東順手拿起一支熊貓牌香菸，這種香菸是雲南玉溪菸廠替他特製的，摻和了少量鴉片，能醒腦提神。藍蘋立即拿起桌上火柴，又從老闆手裡接過菸卷含進自己嘴角，吸燃了，再送回老闆嘴裡去。每當她完成這個延安時候即養成的習慣動作，老闆總是滿意的。

藍蘋從來敬佩、嘆服老闆的城府韜略。他身邊有各式各樣的愛將，分工單一、嚴密。比如林彪只分管軍事，不能過問警衛系統；謝富治全責政治保衛，不能過問組織人事；汪東興專責中央辦公廳、中央警衛局，對謝富治是一種制衡；康生、藍蘋專責黨內情報，不能過問軍事；陳伯達專責中央文案，不能染指情報系統……等等。每人只管自己的那一點一線，嚴禁旁及其他。點點線線都到老闆那裡匯總，對老闆個人負責。而且只讓你知道正在進行著的這一步，不讓你知道下一步，第三步。只有老闆本人掌控全局，把握一切，保持進退餘裕。或許這就叫做帝王之術。老闆把一部《資治通鑑》研讀十五、六遍，讀深讀透。卻教全國軍民讀毛著，字字句句下功夫。

毛澤東噝噝地吸著煙，不緊不慢，深深吸進肺腑去，不見一絲煙霧從嘴角漏出：還有什麼情況？

藍蘋說：田家英不老實。爲了篡改你的講話的案子，打發他回北京做檢查，牢騷很大，說他早就想離開中南海了，就是不讓離開，難道要整到死了才讓離開？他還寫了一副對聯掛在書房明志：

正邪自古同冰炭

毀譽而今判僞眞

毛澤東吸著煙，沒有吭聲。

「田家英篡改毛主席講話事件」發生在去年十二月二十一日。毛澤東在上海處理完「羅瑞卿篡軍案」返回杭州，即找五名等候著他的秀才陳伯達、田家英、胡繩、艾思奇、關鋒談話。按原安排，五名秀才替六本馬列經典著作的中文版各寫一篇序言。可是談著談著，就談到了前不久引起爭議的兩篇文章：黨內又出了兩枝新的筆桿，戚本禹是中辦秘書室一名普通幹部，在田家英手下做事。他的〈爲革命而研究歷史〉我看了三遍。太平天國忠王李秀成忠也不忠？算不算變節分子？很深刻。缺點是沒有點某些史學權威的名；姚文元的〈評新編歷史劇《海瑞罷官》〉也很好，缺點是沒有擊中要害。要害是罷官。嘉靖皇帝罷了海瑞的官，一九五九年我們罷了彭德懷的官，彭德懷也是海瑞。

聽過毛澤東的談話後，田家英、胡繩、艾思奇、關鋒四人整理「談話紀錄」，以向中央書記處報備時，田家英意識到上面的這段話太尖銳、敏感，又把彭老總拉出來大批判？既然是談六本馬列經典著作中文版的序言寫作，這段即興式插進來的話，也與整個的內容不統一，因而力主不把它包括進去。胡繩、艾思奇兩人同意田家英的看法。關鋒沒有反對，卻即時向康生告密。康生報告藍蘋，藍蘋報告老闆。老闆當即下令：田家英是哪家的人？回北京交代問題，接受組織審查。

毛澤東見藍蘋又提到田家英，擺擺手，表示沒有興趣：小人物一個，和羅長子是一路的。死活咎由自取……談點別的吧。對了，我派人送你的那個材料，讀了沒有啊？

藍蘋心裡暗喜，田家英從來看不起老娘，老娘倒是看他活著走不出中南海了……見老闆正問自己呢，連忙笑道：你是問《歷代宮變、兵變紀要》？敢不讀嗎？讀了多遍，都差不多能背了。

毛澤東也笑笑說：越來越愛吹。好，妳就背幾段試試，不用原文，大概意思就行。

藍蘋姿態頗雅地抿了一口茶水，隨即唸話劇台詞似地唸道：話說東周諸侯國齊國的齊桓公，是一位很有作爲的國君。他不計舊惡，重用管仲和鮑叔牙治理國家，使齊國成爲春秋五霸的霸主。齊桓公在位四十一年，在那種諸侯割據、戰亂頻仍的時代，是很少見的了。他的結局卻很悲慘。禍端出在他沒有選好繼位者。齊桓公沒有嫡子，六個兒子都是庶出。長子無虧本應是王位繼承人，他卻立他所鍾愛的第三子昭爲太子。無虧的母親長衛姬是個很有心計的人，趁齊桓公晚年多病疏於政事，而暗中買通了桓公的左右，廣羅黨羽。此時，管仲、鮑叔牙已相繼去世。

公元前六四二年，齊桓公七十三歲，氣息奄奄，宮中大權落到了長衛姬手中。她和長子無虧買通內侍豎刁等人，將齊桓公安置進四面高牆的長壽宮中，所有的宮門出口都堵死。重病中的齊桓公在裡面要水沒水、要飯沒飯，餓了許多日子，實在熬不下去，爬到一處石柱前，以頭觸柱而亡……又過了許多日子，長子無虧派一名小內侍穿牆進入長壽宮，迎面一股惡臭，只見宮門、石柱、牆上、地下，蠕動著白花花的一大片，竟盡是蛆蟲！齊桓公早已肉腐骨露，全無人形。那些蛆蟲是從齊桓公的腐肉裡爬出……由於沒有挑選好權力接班人，英明一世的齊桓公落到個「子困父，父生蛆」的結局。

藍蘋在講述齊國的這段宮變慘劇時，一再強調是沒有挑選好接班人所致，寓弦外之音。

毛澤東閉上眼睛，面部肌肉抽搐幾下。

藍蘋見老闆仍要聽，便又說：胡服騎射，武靈王名垂青史；廢長立幼，趙主父餓斃沙丘……。

毛澤東忽然睜開眼睛：武靈王是戰國後期一位雄主，趙國君王，自號趙主父。他改變祖制，廢棄車戰，效法胡騎，組建騎兵部隊，是位傑出的軍事家、改革者，把趙國的疆土擴展到了烏蘭巴托一帶。他有兩個兒子，長子趙章，已立為太子；次子趙何，只有十歲。他寵愛小兒子，想把王位傳給趙何。後又在兩個兒子之間猶豫不定，演變成兩派權臣的鬥爭。趙主父為了擺平紛爭，把兩個兒子和他們的親信大臣都帶到沙丘地方度假消夏。結果，擁立趙何的一派首先發動兵變，殺死太子趙章，並把趙主父圍困在沙丘宮裡活活餓死，也是肉腐骨露生了蛆，和齊桓公的下場差不多。

藍蘋見老闆來了興致，也就放言高論：春秋戰國之後，幾乎歷朝歷代大有作為的帝王，都是在接班人問題上犯下大錯，導致父殺子、子殺父、兄殺弟、弟殺兄的宮變慘劇。歷史的教訓，血淋淋的。

毛澤東問：歷來如此？妳可以說說。

藍蘋嫵媚一笑：恕我班門弄斧……千古一帝秦始皇，完成統一大業，山河無關塞之阻，四方有通達之途，平生喜好巡行天下。他在位三十七年，於公元前二百一十年最後一次離開國都咸陽，南下荊楚，北上齊魯，計畫由趙而燕，由燕而晉，西渡黃河返回咸陽。誰想到了原趙國的沙丘地方，五十歲的秦始皇身染重病，只好停留在八十五年前餓斃趙主父的沙丘宮裡治病。這時秦始皇身邊只有宰相李斯、宦官趙高和次子胡亥三人。隨行的警衛部隊全被趙高所掌控。而太子扶蘇則因反對焚書坑儒而被派往遙遠的北方隨大將蒙恬鎮守邊關。結果，重病中的秦始皇竟被趙高隔離處置，連宰相李斯都見不到，而活活氣死。接著趙高脅迫曾經力主焚書坑儒的李斯篡改詔書，廢太子扶蘇，由次子胡亥繼位。爲了欺蒙天下，胡亥、趙高、李斯三人把秦始皇的屍體裝進特制的棺材轀輬車中，秘不發喪，而依原路線繼續巡行。一行人由西而北，歷井陘、太原、雲中、九原，南下上郡，最後返回咸陽。行程四千里，歷時三個月。回到咸陽，一切就緒，才宣布秦始皇死訊，召回太子扶蘇賜死，由胡亥登上皇帝寶座。秦始皇的屍體被趙高等人折騰數月，只怕腐屍化成的蛆蟲，比齊桓公、趙主父的還多吧？胡亥是個荒淫之徒。秦二世而亡，也是必然的結局。

毛澤東點點頭：妳大體上講的不錯。接下去呢？

藍蘋說：接下來是漢高祖劉邦打敗西楚霸王項羽，一統天下，英雄了得。可他去世時，也沒有把接班人安排好，以至皇室大權落到了皇后呂雉手中。呂雉是個了不起的女人，她沒有出面當女皇帝，但臨朝稱制，掌控權柄八年之久。八年之中，她迫害劉氏後代，大封呂姓爲王，使得宰相陳平、太傅周勃都陪盡小心，苟全性命。直到呂雉七十歲去世，陳平、周勃才聯合舊部，重掌禁軍，一舉殲滅呂氏集團，恢復劉家天下。

毛澤東說：接下去呢？不妨簡略些。

藍蘋知道老闆今天是要考考她的歷史知識，試試她讀懂了多少《資治通鑑》，便有條不紊地說將下去：西漢東漢，四百年間充滿宮變兵變，什麼王莽篡政，董卓專權，曹操挾天子以令諸侯等等，略去不談。三國之後，曹操的後代被司馬昭殺死，天下歸於司馬氏。不久分裂成南北朝。長江爲界，北朝是北魏、東魏、北齊、西魏、北周；南朝是宋、齊、梁、陳。都是些宮變最多、殺戮最烈的短命王朝，君臣攻篡、骨肉相殘達一百六十多年之久。之後是隋文帝楊堅統一天下。楊堅文韜武略，很有作爲，卻又是在接班人問題上犯下大錯。他有五個兒子，太子楊勇，二子晉王楊廣，三子秦王楊俊，四子蜀王楊秀，五子漢王楊諒，都是皇后獨孤氏所生。太子楊勇很不爭氣，終日浪游無度，調笑無時，把個東宮鬧的烏煙瘴氣，終被廢爲庶人。二子楊廣文武兼備，暗結朝臣，私蓄勇士，早有奪取皇位的野心，但在父皇面前裝得十分孝順，不久被立爲太子。楊堅自以爲帝位托付得人，自己可以疏於朝政，擁姬抱妾，鮮肥美味，恣樂後宮。他特別迷沉於美麗的陳夫人和蔡夫人。公元六〇六年，楊堅游幸仁壽宮，一病不起。太子楊廣欣喜若狂，竟奸淫父妾陳夫人，被病中的楊堅發覺，遂有廢楊廣、復立楊勇爲太子之意。但此時的仁壽宮內外，已經全是楊廣的人馬。楊廣一不做，二不休，命親兵包圍父親的寢宮，將其殺死，自己登基稱帝，是爲隋煬帝。這就是歷史上有名的楊廣弒父。

毛澤東說：惡有惡報，隋煬帝只做了十四年荒唐皇帝，最後死於江都兵變。死前還在玩唱〈玉樹後庭花〉。這曲子是南朝亡國之君陳叔寶所作，藍蘋妳還記得嗎？

藍蘋有些遲疑：那亡國之音，自古有名……

毛澤東說：徹底的唯物主義者無所畏懼的。

藍蘋遂柔聲吟哦道：

玉樹後庭花，逢春花吐蕊。
爲承西露澤，含笑春風裡；
玉樹後庭花，葳蕤自可喜，
豈不憐芳姿，依依不離違；
玉樹後庭花，花開不長久，
奈何風雨驚，零落成泥土……

毛澤東說：妳記性不錯。接下來的大唐開國皇帝李淵也沒有解決好接班人問題，也鬧到手足相殘。秦王李世民發動玄武門兵變，殺死太子李建成，逼老子李淵退位，登基稱帝，成爲那個被後世讚頌不已的開明皇帝唐太宗……近些年來啊，每逢讀史，縱覽興衰變亂，我不能不有所憂慮、警覺……唐人李商隱一首〈隋宮〉，做的不錯：

紫泉宮殿鎖煙霞，
欲取蕪城作帝家。
玉璽不緣歸日角，
錦帆應是到天涯。
於今腐草無螢火，
終古垂楊有暮鴉。
地下若逢陳後主，
豈宜重問〈後庭花〉！

藍蘋趁機進言：老闆的記性眞好。俗話講觀今宜鑑古……老闆是不是也有接班人問題？原先的那一位，看樣子是靠不住了，早就有人喊他「萬歲、萬萬歲」，他很陶醉嘛。名爲修養到家，實爲野心勃發。還有他那個大資產階級出身的婆娘，國內國外的充元首夫人，安之若素，當之無愧。

毛澤東忽然面有慍色：妳在城裡搞京劇革命，人家到鄉下參加「四清」，表現還可以。起碼，人家夫婦還算客氣，沒有把我困在沙丘宮，像齊桓公、趙主父那樣，屍腐肉臭，化成蛆蟲嘛。

藍蘋心領神會地說：老闆心裡有數就好……康生、伯達、春橋幾個，近來也焦急得很，常和我嘮叨：北京發生的一些鬼鬼祟祟的事情，主席要提早採行防範措施。

毛澤東順手取過一支香煙。藍蘋又接過來點著了，吸燃了，再遞上去。老闆深深吸上兩口，才說：妳告訴他們，或許身邊就有人家的人，傳回去，弄不好激起事變，大家粉身碎骨。我不是嚇唬你們。那份《歷代宮變、兵變紀要》材料，妳可以給康生、伯達、春橋三人傳閱……對了，前年、去年，趁我外出期間，是誰准許在中南海菊香書屋地下開挖人防工程的？鋼筋水泥，十分堅固。大小十多個房間，像座小地宮。兩道厚重的鐵門，使人想到秦城……我下去看過一次，沒有講話，心裡只是犯疑。就算要打第三次世界大戰，爲什麼不安排我住到西山要塞去？藍蘋妳知道這事的來龍去脈嗎？

藍蘋說：菊香書屋是乾隆皇帝讀書的地方，人講地下有龍脈。他們修建人防工程，不是就把龍脈挖斷了嗎？

毛澤東勃然作色：放屁！不得要領。妳個共產黨員，滿腦袋裝了些什麼？封建迷信。我是問妳，是哪個批准的？我起初以爲只是修間防空洞，方便出入，沒有反對。他們卻修成一座地宮。

藍蘋說：我了解過，是彭眞要辦公廳報了個計劃，小平、總理、劉少奇畫圈，算集體批准。

毛澤東問：知不知道，福祿居和西花廳的地下，修了人防工程沒有？

藍蘋說：從旁了解過，沒有。含和堂都沒有。

毛澤東說：這就奇怪了。打起仗來，敵人扔炸彈，單單我的老命要緊，他們的不要緊？

藍蘋說：我也打聽了，人講少奇的福祿居，恩來的西花廳，總司令的含和堂，三座院子地下都有水道，不宜修建地下人防工程。

毛澤東鐵青了臉說：菊香書屋地下預設一座沙丘宮！到時候請君入甕。我有這個預感。既然搞了這種設施，總有一天派上用場。至於是誰進去，就難講了。反正北京那地方，我是暫時不回去了。

藍蘋渾身打了個激凌。她平日也最是多疑、警惕性高的人，但就沒有想到這一層。打過激凌，她不由地心頭長出一盆寒光閃閃的針刺似的，恨不得千針萬針，一齊扎向那兩個不便說出名字的男女。

毛澤東臉色回復平靜，不免聊幾句輕鬆的：藍蘋哪，最近還讀了什麼有趣的書沒有？

藍蘋說：又把《封神榜》讀一遍。是本閑書。老闆說閑書有大學問。

毛澤東說：《封神榜》演的是商周故事，神神怪怪，不大可信。妳最感興趣的是什麼情節？

藍蘋說：講出來老闆不要批評……商紂王的寵妃蘇妲己建造蠆盆。蠆盆在摘星樓下，方圓二十四丈，深五丈，命都城萬民每戶繳交毒蛇四條，放養其中。凡有蘇妲己不喜歡的嬪妃宮女，即命剝光衣服投入盆中，任千萬條蛇蝎爭食，因此稱爲蠆盆。如果眞有蠆盆，我也願那個元首夫人下去……當然只是在想像中洩憤而已。

毛澤東沒有吭聲。要在往日，藍蘋敢在他這裡說些如此不堪入耳的話，早就喝令她滾出去了！今次老闆卻沒有動怒，而是饒有興味地問：還有呢？

藍蘋說：蘇妲己還替紂王發明了一種稱爲「炮烙」的刑具，銅質圓柱，高二丈，圓八尺，三層火門，下有滾盤，推動可行。行刑時，先將三層火門燃以木炭，使整根銅柱燒至通紅，再將人犯剝光衣服，赤身縛抱銅柱，頓時皮焦肉綻……老闆，我有時眞想讓你的對頭嚐嚐「炮烙」味道。

毛澤東皺起眉頭，一臉的不屑：放屁！不要放屁了。照《封神榜》上的說法，蘇妲己是個妖孽，商紂王是千古暴君，成湯六百年江山亡在他們手裡。妳恨他們是恨到刻骨銘心了，才有這些很不健康的想法。我是共產黨的主席，必須依照黨的規矩行事。藍蘋！

藍蘋沒想到老闆會突然喝令她的名字，不由的渾身一顫，士兵一般應道：在！

毛澤東說，記住！黨內鬥爭，妳是小學水平。妳那兩下子，人家認眞對付起來，不費吹灰之力。我不是嚇唬妳。可以說，妳對妳所認定的那幾個所謂的對手，缺乏眞正的瞭解。人家都是楊戩、哪吒、土行孫、赤松子呢。從今天起，妳只做好妳份內的事，陳伯達、張春橋、戚本禹、桃文元他們幾個可以協助妳，在思想文化戰線開闢戰場，不要插手其他。更不准妄自作主搞其他動作。否則惹下大禍，連我都救不了妳。記住了，好，我們今天就談到這裡。明天，妳代表我去一趟蘇州，把林彪同志接來。妳什麼都不要對林、葉說，也不要打聽。妳再敢胡說什麼「蠆盆」、「炮烙」，我就大義滅親，莫怪言之不預。

第三章　汪莊秘商調大軍

中南局陶鑄寄來兩份《羊城晚報》。毛澤東知道，陶鑄把《羊城晚報》當作中南局的機關報來辦了。這頭蠻牛還沒有去北京上班？他調中央，是鄧小平推荐的……兩篇文章，毛澤東已從電台廣播上聽到過摘要報導，現在看到全文，眼睛還是一亮：喃，都是頭版頭條，套紅大標題，一篇曰〈論毛澤東思想是當代馬列主義的頂峰〉，另一篇曰〈再論毛澤東思想是當代馬列主義的頂峰〉。

很好，廣州方面響應了。兩篇文章雖然以報紙社論的名義發表，卻看得出來是陶鑄本人的語氣，旗幟鮮明，有很強的針對性。算是陶鑄調中央工作的見面禮。可笑那個小人物田家英，夥同羅瑞卿，竟然針對高舉旗幟的林彪元帥提出五個不同意：不同意林彪的毛澤東思想發展到最高峰的「頂峰論」；不同意林彪的「活學活用，急用先學，立竿見影」；不同意斷章取義地學習毛語錄，不學原文；不同意宣傳毛澤東思想是當代最高最活的馬克思主義，難道還有次高次活？還分死的活的？

林彪同志的言論確是曲高和寡，絕對化，但目前需要的正是這種「個人迷信」、「領袖崇拜」的絕對化。上哪座山唱哪支歌。羅瑞卿、田家英這兩個人，毛澤東信任、重用了二十多年，要不是林彪、葉群夫婦揭發出來，還不知道他們早就朝毛澤東思想捅刀子了。還有彭眞，更是個本領了得，名爲保護吳晗，實爲不讓毛澤東從北京市打開缺口，眞是一條漢子。彭眞何來這麼大的膽子？自恃身後有玉皇大帝撐腰嘛。玉皇大帝掌控著從中央到地方的整個黨的組織系統，包括中央書記處、中央組織部、中央宣傳部、中央統戰部、中央對外聯絡部、中央人民廣播電台、電視台、人民日報社、新華社等要害部門，你說了得了不得？彭眞追隨毛澤東近三十年，現在把寶押在玉皇大帝一邊了。

先放一個釣餌。去年十二月毛澤東在上海召集政治局常委擴大會議處理羅瑞卿問題時，大出劉少奇、周恩來、鄧小平等人的意外，點名由彭眞主持會議，並指定彭眞爲「羅瑞卿專案審查小組」組長。彭眞見毛主席仍然這樣信任自己，果然神氣活現，如坐春風，儼然以中央常委自居，代表中央對羅長子鐵面無情，支持葉群、吳法憲、李作鵬等人深揭狠批……西方有句俗語怎麼說的？上帝要使一個人滅亡，必先使其瘋狂。中國的成語叫欲擒故縱，以毒攻毒。先讓他們去鬥一陣，自亂了陣腳再說。當然也不要輕看了彭眞，這頭山西驢子頭腦很聰明，內心很陰暗，或許將計就計，有他自己的如意算盤：羅長子是毛澤東的親信，首席保鏢。除掉羅長子，毛澤東身邊就少了一員大將。借毛澤東之劍，除毛澤東之將，清君側啦，何樂不爲？

劉少奇的道行更高些。整個上海會議期間，兩次發言均強調黨內團結，強調純潔黨性，反對有形無形的派別活動。劉少奇還話裡有話地說：當前尤應注意維護黨中央的集中統一領導，防止出現多中心，防止任何人，任何形式的分裂活動。

開完上海會議，毛澤東特意把彭眞請到杭州住兩天。在表揚了一通彭眞在這次和羅瑞卿的鬥爭中立場堅定、旗幟鮮明，林彪同志也很滿意之後，忽然談到北京市副市長、明史專家吳晗在三年困難時期所寫的《海瑞罵皇帝》、《海瑞罷官》等等，要害是「罷官」，替彭德懷鳴不平。

一聽毛澤東談到這事，彭眞便又斂去臉上的謙恭微笑，態度轉趨強硬：主席，我向你匯報心裡的眞實想法，不同意把吳晗同志和彭德懷扯在一起。北京市委做過認眞的調查，沒有發現吳、彭有什麼關係。如果我沒有記錯的話，學習海瑞，爲民請命這話，是主席在一九五九年四月中央全會上提出來的。會後胡喬木同志根據主席指示精神，找吳晗寫關於海瑞的文章在《人民日報》上發表，後才編了那個歷史劇《海瑞罷官》，由京劇大師馬連良演出，主席還看了演出，請馬連良、吳晗兩人吃了飯，表揚他們編演了一齣好戲……所以這整個的過程，實在和彭德懷扯不上關係。

毛澤東被彭眞當面揭底，心裡窩火，強忍住才沒有發作，且展現出難得的寬容大度：好啦好啦，你講這麼多，還要怎樣？吳晗和彭德懷沒有組織上的聯繫，有不有思想上的聯繫？上個月《解放軍報》轉載姚文元的文章時，指出《海瑞罷官》是一株反黨反社會主義的大毒草，戚本禹、關鋒等人的文章也說是嚴肅的政治鬥爭問題。你們怎麼看法？

彭眞頭皮陣陣發緊，堅持說：主席，要防止黨內出現學閥，打棍子。《人民日報》轉載姚文元的文章，編者按語是周總理修改定稿，表達了中央多數同志的看法：應根據毛主席一貫倡導的「百花齊放、百家爭鳴」方針，在文化界、史學界進行平等的、以理服人的討論，眞理面前人人平等。

毛澤東黯然神傷，又一次感悟到自己面對一個頑強的「中央集體」，彭眞才會如此放肆，分寸不讓。只好打發他走人了：彭鬍子，你什麼時候回北京？我可以同意你們作爲學術問題來辯論，眞理愈辯愈明嘛。你回去後，轉告劉、周、陳、鄧，當前還是要一手抓辯論，一手抓工農業。吳晗的問題，可以兩個月後作政治結論。

……毛澤東邊想著這些，邊翻閱著《羊城晚報》。另有一則消息也引起他的注意：在廣州避寒過春節的郭沫若、葉劍英、陳毅、賀龍，盛讚一本新出版的部隊小說《歐陽海之歌》。郭沫若稱全書貫穿毛澤東思想的光輝，是社會主義文學的典範里程牌；葉劍英稱它大歌大頌毛澤東思想，是全軍政治思想工作的重要收獲；陳毅稱它是長篇小說的紀念碑，劃時代傑作；賀龍稱《歐陽海之歌》好就好在把毛澤東思想故事化、形象化，把毛澤東思想寫生動了、寫活了。

毛澤東放下報紙，不相信這些屁話。什麼里程牌、紀念牌、劃時代，太廉價了。三位元帥和郭沫若爲什麼要這樣沒有分寸地吹捧一部新出版的小說？連魯迅和毛本人的著作都沒有被這樣評價過。雖是藉了誇獎這部小說來歌頌毛澤東思想，畢竟太過肉麻、庸俗化。是不是某種投機心理在作祟？還有賀龍的吹捧，鹿皮下露出馬腳：毛澤東思想原來不形象、不生動，是死的，靠了一本小說寫形象、寫生動、寫活的！什麼話嘛，名爲讚頌，實爲反諷。這個賀老總，近些年來，你腦殼裡裝了些什麼不便見人的東西？

在《羊城晚報》上發這種消息，可謂用心良苦。陶鑄這個人很能幹、很聰明。

國防部長林彪元帥的出行車隊有別於其他黨和國家領導人，更講安全系數和更具軍人特色：第一輛爲裝有警示燈的野戰吉普，第二輛爲四噸解放牌載重卡車，第三輛、第四輛均爲改裝過的紅旗牌防彈轎車，第五輛又爲四噸解放牌載重卡車。由於載重卡車並不載重，放空行駛，時速七、八十公里不成問題。從蘇州到杭州基本上是沿運河公路南行，全程兩個半小時左右。當然，只有林彪、葉群乘坐的那輛防彈轎車可以駛入汪莊大門，其餘車輛則停靠到附近的警衛部隊營地上候命。

對於親密戰友、也是學生輩的林彪的到來，毛澤東表現出異乎尋常的親熱和敬重，一口一聲「林總」的稱呼著。林彪小毛澤東十三歲，見面先敬禮，後握手致候。藍蘋則拉住葉群的手，侍立在旁，如同一對親姐妹。毛澤東招呼林總坐下後，即吩咐藍蘋：妳陪葉妹子去遊湖吧，今天我和育容要談得長一些，妳們可以遊到吃晚飯再回來。

林彪在毛澤東面前，總是一身整潔的軍服，身子坐的筆挺，目光沉穩，不苟言笑，表情嚴肅，絕無討好、諂媚之色，一派公事公辦的作風。擁戴的、頌揚的、表忠的言詞，都用在軍內報告、文件上，落實到軍隊工作中去了。作爲一名戰功卓著的軍人，林彪無須當了領袖的面巧言令色，阿諛奉承。那從來不是他的行事風格。

毛澤東最欣賞林彪的正是這一點：當面少說，實際去做，極富韜略。林彪患有神經衰弱、腸胃不適等十餘種病症，不能喝茶。毛澤東親手替他倒上一杯白開水：育容啊，看你的氣色還不錯嘛，最近康復多了？

林彪彷彿這才記起頭上還戴著軍帽，伸手摘下，恭恭敬敬地放在座前茶几上：多謝主席關心。上次托藍蘋送去的中藥方子，服後效果很好，近來感覺不錯，好像沒有什麼病痛了。

毛澤東笑了：那就好，那就好。那個方子有些來歷。是溥儀回憶出來給總理的，說是慈禧太后長期服用，活了七十三歲，那時算是很長壽的了……你身體康復，我就放心了。軍隊的事，你要統籌起來。近幾年賀鬍子坐鎮軍委，和羅長子倒是合作默契，搞全軍大比武，大練兵，轟轟烈烈。當然不能講賀是羅的後台什麼的。一些情況，我不說你也明白，自一九六〇年之後，我是大權旁落，舉步艱難，不讓出席黨的會議，不讓在會上講話。我講一句，人家堵一句。講了也如同放屁，沒人要聽，等等，不勝枚舉。唯有你主持軍隊工作，堅持政治掛帥，思想先行，號令全軍將士舉我的旗子，讀我的著作，開展「活學活用」、「五好戰士」、「四好連隊」活動，總算能夠保住軍隊。不然孤家寡人一個，早被人家囚禁到沙丘宮去化作蛆蟲了。

林彪一時不明白「沙丘宮蛆蟲」這掌故的含意，而說：我只是堅持主席的建軍思想，使五百萬人民解放軍忠於主席和主席的思想。去年十二月上海會議及時採取措施，拔掉羅瑞卿這顆釘子，正是為了保證軍隊忠於主席，絕對服從主席的命令。

毛澤東說：拿掉羅長子，我是依了你……羅長子反對你，但沒有反對我，只是上過我的秘書田家英的當。當然我了解，某位玉皇大帝在拉他，封官許願，內定他為國防部長接班人。他並沒有被拉過去，都及時向我匯報了。

林彪說：主席用人不疑，疑人不用。羅瑞卿也算我的老下級，從江西蘇區紅一軍團的保衛局長，到延安抗大的教務長、副校長，都是經我一路推荐上去。誰想他近幾年變化這樣大？拿掉他，在我也是萬不得已。如果仍讓他做總參謀長和軍委秘書長，一旦主席要在京、津、唐地區採取軍事制衡措施，他必然是隻攔路虎。就算他不敢抗命，也會依他的組織觀念，報告賀龍，報告總理，還有那個兼任著國防委員會主席的玉皇大帝。

毛澤東和林彪都以「玉皇大帝」這個代號來指稱國家主席劉少奇。毛澤東忽然調轉話題，問：你和葉群在北京的住所毛家灣二號，挖了人防工程沒有？

林彪不知毛主席為什麼突然問起這個，頓了一頓，回答：挖了。事先報給我一個計畫，說是辦公廳統一布置，葉群簽了字。反正我們長住蘇州。聽說鋼筋水泥，總共十來個房間，閘門鋼板厚四寸。

毛澤東說：這就怪了，單單在你和我的住處地下挖人防工程，鋼鐵閘門，固若金湯……藍蘋從旁瞭解，恩來的西花廳，總司令的含和堂，少奇的福祿居，都沒有挖地下人防工程。一旦戰爭打起來，難道他們的性命就不要緊，只是我和你林總要保老命？

林彪心情一激動，頭上就冒汗：楊尚昆這個王八蛋！紅三軍團時期就替彭德懷當政委，共褲連襠。主席去年撤了他的中辦主任、書記處候補書記職務，很及時，很英明。我就沒有想到這一層。

毛澤東笑了：不在其位，不謀其政。不單是一個楊尙昆。他上面是玉皇大帝。玉皇大帝手下還有一批蝦兵蟹將，不要小看他們。

林彪問：主席，他們爲什麼單單在菊香書屋和毛家灣二號的地下挖人防工程？我覺得北京有一小撮傢伙居心叵測，鬼鬼祟祟在幹一些見不得人的事情。他們爲什麼要這樣幹？

毛澤東從白瓷碟中拿起一塊小毛巾，讓林總抹抹額頭上的汗珠子，之後講了春秋時候齊桓公困死仁壽宮、戰國時候趙主父困死沙丘宮、千古一帝的秦始皇也是被困死在沙丘宮等三個歷史掌故。齊桓公、趙主父、秦始皇都是大有作爲的君王，趙主父還是個傑出的軍事家、改革者，秦始皇統一中國，建立起第一個中央集權國家，更是了不起。但他們三個都犯了同樣的錯誤，沒有選擇好自己的權力接班人，所以結局也是相似的，年老體弱時被身邊的人所囚禁、困死，屍腐骨露，化成蛆蟲……我要藍蘋送你的《歷代宮變、兵變紀要》那個材料，看了沒有？

林彪頭上又冒汗了：看了，沒有主席這樣好的記性。我建議主席近期內不要返回北京，以防萬一。只要主席人在外地，王八蛋們就會有所顧忌，不敢胡作非爲。

毛澤東忽然目光如炬，盯住了林總：你也暫時不要回去。眞有那麼一天，北京的朋友們認爲時機成熟了，會毫不猶豫地把菊香書屋地下人防工程，毛家灣二號地下人防工程，變成他們的仁壽宮或是沙丘宮。誰最可能幹這種事？當然是我的接班人。

林彪咬了咬牙：早就看出他不是好東西！表面上修養到家，背地裡野心勃發。黨內最大的陰謀家、僞君子不是彭德懷，而是他！只要主席下決心，施鐵腕，我可以派部隊把他抓起來，關進秦城。

毛澤東若有所思地說：育容啊，你平日不是喜歡嚼炒黃豆嘛？俗話講，心急等不得豆子爛。黨內鬥爭，要有所爲，有所不爲。不能逞一時之快。延安時期，我常去抗日軍政大學作報告。那時你是抗大校長，羅長子是副校長兼教育長。記得我曾經講過，革命好比割豬肉，不能大卸八塊，而要學庖丁解牛，講究刀功刀法，盡量有條不紊，一片一片來割……我以爲，這話至今未過時。

林彪說：我擁護。就等主席命令，什麼時候從哪裡下手。第一刀最重要。

毛澤東說：選準時機，做到穩、準、狠，令玉皇大帝和他手下的人措手不及。

林彪起立，聲音既冷又硬地說：是！林彪堅決執行主席命令。

毛澤東笑著擺擺手：坐下坐下，不急不急。還要好好商量，從長計議。林總帶兵，出奇制勝，常有神來之筆嘛。

林彪坐下，臉上泛出紅暈：主席過獎。幾十年來，我不過是學習主席的軍事思想，有時還學得走了樣……最近一段，想起又可以帶兵打仗，就覺得自己的身體很健康，有點病痛，不算什麼。

毛澤東說：你、我一樣，都是好戰分子。天下太平，易生失落，不打仗不過癮。

林彪說：我斗膽講一句，庖丁解牛，第一刀應當下在北京地區。

毛澤東讚許說：不謀而合。你看出動那支部隊較適宜？可以有下面幾支，由你選擇……。

林彪欲記個簡單的筆錄，順手取過茶几上的信箋鉛筆。

毛澤東以手勢制止：記到腦子裡就可以了。我這裡從不留下這類文字。一是南京軍區的許和尚。許和尚早就對我拍了胸口：中央出了修正主義，他帶兵從南京打到北京！南京軍區轄下，最靠近河北的是駐守在安徽大別山一帶的第十二軍，你覺得怎樣？

許世友紅四方面軍出身，抗戰時期又是賀龍的部下，林彪並不十分信任他，而說：第十二軍弱了點吧？軍長李德生，抗戰時期是鄧小平的部下。而且部隊要從人煙稠密的黃淮地區，經山東、河南進入河北，行動不便於掩護。

毛澤東點點頭：武漢軍區方面呢？陳再道司令員也是紅四方面軍出身，駐在河南北邊的是哪個部隊？適不適合調用？

林彪回答：報告主席，是第四十二軍，原四野人馬，駐紮在鄭州、開封、新鄉一線。戰鬥力一般。要進入河北平原，同樣是人口稠密地區。若以鐵路運兵，則必然驚動鐵道部，鐵道部則會報告總理辦公室。

毛澤東再又點點頭：那麼濟南軍區呢？從魯西北出發，離北京最近。

林彪說：沒有把握。我不是懷疑濟南軍區司令員楊得志對主席不忠。但他畢竟是彭德懷的老部下。他的第十九兵團很能打仗，羅瑞卿當過該兵團的政委。

其實毛澤東心裡早有一支人馬，但就是不給點穿了，而繼續繞了彎子問：不從外地調兵勤王，可不可以在北京軍區就地用兵?你對楊勇司令員放不放心?

林彪身子一直坐得筆挺:報告主席,恕我直言,對楊勇同志,我只有百分之三十的信心。他同樣是彭德懷的老部下,紅三軍團出身,聽講和劉少奇的關係也不錯。

毛澤東說:軍中三楊都是龍虎上將,楊成武、楊得志、楊勇,目前只有楊成武信得過囉。

林彪心目中也早有一支人馬,話到嘴邊,也暫不說破,而繼續分析:現在駐紮在北京南面保定、石家莊一線,是北京軍區的六十三軍,軍長是薄一波、羅瑞卿的老部下;北京西北面張家口一線,是六十九軍,軍長董其武,一九四九年起義過來的原傅作義舊部;駐紮在北京東北面的六十六軍,倒是一支戰鬥機動能力很強的部隊,但軍長、政委都是楊勇手下戰將。不通過楊勇,別人很難指揮得動……。主席,若要從外地調部隊進北京,首先要考慮把原北京軍區布置在京、津、唐周圍的部隊統統撤離,把地盤空出來再談其他。

毛澤東說:我也是這麼想的。你是國防部長,當家元帥,準備怎樣開拔北京四周那三個軍?

林彪說:主席是當家的,我至多是個替主席看家的丘八……如果主席批准,我倒是有個設想,命令北京軍區的司令員副司令員,政委副政委,參謀長副參謀長,統統出動,帶上六十三軍、六十六軍、六十九軍三個軍的部隊,開赴內蒙古草原進行爲期一個月的大演練。瀋陽軍區、濟南軍區、蘭州軍區等三個軍區的司令員、政委也都去內蒙現場觀察、督陣。

毛澤東高興地拍了拍沙發扶手:林總計多謀足,先讓北京軍區唱一齣空城計……。還有北京衛戍區呢？靠不靠得住？

林彪說：傅崇碧應當不成問題。衛戍區部隊暫時不要動它，免得引起多心。到時候對衛戍區司令部和政治部來一次突然改組，把靠不住的人撤換掉。仍由傅崇碧做司令員，另派個政委給他就是了。

毛澤東說：林總胸有雄兵，決勝千里……究竟派哪支部隊進京，你有不有具體的想法？

林彪盡量保持謙恭的態度：有個建議，供主席決策參考……還是調三十八軍吧，十萬精兵，鋼鐵勁旅，曾被稱爲萬歲軍的。

毛澤東大聲說：好！三十八軍。三十八軍現駐守在哪裡？

林彪心想，毛主席這是明知故問，卻不得不認眞回答：就駐紮在山海關外的錦州、綏中沿海一線，目前是我軍的全機械化部隊。以換防名義，命令三十八軍分多路秘密進關，二十四小時內可抵達北京郊外，完成包圍，達到主席所要求的迅雷不及掩耳。

毛澤東說：好。我們不是搞兵變，而是主動防兵變，反軍事政變。

林彪說：是！我們反政變。你是黨主席兼中央軍委主席，我是國防部長、軍委第一副主席，調動部隊，名正言順，誰也放不了屁，把那夥王八蛋通通看管起來再說。

毛澤東忽然對林彪生出幾絲絲疑慮。此人平日病病歪歪，幾乎足不出戶，卻對調兵包圍北京這麼主動，表現出濃厚的興趣？但現在管不了許多，不得不用到他……遂說：原先三十八軍的軍長是梁興初，政委是梁必業。雙梁是棟樑囉。現在的軍長、政委我不熟悉。梁興初、梁必業我熟悉，都是井崗山時期紅四軍戰士出身，朱老總做軍長，我做黨代表。紅四軍後來發展成爲紅一方面軍，我是總政委，你林彪是紅一軍團總指揮，梁興初、梁必業任連長、營長……三十八軍的老根底是紅四軍，如果我們也有王牌軍的話，它是王牌中的王牌。這次，乾脆把雙梁派回三十八軍去執行任務，老首長指揮老部隊，也可以稱爲「監軍」吧。

林彪點點頭：是！梁興初現在是成都軍區的副司令員，梁必業是軍委辦公廳主任。我通知他們到蘇州見……不過，主席要寫兩道手令，一是命令北京軍區駐河北境內部隊全部拉去內蒙草原大演習，軍區領導全部下部隊，上第一線指揮；二是命令三十八軍秘密換防，閃電進關，完成對北京的包圍。

毛澤東明白林彪的意思，按中央軍委的有關規定，軍委第一副主席只可以調動師級單位，軍和軍以上單位的部隊調動，必須由軍委主席親自發布命令。毛澤東閉了閉眼睛，沉思默想一會，睜開眼來說：可以。我現在就寫給你。

說著，毛澤東拉過一冊中央軍事委員會便箋，以鉛筆寫了手令。在寫第二道手令時，則又斟酌一刻，之後寫道：調梁興初、梁必業回三十八軍，督率該軍執行林彪同志所交代之任務。此命令有效時間爲二月中旬至三月上旬。

寫畢，毛澤東稍作強調：這個時間比較合適。事要做得萬無一失。若走漏消息，我們就全盤皆輸了。我看，這麼辦吧，你先把第一道命令拿去執行。第二道命令暫留我這裡。三十八軍這張王牌非同小可。等雙梁到了蘇州，你領他們來見我，再叫上楊成武代總長，我們一起來面授機宜，怎麼樣？

林彪面無表情。毛主席在最要害的地方，總要防人一手的。即便是他視爲最可信賴、倚重的人，也只是棋子、工具而已，隨時可以拿掉、更換……林彪只得收好第一道手令，說：主席放心，養兵千日，用在一朝，軍人以服從命令爲天職。

毛澤東彷彿看清了林彪心裡的那幾絲絲陰影：育容，我對你一向信任，沒有不放心的。三十八軍是否進關的事，關繫全局，你、我輸不起，不能不慎之又慎。今天的談話，沒有讓葉群藍蘋參加，也是這個意思……多一個人知道，多一處漏洞，你要理解加諒解。

林彪挺了挺身子說：是！我向主席保證，不讓葉群知道……一個婆娘一面鑼，要嚴加防範。

密談接近尾聲，毛澤東諄諄囑咐：育容，記住，革命也像剝洋葱。到時候，三十八軍進關，完成對北京的包圍只是第一步；第二步，進城接管北京衛戍區、中央人民廣播電台、中央電視台、中央軍委廣播電台、《人民日報》社、新華社、北京市電話電報大樓、首都機場、西郊軍用機場、南苑軍用機場、西山要塞、北京火車站、豐台火車站；第三步，接管北京市委、市政府，中央組織部、中央宣傳部、統戰部、調查部、對外聯絡部、鐵道部、民航總局、人民大會堂，京西賓館、軍事博物館、釣魚台國賓館……林總你不用記錄了，到時候把這個名單拿去。我會通知中南海警衛師、北京衛戍區全力配合三十八軍的行動。

林彪恭敬地望著毛主席。手令不給，口說無憑。這些話通通可以不作數。……林彪戴上軍帽，起立敬禮：主席放心，保證完成任務！

毛澤東笑著擺擺手：育容坐下，坐下。你總是這麼客氣，實在沒有必要。藍蘋陪葉群遊湖，快回來了吧？你和葉群要不要在我這裡住兩天？聽京劇、評彈，都可以。你是從來不跳舞的。

晚飯後，林彪、葉群一行返回蘇州。

毛澤東隨即按鈴傳來中辦主任兼中央警衛局局長汪東興：小汪，通知專列火車，兩小時後，全體人員上車，我們去武昌，藍蘋回上海。

汪東興及其服務人員已經習慣了毛主席這種說走就走的舉動。兩小時內，必須命令鐵道部，安排好專列火車途經的鐵路沿線，一切車輛停駛讓道，以保證專列暢通無阻……還有其他的準備工作等等。汪東興試探著問：原先不是打算去廣州嗎？廣州天氣比武昌暖和些。陶鑄同志有電話來，說他們已做好準備。

毛澤東問：陶鑄打算安排我們住哪裡？

汪東興答：白雲山松林山莊。那裡幽靜，空氣清新，便於安全保衛。

毛澤東說：松林山莊啊，一九六二年住過……深山谷地，太潮濕。要是有人把兩頭山口一堵，甕中捉鱉。還是去武昌吧。暫時不要通知陶鑄他們。

第四章　南北對決　彭真探陣

北京沒有春天。二月上旬，南方已經鶯飛草長，柳霧桃雲，春日融融。北京卻依然滴水成冰，天氣苦寒。市中心的什刹前海、什刹後海、北海、中海、南海，仍被厚厚的冰甲所覆蓋。兩岸上的林木枝丫光禿，枝枝爪爪在寒風中抖索。連那些四季長青的松樹和柏樹，都呈現一派鐵灰色，了無生趣。一向熙熙攘攘的北海公園的冰面上，不見了穿紅著綠的孩子們溜冰嬉戲。

共和國的首都籠罩在陰晴不定、波譎雲詭的氣氛中。便是普通市民也能從報刊文章上感覺出來，咱國家、咱北京出什麼狀況了？或者說將要出什麼事兒了？上海方面的張春橋、姚文元們幾乎天天發表文章，指名道姓批評北京的吳晗副市長，翦伯贊敎授，還有戲劇家田漢。田漢還是咱國歌《義勇軍進行曲》的詞作者呢！奇怪的是中南海裡的幾名秀才戚本禹、關鋒、王力也窩裡反，加入了上海陣營；當然北京方面也沒有示弱，中宣部副部長周揚，北京市委文敎書記鄧拓，市委宣傳部部長廖沫沙這些人都出面寫文章了，和上海方面幹上了。上海、北京、雙方別上苗頭，卯足勁頭，你來我往的過招，大約最後就看誰的後台祖師爺功力深厚了。

越怕出事越有事。星期六下午，國務院副總理、中央宣傳部長陸定一的夫人嚴慰冰，來到距王府井大街不遠的東華門「特供處」購買日用品。「特供處」全名「中央領導人生活物資特別供應處」，實爲一家甚具規模的內部免稅商店，專爲中央政治局委員、書記處書記、國務院副總理、人大副委員長、全國政協副主席以上領導幹部及其家屬提供質優價廉的商品供應服務。品種包括國外進口的名牌家用電器、手錶、香水、呢料、朱古力、白蘭地、威士忌、衛生紙巾、珠寶首飾等等，加上國內生產的各式各樣名優產品，用的穿的玩的吃的，應有盡有。在新中國物資緊缺、產品質地粗劣的年代裡，「特供處」自然成爲中共最高層領導人的夫人們經常光顧的購物小天堂了。手握一本深紅色封皮的「特供處購物證」，更成爲權力身份的象徵。報紙、廣播裡天天宣傳滅資興無，資本主義爲萬惡之源，千好萬好不如社會主義好；但中央領導人及其家屬們卻對資本主義名牌商品情有獨鍾，在嚴格保密下獲得特殊供應，乃是一項馬列主義靈活運用，亦即林副主席倡導的毛澤東思想「活學活用」了。

陸定一夫人嚴慰冰來到「特供處」門外，下了車，被兩名警衛局幹部禮貌地擋了駕。店內燈火通明，門口卻掛了個不起眼的牌子：內部整理，暫停營業。問今天還開放嗎？回答倒是挺客氣的：您過兩小時來吧，沒准。嚴慰冰只好讓司機把車子開到王府井百貨大樓後面去停下，徑自進入百貨大樓足足逛了兩個小時。算是周末散散心吧。無所謂尊卑貴賤，愛逛商場似乎是絕大多數女人的天性。

嚴慰冰依時回到特供處，門口仍站著那兩名警衛局幹部。問店裡還沒有整理完嗎？警衛局幹部認得她是陸副總理夫人，只好抱歉地解釋：首長，眞是不好意思，是林副主席的夫人從外地回來，替林副主席辦事，我們也不知道她什麼時候出來，只是不讓放別的人進去，總理辦公室打了招呼的……

葉群？病夫得道，雞犬升天了？她算什麼東西？橫行霸道到特供處來了？嚴慰冰差點罵開來。一生氣，購物慾望也沒有了，坐上車子回到中南海家裡，看什麼都不順眼，摔東西，撒氣。

陸定一同志在釣魚台國賓館那邊組織人馬寫文章，和上海方面叫陣，近些日子忙得很少回家休息。嚴慰冰本患有嚴重的神經官能症，晚上老失眠，安眠藥已不管用。她想起老同學葉群的種種行徑，越想越忿忿不平。林副主席啊，你天天號召全軍將士、全國人民讀毛著，用毛澤東思想武裝每個人的頭腦，知不知道你自己的婆娘是個什麼貨色？她正利用你的地位、威望，專橫跋扈，爲所欲爲！你不知道的話，我可以告訴你！我可以從她不光彩的歷史談起，幫你剝開她的畫皮。

嚴慰冰義正詞嚴，是這麼想的，也就這麼寫下來：

葉群同志的眞面目

葉群原名葉敬宜，福建閩侯人，父親葉君琦是一名國民黨反動派的少將軍官。葉群爲葉君琦第三房姨太太所生。因葉家巨富，十三歲時（一九三〇年）被送至北平女子師範大學附中讀書。

不久受「一、二九」學生運動影響，加入了黨的外圍組織——民族解放先鋒隊。後和賀龍同志現在的夫人薛明一起轉入天津師院附中就讀。蘆溝橋事變後，京、津淪陷，她和薛明一起從天津流亡到了南京。她很快做了國民黨某電台的播音員。她還參加了汪精衛辦的青年戰地服務訓練班，曾獲訓練班演講比賽第一名。葉群生性風流，讀初中時開始交男友、談戀愛。在南京期間，更和一個國民黨CC系特務教官不乾不淨，關係曖昧（據說墮過胎）。

一九三九年，葉群又和薛明同志一起，從南京、武漢、西安輾轉到了延安，入中央組織部訓練班學習。她背著薛明，向組織謊報自己是地下黨員。一九四三年入中央黨校二部學習。延安整風運動期間，薛明同志抱著對黨組織負責任的態度，曾揭發葉群是假黨員，葉很可能秘密加入過國民黨的特務組織，不然怎麼會和那個CC系教官關係親密到墮胎的程度？她早就不是一個處女。但此時的葉群攀上了抗大校長林彪同志，組織上對她的政治審查也就不了了之。

葉群是個私生活極不檢點、個人道德有嚴重問題的人。高崗的妻子李力群同志曾經提到過這樣一件事：一九四五年冬，葉群隨林彪同志到東北，隨後部隊撤退到黑龍江省境內。葉群一家住在哈爾濱龍江街一幢漂亮的俄式別墅裡。林彪常年率領作戰指揮部住在雙城子，距哈爾濱兩小時汽車路程，很少回家。葉群難耐寂寞，請了個俄國男人當家庭教師，名爲教授她和孩子學習俄文。一九四七年某天，李力群去看望葉群，進到客廳，沒有見到人。因是老熟人，李力群就一直走到葉群的臥室裡去找人，結果發現她和俄國教師正在床上大幹好事，淫聲浪氣不堪入耳。李力群被嚇得連忙退出……。

幾天以後，一封寫著「林彪副主席親啓」的信件寄到了距北海公園西岸上不遠的毛家灣二號。林副主席遠在蘇州休養。按照紀律，凡是寫明林彪親啓的信件，工作人員不允許拆閱。

於是這封信到了蘇州。林彪拆閱後，發現是一封匿名信，內容十分惡毒反動，竟誣蔑葉群同志一九三九年到延安時已不是處女，又誣蔑葉群同志一九四七年在哈爾濱家中和俄國男教師亂搞，是可忍，孰不可忍！林彪盛怒之下，沒有忘記保護葉群，沒有給她看匿名信，而是以中央專遞方式送給了北京的公安部長兼中央政治保衛部部長謝富治，嚴令謝富治在最短的時間內找出寫匿名信的人，可疑分子就那麼幾個，無非是賀龍的婆娘薛明，高崗的遺孀李力群等。

謝富治立即報告周恩來。周總理指示：這是攻擊林副主席和家人的惡性事件，一定要查個水落石出。當然，照信封封口的保密膠看，事涉中央高層，不能出差錯，不要輕易捕人。

起初並沒有懷疑到陸定一副總理的夫人嚴慰冰同志。

北京方面還沒有破案。一向沉默寡言的林副主席卻按捺不住，竟在上海召開的一次軍委常委會上，當著毛主席、劉主席、朱總司令和其他老帥們的面，晃著手裡的一張紙條說：同志們，這裡，我向中央報告一個情況，還葉群同志一個淸白！第一，葉群從來沒有加入過ＣＣ系，不是國民黨特務；第二，葉群一九三九年到延安時，還是個處女！一九四三年她和我結婚的頭一夜，見了她的女兒紅！我有發言權，我是證人。一九四四年她在延安生下豆豆，一九四六年在哈爾濱生下老虎……。

毛澤東、劉少奇、朱德和在座的其他老帥都傻了眼，莫明其妙：林彪同志爲什麼會突然到軍委常委會上來談葉群到延安是不是處女，見沒見女兒紅？大家啞然失笑了。

毛澤東幽默地說：林彪同志，你今天是怎麼了？葉群和你結婚時是不是處女，就那麼重要？我看並不重要。藍蘋和我結婚時，早就不是什麼處女，更不可能見到什麼女兒紅。我從不計較。只有封建時代的人講求初夜權。不信你問其他老同事，總司令、少奇、恩來、賀老總、陳老總等等，他們計較過康克清、王光美、鄧穎超、薛明、張茜這些女同志，結婚時是不是處女，有不有女兒紅嗎？

黨主席一番風趣得近乎玩世不恭的話，儘管大家不無尷尬，還是引發一陣哈哈大笑，算是虛晃一槍，把事情暫時掩飾了過去。林彪這人也眞是……難道是想以此來表示他是個胸無大志、精神平庸、喜怒無常的人，達到麻痺對手、鬆懈對手的目的？不可思議。

事情回到北京。公安部重案組在中央警衛局的協助下，把首長的夫人們的近期行踪、筆跡逐一核對，很快認定嚴慰冰是匿名信的作者。但陸定一同志是書記處書記、國務院副總理、中宣部長，屬於黨和國家領導人之一，公安部和警衛局能隨便到他中南海的家裡去抓他夫人？何況偵案結果表明，陸副總理對此事毫不知情，純屬嚴慰冰個人的不智行徑，也就是女人之間的妒恨、報復心理作怪吧。檔案材料上有記載，葉、嚴在北平讀中學時是同學，後來到了延安也有過密切的往來。

公安部長謝富治撓頭了。此案怎麼向林副主席做交代？不把嚴慰冰關進秦城監獄去，林副主席及夫人葉群是不會罷休的。只好請示中央政法小組組長彭眞。彭眞報備鄧小平總書記。中央的意見很快下來了：暫作冷處理，嚴慰冰在家中接受監護，向中央政法小組交代問題。

中央的處理意見很快傳到蘇州的林副主席那裡。林彪氣得拍了桌子，操了老娘：北京的幾個王八蛋，老子總有一天和他們算這筆帳！

北京黨中央爲了穩住「南北大論戰」的陣腳，避免全國宣傳輿論出現混亂、失控局面，而由「中央文化革命五人小組」組長彭眞出面召集會議，副組長陸定一，成員康生、周揚、吳冷西出席，代表黨中央擬定了一份政策性文件：《「文化革命五人小組」關於當前學術討論的匯報提綱》（簡稱《二月提綱》），其主要內容爲六點：

一、對當前學術批判形勢和任務的分析；

二、中央堅持「放」的方針，堅持實事求是、在眞理面前人人平等的原則，要以理服人，不要像學閥一樣武斷和以勢壓人；

三、依靠革命左派，團結一切革命的知識分子，孤立少數頑固不化、堅持不改的人。同時要警惕左派學術工作者走上資產階級專家、學閥道路；

四、左派學術工作者要互相幫助；

五、做好理論準備工作；

六、加強領導，整個運動應置於黨領導下的學術討論範圍之內，而不宜集中於嚴重政治批判。

《二月提綱》的傾向性和針對性相當露骨，是對整個運動的規範和設限，更是以黨中央的名義對上海方面的張春橋、姚文元們及其後台人物的制衡與反擊。十分奇妙的是，作爲「文化革命五人小組」成員的康生在文件擬定的過程中一言不發，算表示「默認」。他在小組裡是個絕對的少數。

《二月提綱》立即獲得在京的中央政治局常委們的一致通過。第二天，彭眞經過電話請示，得到毛澤東同意，率「五人小組」全體成員赴武昌匯報。臨行前，劉少奇囑咐彭眞：看看主席的身體狀況，能不能回北京來坐鎮？他在外地，我們常常摸不準他的意向，工作起來很困難啊。

彭眞一行人下了飛機，即趕往東湖賓館晉見毛澤東。毛澤東穿著一襲打了好些補丁的長睡衣，頭髮蓬鬆，一臉病容，正由嬌小秀美的女護士陪著聽京劇錄音。聲音放得很大，是北京京劇院鬚生馬連良大師演唱的《空城計》。彭眞一聽馬連良的唱腔，心裡不禁升起一陣欣慰，新編歷史劇《海瑞罷官》當年不也是由馬連良領銜主演的嚒。

毛澤東見五人進來，即命女護士關掉錄音，退下。毛澤東並未起身，坐在沙發上和彭眞握手：坐地日行八百里，巡天遙看一千河。神速神速，講來就來了啊。

彭眞感到毛主席的手疲軟無力，關切地問：主席，近來身體怎麼樣啊？少奇、恩來、總司令、小平都很牽掛……

毛澤東苦笑著擺擺手：我怕是日薄西山，氣息奄奄了。諸病齊來，兩條腿又犯痛風，起立都有點困難，只好坐著和你們握手，莫見怪啊。

彭眞個子高大，不得不蹲下身子來聆聽毛的話。

輪到和陸定一握手時，毛澤東緩緩地說：定一啊，嚴慰冰怎麼搞的？爲什麼寫那個匿名信？我聽了匯報，知道和你無關，就放心了。沒什麼大不了的，無非女人之間爭風吃醋之類。

陸定一報告：我是要求謝富治把她送到秦城去的，但總理不同意，說要經法律程序……這個婆娘精神有毛病，一犯病就失控。

輪到和康生握手時，兩人只是互望了一眼，彷彿盡在不言中。

毛澤東和周揚握握手：你那個文藝界問題多一些，兩個批示，你們嫌嚴厲了。派士兵押送，是個比譬。我的心情四個字：怒其不爭。

最後一位握手的是新華社社長兼《人民日報》社長吳冷西。看著這位自己當年在延安一手栽培起來新聞總頭目，毛澤東只是冷淡地點點頭，什麼話都沒有說。

五人繞著毛澤東坐下。毛澤東問：彭眞同志你那個《匯報提綱》帶來了？最近視力差了，看書很吃力，你們哪位唸一唸，聲音大一點，我洗耳恭聽就是了。

彭眞讓吳冷西唸《匯報提綱》。吳是河南人，五人小組最年輕的成員，口音略帶豫劇腔，花了近一個小時，把《匯報提綱》唸了兩遍。

毛澤東閉目養神，認眞聽完，才張開眼睛來說：好了好了，例行公事。幾處文字還須斟酌，對左派不要設限太多。其他意見沒有，彭眞同志你們看著辦吧。

彭眞、陸定一、周揚、吳冷西四人大大鬆一口氣，看來毛主席和北京的老同事、老朋友們還是心相通的嘛。他老人家身體不好，情緒欠穩定，有時難免被上海的那幾個投機分子所利用。

毛澤東說：不要急著走。我在南方養病，你們難得來一次……今天下午就陪我聽聽京戲錄音吧，找人來清唱也可以。文武之道，有張有弛。你們五位文官大人，近來一定比較緊張，到了我這裡不妨輕鬆輕鬆。晚上一起吃頓飯，算接風，也算餞行。

毛澤東親切、隨和，彷佛近一年來，黨內任何不愉快的事情都沒有發生過。晚餐時，特意爲北京來的客人上了兩條武昌魚，加一瓶茅台酒。毛澤東因在病中，遵醫囑不能喝酒。飯量也很小。彭眞、陸定一、康生、周揚、吳冷西五人沒講客氣，面對鮮美肥嫩的武昌魚，大快朵頤。

飯後，毛澤東又單獨留下彭眞談了一陣，指示說：羅瑞卿的專案，繼續交你管，要抓緊，命羅長子交出一份像樣的檢討來。你最近又找他談過一次？有個事，他交代了沒有？就是去年春天，他不和我打招呼，擅自安排邵華下鄉搞四清，丟下生病的岸青不管。我很生氣，半年時間不准他列席政治局常委會議。有人打電話問他：羅長子，你知道你爲什麼不能列席常委會議了嗎？這個打電話挑撥離間者是誰？他爲什麼不檢舉揭發？

彭眞知道這件事。毛主席信任羅瑞卿，把患精神病的兒子毛岸青及兒媳邵華交給總參謀部去照管。邵華人年輕，政治上要求進步，纏著羅總長安排她下鄉搞「四清」，在運動中接受鍛鍊。羅瑞卿開始不同意，後被糾纏不過，只好安排邵華到北京郊區搞「四清」，隨時可以回家照顧毛岸青。毛主席卻誤以爲羅長子干涉了他的家務事，而動怒……那通電話是劉少奇同志打的，有什麼用意，彭眞怎麼好打聽？

毛澤東見彭眞吶吶無言，便問：你是不是也有難言之隱？

彭眞緩過神來，忙說：沒有沒有。這事我不了解，羅瑞卿本人也沒有交代。

毛澤東忽然笑笑說：其實，羅長子早向我交代過了。他不是後來又列席了常委會議嘛？小事一樁……回北京後，你和恩來、加上小平，再去和羅長子談一次，交代政策，要他快點過關，越拖下去越對他不利。檢查過關，不能恢復軍職，可以安排到地方工作嘛，做個省長，省委書記也不錯嘛。

彭眞恭敬地連連點頭，見主席仍這樣信任、重用他，心裡一塊石頭落了地。

當晚，彭眞一行人離開東湖賓館後，毛澤東舊睡袍一脫，登時換了個人似地雄姿英發，對女護士說：走，戲演過了，我們游水去。游過水，還有人來清唱漢劇。

女護士小鳥依人地挽住偉大領袖：裝得眞像，病病歪歪、有氣無力的樣子，我都差點要笑呢。

毛澤東問：妳看我的客人們相信嗎？

女護士笑出一臉的燦爛和嫵媚：還有不信的？都挺同情、關心的。

毛澤東牽著女護士來到碧波潾潾、水氣氤氳的游泳池邊，忽又搖搖頭：不要小看了我的老朋友們，一個個神通得很……算了，不想這些了。來來，我們一起下水，袒裎相見，如何？

女護士飛紅了臉蛋：您又要裸泳？總愛在水裡做那事……

毛澤東說：有兩個英語單詞，WATER、LOVE。

三天後，《匯報提綱》作爲中共中央正式文件，頒行全黨全軍全國。其時間的緊迫，速度之迅捷，爲歷來所罕見。

該份中央文件更以專機專遞方式送至上海的江青手中。這算哪門子事？老闆爲什麼突然改變主意，同意頒發這種束縛左派手腳、公然指左派爲「學閥」的文件，把大家都當作猴兒耍了？

江青當即掛通了武昌東湖賓館的保密電話：老闆啊，我要造你的反啦！彭眞他們搞的那個《匯報提綱》，完全是對我們的反攻倒算，你爲什麼同意放行？這是自亂陣腳，自毀戰線，我要抗議！

毛澤東讓婆娘在電話裡嚷嚷一陣，才批評說：放屁！不學無術，不知死活。這就想和北京的朋友們撕破面皮，不自量力。以妳的那點水平、實力，連一個回合都招架不起……飯要一口一口吃，肉要一片一片割，給妳講了多少次，就是聽不進。

江青卻在電話那頭使開了激將法：老闆，彭眞可是了不得的大人物啦，恕我直言，你這樣將就他、放任他，是不是心裡頭害怕他啊？

毛澤東差點就要摔電話了：藍蘋！妳和我閉嘴……彭眞小人物一個，我隨便動根指頭就可以捅倒他！只是時候未到而已。

江青在電話裡笑了：老闆，不要生我的氣囉。我明白老闆的意思，彭眞不過一根山西大葱頭，要一層一層來剝嚒！我早說過，在你面前，我只是一條忠狗，你叫咬哪個就咬哪個……下一步，我和伯達、春橋的棋子怎麼走？

毛澤東聽江青講的如此卑下，心裡好氣又好笑。不過話說回來，任何有作爲的領袖人物的身邊，都少不了幾條忠狗，不然難成事業、難保大位的：好了，藍蘋妳聽著，今後少在電話裡胡說……下一步怎麼辦，妳問我，我問哪個？只能給個提示，人家先發制人，你們後發制人嘛。你們也可以搞個紀要性質的文件，各說各話，與之相抗。你們不是也有個小組嗎？如果表現出來相當的戰鬥力，到時候此小組可以取代彼小組嘛。

江青這才吃了定心丸似地放下電話。老闆滿腹經綸，莫測高深，就是對自己最信任的人也永遠話留五分，讓你去揣摩、領會；更是不讓對手窺測到眞正的意向，總是虛虛實實，若即若離。

和江青通過電話的當天晚上，毛澤東忽又召來負責他安全保衛工作的中辦主任、警衛局局長汪東興：通知所有的工作人員，兩小時後出發，回杭州去。

這次毛澤東在武昌東湖只住了兩星期。說走就走，身邊的工作人員只能無條件地遵從。汪東興請示：要不要通知一聲湖北省委書記王任重、武漢軍區司令員陳再道？

毛澤東說：先離開再說。等到了杭州，給他們掛個電話，謝謝他們的招待。

汪東興再請示：還有上海的江青同志呢？

毛澤東說：你怎麼這麼多話？等到了杭州再說。還有蘇州的那一位呢。

「南北大對決」的關鍵時刻，在毛澤東身邊蟄伏了近三十年的藍蘋，終於有了政治舞台上一展抱負的機會。她跑了一趟蘇州，專程看望了林副主席和葉群同志，雙方一拍即合，彼此鼎力相助。

一九六六年二月二十日，江青以受林彪副主席委託的名義，在上海邀集了解放軍的四名文藝工作者座談，就當前軍內軍外的文藝問題拉拉雜雜談了大半天。為什麼只找四個人？為著保密，內容不外洩。四名人士也不是什麼眞正的文藝工作者，而是總政治部屬下文化部的部長、副部長，《解放軍報》的總編輯和副總編輯。之後，這四人在陳伯達、張春橋的指導下，「整理」出來一份重要文件：《林彪同志委託江青同志召開的部隊文藝座談會紀要》。《座談紀要》稱，自新中國成立以來，文藝界一直「被一條與毛主席思想相對立的反社會主義的文藝黑線專了我們的政」，產生出了「一大批反黨反社會主義的大毒草」，無產階級「要創立革命樣板戲，重新組織隊伍，進行一場社會主義的大革命，徹底搞掉這條黑線，以及這條黑線後面的那些混進黨內的資產階級代表人物」。

《座談紀要》稿首先送去蘇州請林彪審改。林彪對江青這個女人的意圖心知肚明，隨即在文稿上加上幾段頌揚文字，儘量讓她出出風頭：「江青同志政治上很強，藝術上內行，立場堅定，一直高舉毛澤東思想的旗幟，可以稱為這次文化革命運動的旗手」；「全軍將士要向江青同志學習，江青同志對文藝工作的意見，要從思想上、組織上來認眞落實」；「江青同志是我們黨內爲數不多的極爲優秀的女同志……。」

接到從蘇州退回的《座談紀要》稿，江青心花怒放了，第一次有黨中央領導人在黨的文件上這樣來評價、誇讚，而且是出自黨內、軍內具實力的領導人林彪副主席。江青對陳伯達、張春橋等人說：林副主席修改過的稿子，要一字不易，原封原樣送主席。

毛澤東已經回到西湖汪莊。批閱過江青從上海送來的《座談紀要》稿，毛澤東大表讚賞：一發重磅炮彈，藍蘋出手不凡。這個婆娘也是要麼不鳴，一鳴驚人。選擇文藝界這個對方的薄弱環節做突破口，繼續淸掃外圍陣地，爲日後直搗「核心」做準備。

毛澤東字斟句酌，將《座談紀要》逐條修改多遍。刪去林彪吹捧江青的那些太過露骨的詞句。比如稱江青爲「文化革命的旗手」，老公是旗幟，老婆是旗手？不妥。欲速則不達。理論上還可深入些，提高些。一九四九年以來存在的文藝黑線的根子在哪裡？就是三十年代初期被魯迅痛斥過的「四條漢子」嘛，一個周揚，一個田漢，一個夏衍，一個陽翰笙，在左翼陣營內部，組成了他們反魯迅的宗派，提出國防文學的口號，對抗魯迅的民族革命大衆文學的口號，以革命的幌子進行他們的階級投降主義……看看，這麼一挖，整個文件就有了歷史依據和理論高度，這才叫做畫龍點睛哪。

正在這時，林彪從蘇州派機要秘書送來一封短簡：主席，一切遵令執行中，不日可見效果。誰也不知道軍委第一副主席林彪元帥指的什麼。只要軍委主席毛澤東一人知道就行。

文戲已經開鑼，武戲亦將啓幕。

三月上旬，毛澤東把康生、陳伯達、江青、張春橋、姚文元、戚本禹、關鋒、王力等人召集到杭州，進行一次有關「文戲部分的路線交底」：

一、可以考慮成立一個小組，叫什麼名字？文化革命小組？康生可以當顧問，陳伯達可以當組長，江青、張春橋可以當副組長，在座其餘人當成員。需不需要一兩個武人加進來？謝富治可以兼副組長，再請林彪同志在總政治部指定一名副組長；

二、《林彪同志委託江青同志召開的部隊文藝工作座談會紀要》是個馬列主義的重要文件，林彪同志做了認眞修改，我也仔細改了幾遍，就看北京的老爺們肯不肯作爲中共中央正式文件頒發。他們不發，我們就以中央軍委文件頒發全黨全軍。彭眞爲首的五人小組搞的那個《匯報提綱》是錯誤的，反馬克思主義的。《座談紀要》就是對《匯報提綱》的否定和批判；

三、彭眞爲首的北京市委是針插不進、水潑不進的獨立王國。陸定一、周揚的中宣部是閻王殿，打擊左派，扣壓稿件，保護反動學術權威。要打倒閻王，解放小鬼。他們再不支持左派，五人小組要解散，中宣部要解散，北京市委要改組！康生同志啊，再等一等吧，我要派你回北京，代表我去出席政治局常委會議，他們開會，你就去參加，傳我的話。誰敢不讓你參加，我先拿掉他。

第五章　京郊遍布「蘑菇群」

主持軍委日常工作的賀龍元帥，沒經電話請示，徑自驅車來到中南海西北角的西花廳，求見周恩來總理。值班衛士連忙趕去後院總理書房報告。

周恩來親自到前院來接見：賀老總啊，什麼事？這麼急？

賀龍握住總理的手：有個意外情況……

前院不便說話，周恩來引了賀龍去後院。賀龍在總理耳邊說：對不起，沒有事先打電話……家裡的機子最近總是有雜音，薛明懷疑被人偵聽。操雞巴蛋的，搞偵聽也不弄點好設備，技術不過硬。

周恩來站下了，低聲問：有人敢對你賀鬍子搞偵聽？你和薛明多心了吧？

賀龍苦笑笑：總理，到您辦公室匯報吧。出大事啦，狗日的！

來到書房。服務員上茶，退下，掩上房門。

周恩來目光犀利：鬍子，你說。我這書房每天測試……什麼大事？

賀龍一向是個天不怕地不怕的軍隊元老，此時卻神色緊張，盡量壓低了聲音：前天深夜一點鐘，我接到楊勇一個電話，報告他和北京軍區的所有頭頭，要連夜趕赴內蒙草原指揮大演習，司、政、後負責人統統走，一個不留。楊勇在電話裡說，駐保定、石家莊的第六十三軍，駐張家口的六十六軍，駐承德的六十九軍，已經直接得到毛主席和林副主席命令，開赴內蒙古草原去了。楊勇不明白，調動北京軍區屬下部隊，為什麼要繞開軍區司令部……我在電話裡要他正確對待，軍人以服從為天職。昨天一早上班，我查問了總參作戰部、訓練部、軍委機要局，都說不知道北京軍區這次的內蒙大演習任務。我又問了總政、總後，也不得要領，查不出結果。拉倒！不就是一次軍事演習？人家不把我這個看家的軍委副主席看在眼裡，我又何苦操心？

周恩來也感到事有蹊蹺：楊成武在哪裡？他是代總長，這麼大的演習，為什麼事先不和軍委辦公廳通氣？

賀龍說：楊成武不是原先的那個兵團級幹部啦，一直陪著主席和林彪在上海、蘇州、杭州一帶行走，我們當元帥的想見他一面都難啦。叫什麼來著？過去叫御前行走。

周恩來苦笑笑，糾正說：叫軍機處行走吧。鬍子你不要有怨氣嘍。

賀龍繼續匯報：還有更鬼的事呢！總參三部今天一早報告軍委辦公廳，首都北面的密雲縣、懷柔縣、昌平縣，西面的門頭溝區、房山縣，南面的大興縣，東面的通縣、順義縣，所有的山區隱蔽地帶，一天之內，長滿了草綠色蘑菇群！如果我沒有講錯的話，北京城已被這些草綠色蘑菇團團圍困！

周恩來很少遇事驚懼，這時也坐不住了：再講一次，什麼草綠色蘑菇群？

賀龍說：野戰部隊的帳蓬呀！行踪詭秘，動作神速。北京軍區的部隊剛開赴內蒙草原演習，另一支部隊就把首都包圍了。

周恩來說：鬍子！這可不是開玩笑的事，什麼番號的部隊？打聽淸楚沒有？

賀龍頭上冒出熱氣：三十八軍！原先駐守在山海關外，一個晚上進了關。實際上是一個兵團的人馬，全軍唯一的全機械化部隊，四野的王牌，萬歲軍嚒。

周恩來問：總司令、陳帥、聶帥、徐帥、葉帥他們知道這事嗎？還有少奇、小平、彭眞他們……

賀龍說：大約都還被蒙在鼓裡。我也不知道該不該把情況通報他們。

周恩來當機立斷：你考慮得周到。我這就掛電話給主席請示……現在是上午十一點不到，主席很可能還沒有醒來呢。

賀龍說：眞是搞不懂，主席和林彪好像在南方另立了司令部，把我們留在北京的人都耍了呢。

周恩來嚴肅地制止說：鬍子！牢騷話，只可以在我這裡講！千萬記住了。好，顧不了這麼多了，我給主席那裡掛電話試試。

保密專線很快通了：衛士長嗎？我是周恩來。主席休息好了沒有？已經起床了，吃過早點了？請你替我報告一下，問問主席可不可以通話？

不一會，電話那頭傳來那個熟悉的湘潭口音：是恩來嗎？還好，休息得可以。昨晚上跳了舞，聽了戲，比較累就睡好了。這個時候，你輕易不打電話來，有什麼要緊的事嗎？

周恩來小心翼翼地請示：主席，是這樣的，軍委辦公廳的同志來我這裡反映一個情況，說有支新的野戰部隊入駐到北京郊區的幾個縣境內，都住在帳篷裡，不知道需不需要提供些後勤支援什麼的。

毛澤東在電話裡問：是不是賀老總找你告了狀呀？周恩來看賀龍一眼，予以否認：主席，不是的。是軍委辦公廳的人打電話給我……

毛澤東說：那好，是賀老總告訴你的也沒有關係。情況是這樣，瀋陽軍區三十八軍換防開進關內，林彪同志報告了我，我批准三十八軍到北京郊區縣暫住。恩來啊，此事比較敏感，是不是？這樣好了，我委託你，也是代表林彪同志，立即召集在京的政治局常委、軍委常委開個碰頭會，通報一下三十八軍換防入駐北京郊區的事，以免引起誤會和緊張。既是換防，就是路過，大約不會停留太久吧。……我的身體還是老樣子，心律不齊，血壓偏高，降不下來。醫生怕我再次中風，要求我繼續留在南方休息，我的身體情況，你也可以在會上通報一下，以免老同事、老朋友們牽掛。

通了電話，周恩來鬆一口氣：賀鬍子，都聽到了吧？就這麼回事。北京軍區部隊赴內蒙草原演習，三十八軍進關換防，或許只是時間上的巧合吧。

賀龍起身告辭：巧合巧合，但願天下不要從此多事囉。

周恩來送客：鬍子，今天這事，你就先不要去找別的老總了。反正下午三點就開碰頭會，大家就都知道了。和平時期，除了史學界、文藝界有論戰，其他各行各業都很正常，能有什麼事呢？

賀龍只讓周總理送他到書房門外，憂心忡忡地說了一句：自古兵不厭詐……說罷快步離去。

周恩來沒有返回書房，而是披上長呢大衣，出了西花廳東門，沿一條林間小道折向東南，快步走向中海西南岸上的福祿居。福祿居院子比菊香書屋稍小，分為前院、後院兩部分。前院是少奇同志的辦公區，後院是少奇同志一家的起居生活場所。周恩來受主席委託召集政治局常委、軍委常委碰頭會，開會前須先和少奇同志通通氣。少奇同志畢竟是國家主席兼國防委員會主席嘛。

在福祿居前院樓上的劉少奇辦公室，當周恩來談到北京郊區縣出現大軍調動情況時，一向講求修養的劉少奇登時漲紅了臉膛，眼睛也長了刺似的：不正常，太不正常了！既然讓我主持中央日常工作，這麼敏感、重大的事件，為什麼要背了我們進行？林彪他們的眼睛裡，還有不有我們這些人？

周恩來趕忙補充說：是主席親自批准的。按中央軍委的有關權責規定，軍委第一副主席只能調動師級單位，只有軍委主席本人才有權調動軍和軍以上部隊。

劉少奇生硬地說：誰批准的也不符合組織原則。軍委也規定了，和平時期，任何人調動營以上部隊，都須事先報備軍委辦公廳和中央書記處值班室。把北京軍區的部隊抽空，卻讓瀋陽軍區的三十八軍突然包圍北京，這是要幹什麼？什麼性質的問題？

周恩來勸解說：少奇同志，不要把情況想的那麼嚴重。建議你也不要為這事去和主席爭論什麼了。況且主席講了，三十八軍只是進關換防，路過北京郊區，不會長期紮營下去的。

劉少奇問：恩來你相信嗎？三十八軍十多萬人馬，會是路過嗎？

周恩來說：中央常委早有死命令，和平時期，任何野戰軍隊不得進入首都近郊，否則以叛亂論處。再者，北京城區周圍還有衛戍區和中南海警衛師的好幾萬人馬擔負保衛任務，安全應無問題。

劉少奇執拗地搖搖頭：恩來，你和我也都是帶過兵的人。北京衛戍區和中南海警衛師只是配備了些輕傢伙。但野戰軍部隊配備有坦克、裝甲、火炮，一旦交手，輕傢伙怎麼對付得了重傢伙？

周恩來斷然否定劉少奇的看法：少奇同志，怎麼可能出現那種打內戰的情況呢？絕對不可能嘛。下午三點開碰頭會時，大家還是態度緩和些吧。

劉少奇覺得事關自己和中央機構的安全，不肯退讓：恩來，你是總理，在這麼重大的事件上，不能和稀泥。我要給毛主席掛電話，按中央規定，三十八軍不能進駐北京郊區縣，形成實際上的包圍。毛主席住哪裡？現在，我和小平常常不知道他人在哪裡。

周恩來以虛避實地說：怎麼會不知道呢？大約還住在西湖汪莊。

劉少奇說：上星期我給汪莊打過電話，離開了。現在不知是到了武昌還是回韶山滴水洞去了。

周恩來打圓場說：少奇同志，主席又回到西湖汪莊了……這樣吧，我再試著和主席聯絡一次，反映一下意見，看能不能讓三十八軍儘快撤離，以免引起北京城裡人心浮動和外國友人誤會。

劉少奇閉上眼睛，說：好好，恩來，還是你出面周旋……弄不好，你、我都是甕中之鱉囉。

下午三時，在京的政治局常委、軍委常委聚集紫光閣，開緊急碰頭會。周恩來主持。劉少奇、朱德、鄧小平、彭眞、賀龍、陳毅、徐向前、葉劍英、粟裕、許光達等出席。

周恩來首先說明，是受毛澤東主席委託，召集本次臨時碰頭會，陳雲、聶榮臻、蕭勁光、劉伯承等因病請假。接下來才把賀龍元帥上午匯報的情況復述一遍，並轉達毛主席的話：三十八軍因換防，路過北京地區，目前紮營在幾個郊區縣，屬臨時性質，要求大家不要敏感和緊張。

講不敏感、不緊張是假的，如來佛的法掌已經罩到大家的頭上。常委們你看我，我看你，人人面露驚愕、震怒。周恩來見賀龍、陳毅欲放炮，忙說：少奇同志，你講幾句吧，現在需要冷卻一下。

劉少奇苦笑說：我看事已至此，大家也只有冷靜對待了。出了這麼大的事情，我們這些人被蒙在了鼓裡，確是不正常，新中國成立以來從未有過先例。但我們要顧全大局，維護中央的團結統一。生氣、發怒都不能解決問題。中央還總算有個領導集體吧，總要少數服從多數、局部服從整體吧。自一九六〇年以來，我們都是在第一線辛辛苦苦工作著，挽救國家於危難，誰也沒有偷懶嘛。恩來、陳雲主持國務院，小平、彭眞主持書記處，賀老總主持軍委日常工作，本人也受中央和毛澤東同志委託，抓總……六年來，我們的國民經濟是怎麼走過來的？死了那麼多人，還不吸取教訓？人相食，是要上書的。這些不用我多講，各人心理有數。有時，我這人也有較軟弱的一面，覺得，工作是否做得太多了？是否多做多錯，少做少錯，不做不錯？當然我這情緒不大健康，歡迎同志們批評……總之，聽到今天的這個非常情況，心裡很不平靜。總司令啊，你年高德劭，是不是給大家講幾句？

朱德和靄而慈祥地看大家一眼，說：我這個總司令嘛，早就是聾子的耳朵。北京軍區的六十三軍、六十六軍、六十九軍開赴內蒙大演習去了，三十八軍突然開進來，爲進駐北京做準備？是有這個預感。怎麼辦？政治局常委、軍委常委、中央的兩班人馬，一個領導集體，總可以想出辦法來。我看，還是大家都講幾句吧。恩來，你不要怕別人發言。潤芝遠在南方，黨內還要有點民主嘛。

劉少奇見一向少管事、少講話的老好人朱德總司令都這麼態度鮮明、堅定，登時大受鼓舞地看鄧小平、彭眞、賀龍等人一眼。

鄧小平說：好，我講幾句。兵臨城下了。過去我從未有這種感覺。三十八軍是哪個的王牌軍？會不會進城？天曉得。不正常，無規矩，無紀律，無黨性。當前，尤其要防止動用野戰部隊來解決內部分歧，共產黨不能開這個頭。就算眞有什麼黨內鬥爭，也必須通過黨的會議，以說理鬥爭的方式來解決。歷來如此嘛，這次爲什麼例外？這就是我的態度。

彭眞說：我算是北京市委、市政府當家的。北京有衛戍區部隊，中南海警衛師，有總參、總政、總後以及各軍種、兵種司令部機關等等，我想不出三十八軍有任何進城的必要和藉口。黨中央、國務院的所在地，全國的政治文化中心，還有幾十個國家的使領館，總得講個顏面，講個國家形象，國際影響吧？這些厲害關係，我們有必要向毛主席匯報清楚。幾十年來，問心無愧，我們都是忠心耿耿，兢兢業業，擁護毛主席的嘛。

陳毅說：總理喂，你分派我幹外交工作，如今首都北京被三十八軍所包圍，這事遲早會被外國記者知道。人家要是在外交部的新聞發布會上提問，新聞司發言人怎樣回答？

周恩來很不高興地看陳毅一眼：陳老總，不要出偏題。有人問，就回答無可奉告。賀鬍子，你是不是想講幾句？

賀龍說：這事我是首當其衝。中央委託我打理軍委日常事務，北京軍區內蒙大練兵、三十八軍紮營北京郊區縣這樣的大事，我卻毫不知情，在座的各位也都毫不知情……總理，我是不是該請假休息了？請你代我報告主席一聲。醫生說，我的糖尿病不能光靠注射胰島素，需要休息、靜養。

周恩來一聽賀龍講這種喪氣話，也就有些生氣了：賀老總想請假休息，爲什麼不直接給主席掛電話？你是軍委副主席，我也是軍委副主席，向軍委主席報告、請示，還要我來代替？

賀龍說：總理不要誤會了我的意思。不信你問問徐帥、葉帥幾位，除了去年十二月批羅長子的上海會議，近幾個月我們找得到主席嗎？電話掛得通嗎？

葉劍英說：賀總講的是事實。但這種時刻，我們要體諒總理，不能打退堂鼓。

徐向前說：我贊同小平講的，不能以軍事手段解決黨內矛盾。那樣幹，付出的代價太大了。開下先例，黨無寧日，國無寧日。我建議大家都服從紀律，需要誰下台的話，誰就下台吧。顧全大局，維護團結。黨內的事，還是請毛主席作主。懇請毛主席回北京。他回來了，許多事情就好辦了。

劉少奇說：徐帥講得好，人人服從黨中央，服從毛主席。遵守紀律，顧全大局，純潔黨性，維護團結。恩來，你就代表大家反映意見，請主席回北京坐鎮。我們的黨和國家，只能有一個領導中心，不能有第二個中心。三月下旬至四月下旬，我和陳毅外長要赴巴基斯坦、阿富汗、緬甸三國訪問。這是去年就安排好了的。來回一個月。這段時間，請毛主席回來坐鎮，日常工作有總理打理。

周恩來苦笑著說：少奇倒好，最麻煩的日子，和陳老總出國去了。當然，涉及和三個友好鄰邦的關係，出訪日期不能改動……對了，還有粟裕、許光達二位，你們也講幾句？

粟裕說：各位老領導都講了，我沒有新的意見了。總司令要求今天的會議上拿出一個具體辦法來，我覺得很重要。光達，你說呢？

許光達只說一句：服從中央的一切決定。

周恩來問：什麼辦法？

等了好一會，沒有人吭聲。賀龍咳了咳嗽，說：沒人提，我來提。北京軍區內蒙草原大演習之後，六十三軍仍返回保定、石家莊營地，六十六軍仍返回承德營地，六十九軍仍返回張家口營地，繼續保持對京、津地區的拱衛。

陳毅笑了，心想還是粟裕和賀鬍子厲害，以三個軍從南、北、西三面對付三十八軍，形成反包圍。三十八軍能不撤離北京郊區縣？那就有好戲看了。

鄧小平本子輕輕一拍：我贊成。

彭眞說：我同意。

劉少奇說：沒有意見。

朱德說：大家說了算。還有陳毅、向前、劍英、粟裕、光達，你們的看法呢？
陳毅說：賀老總是受中央委託主持軍委日常事務的，了解的情況比我們多，我看可以。
徐向前說：可以可以。
葉劍英說：我同意大家的。
粟裕、許光達二位跟著點了點頭。
劉少奇見大家如此齊心，意見一致，心裡釋然了：恩來，要不要整理成一個《會議紀要》性質的材料，向毛澤東主席匯報？
周恩來卻心情沉重地說：我看文字材料就不要整了，由我負責向主席在電話裡匯報吧，反正是大家的一致看法，沒有異議嘛。
散會時，劉少奇把裝甲兵司令員許光達大將叫到一邊，輕聲問了一句話：光達，你們裝甲兵司令部是不是有個坦克獨立團擺在南苑機場附近？
許光達作耳語：是。一百八十多輛蘇製重型傢伙，屬裝甲兵司令部和北京軍區雙重領導……還有個情況，因這個獨立團離首都太近，軍委只批准配備教練彈，沒有配備實彈。
劉少奇點點頭：知道了。近來神神怪怪的現象很不少，得留神點。照魯迅的說法，宜將身子橫站著，既防明槍，更防暗箭。

周恩來回到西花廳書房，即以紅機子叫通了西湖汪莊，向毛澤東匯報了政治局常委、軍委常委碰頭會情況。毛澤東問都有誰請假？周恩來回答：陳雲、劉伯承、蕭勁光、張雲逸、王樹聲、徐海東等人請病假、事假。大將裡頭只有粟裕、許光達出席，他們都是國防部副部長。

毛澤東說：十位元帥都是軍委副主席，十位大將都是軍委常委啦。大家一致同意六十三軍返回保定駐防，六十六軍返回承德駐防，六十九軍返回張家口駐防，拉出去的隊伍再拉回來，很好嘛，本人沒有意見。林彪同志有不有意見，我就不知道了。他有意見也不要緊，勢孤力單嘛。

周恩來說：大家還一致認爲，三十八軍進駐北京郊區縣，暫住可以，長駐就可能國內國外都造成影響，懷疑首都北京被包圍……還是盡早撤離爲宜。這事請主席決定吧。

毛澤東卻在電話裡嗬嗬笑，戲還沒有開鑼，就謝幕……北京的朋友們夠厲害的嘛，有六十三軍在保定，六十六軍在承德，六十九軍在張家口，三十八軍是插翅難飛囉。三十六計，走爲上計，我看三十八軍不會那麼傻，十萬將士被人裝進口袋裡？不撤也得撤嘛。於是說：恩來啊，我知道你是和事佬，不想把事情鬧大。我也不想把事情鬧大。這樣吧，今天晚些時候，我派楊成武代總長回北京，晚上請少奇同志主持政治局常委會，彭眞、賀龍、陳毅、徐向前、葉劍英五位列席，聽楊成武做匯報吧。不然，大家的誤會鬧大了，深了，北方和南方就較上勁了，或者說「叫」上「陣」了。

周恩來說：這樣最好。我立即告訴少奇同志……還有，少奇和陳毅會按原計劃，在三月二十五日至四月二十日期間赴巴基斯坦、阿富汗、緬甸三國訪問。少奇和大家的意見，這段時間，請主席回北京坐鎮，指導運動。

毛澤東說：少奇、陳毅如期出訪，應該的。他們都帶夫人去？很好。光美、張茜，東方儀表，中華風韵……大家要求我回北京？恐怕暫時還不行，醫療小組不會批准。你可以轉告大家，我已經收到馬克思和列寧的請帖了，恐怕比林彪同志還會走得早些。冰凍三尺，非一日之寒，希望大家體諒，給予同情。大家看在老同事、老朋友的面上，讓我在南方休息、治療，過完這個春天吧。

周恩來在電話裡聽了毛澤東的這番話，也不知道是眞還是假，只好一再敦請毛主席保重身體，爲了黨和國家，一定要保重身體啊。

楊成武代總長乘坐的中央專機於黃昏時分徐徐降落北京西郊軍用機場，之後改乘防彈轎車直駛中南海西樓會議室。

劉少奇主持政治局常委擴大會議，聽取楊成武從毛澤東那兒帶來的各種信息。劉少奇開門見山問：主席最近身體怎樣？睡眠和飲食都還正常吧？我們都很掛念。

楊成武打開軍事公文包，眼睛盯著一份份材料，彷彿毛澤東的健康狀況才是最要害的軍事機密似地，說：各位老領導知道的，主席患有高血壓、心律不齊、高血脂、高血糖、老年性中風、風濕痛等多種疾病。這些病，不發作，就和常人一樣，能吃能睡能活動。醫療小組的專家們最擔心高血壓和心臟病併發腦溢血。腦溢血是不治之症。專家們也很擔心，這幾年主席已中風兩次，被搶救過來。最近，主席經常對身邊的工作人員講，他有感覺，要是再中風，就肯定是最後一次，不要搶救，不要插管子，與其身上插滿管子，不如一根管子不插走得輕鬆……主席近段的健康情況就是這些。主席一再囑咐，一定要把眞實病況告訴北京的老同事、老朋友。

周恩來見大家聽了楊成武的簡報，都面容焦灼，連忙補充似地說：主席是個有大福氣的人，體質好，本錢厚，去年、前年都還能游長江、邕江嘛。協和醫院、瑞金醫院、華山醫院最優秀的內外科專家都在他那裡，只要調理得當，相信出不了大問題。當然爲了主席的健康，我們在一線工作的，要更多地體諒他，尊重他，理解他。少奇同志，你看怎樣？

劉少奇吸著煙，蹙著眉頭說：醫生的話，我信一半。楊總長的話，我也信一半。我對主席的健康有信心。我們這個黨不能沒有毛主席。正如那支歌曲〈大海航行靠舵手〉唱的，主席是我們航船上的舵手，魚兒離不開水，瓜兒離不開秧，革命群衆離不開共產黨，毛澤東思想是不落的太陽……。

朱德說：潤芝就留在南方休養，等天氣暖和，再請他回北京吧。

賀龍、陳毅、徐向前、葉劍英四位元帥一聽毛主席的身體差成這樣，心都軟了，對三十八軍突然進駐北京郊區縣一事，原本都有一肚子氣，此時似乎氣消大半。

鄧小平、彭眞兩人相視苦笑。他們太了解毛澤東同志了。毛澤東每逢要對中央的大政方針有大的干預動作之前，總是要離開北京，先去鬧一陣子病，稱自己的身體如何如何不行了，快去見馬克思、列寧了，等等。一九六〇、一九六一、一九六二、一九六三、一九六四、一九六五，幾乎年年如此。

直到在一線主持工作的同志們向他讓步了，妥協了，他老人家的身體就會康復，就又可以游湘江、游長江、游北戴河了。去年甚至要去游三峽，游錢塘江。羅瑞卿忠心耿耿，曾爲他赴三峽試水，水深流急，盡是暗礁漩渦，不能游；錢塘江每日三次海潮，白浪高達二十米，湧進江流百十里，怎麼游泳？還是羅長子促請中央常委作出決議，阻止毛澤東去錢塘江冒險的……事隔半年多，羅長子被軟禁，他老人家的身體就又差成這樣？明明又是哀兵政策，以病相要挾，要大家順從他嘛。

劉少奇見大家各懷心事，好一會沒有吭聲，便說：下面，還是請楊總長匯報有關的情況吧。比如三十八軍突然進關駐紮北京郊區縣的問題。情況擺清楚，大家心裡的疑團自然消失。

楊成武暗叫一聲「劉主席厲害」，難怪毛主席每次想和他交手，都要考慮再三：好，劉主席剛才提到的，也是毛主席吩咐我趕回來，要向各位老領導報告的……關於所謂的三十八軍突然進關，其實沒有什麼秘密可言。起初還是我向主席和林副主席建議的。首都外圍的三個軍級單位開赴內蒙草原大演習，京、津地區不是出現防衛眞空？出了情況怎麼辦？衛戍區和中南海警衛師那點人馬，只能負責城內警衛。因此決定命令三十八軍進關，臨時駐防首都外圍。

賀龍瞪了楊成武一眼，差點就要開罵，你小子好大的膽子，叫你代理總參謀長一職，就敢把這麼大的調兵事件包攬下來？你小子長了幾顆狗腦袋？賀龍嘴上卻問：楊成武同志，我只問你一句，爲什麼北京軍區內蒙大演習、三十八軍進關這樣的重要軍情，你們事先都不知會軍委辦公廳一聲？

楊成武身子一挺，恭敬地朝賀龍笑道：報告賀帥，還有總司令、陳帥、徐帥、葉帥，這中間肯定鬧了誤會，出現重大疏忽。主席講了，這回賀老總肯定生氣了，查查電話、電報記錄，看看在哪個環節卡了殼。我一查，果然查出來了，原來主席身邊的報務員換了個生手，愛讀文藝雜誌，把一份密碼電報，夾在一本《解放軍文藝》上當書籤了。看看，賀帥，就是這一份，帶來了。

說罷，楊成武把一張密碼電報稿，雙手呈給賀龍元帥。賀龍只瞪了一眼，放在會議桌上。

平日不大講話的總書記鄧小平，這時尖銳地說：簡直兒戲！在我們黨內，一些十多歲參加革命的紅小鬼，如今做了大官，也學得巧舌如簧。

楊成武彷彿沒有聽到鄧小平的話，只是紅了紅臉，請示說：劉主席，總司令，周總理，我繼續報吧。毛主席要我傳達下面的話：一旦北京軍區的三個軍結束在內蒙的演習，返回原來的營地，恢復對京津地區的拱衛態勢，三十八軍即撤離北京郊區縣，出山海關，返回原錦州營區。這是毛主席命令我趕回來，向中央一線領導同志交代清楚的主要話題。

陳毅是個痛快人，一聽毛主席有這個話，即大聲說：那好那好！部隊歸營，老將歸位，一場誤會，一場誤會。格老子還以爲眞要出什麼事了呢。

劉少奇、周恩來、朱德、鄧小平諸位，臉上也都泛起笑意。畢竟，幹了大半輩子革命，都怕一朝失手，轉眼變成階下囚。

劉少奇說：謝謝楊總長。明天就趕回杭州去？現在是西湖最宜人的季節。請代我們問候主席。我和陳老總下月要出訪三個國家，爲期一個月，請示主席，出訪之前，是否讓我和陳老總去匯報一次？

第六章　北方地震兵變　南方絲竹清唱

天旋地轉，山崩地裂，自古被視作國家社稷的凶兆。

三月八日凌晨，河北省邢台地區發生強烈地震，震級六點七級，波及邯鄲、石家莊、衡水三地區，重災區爲邢台的隆堯、寧晉、巨鹿三縣，倒塌房屋數十萬間，上百萬人口受災，初步估計受傷及死亡人數達十餘萬。

依組織程序，地震災情首先由震央的隆堯縣委匯報給邢台地委，邢台地委匯報給河北省委，河北省委匯報給華北局，華北局匯報給黨中央、國務院。

當天晚上，劉少奇主持政治局緊急會議，周恩來、朱德、陳雲、鄧小平、彭眞、賀龍、陳毅、李富春、李先念、薄一波等出席，蕭華、曾山等列席。會議決定：參加內蒙大演習的六十三軍提前返回保定、石家莊營地，投入邢台地震救災工作；中央成立地震救災領導小組，周恩來任組長，從公安、內務、衛生、交通、農業等部門抽調人員，組織醫療隊、物資供應隊開赴災區；周恩來於明日（三月九日）乘直升機赴災區視察災情，慰問災民。

會議結束後，劉少奇、周恩來、鄧小平三人通過專線電話，向遠在杭州西湖的毛澤東主席作出匯報。已經晚上十一時了，電話裡還傳出來京胡和鑼鼓點子的聲音，顯然毛主席又在聽某位京劇名角的清唱。直到聽完一折，替演員鼓了掌，毛澤東才接了電話：邢台地區死了多少人？已經掘出來屍體七千多具？不算太多。房屋倒毀百分之八十？多是些土坯屋，搭蓋起來不難。很好很好，措施及時。恩來明天去災區視察？還有不有餘震？可以可以，代表黨中央、國務院，也代表我，向震區人民表示慰問……你們要調六十三軍回石家莊？調動軍隊的事，要先報我和林彪批准，這是紀律。野戰醫院的醫務人員可以組成軍醫隊赴災區。好了好了，我的身體狀況，楊成武同志已向你們通報過了，醫療小組暫不允許我回北京。中央的工作，還是你們各司其職吧。上個月在武昌，我要彭眞找羅瑞卿談話，談了沒有？怎麼還不見羅長子有新的檢查送來？啊，是恩來、小平、彭眞三位找羅長子談的？羅仍有抵觸抗拒情緒？請彭眞轉告他，拒不認罪，拒不承認反林彪，反對突出政治，要吃苦頭的囉。我不是指刑訊逼供。不要對公安部長、總參謀長搞刑訊逼供。

正當黨中央、國務院、北京市委、市政府機關緊急動員，工、青、婦、文、教、衛各種人民團體緊急動員，層層大會小會，幹部職工市民捐錢捐物，組織醫療隊、物資供應隊、工程搶險隊奔赴災區之際，「臨時紮營」在北京郊區縣的第三十八軍，突然於一天凌晨如同一枝枝黃色箭鏃，從四面八方插入市區，以迅雷不及掩耳之勢，分頭接管了北京衛戍區、中共北京市委、市政府、北京市公安局、中共中央組織部、宣傳部、調查部、統戰部、對外聯絡部、中央人民廣播電台、中央電視台、北京人民廣播電台、新華社、《人民日報》社、北京電話電報大樓、人民大會堂、京西賓館、軍事博物館、釣魚台國賓館、民航總局、首都機場、西郊機場、南苑機場、鐵道部、北京火車站……總共三十來個要害單位，兩個小時之內，一槍未放，全部被軍事接管。

三十八軍的接管動作快速準確，乾淨利落，堪稱軍事行動的傑作。比方說接管中共北京市委、市政府，只派出兩個排，進駐市委、市政府機關大院，負責警衛工作，並不干涉機關的行政事務；比方說接管電台、電視台、新華社、《人民日報》社，也只是分別派出一個排的人馬進駐，取代原先的警衛，再加上一個軍人審稿小組，和原來的總編輯、副總編輯共同審查重要稿件……如此這般，有條不紊，分寸不亂。一場新中國成立以來從無先例的「軍事政治大地震」，進行得如此完美、無缺，甚至都沒有引發北京街頭市民們的任何混亂、騷動。

中央和北京市的所有要害機構被三十八軍接管之後，並沒有人通知黨中央主持日常工作的劉少奇、鄧小平、彭眞、賀龍等人。周恩來去了地震災區，大約也不了解北京城裡的這項軍事變故。還是打理軍委日常工作的賀龍最早得到訊息。出生入死戎馬生涯大半輩子，賀龍還從沒有這樣窩囊廢過：和平時期，好端端的，忽於一個早上發覺自己成爲甕中之鱉！兵變！他們欺人太甚，對老子搞了一場兵變！不，是對黨中央、國務院搞了一場兵變！

周總理不在家，賀龍只好去找劉少奇主席。劉少奇剛剛起床，一聽這事，氣得臉色寡白，渾身打顫：三十八軍不是臨時路過北京郊區嗎？有這麼騙人的？是侮辱我們這個黨，侮辱我們國家，侮辱馬克思主義！在黨內搞兵變，對黨的機構搞軍事接管，為整個共運歷史所不齒！不齒！

賀龍說：不齒歸不齒，他們已經搞了，我們怎麼辦？

劉少奇說：召開中央全會，在中央全會上和他們辯論，看看有幾個中央委員同意他們搞兵變。

賀龍說：少奇同志，民航總局、首都機場、鐵道部、北京火車站都被接管了，外地的中央委員、候補委員一個也進不來……

劉少奇朝正在餐室裡幫忙廚師準備早點的王光美喊：光美呀，請小平、彭眞立即到我這裡來，賀帥已經到了，有緊急事情商量。

趁鄧小平、彭眞未到，賀龍坐下喝茶的空檔，劉少奇要通了石家莊的電話，找到了周恩來總理：恩來啊，你才離開三天，北京出事了，你知道嗎？我們忙救災，他們忙軍管！

周恩來在電話那頭好一會沒有吭聲。是慶幸他自已人不在北京？還是預先得到密報，一走了之？還是也像劉、賀一樣義憤填膺？過了一會，周恩來的回答竟像兜頭潑來一桶冰水：少奇同志，你是主持中央工作的，冷靜應付吧，估計出不了什麼大事……我聽說三十八軍只是臨時進城維持秩序，以防邢台地區的幾十萬災民湧向北京去……

劉少奇以求告的口氣說：恩來，天都塌下來了，中央機關都被接管了，還說出不了大事……你回來吧，在我們幾個人裡頭，你最善於應付這種局面。

周恩來說：少奇同志，要沉住氣。我建議你還是先向主席那裡請示一下，問問怎麼回事……至於我，要向中央請假，去天津參加華北局會議，討論備戰、小三線、抗旱、學毛著幾個問題，約五天可結束。之後擬在河北各地調查研究一個月。我已交代，在我離京期間，國務院由小平管，外交由陳老總管，工交、財經由陳雲、先念、一波管。

劉少奇再沒有吭聲。原來一切都安排好了，還有什麼可說的？他放下電話，沮喪地對賀龍說：賀總你都聽到了吧？關鍵時刻，恩來躲風撂挑子，走得遠遠的，說要一個月才回來……

鄧小平因住在中南海，很快來到，見面第一句話：我們忙救災，他們忙兵變，搞的啥子名堂嘛。

賀龍仍是兩眼發紅：鄧政委，當年劉、鄧大軍從上海打到大西南，最後進軍西藏……今天這事，我賀龍怎麼都想不通！老子這個軍長被小排長耍了，林禿子欺人太甚，幹出這種下流勾當！

鄧小平明白賀老總的意思：一九二七年八月一日南昌起義時，賀老總是國民革命軍第二十軍的軍長，而林彪只是屬下一名小排長。革命的風水輪流轉，當年的小排長已經爬到了當年的老軍長頭上。

劉少奇卻說：問題不在林彪。林彪就是有十顆腦袋，也不敢在北京搞兵變。

鄧小平說：少奇同志，莫急莫急。湖南的老同志不是愛講一句話，砍下腦殼只是個碗大的疤？中央辦公廳，中央警衛局，中南海警衛師，還沒有被三十八軍接管吧！

劉少奇咬了咬牙說：我有預感，或許下一步，就會對我住的這所福祿居實行軍事管制了。沒甚麼了不得的，頂多和光美帶了孩子們回老家或是延安種地去，相信還能自食其力。

鄧小平頗有同感地說：搞了大半輩子，體會到做普通老百姓的好處了，也比較能夠理解陶淵明。少奇同志，賀老總，我來這裡之前，和周總理通了個電話，他說已向中央請假，要在河北各地調查、學習一個月才回來……眞是有大智慧的人。我一心想向總理學習，總也學不成。

劉少奇若有所思地說：我們黨內眞正稱得上有智慧的人是胡喬木，他一九六一年就請長假休息，激流勇退。不像你、我，在大饑荒的日子裡逆流而上，結果怎樣？自己落得一身麻煩……。

彭眞遲了半個多小時才哭喪著臉趕到。問他爲什麼拖這麼長時間才來，他竟說：變天了，我差點出不了門。一覺醒來，發覺原來的警衛班不見了，換上一撥新人，都是關外口音。我要乘車出門，幾名新來的衛兵竟攔下車子，問我上哪裡去？誰通知的？去多長時間？我火了：我是彭眞！中央政治局列席常委，書記處常務書記，北京市第一書記兼市長，你們當兵的有什麼權利干涉我的行動自由？他們到値班室去向什麼人請示後，回來才表示可以放行！在黨中央內部出這種事，荒唐不荒唐？不經過黨的會議，不辦理任何組織手續，就要軟禁我？想抗議，都不曉得該找誰去……。

劉少奇已經平靜些了：好了，在沒有宣布我們爲階下囚之前，該怎麼辦？聽天由命，束手待擒？我們都有家小拖累啊。

鄧小平說：給主席掛個電話吧。我們是孫猴子，他老人家是如來佛。

彭眞卻一直在講些喪氣話：爲了吳晗，爲了《海瑞罷官》，我看樣子是過不了這關口了……五九年廬山上批鬥彭德懷，我是積極分子，我怎麼可能替他鬧翻案？已經有人組織批判北京市委「三家村」，鄧拓、吳晗、廖沫沙，下一個肯定輪到我。不然他們沒有必要對市委、市政府實施軍事管制。我準備坐牢，殺頭。各位老同志，看在幾十年來一起幹革命的情份上，照顧一下我的家小吧。

鄧小平稍顯豁達些：大水沖了龍王廟，泥菩薩過河……事到如今，看開些，想透徹，無非翹辮子。還是先求求如來佛，請他開恩吧。

賀龍畢竟草莽些，桌子一拍：我們什麼都不敢幹，他們什麼都敢幹！不行，魚死還網破呢，老子嚥不下這口鳥氣！

彭眞眼一瞪，心一橫：賀總有辦法的話，我老彭跟你幹，總比等死強。

劉少奇絕望地搖搖頭：大軍進城，晚了……我們只顧了國民經濟，國計民生，一年忙到頭，從沒防備人從背後下手。黨內鬥爭，不能兵戎相見。他們能，我們不能。寧可大家下台，也不要開這個頭。不然我們這個黨肯定完蛋，像太平天國進了南京那樣，以自相殘殺收場。

彭眞說：人家看透的，正是我們這種顧全大局的觀念。

鄧小平說：冷靜下來，莫講鬥氣話了。各人都有一大家子，孩子們上中學的上中學，上大學的上大學，輕舉妄動不得……少奇同志，現在黨中央，你還是主事的，給主席掛個電話吧。就說首都已經被三十八軍接管了，我們應該配合主席幹些啥？

劉少奇說：小平同志，這個電話還是你來掛……主席人在哪裡？武昌？上海？杭州？好像和我們捉迷藏。只有恩來知道他的行踪。可恩來又去了河北，講要一個月才回來。國家總理，關鍵時刻一走了之，要命不要命？

鄧小平看了賀老總、彭鬍子一眼，說：行，這電話你們不掛，我來掛。我有感覺，主席現在又到了杭州，聽京戲哪。

西湖汪莊。碧水藍天，柳霧桃雲。門外湖光十里碧，座中山色四圍清。有聯云：

天賜湖上名園，綠野初開，百畝荷花三徑竹
人在瀛洲仙境，紅塵不到，萬頃碧水一房山

華燈初上，毛澤東在書房翻閱二月份的《人民日報》剪報，是工作人員替他剪貼的。一則報導引起他的注意：全國人民代表大會常務委員會副委員長郭沫若同志，在最近一次人大常委全體會議上發言，說他過去所寫的上百本史學的、文學的、戲劇的所有著作，有不少封建糟粕，統統不符合毛澤東思想，有害於廣大讀者，沒有保留的價值，建議各地的圖書館、圖書室把它們清理出來，統統燒掉，一冊不留，爲全民普及毛主席著作讓路……

連郭老這樣的史學權威、文化泰斗都緊張起來了？要自我焚書了？可見運動已經深入人心了。燒吧，燒吧，反正是你們自發燒毀的，讓封建主義、修正主義、資本主義的精神鴉片斷子絕孫吧。

據說，自郭沫若副委員長的講話公開發表以來，全國各地已經開始焚燒書籍，公家的，私人的典籍，紛紛投入火堆。精裝的、厚本的典籍不易燒透，只好先澆上汽油或是柴油。一時間堆堆烈火，灶灶青煙，成爲革命新景觀，神州新氣象。爲此，周恩來、彭眞等人曾經電話請示：私人的書籍任由書的主人去燒，公家的書籍（主要指全國所有圖書館）是否暫時予以封存，不准借閱，但也不予燒毀，好嗎？那次，毛澤東是發了脾氣的：我身體不好，你們拿這麼具體的事務來干擾我？你們看著辦吧！

門口有人輕聲喚主席。進來！

原來是中辦主任汪東興。什麼事？

汪東興報告：主席，省公安廳王廳長來電話，反映蓋叫天同志的腿傷復發，不能來爲您演出《打虎上山》。另一位鬚生名角宋寶羅同志和他的鼓樂班子，立馬就到……

原來浙江省京劇院有兩位大師級人物，一位是被陳毅元帥譽爲「燕北眞好漢，江南活武松」的蓋派表演藝術家蓋叫天，另一位是鬚生名角宋寶羅。兩人都是北方人。五十年代初，日理萬機的周恩來總理考慮到毛主席要經常到杭州西湖休養，而特意安排了幾位京劇名人來浙江省京劇團任台柱子。毛主席愛看京劇而不大看越劇嘛。

聽了汪東興的報告，毛澤東將兩條長腿架在茶几上：蓋叫天，蓋大師的戲，我不要再看了。武功戲，摸來打去的，人家嫌台下只有我一個觀衆，場子冷清，提不起勁……對了，東興，問你一個事，一九五五年軍委授軍銜時，是不是授給你少將？劉少奇的那名大保鏢李樹槐，授的什麼銜？

常年在毛澤東身邊工作，汪東興早已習慣偉大領袖忽東忽西的跳躍式談話、問話了：報告主席，我是受之有愧……李樹槐好像是大校。我記起來了，一次歡迎外國軍事代表團，我見他穿過校官服，兩道槓槓四顆星。

毛澤東點點頭：汪少將好，汪少將……我看現在那些中將、上將都比不上你……那個宋寶羅，已經替我唱過四、五十場了吧？去年有人反映他的歷史問題，浙江公安廳查清楚了沒有？

汪東興說：查清楚了。宋這人從小學戲，多才多藝。他十五歲那年唱倒過嗓子，在家養病期間從師學習書法、繪畫和治印。據說他臨摹的齊白石的蝦，徐悲鴻的馬，于非闇的花鳥，幾乎分不出真假。他也是治印高手，曾經替大漢奸周佛海、陳公博刻過印章。

毛澤東說：他去年送我一方福建青田石印鑒也很不錯。周佛海、陳公博是我們黨的第一次代表會的十二名代表之一，算創黨元老之一。後來他們投降了老蔣，再又投降汪僞……聽講宋寶羅還給很多國民黨大員唱過堂會？

汪東興匯報：也查清楚了。宋寶羅很早就出了名，做唸唱打俱佳，二十歲風靡北平，給馮玉祥、張宗昌、張作霖、張學良等人唱過堂會。一九四五年抗戰勝利後的第一個雙十節，他被接進南京總統府，替蔣介石夫婦演唱一齣《二進宮》，老蔣喜歡得不得了，和他握手、照像。省公安廳的有關檔案裡，存有一張當年他和蔣介石、宋美齡的合影。要不要去取來給主席看看？

毛澤東說：東興，你還記得嗎？一九五八年在杭州飯店，宋寶羅替我唱的第一齣戲，也是《二進宮》，眞是歷史的巧合……藝術這東西，內容是有階級性的，形式卻沒有階級性、封建階級，資產階級可以利用，無產階級同樣可以利用。

汪東興陪毛澤東來到小戲院時，宋寶羅等人已在幕後恭候了。觀眾席只有幾十個空座位。在第一排中央位置前，擺好了一張蒙著白布單的茶几。茶几上已有茶壺、茶杯、香煙、煙灰缸等。還有一疊潔白的小毛巾，供毛澤東隨時抹手抹嘴用。茶几旁邊還有隻白色搪瓷痰盂缸，盛著半缸淸水，專接毛澤東咳嗽時吐下的濃痰。

小劇院空空落落，只坐著毛澤東一個觀眾。女服務員上來替他上了茶水，並替他鬆開肥大的腰腹上的皮帶扣，把褲頭放開。一切安頓妥當，汪東興和女服務員退到側後的門口去，和站立在那裡的衛士、護士、醫生一起聽戲。

戲台只比觀眾席高出一步，是個大平台。琴師、鼓手已在台邊等著，準備開鑼。女服務員送上來劇目單，請毛主席點戲。毛澤東一一看下去：《四進士》，聽過；《二進宮》、《斬黃袍》，聽過；《借東風》、《空城計》，聽過；《轅門斬子》、《斬馬謖》、聽過……毛澤東看戲很專心，很投入，討嫌一些不懂古戲文的工作人員在他旁邊東問西問。他最喜愛的京戲段子是《轅門斬子》、《斬黃袍》、《斬馬謖》、《楊老令公碰碑》，簡直百聽不厭，有時還腳踏拍，手擊節，套上琴聲鑼鼓點，扯起喉嚨五音不全地和台上的宋寶羅一起嚎唱。

宋寶羅最拿手的段子是《逍遙津》和《哭秦庭》，不但保存了民初大師高慶奎流派蒼勁悲涼、俊拔委婉的行腔特色，還吸取了清代名伶汪桂芬、孫菊仙和現代大師馬連良等人的唱腔精華，融匯貫通，創造出新，形成他自己清亮激越、如歌如泣的演唱風格，難怪從北方到南方，從國民黨到共產黨的最高領袖，都表示青睞、激賞。

其實宋寶羅這次受命來西湖汪莊獻藝，是經過一番曲折的。因爲他正在舟山群島給駐島解放軍作春節慰問演出。昨天深夜，兩位島上的部隊首長突然打著手電筒找到他的住處，說上級急電，命他帶上琴師、鼓手立即返回杭州。宋寶羅收拾好行頭，由部隊首長送到一處海軍碼頭。碼頭上已經泊著一艘炮艇。炮艇接上宋寶羅一行四人，在風高浪急的黑暗中馳向舟山本島，再換上另一艘快艇，飛馳北倉港碼頭。岸上已有一輛大轎車等候，載上四名京劇工作者朝寧波方向馳去。四周一片漆黑，路上沒有別的車輛。車到寧波，天剛破曉，宋寶羅才認出轎車是省公安廳的，但司機不認識。在寧波早市吃了一碗餛飩麵，再上車直馳杭州。中午時分抵達杭州，不准他們回家，而留在省公安廳招待所三樓休息，養精神。每層樓口都有軍人站崗。據以往經驗，宋寶羅已猜到是某位中央領導到了西湖休養。行程安排得如此緊急、神秘，八成是毛主席住在汪莊。

宋寶羅一行四人在招待所洗了澡，睡了一覺。晚飯後，漱口洗臉，換上整潔衣服候命。不一會來了三名操標準普通話的高大軍人，檢查了他們的行頭、樂器，請他們下樓，上了一輛灰色旅行車，沿西湖西北山路繞行到西山路，再繞至南山路，在南屏寺北口轉進三潭印月景區。在汪莊門口下車，再次接受檢查，沿一條花木扶疏的甬道，總算到了那座他們熟悉的小戲院。

……毛澤東晃了晃手裡的劇目單，像老朋友似地對宋寶羅說：宋師傅，我們又見面了。聽講你們下部隊演出了？舟山群島有座普陀山，佛家四大聖地之一，去了沒有？

宋寶羅恭敬地一一回答，盡量簡潔，不囉嗦。爲毛主席單獨演出四、五十場，他知道主席不過隨口問問，並不需要你認眞回答什麼。

毛澤東說：好，我們就戲言戲。你的唱腔流派，最適合鬚生。也可以唱唱老旦嘛？

宋寶羅知道毛主席想他變變花樣，聽個新鮮。今晚上，可得別出心裁，另露一手。於是說：主席，你評點得太對了。我的確學過老旦戲。現在我先給您試唱一段《斷太后》，如何？

見毛主席點了頭，宋寶羅朝三位樂手一示意，一段行雲流水過門之後，憑著自己深厚的藝術功底，把老旦一角演唱的《斷太后》，唱的世事滄桑，世態炎涼，千迴百折，蕩氣迴腸……。

毛澤東熱情鼓掌，大聲叫好：不錯不錯，下面不唱老旦了，還你的老生面目吧。

可惜台下就坐了毛澤東一位觀衆，他的掌聲、叫好聲，更顯得小劇院空蕩蕩，平添出一種孤寂感。宋寶羅生平給無數的大軍閥、大政客唱過堂會，只有偉大的毛澤東喜歡單獨一人聽戲，眞是越偉大的政治家越孤獨哩。

宋寶羅接下來演唱的是他眞正的「絕活」：《朱耷賣畫》。朱耷，明代朱氏皇室後裔，著名畫家「八大山人」是也。明亡清興，朱耷爲保持志節，寧願貧困潦倒，流落街頭賣字畫爲生，也不肯趨炎附勢，出仕清廷。《朱耷賣畫》表現的即是「八大山人」的這一悲憤淒苦遭際。演這齣戲，不僅要求演員唱、做俱佳，更要求演員邊演唱邊作畫；且是畫技不俗，當場展示，最後敬獻給觀衆中身份最尊貴、亦即最有權勢的高官長者。因之在京戲舞台上，能上演這齣戲的名角可說是寥寥無幾。

緊鑼密鼓，朱耷窮困潦倒，但氣宇軒昂，英氣逼人。唱到家園破，亡國恨，聲淚俱下；唱到民族情，復興志，高歌入雲。唱著唱著，但見朱耷移步台上一張早布設好的長案邊，拿起畫筆，鋪展宣紙，一詠三嘆，揮毫潑墨作起畫來……。

毛澤東原本坐在沙發上一邊抽煙，一邊兩腳輕叩節拍，跟著哼哼唱唱。他心裡是很不喜歡朱耷這類「狂生」的，作畫寫字，一技之長，有什麼了不得的？你要活到今天，非劃你個右派，送到農村勞動改造不可……待到宋寶羅邊唱邊畫之時，毛澤東忽然站起身子，踱步上台，走到宋寶羅身後，看稀奇似地要看看究竟在胡亂畫些什麼。不一會，他就稱奇了，但見宋寶羅提筆揮灑，潑墨自如：疾若游龍出水，遲若清溪徘徊，如有神功……不到十來分鐘，便見一隻昂首引頸、神情抖擻的大公雞躍然紙上，傍挺青石，背倚楠竹，似面對朝日，高啼晨曲！

好一幅雄雞報曉圖。毛澤東興之所至，也不管宋寶羅唱沒唱完，畫沒畫畢，就以他濃重的湘潭口音在一旁指指點點：落筆很準，畫得好，畫得好！這幅畫，可題「雄雞一唱天下白」一句，李白原句，我也借用過……

宋寶羅爲了表示對偉大領袖的恭謹，堅持著唱完、畫完，並題寫上「雄雞一唱天下白」七個字，最後將此幅計五尺長、二尺半寬的雄雞報曉圖，雙手呈給偉大領袖。

誰想偉大領袖並不親手接下他的畫，只叫工作人員上來取走……此時的宋寶羅已是渾身大汗，滿眶淚水。連新中國的毛主席都不尊重他的藝術勞動，跑到台上來指指點點，看猴戲一般。早在三、四十年代，他的京戲表演藝術就與蓋叫天齊名，飲譽中外；反倒是解放後他的藝名只在杭州一地了。他的書法、繪畫、金石，可稱三絕，卻連申請加入美術家協會都不被批准……。

聽過戲，看過畫，已是晚上十一時。汪東興小心翼翼地上前報告說：主席，小平同志來過三次電話了，說有急事找您。剛才您在看戲，我們沒敢打擾……北京那邊在等電話，您接還是不接？

毛澤東興致正高，揮揮手：要小平再等等吧，我還要和宋師傅講幾句話。

汪東興只好匆匆跑去值班室，請北京的鄧小平同志他們再耐心等一等。

半小時之後，毛澤東由護士攙扶著回到臥室洗了把臉，才踱步至書房，半仰在沙發上接電話：是小平嗎？有什麼要緊的事？我剛接見了四個文藝工作者。

鄧小平在電話的另一頭說：主席呀，有件大事要報告你，今天清晨三十八軍突然進城，一下子把北京市委、市政府和中央二十多個重要單位全部接管了。少奇同志，賀龍同志，還有我和彭眞同志，在北京看家的人，事先毫不知情……。

毛澤東一聽問起這事，不禁有些光火，語氣也就轉生硬：我是軍委主席，林彪是軍委第一副主席，我們調動部隊，爲什麼要通知所有的人？

鄧小平說：主席呀，我們不是別的意思，……三十八軍十多萬人馬，駐紮在城裡城外，要搞好軍民關係，黨政關係呀。還有士兵宿舍、後勤供應一系列問題急需解決。

毛澤東說：你們急什麼？軍民關係有總政治部協調，物資供應有總後勤部解決，不須勞動諸位……少奇在不在呀？我和他講幾句。

北京那頭立即傳來劉少奇的聲音：主席，我是少奇。我們幾個是很著急。從下午起就和你聯繫，一直守到現在……三十八軍進城接管首都，不再是暫住……北京有幾十個國家的大使館和商務新聞機構，要注意國際影響呀，不然滿城都是軍人、軍車活動……。

毛澤東說：少奇呀，你總是習慣打打國際牌。我卻認爲外交是內政的延續，外交爲內政服務。這個本末不可倒置。這次部隊的行動，你們就不要過多操心了。你、小平、彭眞，仍然負責中央日常工作，賀龍同志仍然打理軍委事務。一切如常，秋毫無犯，還不行？當前工作，一是要抓好邢台救災，二是要抓好春耕生產，不違農時。還有聶榮臻和中央專委報告，近期要試爆我國第一顆氫彈，是喜事嘛。人家有原子彈，我們也都有嘛。你代我轉告聶榮臻元帥，試爆一定成功，我等著聽消息。

劉少奇大約聽出來毛澤東王顧左右而言它，只好也換了個題目：主席呀，恩來已去邢台等地，說要在河北視察一個月才回北京。我和小平的意思，是不是請恩來立即返京？現在國務院的一些重要部門都進駐了軍隊，需要他回來安定幹部情緒。

毛澤東說：恩來最近沒有和我聯繫。你們自己去找他吧。對了，你和陳毅不是這個月下旬要出國訪問？你們準備得怎樣了？

劉少奇說：現在這種局面，還不知去得成去不成。

毛澤東說：怎麼去不成？天沒有塌下來，北京還是你在當家嘛。你帶上光美，陳老總帶上張茜，旅遊三個國家……想趁便看看新疆的軍墾農場？可以嘛。北京的事，還有小平、彭眞他們嘛。

劉少奇還在電話裡囉囉嗦嗦，不得要領。毛澤東知道他還想講三十八軍進城的事，又沒有勇氣公然抗命。北京的所有要害單位都被軍隊進駐了，你劉克思抗命有什麼用？

接過電話，毛澤東按鈴傳來汪東興，問宋寶羅他們走了沒有？汪東興報告說：送走了，省公安廳會安排他們吃消夜，要連夜送他們回舟山群島去，不耽誤京劇團的慰問演出。

毛澤東也還要游泳，吃消夜，看文件。他的精力最佳時間是每晚的下半夜。

一年之後，宋寶羅被冠以「歷史反革命」、「國民黨間諜」的罪名，被浙江京劇院的造反派和劇院外的紅衛兵小將鬥得死去活來。後來還是省革命委員會和省軍區的負責人想到偉大領袖可能還要聽他的演唱，而出面做了工作，才保住了一條性命；另一位京劇大師蓋叫天，也是文化大革命一開始就被打成「反革命戲霸」、「黑幫分子」、「美蔣特務」，全家被掃地出門，天天被捆綁鬥打。一次，蓋叫天被押上一輛垃圾車的車斗上遊街示衆，竟從車上被拋下來，摔斷了腿，血染街頭，無人敢救。後被一輛板車拉到醫院，醫生見是報上點名的「大黑幫分子」，拒絕治療。最後這位飲譽中外的京劇藝術家，「活武松」，竟活活痛死在一間四壁漏風的破草棚裡。——此是後話。

第七章　雙王會　隱殺機

三月二十二日，河北邢台地區再次發生強烈地震。

翌日，劉少奇、陳毅率領中國政府代表團離京，在新疆自治區首府烏魯木齊休息一晚，之後出訪巴基斯坦、阿富汗、緬甸。四月上旬，代表團曾返回新疆休息一星期，下一站是緬甸。周恩來從北京打電話給劉少奇，告訴他現在中央大事很多，毛主席又點了幾個人的名字。被點了名的人，怕是保不住了。是否回北京一趟？周恩來沒有說出那幾個倒楣蛋的名字，劉少奇也沒有問。不知道不煩心。劉少奇說：不回了，都軍管了，回去也不管用，還是留在新疆看看天山南北的軍墾農場，長點見識吧。

劉少奇和夫人王光美，在陳毅副總理及夫人張茜的陪同下，視察了北疆的石河子、伊犁，南疆的阿克蘇、和田等地。他眞羨慕農場工人日出而作、日落而息的勞動生活。到了生活的最低層，靠勞力吃飯，總不致還要勾心鬥角、爭權奪利吧。做老百姓好，還是做老百姓好啊，每天累出幾身汗，吃得香也睡得香。要是能長留在新疆的農場裡，多好……

劉少奇有種隱隱的預感，此行或許是他最後一次外出訪問和視察了。毛澤東夥同林彪調動大軍占領北京，接管中央機關，都是衝著誰來的？黨中央領導集體！為頭的又自然是他劉少奇。毛澤東提出「運動的重點是整黨內走資本主義道路的當權派」，簡稱「走資派」；那麼，在中央幾十個部、委、辦負責人中，在二十九個省市自治區的書記、副書記中，誰算「走資派」？誰又願意當這個「走資派」？豈不又要把全黨幹部上上下下，搞的人人自危？毛澤東通讀《二十四史》，精研《資治通鑑》，把過去帝王之術應用到黨內生活中來，應用得出神入化，不斷變換著依靠對象和整肅對象：一九五七年利用彭德懷批判劉伯承，一九五八年利用柯慶施批判周恩來，一九五九年利用羅瑞卿、彭眞整肅彭德懷、黃克誠，一九六二年利用康生整肅習仲勳，一九六五年利用彭眞整肅羅瑞卿……現在眼看彭眞也要保不住了，又要利用誰來整肅彭眞？整完彭眞，下一位是誰？劉少奇膽寒了。鬥爭的鐵籠從小到大，一個套住一個，誰能逃脫？

這次整甲，下次整乙，再一次整丙……整過來，整過去，毛澤東倒也有他的基本隊伍：江青、林彪、康生、陳伯達、謝富治、汪東興、張春橋（可惜柯慶施死掉了），以及十大軍區的司令員、政委們，還有就是近年來蹦得頂歡的幾名投機秀才：姚文元、戚本禹、關鋒、王力、林傑等等，這些人專寫血腥文字動輒喊打喊殺的，凶悍得很。

劉少奇唯一覺得靠得住的是全黨的組織系統。就算毛澤東橫下心來要整肅他這個黨的二把手，先在中央政治局、書記處就通不過，更不用說要由中央全會來表決。經歷過三年苦日子，餓死了幾千萬人之後，多數幹部有了不同程度的覺醒，連賀龍、彭眞、譚震林、李井泉、曾希聖這些過去一味緊跟的人，現在都比較務實，無形中和毛澤東拉開了距離。更不用說朱總司令、陳雲、鄧小平這些本來的務實派了。在中央政治局常委會的七名常委中，毛、林屬於少數；在十九名政治局委員中，毛、林更是屬於絕對的少數。所以毛澤東不肯回北京，不肯召開中央全會來解決紛爭。劉少奇最不放心的人是周恩來。他看得很清楚，一旦鬥爭公開化，周恩來爲求自保，最可能頭一個倒戈相向。

劉少奇新疆之行的一項重要收穫，是他瞭解了有關毛澤民的「絕密資料」。原來毛澤東的這名親兄弟一九四三年被軍閥盛世才槍殺之前，爲了討饒乞命，向盛世才坦白交代了中共中央及八路軍、新四軍的大量情報，連他老兄毛澤東十三歲時在老家韶山冲姦汙鄰居十歲的女童，曾被關祠堂、罩王桶這種情節都交代得詳詳盡盡。毛澤民還是被殺害了，但他的口供記錄、交代材料卻被完整的保存下來。所以新中國成立後，把毛澤民定爲革命烈士是不妥當的，不說是叛徒，至少也是一名變節分子。

什麼東西？十三歲就強姦鄰居十歲女童，被關了祠堂，少年犯嘛。難怪毛順生老先生生前那麼痛恨自己的不肖之子。從小道德敗壞，長大愈演愈烈。一九二五年在長沙清水塘，還姦汙過李立三的前妻。朋友妻，不可欺，連起碼的習俗規範都不顧。自參加革命以來，特別是一九四九年進城以來，他一共玩弄了多少女青年？玩一個丟一個，少說也可編成一個女兵連。幾大軍區後勤大院裡都養著他的私生子女就是證明。難怪他那麼佩服劉邦、朱元璋，都是鄉下流氓出身的帝王啦。

四月二十日，劉少奇、陳毅一行結束對緬甸的訪問，返回北京。鄧小平到機場迎接。在機場貴賓室，鄧小平支開了警衛、服務人員，向劉少奇作了情況簡報：各行各業特別是文化教育戰線的大批判如火如荼。北京市已揪出鄧拓、吳晗、廖沫沙「三家村」，全國各地已颳起一股揪「小鄧拓」風潮，幾乎每個單位都揪出了「小鄧拓」；毛主席委派康生坐鎮北京，由康生在書記處、政治局、政治局常委會議上傳達毛主席的各項指示；以彭眞爲組長的「中央文化革命五人小組」要撤銷，另成立一個「文化革命小組」，直屬政治局常委會，顧問康生，組長陳伯達，副組長江青、張春橋，成員包括姚文元、戚本禹、關鋒、王力、林傑等；上星期（四月十六日），毛主席在杭州召集了政治局常委擴大會，上面這些人全部列席。會議集中批判彭眞、陸定一、楊尚昆、田家英。他們的問題屬於反黨性質。成立中央專案組，組長劉少奇。下設多個分組，彭眞分組由劉少奇負責，羅瑞卿分組由葉劍英負責，陸定一分組由陳伯達負責、楊尚昆分組由鄧小平負責，田家英分組由安子文負責。已宣布對彭、羅、陸、楊等人實行軟禁。

劉少奇雖然心裡早有預感，但聽了鄧小平的簡報，中央一下子揪出這麼多負責人，仍然難以接受：洞中方七日，世上已千年……小平啊，我腦子裡的時空轉不過來。這五個人都曾經是毛澤東同志最信任的人啊，在他身邊工作了二、三十年之後，忽然變做階下囚，不可思議，不可思議。

鄧小平攤了攤兩手，苦笑著說：情況就是這樣。在京的幾個常委碰了頭，一致意見，建議你回來後，立即去杭州和主席見一面，盡力溝通，以免中央人事剝洋葱似的，一層一層剝下去。

劉少奇說：是啊，不然彭眞之後，就輪到我和你了……一些同志的所謂問題，無非在三年大饑荒時候，爲了少餓死鄉下農民，全力協助中央調整政策，渡過劫難……現在卻來秋後算帳。我們當時出以公心，沒有和人算那筆人命帳，現在卻有人要和我們算另一筆所謂的政治帳。難道我們在大饑荒的日子裡救人救錯了？我是說過，人相食，要上書的，歷史要記載的。河南、安徽、甘肅、青海都發生過父食子、兄食妹的慘象，這個歷史是否定不了的。不能過河拆橋嘛。

鄧小平說：少奇同志，所以總司令、總理和陳雲，都建議你去一趟杭州。當然是去溝通、化解，而不是去爭論、吵嘴。不然，我們在中央工作，只會越來越困難。

劉少奇說：人家班子都搭好了。我有預感，陳伯達、江青的那個「中央文革小組」，就是準備用來取代中央書記處的。

鄧小平說：那我這個總書記就可以休息了。天天打橋牌，求之不得。誰能幹誰就來幹嘛。對了，總司令還特意要我帶句話給你，現在不是頂牛、鬧意氣的時候，路還長著哪。

劉少奇、王光美回到中南海福祿居家中，看到幾個活潑可愛的孩子，心裡的怒氣、怨氣登時化作一腔苦澀的慈愛。老小十幾口人，孩子天天要上學，老人不時要看病，不能不顧這個家啊。劉少奇自己也年近古稀，身體和精力都大不如前了。一旦自己出了事，家人受到株連，孩子們都要跟著受罪，甚至鬧個家破人亡……毛澤東、林彪既已調動三十八軍接管北京，當然不會就此罷手。事已至此，劉少奇唯有收斂起身上的一點鋒芒，忍辱負重就忍辱負重，把損失降至到最低程度吧。無非是逼他交出權力，總不至把他從肉體上消滅。況且在中央委員會裡，中央政治局裡，他還是有相當多數的支持者。毛澤東再厲害，也不能無視這多數人的意見，把事情做絕。

再者，據劉少奇長時間的觀察，毛澤東和林彪的親密結合不可能長久。他們都把兵權看得高於一切，又都城府很深、猜忌心很重，愛記仇記恨，報復心極強。他們現在爲了共同的利益而合作，一旦共同的利益到手，必然爆發出新一輪的爭鬥……當年毛澤東和高崗是拜把兄弟，眞正的患難之交。高崗還很有一點江湖義氣。可毛澤東一翻臉，就硬是見死不救。高崗爲什麼兩次服安眠片自殺？就是逼毛大哥救他。林彪和毛澤東算什麼親密戰友？父子不像父子，師生不像師生。林彪爲人，無情無義，多的是謀略心計，可說是黨內權力舞台上一隻蟄伏已久的餓虎。餓虎一旦搶到肥美肉塊，豈肯輕易鬆口？而且毛、林在歷史上已經有過多次齟齬，互不買帳。兩人又都玩弄的是槍桿子，一旦相爭相鬥，必定白刀子、紅刀子，你死我活……只要劉少奇能熬活到那年月，不正可以出來收拾局面？到那時，劉少奇一定盡力替黨做好一件事，撤除黨內軍委制，軍權歸於中央政治局，中央決策制度化，國防部長文官化，軍隊永遠不再成爲黨內紛爭的利器。遵守紀律，尊重程序。一切紛爭放到黨的會議上來辯論、表決。一人一票，黨主席也只是一票，應習慣服從多數，服從集體。其他的任何行徑（特別是秘密調兵）都是非法的，應當受到黨紀國法的嚴厲制裁。

想明白了這些，劉少奇陰鬱的心情開朗了些，臉上也有了笑意。當然，一些眞實的想法，是連自己的夫人王光美都不便告訴的。儘管光美對自己的感情很深，是位典型的賢妻良母，堅貞不渝的人。

劉少奇掛通了杭州西湖汪莊的電話。

不一會，毛澤東來接電話，聽聲音還是那麼和藹、親切：少奇啊，回來了？每天都看外交部的簡報，你和陳毅的出訪很成功啦。光美和孩子們都好嗎？

劉少奇緊握住話筒：都好，都好，謝謝主席的關心。巴基斯坦的葉海亞，緬甸的吳努，都一再要我代向主席問候。他們都想邀請主席去訪問，又怕請不動……

毛澤東在電話裡嗬嗬笑了：不行了，出國訪問是要坐飛機的，政治局早就規定我不坐飛機了。就這一條，決定我只能在國內通火車的地方走走了。

劉少奇見毛澤東興致頗高，立即不失時機地請示：主席，你有時間嗎？出去將近一個月，想來向你作一次匯報。

毛澤東仍在嗬嗬笑著：姓劉的主席向姓毛的主席匯什麼報？我早講過，過不了多久，黨主席和國家主席都姓劉了。你想什麼時候來？

劉少奇說：如果主席允許的話，晚飯後就來，飛機個把鐘頭就到。

毛澤東說：這麼急？你不累嗎？來就來吧。我近兩天身體稍好些，可以聽你詳細談談。叫光美一起來吧，可以路上照顧你。我會通知這裡的人，安排你和光美住劉莊。藍蘋也正在我這裡，光美可以和她談談出訪見聞。

當晚九時，劉少奇夫婦飛抵杭州。他們隨身帶著外國元首贈送的珍貴禮品。中辦主任汪東興接機，隨即驅車西湖汪莊。道路兩旁一片昏黑，只感覺到樹影山影向後閃去。聞得到春的氣息，花的芬芳。車到汪莊，衛士長來開車門：歡迎劉主席，歡迎王主任！主席在書房裡等你們。

汪莊三面環水，美景天成。即使是到了晚上九點多鐘，在一溜溜宮式路燈的輝映之下，也是畫廊曲折，瑤階相接，花木扶疏，水搖波影，宛若蓬萊仙鄉了。

毛澤東又在翻閱他讀了十五、六遍的《資治通鑑》，見到劉少奇夫婦進來，才起身先和王光美拉手：遠客遠客，你們眞是海闊天空任翱翔囉，從仰光到昆明，從昆明到北京，又從北京到杭州，辛苦辛苦。

王光美握住毛主席的大手：主席，身體好吧？少奇帶我今天晚上來看您，特別高興。

毛澤東捏住王光美的手不放，看著旁邊的劉少奇說：少奇啊，還是你有福氣，光美是越來越年輕，越來越耐看。

王光美說：看主席講的，我是四個孩子的媽媽，加上少奇原來的五個兒女，我是九子之母，還有什麼年輕不年輕的？我都四十五六的人了。

劉少奇說：謝謝主席的誇獎，人還是年輕些好。

毛澤東說：昨天陳勵耘他們幾個軍人來講了一些粗話，逗我開心呢。什麼女人三十如狼，四十如虎，五十蹲地能吸土……哈哈哈，粗俗是粗俗，倒也生動形象囉。

王光美被這鄙俗不堪的下流笑話弄的滿臉通紅，嘴上卻說：主席才有福氣呢。藍蘋大姐懂文藝，通詩詞，政治能力強，是主席的賢內助。

劉少奇也竭力掩飾著臉上的尷尬：光美常在家裡說，要多找機會，好好向藍蘋請教、學習。

毛澤東這才伸過手來和劉少奇握了握，目光卻仍然罩住王光美：藍蘋毛病多，女同志和她不好相處呢。她太自以爲是。晚飯時和她講好了光美要來，她卻先要去小劇場看一部香港弄來的好萊塢電影。

王光美說：藍蘋大姐藝術鑒賞水平高，她領導京劇革命，推出現代樣板戲，具有劃時代的意義。

毛澤東擺擺手：坐坐坐，不要光顧了講話。來來來，我請你們喝龍井。剛下來的穀雨前茶，泡上從虎跑泉弄來的水，很不錯囉。光美呀，現在是頌揚的話滿天飛了，新出了一本什麼小說，也講是紀念碑，里程碑，劃時代等等，還是由郭老這樣的名人講出來，你們信不信？反正我是不信。外國幾百年，中國幾千年，眞正能夠流傳下來的書，有多少？這些日子，我總是在想呀，地球上的萬事萬物，生生滅滅，今天吹得越高，明天摔得越重，脫不出這個規律，是不是？

劉少奇見毛澤東說出這樣不乏清醒意識的話來，心裡暗自高興：主席是徹底的唯物主義者，把古今中外的事物都看透徹了。

毛澤東說：《列子．天端》云，天地無全功，聖人無全能，萬物無全用。故天職生覆，地職形載，聖職教化，物職所能。然而天有所短，地有所長，聖有所否，物有所通……這是我們古人的辨證唯物主義，很了不起呢。

王光美說：主席是學貫中西，讀遍天下書了。

毛澤東哈哈笑：光美妳言過其實，什麼讀遍天下書？人生苦短，絕無可能。我只是讀了幾部書，比如《資治通鑑》，《二十四史》……加上讀了點馬克思主義的基礎著作。《資本論》少奇讀過幾遍？我一遍沒有讀完，裡面的一些數據太枯燥，搞不懂。

劉少奇說：主席的學問，在當代政治家裡無人能及。我這不是吹捧。許多外國政要都這樣說。

毛澤東說：我不信。邱吉爾的學問就比我大。當然我和他屬於不同的文化。我還是有點自知之明。

王光美說：少奇近來常和我講，前幾年一直忙忙碌碌，當了事務主義者，一天到晚跌進會議、文件裡頭打轉轉，掛名毛主席著作編輯委員會主任，卻放鬆了對主席著作的學習、研究，以致思想落後一大截，跟不上形勢。

毛澤東問劉少奇：我的幾本小書眞有那麼大的作用嗎？本人很懷疑。你看哪？

劉少奇說：我不懷疑。主席的思想和著作，在延安時候，就是由我提出來，作爲中國黨和中國革命走向勝利的指針。我的問題是，進城十六、七年來，忙於事務，放鬆了對主席著作的學習。

正說著，江靑一陣風地踏著輕快的步子進來了，故作驚訝地說：喲！劉主席，王光美，稀客啦！我剛看完一部好萊塢影片，《老人與海》，有點悶，海明威的原著也有點悶啦。但人家那攝影藝術，把大海景色拍的千變萬化，眞叫絕活。

劉少奇、王光美連忙起身。江青並不和劉少奇握手。王光美拉住江青的手，連喊兩聲「藍蘋姐」。

毛澤東揮揮手：都是老熟人，客氣什麼？藍蘋呀，妳和光美去聊家閒，我和少奇談工作，談完了，少奇會來找你們。他們今晚住劉莊。

江青領著王光美走了。劉少奇從她倆一前一後的背影上看出來，江青似乎有些勉強。

毛澤東讓門口一位麗若天人的女服務員退出，掩上書房門，之後說：好了，少奇，我們是兩條漢子，開放心胸，坦誠相向，如何？

劉少奇不知毛澤東爲什麼忽然講話變了調子，只好跟著點點頭。

毛澤東徑自燃上一支煙，說：你也可以抽我這個……聽人講啊，你對三十八軍進城很反感，領著賀龍、彭眞幾個大發牢騷？

劉少奇依習慣從自己的上衣口袋裡摸出一包大前門，燃上一支，手指有些微微顫抖：主席，我要實話對你實說。我也從來不在你面前隱瞞自己的觀點。對於三十八軍進城，我確有自己的看法。

毛澤東說：好嘛，打開窗戶講亮話。我從來反對關起門窗講黑話。中南海的那些宮院房子光線很不好，住久了，容易引起心理陰暗。願聽端詳。

劉少奇說：我主要對林彪同志的某些做法持保留意見。派三十八軍接管北京市委、市政府，接管北京衛戍區，接管黨中央、國務院二、三十個重要部級單位，事先根本不和主持中央日常工作、主持軍委日常工作的人打招呼，這算哪門子規矩？我們黨的原則，是槍指揮黨，還是黨指揮槍？

毛澤東說：問得好，有水平。你們不同意林彪，實爲不同意我。道士打鬼，借助鍾馗。何必繞彎子？我就可以坦白地告訴你，我們黨的歷史，有時候是槍指揮黨，有時是黨指揮槍，互爲因果，相輔相成。

劉少奇說：主席呀，現在是和平時期，隨意調動部隊來左右黨內意見，這個頭開不得。這會損害我們黨的傳統，損害黨的團結統一……黨指揮槍的原則不能變。一旦動搖了這個原則，後患無窮。黨會分裂，軍隊也會分裂，我最擔憂這種效應。

毛澤東說：黨會不會分裂，軍隊會不會分裂，目前我還是黨主席兼軍委主席，你不用太擔憂。請繼續講。

劉少奇說：恕我直言，以主席在全黨全軍全國人民心中的威望，要撤換黨內任何高級幹部，完全可以通過中央全會或是政治局擴大會議的方式來進行，而不必林彪去調動軍隊。古今中外，搞軍事管制，最後都會搞出野心家和陰謀家來。主席你熟讀經史，歷史上這樣的教訓多得很。

毛澤東說：你這個意見，我可以留作參考。鄧小平不是講我是共產黨的如來佛嗎？我說不是。你們神通廣大，誰都跳得出如來佛的掌心。當然會通過黨的會議解決問題。這用不到你來提醒。

劉少奇額頭冒汗了。他告誡著自己，不應和毛澤東爭辯下去了。從來毛澤東要幹一件事，便是集合起全體政治局委員的力量也擋不住。毛澤東的一票否決之權，還是在延安時候由我劉少奇倡導出來的規矩啊，把他樹立成黨的皇上，到如今自食苦果、惡果……當今之計，放低姿態，含垢忍辱，委屈求全吧：主席，我上面所講的，完全是爲了我們的黨好，也是爲了主席本人好。我承認，在這些年的工作中，曾經和主席有過不同意見。但從思想上、組織上來講，我一直是擁戴主席、遵從主席的。這一條，任何時候沒有動搖過。我的一切言行都是公開的，相信經得起主席的考察。到目前爲止，我只是在思想上對三十八軍進城搞軍管保留看法。我可以不在黨的會議上提出此事，不去擴大影響。

毛澤東見劉少奇放緩了語調，放軟了身段，也就和藹地說：少奇呀，你爲什麼老是要在三十八軍進城這事上繞來繞去呢？命令是我和林彪一起下達的。是爲了預防彭眞羅瑞卿等人搞兵變。北京城裡發生過一系列不正常的狀況，是他們一夥要搞兵變的先兆。我和林彪不是無的放失，是一次反兵變的突然行動。萬不得已的特殊措施。我的這個答覆，你可以滿意了吧？你可以把這個話帶給總司令、總理、陳雲、小平、賀龍他們，請大家放心，三十八軍進城，是爲了維護首都安全，不是針對任何個人的。一個多月了，沒有放一槍，抓一人嘛。中央政治局，書記處，中央軍委，國務院，人大常委，全國政協，都還是原班人馬在上班嘛。

劉少奇彷彿找到了台階，適時地說：主席這樣講，我就理解了，原先的一些誤會，也釋然了。請主席放心，我會一如既往地做好份內的工作，包括完成主席所委託的任何事情。

毛澤東笑笑說：這就好，這就好。很高興你、我二、三十年的關係，能夠持續下去。過去我講，三天不學習，趕不上劉少奇。現在大約輪到你來改改這句話了。

劉少奇也裝做輕鬆地笑了：三天不學習，跟不上毛主席！形勢發展一日千里。我要再不努力學習主席的著作，可就眞要成爲落伍者，被時代大潮所拋下了。

毛澤東忽又斂起臉上笑容問：你出國期間，中央決定對彭眞、羅瑞卿、陸定一、楊尙昆、田家英幾個人宣布停職審查，爲頭的是彭眞。陸定一的老婆還寫匿名信誣陷林彪、葉群。這事件，你有什麼看法？想不想保他們哪一位？

劉少奇伸手搔了搔滿頭銀灰色頭髮，鎭靜一下才答道：這幾個人是以怨報德。他們都是主席在延安時候所提拔。主席一直委以重任。對他們後來的發展變化，我承認比較麻木，缺乏應有的警惕和敏感。特別是彭眞，在首都經營起他的獨立王國，直到主席批評針插不進、水潑不進，我才有所震動。彭眞在阻撓轉載上海姚文元的文章一事上，表現尤爲惡劣，簡直令人髮指。陸定一的老婆嚴慰冰有精神毛病，寫匿名信攻擊人，應受到法律制裁……主席知道的，今年春節前後我病了一場，又出國訪問一個月，許多事都沒有來得及過問。我應負工作失察的責任。

毛澤東說：你有這個認識就好，能夠不遠而復，我是高興的。彭、羅、陸、楊、田，仍然稱同志，歷史上多少都做過些好事，不能一筆抹殺。我歷來主張給出路。中央的工作，還是由你主持。馬上就要召開政治局擴大會議了，解決這幾個人的問題。會議由你召集，人員的處理，也交給你負責。

劉少奇內心存在疑懼：主席，這個擔子太重了。你如果身體好了些，北京的天氣也已經暖和了，是不是請主席回北京坐鎮，我和恩來、小平跑跑腿，在你領導下辦理事務。

毛澤東說：我講交給你辦的事，就是交你全權去辦。至於回北京，醫療小組還不會批准。我現在的頂頭上司是李志綏醫生他們。北京天氣太乾燥，不利治病。反正我派康生做代表，有什麼話委託他到會上傳達。總之，一切由你酌情辦理。我不收權，而繼續放權，你該有信心了吧。怎麼樣？藍蘋、光美兩個聊家閒，還沒有完？

當晚，劉少奇夫婦入住西湖西山路七號劉莊，亦是一座毛澤東、江青入住過的傍湖別墅。劉少奇急於知道江青和王光美聊了些什麼「家閒」，王光美也急於了解毛澤東和劉少奇的談話內容。但又覺得劉莊的臥室、書房都不是講話的地方。於是夫婦兩人手牽著手到蘇堤上去散步。警衛員在他們身後遠遠地跟隨著。

蘇堤上，路燈昏暗。桃花已經盛開過，四周透出新葉的馨香。環湖四周，極目望去，那星星點點的紅燈綠火，倒映在水裡，彷彿岸上岸下，嵌鑲上了串串色彩斑爛的珍珠。

王光美拉著少奇同志，看看四周無人，才放心地問：你和主席談得怎樣？我都擔心死了，怕你又和他意見相左，惹他生氣、變臉。

劉少奇說：放心，我會冷靜應付。今中午回到福祿居家中，一看到老人和孩子，我的心情沈重。我這不是自私，是家室責任，不能出亂子，老人孩子受連累。主席和我談得很好。他說中央的工作仍由我主持，彭、羅、陸、楊、田等人的問題也交由我去處理。他仍然信任我，要求我和他繼續合作下去。我也檢討了幾句，近幾年學習毛著抓得不緊，思想上跟不上形勢等等。沒事了，起碼暫時是沒有事了。或許我還有點利用價值……妳和江青談得怎樣？妳帶給她的禮物，她喜歡嗎？

王光美說：少奇你了解，這十幾年來，我伺候她勝過自己的老娘。每次跟你出國訪問，行前要去向她討教，回國要給她送禮品……十幾二十個外國元首夫人送給我的珍貴禮品，我一件沒敢留下，都敬奉給她了。每次她都說，也好也好，留下觀賞幾天，再交還公家。我看她一件也沒有交還公家。也是個慾壑難填……。

劉少奇說：妳做這些都是爲了我，爲了協調主席和我的關係，使她少從中播弄是非。前年她要求增加工資，從九級加到七級。她一個一九三八年到延安的幹部，已經拿了副省級工資，還想升到正部級，小平不同意，我也沒有批……這事又不能報告主席。她是恨我和小平的。現在演員的能量大得驚人，我們不能不防。

王光美說：這也正是我要告訴你的。是個極危險的人物，心裡充滿怨毒。也不知道爲什麼有那麼多恨，要恨那麼多的人。或許是更年期的緣故。

劉少奇問：她又和妳罵哪個仇人了？她年年都是更年期。

王光美說：這次罵的是孫維世。她和我談話，我心裡咚咚跳。她領我到她的大臥室兼書房，收下吳努夫人送的那兩顆紅寶石，還頂滿意的把玩一會，接著就大罵孫維世，什麼東西，勾引了恩來，林副主席，也勾引過老闆！憑了那點姿色，演技，竟在幾位領導人之間如魚得水。眞正的如魚得水，撩起裙子就讓人操嘛……罵得難聽極了。她還問，孫妖精勾引過少奇同志沒有？光美妳要警惕，不要當女王八。她和葉群都當過女王八。我說沒有，每天守著少奇過日子，忙工作都忙不過來。從不和孫維世往來，情況一點不了解。她說，光美算走運，少奇寶刀不老，你們性生活很和諧吧？少奇的炮彈很有力量，幹出來四個孩子，個個活潑可愛……聽她講話，眞慪氣，難受死了，又不得不應付。她講她和孫維世是結了仇的。孫妖精四九年進城後排演了十幾個大型話劇，從沒請她江青去看戲！根本不把她放在眼裡。可就是怪了，自今年年初以來，孫妖精大約感到氣候變了，又是打電話，又是寄請柬的，請她審查劇目！對不起，一切都晚了，連她那個王八男人金山都不是好東西……。

劉少奇說：我看孫維世再有缺點，爲人也要比她強，金山更是個傑出的表演藝術家。江青這女人要出來咬人了，我有預感，當然是有人放她出籠。一九三九年在延安，政治局曾對她和毛的同居關係約法三章。現在約法三章早被他們撕毀了……她這次又教訓了妳沒有？

王光美說：還少得了嗎？都快成「江八股」了。我每次去看她，她總是不忘列數她當年在延安，如何協助主席工作，如何抵制王明、博古、張聞天、何凱豐、彭德懷這些人的錯誤；解放戰爭時期，她是唯一的女同志跟隨中央支隊，陪同毛主席轉戰陝北、華北。許多軍事電報，新華社電訊，主席都委託她草擬。幾次大的戰役，她都出了主意。這些周恩來最清楚了。那時周恩來稱她爲「女將軍」、「半個軍事參謀」。進城後，爲了配合毛主席的偉大謙虛，她從來不提這些事……光美呀，妳年輕，沒有上過戰場，軍事上的事一竅不通，卻有好運氣，夫唱妻隨，夫榮妻貴，當國家元首夫人，每次陪少奇出國訪問，多風光呀！不像我爲了治病動手術，才去過幾次蘇聯，從沒好好旅行過。

劉少奇說：自吹自擂，無恥。沒有人把這些告訴她男人。告訴了也沒有用，她男人對她越來越信任、倚重。社稷將亂，必出妖孽……她還說了妳一些別的？

王光美說：哪能沒有？又批評我六三年隨同你出訪印尼，穿旗袍、戴項鍊，去討好大資產階級的代表蘇加諾總統，影響不好，今後要注意，等等。後來說著說著，就又罵開了彭眞、陸定一、周揚、田漢、夏衍、鄧拓、吳晗、廖沫沙、田家英一大批人，說這些人反對她領導的京劇革命，絕沒有好下場！老天爺已經開始報應這些壞蛋，一夥埋藏在黨內的定時炸彈，反革命的別動軍，不先下手搞掉他們，他們就會搞政變，搞兵變，推翻毛主席和黨中央，就會有千百萬人頭落地……

劉少奇說：慢著……或許事態比我們預料的嚴重。這個女人，總有一天會把中央鬧個天翻地覆。

王光美說：我聽著她的嘮叨，也身上直冒冷汗……喲，我們走出老遠了。前頭有人站崗。過了崗哨，就是汪莊了。少奇我們回劉莊吧。

第八章　還可以搞倒很多人

周恩來悄悄飛抵杭州，悄悄進入西湖汪莊晉見毛澤東。自年初以來，周恩來已不止一次地私下向毛澤東表示：無論黨內、軍內出現任何紛爭，發生任何情況，他都會堅定地站在毛主席一邊，擁戴毛主席的領導。毛澤東察其言，觀其行，有所保留地給予了信任。周恩來是個大政方針的執行者，「賢相」、「管家」之類角色，誰當皇上他忠誠誰。就算劉少奇成了事，一統天下，相信他周恩來照樣當總理。況且，毛澤東對自己日益倚重的林彪元帥，也需要一位從旁制衡的人。周恩來當過林彪的老師，適合此一角色。

毛澤東問：恩來你到我這裡來，少奇、小平他們知道嗎？

周恩來說：從來主席個別召見，我都不告訴他們。我的辦公室主任嘴巴很緊，又都是坐空軍專機，吳法憲、余立金是林總老部下，靠得住的。

毛澤東說：現在是南、北兩個司令部，你是從中牽線人……少奇回國後，情緒還安定吧？

周恩來不覺地放低了聲音：少奇同志近來身體欠佳，仍抱病主持工作。只是對他出國期間，中央把彭眞、陸定一、楊尙昆三人拉下來，有保留看法。他對我說，此彭不同彼彭，彭眞是主席的人。書記處少了個常務書記，小平一言不發……。

毛澤東說：一九六〇年之後，彭眞跟誰走，是誰的人，少奇應該比我淸楚。書記處人手不夠，陶鑄爲什麼還不進京？他還在等什麼？

周恩來說：大約是中南局那邊的工作還沒有安排妥。

毛澤東說：但願他不是在觀測風向。三十八軍進城，局勢穩定下來沒有？賀鬍子還那麼大情緒？這個人究竟怎樣啊？一身慓悍之氣，廬山會議之後一直對林彪的領導不服氣。也難怪囉，一九二七年八一南昌起義時，賀龍是軍長，林彪那時只是起義軍中一名排長。現在是排長領導軍長……有人向我反映，擔心賀鬍子搞名堂，兵變。我不相信他會反。恩來，你的看法呢？

周恩來見毛澤東問起這麼嚴重、尖銳的問題，便掂量掂量似地停頓一下，才說：主席，賀鬍子不服氣林總的情緒或許有，但要說他膽敢動用軍隊來反主席、反中央，我和主席一樣看法，不相信他有這個能量。按現在的軍委工作紀律，他連一個團的兵力都調動不了。何況廣大解放軍指戰員通過活學活用主席的著作，牢固樹立主席的統帥權威，就是有人想用軍隊搞事都不成。

毛澤東說：林彪這些年大抓軍隊政治工作，抓出績效……不過，這只是事物的一個方面。去年印尼「九·三〇革命」，蘇加諾總統的衛隊長翁東中校在印尼共產黨的全力支持下，一舉捕殺了親西方的十三名高級將領，可說是一網打盡，革命成功了吧？誰想冒出來個名不見經傳的戰略後備司令蘇哈托准將，率陸軍師占領雅加達，軟禁蘇加諾，捕殺共產黨人，一個晚上就把革命運動推翻掉，後來連他們總書記艾地同志都被槍殺。所以我從來不相信什麼局勢一面倒，所有的軍人就都那麼可靠。賀鬍子或許不會橫下心來鬧兵變，但那些軍長、師長們裡頭，會不會突然冒出個把蘇哈托來？

對於毛澤東的提問，周恩來不敢肯定，也不敢否定：主席高瞻遠矚。三十八軍是主席和林總手裡的王牌，已經完成了對北京地區的拱衛，相信別的人很難輕舉妄動。

毛澤東問：現在三十八軍進到城裡的，有多少人馬？

周恩來回答：兩個師吧。具體數字我不清楚，反正把北京市和中央部級要害單位，全部進駐了。

毛澤東吸著菸，默想一下，緩緩說：林彪帶兵，習慣搞大編制，人家一個師八千至一萬人，他一個師兩萬多人，所以打勝仗……恩來呀，這次找你來，主要想委託你辦兩件事。你不要記筆記，用腦子記就可以了。第一件事，進駐北京城裡和城郊的部隊，還是不能太單一，而需要制約、平衡。這對緩和多數元帥、大將的情緒也有好處，免得鬧下誤會，好像本人只信任四野人馬而疏遠其他三支野戰軍。我看這樣吧，恩來，由你來主持成立一個首都警衛工作領導小組，把總參、總政、公安部、北京軍區、北京衛戍區、中南海警衛師、北京市委的負責人都包括進來。這個領導小組，賀鬍子不參加，林彪也不參加，請一位「中性元帥」當組長，楊成武、謝富治當副組長，你看如何？哪位元帥適合？

周恩來對於毛澤東神出鬼沒的韜晦謀略，眞要爲之叫絕。忽然想到葉劍英元帥，遂匯報：前天劍英找過我，讓有機會轉告主席一句話，北京的事，要防備兩個人……一個裝甲兵司令員許光達，一個北京軍區司令員楊勇……我不同意劍英的看法。許、楊都是久經考驗的老同志，不可能對中央和主席生二心。但劍英讓轉告，只得如實告上，供主席參考。

毛澤東笑笑說：你瞻前顧後，猶猶豫豫什麼？劍英的話，別的同志已轉告我了。劍英大約只是想到，許、楊二位平日跟中央某位大人物關係密切了些，如此而已。允許懷疑，但我本人從不亂猜疑。呂端大事不糊塗。劍英大事清醒，就請他來擔任首都保衛工作領導小組組長，怎樣？相信賀龍、小平、林彪、總司令、少奇他們都能接受。

周恩來心裡明白，毛主席所以選中葉劍英，除了他關鍵時刻態度鮮明之外，還因爲他長期從事軍委參謀本部工作，從沒有組建、率領過野戰部隊，自然也就不會在軍中有自己的鐵杆人馬了：韓信將兵，劉邦將將，主席將帥，劍英合適，劍英合適。

毛澤東笑了：我比韓信、劉邦高明？恩來你眞會講話……好吧，那就請你把下面的名單記一下。首都安全警衛工作領導小組組長葉劍英，副組長楊成武、謝富治，成員：總政治部劉志堅，華北局李雪峰，中央辦公廳汪東興，總理辦公室周榮鑫，北京軍區鄭維山，北京衛戍區傅崇碧，北京市委萬里，北京市公安局蘇謙益。你看看，漏掉了哪座廟裡的菩薩沒有？

周恩來將名字一一記下，嘴上說：很全面，各座廟裡都有了……他心裡卻納悶，又不敢問：爲什麼沒有三十八軍的軍長或是政委參加？

毛澤東說：好，這個小組的工作，直接向政治局常委會和本主席負責，是保障首都安全的最高機構。你回北京後，和少奇、小平他們通通氣，主持會議宣布一下。之後，以領導小組名義，把北京城裡、城外的部隊部署作出調整。不是很多人對三十八軍進城有看法、有擔心嗎？好，照顧多數，執行軍委主席命令：駐石家莊的六十三軍第一八九師和駐張家口的六十五軍第一九三師，與現在駐北京城裡的三十八軍的兩個師換防。由一八九師、一九三師進城，擔負北京市和中央各要害部委的警衛工作。三十八軍的兩個師則分駐石家莊、張家口營地去，從南、北兩面對首都執行拱衛任務。

周恩來將命令筆錄下來，交毛主席過目、簽字：主席英明，用兵如神，相互穿插，相互制衡。人家是走一子，看一、兩步，主席是走一子，看三步、四步……

毛澤東說：那是紙上博弈……好了，不要講好聽的了。恩來，還要請你去辦另一件事。考慮來、考慮去，還是你去比較合適。

周恩來聽毛主席話講半截，遂說：只要主席吩咐的事，我一定努力去做，就怕有時力所不及。

毛澤東說：你再替我跑一趟蘇州，和育容好好談談。你上次去沒能說動他……他是你的學生。黃埔三期生做了大官，就不聽先生的了？

周恩來見毛主席還要派他去蘇州找林彪談話，登時面有難色。半個月前，周恩來已代表毛澤東去過一次蘇州，請林副主席出山，回北京參與中央政治局常委會工作。林彪卻以近段身體又有些不適，頭暈目眩、失眠、拉稀為由婉拒。主席不也在南方嗎？還是和主席住得近些，盡力配合主席的軍事指揮啦……當時周恩來聽出來林彪的弦外之音，若要他回京，毛須先賜他尚方寶劍——名份上的政治承諾。這種只可意會的事，周恩來是無法向毛澤東匯報的，而說：主席啊，不宜說林彪是我的學生，那是四十年前在廣州黃埔軍校的老黃曆了。後來隨著革命事業的發展，學生早就超過先生了。

毛澤東忽然抬手指指自己的腦袋：我看他的毛病也是在這裡……他又拉稀了？醫生稱為神經性慢性痢疾。和我相反，我是火性重，便秘，拉不出；他是拉了十幾年拉不乾淨，鴉片上癮。已經應他的要求，把羅長子整下去了，現在又對賀鬍子不放心。他自己不肯回北京去，叫我怎麼辦？

周恩來深知主席和林帥之間的那種親密、微妙的關係，是特殊敏感的權力地帶，自己行走在上面，如履薄冰，不容任何閃失：主席啊，請林彪回京的事，可否讓藍蘋去找葉群談談？或許她們能談通。蘇州那邊的事，多半由葉群說了算……。

毛澤東手掌朝下一劈，斷然否定：黨內這麼重要的事，由兩個女人去協商？不行。恩來你是總理，不管怎麼說，國防部長還是你的屬下。我曉得，他是想要某種名份，首領群雄。身體不適只是個托詞。上兩個月，他幾次來我這裡談事情，都當了我的面講他身體已好，可以出來做些工作了。現在真要請他出山，又講失眠、拉稀。恩來你可告訴他，他小我十三歲，也小少奇八歲，從年齡上看也是接班人嘛。但眼下我還不可能給他什麼挾天子令諸侯的名份。毛、劉、周、朱、陳、林、鄧，黨內的順序還沒有破，也不容易破嘛。名份不是從天下掉下來的，是在革命運動中經受考驗、鍛練形成的。

你還可以告訴，他再不肯出山，我就效法劉邦，親自到蘇州設壇拜將。

周恩來見毛澤東流露出了對林彪元帥的不滿情緒，更覺得事情棘手，卻不得不答應：主席要我當蔣幹，我就再去一次……只是擔心林總不改初衷。

毛澤東放緩了語氣說：蔣幹是個老實人，才會上周瑜的當。當年劉玄德三請諸葛，現在我們三請林帥。恩來，成立首都警衛工作領導小組的事，以及那個名單，也由你帶去和他通氣，相信他會同意。告訴他，三十八軍的兩個師退出城外，是我的命令。如果有意見，可來杭州當面談。原則問題，我是從不讓步的。事涉機密，我避免在電話、電報裡講這類事，都是把人找來，當面談。

晚餐後，毛澤東送走周恩來，即有專程從長沙來的湖南省委第一書記張平化向他匯報工作：主席，你好！你好！幾個月沒見到你，心裡想的很……。

毛澤東裹一襲睡袍，半躺在沙發上，並不起身，只是擺擺手，示意張平化坐下。同鄉老下屬，張平化可以自己動手從茶壺裡倒茶喝：你想見我，一通電話，不就讓你來了嗎？上回託人帶來的中醫學院的附子狗皮膏，我沒有用，貼在腿上粘糊糊的，也不方便游泳……還是針灸、推拿管用些。

張平化一臉恭順的笑容，是那種欠缺才華的敦厚笑容：主席，我們長沙袁家嶺盲人按摩院，有個年輕女子，技術一流，人也長得蠻好的，還會清唱京戲、花鼓戲，要不要安排來試試？

毛澤東說：我不要盲女做按摩。老二岸青也是個殘疾人……對了，你去年安排湘雅附院的那個小麥陪了我一段，後來怎樣了？

張平化看看主席寬大的書房裡再沒有其他人了，才說：恭喜主席，春節初一，小麥生了個胖伢伢……我報告過汪東興同志，他沒有報告主席？

毛澤東問：男伢還是女伢？

張平化說：是個女伢……我叫梅子去看過幾回，小麥都哭了，講對不起主席，是她沒有福氣。

毛澤東知道梅子是張平化的新婚愛人，還不到三十歲，原是湖南花鼓劇的當家花旦：男伢女伢不都一樣？小麥也是封建腦瓜。平化呀，老朋友，你是告訴了一個好消息，證明我還有生育能力。我的保健醫生李志綏化驗過我的精蟲，講有一大半不是活的，不能使女子受孕呢。李志綏的化驗破產了吧？平化你也是上了井崗山的，當時在江西蘇區，我年年都教賀子貞受孕。一九三四年長征路上，環境那樣艱苦，子貞還受孕兩次。當然那時不可能有別的同志，我和子貞是一對紅。

張平化說：主席從來龍威虎猛，醫生也有失誤的時候。

毛澤東問：小麥母女，怎樣安排了？你可以回答，也可以不回答。

張平化說：考慮到小麥一個單身女同志帶著伢伢工作，生活不方便，而說服了她，女伢伢交由組織上安排撫養。我和梅子挑選了長沙市輕工局一名姓程的科長，夫婦兩個都是烈士子弟，無子女。由醫院總支書記親手交給程科長，女伢伢是烈士遺孤，父母因公犧牲，今後有民政廳每月發給三十元撫養費。後來聽講程科長給女伢伢取了個名字，叫程喆，雙吉喆。

毛澤東欣慰地笑了：程喆？好名字。喆是哲的異體字。這麼講來，我和小麥兩個大活人都成烈士了？所以女伢伢名喆。

張平化連忙解釋：該死該死，我和梅子沒有想到這層意思，只是覺得這樣向女伢伢的養父母交代，較合情理……

毛澤東繼續笑著：我不怪罪你和梅子。今人寫詩頌魯迅，有兩句大白話：有的人活著，卻已經死了；有的人死了，他卻活著！我大約就在這死活之間吧。

張平化額頭上冒汗了：主席，我是無心的，無心的……

毛澤東說：看看，講了不怪罪你嘛。替我辦了事，應當感謝。女伢每月三十元撫養費，我自己出，不增加湖南負擔。會叫機要秘書從我的稿費裡支出一筆款子，撥給你們省委轉省政府民政廳。

張平化說：主席，這事既已安排了，就由省民政廳去辦吧。再從北京寄錢來，反而會叫別的同志多心……至於省裡的有關基建經費，以後中央撥款時另外照顧一下，不就皆大歡喜了？

毛澤東哈哈笑了：平化呀，你個老實人，也學了少奇的哲學，吃小虧，占大便宜？你巧立名目，想釣中央的大魚啊？我不管錢，不過可以和恩來打個招呼。有什麼具體項目沒有？

張平化見毛主席興致正高，趁機說：主席，關心一下長沙的市政建設。我們想打通五一路，在湘江上造一座公路橋……現在去岳麓山要過輪渡，汽車排長隊，有時等候一、兩個小時。這事早向中央計委報了多次，至今未批准立項。

毛澤東開心地說：我上當了吧？省裡每月付出三十元撫養費，卻伸手要中央大筆城建費。……打通長沙的五一路，老火車站就要搬遷，鐵路要改道；建湘江大橋，更要花大錢。你們呀，算盤打到我身上來了，我卻還認爲你平化同志是個老實人，哈哈哈……。

張平化也陪著哈哈笑。爲了討毛主席歡喜，又請示：主席，下次回到長沙，要不要梅子把女伢伢抱來，給你看看？小麥也很想見你，記掛你的膝關節風濕。

毛澤東擺擺手：算了，不看也罷，反正是國家的後代，就讓她在普通人家裡健康成長。小麥啊，下次回去再見面吧。我對她有好感，針灸、推拿也不錯。也喜歡身邊有個人講長沙話。

張平化說：主席，省委的同志都盼著你多回去住住……對了，我這次來，還要向你匯報，韶山滴水洞的屋子，已經蓋好了，離韶山水庫只有幾百米。那地方冬暖夏涼，四圍青山，人講比桃花源還幽靜，等著主席回去休息哪。

毛澤東眼睛亮了亮：好好。上次回韶山，沒有到水庫游泳，這次一定暢游。好好，我或許下個月就回去看看，你可以安排小麥到滴水洞等我。記得她是桃江人，水色嫩得很。

張平化揣摩上意：主席，你要是用得著她，何不現在就安排她到杭州來陪你，再帶她回滴水洞？

毛澤東說：不要。我沒有那麼急，再講這邊也有人嘛。年紀大了，還是要懂得節制。醫療組的專家們倒是和我討論過，男性性慾是否旺盛，是生命力的表現。人過七十，身體健康，每星期可有兩次性行爲，當然是和年輕女子。平化，你莫看劉少奇滿頭華髮，炮彈卻很有力量，王光美連生四胎，聽講每個月還要採取措施……我不同，不專於一人。就這個喜好，特殊化，中央同志也默認了，再不開會幫助了。你們可不許學我，不然問題大了。

張平化忙說：哪裡敢？全黨全國只有一個主席呀。梅子比我小出三十歲，她的要求比我強，總嫌不滿足。我是自顧不暇，目不側視。

毛澤東又開心地笑了：你和梅子，我算半個媒人……梅子腿長，腰細，臀肥，乳豐，你平化同志老夫少妻，有福氣囉。醫生講，和年輕女子保持性關係，有利健康嚒。

梅子和張平化結婚前，陪主席跳過舞，還清唱花鼓戲給主席聽，所以講算半個媒人。張平化說：她問主席好呢。這次隨我來杭州，想來看主席，又怕主席忙，影響主席休息。

毛澤東說：梅子和你一起來的？老熟人了，我這裡很隨便的。她可以隨時來嘛，歡迎。

張平化紅了紅臉，表示知道了。

毛澤東忽又想起什麼了，語鋒一轉：平化，你調中宣部任第一副部長，怎麼還不到任？

張平化一時反應不及地吶吶口吃：我、我服從、服從組織決定。但對宣傳工作，確是個門外漢……陶鑄同志找我談話，說是主席的意思，我無條件服從。

毛澤東說：北京市是獨立王國。中宣部是閻羅殿，陸定一、周揚是閻羅王。這次要打倒閻王，解放小鬼。也是我們黨的傳統，外行領導內行，從戰爭中學習戰爭。陶鑄和你是去占領陣地，改組中宣部、文化部。中宣部，文化部，多年來壞人當家，牛鬼蛇神當道。所以要打爛，改組。陶鑄嚒，還掛了國務院副總理，書記處常務書記；今後中宣部實際上是由你這第一副部長當家囉。陶鑄為人自視很高，在延安就不肯屈尊當秘書。他是怎麼搞的，中央的通知都下了，還不走馬上任？

張平化說：好！主席這個指示，我儘快轉告老陶。

毛澤東說：你也可以不告訴。中宣部、文化部可以爛它幾個月，半年。閻羅殿上群鬼無首，小鬼們正可造反搗亂，大鬧地府。

毛澤東習慣裸睡，裸泳。日常則是光身子裹一襲睡袍，在住處召集會議，找人談話，聽匯報，發指示。他討嫌內衣、底褲的束縛。

子夜十二時，曾在花鼓劇《劉海砍樵》中飾演「胡大姐」一角紅遍三湘四水的青年女演員，來陪毛澤東吃宵夜。毛澤東手不釋卷，正在吟誦唐人司空圖的〈退棲〉：

宦游蕭索爲無能，
移往中條最上層。
得劍乍如添健僕，
亡書久似失良朋。
燕昭不是空憐馬，
支遁何妨亦愛鷹？

自此致深繩檢外，
肯教世路日兢兢……

「胡大姐」真是狐狸精化身，眼波欲流，艷麗迷人，怯生生地輕喚一聲：主席，看書哪。

一聽親切悅耳的長沙鄉音，毛澤東抬起頭來，喜滋滋地望著嬌客：喲！是妳呀……幾年不見，宛如仙姑下凡啦。坐坐坐，點心早擺下了，就等著妳啦。

「胡大姐」在小餐桌對面坐下，粉面含春，連稱謝謝。

桌上擺著一碟紅燒豬蹄，一碟紅椒絲炒火焙魚，一碟臭豆腐，一碟炒菠菜，一籠小湯包，一缽小米稀飯。「胡大姐」看在眼裡，毛主席的飲食習慣，還是他到長沙火宮殿吃的那幾樣。

毛澤東替嬌客夾過一片豬蹄，兩隻湯包：胡大姐，雖然幾年一見，但我們是老熟人，先解決民生問題……對囉，應該稱妳胡妹子，妳還不到三十歲。

胡妹子感激地望毛主席一眼：主席你記性真好。

毛澤東進食，喜歡辣和燙，一口咬下一隻湯包：我知道妳成了家，不唱戲了，而到醫學院去當旁聽生，都快成半個醫生了。

胡妹子咬一小口豬蹄，細嚼下，以小手巾貼了貼嘴唇：主席，你都知道啦。人家也總是在想你吵，只是見你不容易……從別後，憶相逢，幾回魂夢與君同。今宵賸把銀釭照，猶恐相逢是夢中。

毛澤東身上一熱，頗爲驚喜：妹子妳這不是花鼓戲，而是宋詞。用長沙鄉音唸出來，我受用囉。

胡妹子紅了紅臉，比勻了胭脂還好看：那一年，你要我讀唐詩、宋詞，我沒敢偷懶。總是想看，日後再見到你，能背幾句給你聽咇。

此女多情。毛澤東不覺的聊發少年狂，把一條腿從小餐桌底下伸過去，架在胡妹子的雙膝上。胡妹子攏了攏雙膝頭，把那腳掌夾住了。

毛澤東並不性急，而說：妹子啊，我昨天讀到一冊清人筆記《冷廬雜識》，裡邊有個醫學問題，正想問問妳這個旁聽生呢。

胡妹子說：若是古人的醫典，我怕是不懂呢。

毛澤東說：不是醫典是雜書。說是大清乾隆年間，山東濟陽縣有位姓周的美貌女子，嫁給同縣的才子王巧爲妻。新婚燕爾，乾柴烈火，兩口子如膠似漆，你貪我愛的幹著那事。過完蜜月，周氏回娘家拜望父母，只住了三天，就又夫君想的不行，趕了回來。當晚，小兩口「小別勝新婚」，魚水快活，歇歇停停，連幹幾回合，不覺的到了天亮。周氏憐愛丈夫辛苦，起床煮甜酒雞蛋，可以滋補身子。丈夫在床上口渴，周氏連送三碗冷茶給他喝，誰想接下來吃下一大碗甜酒雞蛋，忽然肚子絞痛，上吐下瀉，不及延醫，就一命嗚呼了。王巧的父母懷疑媳婦淫浪，毒死了兒子，叫上鄰里作證，把她扭送到知縣衙門。知縣朱垣是個重證據、重調查研究的清官，當即命人取來王巧吃剩的甜酒和茶水，及其嘔吐出來的穢物，當堂餵給狗吃。狗吃後卻安然無恙。朱知縣又命法醫解剖王巧的屍體，也沒有發現食物中毒現象，倒是發現王巧的下體陽具不見了，原來全縮進腹腔去了。朱知縣只好重又升堂審訊周氏：從實招來！昨晚上你和男人幹得好事，交代清楚了，方可饒妳性命！可憐周氏爲了活命，顧不得羞醜，交代說：男人太貪了些，陽具又粗大，整晚上不肯歇息，叫嚷著要化在俺身子裡。天亮時他口渴得厲害，連喝下三碗涼茶，又吃下一碗雞蛋甜酒，活生生、威猛猛一個人就倒地去了。青天大人作主，賤婢實屬無辜……朱知縣憐惜周氏花容月貌，是個尤物，遂判道：陰淫寒疾，貪歡過密。陽具內縮，相煎何急？一命嗚呼，合乎醫理。周氏無罪，此案結切。妹子啊，你個醫學院的旁聽生給我講講，爲什麼陰淫寒疾，陽具內縮？

胡妹子此時兩隻小手撫著膝間那個腳掌，已經意亂神迷，醉眼心馳：你呀你，就會撩人，人家下面都濕了……我陪你去游泳池吧……我知道你喜歡在游泳池裡……。

於是兩人起了身，離開餐室，偎依著走過一道鋪著紅地毯的走廊，推開一道門，再從裡邊把門插上，來到水氣氤氳，碧波盪漾的泳池邊。毛澤東睡袍一脫，就寸縷不掛地躍入水中。胡妹子欲進更衣室去換泳衣，毛澤東在水裡命令：衣服剝了，剝了，裸泳舒服，裸泳舒服。

胡妹子嬌羞萬狀，佯惱地在大理石池岸上頓了頓腳，才遵命剝鮮荔枝殼似的剝光了身上衣裳，一雙玉臂交叉著掩住下體，一步一級浸到了水裡。

毛澤東把她摟了過去，讓她雙手吊住他的脖子，雙腿繞盤到他肥碩的腰背後去：妹子，來來，我們學做歡喜佛……妳不知道歡喜佛？北京有座雍和宮，是座喇嘛廟，廟裡有一男一女歡喜佛，其狀就像我們兩個現在這樣子，但很少對外人開放……

胡妹子嫩臉埋在領袖寬大的胸膛上：你壞，你壞哩……慢點，親爹爹，慢點哩……幾年不見，又粗多了，嚇人哩，你怕是服了什麼方子哩……

妹子，妹子……他怎麼樣？我說的是這個怎麼樣？

親爹爹，親爹爹，莫急莫急……他不行，不及這個一半……總是三下五下就完事……還講是速戰速決……。

好好，妹子妹子，我和你持久戰，可以堅持半小時、一小時……妳和小麥都是桃江人，別地方的女子，不及你們膚色好，水滑洗凝脂，少見的柔嫩……我還很威猛，還可以搞倒很多人，戰勝很多人。老子越搞越勇，越搞越冲……

整座泳池的水都激盪起來了，激盪起來了，嘩嘩嘩嘩，陣陣水浪，濺上了大理石池岸。

第九章　誰是下一個韓信

自一九五四年起，林彪、葉群夫婦冬春住蘇州，夏天住北戴河，秋天住北京，候鳥一般遷移。周恩來處事周到，每到南方公幹，總要抽空到蘇州林園探看，表示關懷。黨內軍內，高級幹部也是上上下下，沉沉浮浮。今天被疏遠、受冷落的人，不定明天就大紅大紫、生龍活虎了呢。林彪元帥就是個突出的例證。為了他一九五〇年婉拒統兵入朝作戰，毛澤東著實冷置了他許多年。直到一九五八年黨的八大二次會議，因要制衡功高震主的彭老總，毛突然提議「病帥」林彪擔任黨中央常委、副主席，這是誰料想得到的？當然該項提議事先徵得了政治局常委們的共識。從來毛關於重要人事任免的提議，黨中央沒有不通過、不遵從的。凡經「提議」，實際上就是決議了。一九五九年廬山會議後期，毛更提拔林彪為中央軍委第一副主席，取代彭德懷為國防部長，躍升十位元帥之首（朱總司令只是掛個虛名）。當然林彪也沒有辜負毛的重托，在三年大饑荒，毛的威信跌至谷底、地位最感虛弱的日子裡，他號令解放軍五百萬官兵大歌大頌毛澤東軍事思想、大學特學毛的光輝著作，從而使得毛澤東牢牢控制兵權，立於不敗之地。後來就順理成章了：林彪號召全軍學毛著，毛號召全國學習解放軍。口號是：農業學大寨，工業學大慶，全國學習解放軍。當然囉，這其中也有周恩來的具體奉獻：山西昔陽縣大寨大隊樹立爲學毛著改天換地的農業典型，石油部大慶油田樹立爲學毛著戰天鬥地的工業典型，都是周恩來實地視察所發現、所提倡；但他不居功，不爭名，而把這兩大典型雙手呈獻毛澤東，宣稱是偉大領袖親切關懷、親手培育起來的！於是上上下下都這麼宣傳、教育，全國人民也就相信了，認定了。周恩來替個人迷信、領袖崇拜注入新的資本，毛澤東自是十分受用。其實，毛澤東有生之年，從未到過大寨，從未到過大慶。

蘇州林園占地數百畝，假山亭榭，花木扶疏，曲徑通幽。原先園內有一串池塘，引入太湖活水，種植荷花、睡蓮，環水游廊曲折，綠柳花階。後因林彪怕風怕水，見水暈眩，而命人把一串水塘儘行填平，拆除廊榭，改鋪成草地、走道，供他一早一晚的緩緩漫步了。

由於事先得到電話通知，周恩來的車隊從上海駛抵蘇州林園，林彪已端坐在客廳恭候。葉群則在百米外的園門口迎接。

周恩來大遠的就向林彪伸出手去：林總好！主席委託我來看望你。近來身體好吧？看你氣色不錯，也是辛苦葉群照顧囉。

林彪堅持先行禮，後握手：總理好！主席身體怎樣？主席講，天下居處，他最滿意西湖汪莊。周恩來的握手熱情、有力：都好都好。主席近一段休息得不錯，很少失眠。我是昨天晚上從杭州到上海，今天一早就趕來，沒有影響你的休息吧？

林彪說：裡面請，裡面請。葉群，去替總理泡壺碧蘿春來……總理不是客人，是黃埔老上級。周恩來知道林彪平日沉默寡言，與人談話，往往三言兩語，簡短俐落。看得出來，林彪今天心情較好，有談話的意願。

葉群沒讓服務員進客廳，自己動手給總理上茶。林彪則一杯白開水。

周恩來說：葉群啊，小超問妳好，說有幾個月沒見面了。坐下坐下，我們一起拉拉家閒。對妳葉群同志，無機密可言。這碧蘿春好，清香得很，媲美龍井。

葉群最敬服的人，除了毛主席，就是周總理了。在這一點上，她和「一號」早有默契。「一號」是林總在東北解放區時期就叫慣了的，一直沿襲至今。犯著什麼忌諱沒有？只要不當著毛主席的面這麼稱呼就行了。

林彪問：北京的情況怎麼樣？彭、羅、陸、楊四人看管起來沒有？陸定一的那個婆娘嚴慰冰，還逍遙法外？總理，你這個當家人也難爲囉。

周恩來說：三十八軍進城，北京局勢穩定。彭、羅、陸、楊，加上一個田家英，在中央會議作出決議之前，暫時執行內部監護居住。

葉群放低了聲音問：總理，什麼算內部監護居住？

林彪瞪了葉群一眼：多嘴。就是中央警衛局派出的保衛人員改變職能，變成對首長的監視，限制他的行動自由嘛。過去對高、饒，後來對彭、黃、張、周，都是這麼幹的嘛。羅長子是慣對別人搞這一套的。現在輪到他自己了，活該，自作自受。

周恩來點點頭：林總講的是。彭眞仍在東交民巷原住處，羅長子仍在公安部大院部長樓，陸定一、楊尚昆兩家已搬出中南海。陸定一搬到西四南口安兒胡同，楊尚昆搬到海淀五道口。都是老四合院，條件當然比不上中南海原來的住所了。嚴慰冰的問題公安部門正在進一步落實，再有報告送上來，我會批准逮捕，先關進秦城再說。

葉群表示感激地說：總理執法如山啦。

林彪說：我還有句話，不方便在電話、電報裡提醒主席，當前最要警惕彭、羅、陸、楊、田及其親信爪牙狗急跳牆，在北京地區搞兵變。總理，你肩上的擔子越挑越重了。

周恩來慢慢地品一口茶，說：主席近些日子也擔心這個，因此派我來和林總商量。

林彪說：軍隊的事，主席講了算，我是助手。彭、羅、陸、楊心腹大患……他們還有志同道合者。中央軍委內部，誰最可能鬧事？恕我直言，賀鬍子。當然總理是他的入黨介紹人，瞭解更深入。

周恩來心裡打個激淩。他知道林彪一直對賀龍心存芥蒂。賀龍也一直對林彪很感冒，背後稱其「林禿子」。五九年廬山會議後毛主席委託林、賀共同主持中央軍委工作。林彪務虛，號令全軍將士學毛著，大搞領袖崇拜；賀龍務實，主持全軍大練兵，大比武，刺刀見紅，練就過硬本領。兩帥各偏一面，不大搭調。現在是林彪得志，賀龍也還沒有垮台，周恩來不能不居中平衡一下：據我瞭解到的情況，賀鬍子沒有反對中央和主席的跡象。當然林總提醒及時，提高警戒是完全必要的。

這時葉群在林彪耳邊說了句什麼。林彪不予理會：有人報告，賀鬍子在什剎海體委大院裡，保存了數百枝槍，名為練習射擊用，隨時可以武裝一個加強營。什剎海離中南海那樣近，總理要當心。

葉群說：還有人反映，體委院子裡架設了迫擊砲，砲口瞄準中南海。

紅口白牙，越說越玄乎了。周恩來在一個小本子上記了幾句什麼話，邊說：林總放心，這事我會要求中央警衛局派人去檢查。所有槍枝，立即收繳封存。體委院子裡架迫擊炮幹什麼用？一定查個水落石出。我這人是個忙忙碌碌的事務主義者。許多事情應當去照管，但沒有照管過來。

林彪說：總理辛苦。賀鬍子的事還有一件，索性都講了吧。他家裡收藏有一、二十支手槍，是各個時期的戰利品，大多是他的部屬敬送的。據反映，賀鬍子每個月都要把這些手槍弄到後院裡，親手擦拭一次。有的還子彈上膛。不知他這些槍枝向中央警衛局登記過沒有？

見說起這事，周恩來倒是笑了：我們的元帥、大將、上將、中將、少將，個個喜歡玩槍……幾位元帥家裡也有些紀念品。賀龍同志的收藏豐富一些，德國造、捷克造，俄式、美式、法式、英式、日式、義大利式等等五花八門的玩藝，手槍的聯合國。記得中央警衛局對老同志們家裡的這類紀念品，一九五四年高、饒事件後登記過一次，一九五九年彭、黃、張、周事件登記過一次，去年年底又登記過一次。以後我可以出面說服這些老同志，尤其是賀鬍子，把紀念品統統上交，在三座門軍委院內或是軍事博物館，闢一間專室，集中收藏、展覽，並在櫥窗內標明某槍枝是某元帥、某將軍獻出。

葉群說：總理這個主意高明，既不得罪人，又消除了領導人身邊的麻煩。彭、羅、陸、楊、田等人家裡的手槍，警衛局收繳上來沒有？

林彪掃了自己的婆娘一眼：多嘴。既已監護居住，還會允許他們保留槍枝？

周恩來隨和地說：葉群問問，沒有關係。收繳監護對象的槍枝，主要防備他們吞槍自殺，滅口……話講回來，林總和主席都擔心近一段北京可能出事，有這個氣候嘛。主席經過慎重考慮，決定成立首都保衛工作領導小組，並親自擬定了個名單，包括方方面面。主席講，他不便在電話、電報裡和你商量此事，委托我把名單帶來了，請你過目，提出意見。

林彪一看名單，登時眼睛長了刺似的，又只能強忍住心裡的憤懣：組長葉劍英，算左派還是右派？副組長楊成武，華北野戰軍出身；副組長謝富治，第二野戰軍出身；成員汪東興，軍委直屬兵團出身；鄭維山，華北野戰軍出身；傅崇碧，華北野戰軍出身……好一個首都保衛工作領導小組！組長、副組長、組員總共十一人，竟沒有一人是第四野戰軍出身！連已經進駐北京的三十八軍的軍長、政委都不給掛個號？有這麼用人又排斥人的？你們眼睛裡還有不有第四野戰軍？

林彪咬了咬嘴皮，把名單遞還周總理，嘴上說：主席擬定的名單，考慮很全面，一碗水端平……我完全贊同。萬里、蘇謙益兩位我不熟悉，原北京市委幹部，是不是彭眞的人？

周恩來立即在萬里、蘇謙益二人的名字下面打了問號：林總這個意見，我負責向主席反映。

林彪擺擺手：不用了，我不過隨便問問。主席已選定他們，應當沒有什麼大的問題。

接下來，當周恩來轉達毛澤東主席的命令：現進駐北京城裡的三十八軍的兩個師撤出，開赴石家莊一線駐防；由現駐石家莊的六十三軍第一八九師和駐張家口的六十五軍的第一九三師進北京執勤……林彪就更是咬響了牙巴骨：老頭子疑心太重了，對誰都不放心，對誰都留一手，玩一手！明明是派三十八軍進北京搞軍事接管，又怕三十八軍發動兵變?這不是天大的笑話?!傅崇碧是六十三軍的老軍長，楊成武是六十五軍的老軍長，正可用來制衡三十八軍了……。

林彪看到葉群也是滿臉驚訝，欲言又止，即狠狠瞪上一眼，旋又笑著表態：主席英明，主席英明！城裡城外，都是三十八軍的人馬，容易引起誤會。我知道，包括中央常委和一些老帥在內，多數人反對三十八軍進城……何況三十八軍也不是生活在真空裡，誰能保證沒有一、兩個壞人?他們要犯了錯誤，帳還不是要算到我林彪頭上?總理你可以作證，三月初毛主席選定三十八軍進關，我林彪只是執行軍委主席命令。現在好了，兩個師撤出，由別的部隊進城執勤，相互牽制，很有必要，非常及時。

周恩來洞悉林彪心裡的曲直，不免美言幾句：除了主席在軍隊裡的威望，林總是第二人。特別是林總的政治建軍路線，把五百萬人民解放軍辦成毛澤東思想的大學校，是個歷史性功績。我同意葉劍英同志的以下提法：主席是我們軍隊的統帥，林總是副統帥。

林彪一聽，饒有興趣地問：葉帥是在什麼場合講這個話的？

周恩來說：國防政治學院的畢業生典禮上，《解放軍報》報導過。當然，沒有以這句話做標題。

林彪兩手一攤：天天看解放軍報，我沒有注意這則報導。葉群妳讀到過嗎？

葉群搖搖頭：秘書沒有圈出來交我們看，大約不是登在第一版上。

林彪朝周恩來苦笑笑：總理，我這點斤兩你是知道的，離了毛主席，我就什麼都不是了。舉個例子說，我年年冬春住蘇州，南京軍區近在咫尺，司令員許世友、政委廖漢生，我指揮得動嗎？在北京，衛戍區司令員傅崇碧，公安部長謝富治，會聽我的嗎？十大軍區司令員、政委，誰會聽我的？所以，劍英稱我是什麼副統帥，連我自己都不相信。我黨我軍，只有一個領袖，一個統帥，其他的沒有。我不是，劉少奇、鄧小平都不是。這是客觀事實。我講大實話，必要時總理可以報告主席。

周恩來深感林彪今非昔比，地位顯赫，城府很深，很難對付。於是繞開話題，談了一通江青組織人馬撰寫的《林彪同志委託江青同志召開部隊文藝工作座談會會議紀要》，作為中共中央文件頒發全黨全軍後引起強烈反響，毛主席稱讚是一個馬列主義的綱領性文件。現在全國上下的文化單位，開始挖文藝黑線，根子挖到了周揚、夏衍、田漢、陽翰笙等「四條漢子」身上，涉及文藝黑線問題的人就更多了，連金山、白楊、趙丹、馬連良這些表演藝術家都受到大字報、小字報批判。

軍隊領導人談文藝工作，不管牽涉到多麼尖銳複雜的鬥爭，也有種輕蔑感。林彪面帶得色地道：江青三次來蘇州找我幫忙，是她看得起我……文藝界男男女女、唱唱跳跳的事我不懂，也從不過問，只聽江青講裡面很黑暗，壞人成堆、抱團，需要先砸爛了，再重新組織起無產階級自己的文藝隊伍。

周恩來有很多文藝界的老朋友、新朋友，但面對江青的全面打擊，他已不便保護這些新、老朋友了：我同意林總的提法，江青同志是文藝革命的旗手，京劇革命的旗手。當然，除了領導文藝工作，她還擔負著更重大的政治任務。

林彪說：江青確是我們黨內最優秀的女同志，文武全才。王光美近幾年出盡風頭，不知收斂，我看比不上江青一根腳趾頭。

葉群從旁提醒：老總，人家王光美現在還是國家元首夫人。

周恩來說：我同意林總的。王光美雖然也表現不錯，但比起江青同志來，是差很遠囉。江青同志文武全才，抓文藝很內行，政治上也很強，是主席的賢內助。葉群也一樣，林總的賢內助。

葉群不得不謙虛兩句：看總理說的，我給江青同志當學生，都不一定夠格啦。林總常和我說，看人家江青在上海率領一批秀才，幹著大事業。

周恩來點點頭。葉群指的是江青在上海領著陳伯達、康生、張春橋等人起草一份劃時代文件——〈中國共產黨中央委員會通知〉，毛澤東發動文化大革命的總動員令，戰鬥檄文。周恩來抓住話題，說：林總，主席這次派我來看你，還有另一件事……文化大革命的戰幕已經拉開，需要你回北京去坐鎮、指揮。主席講，這是二請諸葛亮了。正如你所擔心的，北京很可能出亂子，甚至鬧兵變什麼的。

林彪緊抿住嘴皮，好一會兒沒有吭聲。

葉群擔心老總沉默太久，令場面尷尬，而說：回不回北京，你給總理一個話。

林彪又瞪婆娘一眼：多嘴。總理，軍人以服從命令爲天職。北京，總是要回去的。可我單槍匹馬，回去能做什麼？怎麼去做？心裡沒底。總理你心裡有底嗎？這運動要搞到哪一步？搞掉誰爲止？我腦子裡是一盆漿糊。到時候搞錯了目標，或是半途變卦，上頭屁股一拍不認帳，怎麼辦？恕我直言，當年高崗就是吃的這個虧……當然高崗是有野心，後來才自殺。

這回輪到周恩來沉默了。當年高崗是受毛澤東委託，找許多人徵求對「八大」中央班子的意見，後來毛澤東不認帳，高崗被揪出來後難以自辯……的確，這次的運動，毛澤東也從沒對身邊的人交過底，大約連江青、康生等人都不知道他的「底」在哪裡，一切靠人去揣摩「聖意」。難怪林彪有顧慮。毛澤東穩坐帥位，可進可退。別人卻是過河卒子，沒有退路的。從高崗、饒漱石，到彭德懷、黃克誠，到鄧子恢、習仲勳，到這次的彭眞、羅瑞卿……都因爲過了河，退不回來，才吃大虧。每想到此，周恩來就要不寒而慄。

周恩來考慮再三，不得不說：林總，主席的意思，如果你的身體好轉，就還是代表他回北京去坐鎭。下面的話，我原原本本向你轉達。主席講，你比他小十三歲，比少奇也小八歲，年齡上已是接班人。當然接班人的地位是在鬥爭中形成，要經過黨的會議來認定。主席還講了，如果你仍要推辭，他就親自到蘇州來「三請諸葛」，也可以效法劉邦設壇拜將。當然主席這話，是些比喩。

林彪閉上眼睛，彷彿陷入沉思。葉群欲提醒老總，被周恩來以手勢止住了。過了好一會，林彪主意已定，睜開眼睛說：總理，請轉告主席，我同意出山，過河。眼下北京形勢詭譎，情況複雜，我的警衛部隊需要從現在的一個連，加強到一個團。如果有人搞兵變，想活捉我，這個團可以堅持到北京城外的三十八軍救援。

周恩來告辭，返回上海去了。

林彪在院子裡散步，問葉群說：妳知道韓信是怎樣從楚王降爲淮陰侯的嗎？後來爲呂后所捕殺……我們黨內已經出了一個韓信式人物彭德懷。下一個韓信是誰？

翌日，周恩來領著陳伯達、康生、張春橋從上海抵杭州西湖汪莊。遵照毛澤東的指示，江青留在上海候命。

先由周恩來單獨進見毛澤東。毛澤東裹了件睡袍，半躺半坐在床上，身後枕著三床被子。周恩來坐在床前的一把椅子上，報告林彪已同意出山，但要求帶一個團的警衛部隊，以應付突發事變。

毛澤東笑了：林彪率領過「四野」百萬雄師，還在乎他帶一個團的警衛部隊？莫看他是個病夫元帥，回北京能鎮邪。

周恩來說：還是主席視通萬里，用兵如神。

毛澤東說：恩來，你儘講好聽的。昨天，北京又有人給我送材料，還是反映賀鬍子的問題，講他在什刹海的全國體總大院裡，收藏了幾百枝槍械。那些槍枝是用來做什麼的？你了解情況嗎？

周恩來說：在蘇州，林總也提到這事。我的初步印象，那是些運動員訓練用的小口徑步槍、手槍，並不是眞正的作戰武器。回到北京後，我會立即通知警衛局派人去把那些槍枝收繳、封存。這事請主席放心。我也相信，賀鬍子是個優點、缺點都相當突出的人。總的來講他是忠於主席、忠於中央的。有人擔心他會在北京搞什麼大動作，我沒有這個擔心。或許是我粗心大意，看錯了人。

毛澤東欲咳嗽，周恩來連忙雙手捧起床頭下的痰盂，送至毛澤東面前。毛澤東漲了紅臉，咳出兩口濃痰。周恩來放下痰盂，隨即又遞上小毛巾去給主席抹嘴。

毛澤東喝下一口茶水，潤了潤喉嚨，說：恩來你是總理，肯給我送痰盂缸……藍蘋則一定要傳喚服務員……基本上同意你對賀龍的看法。你是賀鬍子的入黨介紹人，不會看錯人。賀龍，我還是要用的。讓他暫時離開一段軍委工作，避避嫌疑也好。現在是人多嘴雜眼也雜，敢於提出各種問題，各種懷疑，是好事不是壞事。要愛護群衆的積極性。你回去告訴賀鬍子，我送他一句俗語：誰人背後無人說，哪個人前不說人？要允許人家懷疑和反對，也是一種鍛鍊、考驗嘛。總之，我還是相信他的。

周恩來說：主席的話，我一定轉達賀鬍子。我下午返回北京，主席還有什麼指示？

毛澤東說：五月初在北京召開政治局常委擴大會議，仍由劉少奇主持，我派康生、陳伯達、張春橋、姚文元、關鋒、王力、戚本禹出席。康生做我的全權代表。會議專門討論彭、羅、陸、楊、田等人的問題。田可以先作內部批判，不點名。彭、羅、陸、楊可以點名，他們實際上是一個集團。但仍可以稱同志。五九年盧山會議批判彭、黃、張、周反黨集團，也是稱同志嘛。還要通過一份中央委員會通知。由江青等人起草的，我已經改了三遍。你有不有時間出席會議啊？

周恩來說：五月初，謝胡同志率領阿爾巴尼亞政府代表團來訪，我要全程陪同，包括到上海拜會主席……主席什麼時候去上海？

毛澤東說：就在最近幾天吧。我的行蹤，你可以單獨和汪東興聯繫，但要保密。住址隨時變動，無非在幾條鐵路線上移動。北京的會，你慢一步參加也好。六月下旬，你還有次出訪活動？

周恩來說：出訪羅馬尼亞和阿爾巴尼亞，並順道訪問巴基斯坦。都是去年就和人家商定了的，現在要推遲都來不及了。

毛澤東說：去吧。等你出訪回來，就會更忙碌、更熱鬧了。你下午回北京？請帶個話給少奇和小平，一切如常，安心工作，天塌不下來。政治局常委擴大會議，林彪回去坐鎮，仍由少奇主持嘛。

周恩來離開後，毛澤東仍裹著睡袍半仰半坐在床上。康生、陳伯達、張春橋進來時，毛澤東只是在床上欠了欠身子，揮手讓他們拉過椅子在床前坐下：大家免禮，要喝茶，各人自己動手。總理回北京，不參加〈通知〉的修改討論了。今天讓三位來，把文稿最後通讀、改定，拿出成品，再到會議上辦手續。維持原稿的十條，闡述中央撤銷彭眞那個〈匯報題綱〉的原由，同時宣布撤銷彭眞爲組長的那個文化革命五人小組。另成立中央文化革命小組，隸屬政治局常委會。三位誰來唸一遍？

康生說：伯達的閩南口音不好懂，還是春橋來吧。

張春橋立即恭敬地雙手捧起稿子，語音清晰地唸將起來。凡毛澤東主席新改動過的段落，張春橋都特意抬高些聲調，類似文件中的黑體字處理。張春橋每唸完一段，都停頓一會，等候意見。毛澤東已經躺在床上閉目養神。康生、陳伯達只是點頭，輕聲讚好。當張春橋難禁喜悅之情，眉飛色舞地唸到〈通知〉的最後一段——毛主席新添的神來之筆，康生、陳伯達也聽的眉飛色舞、醍醐灌頂了：

各級黨委立即停止執行〈文化革命五人小組關於當前學術討論的匯報提綱〉，全黨必須遵照毛澤東同志的指示，高舉無產階級文化革命的大旗，徹底揭露那批反黨反社會主義的所謂「學術權威」的資產階級反動立場，徹底批判學術界、教育界、新聞界、文藝界、出版界的資產階級反動思想，奪取在這些文化領域中的領導權。而要做到這一點，必須同時批判混進黨裡、政府裡、軍隊裡和文化領域中的各界裡的資產階級代表人物，清洗這些人，有的則要調動他們的職務，尤其不能信用這些人去做領導文化革命的工作。而過去和現在確有很多人是在做這種工作，這是異常危險的。

混進黨裡、政府裡、軍隊裡和各種文化界的資產階級代表人物，是一批反革命的修正主義分子，一旦時機成熟，他們就要奪取政權，由無產階級專政變爲資產階級專政。這些人物，有些已被我們識破了，有些則還沒有被識破。有些正在受到我們的信用，被培養爲我們的接班人。例如赫魯曉夫那樣的人物，他們現在睡在我們的身旁，各級黨委必須充分注意這一點。

還沒等張春橋唸完〈通知〉稿的最後幾句，陳伯達即拍了巴掌：畫龍點睛！畫龍點睛，睡在毛主席身旁的赫魯曉夫式人物，呼之欲出……。

康生也擊節讚道：主席神來之筆，雷霆萬鈞。

毛澤東忽然在床上半坐起身子，瞪住陳伯達問：呼之欲出？我看你是忘乎所以，自以爲是。

陳伯達漲紅了臉，連忙檢討：我……胡亂猜想。我保證把住口風，不打亂主席的戰略部署。

張春橋也說：當前最重要的是遵守紀律，一切遵照主席的指示去做，不給對手有可趁之機。

毛澤東目光柔和下來：怎麼樣？〈通知〉稿就這樣定了？我們明人不作暗事，先發給北京主持工作的朋友們過目，看他們買帳不買帳……下一步，五月四日起，在北京召開政治局常委擴大會議。仍由劉少奇同志主持。林彪回去坐鎮。你們三位代表我去出席。每人準備一個發言，不要怕長。可以從歷史談起，從理論談起。我會通知劉少奇同志，會議的第一階級「介紹情況」，第二階段討論〈通知〉，第三階段人事調整。第一階段由你們三位作主題發言。當然你們三位也要有所分工，各有側重。現在就初步擬定下來？康生同志，你主講什麼？

康生在毛澤東面前，總是笑出滿臉的皺紋：我？可不可以介紹一下主席是如何領著我們起草、修改〈通知〉的？從一九六二年的八屆十中全會，主席提出社會主義時期的階級、階級鬥爭問題講起，一路講到去年一月主席製定社教運動〈二十三條〉，講到去年十二月的上海會議端出羅瑞卿，今年四月的政治局常委擴大會議端出彭眞。起碼可以講它八、九個小時。

毛澤東說：好。你這麼一講，就給整個會議定下基調了。

陳伯達說：關於主席的「社會主義時期的階級、階級鬥爭問題」這個名詞，可否改爲「無產階級專政條件下繼續革命的學說」，使之更有理論色彩一些？這是主席對於馬克思列寧主義的重大補充和發展，是新的理論建樹。

毛澤東笑了：這回是伯達同志畫龍點睛了，很好，就稱爲「無產階級專政條件下繼續革命的學說」。老王賣瓜，自賣自誇，可以專門發個文件，宣傳戰線統一口徑。春橋，這回你要在常委擴大會議上初試啼聲，準備講個什麼題目？

張春橋神色恭謹地扶了扶眼鏡框：我可不可以著重講一講，自一九六二年八屆十中全會以來，思想文化戰線上的兩條路線鬥爭？包括彭眞、陸定一、周揚等人打擊左派，包庇右派，鼓吹包產到戶、大颳單幹風、翻案風，大演鬼戲、冤獄戲、海瑞戲等等。

毛澤東說：題目可以，內容也有深度。注意現階段的批判矛頭，只對準彭、羅、陸、楊。剝洋葱先剝到這一層。誰出界誰自己負責。陳老夫子，你的題目呢？剛才那個名詞不錯，我給你記分。

陳伯達說：康生、春橋兩位的題目較爲務虛……我就來點務實的，揭一揭彭眞的歷史問題。他曾經被捕過，怎麼出獄的？塡寫過「反共啓事」沒有？另外，一九四六年在東北戰場上，他身爲東北局第一書記，違背主席指示，和林彪同志對著幹，眼睛盯住大城市，不肯發展農村根據地等等。

毛澤東欲咳嗽，張春橋連忙躬身捧起床頭的痰盂缸去接，康生連忙送上小毛巾去侯用，陳伯達也陪著站起……直到毛澤東漲紅臉膛，費力咳出一口濃痰，痰盂缸裡的水濺到張春橋的手上、臉上：坐下，坐下，我這老年支氣管炎，不是什麼大毛病。好，好，你們三尊大炮，也是三員大將，代表我去衝鋒陷陣。加上林彪去坐鎮，大約可以獲勝……你們還有什麼要補充的？

張春橋試著提議：江青同志可不可以出席會議？由她來講講文藝黑線、黑線人物的問題，更具權威性，也更具說服力。

康生見主席在床上躺著，由於剛才用力咳嗽，睡袍被掀開了，露出兩條大腿，沒有穿底褲似的，實在不大雅觀，連忙拉過一角毛巾被，替其掩上了。唉，那麼些漂亮妮子出出進進，圍著他老人家轉，著實受用哩。

毛澤東說：會議初期，江青和葉群都迴避。等到會議後期，宣布中央文化革命小組領導成員名單，江青再露面吧。軍委也要成立文革小組，葉群也要掛名。這樣安排，可以給你們左派加點後勁。

康生說：主席，為了強調會議的嚴肅性，也是為了保障會議的安全，我提議由林彪同志代表中央常委，在開幕那天宣布幾條會議紀律，比如規定出席會議的所有人員，在開會期間統一住宿，不准請假，不准回家，不准會客，不准隨意和外界聯絡等等。

毛澤東說：好，好！非常時期，非常紀律，也是為了防止兵變嘛……列出幾條來，請林彪同志帶給少奇同志，由劉少奇去宣布。

第十章　林彪「槍斃」陸定一

劉少奇主持了二十幾年的黨中央各類會議，再沒有比一九六六年五月四日至二十六日這次政治局常委擴大會議更狼狽、更窩囊的了。

首先，他這位毛澤東指定的會議主持者，竟是臨開會的前一天才知道會議地址在京西賓館。那是中央軍委屬下單位。七、八十人的會議爲什麼不在中南海開？還規定出席會議的所有領導人不帶秘書和警衛員，不准中途請假，不准回家，不准會客，不准往外掛電話。

在京的中央常委只有劉少奇、林彪、鄧小平三人出席。擴大進來的則包括毛澤東點名的康生、陳伯達、張春橋、王力、姚文元、關鋒、戚本禹、穆欣，加上公安部長謝富治，北京衛戍區司令員傅崇碧，總政治部主任蕭華、副主任劉志堅，政治局委員李富春、賀龍、李先念、譚震林，書記處書記李雪峰、王稼祥等。六個中央局的第一書記未獲通知出席。

會議的重點批判對象彭眞、羅瑞卿、陸定一、楊尙昆等四人，也被接到京西賓館監護。其中羅瑞卿曾於三月間跳樓自殺未死，摔斷了腿，是從三〇一醫院病床上「借」過來的。

毛澤東本人遠在南方，指定康生爲他和會議的聯絡人，並對會議的日程、議題作了具體而詳盡的規定。因之整個會議是遵照毛編好的劇本演出。

更使劉少奇感到惶恐不安、難以理喻的，是國防部長林彪竟是帶了一個排的人馬來參加會議，據說全是從三十八軍挑選來的武林高手。這在黨內是從無先例的。中央會議一向由中央警衛局負責安全保衛，林彪同志爲什麼還要帶上自己的人馬，開這種先例？如果每個領導人都帶著自己的警衛部隊來開會，那不成了春秋戰國時期的諸侯聚會了？就是到了東漢末年，也只有董卓、曹操幹得出這種事情。爲此，劉少奇問了鄧小平。鄧小平也不知道林彪同志要搞什麼名堂。再詢問警衛局的負責人，答覆是辦公廳主任汪東興同意的。汪東興有幾顆腦袋？自然是報經毛澤東主席特許的了。亂套了，中央不像個中央，軍委不像個軍委，簡直是在玩戲法了。

會議的第一天、第二天，均由康生代表毛澤東作長篇發言，傳達了毛澤東自一九六五年十一月以來的一系列談話、指示。單是今年三月份，毛主席就召集康生等人專門談了四次，談論了許多具體的人物，具體的事件，還著重談了要警惕有人搞兵變、政變。所以毛主席今年春天在南方做了一篇大文章，秘密調兵遣將，採取果斷措施，率先下手，主動反兵變，反政變。毛主席做的是一篇精彩絕倫的大文章……

康生還介紹了要提交本次會議討論、通過的重要文件〈中國共產黨中央委員會通知〉的起草經過，介紹了毛主席如何反覆修改、推敲，加進了幾段關鍵性的文字，神來之筆，雷霆萬鈞。康生也談了他本人聆聽毛主席一系列指示後的認識和體會。毛主席的指示，十分要害的是兩條：一是批評彭眞和北京市委是獨立王國，批評陸定一的中宣部是閻羅殿。他們互相勾結，互相呼應，包庇右派，壓制左派，不准造反；二是要支持左派，發展左派，出題目，給任務，建立一支全新的、眞正屬於無產階級的理論隊伍，進行文化大革命運動。毛主席的指示貫穿一個中心思想：中央到底出沒出修正主義？中央有不有地主資產階級的代理人？中央出了修正主義，地方怎麼辦？軍隊怎麼辦？現在的問題是已經出了，羅瑞卿算一個，彭眞算一個，陸定一算一個，楊獻珍，楊尚昆，周揚、田家英、鄧拓、廖沫沙等等也都是。大家請注意了，〈中國共產黨中央委員會通知〉的最後部分，毛主席親筆加上的一段話：混進黨裡、政府裡、軍隊裡和各種文化界的資產階級代表人物，是一批反革命的修正主義分子，一旦時機成熟，他們就會奪取政權……林總說，這是驚心動魄的一段，關係到文化革命，粉碎睡在我們身邊的赫魯曉夫那樣的人物篡黨奪權的問題。所以說，這個將要在本次會議通過的文件，不是預示鬥爭的結束，恰恰相反，是運動的開始。是宣言，是號角，是戰鼓！……。

康生足足講了一天半時間。接下來是陳伯達發言，以半天時間，用「新帳老帳一起算」方式，深揭狠批彭眞的「歷史問題」。陳伯達指稱，彭眞同志曾於一九二九年在天津被叛徒出賣入獄，一九三五年才獲釋。在獄中六年，彭眞同志幹了些什麼？是怎麼出獄的？塡寫了表格沒有？有無變節嫌疑？

他出獄後進了北方局，奪了柯慶施同志的權，任組織部長。他是如何取得當時北方局領導人信任的？像我陳伯達這種人，當年也在北方局工作，但很困難，日子很不好過，一九三七年才去了延安。彭眞同志一九四一年到延安後，又是怎麼取得中央信任的？延安整風審幹，爲什麼要參予迫害柯慶施同志？把柯慶施同志關了兩年之久，還一度打算「處理掉」。後來還是軍委秘書陶鑄同志路見不平，把柯慶施同志的遭遇反映給江青同志，請江青同志轉告毛主席。後來毛主席要求彭眞同志等人高抬貴手，柯慶施同志才恢復自由，恢復工作。一九四五年冬，中央派林總和彭眞率延安十萬幹部赴東北，林總組建起東北民主聯軍，彭眞任第一政委、東北局第一書記，卻處處和林總作對，留戀大城市，不去發展農村根據地，造成東北戰場最初一年，我黨我軍的幾次重大失利……

陳伯達的閩南口音不好懂，但大部分意思仍能讓人明白。按照他這種方式，對幹部的歷史從懷疑入手，提出一系列栽誣式問題，任何人都可以被描得一團漆黑，疑點重重了。而且誰都知道，當年在北方局，劉少奇和彭眞是老上下級關係，延安整風時提出柯慶施有叛變嫌疑的人，又恰恰是劉少奇。陳伯達只差沒有點出劉少奇的大名了

主持了兩天會議，基本上沒有講什麼話的劉少奇，這時不得不開口了：彭眞同志這次是犯了嚴重錯誤，性質是對抗中央，對抗主席。但他的歷史，據我了解還是比較清楚的。談幹部的個人歷史，還是要堅持實事求是，重證據。不然的話，就會變成誰參加革命的時間越長，幹的工作越多，誰的疑點越多，錯誤越多，問題越多了。

陳伯達碰了一個軟釘子，登時漲紅了，說：少奇同志，你是二把手，長期分管組織和幹部，不要給人打包票啊？

會場裡許多人在看手錶。劉少奇也看了看手腕上的錶，不再理會陳伯達，轉身對林彪、鄧小平說：林總，鄧總！開飯時間到了，解決肚皮問題吧。

林彪笑眯眯地說：同意休會。明天是聽張春橋同志的精彩發言吧？

鄧小平說：今晚上放老電影，《攻克柏林》。

劉少奇爲了緩和氣氛，特意前去和陳伯達寒喧幾句。陳伯達竟是一反往常，對他這位黨的第二把手愛理不理。劉少奇心裡罵道：氣候變了，現在連一條哈巴狗，都敢在我這個國家主席面前亂咬一氣了。彭眞是被捕過，坐了國民黨的六年班房。難道你陳伯達就沒有被捕過？被捕過就一定變節？倒是當年饒漱石揭發過你陳眼鏡，不但被捕變節，出獄後還參加過托派活動。落井下石，誣陷別人，往往是爲了掩護自己。這類事，這類人，劉少奇在歷來的黨內鬥爭中是見得太多了，都倒了胃口了。

毛澤東發動、操控的這場空前浩大的運動，究竟要搞到什麼程度？是搞到彭、羅、陸、楊、田爲止？還是上掛下聯，清除一大片？劉少奇一點不摸底。眼下毛澤東還讓他主持中央會議，實際上是當傀儡。不是傀儡是什麼？北京市委市政府，中央要害部門被軍隊進駐，劉少奇還能有多少發言權，決策權？彭、羅、陸、楊一經揪出，中央機關幹部就人人自危，噤若寒蟬。包括平日喜歡講講話的賀龍、陳毅、徐向前、聶榮臻、葉劍英幾位元帥，都是每天拉著臉孔聽會，悶不吭聲。誰敢吭聲？動不動就劃你一個「集團」……還有周恩來、鄧小平，如今也只能充當毛澤東的傳聲筒。劉少奇本人呢？連保持沉默的權利都沒有。毛澤東要求他暫時做一隻應聲蟲。或許，他這隻應聲蟲當得好，毛澤東或許還可放他一馬。否則，就是下一波的主要打擊對象，甚至成爲齊桓公、趙主父一類的悲劇人物。

擴大會議的第三天，由張春橋做長篇發言。張春橋不愧是一名相當能幹的秘書人才，已經整理出了一份〈一九六五年九月到一九六六年五月文教戰線上兩條道路鬥爭大事紀〉。他點了史學界、哲學界、教育界、新聞界、文藝界大批負責人和著名學者作家的名字，統統稱爲混進黨裡、政府裡、軍隊裡和各種文化領域裡的資產階級代理人……張春橋，一名上海市委文教書記，怎麼有膽子、有資格到中央的會議上來誣陷大批著名人物？他的背後，不是江青、毛澤東，還能是誰？

康生、陳伯達、張春橋三人的長篇發言，特別是康生傳達的毛澤東一系列最新談話、指示，給整個會議定下基調。大多數與會者感到震驚、徬徨，感受脅迫、壓力之後，紛紛表態要緊跟毛主席，緊跟中央，和彭、羅、陸、楊劃清界線，積極投入當前的革命大批判，爲毛澤東的革命路線搖旗吶喊。

接著，會議分成四個小組，第一組批判彭眞，第二組批判羅瑞卿，第三組批判陸定一，第四組批判楊尚昆。林彪每天輪換著到各組去「聽會」，並發表簡短講話。在第三組，林彪見到陸定一時，正是仇人見面，分外眼紅。林彪厲聲喝問陸定一：姓陸的，你認不認得本人是誰？陸定一雖已淪爲批判對象，卻依然不屈不撓：林彪同志，怎麼會呢？早在江西蘇區時期，就認識你了，我是一向敬重你的。林彪進而喝問：那你也是老革命了？我看你是個老資格的壞蛋，老資格的反革命！陸定一說：林彪同志，你不可以這樣講，我的問題中央還沒有做結論，我願意接受組織審查。林彪光火了：老子就要這樣講：你爲什麼指使你的臭婆娘嚴慰冰寫匿名信？陸定一回答：組織上會調查清楚，嚴慰冰寫信的事我毫不知情，我只有平日教育不嚴的責任！林彪見陸定一死到臨頭不低頭，登時氣得聲音都顫戰了，手指也戳了過去：老子要槍斃你！還有你那個臭婆娘！

林副主席失態，誰也不敢出面勸解。政治局委員們倒是紛紛責怪陸定一：老陸啊，何苦來？林副主席批評你一句，你頂回一句，何苦來；定一！你犯下這麼嚴重的錯誤，趕快交代清楚；陸定一，主席都點了你的名啦，你要放老實些！……。

林彪聲言要槍斃陸定一這話，傳到劉少奇耳朵裡。劉少奇覺得太不正常了，政治局常委擴大會議上，怎麼可以聲言殺人呢？這也是黨的歷史上從未出現過的言論。他找到鄧小平商量，問要不要把這事報告給南方的毛澤東？鄧小平搖搖頭：不必。要報告，有康生他們。劉少奇見鄧小平近月來已經採行全面退卻的態勢，心裡很感失望。現在連個可以商量問題的人都找不到了。劉少奇倒是希望林彪眞的動手，在會上槍傷個把人，讓大家猛省過來，或許可以爭取多數，壓一壓左派們的氣焰。

沒有出席會議的周恩來總理，掛電話進京西賓館，知會劉少奇同志：謝胡同志爲首的阿爾巴尼亞政府代表團昨天抵京。按原來的接待計畫，少奇同志以國家主席身份接見一次代表團全體成員，並出席晚宴。人民大會堂小宴會廳那邊已經準備好了，還有鄧小平同志也參加。劉少奇問：林彪同志參不參加？周恩來說：原來的計畫中沒有安排，對方的國防部長也沒有來。當然可以徵求一下林總本人的意見。劉少奇強調說：敏感時刻，最好請他一起出席，免得鬧下誤會。周恩來說：那倒不一定，林總長期吃病灶，有他的飲食習慣，一般不出席宴請的。

當天下午五時，劉少奇的大紅旗轎車要馳出京西賓館大門時，門口的警衛卻手裡小紅旗一揮，命令停車。劉少奇的專車司機連忙搖下車窗玻璃打招呼：是劉主席要去人民大會堂接見外賓……警衛部隊的一名軍官忙去值班室掛電話，請示什麼人。過了好幾分鐘，那名軍官才跑來說：可以可以。

坐在後座的劉少奇窩一肚子火，搖下窗玻璃問：你們是哪個中隊的？爲什麼要攔我的車？

那位軍官認出了劉主席，連忙舉手敬禮：報告劉主席，我們是三十八軍獨立師的，臨時加入六中隊服務。剛才沒有認出是您的車子……。

車出京西賓館，折向東行。劉少奇噓了口氣，也嘆了口氣：政治局常委擴大會議，弄到軍委賓館來舉行，又由六中隊警衛，這是什麼搞法？六中隊本是保衛林彪的，現在負責全面警戒？黨主席本人不出席會議，卻遙控著會議的每一進程……。

在人民大會堂接見並宴請了以謝胡爲首的阿爾巴尼亞政府代表團之後，劉少奇沒有返回京西賓館，而回到中南海福祿居家中。王光美面露焦灼地問：少奇啊，出什麼事了？天天往京西賓館掛電話，天天都是盲音。人家爲什麼不肯接轉我的電話？

劉少奇寬慰地說：黨中央機關還沒有被軍管，警衛系統調整人馬，工作有點混亂罷了。

王光美說：我不信。近來鬼鬼祟祟的事情一樁接一樁，太不正常了。

劉少奇回到家裡，就是要看看孩子們。九個孩子，五個大的已經工作了，獨立生活了，他不大記掛。最放不下的是和光美生的一男三女，最小的瀟瀟才進幼稚園，嫩苗兒般，禁不起風吹雨打的啊。孩子們都睡下了。劉少奇拉上王光美，到院子裡講話。王光美問：不回京西賓館了？劉少奇說：明天都不想回去。規矩全亂套……名義上叫我主持會議，實際上是和彭、羅、陸、楊一起接受批判。陳伯達的長篇發言，只差沒有點我的名了。狗仗主勢，狗的主子神出鬼沒，高深莫測。

王光美朝院子四周看了看，沒有看到可疑的影子，仍放低了聲音說：昨天在勤政殿門口碰到康克清大姐。康大姐把我拉到一邊談了一會：都傳北京城裡要鬧兵變，有鼻子有眼的，算怎樣回事？我說康大姐你是老紅軍出身，部隊上的規矩懂得比我多，你說有這可能嗎？康大姐說：朱老總在家裡養病，也聽到一些風言風語。他不相信有人鬧兵變。除了潤芝，誰能鬧？倒是懷疑為什麼要散布這類小消息？神神鬼鬼，煞有其事似的，要達到什麼目的？

劉少奇掏出盒大前門香菸來。王光美替他點上火。他緩緩吸著：總司令一語道破天機……總司令的身體好了些嗎？幾次想去看望，都沒有顧上。我們現在就過海宴堂那邊走走？

王光美卻坐著不動。劉少奇明白她的意思，眼下這種敏感時刻，領導人之間應當儘量避免私下往來。不然針尖大個孔，可以吹起斗大的風。

劉少奇說：光美，現在我只可以和妳講幾句話了。兵變，他們已經搞了，而且搞成功了。三月上旬三十八軍突然進關，包圍北京，不久進駐北京市委市政府，進駐中央二十幾個要害單位，接管電台、電視台、新華社，難道還不是兵變？他們的成功在於未放一槍，未死一人。難道硬要燒燒殺殺，血流成河才叫兵變？直到這次在京西賓館開會，他們也玩盡手段。林彪天天帶著一個排的全副武裝的人馬出席，就是要造成一種壓力，逼大家閉嘴、就範嘛。這和兵變有什麼區別？卻賊喊捉賊，天天會上會下的大談要防止有人搞兵變，搞政變，鬧的滿城風雨，人心惶惶。

王光美說：少奇你小聲點，我們前院的工作人員，有的還在值班……有那麼一兩個，平日東張西望的，我早就懷疑他們是人家的耳目。

劉少奇說：管他呢，妳只能防君子，無法防小人……光美，我想給南方掛個電話，辭去會議主持人的名份。由林彪或是康生主持，不更合適？五七年，他委託彭德懷主持軍委會議，批判劉伯承、蕭克的軍事教條主義；五九年在廬山，他委託彭眞主持會議，批判彭、黃、張、周；去年揭批羅長子的上海會議，也是叫彭眞主持的嘛。這次批判彭、羅、陸、楊，卻叫我來主持，那麼下一次不是該輪到我了？所以這次主持會議，我總有一種不祥的預感。我們這個黨啊，又在被自己的領袖玩來玩去。他太會玩了。古書讀得多，權力沒有制約，比史達林晚年更不如……看來，五九年那次，我參加倒彭，是倒錯了。要是黨內能有幾個彭德懷，他或許有所收歛。

王光美說：少奇，你想得太多了。我們玩不起，也鬥不起，還躲不起？

劉少奇自管自說：這個天下，是大家打下的。我們卻習慣於歸功一人，稱頌一人，把他吹成眞理的化身。彭老總在廬山講的對，菩薩是大家供起來的。結果是菩薩管住了大家、大家卻惹不起菩薩，連善意的批評、提醒都不行……光美，我和妳說，我的〈論共產黨員的修養〉，我的建黨思想，看來是自作自受了。大躍進時，我迎合他，提出全黨幹部應做毛澤東思想的馴服工具，助長了他的個人迷信……光美妳可以作證，我這人有機會主義的時候，但我從無野心要和他爭什麼第一，總是安於第二，頂多只想保住第二。這是我的歷史局限性，要講是悲劇性格也可以。我一次又一次放棄原則，一路退讓、妥協，直到這次退無可退……這幾個月，我一直苦惱。光美你曉得，四月初在新疆，四月中路過雲南，我都不想回來，嚮往那裡的農勞生活。可我不得不回來……百思不得一解的，是毛潤芝搞文化大革命，究竟要搞到哪一步。搞掉了彭、羅、陸、楊，下一步還要搞誰？他和誰都不交底。侯門深似海。他的城府深似海。但我不是瞎子聾子，他的下一個目標就是我。他曾經告訴人，彭眞的後面還有玉皇大帝。他說赫魯曉夫那樣的人就睡在他身旁。這話已經寫進中央文件。

王光美說：少奇，聽你講這些，我心裡打戰戰……說別人是睡在他身旁的赫魯曉夫，過河拆橋，傷天害理。一九六〇、六一年全國餓死三、四千萬人口，誰打算作他的秘密報告？他拿得出半點依據嗎？大家還不是照樣捧著他，供著他？……算了算了，頂多，像彭老總那樣，把我們圈到郊區去軟禁幾年，新時代，新社會，總不會株連我們的孩子吧？去延安種地，或是回你湖南老家務農都可以。反正我會跟著你。有時改變一下生活方式，也滿有意思。

劉少奇抓住王光美的手：妳願和我做患難夫妻，使我晚年有托，謝謝……我們這個黨啊，又要大折騰了，吃苦頭了。都怪我作繭自縛，我們整個黨都是作繭自縛。

王光美彷彿看到了劉少奇眼裡的亮點，那是淚光。她忽然想起什麼，試探著問：你不想回京西賓館主持會議了，何不找總理商量商量？趁他這會在家。過兩天，他就陪外國客人到外地參觀去了。再有，我們剛才談的這些，要擔心。我們上有老，下有小的。

劉少奇拍拍腦門。光美提醒得對，上有老，下有小，過去稱爲家累。如今中央負責人都有家累，也就人人謹小慎微：好吧，進屋去給恩來掛電話，看他還敢不敢來見我，或是敢不敢讓我去見他。

夫婦兩人進屋，上樓，用紅機子掛通了西花廳後院書房。恰是周恩來本人接的電話：啊，少奇同志？我送謝胡他們到釣魚台，剛回來。你沒有回京西賓館，而回了家？有事情商量？不用你跑了，我的車子還在院門口，立即過來看你。

聽口氣，看樣子周恩來也不摸底，不然不會這麼晚了還肯來見他劉少奇。五分鐘後，周恩來進到劉少奇的書房。劉少奇體諒周恩來晚上還要辦公，處理國內外要務，於是開門見山，直奔主題：恩來，我不想主持京西賓館那個會議了，很疲累，難以爲繼。

周恩來雙目炯炯：這事你得向主席請假，由主席批准。是不是會議上有人對你無禮了？剛才來這裡之前，接到小平的電話，也在問你爲什麼沒回去，明天上午還要由你主持全體會議呢。

劉少奇說：恩來，是林彪同志的某些做法不大正常。他每天帶著一個警衛排出席會議，包辦了會議的安全保衛。下午我去人大會堂時，車子在京西賓館北大門被攔住十來分鐘，直到門衛去請示了什麼人才放行。我還是全國人大選舉出來的國家主席嘛。還有，恩來你聽我講完，林彪同志在分組討論會上，指著陸定一的鼻子開罵，揚言要槍斃陸定一！你講講，這種常委擴大會議，我還主持得下去嗎？

周恩來手指輕彈著沙發扶手，認眞想了想，之後果決地說：這樣吧，就在你這裡給主席掛電話，掛通了，自己向主席報告吧。

說來也是奇怪，劉少奇幾次給毛澤東掛電話，都掛不通，周總理一掛就掛通了：主席嗎？你好，你好，我是恩來。主席還沒有休息？對對，對對，後天我陪謝胡同志一行到上海參觀，他對我們的機電設備、紡織機器有興趣，要求無償援建。是是。好，好。我陪謝胡來見你，見一小時左右。好，好，就這樣。主席啊，還有個事情要請示，少奇同志說他主持常委擴大會議有困難。他在，他在。讓他和你講？少奇同志你和主席講吧。

劉少奇接過話筒，聲音都顫抖了：主席，是我，少奇。大家都盼你回北京……遵照你的安排，會議頭幾天還順利……林彪同志是罵了陸定一，講要槍斃他。是在小組討論會上講的……啊，主席知道了……開會不許帶槍，誰帶槍誰就是高崗……主席，你這個指示，還是由康生同志在會上傳達吧。是，是，爲了不給左派壓力，只在常委碰頭會上傳達……是是，林彪同志出席會議，需要一個排擔任警衛，可以遷就他一下……是是，主席不同意我請假……紀律可以鬆鬆綁，領導同志可以往外打電話，晚上可以回家，但紀錄本和文件不准外帶……就是對受到點名批判的四個人，彭、羅、陸、楊，在中央查清楚他們的錯誤事實之前，仍然要稱同志。批判鬥爭，君子動口不動手……好好。有了主席的這幾條，就好辦了。是是，會議紀律鬆綁的事，也由康生同志代表主席，在全體會議上傳達。

掛完電話，劉少奇總算鬆了一口氣，心情也登時好了許多。他和王光美堅持著，送周恩來回西花廳。原本汽車還在院門口等候，只好放空回去。

第二天一早，劉少奇返回京西賓館。開全體會議傳達毛澤東的新指示之前，林彪特意繞過座位，來和劉少奇握了握手：少奇同志，你昨晚上給主席掛了電話？主席也掛了電話給我，你還是會議的主持者……我願意全力配合，把本次會議開好，也是把一幕大戲演完。

聽了林彪幾句陰陽怪氣的話，劉少奇忽又像掉進冰窖裡，渾身上下涼颼颼的。幸而會議的氣氛有所緩和，對彭、羅、陸、楊等人也恢復了「同志」稱謂，所有的領導同志晚上可以回家休息。

五月十六日，周恩來送走了阿爾巴尼亞政府代表團，開始出席會議。這一天，全體與會者以舉手表決方式，一致通過了〈中國共產黨中央委員會通知〉。彭、羅、陸、楊四人也都舉了手。問題是有半數的與會者——像張春橋、王力、關鋒、戚本禹、桃文元等人根本不具中央委員、候補中央委員資格，卻參與了表決。此即後來簡稱的〈五．一六通知〉，正式宣告全黨、全軍、全國人民進入無產階級文化大革命運動。一個號稱「中央委員會通知」的「歷史性文件」，未經召開中央全會、絕大多數中央委員毫不知情的情形下，依毛澤東的旨意頒行了。

五月十八日，林彪在全體會議上發表了他殺氣騰騰的專門論述政變、反政變的長篇講話。他講話之前出了個令與會者哭笑不得的插曲，每人的座位前均放有一頁鉛印的短句和林彪的簽名：

我同葉群結婚三十年，我證明她和我結婚的時候是個處女。

林彪，一九六六年五月十七日。

看到林副主席的這則簡短聲明，誰都想笑，又誰都不敢笑。人們紛紛將它收藏進文件夾內，當作紀念品呢。有人看到賀龍元帥一臉嚴肅，和坐在身旁的許光達大將說了一句文縐縐的話：值得藏之名山，傳諸後世。我操他老娘！

林彪的長篇講話分爲三大部分。第一部分大談古今中外的兵變、政變，殺人，血淋淋奪取政權。稱現在全世界政變成風，亞、非、拉國家政變成風。毛主席近幾個月找了很多軍隊負責人談話，秘密調兵遣將，進行軍事部署，預防反革命兵變、政變。防止他們占領我們的要害部位，電台、廣播電台。這是一篇沒有發表出來的主席著作，比形成文字的著作更爲驚心動魄。因爲最近發生了很多鬼事、鬼現象，可能發生政變，要殺人，要篡奪政權。要把社會主義這一套搞掉，復辟資本主義制度。有很多的材料，我這裡不去詳細說了。你們經過反羅瑞卿，反彭眞、反陸定一和他老婆，反楊尙昆，可以嗅到一點味道，火藥的味道。他們現在就想殺人，用種種手法殺人，陸定一就是一個，陸定一的老婆就是一個，羅瑞卿就是一個。彭眞手段比他們更隱蔽，更狡猾，也伸得更長。

林彪講話的第二部分大談「復辟」、「反復辟」，強調「有了政權就有一切，沒有政權就喪失一切」，「要念念不忘政權，念念不忘槍桿子」，「我想用自己的習慣語言，政權就是鎮壓之權，就是殺人權。你不殺他，他就殺你。不要等到他們動手，我們先把他們殺掉，就這麼簡單。」

林彪講話的第三部分大歌大頌毛澤東和毛澤東思想。他說：毛主席是我們黨的締造者，是我國革命的締造者，是我們黨和國家的偉大領袖，是當代最偉大的馬克思列寧主義者。毛主席天才地、創造性地、全面地繼承、捍衛和發展了馬克思列寧主義，把馬克思列寧主義提高到一個嶄新的階段。毛澤東思想是在帝國主義走向全面崩潰、社會主義走向全世界勝利時代的馬克思列寧主義。……毛澤東思想永遠是普遍眞理，永遠是我們行動的指南，是中國人民和世界革命人民的共同財富，是永放光輝的。中國人民解放軍把毛主席著作做爲全軍幹部戰士的課本，不是我林彪高明，而是必須這樣做。用毛澤東思想統一全軍、全黨，什麼問題都可以解決。毛主席的話，句句是眞理，一句頂一萬句。對毛主席的著作，我領會得很不夠，今後還要好好學習……

林彪的「五．一八講話」，實爲他即將成爲毛澤東權力繼承者的「效忠書」和「宣誓詞」。

坐在台下聽講的劉少奇、周恩來、鄧小平、賀龍、陳毅、李先念、李富春、譚震林、薄一波、徐向前、聶榮臻、葉劍英等人表情肅穆，心情沉重，彷彿這才感受到，席捲一切的政治颶風已經來臨。

五月二十六日，政治局常委擴大會議的最後一天，周恩來受毛澤東委託，宣布成立「中央文化革命小組」，隸屬於中央政治局常委之下，名單是：

組長：陳伯達；顧問：康生；副組長：江青、王任重、劉志堅、張春橋；成員：謝鏜忠、尹達、王力、關鋒、戚本禹、穆欣、姚文元。

這期間，中央書記處總書記鄧小平曾苦笑著說，這下子好了，書記處也快要被取代了。

第十一章　永福堂前一梁空

文化大革命的紅色風暴席捲神州大地。
一支以毛澤東語錄譜寫的「語錄歌」，在全國數千萬大、中學校學生中狂熱傳唱：

馬克思主義的道理，
千頭萬緒、歸根結底，
就是一句話，
造反有理，造反有理——！
革命無罪，造反有理！
革命無罪，造反有理！

農村貧下中農開始新一輪的暴力行動，捆綁吊打地主、富農分子。城市青年學生揪鬥出身地富、資產階級的校長、教師，機關單位則大抓「小吳晗」、「小鄧拓」，稱之為「反革命黑幫」，「三反分子」。哪三反？反黨、反社會主義、反毛澤東思想。為此，林彪麾下的軍隊喉舌《解放軍報》社論宣稱：凡是三反分子，無論他的地位多高，資歷多老，都要全黨共討之，全國共誅之！

黨內外知識分子的生命有如狂暴風雨中柔弱小草。然而最早以生命抗爭的又恰是一批「士可殺、不可辱」的知識分子。被譽為新中國最高學府之一的北京大學甚至出現「自殺群」。五月十八日，亦即林彪在中央政治局常委擴大會議上發表「反政變」講話的當天晚上，黨內著名才子、曾任《人民日報》社社長兼總編輯的北京市委文教書記鄧拓，在家中吞服整瓶安眠藥自殺。他死前留下一封遺書，不忘高呼毛主席萬歲萬萬歲，用以保護他的妻子、孩子。鄧拓於一九四四年在晉察冀根據地極其艱苦的環境裡，獨力編輯出版了中共第一部《毛澤東選集》，受到毛澤東激賞。鄧拓享年五十四歲。

鄧拓死後第五天，五月二十三日，中央政治局常委秘書、中央辦公廳副主任、毛澤東的政治秘書田家英，在住所中南海永福堂的東廂房——毛澤東私人圖書館內「懸梁自盡」。

田家英與毛澤東的長子毛岸英同歲。在任職毛澤東秘書的前後，曾教授過毛岸英、毛岸青兄弟國文，毛澤東一度視同自己的孩子。一九四九年隨毛澤東一家住進中南海後，還兼任過毛家「總管」：凡毛澤東的文稿、書信，毛的稿費存取，毛家重要客人的迎來送往，代表毛去看望某位知名人士或送一筆錢給某位親友……田家英是無事不經管了。

伺奉了老的還要伺候小的。在五〇年代，田家英和毛氏一家相處融洽，包括岸英、岸青、劉松林、毛遠新、王海蓉這些毛家晚輩在內。和岸英更是情同手足，惜乎犧牲在朝鮮戰場了。毛家唯一不好相處的是女主人江青。田家英看不慣江青喜怒無常、頤指氣使又自我尊貴的作派。江青經常被毛澤東當著工作人員的面痛斥。女主人不被男主人尊重，也就不被大家尊重。連衛士們都敢私下裡學江青扭屁股走路的騷態，逗樂子。有時毛撞見了，也不制止，只是苦笑笑即轉過背去。

應當說，到了五〇年代中葉，田家英才進入政治上、思想上的成熟期，開始追求自己的獨立人格。他勤奮工作、讀書，記憶力驚人，凡中外典籍，黨內文件，均能過目不忘。毛澤東經常一動念頭，即命他去查對古人的某首詩、某篇賦中的句子，或者馬恩列史著作中的某段論述；他總是很快從繁浩的圖書典籍中找到出處，摘錄出來呈毛澤東參閱。胡喬木曾笑稱他爲「主席身邊的活字典」。他業餘時間喜歡跑琉璃廠，在舊書庫、書攤裡尋找明清字畫，善本圖書，並對明清歷史有了濃厚的興趣，不時撰文化名在史學雜誌上發表。他還愛好金石，拜金石家康生爲師。他把自己的住處稱爲「小莽蒼蒼齋」，崇敬戊戌變法七君子之一的譚嗣同，認譚嗣同變法失敗不逃亡而慷慨就義，是近代知識分子的風骨典範。他也崇敬另一位先賢林則徐，專刻一方印章，爲林則徐的兩句詩，以激勵自己：

苟利國家生與死

敢因禍福避趨之

由於較長時間介入了中南海第一家庭的內務，田家英逐漸認識到毛澤東有較嚴重的性格缺陷，如言行不一，喜歡玩年輕女子，獨斷專行，家長制，一言堂，多疑善變，不允許有反對意見等等；以及預見到江青有政治野心，一旦膨脹發作起來，能量會大得驚人。偶有假期，他總是設法和他延安時期的師長加兄長的胡喬木、李銳等人相聚，喝酒聊天，擺龍門陣。他甚有酒量，在老友面前十分率性，口無遮攔。他稱毛澤東為「主公」，稱江青為「密斯」、「密斯李」。「主公」意即「主上」，是古代臣子對國君的尊稱。可見在五〇年代他已經把毛澤東當作國君來遵從了。「密斯李」這一稱謂頗帶貶意。江青本名李雲鶴，稱「李小姐」而不稱「毛夫人」，田家英的性格中有了「狷狂」的一面。千不該、萬不該，有時康生等人在場，他也說出一些犯忌的話：

密斯李是個很不安份的人，總是想找到機會在政治上表現自己……如果不是在主公的控制之下，她是要跳出來胡鬧一通的；

密斯李又裝病了，好像什麼事都不想幹。其實她是一心想擺脱主公的控制，按自己的意思演自己的戲……主公常對身邊的工作人員流露，和藍蘋的這段婚姻錯了，但黨主席又不好打離婚；

我很擔心，一旦密斯李出籠，後事不堪設想……後宮干政，漢有呂后，清有慈禧……

田家英是在一九五六年之前發出這些議論、感嘆的。那時，他的師長、兄長們都不相信江青日後會在政治上有什麼出息。在毛澤東視田家英爲手足子侄的那年月，自然不會有人去告密。連康生、陳伯達這樣的人物都要從田家英口中打探信息，揣摩上意：主席最近讀了哪些文章？做過什麼批注？寫過什麼詩詞？誇獎過誰的文字？田家英遵守紀律，對毛的個人事務守口如瓶。陳伯達的頻繁打探更令他十足厭惡，最看不慣這位「理論家」的那種媚上壓下、倚強凌弱的投機嘴臉。

一九五九年七、八月的廬山會議上，田家英和毛澤東之間的政治裂痕逐漸顯現。在毛澤東身邊工作了十一年之後，親歷了大鳴大放、抓右派、大躍進、超英趕美、大煉鋼鐵、人民公社化、公共食堂，跑步進入共產主義等等，一樁樁，一件件，都是毛澤東一人策劃，一人號令，唱獨角戲似的，把全黨全國玩的團團轉。還公然在成都會議上讚揚個人崇拜，……把封建帝王的統馭術運用到黨中央工作中來，人人都要仰仗他的鼻息，政治局和政治局常委會如同虛設。

田家英敬重彭德懷的無私無畏的人格，支持彭老總向毛澤東大膽陳言、爲民請命。廬山會議後期，田家英差點被劃進「彭、黃、張、周右傾反黨集團」名單中。劉少奇、周恩來、朱德、康生、胡喬木等出面保了他，毛澤東也還需要他繼續完成《毛澤東選集》第四卷的編輯、注釋工程。他向毛澤東作了檢討，得以避過一劫。

一年大躍進，三年大饑荒，全國餓死人口數千萬。在毛澤東地位最爲脆弱的一九六〇、六一年，數度流淚表示悔改的日子裡，田家英表現出對主公的極度忠誠，全力協助主公穩定局面，渡過難關。這是毛澤東和田家英關係最爲密切的兩年。幾次中央工作座談會上，毛澤東都破例地拉田家英坐在自己身邊，以示信任、重用。劉少奇、周恩來、鄧小平倒是坐到了田家英之旁。

田家英是一九六一年由劉少奇、楊尚昆提名，升任中央辦公廳副主任，級別為正部級（軍隊正兵團級）。中直機關歷來按級別住房子。田家英一家被安排住進原彭德懷元帥住過的永福堂。「永福堂」匾額為大清乾隆皇帝手書。起初田家英不願住進永福堂，因彭老總是從這裡蒙冤遷出……但楊尚昆主任強調共產黨人不講彩頭講黨性，永福堂離毛主席的住所近，進出快捷，便利工作。他只好搬進永福堂以彭總為鑑、居安思危了。永福堂房舍寬綽，北房五間做了田家英夫婦的起居室和辦公室，西廂房五間做了三個孩子及秘書、通訊員的宿舍；東廂房五間打通隔牆，做了毛澤東的私人圖書館。這圖書館的西面和東面各有一道門，東面的門外一條甬道，直通毛澤東的住所菊香書屋。

要論田家英對毛澤東的最大奉獻，應是他從頭到尾參加了《毛澤東選集》一至四卷的編輯、注釋。劉少奇掛名「毛選」編委會主任，康生掛名副主任，屬於「君子動口不動手」。在長達十餘年的時間裡，田家英年輕力壯，記性又好，獨擔大任地領著編輯小組完成選篇、考證、文字加工等繁縟而細緻的工作。他並主持撰寫了「毛選」一至四卷的九百八十七條注釋文字。每條注釋都力求寫得簡練、生動、準確。事後毛澤東大表滿意，稱讚他的勞績。

人民文學出版社出版的《毛主席詩詞十九首》、《毛主席詩詞三十七首》兩本詩詞集，亦是由田家英獨力編輯完成。其中毛澤東作於井崗山根據地和江西蘇區的十來首詩詞，作者本人都忘記了，由田家英從江西、福建、湖南、湖北等省市的革命博物館的殘破油印文物中發掘、考證出來的。

田家英還獨力完成了《毛澤東著作選讀》甲種本、乙種本的編輯出版工作，並替毛著加進了一些「名言」，如「謙虛使人進步，驕傲使人落後」，「要搞群言堂，不搞一言堂」等等，受到黨中央和毛本人的高度肯定。一九六二年前後，田家英又參加了「毛選」第五卷的選編工作。此卷的主要內容爲一九四九年至一九五七年間，毛澤東的各類講話、報告、文章、重要批示。在劉少奇主持的編輯委員會議上，田家英這位毛澤東著作的長期編輯者、注釋者，竟力排衆議，大膽陳言，反對「毛選」第五卷匆忙出版。他不避禁忌，說出了自己的看法：毛主席在建國以後有關社會主義建設和社會主義革命的論述，特別是有關經濟建設的論述還不成熟，甚至有著明顯的缺失，有待時間的檢驗。

在那提倡全民學毛著的年代，田家英反對出版「毛選」第五卷，明言毛在社會主義時期的理論不成熟，有缺失，眞乃空谷足音，震聾發聵。田家英的言論傳到毛澤東耳裡，能不大敗胃口，怒上心頭？於是一聲令下，「毛選」第五卷編輯小組就給撤銷了。

一九六二年，國家經濟形勢有所好轉，毛澤東度過了三年大饑荒帶給他的政治危機，領袖地位得到穩固，開始對田家英產生惡感。該年的四、五月間，田家英率調查研究組從浙江、湖南農村回北京，在劉少奇、陳雲、鄧小平、彭眞的支持下，向毛澤東提出允許部分公社生產隊「包產到戶」，以利恢復生產時，毛澤東變了臉。之後大會、小會上點名批評田家英思想一貫右傾，和他格格不入，帶頭颳單幹風、黑暗風、翻案風。毛夫人江青則乾脆指田家英爲「資產階級分子」。

一九六三年後，田家英仍然掛名中央辦公廳副主任、政治局常委會秘書，但已經不能參與中央核心機密。田家英不再那麼忙碌，開始醉心於史學研究，尤其是明、清史的研究。他多次提出離開中南海，去做一名地委書記或縣委書記。他太太董邊那時是全國婦聯書記處書記，亦願隨他下放去做一名縣婦聯主任。但毛澤東不允許。他又提出不離開北京，只改行去歷史研究所做研究工作，或去故宮博物院整理古籍。毛澤東亦不允許。

田家英感到空前的困惑、無奈。他很羡慕胡喬木大哥。喬木大哥於一九六一年秋天起即請長假養病，激流勇退，脫離是非場所，是何等的大智慧！他甚至有些羡慕五九年廬山會議後被開除黨籍，下放到安徽一座大型水庫去做文化教員的李銳大哥。他曾暗中幫助李銳，一九六二年差點讓李銳恢復黨籍回水電部工作，但被李銳太太告發，說李銳曾在家中謾罵毛主席為獨裁者而告吹……能去大型水庫做一名文化教員也不錯啊，空氣清新，人事簡單，工作之餘還可以游泳、垂釣！對比自己，沒日沒夜地在中央工作，反而獲罪黨主席，落到個不准離開中南海的境地。

田家英終於明白：自己知道的毛澤東的「隱私」太多，不該管的事管太多了。單是毛澤東的經濟狀況、生活特權、男女作風三方面，田家英就是個「活口」。經濟方面，毛一向自奉清廉，自詡雙手從不沾錢。實際上，《毛澤東選集》一至四卷，《毛澤東著作選讀》甲種本、乙種本，《毛主席詩詞》等等，印數上億冊，絕大部分由各級黨、政、工、團機關單位以公款購買，分發幹部、職工學習；毛澤東卻通通拿了稿費和印數稿酬。毛澤東有幾十個銀行存摺，私人存款早就超過千萬元人民幣。他的衣、食、住、行幾乎全部由國家包辦了，基本上沒有個人消費，為什麼還要貪圖如此巨大的私人錢財？這在共產黨內、在新中國是絕無僅有的。毛澤東是名符其實的新中國首富。

毛澤東年年月月被宣傳爲生活節儉、艱苦樸素、大公無私、全心全意爲國家操勞的人民領袖。說他足蹬舊布鞋，身穿補丁衣，晚上睡覺蓋打了幾十個補丁的毛巾被。他經常批評幹部搞特權，腐化變質，被資產階級的金錢美女拉下水。而眞實的情況呢，他本人卻在全國各風景名勝地、文化名城擁有四十處以上的豪華行宮，單是在杭州西湖、湖南長沙就各有三處。他每年有大半時間坐著專列火車北方、南方的巡行，所經過的鐵路沿線全線警戒，所有客、貨列車停駛讓道。空中還有空軍戰鬥機隨護。那些行宮則長年由國家撥出專款供養著，隨時準備接駕。

毛澤東在各地行宮的性事極爲開放，好玩年輕美貌、出身貧苦、初中文化的女子，連他專車司機的漂亮妻子都不放過。爲此江青曾多次告到政治局常委會，要求處理。在黨內政治生活較爲正常的一九五六年、一九六〇年，政治局常委會曾經專門開會，予以批評、幫助。毛也做過口頭檢討，但會後照玩不誤。田家英作爲政治局常委秘書，作過會議紀錄……毛的私生子女有多少？田家英代爲經辦過的就有四個：一個由成都軍區養育，一個由瀋陽軍區養育，一個由南京軍區養育，一個由武漢軍區養育。還有由浙江省委、江西省委、湖北省委、湖南省委安排養育著的呢。

田家英小毛澤東近三十歲，身體強健，記性好，筆頭活。一位年輕有爲、博學強記的文字秘書，詳細掌握了毛主席的這類「隱情」，怎麼可能讓他活著離開中南海，以在毛百年之後，去撰寫什麼「秘密報告」、回憶錄，傳諸後世？

一九六五年十二月，毛澤東在上海召開政治局常委擴大會議，以突然襲擊手段逮捕劉少奇曾經提名的國防部長接班人羅瑞卿大將。林彪夫人葉群在會上揭發：羅瑞卿身爲軍委秘書長、全軍總參謀長，公然反對林彪提出的「毛主席是最偉大的軍事天才」、「毛澤東思想是最高最活的馬列主義，是馬列主義的頂峰」，都是參考了田家英的看法。

上海會議結束不久，田家英爲了保護明史專家、北京市副市長吳晗（吳的後面是彭眞、鄧小平、劉少奇），揹上了「膽大包天、篡改毛主席指示」的惡名。

田家英大禍臨頭。在一九六六年五月間召開的政治局常委擴大會議上，奉毛澤東之命，中央成立專案審查小組，下設四個分組，分頭處理彭眞、陸定一、楊尙昆、田家英。

五月二十二日，星期日。中午過後，中央組織部部長安子文、中央對外聯絡部副部長王力、中央辦公廳秘書室科長戚本禹，三人來到田家英的住處永福堂，由安子文對田家英夫婦說：我們是代表中央的三人小組，負責審查田家英同志，現在宣布，第一，中央認爲田家英和楊尙昆關係不正常，楊尙昆是反黨反社會主義的，田家英要寫出檢查；第二，中央認爲田家英一貫右傾，犯有一系列嚴重錯誤、罪行；第三，田家英停職反省，接受審查，現在就把全部文件、資料交出，由戚本禹代管秘書室工作；第四，田家英一家立即搬出中南海，明天就搬出去，任何有文字的物品均不許帶走。

安子文宣布完「中央決定」，不允許田家英有任何申辯，即鐵青著臉命令田家英點交文件。田家英知道命令直接來至毛澤東，向三人申訴也沒有用。他把一份份文件移交給戚本禹。戚本禹逐份登記。安子文和王力在旁監視。下午六時，安子文、王力走了。戚本禹仍留在田家英的辦公室裡接收文件，直到天黑才離開。

當天晚上，田家英一動不動地坐在辦公室裡，不吃飯，不睡覺……搬出中南海，任何有文字的物品均不許帶走！豈不是要被掃地出門？沒想到是以這種方式在這種時刻被趕走。接受中央審查，淪爲政治囚徒，明天一家人搬到哪裡去，哪裡有田家英立錐之地？……深夜，戚本禹來電話，以命令的口氣要田家英到秘書室一趟，在文件清單上簽字。田家英萬念俱灰。戚本禹本是他的下級，因作風問題挨過處分，現在卻攀上了江青和毛澤東。子系中山狼，得志更猖狂。暴君配佞臣，國有大難了。

從秘書室簽字回來，田家英發現永福堂門口加了雙崗，自己是被就地監禁了。他進到東廂房——毛澤東私人圖書館，面對一架一架的圖書典籍，木然坐著。他愛人董邊來喊他回臥室休息。他徑自在一張平日包書用的白紙上寫畫著什麼，頭也不抬，而要董邊只管去睡，第二天還要上班。

董邊第二天五點鐘醒來，見圖書館燈還亮著，趕忙去看丈夫。田家英仍坐在那裡，問董邊幾點鐘上班？董邊說七點鐘就得走，全國婦聯機關的運動也很緊張，已經有人貼她的大字報。隨後，董邊去廚房給家英和三個上學的孩子準備早點，又來說了幾句準備搬出中南海的話，既然有字的東西都不准帶走，就只能帶被子、衣物了。天已大亮，董邊推自行車上班去了。

五月二十三日上午，永福堂寧靜得一片死寂：田家英的秘書奉命寫檢討去了，通訊員也奉命外出辦事。奉誰之命？當然不是田家英的。整個上午，只剩下田家英一人留在毛澤東私人圖書館內。還有

永福堂門口的值勤戰士。有人聽到過一聲悶悶的槍響

中午一時左右，通訊員從外面回來，安排田主任吃中飯，卻滿院子找不到人。唯圖書館房門緊閉，從裡面鎖上了。喊了幾聲無人答應。通訊員覺得有異，只好去報告警衛局。警衛局立即派人來打開房門。幾個人進去一看，陡見一排排書架之間，不少書籍撒落地上，像是有人拉扯掙扎過似的。開在東牆上的那扇門虛掩著……通訊員在書架之間尋找田主任，突然尖叫一聲：田主任——！

原來田家英雙腳懸空，吐出舌頭，被吊死在房梁上。

田家英的愛人董邊於下午三時接到中央組織部部長安子文的電話通知，要她立即回去搬家，搬到中直機關集體宿舍樓去。搬家之前，先去中南海西樓見中央辦公廳主任汪東興同志。董邊立即騎車返回中南海，到西樓去見汪主任。汪主任嚴肅地告訴她：田家英仇恨偉大領袖，叛黨自殺，妳要劃清界線，正確對待，爭取黨組織對妳的寬大處理。董邊嚇壞了，欲哭無淚：家英那樣熱愛工作，熱愛生活，熱愛家庭，生龍活虎一個人，怎麼可能叛黨自殺？

董邊被允許進入永福堂東廂房——毛澤東私人圖書館，看了田家英最後一眼：家英被裹在床毛毯裡，平放地下，舌頭仍那麼吐著。她要求替家英把舌頭塞回嘴裡去。警衛局的人告訴她：已經試過，牙關咬得太緊，塞不回去。她想掀開毛毯看看，亦被制止

自然不會有法醫驗屍一類手續，也不會有棺木。田家英就那麼被一床毛毯裹著，當即被塞進一輛軍用吉普車，拉去火化，飛灰煙滅。享年四十四歲。

田家英有沒有留下遺書?就是他胡亂寫劃了一通晚的那張白紙。中辦主任兼中央警衛局局長的汪東興把這頁「遺書」交給周恩來總理,並問總理:要不要立即報告在南方的毛主席?

周恩來面有戚容,也有氣憤,沉默良久。爲什麼不驗屍就火化?沒想到小田會用這種方式來抗爭,中南海高級幹部自殺第一人……鄧拓也是自殺的。文臣以死相諫?都什麼時代了?黨內的秀才一遇大風大浪,就表現出生命脆弱一面。不可取,也不值……他們參加革命的時間不短,但一路晉升順暢,欠缺血與火的鍛練……嶢嶢者易折,皎皎者易汙……。

看看,這個田家英,生死掙扎之前,都胡亂寫劃了些什麼?密密麻麻一大片,依稀可以辨認出來下面的詞句:

廢興盛衰存亡,智愚忠佞賢奸

獨裁,中國數千年政治文化一脈相承:個人獨裁,變幻莫測,自大狂,懷疑狂,權慾狂

資治通鑑讀過十幾遍,玩黨和國家於掌股

一年大躍進,三年大饑荒,中國歷史之最。歷史終歸會記下這筆帳

莫道書生空議論,頭顱抛處血斑斑!此爲吾友鄧拓句,聽說他已經死了。

敢摸著叛徒屍體痛哭的,是中國的脊梁。魯迅先賢啊,今日中國只有迷信,只有狂熱,只有崇拜,沒有脊梁。你老人家若活到現在,過得了一九五七年一關?過得了一九五九年一關?過得

了一九六六年一關？

黨內馴服工具的製造者，倡導者，如今自作自受了。自食惡果，包括我自己。

中國黨內早就出了史達林晚年問題。比之史達林晚年問題更甚，蘇聯沒有死中國這麼多人。

黨內無民主，幹部無自尊，人民無安寧。「民主」被砍去腦袋，成為「民王」。

罪惡權力夫妻檔。自古後宮干政曰斬。密斯李出山，天下大亂。

……

周恩來越看越氣憤，通通是發洩仇恨，對毛主席大不敬。江東興仍坐在他對面等著回話，已經等得不耐煩了。周恩來說：東興，對不起，讓你久等……田家英這個人死有餘辜，我不同情。火化之前，驗驗屍，就好了……我的這個態度你可以報告主席。

汪東興不耐煩地問：這紙亂七八糟的「遺書」，要不要交主席過目？

周恩來說：你拿回去封存吧，再不要交第三個人看了。我的意見，也不要交主席過目，惹他生氣，影響休息。主席還在杭州？

江東興說：準備回湖南老家，韶山滴水洞……主席要求他的行蹤保密，總理知道就行了。

田家英「自殺身亡」不幾天，北京大學哲學系黨總支書記聶元梓等七人貼出校黨委負責人的大字報：〈宋碩、陸平、彭佩雲在文化革命中究竟幹了些什麼？〉一時間，北大校園內大字報鋪天蓋地，教授無法授課，學生無心上課。周恩來得知消息後，認爲事態嚴重，當夜即派秘書去北大校園看大字報，並傳達指示：不能把鬥爭矛頭指向學校黨委，點名批判黨委負責人，須事先報經上級黨委批准。不然，北大這麼一帶頭，其他大專院校一轟而起，局面將難以收拾。

周恩來的這一看法，顯然和劉少奇、鄧小平是一致的。康生卻悄悄把北大聶元梓等七人的大字報以電報形式，傳給了「隱居」南方的毛澤東主席。

情況更嚴重的是黨中央機關報《人民日報》社，社長兼總編輯的吳冷西被社內數以千計的大字報包圍，無法開展工作。劉少奇、鄧小平經與周恩來商量後，於五月三十一日晚上派出以陳伯達爲組長的中央工作組，進駐報社，接管工作。陳伯達連夜趕寫出一篇社論：〈橫掃一切牛鬼蛇神〉！於六月一日在頭版頭條位置上通欄刊出。劉少奇、鄧小平傻了眼：橫掃一切？範圍多大？包括中央負責人嗎？周恩來卻心裡有數：要不是毛主席授意，陳伯達吃了豹子膽？

當天晚上，在沒有任何預先通知的情形下，新華社和中央人民廣播電台，突然播出北京大學聶元梓等人的大字報全文，並毛澤東主席親自撰寫的按語：此文可以由新華社全文廣播，在全國各報刊發表，十分必要。北京大學這個反動堡壘從此可以打破！

這回，連周恩來也傻了眼，跟不上。

毛澤東主席南方放話，北京領導人膽戰心驚，大專院校革命師生熱血沸騰。

第十二章　韶山龍脈滴水洞

湖南湘潭韶山沖，一座林木葱鬱、山丘起伏、水田阡陌的小鄉村。湘北、湘中一帶的鄉村不像中國其他地方，村民們數十戶、數百戶甚至數千戶地聚居在一起，而是每家每戶傍水依山、環繞田洞地散居著，所謂竹篁深處有人家，清溪深處有人家，桃花深處有人家，一村十數里，首尾不相望。古人云雞犬之聲相聞，老死不相往來，是一種故老相傳的鄉居形式。

毛澤東故居位在韶山上屋場，大小十六間瓦房及數間草頂偏房。屋外有曬穀坪、老樟樹、池塘。毛澤東父親毛順生除了經營幾十畝田地，還兼做穀米投機生意；母親文七妹飼養母豬放債，一年兩窩，每窩十幾隻豬崽，滿月後貸放給貧苦鄉鄰去餵養成大肥豬，宰後收回整豬的一半作「豬本」。毛澤東小時候曾代表父母去向鄉鄰們收討豬債①。按毛氏後來的階級鬥爭理論，他本人是從小參與過剝削活動的了。毛晚年還對保健醫生李志綏說，他的第一次性經驗，是十三歲時和鄰居的十歲女孩發生的，弄的女孩出了血。毛少年早熟，豈不成了強姦犯，要被關進祠堂、受到懲戒了？毛一生痛恨父親，想必和少年時受到的懲戒有關。英雄不問出處，偉人不拘小節，我們還是爲領袖諱罷。

韶山冲的背後有山名韶峰，相傳爲堯天舜日時候產生「韶樂」之處。惜乎上古妙韵，早已失傳。韶峰之西，另有三峰環峙，北面的名黃蜂山，南面的名龍頭山，西面的名青牛山。三峰之間是五平方公里的峽谷壩子，當地人稱爲滴水洞。「洞」在湘地有兩種用處，一爲田洞——指山中田園，另爲石壁巖洞。青牛山腳也確有一座巖洞，深十數丈，流水潺潺，終年不歇，其聲如琴，叮咚迴旋。

一九五八年大躍進時，鄉人在山谷低窪處築壩蓄水，名韶山水庫。水面不甚寬闊，唯深邃清幽，如同山林中嵌上一方鏡子，映照藍天白雲。一九五九年六月毛澤東回韶山時，曾到滴水洞祭拜祖墳，沒有到水庫游泳，而對湖南省委負責人說：滴水洞冬暖夏涼，環境清靜，是個避暑地方，你們可以蓋幾間草堂，省委常委開會休息用嘛，我老了也可以回來住住。湖南省委領會「聖意」，報請國務院撥下專款，從韶山冲上屋場修築公路繞水庫邊坡進入滴水洞，在林木蒼鬱的山谷中營建起一片中西合璧

---

① 見蕭三著《毛澤東同志的少年時代》一書。

的別墅。從豁口一路進去：一號院樓高三層數十個房間，爲警衛中隊宿舍；往裡六百米深處是二號院，樓高二層二十四個套房，爲隨行部省級官員及秘書醫護人員住所；再往裡去是三號院，庭院式平房建築，四面廊榭相接，花木扶疏，爲毛澤東的專用庭院了。三號院背倚毛家祖墳，面朝龍頭山峰，位在「龍脈」之上。一向標榜爲無神論者的共產黨人，替毛氏營建此處行宮時卻秘密請來堪輿高人測定風水，十足虔誠迷信。院內有客廳、會議廳、餐室、廚房，兩套寬大的主人房。每套主人房有辦公室、護士值班室、護士洗手間、大臥室、浴室。一套留作毛澤東入住，另一套留給江青。但江青從未到過韶山。三號院通往二號院有迴廊相接，迴廊一側附有偏房數間，爲值班衛士、保健醫生的宿舍。

一九六六年六月中旬，毛澤東一行人入住韶山滴水洞。天氣頗爲炎熱。毛澤東在三號院門口下了車，放眼四面青山，綠樹濃蔭，高興地說：這個洞子天生一半，人工一半，世外桃源，怕是花了不少錢吧？很好呀，我有可以終老的地方了。

毛澤東興致很高，不忙進院，而對陪同的楊成武、謝富治及湖南省委負責人說：我祖宗原本就住在這裡，滴水洞旁邊的歇虎坪。他們很迷信，爲了選中這個地方住家，請人卜了十一天的風水。祖父毛翼臣有個哥哥叫毛德臣，兩人在歇虎坪幹活時，發現這個地方很乾燥，任何時候漲洪水都淹不到。他們請了有名的風水先生來占卜，測定是塊風水寶地，正好在「龍脈」上，於是兩人決定死後葬在這裡，講是可以蔭庇子孫呢。那是迷信。後來毛家爲什麼搬到上屋場去了呢？那是我父親不大看重風水，而看中上屋場那片好水田。我父親是個很專制的人，對子女奉行巴掌主義，拳頭政策。

一行人簇擁著毛澤東進到三號院東廂主臥室門廳外止步，請毛主席休息。原來隨行的湖南省委負責人考慮到毛主席不習慣室內「電冷氣」，喜歡自然的「土冷氣」，而專門從長沙冰庫運來些長方形冰塊，放置走廊各處，以風扇款款吹拂，散發出陣陣涼意。

毛澤東步入臥室，一名身條適中、眉眼靈秀、貌若羞花的女子已在迎候著了。一眼就看出是小麥妹子。桃江小麥，人面桃花，別地方的女子少有這樣水色細嫩的呢。女子見到他，想撲上來又不敢似的，激動得流淚了：主席，我來這裡等你三天了，梅子姐本來也要一起來的，臨時有事……。毛澤東招招手，讓女子上前，才伸出手去摟住了：兩年不見，妳是越來越鮮亮。你們張書記到杭州去請我，說滴水洞修好房子，等我回來住……梅子沒有告訴妳嗎？平化同志調中央工作，她陪著上任去了。

麥妹子偎依在毛主席懷抱裡。毛主席身上都汗濕了，一股子汗酸味：主席，我替你去洗個澡吧？換上乾淨衣服，再休息。

毛澤東說：遵命遵命……不過妳不要稱我做什麼主席，還是叫我老夫子吧。這次，我好不容易回老家來躲躲清靜，妳就安心陪我一段。

由於事先得到通知，小麥已經放好一大池子溫水。先幫老夫子寬衣解帶，之後自己也嬌羞萬狀地除下衣裙，赤裸著泡進碧藍碧藍的池水裡。看看，老夫子眞不是凡人，七十三歲了總是見面就要，還特別喜歡在水裡：麥子麥子，兩年不見，恍若隔世……花徑不曾緣客掃，蓬門今始爲君開……來吧。二十年代有支流行曲，如今不興唱了，什麼桃花江，美人窩，桃花千萬朵，比不上美人多……你們桃江女子，膚色水靈水嫩，別的地方少有……啊，老章法，先上後下，能上能下。妳的口技不差……我很高興，妳替我證明了，還有生育能力，男人的生命力。……生了個妹伢子，比男娃娃好，由組織去撫養，免得給妳添麻煩……妳慢慢品，不要一上場就大幹……妳看過《金瓶梅》嗎？西門慶是個大玩家，也是個工商業者，開了好幾家典當舖和綢緞舖，從蘇杭販運絲綢到山東。北宋年間，就有了相當規模的資本主義經營。講中國只有封建主義，沒有資本主義的人，是別有用心……好，該輪到我來進攻了……怎麼樣？還講不講我把妳搗得死去活來？

在水裡折騰良久，麥妹子癱軟在池子裡，半天爬不起來。侍兒扶起嬌無力，始是新承恩澤時。毛澤東到底不如李隆基，與女子歡好，不便有侍兒在側。

毛澤東裹著長睡袍在床上休息片刻。麥妹子像隻溫順的小貓，裹著毛巾被睡著了。因心裡記掛著許多事情，毛澤東起了身，穿過護士值班室，掩上裡間房門，進到書房兼辦公室，按了按傳呼鈴，吩咐楊成武、謝富治和中央警衛團張團長立即來見。

楊成武、謝富治、張團長三人即傳即到，立正，行舉手禮。毛澤東並不起身，隨隨便便地晃晃手掌：坐吧坐吧，茶壺裡有茶，要喝自己動手。三位護駕大臣，我住到自己老家來了，四周都是山林，警衛都安排好了？

每到一個新的住處，毛澤東總要親自過問警衛安全。

楊成武先看一眼謝富治和張團長：報告主席，滴水洞和韶山水庫庫區，由張團長率一中隊布哨警戒；四周的山峰和山腳，由省軍區獨立師守衛、巡邏。還有湘潭、寧鄉、湘鄉、株洲、長沙五縣市的人民武裝部、公社武裝部，都做了內部動員，嚴密監視各地五類分子的活動。

毛澤東說：楊總長、謝部長，我老家韶山公社，也有地、富、反、壞、右，階級敵人。

謝富治說：報告主席，已經採取預防性措施，韶山公社四周三十公里範圍內的五類分子，以及他們的表現不好的家屬子女，上星期統統集中到洞庭湖區修防洪堤去了。是省裡分管治安工作的書記華國鋒同志經辦的。

毛澤東說：華國鋒是湘潭的老地委、縣委書記，人老實，辦事得力。又問：長、衡、株、潭一帶，除了省軍區獨立師、長沙警備區的人馬，還有不有別的駐軍？

謝富治望一眼楊成武：請楊總長給主席匯報吧。

楊成武說：還有廣州軍區轄下的四十七軍，軍長黎源，四野林總的老部下。

毛澤東說：黎源？不熟悉。我不管他是誰的老部下。成武，你今天就去找到這個黎源軍長，下達軍委命令，四十七軍屬下部隊一律停止野外演習，拉回營區訓練。不要解釋原因，並留在長沙值班。

楊成武起立，行禮：是！我現在就去長沙，向黎源他們下達命令，並留在長沙值班。

毛澤東裹裹睡袍，起身送客：就談這麼多吧。張團長，替我通知省委陪來的幾位負責人，還有省軍區的龍司令，和我一起吃晚飯。謝部長、張團長也參加。今天我是主，你們是客。一桌夠了吧？還有所有工作人員、警衛戰士，一人加一份紅燒肉。楊總長你回長沙去改善伙食。

不覺的到了晚餐時間。三號院餐室裡，一張大圓枱，圍坐著湖南省委、省軍區主要負責人，加上謝富治、張團長作陪。主菜是一條足有兩尺來長的青魚，加上毛澤東日常愛吃的紅燒肘子、油炸臭豆腐、京都排骨、麻辣肚絲、青豆蝦仁、豆豉辣椒、青菜等。毛澤東宴客，習慣所有的菜一次上齊，圖個熱鬧、隨意。且總是客人先到，坐齊了等他。他舉舉手裡的杯子：來來，美不美，家鄉水，回到韶山，我盡盡地主之誼。主要是請家鄉的父母官，感謝你們在湖南辛勤工作……我們乾了這杯白沙液。白沙液爲長沙名酒，酒瓶白瓷質寶葫蘆形狀，與常德市出產的德山大曲齊名，有聯云：常德德山山有德，長沙沙水水無沙。

領袖敬酒，省委負責人王延春、李瑞山、華國鋒、萬達、省軍區司令龍書金，連同謝富治、張團長一齊起立，乾杯。

毛澤東說：我不起身，你們也替我坐下。這條魚很大吧？我的廚師告訴我，下午才從水庫撈上來。他沒有要更大一些的，有五、六十斤一條的呢。華書記，你先動手。韶山水庫是你當湘潭地委書記時修建的，吃魚不忘修庫人，魚頭歸你囉。

大家輕鬆地笑了。華國鋒更是受寵若驚，恭敬地把魚頭夾斷，敬給主席：按湖南鄉俗，魚頭孝敬當家長輩。

毛澤東笑看華國鋒一眼：華書記安的什麼心？這個魚頭起碼兩斤重，用來搪塞我，不讓吃別的？

大家又笑了。華國鋒紅了紅臉解釋：是個禮數，不是眞吃的……來，主席，這塊是活水，肉最嫩。在我們山西老家，黃土高原上魚鮮很少，鄉下人家辦喜酒，也上魚。但那魚是木頭雕成的，一席一條，眞叫擺樣子呢。

謝富治和張團長都是南方人，不知道黃土高原酒席上擺木頭魚的風俗。省委秘書長萬達也是山西人，說：四九年南下到湖南，我才眞正吃到活魚鮮。還有這配料紫蘇，香味特別，北方所無。

毛澤東邊吃邊說：湖南人吃魚鮮，必配紫蘇。萬達同志心細，常給我送新鮮紫蘇。《本草綱目》裡稱紫蘇性甘和，避腥健脾，通氣化食，醫家常作藥引。

不一會兒，一條足有五、六斤重的青魚，被吃得只剩下一副骨架。酒至半酣，毛澤東忽而話鋒一轉：你們知道不知道啊？北京近來有個熱門話題，就是政變、反政變，還有人專門作了長篇報告，反應相當強烈。

大家你看看我，我看看你，一時都癡呆了似的。省委第一書記王延春參加革命前讀過師範，算個秀才幹部，說：主席，北京會有政變？我不大相信。問過瑞山、國鋒、萬達幾位，也都不敢相信。

毛澤東抬起眼皮看大家一眼，問：李瑞山、華國鋒，你們不相信？又問省軍區司令員龍書金：龍司令，聽講你是長征路上搶渡瀘定橋的十八名勇士之一，相不相信啊？

龍書金起立：報告主席，我不相信有人能調動解放軍部隊搞政變，反對黨中央和主席。要是眞的有，老子先一槍斃了他狗日的！

毛澤東晃晃手：坐下坐下，講好了不起立，龍司令先犯紀律。湖南黨、政、軍負責人都不相信北京可能發生兵變。你們不信，反正我信。完全有這個可能。我這不是嚇唬你們。看問題要有歷史觀和國際觀，透過現象看本質。古今中外，一些兵變、政變，把領導人關起來或是殺掉，都是從不可能開始的。我從來不迷信自己的這個名聲、威望管多大的事。別看平日稱同志、稱戰友，甚至稱接班人，一旦時機成熟，他們照樣抓你、殺你。蘇加諾還是印尼舉國崇拜的「革命之父」呢？去年十月初還不是被陸軍將領推翻、軟禁了？你們在省裡工作，天天農、林、牧、副、漁、密、保、工、管、種，辛苦是辛苦，但不要只管埋頭拉車，忘了抬頭看路。不然翻車掉腦袋，還鬧不清怎麼回事。

王延春、李瑞山、華國鋒、萬達、龍書金等人聽毛主席把局勢講的這麼嚴重，也登時緊張起來：主席，北京要眞的有人鬧事，我們在下面的怎麼辦？

毛澤東手中杯筷一放：南京軍區許世友向我保證，中央出了修正主義，他帶兵從南京打到北京！你們哪，可以去搞幾個根據地，準備打游擊。重走農村包圍城市的道路，有什麼了不起？五九年廬山上我就講過，解放軍要是聽彭德懷的，不肯跟我走，我就重上井崗山找紅軍，領導農民打倒政府。你們至今沒有這個思想準備？要放棄房子、車子，丟掉城市裡的生活待遇，上山蹲茅棚，流血犧牲，今天的許多人怕是做不到了。

身胚高大、表情木訥的華國鋒看一眼幾位同事，表態說：主席，如形勢需要，我們有決心帶人馬去搞根據地，打游擊。

毛澤東面露笑意說：好。我知道華書記抗戰時期在山西老家當過游擊大隊政委，準備重拾舊業。

現在你身處湖南，到哪裡去搞根據地？

華國鋒說：我南下第一站就是平江縣，幹了五、六年的區委書記和縣委書記。平江有座連雲山，十幾萬畝山地，主峰海拔近兩千米，山高林密，養活個把師的部隊不成問題。

毛澤東說：好！連雲山北控武漢，南瞰瀟湘，是個戰略要地。王延春、李瑞山、萬達三位哪，也上連雲山？不宜太集中，湘東、湘南、湘西都是大山區，可以多搞些山頭，彼此呼應。

李瑞山說：主席，我在湘東一帶工作多年，那裡是老區，群衆基礎好，重新拉隊伍大有可爲。

萬達和王延春交換了兩句什麼，隨即說：報告主席，我和延春同志去湘西，我們省委另外的同志可以去湘南，還可以在八百里洞庭搞水上赤衛隊。到時候，只要主席一聲令下，我們湖南的武裝鬥爭可以遍地開花。

聽了這些癡人說夢式匯報，毛澤東很開心，很振奮地說：好，好！到時候我回來投奔你們。謝部長，張團長，我老家的幾位父母官，把湖南經營得不錯吧？

謝富治說：湖南有革命傳統……我們湖北也有。到時候，我回鄂西山區拉隊伍，搞根據地。

毛澤東說：好！謝富治上將到鄂西山區立山頭，許世友上將在鄂東的大別山區立山頭，你們東西呼應，蘇、皖、鄂、豫就成爲兩位的天下……不過眼下本人還需要你這位公安大臣護駕。張團長你是江西人，我也不會放你走。搞政治，無論黨內黨外，都要有最壞的打算。林彪同志不久前在政治局常委擴大會議的講話，你們看到沒有？他講政權就是鎮壓之權，就是殺人權。既有鎮壓，就有被鎮壓。

二者必居其一。本人作了最壞的打算，就是被人鎮壓。湘潭土話，剁下腦殼，還剩下碗大個疤。當然也可能留住性命，只是被驅逐在外，回不了北京，回不了中南海。回不去就不回，不爭一城一地的得失。何況沒有十足的把握，就是派十六人大轎來抬，我也不會回去。你們知道古代河北、山西交界處有座沙丘宮嗎？趙國國君趙主父，千古一帝秦始皇，都是被人害死在那裡，屍體都長了蛆婆子，爬一地……有人罵我是秦始皇，不就盼我和秦始皇一樣下場？我可以預告，黨內很多同志要失望……。

酒席上，毛澤東滔滔不絕地談著這種令人毛骨悚然的話題，直談到大家再無味口，才收場。

毛澤東興猶未了，單留住華國鋒，到書房去繼續談。華國鋒和毛澤東的長子毛岸英同齡，經過十多年來的考察，是名可以信任的晚輩幹部：華政委，問你一句話……要是感到爲難，可以不回答。

華國鋒坐正了身子：主席，請不要喊我什麼政委……我在部隊的資歷很淺，只帶領過老家膠城縣的游擊隊。我本姓蘇，主席就喊我小蘇好了。凡我知道的事，都如實報告主席。

毛澤東點點頭：華國鋒是你參加革命時的化名……我們都有過化名，我叫李德勝，劉少奇叫胡服，周恩來叫伍豪，等等。你們省委現在的一把手王延春，我不大熟悉。是陶鑄、張平化兩人推荐的，劉少奇也比較賞識。我看他今晚上比較沉默，對我提出應準備重新上山搞根據地的事，好像不大以爲然。這個人是不是身在曹營心在漢啊？

華國鋒心裡愣了愣，緩過神來才回答：王延春同志原本是省委二把手，平化同志到中央，他升任一把手。長期從事農林工作，過去周小舟很欣賞。但他本人說，早和周小舟同志劃清了界線。他讀過些老書，歷史故事，不大相信北京會發生兵變這類事。在省軍級幹部中，多數人都這麼認識。

毛澤東說：黨內的糊塗蟲多得很。我今晚上和你們幾個人的談話，會不會被人捅到北京去？

華國鋒見毛主席欲抽煙，連忙擦亮一根火柴湊上去：主席可以放心，我們不會。省委常委有一條工作紀律，主席回省裡視察時的任何談話，除了中央辦公廳允許傳達的，其他一律保密。找誰談就在誰那裡打住。常委內部也不搞吹風，更不准打探。否則後果自負。

毛澤東吸著煙，讓華國鋒也吸上一支：省委的這條工作紀律很重要，可以在黨內省軍級幹部中作個通報。對了，昨天在長沙，你講有喜事要個別報告，什麼好事呀？是你請客還是我請客？

華國鋒朝毛主席跟前攏了攏藤椅，又看了一眼虛掩著的房門，放低了聲音說：主席呀，是喜訊呢。在平江縣，有個青年幹部，我留心十多年了，論長相、個頭、出生年月，都像你當年走失的一個孩子……。

毛澤東瞪了瞪眼睛：有這種事？我不相信。當然，你可以姑妄言之，我姑妄聽之。叫什麼名字？哪年出生？老家哪裡？

華國鋒信心滿滿地說：名叫毛之用，一九二九年生，三十七歲。老家江西興國，履歷上塡的是烈士孤兒。是紅軍長征那年流落到平江來的，被一戶毛姓中農所收養。我四九年南下到平江當區委書記，發現區裡的通訊員一米八的個子，平江地方少有這麼高的個子呢。通訊員後來參了軍。復員後仍回到平江縣，當過民兵隊長，農業社主任，愛學習，有口才……十幾年來，平江縣委、岳陽地委一直注意培養他。一次我帶他下鄉蹲點，問了他的身世。他說母親姓賀什麼的。但他流落到平江來時，只有五、六歲，許多事情都記不得……我問過醫學院的專家，講孩子一般要到五歲以後才有記憶能力。

毛澤東閉了閉眼睛，彷彿在默想著什麼。好一會，雙目微啓：華政委……噢，叫小蘇。我相信你是個辦事穩妥的人。但憑什麼要把這名青年幹部和我扯上關係呢？

華國鋒說：我猜想，猜想……這個毛之用，是你在井崗山和賀子貞所生，後來寄養、丟失了的。

毛澤東說：那時人年輕，性慾旺，賀子貞年年受孕。我們丟失了好幾個孩子。他長什麼樣子？

華國鋒說：除了年齡、籍貫對得上，還有個頭長相。身高一米八一，比我要瘦許多，臉模子很像岸英同志在延安時的相片。

毛澤東又問：他本人對自己的身世，有什麼推測嗎？現在擔任什麼職務？

華國鋒說：沒有推測。他只是努力工作，一心撲在職務上。他是一步一步被提拔上來的，從鄉政府民兵營長、副鄉長、鄉黨委書記，到公社書記、區委書記、縣委副書記、縣委書記。去年中央要求省、地委書記都要帶政治學徒，培養革命接班人，他被提拔爲岳陽地委副書記，仍兼縣委書記。是棵好苗子。進城工作十多年，他愛人仍是農村戶口，公社社員，保持貧下中農出身的本色。

毛澤東面露喜色：好，聽你這麼介紹，我倒是想見見這個毛之用了。但現在不忙。以後你可以拿幾張照片給我。就算是眞的，也不要相認，免得他有壓力，黨內外也會有傳聞影響，反而不利於對他的培養……小蘇，我的意思你明白嗎？是誰的孩子並不重要，重要的是培養成革命接班人，又不要坐直升機，搞得太離譜。我是反對搞家天下的。天下者，共產黨的天下也，不是我毛澤東個人的。

華國鋒不住地點著頭：明白，主席心裡只有黨和國家，軍隊和人民。

毛澤東說：好，這件事就還是交給你吧。我可以先封你一個太子太保。當然是句玩笑話。我不是共產黨的皇帝，也就不存在什麼太子和太子太保了。你可以保證，這件事，只有我們兩個心裡有數嗎？若傳給第三者，就整個泡湯，我不認帳的。

華國鋒說：知道，用腦袋擔保。十多年來，我連對我婆姨，對張平化同志都沒有透露過。

毛澤東笑道：單線聯繫，地下工作一套，你蠻有心計的嘛。

華國鋒登時臉塊緋紅，像隻煮熟了的洞庭湖大閘蟹。

毛澤東移駕在外，無論巡行到任何地方，中央辦公廳和空軍司令部都安排一架通訊專機，每天替他送上機密文件和當天出版的《大參考》、《人民日報》、《解放軍報》、《光明日報》等。有時一天送兩三次。機密文件由中辦機要局派機要員專送。偶爾，機要員還能見到毛澤東本人。

這天一早，中央專機飛抵長沙南郊大托舖機場。即有警衛局的麵包車由一前一後兩輛野戰吉普護衛著，直駛韶山滴水洞賓館。機要員小謝，河南洛陽人，綽號「洛陽牡丹」，甚有姿色。她因在杭州、上海時陪毛澤東跳過交誼舞，私下歡好多次，特許直接呈交密件。

小謝進入三號院套房時，麥妹子正在給毛澤東做肩背部按摩。毛澤東吩咐麥妹子到外面走廊偏房去休息。麥妹子不悅地走了，小嘴巴翹得老高。她一不高興就翹嘴巴，毛說可以掛油壺。

小謝一身合體的軍服，腰帶紮得緊緊，胸脯聳得高高，明眸大眼的，舉手行禮：主席好！

毛澤東起身相迎：小謝啊，一個多月不見，妳是仙子下凡呢。過來，過來。

小謝紅了紅臉蛋，身高一米六五，仍要踮起腳尖才能吊上偉大領袖的脖子，嘴唇貼近了耳根說：人都想你啦……眞的，就想這個，小狗才騙你……。

毛澤東笑嗬嗬的：小鬼，妳倒是比我還急……好好，到裡間去，行見面禮……喜歡在這沙發上？可以可以，我穿得簡單，你先解除武裝……妳是乾柴烈火式，不拖泥帶水，是另一種刺激。

三下五除二的，彼此就滿足，半仰在長沙發上休息。毛澤東一手撫著小謝的酥胸，一手撫著小謝的秀髮：私事了了，談公事吧。妳帶來什麼重要文件？北京局勢還穩定吧？

小謝裹著條大毛巾，光著兩條白淨的長腿到大書桌上取來保密夾，抽出個保密膠條封著的牛皮紙大信封來：主席，不累呀？我們機要員是從不許知道密件內容的。

毛澤東說：今天特許，替我拆了吧。

小謝探出身子去取過剪刀，毛巾滑落，領袖雙手捧住她雙乳，每邊吸上一口。小謝好不容易替他把封口剪開，抽出文件來。領袖放開手，夾上一支熊貓香菸。小謝又忙著擦亮火柴給點燃了。

毛澤東吸著菸，任小謝的粉臉埋在自己的肚臍上，而專注地審閱文件。原來是仍在主持中央工作的劉少奇、鄧小平，代表政治局，要求批准在全黨縣團級以上幹部中傳達林彪的「五・一八反政變講話」，說是政治局會議一致通過的……毛澤東擰起眉頭：劉、鄧爲什麼急著發出林彪的講話？他們這次是眞的要緊跟形勢，還是別有他求？林彪的講話，前面殺氣騰騰，後面熱烈吹捧，有太多的漏洞，把我和他二、三月份秘密調兵進駐北京的老底都兜出來了，白紙黑字，授人以柄。林彪的講話肯定會在黨內引起反感，百分之九十以上的中高級幹部很難認同。政權就是鎮壓之權，殺人之權，可以公開這麼講？八億人口，至少五、六千萬地富反壞右分子，你能殺盡？況且最危險的敵人不是這些死老虎，而是黨內、特別是中央內部的走資派、野心家、活老虎……對了，劉少奇、鄧小平他們或許就是要利用黨內的這股不滿情緒，把水攪渾，激起反彈……我不上這個當。林彪講話，不准下發。

小謝溫存地拉過大毛巾，替領袖把兩條腿蓋上了。領袖讓她代勞擦擦下體。小謝又紅了紅洛陽牡丹似的臉蛋：你呀眞是個神人，完了事也不歇歇，就又起來，怪嚇人哩。領袖動作粗蠻地把她的粉臉按下去，邊問：妳在北京聽到什麼風聲沒有？人告訴我可能發生兵變。妳講會不會發生？

小謝頭髮蓬鬆地掙扎一下，仰起臉蛋，紅唇上沾著穢物：到是讓人怎麼回答呀，把人的嘴都塞滿……這事你在杭州、上海也問過。北京哪能發生政變呀？滿城都是部隊巡邏。聽機關裡的人悄悄議論，三十八軍的兩個師出城去了，換進來六十三軍和六十九軍的兩個師，就是要互相牽制……。

毛澤東忽然想起什麼，兩手放開小謝，問：調入中辦機要局之前，妳是三十八軍的機要員，對不對？小謝不知道領袖爲什麼突然鬆開她：是呀，我是一年前選派到中辦工作的。毛澤東問：妳可不可以談談看法，三十八軍，六十三軍，六十九軍，哪個軍更靠得住一些？妳要和我講眞話。

小謝糊塗了。在她一名青年軍人看來，解放軍都是毛主席和林副主席指揮的人民子弟兵，都忠於黨中央、毛主席：主席，我不明白你問的事情，依我看，支支部隊都靠得住。北京現在城裡城外都是軍人，像座大兵營，怎麼可能有政變發生？

毛澤東雙手又撫了攏來：小謝，妳也是個四肢發達，頭腦簡單。我就喜歡年輕人單純，不複雜呢。告訴妳吧，太平時期，城裡不需要駐軍。城裡兵多，最易出事。我說句話，妳不要嚇著了，現在是北京發動兵變的最佳時機，千載難逢，只要一個師的人馬，就可以拿下政權，坐上江山……最有條件發動兵變的人是哪個？不講了，不講了。五月、六月不動手，大勢去矣！我都替他們可惜。

小謝白嫩的肌膚上起了雞皮疙，淨潔的額頭上冒出層細細的汗珠子：主席，你們偉人的事，我一個女兵不懂……我只是曉得，自己是主席的人，一心一意跟主席走。毛澤東問：要是把妳肚子搞大了呢？我還有這個能力。小謝說：我就去拿掉。我曉得主席怕麻煩，不喜歡額外的負擔。毛澤東說：妳也可以找對象成家，再來我這裡做事。小謝說：我不。既是主席的人，我就終生不嫁。我講到做到……我還要多給主席做些事。過去我不自覺，今後會自覺，做主席最忠誠的小狗狗……。

毛澤東高興了：小狗，那就上來吧……妳願做，很好。今後眼睛、耳朵放靈些，多送消息。對了，回頭我和謝富治同志講講，派妳去新改組的北京市委工作。謝富治一直講他是我的忠狗……破格提拔青年幹部，當他的副手……怎麼不行呀？妳現在就很行，夾的緊緊，洛陽牡丹很會用功夫……二十三歲擔不了大任，屁話。是要妳小狗去看住大狗，當然要神不知鬼不覺……當年在江西蘇區，林彪、聶榮臻他們，都是二十幾歲當軍團司令、政委。蕭華那小子，十九歲就當紅軍總政治部組織部長，還有楊成武，十八歲當紅四團團長，很能打硬仗……

第十三章　不共性事　可共政事

六月一日《人民日報》發表社論〈橫掃一切牛鬼蛇神〉，號召全國青年學生積極行動，走出校園「大破四舊」，「大立四新」；六月二日《人民日報》再發表評論員文章：〈歡呼北大的一張大字報〉；六月三日，中央人民廣播電台播出中共中央第二次改組北京市委的決定，任命公安部部長謝富治兼任北京市委第一書記，吳德第二書記，並改組北京大學黨委；六月十日，毛澤東更發出指示：全國各地學生要去北京鬧革命，應當贊成，應該免費，車船免票，管吃管住，到北京大鬧一場我才高興哪！誰反對學生進北京破四舊，立四新，誰就是運動的絆腳石，就要發動群衆搬掉這些絆腳石！

數夕之間，首都北京形勢一面倒，數十萬年輕幼稚的大專院校、中小學學生們被毛思想狂熱煽動起來，三五成群，紛紛組成「戰鬥隊」、「掃黑隊」、「打狗隊」、「滅資隊」、「批修隊」，校內校外的大破「四舊」——舊思想、舊文化、舊風俗、舊習慣。中、小學生們揮舞著剪刀、鋤頭上街，看到婦女的辮子、長髮就剪，一律剪成「革命短髮」；遇到婦女穿高跟鞋的就圍住敲下後高跟，改穿「革命的平底鞋」……還有砸街上的舊匾額，砸商店的舊招牌，砸廟宇，砸菩薩，砸神像，砸一切文物古蹟；青年學生「橫掃一切牛鬼蛇神」的主要對象爲學校裡出身地主、資本家家庭的教師職工，街道上的五類分子和一切有過「歷史問題」的人，加上宗教界人士。隨處可見青年學生圍攻、揪打道士、尼姑、和尚、神父、修女。還有白天黑夜的抄家，抄校長、老師的家，抄資產階級的家，抄民主黨派人士的家，抄原國民黨起義人員的家……。

北京大學校園貼出五萬多張大字報，揭出各類「反動分子」數千人，單是哲學系、歷史系就揪出了兩百多名「反動權威、封建餘孽」。北京師範大學附中則把出身不好的同學活活打死。北京市五十五中學生打死「黑幫分子」老師。

最早發起「紅衛兵」組織的實爲一批黨、政、軍高幹子女，初期還包括了劉少奇、鄧小平、賀龍、陳毅、李先念等人的孩子。他們依出身把人分爲「紅五類」和「黑五類」。「紅五類」是工人、貧下中農、革命幹部、革命軍人、革命烈士；「黑五類」是地主、富農、反革命分子、壞分子、右派分子。他們印刷發行各種《紅衛兵戰報》，公開宣揚「血統論」，宣揚人的出身決定人的思想立場、政治取向；並寫出一副對聯全國張貼：老子英雄兒好漢，老子反動兒混蛋，橫批——基本如此。他們還編出一支「紅衛兵之歌」，全國傳唱：龍生龍，鳳生鳳，老鼠生兒打地洞！要革命的站過來，不革命的滾他媽的蛋！滾他媽的蛋！滾他媽的蛋！

教育界風火狂闊，文化界、新聞界也炸開了鍋：北京市京劇院造反派抓住曾主演過《海瑞罷官》的院長、著名表演藝術家馬連良「站豬籠」。「站豬籠」爲京劇舞台上象徵性展示過的一種古代酷刑，即把「罪人」關進木頭籠子裡，雙手吊綁在籠子頂端的橫木上，腳下墊數塊磚頭，加刑時把磚頭抽掉，「罪人」就身子懸空。一代京劇大師馬連良，不久即在江青指導排演過革命樣板戲的前門打磨廠吉祥劇院活活「站」死；中央戲劇學院紅衛兵把周恩來的乾女婿、院長金山剃了陰陽頭，天天牽猴兒似的打著銅鑼遊街示衆。

還有滿街滿巷的遊街示衆，一個個地富資本家、反動學術權威、反革命黑幫被五花大綁，插上高標，任由紅了眼睛的青年學生圍毆、追打。北京郊區縣大興縣則任由貧下中農自行集體處死地富分子數百人。情況匯報給公安部長兼北京市委第一書記謝富治，這位毛澤東的「保駕大臣」竟說：殺了就殺了，貧下中農出於革命義憤，不提倡就是了。

還有滿街滿巷的遊行示威，人人手舉毛澤東的寶像，高呼萬歲、萬萬歲，匯成毛澤東寶像的勢不可擋的大軍、洪流，衝決一切，淹沒一切。

一方面睜大仇恨的眼睛，拳腳相加，把「黑幫分子」打翻在地，再踏上一隻腳，叫他永世不得翻身，以證明其立場堅定，革命到底；一方面熱淚盈眶，揮舞《毛主席語錄》、毛主席寶像，聲嘶力竭地歡呼萬歲、萬萬歲，以表現出對偉大領袖的「三忠於」、「四無限」，——林彪元帥創造的漢語新詞語。三忠於爲：永遠忠於毛主席，永遠忠於毛澤東思想，永遠忠於毛主席的無產階級革命路線；四無限爲：無限熱愛毛主席，無限忠誠毛主席，無限擁護毛主席，無限崇拜毛主席。

此時刻，正值周恩來出國訪問，名義上仍然主持中央日常工作的劉少奇、鄧小平們成了熱鍋上的螞蟻。至六月中下旬，單是北京市大專院校、中小學校的出身不好的校長、教師，被打死或被迫自殺的事件已發生一百多起；以及廟宇被毀、文物被砸、天主教堂上的十字架被拆。

這一切都是響應了毛澤東的號召，誰敢制止？劉少奇、鄧小平束手無策。過問嗎？你是給剛剛發動起來的轟轟烈烈的群衆運動潑冷水；不過問嗎？再這麼無法無天的大鬧特鬧下去，更多的人被活活打死，文物古蹟被焚毀，你又要承擔縱容破壞、鼓勵犯罪之責，到時候把你打成共犯……怎麼辦？毛澤東遠在南方，搧風點火，威加萬里，就是不肯回來！叫做「北京的事仍然交你們去管」。

一天中午，心急如焚的劉少奇找來書記處總書記鄧小平：天天都在死人，砸廟打菩薩，我們不出面拿出辦法，到時候又會講：人是我們讓殺，古蹟是我們讓砸。考慮來考慮去，面對無政府主義，中央還是向那些鬧得最厲害的大、中學校派出工作組吧。鄧小平當即表示同意：毛主席本人就指定陳伯達帶工作組進駐《人民日報》社，取代了原報社黨委嘛。派工作組的事，開政治局會議作出決定吧。

當晚由劉少奇召開政治局緊急會議，包括康生、陳伯達在內，一致同意由中央向大、中學校派出工作組，加強對運動的領導。但政治局的集體決定最後還得呈報南方的毛澤東批准。

如今劉少奇、鄧小平要找毛澤東請示匯報工作，須經林彪、康生同意。林彪推給康生。康生也怕大專院校被打死的師生太多，日後不好收場，而來到中央書記處小會議室，當著劉、鄧兩人的面叫通了南方某地的電話，之後轉身離去，讓劉少奇向毛澤東匯報北京各界開展文化大革命運動的情況，提出中央派工作組加強對運動的領導，政治局會議一致同意的。

毛澤東卻在電話裡提出另外的問題：恩來出國訪問，快回來了吧？他對北京大學聶元梓等人的大字報的態度是完全錯誤的！誰鎮壓學生運動都不會有好下場。我委託你們兩位主持政治局擴大會議幫助他，進行嚴肅的思想鬥爭。對，就是指周恩來，你們去批判他。

劉少奇、鄧小平傻了眼，下一個目標是周恩來？批判國務院總理！太突然，太重大了。國務院那麼大一攤子，沒有了恩來，誰來打理？不行，不行……主席眞要搞掉周恩來？近兩年從無這個跡象啊……還是主席的計謀，叫我們在京的幾個負責人先鬥起來，咬起來，亂了套，再來一網打盡？

劉少奇和鄧小平交換一個眼色，稍作停頓，才說：主席，恩來的事，我和小平沒有心理準備，還是等你回來處理吧。關於派工作組，主席怎麼指示？

毛澤東明白劉、鄧兩人仍在對自己的運動部署軟頂硬拖，也就在電話裡模稜兩可：你們是和周總理相濡以沫，同進退啊？沒有關係，我有的是耐心囉。哪次運動不死幾個人？有什麼大驚小怪的？群衆剛剛被發動起來。工作組，你們可以派，也可以不派。總而言之，派不派工作組，由你和小平相機行事，我不反對就是。

討得毛澤東的這道語焉不詳的「聖旨」，劉少奇、鄧小平再又連夜開政治局、書記處緊急會議，部署立即從中直機關抽調大批人員，組成數十個工作組，進駐情勢失控的大、中學校，去指導運動。會上有人提出應當召開中央全會，對當前的形勢和一些重大問題進行集體決策，允許不同意見之間的辯論。劉少奇當即表示同意，要求書記處爲召開中央全會做必要的準備，要堅持黨內民主，集體領導，不然天下大亂，黨和國家蒙受重大損失。

韶山滴水洞三號院。毛澤東反覆審讀林彪的「五‧一八講話」記錄稿，不時點頭，不時搖頭，苦苦思索。他需要作出重大的政治抉擇，以林壓劉，以林代劉，是禍是福，軍人權力擴張，日後國事堪虞，不理想，不盡理想喲，讓一名動輒喊打喊殺的武夫做接班人？我毛澤東膝下寂寞，後繼乏人？一個兒子被打死了，一個兒子瘋掉了，始作俑者，其無後乎！

小麥一天三次替他做肩背部按摩，他也心不在焉。衛士長見他整日枯坐，悶悶不樂，不出院門，便建議他去水庫游泳、散心。他吩咐衛士長去試試水溫。衛士長領著幾名衛士去游了回來，報告水很清澈，也不太冷，岸邊還特爲舖了黃沙，形成人造沙灘，適合暢泳。他聽後笑笑：知道了。

毛澤東情緒反常，有時煩悶之極，就拉上小麥發洩一通。以致雙腳發軟。一次，小麥悄悄告訴：你輕點啊，莫搞得太重，好像又有了，想替你生個男伢伢……他竟然有些生氣：月月兔呢，我要考慮的事情太多了，國家這麼大，情況這麼雜，妳的事過去是平化夫婦處理，今後華國鋒夫婦處理。

小麥因此躲到護士值班室去哭泣，還不敢哭出聲。兩天下來，小麥的眼睛紅紅的，毛澤東裝做沒看見，只顧剝光了衣服玩娛那水靈水嫩的肌膚。第三天，平日柔情似水的小麥竟帶點辣味地說：我想回去。你反正見一個要一個，人多的是，連後代都不看重，和皇帝老子遊江南差不到哪裡去……。

毛澤東吃驚了，從沒有女孩子敢於對他講這話。就是打發她們離開，也是眼淚含含的不捨得走呢。這次，毛澤東也沒有動怒，沒有大聲喝斥「滾，我這裡不要妳！」而是冷靜地說：妳什麼時候走？也好，接受妳的要求，今天就放妳走。今後的事，有組織照顧。過兩天，我也要離開……。說罷就按了按傳呼鈴。小麥也沒有回頭，收拾了簡單衣物，跟著衛士走了。按慣例，她要被安排到附近的保密單位隔離居住，直到領袖移駕之後才能返回原住地。

仍由隨行護士恢復值班。小麥說走就走，蠻有脾氣，講不定是吃小謝的醋。那天小謝來過了一夜。還是洛陽牡丹好，識大體，顧大局，不計名分，無私心。在這方面，老家的花花草草，倒是不如外省外鄉的好。杭州、上海的那些人兒，誰爭過專房之寵？本人不做李隆基，不要什麼楊玉環。

毛澤東需要找人談談話。藍蘋不共性事，可共政事，且是個好幫手。但藍蘋遠在北京，電話裡怎麼談？聽說她領著中央文革小組住進釣魚台。那是國賓館，婆娘倒是懂得養尊處優。他召來了華國鋒。山西大漢嘴巴緊，心裡藏得住事。

華國鋒帶了幾張毛之用的照片給毛主席過目。毛澤東架上老花鏡看了看，放下了。樣子是有幾分，尤其和岸英剛從蘇聯回來的長相相近。毛澤東望著華國鋒，忽又不想與之談林彪「五・一八講話」的事了。一名省委書記，談了何益？況且華這人文化水平不高，也引不起談興。不像康生、伯達、陶鑄、王任重，可以與談詩文、歷史什麼的，聽得懂，有共鳴，不至對牛彈琴。於是說：華書記啊，我住在這裡很氣悶呢，小麥又和我嘔氣，離我而去。你們不要為難她。過去是平化夫婦替我料理，今後你替我照顧吧。若懷了娃娃，可以生下來，由組織哺養，經費從我的稿費裡出……長沙的劇院裡，最近演什麼戲？可不可以找幾個人來我這裡清唱？

華國鋒一臉忠厚的笑容，不住地點著頭：小麥的事，請主席放一萬個心……主席關心文藝工作，省委早就預備下了。演員、樂手已經住在韶山招待所，與外面隔離，等候任務。有省湘劇院的小卓，省花鼓劇院的小黎，省民間歌舞團的小蔡，省雜技團的小杜，共是四組人馬。

毛澤東笑了：都認得，都認得，省裡的青年名角，各有風彩。小卓風姿綽約，小黎梨花帶露，……晚上叫小卓先來吧，她在古裝戲裡演觀音娘子，是個漂亮菩薩呢。

在滴水洞的最後幾晚，每晚都有堂會。寬大的會客廳布置成小劇場，觀眾只有毛澤東一人。謝富治、華國鋒及醫護人員都只能坐在門廳過道上陪著。毛澤東習慣獨自聽堂會，不喜歡有人坐在他身旁。

離開滴水洞的前一天，毛澤東坐在一輛輪椅上，由衛士推著，大群人簇擁著，出三號院，沿土馬路「走」了好幾百米。輪椅是他特意吩咐備下的，在杭州西湖時就被推著「遊」過蘇堤、白堤。他是要繼續傳給北京的同事們一個信息：毛澤東身體不行了，已經不良於行，需要坐輪椅才能外出了。這是他入住滴水洞後的唯一一次「外出」。

其時，隨侍在側的文武大臣們都不知曉，悶在毛澤東心裡的是一個解不開、擺不平的「結」：林彪的「五・一八講話」，把他二、三月間秘密調兵進駐北京的老底給兜出來，再大談古今中外的兵變、政變，不打自招？讓人一眼看出，正是他和林彪搞了一場兵變，而不是什麼反政變！難怪劉少奇、鄧小平們催著下發林彪的講話……爲什麼要這樣講？他是眞聰明還是假聰明？眞愚蠢還是假愚蠢？前門拒虎，後門揖狼？他靠不靠得住啊？林彪平日深居簡出，沉默寡言，滿腹計謀，長期養病，要就不鳴，一鳴驚人，殺氣騰騰。

毛澤東一行人乘坐專列火車來到湖北武昌，下榻東湖賓館梅嶺一號。這裡比韶山滴水洞舒服多了，殖民地時期留下的西式花園別墅，院子裡綠草如茵，綠樹濃蔭，窗外碧波萬頃。室內冷暖設備齊全，全年可保持恆溫二十二攝氏度，清涼宜人。

經過在韶山滴水洞整整十一天的「閉門思索」，毛澤東給時在北京的堂客①江青寫下一封長信，算是留作歷史存證：

江青：

---

① 堂客，湖南人對妻子的俗稱。

六月二十九日的信收到。自從六月十五日離開武林②以後，在西方的一個山洞裡住了十幾天，消息不大靈通。二十八日來到白雲黃鶴的地方，又有十天了。每天看材料，都是很有興味的。天下大亂，達到天下大治。過七八年又來一次。牛鬼蛇神自己跳出來。他們爲自己的階級本性所決定，非跳出來不可。我的朋友的講話，中央催著要發，我準備同意發下去，他是專講政變問題的。這個問題，像他這樣講法過去還沒有過。他的一些提法，我總感覺不安。我歷來不相信，我那幾本小書，有那樣大的神通。現在經他一吹，全黨全國都吹起來了。眞是王婆賣瓜，自賣自誇。我是被他們逼上梁山的，看來不同意他們不行了。在重大問題上，違心地同意別人，在我一生還是第一次。叫做不以人的意志爲轉移吧。過去在江西中央蘇區，國際派三次撤掉我的職務，我都沒有妥協。這次我是自信而又有些不自信。我少年時曾經說過：自信人生二百年，會當水擊三千里。可見神氣十足了。但又不很自信，總覺得山中無老虎，猴子稱大王，我就變成這樣的大王了。但也不是折中主義，在我身上有些虎氣，是爲主，也有些猴氣，是爲次。我曾舉了後漢人李固寫給黃琼信中的幾句話：嶢嶢者易折，皎皎者易汙。陽春白雪，和者蓋寡。盛名之下，其實難副。這後兩句正是指我。我曾在政治局常委會上讀過這幾句。人

②武林，杭州的別稱。

貴有自知之明。今年四月杭州會議，我表示了對於朋友們那樣提法的不同意見。可是有什麼用呢？他到北京五月會議上還是那樣講，報刊上更加講得很凶，簡直吹得神乎其神。這樣，我就只好上梁山了。我猜他們的本意，爲了打鬼，借助鍾馗。我就在二十世紀六十年代當了共產黨的鍾馗了。事物總是要走向反面的，吹得越高，跌得越重，我是準備跌得粉碎的。那也沒有什麼要緊，物質不滅，不過粉碎了。全世界一百多個黨，大多數的黨不信馬列主義了，馬克思、列寧也被人們打得粉碎了，何況我們呢？我勸你也要注意這個問題，不要被勝利沖昏了頭腦，經常想一想自己的弱點、缺點和錯誤。這個問題我同你講過不知多少次，你還記得吧，四月在上海還講過。以上寫的，頗有點近乎黑話，有些反黨分子，不正是這樣說的嗎？但他們是要整個打倒我們的黨和我本人，我則只說對於我所起的作用，覺得有一些提法不妥當，這是我跟黑幫們的區別。此事現在不能公開，整個左派和廣大群衆都是這樣說的，公開就潑了他們的冷水，幫助了右派。而現在的任務是要在全黨全國基本上（不可能全部）打倒右派，而且在七、八年以後還要有一次橫掃牛鬼蛇神的運動，而後還要有多次掃除。所以我的這些近乎黑話的話，現在不能公開，什麼時候公開也說不定，因爲左派和廣大群衆是不歡迎我這樣說的。也許在我死後的一個什麼時機，右派當權之時，由他們來公開吧。他們會利用我的這種講話去企圖永遠高舉黑旗的。但是這樣一做，他們就要倒霉了。中國自從一九一一年皇帝被打倒以後，反動派當權總是不能長久的。最長的不過二十年（蔣介石），人民一造反，他也倒了。蔣介石利用了孫中山對他的信任，又開了一個黃埔學校，收羅了一大批反動派，由此起家。他一反共，幾乎整個地主資產階級都擁護他，那時共產黨又沒有經驗，所以他高興地暫時得勢了。但這二十年中，他從來沒有統一過，國共兩黨的戰爭，國民黨和各派軍閥的戰爭，中日戰爭，最後是四年大內戰，他就滾到一群海島上去了。中國如果發生反共的右派政變，我斷定他們也是不得安寧的，很可能是短命的，因為代表百分之九十以上的人民利益的一切革命者是不會容忍的。那時右派可能利用我的話得勢於一時，左派則一定會利用我的另一些話組織起來，將右派打倒。這次文化大革命，就是一次認真的演習。有些地區（例如北京市）根深蒂固，一朝覆亡。有些機關（例如北大、清華），盤根錯節，頃刻瓦解。凡是右派越囂張的地方，他們失敗也就越慘，左派就越起勁。這是一次全國性的演習，左派、右派和動搖不定的中間派，都會得到各自的教訓。結論：前途是光明的，道路是曲折的，還是這兩句老話。

久不通信，一寫就很長，下次再談吧！

毛澤東　七月八日

北京西城，甘家口外釣魚臺園林，昔稱玉淵潭望海樓。八百多年前，這裡已是一處「垂柳滿堤山氣暗，桃花流水夕陽低」的風景名勝。「金主鑾輿幾度來，釣臺高欲比金臺」，成為帝王嬪妃們垂釣、游宴的場所。一七七三年，大清王室更是在這裡大興土木，疏浚湖面，擴大水面，引香山水入湖，乾隆帝賦詩紀事，並手書「釣魚臺」匾額。

帝王行宮，幾經營建，幾經荒蕪。一九五六年，新中國中央政府重修皇家行宮，擴大玉淵潭水面，受納永定河引水工程泄水，又在原舊湖的南面挖出個葫蘆形新湖，面積爲十萬平方米，湖四周和引水渠兩岸遍植楊、柳，使古老的玉淵潭更顯得碧波漣漪、清幽雅緻。然而在這同時，以新、舊人工湖泊爲界，整座園林被一劈兩半，南面的新湖仍稱爲玉淵潭公園，向市民開放；北面的舊湖一帶花木深處，營建起二十幾棟西式別墅，錯落有致，成爲來訪的外國元首、政府首腦下榻的國賓館了。整座釣魚臺國賓館占地面積與北海公園相若，可以想見其豪華規模，極盡人間溫柔富麗。

文化大革命開始後，不再有外國元首來訪，釣魚臺成爲中央文革的辦公重地。康生入住八號樓，江青入住十一號樓，十二號樓留給周恩來，陳伯達入住十五號樓，中央文革辦公室占用十六號樓，張春橋，姚文元在京期間留住十七號樓。十七號樓還有大廳可放映電影。

江青接讀老闆派專機送來的信，叫苦不迭：這算怎麼回事？運動已經全面鋪開，舉國轟轟烈烈，還來意意思思？擔心林老總今後難以管束，就欲半道上收手，讓劉少奇、鄧小平們逃過鬼門關，繼續在中央發號施令？不行不行不行……怎麼辦？老闆寫的又是一封家書，連康生、陳伯達、張春橋這些人都不能看的。一旦老闆有個三長兩短，自己再落到劉少奇、鄧小平手裡，死無葬身之地。不！老娘已是過河卒子，一步後退不得……找誰商量商量？陳伯達是個書呆子，在老闆面前膽小如鼠；康生資格老，機變莫測；只剩下個張春橋，昵稱張眼鏡，滿腹經綸，是個可以謀大事的人，年齡上也小自己兩歲。張的婆娘有歷史問題，夫婦早就分居，目下算單身漢，可以招之即來的。

張春橋在十七號樓，隨呼隨到。江青沒有出示老闆的信，而是以啓發方式旁敲側擊，談及中央權力的新格局、新態勢，談及在這新的權力組合之內，倘若出現某些認知上的較大分歧，是應去弭合分歧，繼續前進？還是棄新復舊，回到老套子裡去？云云。張春橋諳熟黨內權爭的瞬息多變，政治觸角特別靈敏，立即從娘娘的話語裡悟出弦外之音，不由的打個冷噤：難道主席對林彪的「五·一八講話」有了戒備之心？那講話通篇軍人殺氣，幾近揭了主席二、三月間秘密用兵的老底，毫無政治智慧；他張春橋當時聽著，心裡就很不以爲然的……沒錯，萬變不離其宗，娘娘暗指的肯定就是這個。

江青見張春橋臉上掛著恭敬笑意，卻好一會沒出聲，遂問：眼鏡，你遇事喜歡彎彎繞，這忽兒繞到了哪裡？

張春橋說：斗膽講一句，當前局勢，對我們而言，前進一步，生機無限；後退一步，萬丈深淵。

江青問：什麼前進一步，生機無限？

張春橋以右手食指頂了頂鼻梁上的鏡架：恕我斗膽，前進一步，文革小組隨時可能取代書記處，甚至進而取代政治局，組長相當於書記處總書記；後退一步嘛，玉皇大帝及其人馬全面反攻，主席可能被迫下台，我們這些緊跟主席的人殉職。

江青說：眼鏡，你倒是蠻悲壯的……這些天啊，我心裡反反覆覆考慮許多問題。當前中央內部，勢同水火，壁壘分明，中間缺乏潤滑機制。你懂不懂我的這個意思？決出勝負之前，需要有人從中攪局和稀泥，做爲緩衝。

張春橋擊節讚道：組長，妳不愧主席的好助手，其他同志都想不到這一層……有一現成的潤滑劑，絕佳的緩衝者。柯慶施同志生前說過一句至理之言：中央超級泥瓦匠，周恩來總理。

兩人一拍即合。江青恨不能起身去摟住眼鏡老弟。每次在上海錦江飯店或是虹橋賓館跳交誼舞，江青總是有意無意間把眼鏡老弟摟得緊一些。但張春橋不逾禮數，很能節制，娘娘的千金玉體，雖然被主席冷置已久，卻豈是其他人輕佻得的？

另說周恩來出訪阿爾巴尼亞和巴基斯坦回來，鄧小平即登門相告：毛主席曾在一次電話中，要求劉、鄧主持政治局擴大會議，幫助周檢討壓制北京大學聶元梓大字報的嚴重錯誤。周恩來登時臉色發白，聲音發顫：彭眞之後，竟是我了？一個一個往上揪？不，不，我要去向主席認錯，當面澄清……謝謝你和少奇，還沒有開關於我的會？替我留下轉寰的餘地。

事情太突然，又很緊急，兩人就那麼站在西花廳後院書房裡談著。鄧小平說：我和少奇同志心裡有數，這是打亂仗，讓中央常委你鬥我，我鬥你？我們在電話裡報告主席，要開周總理的會，還是請主席回來主持。主席就沒有再提這事……他老人家算是勉強同意由中央機關抽調人員，向那些鬧出了人命的大學和中學派出工作組，原先的校黨委、黨支部都癱瘓了。

周恩來稍稍平靜了些，很感激鄧小平在特殊敏感時刻，不顧風險，前來密告這麼要害的信息：近段中央還有其他重要活動嗎？鄧小平說：政治局和書記處連開兩次緊急會議，專門研究向大、中學校派工作組的事。會上好幾個人提議，應儘快召開一次中央全會，把各大區中央局、各省市自治區黨委第一書記都找來，研究當前政治局勢。開展文化大革命這樣史無前例的大事，不應當由個人決策，要吸取一九五八年大躍進的教訓。少奇同志同意立即召開全會，說在全會上可以就不同觀點，進行同志式辯論，要堅持黨民主，堅持群言堂，反對一言堂。他要求書記處向全國各地的中央委員們發電報通知，會期初步訂在七月中旬。

劉少奇這麼急？要進行反制？周恩來原本有些昏黑的腦子裡一閃亮：眼下黨內鬥爭的主要矛盾，還是毛、劉，不是毛、周嘛。遂問：開中央全會的事，向主席報告了嗎？

鄧小平回答：報告了，十多天沒有回話。

周恩來聽這一說，心裡踏實多了。他緊緊拉住鄧小平的手，壓低了聲音，知心地說：老弟，既然主席沒有回話，我建議書記處不要貿然發出通知。你明白我的意思？

鄧小平說：這事我左右為難，少奇天天在催，有的外地中央委員已經到了北京，住在老戰友們家裡。多數同志不願意看到國家局勢這麼混亂下去。連譚震林、李井泉這些人都講，又一個五八年嘛，那次大鬧經濟，這次大鬧政治。結果肯定是一樣的，甚至更嚴重。

周恩來一向佩服鄧小平是位有思想深度、有責任感和使命感的總書記，但這些年來在工作中和少奇同志配合得那麼密切、默契，也就一步一步成為了毛主席的對立面。毛、劉關係已成水火，小平老弟不應再摻合其中了，遂語重心長地說：小平啊，記得你是一九二〇年到法國勤工儉學的，我還是你的入黨介紹人。我生平最感欣慰的，是介紹了六個人入黨，一個朱總司令，一個你，一個李富春，一個賀龍，一個聶榮臻，一個葉劍英。我不是擺老資格，是感嘆我們每個同志參加革命，生生死死，一路走到今天不容易，很不容易呢。要說大局，這也是大局呢。加上都是拉家帶口的，上有老，下有小，就更不容易……小平啊，我年齡上癡長你六歲，我們都要虛心接受這次文化大革命的考驗、洗禮。聽我一句話吧，有的事，不要去硬碰，那會玉石俱焚。戰場上，兩軍對陣，高明的軍事家總是要力圖避開第一波的強打擊。政治鬥爭也是這樣。所以，在毛主席沒有同意之前，你個當總書記的，不要妄發中央全會的通知。政治局會議一致決定的也沒有用，最後要由毛主席批准。另外一句或許是不當說的話，注意你們同事間的關係，包括你上面的那一位的關係。主席幾次講彭眞上面還有玉皇大帝，不是指他指誰？劉伯承元帥誇你是舉重若輕的高人，我這話供你做個參考吧。

總理如兄長，推心置腹，金石之音，鄧小平聽來醍醐灌頂。

剛送走鄧小平，秘書即進來報告：總理，江青同志電話，她要來看你，問現在有不有空？她有重要事情……

周恩來心頭一熱，渾身爲之振奮，這時刻的江青，對他來說，有如南海慈航觀世音了：她是不是在釣魚臺十一號樓？去替我回個電話，不勞她來我這裡，我立即去見她。慢點，回過電話，你向辦公室全體人員傳達我的話，不，是命令，今後，我們要像尊敬毛主席那樣尊敬江青同志，也要像執行毛主席的指示那樣，執行江青同志的指示。這要成爲總理辦公室的工作紀律，但不許外傳。

第十四章　周公恐懼流言日

周恩來飛抵武昌，進東湖賓館百花園一號稍作休息，洗臉更衣，隨即前往梅嶺一號謁見毛澤東。

毛澤東坐在藤椅裡未起身，抬起手來和周恩來握了握：恩來啊，你來得好快囉……你們限制我的行動自由，自一九五七年起就規定不准坐飛機，只能坐火車了。記得還是由你最先在政治局會議上提出的。你自己卻出門必坐專機。

周恩來和毛澤東隔著茶几坐下，笑出一臉的謙恭：主席一身繫天下安危。專列在地上跑，比專機在天上飛安全系數大。我嘛，做具體工作的，坐飛機趕時間，免得誤事。

毛澤東望著窗外的碧波、岸柳，神往著什麼似地說：天上飛和地上跑不同，藍天白雲，天馬行空，有超越時空的感覺。比如五百年、一千年之後，回頭看茫茫大地上，我們這些人，這些事，包括馬、恩、列、史，可能都是很可笑，很幼稚的呢。……前不見古人，後不見來者；念天地之悠悠，獨愴然而涕下……

周恩來面對毛澤東的詩人情懷，只是點頭微笑。

毛澤東忽又語鋒一轉，從天上回到地下：我給藍蘋的信，藍蘋給你看過了？不要緊，經我同意的。我說只許給總理過目，不准擴散。她是不是也給伯達、康生、春橋幾位看了？

周恩來點點頭，即又搖頭：我一直認爲，藍蘋在政治上越來越成熟，是主席的好幫手。

毛澤東有所保留地晃晃手：不要過獎她。進城後我就叫她少露面，少講話，替我做一名流動哨，提供些信息……今年算是放她出山，也是一種鍛練嘛。對我那封信，她是什麼看法？

周恩來替毛澤東擦燃火柴點菸：藍蘋委託我向主席匯報，她的意見，用人不疑，疑人不用。群衆已經發動，運動已經轟轟烈烈，建議避免換將。她說當年東北戰場，國共決戰，蔣介石三易主帥，越打越敗；毛主席用林彪領軍，一用到底，最後反敗爲勝。

毛澤東說：長征不是難堪日，戰錦方爲大問題。爲了打不打錦州，我給林彪發了六十幾封電報。也是虧了羅榮桓、劉亞樓和他周旋，不然，拿不下錦州，讓東北敵軍和華北敵軍連成一片，整個解放戰爭就被拖下……不說這個了。恩來，我是有所疑慮。他在中央的會議上，大唱政變經，唱得血淋淋的，事先根本不和我打招呼，算是將在外，君命有所不受了？中央還催著發他的講話。發不發？

周恩來倒吸一口冷氣：林育容的講話，我聽著也感到突然，原以爲向主席請示了的……後來忙著出國訪問的事，昨天早上才回到北京。藍蘋說，林的那個講話，早就在全國大專院校師生中間傳揚開了，有的還以訛傳訛，說北京發生兵變，死了多少多少人。藍蘋他們的意見，事已至此，與其讓下面大字報、小字報、油印傳單的亂傳一氣，不如中央頒下一個正式文件，以正視聽。

毛澤東「哦」了一聲，問：他們？他們都是誰？

周恩來回答：藍蘋指的是陳伯達、康生、張春橋、王力、關鋒、戚本禹等人，中央文革一攤子。

毛澤東苦笑笑：我成孤家寡人了。少奇、小平他們催著發，康生、伯達也催著發，這回右派、左派一致了？恩來，你自己的看法哪？

周恩來說：主席的看法就是我的看法。我服從主席，別無想法。

毛澤東說：好好，我總算有了個同盟者。左派城府不深，是怕我臨陣換將，把彭眞頭上的玉皇大帝放跑了。怎麼會呢？咬定青山不放鬆。北京近段的情況怎樣？

周恩來說：主席掌舵，方向不亂。回來趕看一批內部簡報，也聽到些傳聞，很荒唐，不值一提。

毛澤東問：都有些什麼？你只管說，流言蜚語也不要緊。

周恩來說：是康克清告訴小超，有人講，眼下最有條件在北京搞兵變的，不是別個……主席，還是不要講了。我已要求小超轉告康克清，不要再傳這個了，很不健康，好好照顧總司令的身體吧。

毛澤東眼睛瞇縫起來：不是彭眞，不是賀鬍子，是哪個？恩來你不要半吞半吐。康克清傳話，代表總司令嘛。

周恩來最怕毛澤東眼睛瞇縫起來、深不可測的表情：無稽之談，流言止於智者……康克清是講了朱老總的憂心，讓告訴主席。大約林育容本人也聽到了這類流言，爲避嫌疑，才又去了上海驗病。

毛澤東神情鬆弛下來，笑了：周公恐怖流言日，王莽謙恭未篡時。總司令對一些事情或許和我有不同看法，但他心地忠厚，光明磊落。林育容到上海檢查身體，是報告過的，沒想到他有這個隱情、苦衷。歷史上，周勃、郭子儀這類角色都不好當囉。恩來，你好像比較敬佩張良、陳平，是不是？

周恩來臉色微紅一下：我只想在主席領導下，辦具體事務。爭取多做事，少犯錯。

毛澤東忽又問：聽說少奇急著開中央全會？一些外地中央委員已經到了北京？這是怎麼回事？

周恩來說：我也是昨天回來才聽到的。我對小平同志講了，開中央全會，一定要先報主席批准，其他常委只能提議，不能作數。書記處總書記，要遵守這條紀律。

毛澤東問：小平怎麼回答？眼下他也是關鍵人物之一。

周恩來說：小平答應了，一定遵守紀律，書記處不會隨便發出通知，儘管少奇同志催的很緊。

毛澤東說：誰發通知，誰就是搞分裂，全黨共誅之……對了，我要告訴你，你五月底派秘書去北京大學傳達指示，意圖壓制聶元梓等人的大字報，是錯誤的！你出國期間，我曾要求少奇、小平在北京主持會議，批一批你的這個錯誤，他們不幹。你本人知道這個事嗎？他們告訴你沒有？

周恩來登時又頭皮發麻，倒吸一口冷氣：是的，今天就是要向主席認錯，下次政治局會議，交份書面材料……我犯的是資產階級老爺作風，嚴重的官僚主義，對革命小將、新生事物潑冷水，指手劃腳。昨天一早回來，還沒有和少奇同志碰面。是小平找我傳達了主席的電話指示。小平建議我當面向主席認錯……。

毛澤東面無表情，語氣卻十足銳利：你和小平商量了些什麼？

周恩來聲音發澀：我接受他的建議。我也提醒他不要再跟上頭的那位跑了，保持些距離。中央的事情，歸根到底還是要聽主席的。不是打天下的年月了，不要各自雄據一方，政出多門。他沒有吭聲，但點了頭，好像是聽進去了。

毛澤東目光柔和下來，含笑讚許：這就對了。對於小平，能拉的話，可以拉上一把。他自視甚高。實際上，頂多算個二閻王嘛！他的那個徒弟到中央做了書記處常務書記，表現得怎樣啊？

周恩來緩了緩神，才明白指的是陶鑄。忙說：鉤鑄向來工作有衝勁，加上新官上任三把火，還不錯……他算鄧小平的徒弟？沒有聽講過。

毛澤東說：我早聽到了。陶鑄自己講的嘛，黨內可以拜師的話，他拜鄧小平爲師……這個小平啊，對林彪不是也有句名言嗎？你帶兵從黑龍江打到海南島，我帶兵從上海打到昌都！

周恩來說：一個縱貫南北，一個橫貫東西，都是在主席領導下，我黨我軍難得的帥才。

毛澤東嘆口氣，若有所失地說：到今天，此才不如彼才囉……算了算了。我們還是商量一下，林育容的那個「五・一八講話」，發不發下去？少奇、小平把中央通知稿都印出來了，只等我劃圈了。

周恩來腦子轉得快，旋即提議說：主席，看看這樣行不行，由我跑一趟上海，和育容談談，讓他向主席認個錯，下不爲例。今後發表講話，保證事先徵得主席同意。

毛澤東身子仰在沙發上：那就只好勞你去一趟了。恩來你知道嗎？他是從不做檢討的。也是唯一沒有向我寫過檢查的黨內高幹。六三年羅榮桓去世，我寫過一首悼亡詩，還沒有發表過：

記得當年草上飛，
紅軍隊裡每相違。
長征不是難堪日，
戰錦方爲大問題。
斥鷃每聞欺大鳥，
昆雞長笑老鷹非。
君今不幸離人世，
國有疑難可問誰？

周恩來筆頭算快，聽毛澤東吟哦著，就把這首七律筆錄下來了。

毛澤東晃晃手：恩來不要記，記了也不能帶走。此作涉及某些人事，現在不外傳。哪些人事？主要就是林育容。江西蘇區時期，他是紅一軍團司令員，聶榮臻是政委，羅榮桓是政治部主任。紅一軍團打了很多勝仗，也出過錯。司令員從不檢討，承擔責任的總是聶和羅。長征不是難堪日……事情你都親歷了的。一九三五年一月遵義會議後，恢復了我的中央紅軍指揮權，由我、你、王稼祥三人組成新「三人團」，取代原先的那個老「三人團」。這期間中央紅軍在黔北、川南一帶迂迴作戰，四渡赤水，六出婁山，強渡金沙江，以擺脫國民黨幾十萬大軍的圍堵。部隊經常急行軍。林育容於同年五月在中央政治局會理會議前夕，給中央軍委寫了一封信，認爲讓部隊「走弓背路」，疲於奔命，會把部隊拖垮，而要求停止毛澤東的指揮權，改由彭德懷統一指揮……這不是給我難堪嗎？會理會議時，我批評了他，但他不認錯，而由政委聶榮臻承擔責任；三五年底中央紅軍到了陝北，三六年軍委決定東征閻錫山。他又和我扯皮，反對東征，提出拉部隊去甘肅南部打游擊，搞根據地。那次是你恩來和張聞天勸住了他，留他在延安出任紅軍大學校長（後改抗大），避免了一次分裂。事後，他也沒有半個字的檢查，又是由聶榮臻擔了責任。聶是個厚道人囉。一九三七年國共合作抗日，紅軍接受改編爲三個師，林是一一五師師長，聶是政委，羅是政治部主任。平型關戰役，他沒有報告中央就率部開打，過早暴露我軍實力。我給了他們內部批評，他不肯檢討，又由聶、羅承擔責任……直到一九四八年的東北戰場打不打錦州，我發了六十幾封電報，要求他下決心拿下錦州，截斷東北敵軍進關的通道。如讓東北敵軍撤回關內，和華北敵軍結合在一起，那會是什麼局面？他卻一再拖延，找種種藉口，要先打長春，後打錦州。最後還是羅榮桓、劉亞樓等人堅持執行軍委命令，他才不再猶豫，集中優勢兵力拿下錦州，取得遼瀋戰役的決定性勝利。事後，又不見他有半個字的檢討。林育容這人會打仗，但從不做檢討。一九五四年高、饒事件有他的份，其他人都做了檢討，堅持不檢討的一個他，一個彭德懷。……所以，恩來，我說啊，你這次去上海讓他認錯，怕也是不容易囉。

周恩來認眞聽著，總算摸清楚了，原來毛還記著林的一筆筆舊帳呢。遂請示道：主席，爲了讓他認識自己的問題，可不可以把你寫給藍蘋的信，給他一閱？我再跑一趟上海？

毛澤東想了想，說：可以。我這裡留了份底，讓王任重看過，屁都不敢放。文臣膽小，怕事。

時勢造英雄，英雄造時勢。時勢把林彪推到了副統帥的寶座上。一人之下，萬人之上。一旦坐上了，滋味卻並不十全十美。關鍵是上面的那一人既倚重你，使用你，又猜忌你，防範你。說得好聽叫革命接班人，說得難聽直如封建時代庶出的東宮太子。父皇健在，你得看他老人家的顏色，仰仗他老人家的鼻息，一言一行，不得拂了聖意。

林彪這次到上海來檢查身體，爲的就是避避風頭、嫌疑。主席不肯回北京，你一位手握重兵的元帥留在那裡幹什麼？上海市委書記陳丕顯、市長曹荻秋出面接待，恭敬又熱情，安排林總入住西郊賓館二號院。西郊賓館距虹橋機場不遠，是座大園林，建有數十座西式別墅。其中一至七號院爲中央七常委的住所。按例，一號院建的比其他六號高闊，連浴室、抽水馬桶都要大一號，爲黨主席專用。二號院又比其他幾座院子稍大，爲國家主席專用。其餘三至七號院則一樣規格大小了。葉群同意住進二號院。林彪進院後感到陌生，問了三個字：是幾號？葉群告訴：陳丕顯、曹荻秋請我們住二號院。林彪轉身就往外走，不回頭。葉群趕忙追上去：老總，東西都放好了，你哪裡去？林彪不理睬，徑直走向六號院。毛、劉、周、朱、陳、林、鄧，他排在第六，就住六號。二號院是劉少奇的。見葉群跟在身後還想囉嗦，他凶巴巴地哼出三個字：妳找死！

林彪是位勤於思考的人，生平想得多，說得少，有股子超人的靜氣。只要不犯病臥床，他每天在大客廳裡一坐就是幾個小時，眼望天花板，一動不動地思考著。或是在客廳裡沒完沒了地踱步，轉圈子，一轉就是幾個小時。他的大客廳裡還有個特製的大地球儀，像電影裡希特勒用過的那種大傢伙。地球儀成了他的隨身之物，他去到哪，就被搬運到哪。他往往在地球儀邊一站就是幾個小時，偶爾慢慢撥動，享受著轉動地球時的某種快意……人說林彪坐著想，走著想，站著想，躺著想，腦子少有休息的時候。他上衣口袋裡有鉛筆、紙片。想到有意思的，就掏出紙筆來記下一兩句，左看看，右看看，滿意的留下，不滿意的，當即撕成碎片。過去在東北戰場，還沒有大地球儀，他也是在指揮部裡踱步轉圈子。那時他的老棉襖的一邊口袋裡裝著鉛筆、紙片，一邊口袋裡裝著炒黃豆。除了睡覺、吃飯、開會、處理軍情，大部分時間就是在踱步，邊嚼黃豆邊思索。誰都不敢打擾。他思索出了供前方將士克敵制勝、後來寫進解放軍軍事教科書的「一點兩面」，「三三制」，「圍點打援」，「讓開大路、占領兩廂」，「大踏步前進，大踏步後退，在運動戰中殲滅敵人的有生力量」，「以三、四倍於敵人的絕對優勢兵力打殲滅戰」……一套新的戰略戰術，使他贏得了軍事家的稱譽。一九五九年廬山會議他取代彭德懷成爲國防部長後，繁縟的日常工作交由賀龍、羅瑞卿等人去打理，連會議都甚少出席，依然冬春住蘇州，夏天住北戴河，秋天住北京毛家灣二號：「養病」。仍是坐著想，走著想，站著想，躺著想。幾年來，他想出了軍隊政治思想工作的一套模式、口號：「突出政治」，「政治掛帥，思想先行」，「全軍學毛著」，「活學活用、立竿見影」，「一幫一、一對紅」，「三八作風」，「四個第一」，「四好連隊」，「五好戰士」，「三突出、四無限」……直叫黨內的那批理論家跌破眼鏡，自愧不如，不服也得服：林總軍事上是帥才，政治上更是帥才。

林彪身邊有幾名文字秘書。在林府工作，很單純，也輕鬆。林本人生活樸素，煙酒不沾，飲食清淡，日常喝白開水，起居極有規律。除了犯病或舊傷復發，為止痛而吸幾口鴉片，再無別的嗜好。因習慣於獨自一人思索問題，很少發脾氣，訓人。應當說，比起作息晨昏顛倒、性情喜怒無常的毛澤東來說，林彪是位極易伺候的人。他的秘書每天的一項工作是替他「唸文件」，每次半小時，早晚各一次。文件、報紙，他從來就是聽，不親自看。由於每次只有半小時，也不能聽廢話、套話，事先須由葉群領著幾名秘書做「資料綜合、篩選」。他習慣半仰在沙發上，閉上眼睛「聽文件」。有時秘書見他無聲無息，以為他睡著了，不覺地停頓下來。他會突然睜開眼睛，口吐一個字：唸！

秘書的另一項任務，就是替他「拉條子」。每逢出席中央重要會議需要他發言，就命秘書替他「拉一個條子」，一、二、三、四、五、六，就那麼一頁半頁。別看他平日沉默寡言，甚至一言不發，一旦他在會議上依著手頭的那頁「條子」即興發揮開來，卻能口若懸河，語出驚人，滔滔不絕。有如水庫之水積蓄已久，一旦開閘就呼嘯而出。不管你同不同意他的某些觀點，他的講話總是富於刺激性，震撼力。「五‧一八講話」古今中外的旁徵博引，風格獨特，他認做是自己得意之作。

對於周恩來專程來上海看望，林彪並不感到意外，一定又是毛澤東有重要指示轉達。見面握手寒喧，問候彼此的健康，坐下即談正事，葉群並不迴避。

林彪主動問起：總理從主席那裡來，有指示？

周恩來謙和地說：主席很關心你的身體狀況，希望你能儘快返回北京。

林彪說：北京流言四起，我和葉群需要避一避。

葉群插話：總理剛從國外回來，你不知道啊，那些流言多可怕，多下作，我們是自討沒趣……

周恩來心裡一愣，莫非他們夫婦知道主席寫信的事了？遂說：小道消息不可信。必要時我可以出面替你們澄清。

林彪說：對，總理可以證明，負責首都警衛的北京安全工作小組，組長葉劍英，副組長楊成武、謝富治，還有十來位成員，沒有一個是我林彪的老部屬。

葉群插話：沒有一個四野的人。

周恩來說：不要這樣分嘍。林總一向光明磊落。這些年號令全軍學毛著，功績全黨公認，主席一再肯定的嘛。稱林總是當家元帥，也不為過。

林彪望一眼葉群。葉群會意，說：林總是棵病樹，也招風。

周恩來說：是樹大招風。樹欲靜，風不止嘛。在我們黨內，也是誰幹的出色，出類拔萃，誰遭物議。所以要不停地搞運動，整風，來清除一些不健康的東西。

林彪忽又問：總理大忙人，剛回國，主席就派你來找我，總有具體的指示吧？

周恩來聽這一問，也就不再繞山繞水，而說：林總，近個把月我忙於出國訪問的事，許多情況被忽略……你的那篇「五·一八講話」，在黨內、軍內反響強烈，各地的青年學生更把它印成傳單，廣泛散發。也就越傳越廣，難免走調、失眞。中央準備作為正式文件下達，主席也基本上同意了。我個人有個問題，可以問一問嗎？

林彪說：總理指教，請指教。

周恩來說：不客氣，老同志之間不用客氣。你的「五·一八講話」，事先報告過主席嗎？注意，並不是主席要我問的。如不方便，就不回答，算我沒有問過這話。

林彪臉色登時有些發紫：怎麼沒有匯報？匯報了。鑑於北京形勢，談談古今中外的兵變、政變問題，主席電話裡同意了的嘛。材料也是從他給我的那份《歷代宮變、兵變紀要》中摘出來的，陳伯達、康生都幫了忙嘛。講話第二部分倒是沒有請示。談軍隊學毛著，談我本人對毛思想的認識、評介。我怕主席出於謙虛不讓談嘛。講後聽了一些反映，第二部分比第一部分還要好些，有較強的針對性。談全軍學毛著，也有錯？

周恩來伸手抹一把臉，說：噢，看來是有點誤會了……林總，不要緊，有點誤會不要緊。主席寫了一封信，私人性質的，我帶來一份抄件，你看一看，還要帶回去，不能外傳的……。

林彪從周恩來手裡接過那信的抄件，架上眼鏡，又示意葉群保持距離，才專心地把信讀了，心裡響起聲聲驚雷……看過信，林彪已是一頭汗珠子。信還給總理，才讓葉群過來替他擦額頭上的汗粒。

看著林彪出汗的樣子，周恩來暗暗發急。他聽葉群說過，林彪一出汗，就是犯病了。要是林彪因此犯病，又回蘇州去靜養，豈不是自己把事辦砸了？回頭怎麼向主席交差？遂說：林總，我講啊，主席既是委託我把這封信的抄件帶來交你本人過目，正可說明主席一如既往的信任你，倚重你。他近年來常提到，林彪同志立場堅定，態度鮮明，是黨內、軍內的舉旗人！這個評價是很高、很中肯的。

聽周總理這一說，林彪心想：大不了仍回蘇州的園子裡轉圈去，不管事，少操心，一身輕……他不放心我，我還不想幹呢！你當他身邊的那把交椅是好坐的？嘴裡卻說：總理啊，你是先生，我是學生，你閱歷多，經驗豐富，指點指點，我該怎麼做？

周恩來說：林總不要這樣講，什麼先生不先生的，折殺人。就算在黃埔軍校有過那麼一段經歷，幾十年的革命戰爭下來，學生也早就賽過先生了。我這不是謙虛，是實際情形。「五・一八講話」，主席說了，他會同意簽發，加一個中央通知。當然，你也要給主席說明一下。今後，凡是重大問題，都應事先向主席報告，徵得同意。

林彪眼睛一眨不眨地望著周恩來，沉吟一刻，說：要我檢討啊？總理，你知道，我是個不習慣寫書面東西的人，幾十年如此，改也難……這次，我掛電話，作個口頭的，可以吧？

周恩來見林彪鬆了口，轉了彎，也就笑了：我看可以，很好嘛，皆大歡喜的事。葉群同志，小事一樁，你就不要打聽了，多一事不如少一事。你是林總的賢內助，明白我這意思？

一直在旁看著、聽著的葉群，臉上不乏尷尬神色，忙掩飾說：總理放心，我是個守紀律的人，不讓打聽的事，我從不打聽。林老總的某些事，也常不讓我知道的。

周恩來說：有的事情，不知道反倒是福氣……我就常對我侄女她們講，要能像年輕人那樣單純，生活輕鬆些，該有多好。我們這些人，就是苦於不單純，陷於複雜中。

葉群說：總理講的是知根知底的話。

林彪彷彿受到了某種感染，說：總理啊，今後，你要多給我們些指點。我這是真心討教。

周恩來和藹地望著林彪，望著黨內這顆日益明燦的希望之星，心裡忽然生出一股子慰藉：憑著以往的良好關係，此人日後接掌大任，自己也算有所依托……他掂了掂輕重似地，向前移了移座下藤椅，放低聲音說：育容，你的副統帥位置是無人替代的了。我相信主席權衡了許久，選中了你……斗膽建言，今後幾年，你宜少管事，少攬權，不到關鍵時刻不輕易表態，緊跟主席，不慍不燥，反正位置是留著給你的嘛。不說了，不說了，對不起，我已經違反組織原則，犯了自由主義。

林彪一向感情深藏不露，這時卻禁不住握住了周恩來的手：總理金玉之言，我林某獲教非淺……只是啊，我總是覺得，眼下的局勢，我才是被人用來打鬼的鍾馗。不錯，我是鍾馗囉。

周恩來晃晃手：想法人人都有，最好不要說白了……我今天下午趕回北京。葉群你們什麼時候回去？主席的意思，鬥爭方興未艾，林總應儘快返京坐鎮。

葉群望望林彪，說：總理放心，我們聽總理的。等老總的體檢化驗報告出來，就回去。

周恩來回到北京的第二天凌晨，一份供省、軍級以上高級幹部閱讀的《要聞參考》上，刊出新華社武漢電訊：

偉大領袖毛主席暢游萬里長江！

七月十六日，武漢三鎮晴空萬里，長江兩岸萬衆歡騰。偉大領袖毛主席在五千游泳健兒的陪伴下，雄姿英發，乘風破浪，暢游長江三十華里……毛主席再次暢游長江的喜訊，很快傳遍了武漢。在旗幟映紅的江面上，在兩岸江堤上，千千萬萬人的目光向著毛主席！千千萬萬人表達著同一個心聲：毛主席是我們心中的紅太陽，毛主席永遠和我們在一起！祝願偉大領袖毛主席萬壽無疆……。

毛主席教導我們：長江，別人都說很大，其實，大，並不可怕。美帝國主義不是也很大嗎？我們頂了它一下，也沒有啥。所以，世界上有些大的東西，其實並不可怕。

……

武漢熱浪奔騰，中南海膽戰心驚。江青在釣魚臺對文革小組成員說：有人要尿褲子了。

當天上午，劉少奇主持工作碰頭會，問大家看到新華社武漢電訊沒有？並感慨萬千地說：毛主席身體很好啊！七十三歲的人，還能在長江一口氣游三十里，比我們在座的任何一位都要健康，大好事，大好事！

言下之意，毛澤東長期以身體多病爲名，北方、南方療養，原來是個假相，把大家都蒙蔽了。

周恩來說：毛主席身體健康，是全黨的喜訊，全國人民的福氣。

鄧小平說：主席暢游長江，是個好的訊息，他老人家要回北京了。

新任書記處常務書記陶鑄說：主席自去年十月份離京，到現在九個多月了吧！這是他老人家赴外地巡視時間最長的一次。

賀龍說：回來吧，回來吧，面對面的領導吧。

第十五章　妙哉！毛氏回鑾

武昌東湖賓館梅嶺一號。工作人員都以爲毛主席白天游了長江，晚上會好好睡一覺。晚十二時，毛澤東突然通知隨侍的楊成武、謝富治：準備走！北上，先到鄭州；發電報告訴北京的陳伯達、康生、江青三人，到鄭州會我。

毛澤東一向說走就走。兩小時後，他的那座綠色行宮似的專列火車，已經奔馳在長江北岸上的茫茫夜色中了。主車廂中，燈火通明。毛澤東全無睡意。他裹著長睡袍仰在舖著涼蓆的木板床上，身子隨著列車的行進微微晃動。他隨手翻閱著那部不知翻閱過多少次的《資治通鑑》，卷第七，秦紀二，始皇帝下：

二十年，荆軻至咸陽，因王寵臣蒙嘉卑辭以求見，王大喜，朝服，設九賓而見之。荆軻奉圖以進於王，圖窮而匕首見，因把王袖而揕之，未至身，王驚起，袖絕。荊軻逐王，王環柱而走。群臣皆愕，卒起不意，盡失其度。而秦法，群臣侍殿上者不得操尺寸之兵，左右以手共搏之，且曰：「王負劍！」負劍，王遂拔以擊荊軻，斷其左股。荊軻廢，乃引匕首擿王，中銅柱。自知事不就，罵曰：「事所以不成者，以欲生劫之，必得約契以報太子也！」遂體解荊軻以徇。王於是大怒，益發兵詣趙，就王翦以伐燕，與燕師、代師戰於易水之西，大破之。

……

圖窮而匕首見。荊軻所以不能成功刺死秦始皇，皆因他的主人燕太子丹打錯了主意，竟想在秦王殿上劫持秦王，逼他退回約契，交還所侵占的諸侯領地，太幼稚，太可笑了，可惜了樊於期將軍的那顆腦袋了……樊於期，秦之叛將，深恨秦始皇，自荐首級，供壯士荊軻赴秦庭取信始皇，圖行刺……

毛澤東放下書卷，閉目遐思，似睡非睡。朦朧中，彷彿回到了中南海，回到了頤年堂政治局會議上……以毛澤東、林彪、康生、陳伯達爲一方，劉少奇、鄧小平、彭眞、賀龍爲另一方，激烈爭辯究竟是誰在北京發動兵變一案！周恩來、朱德態度曖昧，居間觀望……劉克思義憤塡膺，竟手指著毛澤東說：一九五八年你發動大躍進，全黨上你的當，引發全國大饑荒，餓死人口幾千萬！我，總理、小平、陳雲、彭眞，夜以繼日，調整政策，挽救經濟，渡過難關，仍尊你爲領袖、統帥！你卻過河拆橋，以怨報德，翻臉不認帳，無視國計民生，又發動文化大革命，要把我們當作黨內走資派來清算！

你這人還有不有心肝？你不敢召開中央全會，不敢讓全會來表決，而夥同林彪秘密調三十八軍進關，突然包圍北京，接管中央各個要害部門，把首都北京變成一座大兵營，反誣彭眞、賀龍準備兵變！彭眞、賀龍！你們把姓毛的抓起來！請他寫下字據通報全黨，承認是他本人夥同林彪發動了兵變！小平你負責看住林彪！好傢伙，一個彭眞，一個賀龍，登時像兩個豹狗子似地向他撲了過來，賀龍還揮著一支手槍……未至身，王驚起，環柱而走，群臣皆愕……來人啊！來人啊！他們要行刺我……。

住在隔壁副車廂內的楊成武、謝富治，聽到毛主席的大叫聲，慌忙跑了過來……毛主席已在床上坐起來了。一冊大字本的《資治通鑑》掉到地板上。老人家渾身都汗濕了，看樣子是做了惡夢。但他們不敢問夢中的情景。

保健護士托著疊毛巾進來，替毛主席擦汗，換睡袍。

毛澤東坦胸露腹，失神地任由護士擺弄。欲吐痰，謝宣治忙端起床下的痰盂去接，一口膿痰下來，濺起水珠子上了臉，也顧不上去擦，因爲毛主席還要吐第二口；欲吸煙，楊成武忙燃上一支遞上去……毛澤東換上乾淨的睡袍，吸著菸，才緩過神來似地笑笑：不要緊，天塌下來，有楊成武、謝富治頂著……成武，我們到哪裡了？

楊成武答：剛過了信陽，天亮時分可到鄭州。

毛澤東轉問謝富治：叫陳伯達、康生、江青三個到鄭州會我，他們來得及嗎？

謝富治答：楊總長已通知空軍專機夜航，應該來得及。

毛澤東點點頭：好。河南有我們兩個老朋友，一個書記劉建勳，一個副書記紀登魁……他們現在怎麼樣？想跟哪個走啊？

楊成武請示：主席要不要見他們？

毛澤東說：看情況吧。到了鄭州不下車，叫陳、康、江三個上車來見，瞭解北京方面的情況，再定下面的行程。

楊成武、謝富治會意：原來主席還沒有決定回不回北京呢。

毛澤東命兩位親信上將坐在對面沙發上，忽又想起什麼似的問：謝部長，你知道「圖窮匕首見」這個成語的來歷嗎？也就是荊軻刺秦王的故事……

謝富治搔搔頭髮：主席，我沒有讀過歷史……只看過連環圖……一個什麼太子，僱殺手去謀殺秦始皇，是不是？

毛澤東笑了笑：很好，我的公安部長看小人書，知歷史掌故……，成武，你哪？

楊成武答：主席，我是從《東周列國志》裡讀到的。荊軻是戰國時代的著名刺客。那時候這類刺客很多，專諸獻魚，項莊舞劍等等，都是。

毛澤東說：項莊舞劍是楚、漢相爭時候的事……，一部《東周列國志》，盡是臣弒君，子弒父，父殺子，兄殺弟，弟殺兄，相殺了兩三百年，加上諸侯混戰，殘酷得很。那期間最著名的刺客有五個。第一個叫專諸，用魚腸劍刺死吳王僚，幫吳公子姬光恢復王位；第二個叫要離，也是吳國刺客，這次是姬光派他去行刺逃亡在衛國的僚的兒子忌慶，免除後患；第三個叫豫讓，是晉國大夫智伯的家臣，智伯在一場內亂中被趙襄子殺死。豫讓爲報主仇，兩次行刺趙襄子，結果都被抓住。被處死之前，他要求趙襄子脫下身上的袍子，劍擊三次，算了卻宿願，是名阿Q式刺客；第四個叫聶政，戰國時代韓國人，以屠牛爲業，被一個叫嚴遂的人所收買，去刺殺仇人俠累。聶政沒有殺死俠累，反被暴屍於市；第五個就是行刺秦王的荆軻了。五個著名的刺客，兩個成功，三個失敗……，秦始皇統一天下，五十歲時在出巡路上被趙高所害，也和刺客行刺差不多。三國英雄曹操曾經行刺董卓，未果。董卓後來被義子呂布殺死，呂布也是刺客一個。隋文帝楊堅被自己的兒子隋煬帝楊廣所殺，楊廣也是刺客一個。連揚名後世的李世民，都是殺了他太子哥哥李建成而奪得王位的，不也和刺客差不多？歷來如此。我們共產黨這一朝代，能否例外啊？

楊成武、謝富治忠心護主，一時竟也無言以對。

毛澤東接著說：既要防止有人在北京發動兵變，又要防止身邊出現專諸、荆軻。富治啊，你是負責中央政治保衛系統的，現在中央領導人的貼身警衛員，多長時間一輪換？

謝富治回答：去年之前是一年一輪換，今年已改成半年一輪換。我以腦袋向主席保證，警衛系統絕對忠於主席，誓死捍衛主席。除了我和汪東興，誰也甭想插一腳進來。

毛澤東說：我相信你們。警衛員武藝高強，他們的職務是死的，思想是活的。比如跟過彭德懷的警衛員，聽講離開時都哭鼻子，是種什麼情緒？無非是覺得老彭蒙受冤屈嘛！這就是產生專諸、荆軻式人物的精神溫床。今後，誰離開時哭鼻子就下野戰部隊去，新疆、西藏、海南島，越遠越好。

謝富治說：是！堅決執行主席命令。

毛澤東說：從現在起，除了我這裡的警衛人員保持相對穩定，其餘的，一律改為三個月一輪換。警衛人員除了出身好，思想好，品行好，武藝好，還有別的條件沒有？

謝富治說：查五服三代，家庭歷史乾淨。年初我和汪東興商量，還加一查，就是看警衛人員的親友中，有不有三年困難時期非正常死亡的……這一條很現實。同是貧苦出身，有這一條，就是隱患。

毛澤東點點頭：很好。算你們處事周到。成武啊，過去羅長子是我的「大警衛員」，現在換成你和謝政委，工作更過細了……其實，我對一中隊的幹部戰士，視同家人，除了演練、站崗、放哨，還要求他們學文化，受教育。我給他們辦過文化補習學校，替他們改過作業。其中好學上進的，我都讓中央辦公廳保送他們進北大、清華、人大去深造。北大、清華卻是資產階級老爺當家，年年拒收我保送去的人。連高教部部長蔣南翔都出面幫他們阻攔，說不能接受只有中、小學文化程度的警衛團官兵入學。人家根本不把我這個黨主席放在眼裡，不把工農兵放在眼裡。人民大學的情況稍好點，勉強收下兩批中央辦公廳保送去的超齡警衛，給辦了文化補習班，再轉入本科學習。北大、清華向誰開門？為什麼拒絕工農兵入學？前年，去年，我都講過，資產階級把持文化教育陣地的現象，再也不能繼續下去了！可是沒有人聽，彭眞、陸定一、周揚、蔣南翔們不聽，他們上面的玉皇大帝更不聽。還有煤炭部辦了個煤炭學院，不就學習怎麼挖煤炭嘛？也拒絕接收中辦保送去的人……。這是促使我下決心發動文化大革命的原因之一。號召大專院校的青年學生造反，砸爛教育戰線、奪回教育陣地……我是眞心愛護一中隊的幹部、戰士的，所以相信他們中間出不了專諸、荊軻式人物。

繞山繞水說半天，毛澤東說的仍和那個惡夢裡的情景有關。楊成武、謝富治惟有凝神恭聽。

天亮時分，專列火車停靠在鄭州郊區機場鐵路支線上。已經等候在那裡的陳伯達、康生、江青三人立即被召上主車廂。毛澤東仍半仰半坐在鋪著涼蓆的床上，只是朝三人招招手，示意在床前的三把折椅上坐下，問：北京有什麼新動向啊？我指的是那些鬼裡鬼氣的現象。

陳伯達推推康生。康生說：報告主席，自有了葉劍英同志掛帥的北京安全工作小組，情勢已在掌握之中。鬼裡鬼氣的現象不少，比如有流言稱三十八軍的兩個師撤去保定、石家莊，是被排擠走了，北京安全工作小組沒有四野將領，等等。

毛澤東說：這是惡意挑撥。你們要查一查，流言是從哪裡出來的？什麼算四野將領？我們軍隊的高級幹部，從來都是根據戰爭的需要，在各個根據地之間調動，不存在誰是誰的下屬。代總長楊成武，江西蘇區時期是紅一軍團第四團團長兼政委，抗戰初期又是一一五師的團長，後才轉到晉察冀根據地，成爲華北野戰軍兵團司令，算不算林彪的老部下？北京衛戍區司令員傅崇碧，在延安抗大時是校長林彪的學生，算不算林彪的下級？還有北京軍區的鄭維山也是。我看呀，都是忌妒林彪的人所造的謠言。幸而林彪同志很清醒，去了上海檢查身體，根本不理會這些流言蜚語。康生，還有哪？

康生扶扶眼鏡，猶豫一下：主席，還有個情況，不知當講不當講……。

毛澤東臉一沉：在我這裡，任何情況都可以講。

康生看看身邊的江青，受到江青的眼神鼓勵：好，我斗膽……據我們安排在賀龍同志家裡的工作人員反映，連著兩個星期天，裝甲兵司令員許光達大將，北京軍區司令員楊勇上將，軍區政委廖漢生中將，都到賀家晚宴。晚宴時，他家餐室裡都開著收音機，聲音很大，干擾偵聽。

江青插話：老闆呀，一個元帥，一個裝甲兵司令員，加上北京軍區的司令員和政委，在這種時刻頻頻私下聚會，肯定有鬼！建議採取措施，防患於未然。

毛澤東悶不吭聲。過了好一刻，才瞪婆娘一眼：你們拿到什麼證據沒有？許是賀的老下級，楊勇抗戰時期也是賀龍部下，廖漢生更是賀龍的外甥，他們星期天不能在一起聚聚？當然，若掌握了證據，就是另外的性質了。這事，暫時說到這裡吧……伯達同志，現在讓你和江青管中央文革小組一攤子，住進釣魚臺。你那邊有什麼新情況？

陳伯達欲讓江青匯報，江青說主席是問你哪，遂說：劉少奇同志頻催書記處發通知，急欲召開中央全會，討論文化大革命的方針、政策的事，主席是知道的了……書記處還沒有發通知，一些省委書記就已經到了北京，等著開會了。比如四川的第一書記李井泉同志，就住在他連襟賀龍同志家裡。聽說還私下去看了彭眞。還有新任中宣部第一副部長的張平化同志，去看望了陸定一。據說是陶鑄同志授意。陶鑄同志自到中央工作後，對鄧小平同志言聽計從。

毛澤東眼睛瞇縫起來，思索片刻。忽然，他坐直身子，兩條光腿伸到床沿：文的武的，文武兩手……文的要求召開中央全會，想到全會上和我公開較量？他有不有這個膽子？很可能有，來個魚死網破，爭取多數；武的，更不要掉以輕心。以目前的緊張狀況，目光不要老是注意幾個現成人物，講不定那天早上就冒出個蘇哈托，我們中國也可能出現蘇哈托，甚至可能派專諸、荊軻之類來對付我……開全會的事，主動權在我這裡。我是黨主席，已經讓周總理轉告鄧總書記，沒有我的批准，書記處發通知就是搞分裂，非法的。當然，此事我們也要預作準備了，一是人家公開攤牌，二是不公開攤牌。伯達啊，還有江副組長，你們中央文革小組，要著手準備文件呢，起草個十條十幾條，到全會上去通過一下，就叫做《中國共產黨中央委員會關於無產階級文化大革命運動的決定》。無非是目的、任務、政策措施三部分內容。

陳伯達、康生、江青都在各自的本子上記錄著毛的指示。毛問江青還有什麼要匯報的？

江青說：少奇、小平兩位根本不把中央文革放在眼裡！一次書記處和中央文革的碰頭會上，我、伯達、康生、春橋按主席的指示，提出不要匆匆忙忙派什麼工作組，去限制學校師生們的革命造反，使運動冷冷清清。劉少奇根本不理睬我們，講派工作組是政治局會議的決定，報主席同意了的！我說主席只是讓你和小平相機行事，不要匆忙派工作組呢。那個鄧小平氣焰好高啊，竟說你們文革小組要執行政治局的決定，反對派工作組是無組織無紀律！主席啊，現在北京了不得啦，王光美化名參加清華工作組，清華已經抓了好幾個學生領袖。北大也抓了學生領袖，劉、鄧、賀的子女在北京很活躍。許多學校連大門都鎖起來了，死氣沉沉。

毛澤東眼裡閃出幾許火星子：知道了，總理對派工作組的事是什麼態度？

江青說：開始很積極，現在不吭聲了，好像要和劉、鄧拉開點距離，或許是若即若離。

談話進行了近兩個鐘頭，服務員已經幾次敲門，催首長們用早餐。毛澤東吩咐：請楊總長、謝部長一起來吃早餐吧，還有事情要談。

早餐是每人一份白粥，一籠蒸餃，以及豆腐乳、青菜、豆豉辣椒等。邊吃邊談。早餐後，毛澤東吩咐：伯達、康生、江青回北京，主持起草文件，替中央全會作準備。由文革小組起草文件的事要保密，謹防書記處插手。康生你仍做我和政治局的聯絡員。楊成武你也回去一趟，召集一次北京安全工作小組會議，請劍英同志主持，重申我的命令：北京安全工作小組為首都軍事警衛的最高指揮機構，直接向軍委主席負責，其他任何人不得調動京津地區的一兵一卒；另外，立即從全國十大軍區警衛部隊中選調忠誠可靠的學毛著標兵進北京，經短期培訓，用以替換中央部、軍級以上領導幹部家裡的警衛人員。原來的警衛人員一律提幹，或排長或連長，之後分散到各野戰軍部隊鍛練去。我講的這幾條，你們都記下了嗎？

陳伯達、康生、江青、楊成武等人齊聲回答：是！都記下了。楊成武並把手中的「主席口授命令記錄」呈毛澤東過目，簽字認可。

毛澤東說：成武啊，你告訴葉帥，北京安全工作小組開會，可以請總理參加，他有緩衝作用。你回北京開完會，飛濟南去見我，還有要緊的事等著你去幹。好了，你們幾位可以下車了，各忙各的去。謝部長，我們也啓程吧！去濟南。劉建勳、紀登魁等著接見？下一次吧。

七月驕陽，熱浪蒸騰，流火般炙烤著齊魯大地。毛澤東的專列折向東行。隴海鐵路沿線所有客貨列車停駛、讓道。天空則有兩架空軍戰機隨行保駕。由於在鄭州停留時，各車廂都搬上了大量冰塊降溫，因而生出陣陣清涼。主車廂中，毛澤東睡著了。他已經三十幾個小時沒有入睡了，這一覺睡得特別安穩。偉人偉鼾，他發出的鼾聲幾可與車輪滾動的節律媲美，以至住在前面副車廂中的謝富治都聽得到。謝富治是不敢入睡的，他要坐鎮接發各類電報，聽取各種匯報，隨時掌握各地的敵情動向。

傍晚時分，專列進入山東省會濟南市郊機場鐵路支線，緩緩停下。大約列車停駛時有所震動，毛澤東睡醒了，睜眼就問：到哪裡了？一直歪在他床前沙發上值班的護士連忙起立，邊用濕毛巾替他擦臉、擦身子，邊柔聲報告：主席，到濟南了。毛澤東見護士睡眼惺鬆，美貌可人，一時興致勃發，撩開睡袍，將其按下，欲行周公之禮。護士輕輕推了推他：忙什麼哩，楊總長等著呢，說你醒了，他要立即來見，有重要情況匯報……毛澤東並不鬆手：好好，我們這次速戰速決，底下的傢伙滿則溢，先疏導了再說……好，好，好……很快吧？好，好，好，替我擦擦……妳可以起去了，告訴楊總長，就他一個人進來。通知衛士長，我和楊總長談話時，任何人不要來干擾。

護士理理頭髮，擦了擦，整整衣裙，退下。

楊成武進來時，毛澤東破例地裹著睡袍下床相迎：成武啊，我在地上跑，你在天上飛，行動比我快，也比我辛苦囉。我一路上都在睡覺，好多天沒有睡這麼舒服了。就是兩條腿還有點酸……。

楊成武說：主席休息好了，我們就心安了。主席，你躺回床上去，先抽支菸吧。醒來一支菸，快活似神仙。

毛澤東躺回床上，歪著身子，咝咝地吸著菸：成武，你有重要情況告訴我？

楊成武說：是葉帥讓我向主席匯報，近來，賀龍同志家裡常有身分不明的人出入，有的身胚高大，外表像部隊的籃球運動員。

毛澤東說：家蓄勇士，他打算幹什麼？我一直擔心，會出專諸、荊軻一類刺客。

楊成武說：具體情況還不清楚，我和謝部長提高警惕就是。葉帥還提到另外一件事，前些日子，許光達、楊勇、廖漢生等人，連續到賀家聚會，大熱天的，吃什麼「一品當朝」，餐室裡收音機開得山響……還有李井泉同志進京了，住在賀家，每天外出拜訪老戰友，去見了劉少奇、鄧小平，連彭真都見了……葉帥問，要不要採行些預防性措施，比方命令李井泉返回成都去？

毛澤東習慣地瞇縫起眼睛：「一品當朝」，不就是賀家的狗肉宴？我和總理冬天都不宜吃，吃了流鼻血。他們幾位英雄好漢大熱天都吃，火氣很壯囉……成武啊，賀龍、許光達、李井泉、楊勇、廖漢生這些人，會反我嗎？他們爲什麼要反我？葉帥講了什麼沒有？

楊成武說：葉帥講，按常理，我們軍隊的高級將領，個個都是跟著主席打拚出來的。沒有主席的路線、思想，不可能有革命的勝利，也就沒有大家今天的榮譽和地位。我講呀，反主席是逆天悖理，亂臣賊子，人人得而誅之。

毛澤東說：成武，你一員武將，近來和伯達、春橋這些秀才交道多了，也發這類書生之議？

楊成武說：我是手提三尺龍泉劍，不斬奸邪誓不休。葉帥也是這麼講。

毛澤東說：聽聽，你還是沾有幾分儒雅之氣嘛。我現在可以告訴你了，葉帥革命幾十年，每到關鍵時刻，總是立下大功。一九二六年北伐開始時，他是張發奎的參謀長。一九二七年老蔣叛變革命，汪精衛發電報給張發奎，讓張邀賀龍、葉挺上廬山開會，把賀、葉抓起來。葉劍英及時把消息透給賀、葉，賀、葉沒有上山，而發動了南昌起義。要不是葉劍英，賀龍、葉挺被抓，也就沒有八一南昌起義了。葉劍英離開張發奎，參加了南昌起義，並和賀龍一起入黨。你講他這功勞大不大？一九三三年在江西蘇區，我受到博古、項英、恩來他們排擠，打成富農路線的頭子，撤了紅軍總政委職務，還要開除我的黨籍，只在行政上允予保留中華蘇維埃共和國主席那個空頭銜。那年我生了一場大病，去到福建龍岩休息。我就是在龍岩認識你的吧？那時你是紅一軍團的營長。是葉劍英陪我去閩西根據地養病的。我是個被撤了職的人，很落魄，連警衛員都對我不大客氣。劍英卻陪我談論詩詞，做詩和詩。私底下完全贊同我的蘇區路線和策略。不久，周恩來讓我返回軍委前委，協助他指揮作戰。劍英是從中做了工作的。算患難識知己吧？一九三四年長征時，葉劍英是中央紅軍第一野戰縱隊司令員，負責保衛中央機關。一方面軍過草地後，在四川樊功和張國燾的紅四方面軍會師。那時紅一方面軍只剩下一萬多人，破衣爛衫，傷病員又多，被張國燾、陳昌浩看不起。紅四方面軍有四萬多人馬，兵強馬壯，裝備整齊。張國燾想吃掉紅一方面軍，當領袖。葉劍英那時派在紅四方面軍任參謀長，拿到張國燾一封電報，內容是脅迫紅一方面軍南下，否則武力解決之。葉劍英冒著生命危險，單人匹馬跑了幾十里，把電報拿來給我和恩來、洛甫三人看。我用紙煙盒把電報內容抄下，吩咐葉劍英馬上趕回去，不然被張國燾、陳昌浩發現不得了！你說險也不險？我和恩來、洛甫、王稼祥、彭德懷立即組成北上先遣支隊，帶領中央機關一千五百多人連夜轉移，脫離險境。不是葉劍英報信，我、恩來、洛甫三顆腦袋就搬家了……所以啊，關鍵時刻，葉帥總是立下大功勞。任何時候都不應忘記他的功勞。現在你該明白，十個元帥，他排在第十，我偏偏挑中他當北京安全工作小組組長了吧？

楊成武點著頭：明白了。葉帥的功績，我原先也聽過一些，今天主席這麼一講，我更是敬佩了。葉帥問主席，要不要在北京城裡採行些預防性措施的事，我怎麼回覆他？

毛澤東閉上眼睛想了想，說：不。這種時刻，不能打草驚蛇。眞有什麼動向，也要讓人家進一步暴露……賀、許、楊、廖聚會的事，在鄭州停留時，康生也對我講過。現在缺乏的是眞實憑據。少奇同志、小平同志他們那邊，有什麼動靜？周總理是什麼態度？書記處還沒有下通知，不少外地的中央委員就都跑到北京來了，住在各自老戰友的家裡，難免相互走動，串聯……已經要康生、江青他們查一查，究竟是誰通知這些人進京的？是不是某些人陰謀活動的一部分？成武，你看呢？

楊成武說：我陪葉帥去找過總理，總理讓我轉告主席，他在任何情況下，都會站在主席一邊……在中南海西門，還碰到過你的老鄉張平化同志，硬拉住問主席什麼時候回京？說各省都在造反，一些省委機關被學校師生、革命群衆包圍，有的乾脆衝進機關大院裡靜坐示威。省委書記們不敢露面，紛紛跑到北京來探看究竟……看樣子，一些外地的中央委員是自己到北京去的。

毛澤東說：這些地方諸侯，平日做官當老爺，養尊處優，神氣活現，現在學生娃娃們一造反，又屁滾尿流，怕得要命，怕被戴上「走資派」的高帽子示衆……對了，關於中央部、軍級高幹家裡的警衛人員大撤換的事，你和葉帥、汪東興他們商量了沒有？需要多少時間才能完成？

楊成武說：這事葉帥已責成汪東興他們從速辦理。政治局、書記處成員家裡的警衛人員剛調換過，不在此例。汪主任還讓報告主席，警衛局已部署所有警衛人員，負起雙重任務。

毛澤東說：很好很好，非常時期行非常之法，既保衛，又監護。林彪回京沒有？你去見了他嗎？

楊成武說：聽講昨天晚上回到北京，主席沒有吩咐，又時間緊迫，沒有來得及去。

毛澤東說：很好，林彪回京，我大約也可以回去了。至遲下月初，召開中央全會，決定文化大革命的具體政策。成武，你講講，我若回北京，會不會已經有人暗中設下一個口袋，想把我裝進去？所謂搞兵變，我若身在外地，他們即使貿然舉事，抓不到我，也意義不大嘛。

楊成武說：不可能。葉帥率領北京安全工作小組做了萬全的準備……當然，這種事，寧可信其有，不可信其無。

毛澤東問：要是北京安全工作小組出了壞人呢？

楊成武答：遵照主席上回的指示，已部署汪東興同志，命令中央警衛局對北京安全工作小組採行監督措施……下一站是不是天津？要是主席還不放心，可否在天津召開一次軍委臨時緊急會議？

毛澤東說：成武啊，我們又想到一起了。對，把人都集中到天津去，將見不到兵，兵見不到將……用我的名義下通知，請葉劍英同志去天津主持會議。成武，你把下面的與會者名單記下：北京軍區司令員楊勇，副司令員鄭維山，政委廖漢生；裝甲兵司令員許光達；空軍司令員吳法憲，政委余立金；海軍司令員蕭勁光，政委蘇振華；總政治部主任蕭華，北京衛戍區司令員傅崇碧，加上三十八軍、六十三軍、六十五軍、六十六軍、六十九軍五個軍的軍長和政委。你看看，是不是都網羅進去了。

楊成武筆錄下上述名單，請毛澤東過目，簽字認可：京津地區，握有兵權的高級將領，也就是這些人了。要不要請林總和賀總也出席？

毛澤東說：林彪身體不好，不要勞動他。賀龍也不要驚動。成武啊，事不宜遲，你還要辛苦一趟，立即飛回北京，向周總理和葉帥傳達我的命令，由他們連夜通知名單上的人，務於明天早晨九時前趕到天津警備區招待所報到，不准請假，不准遲到。違者軍紀論處。注意，成武你留在北京，即和汪東興坐鎮中南海警衛師。我這裡嘛，明天天亮時到天津，會在天津稍作停留。等名單上的人都到天津開會了，我就可以啓程回北京了。記住，要總理、富春、先念、康生、伯達、江青、春橋，明天中午可以到北京火車站接我。朱老總和林彪去不去，由他們自己定。不准通知少奇、小平、賀龍等人。

楊成武萬分感佩地說：絕！主席的這盤棋下的眞絕，別人做夢都想不到的。

第十六章　歪在床上的常委會議

七月十八日中午，北京城驕陽似火，中南海楊柳低垂，一絲風都沒有。

劉少奇在福祿居辦公室批審文件，忽然好一陣心煩意亂，彷彿預感到有什麼事情發生了。王光美去了清華大學工作組，孩子們也都上了學。樓下的工作人員近來一個個沒精打彩的，都在午休吧？劉少奇拿起紅機子，要通西花廳。值班人員回話：總理到車站接人去了。劉少奇問接什麼人？值班人員回話：不清楚，是外賓吧？劉少奇心裡更犯疑了，近日並無外國政要來訪呀？於是另又要通了含和堂，倒是心直口快的康克清接電話：劉主席啊，朱老總到火車站接毛主席去了，你怎麼給拉下了呀？

這麼大的事，竟沒有人通知自己！劉少奇心急火燎地要了車，上車就催促司機：快！快，去接毛主席，遲到了，遲到了。

一路風馳電掣般沿東長安大街趕去。好在沿途已經封路戒嚴，國家主席的座車暢行無阻，十來分鐘後就在南小街南口右拐進北京火車站廣場。四周都是中央警衛局的便衣布下的散兵線，顯得空蕩蕩的，見不到一個普通旅客。國家主席的座車在貴賓通道入口處被截停。劉少奇顧不上和警衛局幹部解釋什麼，立即下車步行，直趨車站月台。恰見月台的另一頭，遠遠的，毛澤東由周恩來、朱德、林彪、李富春、李先念、陳伯達、陶鑄、康生、江青大群人簇擁著，經由平日普通旅客出站通道往外走。劉少奇一路小跑都趕不上了。忽見鄧小平同志領著秘書站在一根廊柱下，目送著前面那大群人說說笑笑出站。看樣子，書記處總書記也被警衛局軍人擋了駕。劉少奇不無尷尬地前去和小平同志打招呼：也遲到了？鄧小平倒是若無其事地說：看來你、我是跟不上趟了，聽其自然吧。劉少奇也平靜下來，說：我們抽支菸，主席一行人還沒有走完，我們出去也會被攔下，就這麼個警衛制度嘛。鄧小平接過菸，吸上，看少奇同志一眼，那眼神彷彿在說：這主席不如那主席，大勢已去囉。

劉少奇和鄧小平的兩輛座車回到東長安大街上。由於他們都是臨時出來，沒有警車開道，加上毛澤東一行的車隊過後，長安大街上戒嚴解除，他們的座車只好遵守交通規則，像一般司局級幹部那樣，綠燈走，紅燈停了。偏偏又每個街口都遇上紅燈，座車司機不耐煩地撳響喇叭也不管屁用。

回到中南海福祿居，劉少奇更是坐立不安，連文件都看不下去。幾次拿起紅機子欲要菊香書屋，都放下了。好不容易挨到天黑時分，他草草吃了幾口晚飯，也不等幾個孩子吃完，就漱了漱口，獨自一人外出散步。原來這福祿居和菊香書屋之間有一條巷子相通。平日，劉少奇和王光美喜歡沿這條小巷經菊香書屋北院西牆根去中海岸邊散步。西牆上開著一扇窗戶。有十多年光景吧，劉少奇散步路過這兒，若恰好遇上毛澤東開了窗子在吸菸，就會國家主席在窗下，黨主席在窗上，聊一會天，講一段笑話什麼的，和普通人家尋常鄰居的情形沒有兩樣；有時兩位主席也會相約了飯後到這裡來商量工作，一個窗口下，一個窗口內的，一談就是一、兩個鐘頭。窗口下的國家主席也不嫌脖子仰的發酸。

這天，劉少奇踱步到窗下時，見窗子已經關閉，還掩上了白紗簾。他繞到菊香書屋的北便門，沿湖馬路邊上停擺著好些輛小臥車，其中有周總理的座車。看樣子毛澤東正在家裡請人吃飯、談話呢。劉少奇對北便門值班衛士說明來意，想進去見見主席。值班衛士請他稍候，旋即進去請示。不一會，那衛士出來說：對不起，主席休息了，他很累，請另外約時間。

劉少奇吃了閉門羹，怏怏離去。路邊明明停著這麼些小車嘛，司機們都在各自的車子裡吸菸、守候嘛。可以見別人，不願見自己，……看來這中南海的行情，對他這個國家主席，是大跌了。劉少奇沿湖岸走出不遠，便見周恩來匆匆忙從北便門出來，快步進了他的座車。幸而周恩來沒有見到樹蔭下的劉少奇，避免了打招呼。

此時的菊香書屋內，確是燈火通明，氣氛熱烈。毛澤東由夫人江青陪著，請周恩來、楊成武、謝富治、汪東興、康生、陳伯達等人共進晚餐，之後喝茶聊天。周恩來因事告辭後，其餘人留下說話。

毛澤東並無倦容，問楊成武：葉帥他們那個天津碰頭會，要開多久？葉帥什麼時候回來？

楊成武笑笑說：原訂兩天。葉帥領著將軍們吃海河西瓜哪，天津農科院培育出新品種，無籽瓜。

毛澤東大笑：海河西瓜，還是無籽的，……藍蘋啊，通知廚房，大熱天的，我們也嚐嚐鮮嘛。

老闆的笑聲很有感染力。且只有老闆和楊總長笑得開心，其餘人只是陪著笑笑而已，不知其中奧妙的。藍蘋忙去廚房，吩咐服務員切幾盤西瓜來，有籽的、無籽的都要，好做比較。

謝富治說：主席，中午在車站月台，我走在後面，看小平同志和少奇同志遲到一步，撲了個空，樣子很滑稽。

毛澤東止住笑：公安部長眼觀六路，耳聽八方……是誰通知他們的？查一查。

楊成武遲疑一下，說：會不會是總理？我陪他在月台上等候主席專列進站時，他問了一句，少奇和小平怎麼沒有來？

毛澤東說：和稀泥，我們這個總理，總是情不自禁要和稀泥。

這時，服務員端上來三大盤西瓜，均已去皮剔籽，切成小塊，每塊上插有一支牙簽。

毛澤東從服務員手中接下兩片瓜瓤，說：大家動手吧，吃衛生西瓜。葉帥他們在天津吃，我們在北京吃，各有一番滋味在心頭囉。

大家又湊趣地笑了。吃罷瓜，陳伯達、康生因惦記著回釣魚臺去領著王力、關鋒、戚本禹他們起草文件，告退。毛澤東留下楊成武、謝富治、汪東興三位繼續說笑。

汪東興說：主席回家了，大家放心了。原先擔心他們可能有動作，我們做了各種準備，重要哨位，重機槍和反坦克炮都隱蔽上了。誰敢動手，先掃射他狗日的。

謝富治說：我最擔心主席回來的路上出事，比如爆破橋樑。托主席洪福，總算一切順利。

楊成武說：主席調虎離山，都到天津開緊急碰頭會去了，就算有預謀，也被主席打亂。

江青說：他們平日作威作福，到了主席面前，倒會裝孫子。

毛澤東半仰在沙發上，吸著菸，咳嗽，欲吐痰。謝富治忙又弓身捧起地上的白瓷痰盂，遞至主席面前。毛澤東很響地吐了一口濃痰，水珠子都濺到謝部長臉上、脖子上。汪東興拿起塊潔白小毛巾，替主席抹掉嘴角餘唾。楊成武遞上一杯涼茶，給主席潤喉。

毛澤東晃晃手，說：有你們三位保駕，天塌不下來囉。成武哪，我和你原先把形勢估得嚴重了些，準備回來闖虎穴龍潭……我這人嚒，年輕時候就立下了志向，與人奮鬥，其樂無窮。槍炮一響，黃金萬兩。沒想到他們很窩囊，軟蛋，什麼動作都沒有，讓我們白費許多腦筋，感到失望，不過癮囉！武松上景陽崗，沒有碰上白額大蟲，只遇到家貓！哈哈哈……。

楊、謝、江、汪四人相陪著哈哈大笑。

笑過之後，毛澤東又說：話講回來，你們和我，現在都要頭腦冷靜，不可放鬆警惕，《五．一六通知》上講的，赫魯曉夫式的人物，就睡在我們身邊……這次文化大革命，依靠誰？打擊誰？一是靠五百萬人民子弟兵，二是靠幾千萬青年學生，三是靠兩、三億工人和貧下中農，打擊黨內走資派，社會上的牛鬼蛇神。我擔心黨內高級幹部怕當走資派，怕被打倒，而拚命抵制、反抗。他們不是催著開中央全會嗎？成武，你估計，中央委員們會跟哪個走啊？開起全會來，有幾成把握？

楊成武目光堅定地望著毛主席：這事，我是這麼看的……中央委員們嚒，大多數帶過兵，四九年後才轉到地方黨、政部門工作的。他們哪一位不是受到主席栽培，成長爲黨的高級幹部的？再怎麼著，也不可能忘了這個根本。開起全會來，相信只要主席在會上一攤牌，多數人還是會站在主席一邊，跟主席走。有的人勉強些，但會跟上來。所以我估計，起碼有七成把握。

毛澤東笑了：楊總長是個樂天派。謝部長，汪主任，你們二位的高見呢？

謝富治挺了挺身子說：汪主任剛才和我商量，中央全會，派主席的衛隊——警衛局一中隊去保衛會議，維持紀律，看看有誰敢不聽主席的！

毛澤東又笑了：嗬嗬，你們那是武裝脅迫……江組長，你們文革小組一攤子，有什麼建議？

江青見老闆問到她，便提議：中央文革全體成員列席全會，並給發言權。

士別三日，刮目相看。這婆娘近來進步頗快呢。毛澤東說：妳官拜中央文革第一副組長吧？這個建議，和陶鑄、康生、陳伯達、張春橋他們商量過嗎？文革小組成員大都不具中央委員、候補委員身份，列席全會不難，還要有發言權，怕是要費些口舌呢。

江青見老闆同意文革小組成員列席中央全會，不禁喜上眉梢，人都顯得年輕、嫵媚了：只是個人想法，還沒有和釣魚臺的同事們商量。

楊、謝、汪三人見毛主席已有倦容，遂起身告辭。

江青代老闆送客至北便門。返回書房，見老闆還在抽菸、想心事，便靠上前去，相挨著坐下，等候發問。果然，老闆盯住她說：我回來了，召開全會的事，箭在弦上……楊成武講有七成把握，我沒有他樂觀。不打無準備的仗，不開無勝算的會……我有個擔心，剛才不便當著他們的面講。中央委員的多數，怕當走資派引火燒身，怕革命革到自己頭上，勢必倒向玉皇大帝一邊，易被玉皇大帝操縱哪，所以我不樂觀。再有，即使在中央常委會裡面，我也不占多數。妳怎麼看？

江青知道，老闆現在是百分之百的看重她了。她替老闆新泡上一杯濃茶，邊說：七個常委，毛、林、周，已是三票。你再做做總司令的工作，爭取拉住他，至少讓他保持中立，劉、陳、鄧，也就只有三票了。加上政治局歷來決策的規矩，黨主席有一票決定之權，你豈不就是實際的多數了？

毛澤東呷著茶，嚼著茶葉，點點頭：妳這個計算有點道理……如果會議一開始，劉克思就攤牌，翻出三年大饑荒，餓死人口幾千幾百幾十萬的事情來，會議的主動權就到他手上去了，大多數的中央委員就跟他跑了。出現這種局面，怎麼辦？

江青聽老闆這一說，心裡也登時沉甸甸的。一年大躍進，三年大饑荒，確是老闆的政治暗傷……她忽一咬牙，說：汪東興不是提出派一中隊保衛全會嗎？開幕那天，乾脆讓他個警衛局局長出面宣布一條大會紀律，若有人利用會議發言攻擊黨主席和中常委者，當即逐出會場法辦！殺雞給猴子看。

毛澤東點頭又搖頭：汪東興不行，要宣布紀律也只有請總理出面……反正我這回是霸王硬上弓了，無非身敗名裂，粉身碎骨。妳也要有這個思想準備呢。

江青渾身打個冷噤。但冷靜一想，劉克思敢在全會上揭老闆的政治暗傷嗎？那就魚死網破了。劉克思不敢！他上有老，下有小，拖著九名子女，和王光美那麼恩愛，兒女情長，英雄氣短，不肯一搏的……想到這裡，江青短髮一甩，頭一昂，說：老闆，我看不大可能出現你所擔心的局面，劉克思會堅持以他的「修養」來迷惑人。況且，還要看會議怎麼個開法啦。你不是常說，你和總司令的胖，不是一朝一夕之功，林彪一天吃一斤瘦肉，也胖不起來嗎？會議開始時，不妨仍請劉克思來主持，讓他做工作報告，鄧小平也作書記處工作匯報。讓他們覺得，你還是給他們留足面子，不是一下子把他們逼到南牆上。這一來，劉克思就不會用三年大饑荒來攤牌啦。接著通過全會文件，對文化大革命運動作出決議，不就名正言順了？會議的中、後期，你才和他們見真章，重拳出擊，打他個猝不及防……。

毛澤東認真聽著，目光裡漸次流露出讚許、肯定：不錯，這幾年叫妳也讀讀《資治通鑑》，看樣子有所斬獲……會議前期和風細雨，會議後期槍炮大作……我再問你，《五．一六通知》之後，我仍讓劉、鄧主持中央工作，他們犯了什麼錯誤？要害是什麼？

江青說：他們的錯誤，是以中央名義，向北京市的大、中學校派工作組，鎮壓革命師生，使得運動冷冷清清，死氣沉沉。

毛澤東沙發背一拍：好！藍蘋，這回妳算眼光犀利，看出名堂來了。他們的錯誤性質是鎮壓學生運動。當然暫時不給他們戴這個帽子。好，近幾天，妳讓戚本禹他們出面，替我找幾個學生頭頭來談談。我要親自聽聽學校的情況。妳近兩月一直留在北京，有學生頭頭的名單嗎？

江青說：有，北京的大專院校出了五大學生領袖，一個是北大的聶元梓，一個是清華的蒯大富，一個是師大的譚厚蘭，一個是地院的王大賓，一個是航院的韓愛晶。還有少奇的女兒、小平的兒子、賀龍的兒子、陳毅的兒子等等，也都在各自的學校裡鬧的挺歡。

毛澤東說：我不要高幹子弟。他們終歸要保爹保媽的。五大學生領袖都是工農子弟吧？我要他們。年輕人包袱少，熱氣高，敢衝敢闖，就用他們來大鬧天宮。

江青忽然心裡一動，冒出個念頭來：老闆呀，我有個想法……說出來供你參考吧？

毛澤東笑笑：妳還有錦囊？但說不妨。

江青說：非常之事，行非常之法……我建議，除了中央文革小組成員列席全會，可不可以挑選出一百來名大專院校的革命師生代表，邀請他們列席會議？這樣，可形成一種陣勢、氣象，以正氣壓邪氣，劉克思們就更不敢輕舉妄動了。

毛澤東擊節：好！虧妳想得出……不過，讓群衆代表列席中央全會，好像還沒有過先例呢。這事要慎重，先和恩來、林彪商量再說……好了，今晚上我們就談到這裡。妳還回不回釣魚臺那邊去？

江青見老闆剛誇讚了幾句，就又要打發走人，全無夫婦情份，於是噘了噘嘴唇說：你讓回去就回去啦，反正你現在也不須我伺寢啦。

毛澤東說：回去告訴陳伯達、張春橋，要開夜車，把全會決議文稿擬出來，不要延誤。五個學生領袖來我這裡座談的事，妳祇對戚本禹個別交代。還有，中央文革成員和北京市革命師生代表列席全會的事，在我沒有作出決定之前，不要亂吹風，避免人家議論我們是夫妻檔，黨務家務一鍋煮。

江青起身欲離去，毛澤東忽又問：有個小謝，妳認識嗎？

江青詭譎一笑：機要室的小謝啊，挺漂亮的河南小妞兒，不是派她到北京市委當了副書記？二十幾歲的女子做謝富治的副手，讓小謝督察老謝囉……不過人家背後議論是坐電梯上升的。

毛澤東說：閑言雜語不要聽。小謝是我的人。這算告訴妳了。妳替我通知她，明天下午到游泳池找我，要聽聽北京市的情況……妳不再爲這類事爭風吃醋，是個大的進步。

江青一臉認眞地說：老闆放心，只要別人不來搶去老娘的這個名份，就都認了。反正老娘今後只朝仕途上拓展了。

毛澤東瞪著眼睛，目送婆娘款款離去。

劉少奇天天往菊香書屋掛電話，求見毛澤東。毛澤東命值班衛士替他回話：很累，身體不適，不要個別見面了，有話到常委碰頭會上說吧。

一星期後，劉少奇才接獲通知，到菊香書屋毛澤東辦公室開常委擴大會。他趕到菊香書屋，卻見會議是在毛澤東的寬敞的卧室裡開。看來毛澤東確是有些身子不適，裹著長睡袍半躺半坐在那特製的大木板床上。床前擺放著六張藤椅，爲劉、周、朱、陳、林、鄧的座席。空著一張，是陳雲又請病假。再後一圈十來張椅子，是擴大進來的陳毅、李富春、李先念、譚震林、陳伯達、康生、陶鑄、葉劍英、江青、張春橋等人的座位。

毛澤東說：人都到齊了？我身體不好，保健醫生讓躺著休息，只好委屈各位了。總司令啊，你長我七歲呢，請上來和我一起歪著吧。《紅樓夢》那個榮國府裡，賈母也總是歪在床上和人講話的。他們年輕些，可在下面啦。朱毛不分家，我和你兩個權當一回老祖宗嘛。

詼諧的話語，把大家都逗笑了。朱德知道毛澤東是和他講講禮讓，並不是眞要他也上床去歪著，忙晃晃手說：潤芝你身體欠佳，又是醫生吩咐，就在床上和大家講話吧。自去年十月南下，離京近十個月囉。形勢發展很快，情況變化很大，大家早等著你回來主事。

毛澤東笑笑說：總司令有令，本人只好遵從。少奇，恩來，小平，你們三位是留在中央當家的，是你們先講？還是讓我先講？

劉少奇識趣，謙遜地說：請主席先講。

周恩來、鄧小平跟著點頭：主席先講。

毛澤東順手取過一支香菸，以手指掄了掄。周恩來眼明手快，擦亮一根火柴湊上去。其餘人忙拿出各自的記錄本，準備筆錄。毛澤東深吸一口，說：恩來不吸菸，點火蠻內行。你們講客氣，我就不客氣了。常委擴大會，缺了陳老闆。其餘同志是擴大進來的，包括中央文革負責人。總司令剛才講我出去十個月，其實是九個半月。九個月間發生了很多事，先撤了楊尙昆的中辦主任，接著是查辦羅長子。今年初出了個〈二月提綱〉，暴露出來彭眞、陸定一。還有個田家英，資歷、職務都不夠，五月間劃定「彭、羅、陸、楊反黨集團」不列其名，算重要成員。五月下旬他在我的私人圖書館裡自盡，以死相抗，背叛革命。羅瑞卿三月間也曾經跳樓，以自殺要挾中央，我們不上他這個當。聽講鄧拓也自殺了？沒有什麼。他們有自殺的自由，我們有革命的自由。這麼大的運動，報紙上稱為「史無前例」，還能不死幾個人？真正的革命者嗤之以鼻。魯迅就講過，我自己是什麼也不怕的，生命是我自己的東西，所以我不妨大步走去，向著我自以為可以走去的路；即使前面是深淵，荊棘，狹谷，火坑，都由我自己負責……陳伯達同志，列寧痛斥共產黨人在黨內鬥爭中自殺，是怎麼說的？

陳伯達扶了扶眼鏡：列寧說，在黨內鬥爭中自殺者，是革命的懦夫，叛徒。

毛澤東說：魯迅和列寧有不同的看法，指自殺有兩種，一是懦夫、廢物；二是以死相抗，最徹底的反叛，為可殺不可辱的勇士。還說過什麼「敢於撫著叛徒的屍體痛哭的，是民族的脊梁」，等等。有不有人撫著田家英、鄧拓的屍體痛哭啊？大約連他們的家屬子女都不敢。羅瑞卿只跌斷一條腿？要給他治，邊治療邊交代問題。去年十二月上海會議時，我說過羅長子有沒有「反毛、反林、反黨」這三條？可以先掛起來，掛一百年、一萬年都可以。現在是他自己不要掛，而要往下跳，有什麼辦法？只好同意林彪同志了。林彪同志，你現在比較高興了吧？

林彪神清氣定地說：報告主席，對於羅瑞卿政治上的墮落，我是痛心的。自江西蘇區紅一軍團起，他一直是我的下級。要求中央處理他，我也猶豫了很久。但我不能眼看著他手握兵權，反對解放軍突出政治，突出毛澤東思想。

毛澤東說：好了，都依了你了，今天不說這個了。我要說說少奇和小平同志。十八號回來，看了一堆材料，聽了一些匯報，知道北京的一些大學、中學，本來轟轟烈烈的運動，現在搞得冷冷清清，一潭死水。大字報、小字報沒有了，大鳴大放、辯論會、批鬥會被壓制下去了，許多學校連大門都封閉了。你們匆匆忙忙大派工作組，就是爲了達到這個目的？造成這種局面？少奇，小平，請你們二位說明幾句，盡量簡短，三言兩語。我現在一聽長篇大論就頭痛。

劉少奇、鄧小平登時漲紅了臉膛。劉少奇向床前傾了傾身子說：我一直想向主席解釋，向大、中學校派出工作組，是因爲娃娃們一鬧革命造反，不少學校打死了教師、學生，還有教師、學生自殺，多數學校黨組織癱瘓，局勢失控。政治局會議一致決定派工作組去加強黨對運動的領導。記得小平同志電話請示了主席同意的。

毛澤東眼睛一瞪，目光泛橫：少奇同志！你不要用什麼「政治局會議一致決定」來搪塞我！我喜歡轟轟烈烈大鳴大放、大字報、大辯論、大民主，你喜歡死氣沉沉，冷冷清清、悲悲慘慘、悽悽慼慼，這才是你我之間的區別。小平同志，你現在對大家講講，我在電話裡是怎麼講的？

鄧小平身子坐得筆挺，紅著臉說：主席在電話裡講了，派工作組的事不要匆忙，可以派，也可以不派，由你和少奇相機行事……主席，你不要生氣。派工作組的事，是書記處執行得不好。現在看來效果也不是很好，我和書記處承擔主要責任。

毛澤東臉色稍稍緩和了些：堂堂書記處，指導文化大革命，水平不高，屁股坐在右傾保守一邊，生怕死人，生怕出事，天下大亂。於是以死人壓活人。我四月份就和你們講過，現在不要怕亂，亂起來才好嘛，讓學生娃娃們大鬧天宮嘛！文革小組就比你那個書記處有水平，有魄力，富於鬥爭精神。文革小組支持左派，支持革命小將，反擊右派，立場堅定，旗幟鮮明，很了不起！對比你們那個書記處，一群老資格，墨守成規，不敢越出雷池一步。文革小組成員們資歷淺，年紀輕，有闖勁。這次文化大革命，就是要依靠年輕人，大膽提拔年輕人。

周恩來插話：同意主席指出的，我們都要向年輕小將學習，向革命左派學習。

朱德插話：年輕人，少包袱，敢衝敢闖是好的。但也要警惕年輕人出偏差，出不良分子。

林彪插話：年輕人的主流是好的，左派忠於主席思想、路線，是運動的依靠對象。堅信這一條，任何時候不動搖。

坐在後排的文革小組長江青，突然站起來說：少奇同志！據我所知，中央派工作組的事，主要是你的功勞。你還派王光美去清華大學蹲點，把學生領袖都抓起來了，不是鎮壓學生運動？

劉少奇又漲紅了臉：王光美去清華是我同意的。但沒有聽說工作組在清華抓了學生。

江青聲音尖銳地說：還說沒有？清華工作組抓了蒯大富，私設牢房和公堂！蒯大富是貧農子弟，北京高校五大學生領袖之一。

毛澤東再次瞪住劉少奇說：少奇啊，怎麼辦？難怪前天我想找幾個學生代表談話，清華的蒯大富就沒有來，原來是被工作組抓起來了。抓學生，就是鎮壓學生運動。歷史上，誰鎮壓學生運動啊？北洋軍閥政府，打死過北師大女學生。魯迅先生寫過一篇〈紀念劉和珍君〉。江青坐下吧。

林彪說：鎮壓學運的劊子手還有張作霖、吳佩孚、孫傳芳。

劉少奇頭上冒汗了，聲音發顫了：好，好，我去查一查，看看清華抓蒯大富同學是怎麼回事。

江青忽又站起來，衝著劉少奇咄咄相逼：如果屬實，我代表中央文革的同事們提議，少奇同志和王光美應去清華大學向革命師生作檢討，認錯，道歉！少奇同志，你願不願意去啊？

劉少奇吃驚地起立，轉過身子，無言地望著大家。他悲憤的眼神裡傳達給大家的信息，是明確無誤的：今天是怎麼了？開的什麼會？江青連中央候補委員都不是，怎麼可以當著黨主席的面，當著政治局常委、政治局委員們的面，命令黨的二把手、國家主席劉少奇，領著夫人去清華大學作檢討？這成什麼體統，成什麼體統了？誰給了江青如此飛揚跋扈的權力？

一時間，大家大眼瞪小眼，無言以對。氣氛沉悶、難堪。原以為半躺半坐在床上的毛主席會制止、批評自己的婆娘幾句。毛主席卻瞇上眼睛，老僧入定似的視而不見，聽而不聞。

毛澤東不開口，周恩來、朱德等人不便插言。林彪、陳伯達、康生則看熱鬧。江青和劉少奇就這麼站著。江青的目光錐子般錐著劉少奇。劉少奇則祇看著大家，無視江青。雙方相持了一分鐘之久。好漫長的一分鐘呀。性情直爽的副總理兼外交部長陳毅元帥實在看不下去了，以他的四川官話打破沈寂：江青同志喂，搞文化大革命，我陳老總要向妳學習！但妳要少奇同志領著王光美去清華大學作公開檢討，少奇同志是國家主席呢，萬一鬧出亂子來，誰負這個責任？

毛澤東聽陳毅這一說，隨之睜開眼睛，態度轉而和藹：陳老總直人直話，我有同感。少奇啊，還有江青，你們兩個坐下吧，有話坐下說。少奇如果確有錯誤，宜在中央內部接受批評，並做自我批評。不宜去群衆大會上檢討。當然，話要講回來，本人這次舉賢不避親，江青同志在近幾個月的運動中表現不錯，愛憎分明，立場堅定，算個革命左派。左派嚒，難免有缺點，幼稚，不成熟。她剛才提議少奇去清華大學，就是政治上的幼稚。我們都是從幼稚中走過來的。依我看，革命者，倒是不妨幼稚些，不要太成熟。比如樹上的果子，成熟了，離腐爛也就不遠了。你們講，是不是這樣啊？

周恩來說：主席是至理之言。同意陳老總剛才一句話，搞文化大革命運動，要向江青同志學習。

林彪說：我不是當面講好聽的，江青同志在文藝革命、京劇現代戲方面所作出的貢獻，包括文化大革命的貢獻，都是旗手性質。

葉劍英說：江青同志是戰將，旗手還是毛主席。

陳伯達說：林總能言我們之所不言，見解深刻、獨到。

康生說：林總早講過，江青同志是位政治上很強、水平很高的女同志。

陶鑄說：我一向認爲，要不是主席夫人這個身份妨礙著，江青同志在政治上應有更大的發展。

張春橋想說句什麼，又自覺在座中人微言輕，而沒有開口。

太肉麻了，政治局常委擴大會上，如此吹捧，連毛澤東都聽不下去了：好了好了，今天在座的，還有一半人沒有出聲吧？《詩經》上有言，白圭之玷，尚可磨也；斯言之玷，不可爲也。江青要清醒哪。我們還是言歸正題吧。鄧總書記啊，你講向大、中學校派工作組，主要責任在你那個書記處，你打算怎麼個負責任法？

鄧小平望一眼劉少奇，再望一眼周恩來，當即決斷說：工作組妨礙了運動，那就撤了吧。

劉少奇乾瞪眼，欲緩衝一下都來不及。如此重大的決策，竟這麼輕率表態！

毛澤東看在眼裡，笑了：很好，惡不可積，過不可長。小平知過能改，善莫大焉！不是說當初派工作組是政治局一致決定的？今天，政治局的主要成員都在場，還請少奇主持，大家再表決一下？

劉少奇尷尬地笑笑，仍有些遲疑，卻見周恩來、朱德、鄧小平等人都示以眼神：主席給了台階下，就痛快地下吧！於是轉過身來，屁股半靠在床沿上，語調有些艱澀地說：受主席委託，下面進行表決，同意從所有大、中學校撤出工作組的，請舉手！……總理、總司令、林總、小平、陳總、富春、先念、震林、伯達、康生、陶鑄、劍英、江青、春橋，好！好，一致同意，也是一致同意。

毛澤東在床上高高舉起手臂：少奇，還有我一票。

劉少奇回過身去：對對，還有主席決定性一票……

大家都輕鬆地笑了。毛澤東卻不放過劉少奇：少奇你本人沒有舉手，你有權持保留態度……好了好了，你孤零零一隻手，就不要舉了……下面，我們來討論關於召開八屆十一中全會的事。我已指定中央文革的秀才們起草了一個文件，〈中國共產黨中央委員會關於無產階級文化大革命的決定〉，共是十六條。陳伯達同志，稿子帶來了？交江青唸唸吧，她口齒清楚些。我們洗耳恭聽囉。

第十七章　毛澤東「砲打司令部」

劉少奇面臨著一生中最艱難的政治抉擇：在即將召開的八屆十一中全會上，要不要和毛澤東公開攤牌？幸而時間只過去短短幾年，全黨同志記憶猶新，教訓猶新：是誰異想天開，悍然發動了一九五八年的大躍進？是誰無視黨內多數人的意向，搞了廬山上那場倒行逆施的反右傾鬥爭，而直接導致了一九五九年至一九六一年的大饑荒，活活餓死三、四千萬人口？在亡黨亡國的緊要關頭，毛澤東躲到南方小病大養，研讀《資治通鑑》；又是誰，留在中央主持工作，支撐危局，夜以繼日地領著全黨同志生產救災，渡過難關，含辛茹苦白了頭？伍子胥過昭關一夜白頭，劉少奇救饑荒三年白頭。難關一過，你毛澤東返回中央，收回權力。不單是收回權力，還處心積慮地一步一步過河拆橋，秋後算帳，算困難時期調整政策的帳，算向小農經濟習慣勢力妥協讓步的帳，欲把堅持一線工作的負責人打成黨內走資派，反革命修正主義分子！直到今年春天，瞞著中央領導集體，夥同林彪秘密調動三十八軍，突然包圍北京，軍事接管北京市和中央要害單位……明明是毛澤東本人搞了兵變，卻反咬一口，栽誣彭眞、賀龍陰謀兵變。彭、賀的後台自然是指的他劉少奇了。毛澤東還在一系列內部講話中，給劉少奇安了個代號：彭眞後面的玉皇大帝。你說流氓不流氓？完全師承了劉邦、朱元璋……

憑著長期的黨內鬥爭經驗，劉少奇已清醒認識到，本次中央全會，或許是他劉少奇最後一次可以主動講出事實眞相的機會了。當然，要付出的代價可想而知。也是他劉少奇自作自受，咎由自取。二十多年來全黨對毛澤東的神話式頌揚，宗教式崇拜，已形成狂熱的迷信，並演化成一種簡單的是非標準，思維方式：毛澤東就是共產黨，毛澤東就是新中國，毛澤東就是社會主義和共產主義；誰對毛澤東持有異議，稍加批評，誰就是野心家、陰謀家，反革命修正主義，……誰會支持劉少奇在此時刻和毛澤東攤牌呢？朱老總不會，陳雲不會，鄧小平不會，周恩來更不會。就算彭、羅、陸、楊不被打倒的話，也不會表態支持的。黨內鬥爭從來祇有利害和利益，而缺少正義和道義。那一來，你劉少奇就像那個什麼唐吉珂德，單人匹馬，揮舞長槍去戰風車了。

至少應當說服自己的夫人王光美，取得她的諒解、支持。終歸是她和整個家庭都要跟著受罪。受罪到什麼程度？劉少奇心裡沒有底。他把夫人王光美拉到福祿居後院園子裡談話。園子裡不大可能被安裝了偵聽器。相識滿天下，也祇剩下王光美可以說說心裡話了：光美妳看清楚沒有？擺在我面前的是兩種選擇。一是不隱瞞自己的觀點，在中央全會上把該講的話講出來，該擺的事實擺出來，也就是把分歧攤開來，之後鞠躬下台，被關進秦城去。毛是一定關我進秦城的，並死在那裡。但我把話講出來了，也就是向歷史作了交代，向子孫後代做了交代。我因此而死，也算死得明白；二是檢討求饒，苟且偷生，承認他們的一切指控，一切罪名。他們要什麼，我就給什麼。盡力爭取減輕些他們的打擊迫害。即使是這樣，他也仍會把我朝死裡整，直至肉體消滅。他是做得出來的。他對我的忌恨，已經超過了他對王明、博古、凱豐、黃敬、張聞天、彭德懷的忌恨。因爲他認我是他的最大威脅。那一來，我就死得不明不白。光美啊，妳替我想想，還有不有第三種可能的選擇？

王光美近來倒是表現出一種女丈夫氣慨，大難臨頭，仍然不急不惱，態度從容。她眼睛望住自己滿頭華髮、神色憔悴的丈夫，好一會才低聲說：少奇，我知道你憂心如焚。如果局勢眞是那麼發展，我支持你做第一種選擇，對歷史做個交代。要死，我們死個明白……那個演員已被他放出來咬人，口比蛇毒。什麼領袖夫妻，生活上一塌糊塗，政治上陰險狠毒。少奇呀，也是我們做人太保守，太認眞，總是委屈成全，顧全大局……。一九六〇、六一兩年，那麼好的機會，我們連想都沒有想過……其實，要是那時把他請下台，才眞正是造福黨和國家……算了，你也不要瞪眼睛了，現在和你囉嗦這些，也晚啦。放那個演員出來咬人，我該是頭號目標。夫對夫，妻對妻。

劉少奇說：妳心裡有這個數，很好。今後我們做患難夫妻。共過二十年的安樂，下面要共患難了……。妳知道嗎？我惟一放不下的，是幾個孩子。瀟瀟才兩歲多，平平、亭亭、源源他們兄妹也還都是中學生。我們兩個出了事，那幾個大的可以不管，四個小的怎麼辦？黨內鬥爭，無情打擊，肯定要株連後代的呀！過去對陳獨秀的後代，王明的後代，高饒的後代，都是極不人道的呀。

一提到孩子，王光美身子晃了晃，心裡的堤防頓時崩潰，成了個感情脆弱的母親：孩子是我們身上掉下的肉……想到孩子需要呵護，我就換了個人似的，什麼堅強意志都沒有了。少奇呀，你是不是太過悲觀了，他或許祇是要把你拉下來？彭老總不也至今活得好好的？……為了幾個沒成年的孩子，還是不要和他公開攤牌。我們聽天由命吧。反正你所做的一切都是光明正大的，任他胡整下去，看他能整出什麼名堂來。講不定又會重複「一年大躍進、三年大饑荒」的教訓。到時候，總要有人出來收拾局面，他又可以躲到南方去小病大養、聽戲跳舞，游泳散步。

劉少奇眼睛瞪圓了：再有一次？我看連他現在最信的林彪都不會放過，不是他幹掉林，就是林幹掉他。不信，我先把話放到這裡。壞事做到頭，總會得到報應。

王光美點點頭：我也這麼看。姓林的可不是劉少奇這樣好講話，節骨眼上，會動刀子的。

夫婦兩人正在園子裡嘀嘀咕咕，忽有前院的值班衛士跑來報告：總理電話，要不要轉到後院來？

劉少奇說：好吧，轉到我書房來。

後院有北房五間，是他們夫婦的臥室、書房、保健室等。劉少奇剛進到書房，電話鈴聲就響了。

周恩來在電話裡說：少奇呀，我剛從主席那裡回來。主席讓我向你轉達下面的事。你要不要筆錄一下？一、大後天，也就是八月一日的中央全會開幕式，主席還是指定由你來主持；二、你可以有一個講話，時間不要超過半小時，主要回顧一下上次全會以來的工作，包括你對這次文化革命運動的認識。但不是要求你做檢討，是讓你爭取主動；三、周恩來和鄧小平也各有一個發言，時間均不超過半小時。周匯報經濟工作，鄧匯報書記處工作；四、主席已決定邀請文革成員列席會議，首都革命師生代表也列席會議，人數不超過五十。以上四點，主席講，來不及開常委碰頭會了，就在電話裡通通氣。你有無意見？如有，可掛電話報告主席。

劉少奇筆錄下四條，注明月、日、時、分。見毛澤東仍指定他主持全會開幕式，心裡登時大鬆一口氣，說：恩來，請代我報告主席，我會按他的指示辦。

周恩來說：少奇同志，你爲什麼不直接向主席報告呢？前一段在派工作組問題上，你、我都走了一段彎路，現在更應加強溝通，多請示、匯報。請主席耳提面命嘛。我的意思，你明白嗎？

劉少奇說：恩來，謝謝你的提醒。不是我不往菊香書屋掛電話，天天都掛，但總是被值班衛士推脫，不是講主席休息了，就是講主席正在和人談話……幾次步行去小北門，也被擋駕。主席回來半個月了，還沒有接過我的一次電話。

聽得出周恩來在電話的另一頭嘆了氣，之後說：少奇呀，你如果有什麼話，我也可以替你轉達。

劉少奇緊捏話筒，猶豫一下，還是說了：關於邀請文革小組成員和首都革命師生代表列席中央全會的事，上次常委碰頭會並沒有作出決定。此事在黨歷史上從無先例……我的意見，不反對文革小組成員列席全會，革命師生代表就免了吧？畢竟是中央全會嘛。那些革命師生，有的連普通黨員都不是。比如那所謂的五大學生領袖……而且開中央全會，中委們的發言，被那些師生代表傳到會外去，變成各種言論滿天飛，他們怎麼回去面對當地的造反派？怎麼做工作？

周恩來認眞地聽著，停了一停，才說：少奇啊，主席講了，這次運動就是要大破「四舊」，大立「四新」，堅決支持新鮮事物和新生力量。你的憂慮，我能理解。但運動發展到今天，不同意革命師生代表列席全會的，就剩下你啦。主席已徵求過總司令、我、林彪的意見，都同意。陳雲、鄧小平也同意。所以，你的這個意見，我就不替你轉達了。如果要堅持的話，還是由你本人去向主席提出。

劉少奇聽這一說，立即表態說：恩來，謝謝你的提醒。我的意見收回。像其他常委同志一樣，歡迎文革小組成員和首都革命師生代表列席全會。我這個態度，請你向主席轉達。我也會再掛電話試試，爭取向主席匯報一次……

放下電話，劉少奇對守候在身旁的王光美說：聽到了吧，仍委託我主持會議。但願不是虛晃一槍，欲擒故縱。他幾十年神出鬼沒，奧妙莫測。

王光美說：起碼說明一點，他暫時還不想和你攤牌。我們先鬆一口氣吧。

八月一日下午三時，期待已久的、距上次全會整整四年之後的八屆十一中全會，在京西賓館舉行。在此之前，已開過預備會議，把此次全會的議程定爲兩項：一、討論和批准一九六二年九月八屆十中全會以來中央政治局關於國內國際問題的重大決策和重大措施；二、討論和通過關於文化大革命運動的決定。全會共開六天，六日結束。

當毛澤東帶領劉少奇、周恩來、朱德、陳雲、鄧小平等政治局常委和政治局委員們從幕側步出主席台並入座時，全場起立，熱烈鼓掌，向領袖們致意。

劉少奇主持會議。他從會議秘書長周恩來手中接過一張打印紙，宣布：八屆中央委員、候補委員計二百人，本次全會實到一百四十一人，五十九人因事、因病請假。其中包括中央常委林彪同志。本次全會，打破慣例，特邀中央文革小組全體成員、首都革命師生代表列席，我們表示歡迎。

台上台下，又是一派熱烈掌聲。掌聲停息，劉少奇照著紙頁唸：中國共產黨第八屆中央委員會第十一次全體委員會議，現在開幕。全體起立，奏〈大海航行靠舵手〉！劉少奇簡直不敢相信自己的眼睛了，從來開黨代會和中央全會都是奏〈國際歌〉，這次怎麼改成奏歌頌毛澤東的〈大海航行靠舵手〉來了？民歌不像民歌，進行曲不像進行曲。

在雄壯的軍樂聲中，台上、台下的人物們跟著齊唱：

大海航行靠舵手，
萬物生長靠太陽，
雨露滋潤禾苗壯，
幹革命靠的是毛澤東思想！……

毛澤東神情肅穆，嚅動著嘴唇，不知在唸叨著什麼；周恩來在引吭高歌；劉少奇也在跟著哼唱，心裡不是滋味：比起〈國際歌〉來，這支〈大海航行靠舵手〉無論詞曲，充滿馬屁味道……

奏樂之後，全體落座。劉少奇坐在毛澤東的右側。毛澤東正襟危坐，目不側視，無意搭理他。

會議秘書長周恩來宣布會議紀律：一、會議期間，所有出席人員不得請假外出；二、所有會議人員必須在賓館住宿；三、除工作需要，所有人員不得往外掛電話、寫信、會客；四、所有人員不得私下串連，進行非組織活動；五、所有會議文件材料，必須妥善保管，會議結束時全部收回。

其實還有一項與會議紀律有關的措施，周恩來沒有宣布，也不便宣布：本次全會的警衛工作，由毛澤東主席的衛隊——中央警衛團第一中隊全權負責。

接下來，由劉少奇作了半個小時的講話，代表中央一線工作集體，簡要回顧了第十次中央全會以來的工作，強調這四年來中央政治局及其常委會所做的一切，都是在毛主席的親自領導、指揮下進行的。黨中央只有一個司令部，就是以毛澤東同志爲統帥的無產階級司令部，包括他劉少奇在內的其他同志，都祇是這司令部裡的參謀或助手。劉少奇還在講話中，對前兩月向大、中學校派出工作組一事，表示承擔責任，並願在全會上作出檢查。

周恩來作了將近一個小時的發言，著重匯報了國務院系統的工作和今年年初以來國民經濟計畫的執行情況。他隻字未提當前轟轟烈烈的文化大革命運動。

鄧小平作了半個小時的發言。簡要匯報了中央書記處近四年來的工作情況。隨後也談到六月間向大、中學校派工作組的問題，他坦承主要責任在書記處，在他這名總書記。

毛澤東於會議中間休息時離開京西賓館，返回中南海菊香書屋去了。他從來少聽同事們的會議發言，都是照著秘書寫好的稿子唸一堆官話、套話加屁話。翻翻會議簡報就可以了。眞正能聽到一點有用的情況，還是要靠那些小報告、小消息。那怕是告密，他都大有興趣。打小報告的，告密的，個別求見匯報情況的，往往都是被劉少奇、鄧小平的組織系統壓得透不過氣、抬不起頭的好黨員、好幹部。過去柯慶施就挨劉少奇的整，只好向黨主席打小報告。可惜去年柯慶施突然死在成都了。本是毛澤東派他去爭取李井泉的。結果死的不明不白，還指稱死在保健護士身上，什麼西門慶式遺精不止，併發心血管爆裂。派謝富治去查了兩次，也沒有查出結果。

八月二日、三日，全會分組討論劉、周、鄧三人在開幕式上的發言。毛澤東看了兩天的會議簡報，越看越光火。到會的一百四十一名中央委員和候補委員，仍在那裡肯定劉少奇、鄧小平等人的工作，有的甚至直言不諱地表示擁護劉少奇的講話，什麼「中央領導集體是團結、堅定的；是高舉毛澤東思想旗幟的」；什麼「中央一線工作還是成績爲主，問題爲次，派工作組是好心辦了錯事」；更有少數省委書記借機發牢騷，問文化大革命還要不要黨委領導？現在青年學生、造反組織動不動就包圍省委機關，靜坐抗議，遊行示威，並要揪鬥省委負責人，怎麼去領導？誰又敢領導？等等。

列席全會的文革小組長江靑，兩次捎信給毛澤東，要求回菊香書屋當面匯報會議動向。

八月四日下午，毛澤東在菊香書屋召集陳伯達、康生、江靑、楊成武、謝富治、張春橋、戚本禹等七人談話，提出打蛇打七寸：七寸就是派工作組，鎮壓學生，搞白色恐怖。少奇不是在開幕會上講中央只有一個司令部嗎？他這話是有所指的，欲蓋彌彰嘛。我說北京有兩個司令部。我和林彪，加上你們，是一個，代表無產階級，搞馬列主義的；他們是另一個，代表資產階級，搞白色恐怖。要考慮以紅色恐怖打敗他們的白色恐怖。這個話，你們暫時不傳達。我有我的方式方法。我給清華附中紅衛兵小將寫了一封信，你們回去散發。六日不能結束會議。我還沒有講話、發炮嘛。你們回京西賓館去等我這邊的消息吧。

當日，毛澤東的這批親信愛將，誰也不知道他老人家會以何種方式發炮出擊。八月五日中午，中南海第一職工食堂——亦即中央政治局委員、書記處書記以上領導人專用食堂的外牆上，忽地貼出了一張鐵畫銀鉤、筆鋒雄奇的大字報：

砲打司令部

——我的一張大字報

全國第一張馬列主義的大字報和人民日報評論員的評論寫得何等好啊！請同志們重讀一遍這張大字報和這個評論。可是在五十多天裡，從中央到地方的某些領導同志，卻反其道而行之，站在反動的資產階級立場上，實行資產階級專政，將無產階級轟轟烈烈的文化大革命運動打下去，顛倒是非，混淆黑白，圍剿革命派，壓制不同意見，實行白色恐怖，自以爲得意，長資產階級的威風，滅無產階級的志氣，又何其毒也！聯繫到一九六二年的右傾和一九六四年形「左」而實右的錯誤傾向，豈不是可以發人深省的嗎？

毛澤東　八月五日

毛澤東的大字報一出，立時轟動了整個中南海，中央辦公廳、國務院辦公廳的幹部、職工競先圍觀、傳抄，奔走相告：毛主席貼大字報了！毛主席貼大字報了！建國以來第一回！……幹部、職工們也都敏感地想到，毛主席的矛頭是對準了國家主席劉少奇、黨總書記鄧小平呢，砲打劉少奇、鄧小平的司令部呢！中南海裡眞還有另外一個司令部？

當天下午，即有毛澤東身邊的工作人員，奉命將這張大字報抄出一份，貼到了京西賓館十一中全會會場上。毛澤東主席帶頭到中央全會上來貼大字報？劉少奇、周恩來、朱德、陳雲、鄧小平都傻了眼，這也太突然、太反常了！黨主席砲打國家主席和黨總書記，事前連招呼都不打一個，周恩來掛電話向菊香書屋值班室詢問，得到證實，立即改變態度，對劉少奇、鄧小平說：主席的大字報確是針對二位的，他一帶頭，其他同志肯定會響應，所以二位要有思想準備，爭取不把事情搞得太大。朱德仍然覺得不可思議：到中央全會上搞大鳴大放、大字報小字報？原先的會議議程還要不要？不是今天結束會議嗎？潤芝一張大字報就改變一切？陳雲臉色寡白，神情陰沉，額頭上出了虛汗，瞪起眼睛一聲不吭，看樣子又要犯病了。周恩來說：總司令啊，不變也得變了，誰都擋不住的。還有主席給淸華附中紅衛兵小將的一封信哪。會議肯定要延期。少奇，小平，你們做做檢查，爭取主動，在本次全會上做個結論，把事情了斷。

鄧小平滿不在乎。劉少奇欲哭無聲。

當晚，京西賓館氣氛詭秘，人影幢幢，折騰至黎明。

果然第二天上午，十一中全會會場四周，滿牆滿壁都是漿糊未乾的白花花的大字報，猶如一發發火箭彈穿行空中，轟轟嗵嗵。

陳伯達大字報：〈歡呼毛主席的大字報〉；

康生大字報：〈高舉毛主席思想紅旗〉；

江青大字報：〈毛主席的大字報發人深省〉；

張春橋大字報：〈我的一點感覺〉；

姚文元大字報：〈永遠跟著毛主席前進〉；

王力大字報：〈確有兩個司令部〉！

其餘還有關鋒、戚本禹等人的大字報。

雖然沒有被上述大字報指名道姓，劉少奇、鄧小平卻立即陷入被孤立境地，連那些昔日的下屬們，省委書記們，見了他們都要繞開走，不敢打招呼了。只有陳毅、賀龍、聶榮臻、徐向前、許光達、楊勇等元帥將軍們不信邪，照常和劉、鄧點點頭，笑一笑，含蓄地表示同情。

同一天，正在大連休息的林彪元帥，被毛澤東召回北京，出席下一階段的會議。八月七日，劉少奇為爭取主動，第一次要求在全會上作檢查，承認他在中央主持一線工作期間，特別是在本次文化大革命運動中，犯了一系列右傾錯誤。毛澤東說：你在北京專政嘛！專得好，是鎮壓，恐怖。不要匆匆忙忙做檢查，應當一層一層挖出來，搞清楚。

八月八日上午，林彪在西城毛家灣二號家中接見中央文革小組主要成員陳伯達、陶鑄、康生、江青、張春橋、姚文元、王力、關鋒、戚本禹等人。林彪說：這次文化大革命最高司令是我們毛主席。毛主席是統帥，你們是戰鬥員，進行全國大戰鬥，任務很重。要把資產階級反動權威統統打倒，弄它個天翻地覆，大風大浪，大喊大叫，大轟大擂。這樣就使得資產階級睡不著覺，無產階級也睡不著覺了……只有毛主席雄才偉略有這個大氣魄。毛主席是當代無產階級最傑出的領袖，最偉大的天才，有最高的革命責任感，最現實的革命精神。毛澤東思想經過長期革命鬥爭的考驗，是無產階級最高的理論，是世界上無產階級最高水平的著作，是我們有史以來最高水平的著作……我還是那句話，誰反對我們毛主席，誰反對毛澤東思想，不管他資格多老，功績多大，地位多高，都要全黨共誅之，全國共討之！都要把他王八蛋拉下馬來，打倒在地，踏上一隻腳，叫他永世不得翻身！我們怕什麼？老子有五百萬人民解放軍做後盾！

八月八日下午，毛澤東親自主持全會，採用舉手表決方式，通過了〈中國共產黨中央委員會關於無產階級文化大革命運動的決議〉（簡稱〈十六條〉）。毛澤東親自站在主席台上監票，看誰舉手、沒舉手。誰還敢不舉手？包括劉少奇、周恩來、朱德、陳雲、林彪、鄧小平、陳毅、賀龍等人在內，無不高高舉起各自的手臂，直到毛澤東點算了為止。

會議自八月九日起，轉入全面批評劉少奇、鄧小平錯誤的階段。國務院副總理兼公安部長、北京市委第一書記的謝富治，因解放戰爭時期出身於鄧小平的「第二野戰軍」，算鄧小平的老部下；為與老政委劃清界線，而在會上帶頭發難，列數鄧小平進城以來狂妄自大、目無偉大領袖毛主席、目無黨紀國法包庇地主分子養母等種種問題。謝富治的揭發大博毛澤東、江青等的好感，卻鮮有人起而響應。多數中委們大都三言兩語批劉、鄧，應付一下場面，轉而熱烈讚頌毛澤東和林彪，稱林彪「把毛澤東思想紅旗舉得最高」，「一貫忠於毛主席」，「跟毛主席最緊、跟得最好」，「毛主席的接班人必須是毛主席最好的學生，只有林彪同志這樣的人，是眾望所歸」等等。更有負責北京安全工作小組的軍委副主席兼軍委秘書長葉劍英元帥，在得知毛主席即將改組中央常委班子的信息之後，首先在會上提出：我們黨，毛主席是最高統帥，林彪是副統帥。今後的一切大政方針，都要由主席和林彪來決定，其他人都是做具體工作的。

林彪的副統帥稱謂，即由此而來，並沿用開來。

毛澤東確在緊鑼密鼓地進行中央常委班子的改組。這次，他也不召開政治局會議、常委擴大會了，而是把人一組一組地找來談話，透意圖，做工作，很快達成兩個名單：一是對原政治局常委，採取只進不出之法，增加名額，主席以下不再設副主席，一律稱常委，並重新排定次序。主席：毛澤東，常委：林彪、周恩來、陶鑄、陳伯達、鄧小平、康生、劉少奇、朱德、李富春、陳雲；二是增補江青、葉群、張春橋、姚文元等人為中央委員。在徵求周恩來、陶鑄、譚震林、李井泉一組人的意見時，卻出現了不同的聲音。首先是陶鑄不同意把他的名字列在第四，無論資歷、功績自己都不夠進入常委名單，主席看得起，已經大感汗顏……頂多祇能排在最後一名。按姓氏筆劃也是最後一名。

毛澤東笑笑說：中央也要破四舊，立四新，打破常規。這次不論資排輩，也不按姓氏筆劃。過去是毛、劉、周、朱，今後是毛、林、周、陶。你陶鑄不習慣？一個月後就習慣了。陶鑄你還有別的意見沒有？鄧小平做檢查，不管事了，現在你是書記處的當家書記，中宣部、中組部、統戰部、外聯部統統歸你管，你肩上的擔子重了。

其實毛澤東重用陶鑄是著妙棋，上可制衡周恩來，下可制衡陳伯達、康生。長期以來，陶鑄也和劉少奇保持著距離，關係不很親密。

周恩來心知肚明，嘴上說：陶鑄同志還是常務副總理，兼管教、科、文、體、衛，能者多勞。

陶鑄說：我身體好，主席講是頭蠻牛。我願意多做事，替總理分勞。祇是把名字放在總理後面，不妥。請求主席，還是排在最後……另外，關於增補江青、葉群、張春橋、姚文元四人為中央委員，我完全同意。四個同志都夠資格，也是工作需要。按主席吩咐，在書記處吹了吹風，大都沒有意見，個別同志要求先修改黨章……。

毛澤東眼睛一瞪：修改什麼黨章？誰的要求？

陶鑄望過周恩來一眼，才說：是王稼祥同志的看法。他講依黨章規定，中央委員由黨代表大會選舉產生，中央委員會本身不能增補中央委員，衹能選舉或增補政治局委員和政治局常委。

周恩來擔心毛澤東動怒，又來大罵國際派使自己也尷尬，忙插話：文化大革命運動，黨處在非常時期嘛。非常時期行非常之事，這有先例。陶鑄同志，你們書記處可不可以提出個變通辦法？

毛澤東不待陶鑄答話，轉向坐在一旁尚未出聲的譚震林和李井泉。譚、李過去算自己的愛將，近幾年跟著劉、鄧跑，和自己欲即欲離了：譚老闆，李大人，你們有何高見啊？

譚震林一向敬毛若神，卻從來看不慣毛夫人：主席啊，考慮到黨章，是有點子麻煩囉……管他娘的，不按章程呢，好不好辦？

李井泉也言不由衷地敷衍：主席提拔幾名中央委員，還不是一句話？黨章是死的，人是活的嘛。看看毛澤東要發作，周恩來忙說：你們不要講空話了。陶鑄同志，書記處有什麼變通法子？

陶鑄額頭上已沁出一層細細的汗珠子：法子倒是有一個，提出來給主席做參考……，建議主席以政治局常委會的名義，提出江、葉、張三人為中央委員、姚為候補委員，交中央全會議決一下，並說明留待下次黨代會追認。

周恩來立即表示支持：主席，我看陶鑄的變通法子可行。大家都要支持文革小組的工作嘛。

毛澤東沈吟一下，撫撫臉：算了，又是黨代會，又是修改黨章，等到何年月?四人的事，暫時不提，他們照樣工作。今後國務院、書記處的部分工作，可轉到文革小組那邊去，文革小組管宣傳，管文教，管運動。文革小組兩大顧問、一個陶鑄、一個康生。恩來你還要做國務院和文革小組之間的協調人。譚老闆，李大人，這樣是不是把你們大家的意見都擺平了?

八月十二日，十一屆中央全會舉行全體大會，按照毛主席的意願，選舉出了新的中央政治局常委，並確立新的排名。此項新排名，以全會公報形式向全黨全國頒布。全體黨員和全國人民也就知道了，現在的黨中央只有毛澤東仍然稱主席，原先的副主席通通改稱常委，劉少奇由第一副主席降至第八位，林彪由原先的第六位上升至第二位，周恩來依舊穩坐第三位。更有陶鑄實現三級跳，躍升至第四位。於是人們紛紛猜測，陶鑄前程無量，日後可能接任周恩來的國務院總理。

此次全會並沒有在八月十二日結束，大部分中委繼續開會，再又作出決議發出通知：中央文革小組組長陳伯達因病請假、因事外出時，由第一副組長江青行使組長職責。至此，不具中央委員身份的毛夫人江青，實際權力已超越任何一位政治局委員、甚至某些政治局常委。至此，林彪仍被稱爲林副主席，劉少奇、鄧小平則被宣布停職檢查，不獲通知，不再與會了。說是劉少奇瞅了個機會向鄧小平道別：主席一張大字報，就把我們放倒了，今後見面不易了。鄧小平回了五個字：那就休息吧。

第十八章　赤日流火　紅色恐怖

「紅衛兵」一詞最初出於清華大學附中十幾名學生寫大字報的集體署名。由於名字響亮，好唸好聽又好看，很快地，北大附中、師大附中、地質學院附中、石油學院附中、礦產學院附中、市一中、市十一中、市二十五中、市五十一中等等，競先效仿，紛紛成立了以「紅衛兵」爲名稱的學生造反組織。原先派駐在大、中學校的工作組被撤銷後，紅衛兵組織更是有如雨後春筍，遍布京城。學生娃娃們再無校規紀律的約束，人人揮舞棍棒、牛皮帶，學孫猴子大鬧天宮，大打出手。造反浪潮迅即從校內衝向校外，從「橫掃校園裡的牛鬼蛇神」發展到「橫掃社會上的牛鬼蛇神」。

清華大學附中紅衛兵司令部的兩張大字報：〈論無產階級革命造反精神萬歲〉、〈再論無產階級革命造反精神萬歲〉，成爲廣泛傳抄、到處散發的「紅衛兵宣言」，宣稱「毛澤東思想的靈魂就是造反！我們就是要掄大棒，顯神通，施法力，把舊世界打個天翻地覆，打個人仰馬翻，打個落花流水，打得亂亂的，越亂越好！大反特反，搞一場無產階級的大鬧天宮，殺出一個無產階級的新世界！」

緊接著，紅衛兵小將們又有了自己的「戰歌」，唱徹大街小巷：

我們是毛主席的紅衛兵，
大風浪裡煉紅心，
毛澤東思想來武裝，
橫掃一切害人蟲！
敢革命，敢鬥爭，
革命造反永不停。
徹底砸爛舊世界，
革命江山萬年紅！

對於紅衛兵運動的出現，除了釣魚臺的文革小組成員們在背後積極支持、鼓動，整個中南海中央機關的負責人無不徬徨四顧，不知因應。劉少奇、鄧小平等思想右傾保守者，接讀工作人員抄報上來的「紅衛兵宣言」和「紅衛兵戰歌」，惟有苦笑：一九四九年以來的新中國、新社會，怎麼成了「舊世界」、「舊社會」？需要學生娃娃們來徹底砸爛了？但此時他們已被毛澤東斥為「鎮壓運動、搞白色恐怖」，再出聲不得。

八月四日晚間，亦即十一中全會的第四天，毛澤東審讀了夫人江青呈報上來的清華附中紅衛兵的一封信及所附上的「兩論」，不禁大喜，這正是他對付劉、鄧司令部所需要的！稍加思索，即揮動如椽巨筆，寫上一封熱力四射的回信：

清華附中紅衛兵同志們，

你們在七月二十八日寄給我的兩張大字報以及轉給我、要我回答的信，都收到了。你們六月二十四日和七月四日的兩張大字報，說明對剝削壓迫工人、農民、革命知識分子和革命黨派的地主階級、資產階級、帝國主義、修正主義和他們的走狗，表示憤怒和申討，說明對反動派造反有理，我向你們表示熱烈的支持！同時我對北京大學附屬中學紅旗戰鬥小組說明，對反動派造反有理的大字報和由彭小蒙同志於七月二十五日在北京大學全體師生員工大會上，代表她們紅旗戰鬥小組所作的很好的革命演說，表示熱烈的支持！在這裡，我要說，我和我的革命戰友，都是採取同樣態度的。不論在北京，在全國，在文化大革命運動中，凡是同你們採取同樣革命態度的人們，我們一律給予熱烈的支持……。

毛澤東的這封御筆信，如同授予了紅衛兵尚方寶劍，號令他們殺向全社會。過了幾天，中央文革小組匯報各地運動情況,談到南京的紅衛兵造反派包圍江蘇省委機關、包圍《新華日報》報社時,毛澤東更指示:為什麼不准人家來包圍?要允許包圍省委,包圍報館,直至包圍中南海,包圍國務院。你們怕什麼?我看只有那些搞修正主義,鎮壓群衆的少數人感到害怕。我就不怕,我和革命小將們站在一起,歡迎他們來包圍。我的這個態度,你們可以傳下去。

北京紅衛兵聞風而動。清華井崗山、北大戰旗紅、北航紅旗等紅衛兵組織的數千人馬開始聚集在中南海西門外,紮下帳蓬,呼口號,唱語錄歌,要求黨中央允許他們揪鬥彭、羅、陸、楊等反革命修正主義分子。因西門內是中央辦公廳辦公重地,辦公廳主任汪東興請周恩來總理出面,勸說紅衛兵小將們撤離。紅衛兵代表卻進一步要求劉少奇、鄧小平出來,和他們辯論文化大革命的路線問題。劉少奇、鄧小平不出來,他們決不收兵!

八月十二日黃昏,剛剛開完十一中全會的毛澤東主席,避開身邊的警衛人員,突然出現在中南海西門。毛主席來了!毛主席來了!毛主席萬歲!毛主席萬歲……數千名紅衛兵喜出望外,熱淚盈眶,歡聲雷動。毛澤東徑直走到紅衛兵人群中間,剛扯高嗓門講了一句:紅衛兵小將們!我支持你們的革命行動,你們要關心國家大事,要把無產階級文化大革命進行到底!……就立即被娃娃們的人潮所包圍,被「萬歲、萬萬歲」的呼嘯聲所淹沒。

幸而周恩來聞訊趕到,立即命令警衛連隊展開隊形,插入人潮,把偉大領袖從紅衛兵的狂熱包圍中「搶」了出來。小將們為搶著和毛主席握手,把毛的衣服都扯破了,腳下的鞋子也踩掉了。中南海西門被警衛部隊的人牆隔斷後，毛澤東對一頭虛汗的周恩來說：形勢好啊，紅衛兵起來了，正如列寧所講的，革命就是大喊大叫，大吵大鬧。這回要吵得資產階級睡不著覺，無產階級也睡不著覺了。

周恩來說：主席，你一身繫天下安危，大意不得。今後要去哪裡，還是先告訴一聲警衛人員。剛才一聽講主席走丟了，我緊張到兩腿發軟……。

毛澤東卻依然興致勃勃地說：有什麼好緊張的？和小將們在一起，我高興得很呢！恩來，我看這樣吧，不單是讓北京的紅衛兵來見我，還要讓全國各地的紅衛兵都來見見我。

周恩來說：那好辦，你在北京接見紅衛兵小將時，讓中央新聞紀錄片廠的人來拍片，之後分送全國各地去放映。

毛澤東手一揮：那不夠。乾脆全國青年學生來次大解放，由國務院、中央軍委、中央文革一起下通知，讓大學、中學的娃娃們進行革命大串連。他們來北京，北京要歡迎，坐火車不要票，住旅館不要錢，吃飯記個帳。分期分批，組織好接待。紅衛兵是我的客人，中央的客人。北京的娃娃們去外地串連，也照此辦理。過去唐三藏到西天取經，現在外地紅衛兵到北京取經，北京紅衛兵到外地取經，交流造反經驗，全國點火，全國颳風，好得很！

周恩來一聽頭都大了，簡直不相信自己的耳朵，主席怎麼可以這樣突發奇想？不由地說了一句：那可是幾千萬人的大流動呀！北上南下，東出西進，四面八方，全國的鐵路、公路交通能不能承受？還有住宿、飲食、醫療各項服務跟不跟得上？外地紅衛兵小將成百萬、成百萬的湧進北京來……。

毛澤東眼睛一瞪：此事史無前例，只在我手上辦一次。你想不想辦？不辦，我叫陶鑄他們辦。國務院立即下通知，由陶鑄來統管。

周恩來心裡打了個激凌，那一來，陶鑄不就實際上取代自己的總理職務了？難怪本次中常委改組陶鑄排名第四……忙改口說：主席，我辦！堅決照主席的指示和要求辦。國務院和軍委立即組成專門班子，文、教、衛、體，黨、政、工、團齊動員，開展全國大、中學校革命師生大串連。

毛澤東目光轉而和藹：那就好。到時候幾千萬人上路，勝過戰爭年代的大兵團打仗……我就喜歡這個場面。外地紅衛兵到了北京，經風雨，見世面，我和中央領導人要在天安門廣場上分期分批接見。如今的紅衛兵小將愛穿軍裝，我們中央領導人也都要穿上軍裝。政治局、國務院、軍委、文革小組，四家成員，一人一套軍裝。

八月十八日，毛澤東在天安門廣場上接見首都五十萬紅衛兵小將和革命造反派。「八・一八」被定為「紅衛兵節」。

八月二十日，毛澤東更以批轉中共中央文件的方式，在公安部的請示報告《嚴禁出動警察鎮壓革命學生運動》中明文規定：「不准以任何藉口出動警察干涉、鎮壓革命學生運動，警察一律不得進入學校」，從而為全國紅衛兵更大規模的打、砸、搶、抄、抓行徑提供了政治保護及政策保障。

與此同時，中央人民廣播電台把首都紅衛兵「殺」向社會，大破「四舊」的活動向全國推廣；《人民日報》則連續發表了三篇社論〈工農兵要堅決支持革命學生〉、〈好得很！〉、〈向我們的紅衛兵致敬！〉，熱烈讚揚和鼓吹紅衛兵的揪鬥、抄家、草菅人命的「革命行動」。各省市報紙、電台及名目繁多的紅衛兵小報積極跟進，逐日刊出有關的「喜報」、「大捷」、「告全市人民書」、「告全省人民書」、「告全國人民書」等等。

至此，全國紅衛兵運動在毛澤東的親自號令、部署下，終於火山、海嘯一般爆發。

以下資料，即是從當年的各類「喜報」、「戰報」中摘出：

八月二十日，北京市三十萬紅衛兵受到毛澤東接見和中央文件的鼓舞，千萬股洪流般湧向大街小巷，開始規模空前的「打碎舊世界、建立新世界」活動。幾天之內，市內所有著名的街道、學校、醫學、博物館、商店、公園、影劇院的舊牌被砸，強令改換新名，如：

橫貫北京市中心的東、西長安大道改名爲「東方紅大街」；

外國使領館集中的東交民巷改名爲「反帝路」；

蘇聯大使館所在的揚威路改名爲「反修路」；

王府井大街改名爲「東風市場大街」，懸掛了七十多年的全聚德烤鴨店改名爲「北京烤鴨店」，亨得利鐘錶店改名「首都鐘錶店」；這條繁華的商業大街兩傍所有的玻璃櫥窗、霓紅燈標牌、商業裝飾全部砸光，火光爆裂如同煙花，玻璃碎片雨點般噴撒到馬路上，被稱爲「王府井玻璃雨之夜」；

同仁醫院被改名爲「工農兵眼科醫院」，協和醫院被改名爲「反帝醫院」，榮寶齋被改名爲「人民美術出版社第二門市部」，天橋劇場被改名爲「紅衛兵劇場」，景山公園改名爲「紅衛兵公園」，頤和園改名爲「首都人民公園」，故宮博物院改名爲「封建帝王罪行展覽館」！……

北京紅衛兵颳起的「破四舊、立四新」改名風潮，經電台、報紙傳播，各省市紅衛兵競先效法：

在第一大城市上海，有上百年歷史的「大世界遊樂場」的大招牌被砸下，改名爲「東方紅劇場」，上海永安百貨公司改名爲「上海永向東百貨公司」，霞飛路改名爲「淮海路」，《新民晚報》改名爲《上海晚報》，豫園改名爲「紅園」；

在天津，全市計有兩萬多家大小百貨商店、副食品商店、服裝店等被改名，如著名的「勸業場」大匾被砸，改名爲「人民市場」，中原公司被改名爲「工農兵商場」，北洋紗廠被改名爲「四新紗廠」，寧園公園被改名爲「二七紀念公園」；

在杭州，東坡路被改名「東風路」，張小泉剪刀舖被改名「杭州剪刀店」，西湖白堤改名「紅堤」，蘇堤改名爲「人民堤」。國家重點保護文物蘇小小墓被掘，「平湖秋月」古碑被砸，虎跑泉的老虎石雕、岳王墳的岳飛、秦檜塑像均不翼而飛；

這股改名狂風甚至颳上了世界屋脊的西藏首府拉薩，藏漢兩族的紅衛兵小將把著名的八角街改名爲「立新大街」，「門孜康藏醫院」改名爲「勞動人民醫院」，歷代達賴的居所羅布村改名「人民公園」，藥王山改名「勝利峰」，以紀念一九五九年解放軍部隊在此山平叛……。

與改名風潮同時颳起的，是更具摧毀性的打砸抄家、掃地出門狂潮，於八月下旬進入高峰期。

又是由北京市紅衛兵帶頭。短短幾天內，單是北京大學校園內就有一百多位教授被抄家，著名哲學家馮友蘭、史學家翦伯贊的家園被封門。許多高級知識分子家庭往往被不同的紅衛兵組織重複抄家十幾次。抄家時，紅衛兵揮舞棍棒、皮帶，命令保母小孩滾蛋，戶主夫婦跪地，逼迫交出所謂的「變天帳」、「反動日記」、「地契」、「特務用品」等等，實爲索要文物字畫、金銀首飾、現金及存摺。戶主稍有辯解，即被革命小將剃「陰陽頭」，以銅頭皮帶抽打，直到頭破血流。之後紅衛兵們帶著「戰利品」，意氣風發、樂不可支地高唱被他們改了詞的毛主席語錄歌，揚長而去：

> 馬克思主義的道理，千頭萬緒
> 歸根結底，就是一句話：
> 打、砸、搶、抄、抓！
> 打、砸、搶、抄、抓！
> 革命無罪，造反有理！
> 革命無罪，造反有理！……

據統計，一九六六年八月下旬至九月上旬，全北京市十一萬四千多戶「黑幫」被抄家，掃地出門。在公安派出所的配合下，被押送回原籍勞動改造的「地主、資本家、歷史反革命分子」達八萬五千一百九十八人。一千七百多人被活活毆打致死。

全市紅衛兵抄得金銀珠寶、文物字畫、古董珍玩、明、清傢俱數百萬件，各類圖書二百三十五萬多冊，現金、存摺、公債、外幣達四千四百七十八萬餘元。這些物品，除少數被私拿、私呑，絕大部分集中堆放在幾座學校的空坪上，任由紅衛兵焚燒、搗毀。中央文革組長陳伯達、顧問康生、成員王力、戚本禹等人聞訊後，下令部隊看守，再親赴堆積場挑揀唐宋名畫、古瓷古玩、善本圖書，一車車「借回」各自家中「收藏」。毛夫人江青不便自己出面，自有文革小組成員代勞、奉上。「中央首長們」挑揀走的畢竟數量有限，剩下的交由市屬廢舊物資收購部門賤價收購，共收購、收存各類實物三百三十萬五千一百多件。已被焚燒、搗毀的大批文物不計其數。僅從以上簡單數字，即可窺見北京紅衛兵小將們的抄家行動是何等的完全、乾淨、徹底。

紅衛兵的「破四舊」狂潮，當然也不會放過那些國家級、北京市級重點文物保護單位：

頤和園佛香閣的釋迦牟尼金身被砸碎，兩座小佛像套上鐵鍊拖走；

萬里長城的精華——北京段長城被拆毀一百零八華里；

豐臺區大井村延壽寺中的明初文物——十餘米高的千手千眼觀世音菩薩金像（銅塑）被拉倒，佛身斷成三截，千手千眼全部斷碎，變做一堆廢銅；

海淀區朱房村漢城遺址內豐富的珍藏，文物部門尚未發掘，卻被紅衛兵挖掘一空；

有一千三百多年歷史的古刹戒臺壇寺，寺內數千尊大佛和四周的上萬尊小佛像全部被砸光，使得此一中國現存的年代最久遠、規模最宏大的佛教藝術奇觀，萬劫不復，從地面上消失；

其餘白塔寺、潭拓寺、大鐘寺、白雲觀、團城、圓明園遺址、修道院、天主教教堂等等，均遭到不同程度的損毀。北京市一九五八年第一次文物普查時列爲重點保護的文物古蹟計有六千八百四十三處，在「破四舊」運動中被搗毀的竟高達四千九百二十二處！當年八國聯軍侵占北京、八年抗戰日軍占領北平以及國共內戰都沒有破壞的文物古蹟，卻沒有逃過紅衛兵的浩劫。惟故宮、勞動人民文化宮（原太廟）、中山公園（原社稷壇）、景山公園、北海公園、天壇、雍和宮等少數文物古蹟，經周恩來、陶鑄及時派衛戍區部隊進駐保護，而免遭劫難。

北京紅衛兵不但在北京「大破四舊」，而且遠赴外地「戰鬥」。曾被江青的中央文革封爲「五大學生領袖」之一造反女將譚厚蘭，在康生授意下，率領北師大紅衛兵組織「井崗山戰團」兩百多人到孔子家鄉——山東曲阜，召開搗毀孔府、孔廟的萬人誓師大會，之後以近一個月的時間，砸毀文物六千多件，燒毀古書二千七百多冊，歷代字畫九百多軸，砸碎歷代石碑一千多座，……其中包括國家一級保護的國寶七十多件，珍版古籍一千多冊。

北京紅衛兵帶頭，各地紅衛兵跟進。

上海市主要商業大街兩旁的一百多塊巨型廣告牌，一夜之間全部被紅衛兵用「毛主席語錄」所覆蓋；上海萬國公墓內所有「封、資、修反動人物」的墓碑被砸，連宋慶齡父母的墓穴都被搗毀；上海市所有的教堂、尖塔十字架被砸，祭壇被毀，聖經被燒；始建於公元二四七年（三國時代）的龍華古寺遭遇千古未有的浩劫，被譽爲「龍華三寶」之一的范金毗盧佛像高約七尺，蓮花座下配有千佛，爲無價之寶，被擊成碎片。彌勒殿供奉的彌勒化身布袋和尚坐像被砍下頭顱；相傳建於三國赤烏年間的靜安寺，國寶級文物眞言宗密壇被搗毀，整座靜安寺最後只剩下幾間空寺室；上海三大名刹之一的玉佛寺佛教書局被焚，大量佛經、法物、佛像被扔到寺門外的江寧路上大火焚燒，柏油路面被溶化，檀香木發出的香氣十里可聞。

天津市紅衛兵共查抄十萬二千多戶人家，抄獲一萬三千多輛卡車的財物，裝滿了約六萬平方米的五十二座臨時倉庫。其中現金五百五十六萬餘元，存款四千零五十萬元，公債二千六百十一萬元，黃金四萬多兩，金銀飾品六萬多件，銀圓六十多萬枚。

……嗚呼！一時間東嶽泰山、西嶽華山、北嶽恆山、中嶽嵩山、南嶽衡山，佛教四大叢林的五台山、峨嵋山、九華山、普陀山、道教聖地武當山、九宮山、青城山、武夷山等等，莽莽我神州，九千六百萬平方公里的土地上，五千年歷史文明所遺留下來的文物古蹟，幾破壞殆盡！

尙有無數哭笑不得的事例：

南嶽衡山上的數百名和尙、尼姑，被北京南下的紅衛兵結合本地紅衛兵輪番批鬥、遊山、教育之後，強迫還俗，在山上林場就業，強制婚配，責令他們去產下「佛子」；

福建紅衛兵開風氣之先：掘「壞蛋」墳墓。他們和北京來的紅衛兵戰友一道，掘了毛澤東指稱「有變節行為」的大革命時期中共總書記瞿秋白的墳墓；

不久，四川紅衛兵掘了廣安縣牌坊村鄧小平家的祖墳；

湖南紅衛兵掘了寧鄉縣花明樓鄉炭子沖劉少奇家的祖墳。由郭沫若手書的「劉少奇同志故居」金字匾額，被摘下來，翻轉至另一面，做了公社食堂的砧板，天天切菜、切肉，千刀萬剁去了。

……

紅衛兵運動的另一項創舉，就是對「反動權威」、「黑幫分子」以及「黑七類狗崽子」實行群衆專政。他們組建糾察隊，私設公堂、牛棚、勞改所，施以各種酷刑，進行肉體折磨。

八月二十三日下午，北京市文藝戰線紅衛兵組織在焚燒原清代國子監孔廟大院內的大批戲裝、道具時，把著名作家老舍、蕭軍、駱賓基、端木蕻良，著名京劇藝術家荀慧生、馬連良、袁世海、白芸生，相聲家侯寶林等三十多人抓來，分別掛上「黑幫分子」、「反動權威」、「美蔣特務」、「蘇修間諜」之類的大黑牌，進行現場批鬥。他們全部被剃成「陰陽頭」，或是頭上「推出飛機跑道」。一些人頭上還被潑上墨汁。紅衛兵強令他們跪在火堆旁，一邊受烈火炙烤，一邊被道具刀棒或銅頭皮帶抽打……六十七歲的老舍先生因跪在地上說了一句「士可殺、不可辱」，當即被打得頭破血流，暈死過去。他痛醒之後四望無人，沒有回那個已被抄了無數次的家，而是懷揣一卷他手抄的、批鬥場上當作「護身符」的毛澤東詩詞，一頭栽進了德勝門外的太平湖；

著名畫家徐悲鴻的夫人廖靜文，被紅衛兵抄家多次，因交不出徐悲鴻的遺作（徐去世後遺作全部上交文化部收存），而打得暈死兩次；

中央音樂學院院長馬思聰被紅衛兵押著拔草勞動時，竟逼迫他將野草嚼吃下去。在批鬥會上他更被釘有鐵釘的木板打得皮開肉綻。不久他逃過紅衛兵看押，南下廣東汕頭偷渡出境，才保住性命；

中央樂團的紅衛兵專砸鋼琴家的十指，中央芭蕾舞團的紅衛兵專砸舞蹈家的雙足，等等；

八月二十五日，國務院副總理、公安部部長、北京市委第一書記謝富治在全市公安幹警大會上講話：「過去規定的東西，不管是國家的，還是公安機關的，不要受約束。群衆打死人，我不贊成，但群衆對壞人恨之入骨，我們勸阻不住，就不要勉強……派出所民警要站在紅衛兵一邊，供給他們情況，把五類分子的情況介紹給他們……。」

有了毛澤東親信大將謝富治的指示，紅衛兵小將們的暴行更是有恃無恐了。八、九月間，每天均有數以千計的紅衛兵戰士聚集在北京火車站廣場，以棍棒、銅頭皮帶毒打那些被勒令遣返原籍的「黑七類分子」及其家屬子女，並把被打得暈死過去的人拖入站內往車廂裡扔。在車站值勤的警察和衛戍區士兵，則奉上級命令作壁上觀，任紅衛兵們對「階級敵人」發洩無產階級革命義憤；

在北京郊區大興縣、房山縣，均於八月底發生了紅衛兵和貧下中農集體處死「四類分子」及家屬子女事件。大興縣十三個公社四十八個大隊，共殺害「四類分子」三百二十五人，其中最大的八十歲，最小的才出生三十天。有二十二戶人家滿門殺絕。事件匯報給謝富治，謝富治指示：殺了的就殺了，不要追究了；沒有被殺的，就不要殺了，留作勞動力，毛主席也是這個意思。

在外地，這類自上而下的「群衆專政」風潮，迅速蔓延。以下僅錄幾位著名人士的例子：

中共創始人之一，著名哲學家、武漢大學校長李達，被紅衛兵扣上「叛徒」、「地主分子」帽子，輪番批鬥、毆打，八月二十四日浮屍珞珈山下東湖水面，疑爲畏罪自殺，實爲被打死後拋入湖中；

復旦大學著名數學家蘇步青教授當上「牛鬼蛇神」後，被紅衛兵噴了滿頭紅墨水，並被迫令在曬得冒泡的柏油路上學狗爬；

著名翻譯家傅雷，一生翻譯了三十多部外國文學名著，劃成右派分子。九月二日被紅衛兵抄家、凌辱，九月三日夫婦雙雙上吊自殺；

八路軍抗日名曲〈游擊隊員之歌〉作者、上海音樂學院院長賀綠汀的家被紅衛兵抄的家徒四壁，全家人的衣物被褥全部作爲戰利品拉走，連一條毛巾被都沒有給留下。不久賀綠汀這位「人民音樂家」自殺身亡；

在南京市，著名畫家劉海粟的家被紅衛兵抄了二十四次……。

藉藉無名「黑幫分子們」的冤魂，如恆河沙數，無從記述。

應當客觀提到的是，對於八月間掀起的全國紅衛兵狂潮，周恩來、陶鑄等人在不惹怒毛澤東的前提下，竭力採行了一些「降溫」措施。自八月份起至年底止，周、陶共接見北京和外地來京的紅衛兵代表、造反群衆組織代表一百六十多次，反覆強調「要文鬥，不要武鬥」，「不能說全國的大學、中學的所有領導都是走資派，不能說黨政機關的領導人都是走資派、黑幫分子，不要認爲一切領導機關都需要『砲打』，「就是對犯了方向、路線錯誤的幹部，也要立足於教育、挽救」；他們還曾經開列出一個「中央保護名單」，報毛澤東審批：中央政治局委員、中央書記處書記、國務院副總理及各部部長、全國人大常委會副委員長、全國政協副主席以上領導幹部，包括李宗仁、張治中、程潛、章士釗、錢學森等民主黨派人士和科學家，紅衛兵組織不得抄家、揪鬥。後來這紙「保護名單」並不能保護李宗仁、張治中等著名人物，周恩來親自安排他們入住解放軍三〇一醫院將軍樓，以避過紅衛兵的抄家風潮。周恩來和陶鑄並指示衛戍區，把彭眞、羅瑞卿、陸定一、楊尙昆等也保護起來，不讓紅衛兵小將揪去公開批鬥。

八月下旬，周恩來、陶鑄商定，起草了一個保護要害部門與國家機密的通知，規定紅衛兵和造反派不得衝擊軍事機關、電台、電視台、新華社、檔案館、銀行、倉庫、機場、港口、電廠、重要公用事業等。文件擬出後，周恩來、陶鑄提議照發。江青看後非常惱火，認作「束縛紅衛兵手腳、小題大作」，送她丈夫毛澤東審閱。毛澤東大筆一揮：此件不發。

九月一日，周恩來在首都大中學校紅衛兵代表座談會上說：打擊面不要過寬，凡是地、富、反、壞、右、資產階級家庭出身的人都打擊，那就廣了。右派分子已經摘了帽子的，就不算了。一般資產階級分子，老老實實，奉公守法，有選舉權，不要打倒……他並明言勸止搜查、抄家、抓人、戴高帽、掛黑牌、遊街示衆、靜坐示威等行爲。

九月上旬，周恩來親自主持起草了〈有關紅衛兵的幾點意見（未定稿）〉，要求紅衛兵小將們學習黨的方針政策，加強組織紀律性，使黨和國家各項工作不受影響，安全不受危害，機密不致外洩，不動手打人、毀物，公家財產少受損失，交通運輸不受阻斷，對外關係不受影響，等等。文稿由周恩來、陶鑄兩人簽署，送中央文革徵求意見。由於陳伯達、康生、江青三人指文稿旨在束縛紅衛兵小將手腳，會起到壓制造反左派的作用，持堅決否定的態度，周恩來只得將其收回，不再送毛澤東審閱，以免龍顏震怒，惹火燒身。

周恩來、陶鑄的「降溫」措施一再受到挫折，被江青等人譏爲「救火隊隊長」，「折衷主義和稀泥」。但周恩來並不氣餒，而表現出一種罕見的巧爲周旋的政治韌性。他曾對陶鑄表明心迹：我們不能阻止什麼，多少給降點溫，做點緩衝囉……我是總理，你是常務副總理，至少替國家把住兩條，一是造反組織不准跨行業「串連」，搞什麼聯合行動；二是各行業不准停止生產……。

第十九章 「我們是毛主席的紅衛兵」

數千萬大、中學校學生外出串連，形成衝決一切的洪峰怪獸，在新中國大地上狂奔亂湧。各地紅衛兵的頭一個串連目的地：到北京去，見毛主席！

張志新跟隨瀋陽醫科大學紅衛兵隊伍，總算人貼著人地擠上一列開往北京的火車。車站內外的那個熱鬧、混亂啊，萬頭攢動，盡是黃軍服、黃軍帽、黃挎包、黃水壺。紅衛兵們的裝束比起正規的解放軍來，祇是少了領口上的紅領章，帽子上的紅五星。眞是讓人驚奇喲，咱國家怎麼會一下子冒出來這鋪天蓋地的黃軍裝？咱國家彷彿一夜之間就變做一座大軍營了，老老少少都是兵……張志新也是一身黃軍裝，且是洗得發白的那種。如今越是舊軍服越神氣，顯示革命軍人家庭出身，鐵定的「紅五類」啦。張志新的軍裝卻是丈夫的，丈夫是位轉業軍人，省委機關的處級幹部。她本人雖說年近三十，因長相秀麗，身條挺俊，混在紅衛兵女生堆裡，眞還分辨不出她的年齡和身分。

自八月中旬起，遼寧省委、省政府機關大院就被紅衛兵造反派包圍了，省委書記、副書記們競先表態支持紅衛兵小將造反，私底下卻組織保皇派隊伍與之對抗，口號是「保衛省委、保衛黨」。紅衛兵小將有毛主席做後盾，又人多勢衆，於是把省委書記、省長們揪出來，戴上紙糊的高帽子遊街示衆，就像土地改革那年遊鬥地主、官僚資本家一樣……省委省政府的幹部職工也分裂成造反、保皇兩大派，機關業務已處於癱瘓狀態。普通幹部都不用上班了，打的打派仗，談的談戀愛，織的織毛衣，生的生小孩。張志新是個既不造反、也不保皇的逍遙派。她還聽到傳言，遼寧省最大的造反司令，是毛主席的親侄兒毛遠新，支持毛遠新造反的是瀋陽軍區司令員陳錫聯上將。你說嚇人不嚇人？

張志新身爲省委宣傳部理論處幹部，又是中央領導人陶鑄的弟媳，各種馬列主義、非馬列主義的著作讀得多一些，思想也就活躍、清醒些。毛澤東思想最需要信奉者盲從，最忌諱信奉者清醒。近年來，張志新腦子裡卻滋生出一種揮之不去的危險意識，理論懷疑：毛主席竭力推行的一系列「個人迷信」、「領袖崇拜」運動，是反馬克思主義、甚至是反毛澤東思想的！比宗教更狂熱……難道一九五八年大躍進和一九五九年反右傾餓死幾千萬人口的教訓，還不夠慘重？又拿幾億人口的性命來做什麼「新試驗」、「新發展」？當然這些念頭，在她張志新沒有思考成熟之前只能深埋進心裡。此番混在紅衛兵隊伍去北京，一來見見大場面，趁趁熱鬧；二來到中南海看看老姐曾志，姐夫陶鑄。

車廂裡簡直是插筷子、貼餅子似的人擠著人。不單過道上、兩節車廂的連接處人滿爲患，就連座位底下、行李架上都躺著人，廁所裡也擠滿了。列車員也無法服務，躲在小格子裡不用出來了。到了下一個大站也不敢打開車廂門，而是掛出去一張告示牌：

最高指示 加強紀律性，革命無不勝。

本次列車嚴重超員，無法上客，敬請原諒。

於是沿途都有紅衛兵小將爬上了車廂頂，叫做「坐敞篷車」，像印度電影那樣。車站工作人員也不敢阻攔，稍加勸阻，車廂頂上的小將們就會齊聲高唱毛主席語錄作回答：

下定決心，不怕犧牲，

排除萬難，去爭取勝利！

從瀋陽到北京的直快列車爲十小時車程。由於沿途幾大站都不開門，不上客，也就得不到飲水和食品供應。擠上了客運列車的小將們還算幸運的。在幾大站停車時，她們都透過車窗玻璃望見，成千上萬的紅衛兵戰友們竟是擠站在各種貨運火車的貨卡上，風吹日曬的外出串連呢。反正那些戰友們也沒有一定的串連目的地，任由貨運火車拉他們到哪裡就算哪裡。到處都有「紅衛兵接待站」，管吃管住。毛主席讓靑年人全國免費大旅行，條件差一點，又何樂不爲？

張志新她們的車廂裡，紅衛兵戰友們吃著各自攜帶的饃饃、煮雞蛋等。女紅衛兵們最感困難的是不能上廁所。於是張志新和幾名年紀大些的女孩就想出一個法子，利用一隻白鐵桶當臨時便桶，四周圍上一圈人做屏障，規定只准「小解」，輪流「方便」。一俟列車減速，慌忙啓開窗戶將其往外潑出，留下空桶備用。該項「發明」，很快在各車廂女紅衛兵之中推廣應用。只是各車廂的氣味熏人，遇有糖尿病患者或頻尿症者就更麻煩了。男紅衛兵們則方便些，只要把擠站在廁所裡的戰友輪番替換出來，就可解決問題。幸而都是些十幾二十來歲的大、中學生，從小受到禁慾主義教育，平日又男生、女生分別扎堆扎慣了的，也就盡量避免了身體間的接觸。即使是男生女生貼餅子似地貼站著，也很少發生流氓犯罪。至多祇是女紅衛兵羞紅了臉蛋，命令男紅衛兵側轉身子老實站好。至於那些自願面對面貼在一起的，就另當別論了，文化大革命了，各種紀律、禁忌都打破了，人都「解放」了。

紅衛兵小將們旅途中的共同愛好是革命歌曲。張志新雖然內心裡對「個人迷信」、「領袖崇拜」保留看法，但對革命歌曲還是十分喜愛。她人高䠷，嗓音好，自然成爲全車廂的領唱和指揮，一遍又一遍地領著紅衛兵戰友們高唱〈十送紅軍〉、〈抬頭望見北斗星〉、〈草原英雄小姊妹〉等等。

北京火車站到了。又是站裡站外大片大片黃濛濛顏色湧動，操各地口音的紅衛兵戰友們萬頭攢動。車站廣場上有「國務院紅衛兵串連接待站」，下設二十八個省市自治區接待組，倒也亂中有序。見打著「瀋陽大、中學校紅衛兵司令部」旗幟的隊伍從站內走出，即有一位臂佩「接待站」紅袖章的青年軍人迎上來，跟領頭的「司令員」小將握手，並以喇叭筒告訴瀋陽來的戰友們：你們落腳的地方就在附近的一所中學裡，部隊的卡車要運送去郊區學校住宿的人馬，咱就步行吧！「司令員」即以鐵皮喇叭筒向後面的隊伍頒令：戰友們、同學們注意了！注意了！保持隊形，前後跟上，不要拉下！

張志新隨著隊伍穿行了好幾條街道、胡同，進到一所規模甚大的中學校園裡，先在大操坪上列隊集合，聽取情況簡報。大家這才明白，瀋陽這列火車共載來五千多人，祇分配到十五間教室，每間教室最多擠進兩百人，於是兩千多名女生按二百人一組被照顧住進；其餘三千來名男生，就只能擠坐在操坪上露宿了。領他們來的那位青年軍人說：這學校的另外二十來間教室，叫大連來的、鞍山來的紅衛兵戰友們住上了。這一撥從全國各地來的戰友們超過一百萬，大部分人馬要紮在郊區的機場、靶場，所以你們能住進城內的學校，條件算是不差的了。

接著，青年軍人以廣播喇叭向大家宣布了〈外地紅衛兵進京紀律〉：

一、由於黨中央首長隨時可能接見，因此大家不准外出，不准逛街，不准探親訪友；

二、以原學校為單位，登記每人的姓名、性別、年齡、校名、班級，以及同行的兩個同學的名字，相互證明，嚴防不明身分的人混入；

三、獲得中央首長接見後，各地紅衛兵戰友們應立即離京返回原地鬧革命，不准以任何藉口逗留北京，以便國務院接待站接待下一撥從全國各地進京的紅衛兵戰友；

四、遵守紀律，服從命令，駐地四周有首都衛戍區糾察隊值勤，嚴防階級敵人、叛徒特務破壞搗亂。

最後，青年軍人問大家還有什麼問題沒有？當即有人高高舉起手臂問：偉大領袖毛主席會不會接見我們？什麼時候？青年軍人神秘地笑笑：具體時間說不準，大約就在這兩天吧？

張志新和瀋陽醫大的兩百名女紅衛兵「住」進一間教室裡。名曰「住」，其實祇是相挨著擠坐在涼涼的水泥地板上歇息而已。幸而接待站一天兩頓供應每人三個饅頭一塊鹹菜加一錫壺涼水，算解決了基本食物需求。整間中學，擁擠忙亂的地方要數男女廁所了，都要排上長長的隊伍才能上廁所行方便。有的女生排隊等候，排著排著，褲管就紅濕了一大片，都找不到換衛生巾的地方。

女紅衛兵們在教室裡，男紅衛兵們在操坪裡，枯坐了半個白天，一個通晚。大約是火車上站累了，也唱累了，多數人兩手抱腿、腦袋耷拉在膝蓋上就睡著了。有的孩子睡夢中仍在唱「我們是毛主席的紅衛兵，大風浪裡煉紅心……」

張志新卻怎麼也睡不著。她試圖走出教室，走過操坪，到外面看看。但小心翼翼地在人的縫隙中東一腳、西一腳的移身到教室門口，已是困難萬分。再朝門外一望，天哪，數千名男紅衛兵們橫七豎八以各種姿勢躺倒在偌大的操坪上，使人聯想起大戰役後的戰場慘狀，毛骨悚然……況且遠遠的校園出口，有解放軍戰士站崗，顯然禁止出入的。她只得又東一腳、西一腳小心翼翼返回原處坐下，朦朦朧朧中也打了盹。不知過了多久，忽然被一陣急促而尖厲的哨聲鬧醒，隨即有人到每間教室來傳達緊急通知：起床啦！起床啦！準備出發！每人祇准帶一本《毛主席語錄》，挎包、水壺一律留下！

女紅衛兵們大都和張志新一樣，睡眼惺忪的：天都還沒大亮，就集合去哪兒？但孩子們都算動作敏捷，服從命令聽指揮，挎包、水壺留在原處，每人祇帶一本紅寶書，到時候要翻開來高聲頌讀，要高高舉起歡呼萬歲。張志新看了一眼手腕上的錶：凌晨五點十分。

行動軍事化，男女紅衛兵們以最快速度排隊上了廁所，再相互傳遞著濕毛巾擦了一把臉，就以學校為單位，在大操坪上站成列列縱隊，黑鴉鴉的也不知多少人馬。

天剛濛濛亮。站在隊伍前面一張方桌上的，仍是昨天那位青年軍人，他手舉著廣播喇叭筒，領大家齊聲頌讀《毛主席語錄》本扉頁上，林彪副主席的題詞：

讀毛主席的書，聽毛主席的話，照毛主席的指示辦事，做毛主席的好戰士！

接下來，又齊聲背頌毛主席語錄：

偉大領袖毛主席教導我們：領導我們事業的核心力量是中國共產黨。指導我們思想的理論基礎，是馬克思列寧主義！

偉大領袖毛主席還教導我們：軍隊向前進，生產長一寸，加強紀律性，革命無不勝！

操坪上數萬青年人的頌讀聲，轟轟隆隆有如陣陣雷聲滾動，響徹在黎明時分曙色之中。

頌罷領袖語錄，方桌上的青年軍人宣布：紅衛兵戰友們！現在，你們互相檢查一下，是不是每人祇帶了一本紅寶書？其餘東西是不是統統留下了？還有，你們的隊伍裡，是否混進了陌生人？若有，馬上清理出來！下面，以學校組織為單位，依序報告！

於是，由每所大專院校的紅衛兵頭頭出列，逐一報告：每人祇帶了一本紅寶書，隊伍裡都是互相認識的同學、戰友。

青年軍人聽完報告，即頒令：好！從東頭開始，成四列縱隊，出發！前面有接待站的同志領隊。隊伍要相互緊跟，沿途不准脫隊，不准陌生人插入！一切行動聽指揮，嚴防階級敵人的破壞搗亂！

隊伍出發了。出了校園大門，但見大小街口，均有解放軍的糾察線，每隔十來米，就挺立著一名全副武裝的軍人。來到那據說有一百米寬的東長安大街，像遼寧省這樣的紅衛兵隊伍，就有十幾支，像十幾股黃色的濁流，在清晨的霞光中緩緩向前，朝著天安門廣場方向涌動。大街兩旁的路燈杆上，都架設有高音喇叭，正播放著熱烈雄渾的〈解放軍進行曲〉：

向前！向前！向前——！我們的隊伍向太陽，腳踏著祖國的大地，背負起民族的希望，我們是一支不可戰勝的力量！我們是工農的子弟，我們是革命的武裝……。

張志新她們的隊伍裡，雖然紀律嚴明，隊形整齊，但是有的小女生東張西望，指指點點：看！那不是北京飯店嗎?哇，好高呀!喲，南池子!南池子，這牌樓還沒有砸掉呀?那邊，那邊，是公安部大門!好威風呀……隊伍行進了約莫一個小時，終於來到了天安門廣場上預先留出的場地上。東側隔一條馬路即是巍峨的「中國革命歷史博物館」，與廣場西面金碧輝煌的「人民大會堂」遙遙相望。張志新知道，這天安門廣場占地六十公頃，據說是世界第一大廣場。廣場的北面是天安門城樓，南面是前門大街的箭樓和正陽門。整座廣場，南北長一千一百米，東西寬六百六十米，地面是由數十萬塊清一色的、每塊一米見方的水泥磚舖成，一格一格，橫貫東西，縱貫南北，整齊劃一，像巨大的棋盤，進入「棋格」的人，自然就都是棋子了。張志新她們按每兩人一塊方磚的位置席地而坐。

是時正值紅日東升，晴空萬里，四周的建築物紅光灼灼，雄偉壯麗。紅衛兵隊伍進場後形成一個一個的方陣。許多省區的紅衛兵隊伍已經在比賽革命歌曲。

遼寧紅衛兵方陣的左邊，是來自毛主席家鄉的湖南紅衛兵方陣，右邊是安徽紅衛兵方陣，前邊是陝西紅衛兵方陣，後邊是福建紅衛兵方陣。大家身著一樣的黃軍裝，手捧一樣的紅語錄，也都是一張張天眞幼稚、易激動、易狂熱、易失控的臉蛋。這時，湖南紅衛兵方陣中有位女將出面挑戰：遼寧隊，敢不敢和我們比賽語錄歌或是詩詞歌?遼寧紅衛兵戰友們立即推出張志新應戰：有什麼不敢?

原來，音樂家們爲毛主席詩詞譜寫歌曲，全國傳唱，已經有好幾年了。以毛主席語錄譜寫曲子，則是今年年初以來的事，單是一名解放軍作曲家叫李劫夫的，就譜寫了幾十首之多。語錄歌的曲譜平白如話，簡單易學，類似叫喊，倒也琅琅上口，一唱就會的。

湖南的那名紅衛兵女將指揮她的戰友們唱起了〈誰是我們的敵人〉：

誰是我們的敵人？

誰是我們的朋友？

這個問題是革命的首要問題！

革命的首要問題，

革命的首要問題——！

湖南紅衛兵的歌聲類似乾嚎，撕帛裂石，高亢有力。不待他們的乾嚎落音，張志新即指揮遼寧紅衛兵戰友們組成啦啦隊：湖南的戰友們唱得好不好？數萬人齊聲喚：唱得好！唱得妙不妙？唱得妙！再來一個要不要？要！要！要！

遼寧紅衛兵氣勢逼人，湖南紅衛兵也不怯場，再唱一支〈什麼人站在革命人民方面〉：

什麼人站在革命人民方面，

他就是革命派——！

什麼人站在帝國主義、封建主義、

官僚資本主義方面，
他就是反革命派！

這次湖南紅衛兵女將不等戰友們落音，即高聲問：下面該誰唱？數萬名瀟湘兒女齊嚷嚷：遼寧隊！來一個！遼寧隊，來一個！

張志新也不示弱，即指揮大家唱了一支〈凡是歌〉：

凡是敵人反對的，
我們就要擁護；
凡是敵人擁護的，
我們就要反對——！

接著，遼寧紅衛兵不等對方叫喊，再又唱開另一支〈凡是歌〉：

凡是錯誤的思想，
凡是毒草，

凡是牛鬼蛇神，
都應該進行批判，
決不能讓它們自由氾濫！

湖南紅衛兵接唱：

革命不是請客吃飯，
不是繪畫綉花、不是寫文章，
不能那樣溫良恭儉讓，
革命是暴動！
是一個階級推翻另一個階級的
暴力的行動！

雙方互唱了幾支語錄歌曲。輪到遼寧紅衛兵唱時，張志新指揮戰友們改唱一支毛主席詩詞歌——〈為女民兵題照〉：

颯爽英姿五尺槍，
曙光初照演兵場。
中華兒女多奇志，
不愛紅裝愛武裝！

湖南紅衛兵也隨之改變唱法，竟以湖南花鼓調高唱一曲〈題廬山仙人洞照〉：

暮色、蒼茫、看呀嘛看勁松呀——，
亂雲哪個飛渡、仍從容啦！
天生、一個、仙呀嘛仙人洞呀——，
無限哪個風光、在險峰啦——；
天生、一個、仙呀嘛仙人洞呀——，
無限哪個風光、在險峰啦，
在險峰啦——

聽湖南的戰友們把一首毛主席的絕句唱地方戲似的，土腔土調，湘味十足，遼寧紅衛兵不禁熱烈鼓掌,大聲叫好。笑嚷聲中,張志新見整個廣場上,其他省市的紅衛兵也都是幾萬人一個方陣、一個方陣的,在相互拉歌比賽,忘情地歌頌毛主席。北邊正唱「敬愛的毛主席,我們心中的紅太陽」,南邊又唱「毛主席的書,我最愛讀,千遍萬遍哪個下功夫」;東邊正唱「東方升起紅太陽,翻身農奴把歌唱」,西邊又唱「北京有個金太陽、金太陽,照得大地亮堂堂,亮堂堂」;這邊廂正唱「天上太陽紅彤彤,太陽就是那毛澤東」,那邊廂又唱「抬頭望見北斗星,心中想念毛澤東,想念毛澤東……」

人山人海,歌山歌海。黃軍裝之海,紅語錄之海。紅色的旗幟,紅色的天地,紅色的共和國,燃燒著革命宗教的激情,燃燒著領袖崇拜的瘋狂。一切理性、智慧、邏輯、常識、清醒,都如同烈火中的脆弱生命,瞬即化為灰燼。

艷陽高照,氣溫上升,很快到了上午十時。廣場上的紅衛兵們唱啊鬧啊的折騰了幾個小時,人人頭上冒汗,喉嚨冒煙,肚子癟扁。好不容易望見從天安門城樓下的金水橋上,一輛接一輛地駛出來一長溜草綠色大卡車,停到了華表下。紅衛兵們猜想,中央首長們是不可能坐大卡車出來的。過了一會兒,才又遠遠地望見從卡車上搬下來大袋大袋的東西。國務院接待站的指揮車以高音喇叭宣布:各省市紅衛兵方陣,依序各派出五十人,前去領取食品。

上百萬紅衛兵又等候了老半天,總算玩家家似地一行行、一列列傳遞下來,每人分得一個足有半斤重的大饅頭。沒有飲水,只能乾嚼。大約是國務院接待站考慮周到,若向百萬紅衛兵小將供應飲水,一是數量太大,運輸困難;二是喝水後人人須上廁所,廣場四周那八處臨時公廁肯定不敷使用,秩序也會大亂，尿水橫流，騷氣熏天，直接影響中央首長健康；爲什麼不讓紅衛兵小將們自帶水壺呢？那問題更複雜！上百萬人聚在一起，誰能保證其中不混入極少數壞人。他們的水壺中裝的不是飲水，而是汽油之類的危險品怎麼辦？一律不許帶水壺，不許帶挎包，就斷絕了任何破壞搗亂的可能……紅衛兵小將們乾渴就乾渴幾個小時吧，也算是接受無產階級文化大革命的鍛鍊和考驗啦！

紅衛兵小將們正乾嚼著各自手中的大饅頭，天安門城樓上的高音喇叭響了，一個中央人民廣播電台女播音員似的嘹亮激越的聲音在說話：紅衛兵小將們，親愛的同志們！現在，請你們在位置上坐好！在中央首長抵達之前，須要最後清點一次在場人員！這項任務，由首都衛戍區的解放軍同志負責執行！下面，讓我們一起來學習「最高指示」─！偉大領袖毛主席教導我們：沒有一支人民的軍隊，就沒有人民的一切；……我們都是來自五湖四海，爲了一個共同的革命目標，走到一起來了……

高音喇叭繼續廣播，就在這時，但見一支支解放軍徒手隊伍，忽然間天兵天將似地出現在廣場的四面八方，以跑步行軍速度，迅捷穿插進各省市紅衛兵方陣之間的間隔帶上。橫的豎的，轉眼間就把百萬紅衛兵分割成幾十個大方塊！就像在棋盤的小方格上框上了大方格。

張志新和身旁的女生們正出神地看著，忽然兩位高大英武的青年軍人出現在她們面前，其中一位翻著花名冊問：妳們誰叫張志新？張志新心裡一愣，仰起臉蛋回答：我。青年軍人目光如炬，聲音嚴厲地說：有人檢舉，妳不是瀋陽醫大的學生，也不是青年教師！妳是哪個單位的？什麼職務？家庭成份？張志新見問這個，心裡坦然了，立即掏出隨身帶著的工作證遞上去：我是遼寧省委宣傳部理論處幹部，曾到瀋陽醫科大學兼任政治輔導員，所以算是青年教師，不信，你們可以問問這幾位女同學。

兩位青年軍人仔細看過工作證後，仍說：張志新同志，妳不算紅衛兵，按規定不能參加今天的活動，請隨我們離場吧！幸而這時醫科大的女紅衛兵司令在青年軍人身邊說了幾句什麼話。青年軍人這才目光友善地又看張志新一眼：是嗎？另一位青年軍人即說：好！我到前邊的指揮車上去掛電話核實一下。張志新一直堅持坐在地上，沒有起立。不一會，那青年軍人風呼呼地跑回來，低聲對另外那軍人說：核實了，四號首長的弟媳；瞎說！朱總司令會有這樣年輕的弟媳？你那是老四號……新四號是陶鑄同志。說罷，兩名軍人轉過英武的身子，向坐在地上的張志新敬了個禮，離去。

總算虛驚一場，張志新沒有被衛戍區的軍人帶走。但在隔鄰的湖南方陣、安徽方陣、陝西方陣和福建方陣，都分別有人被帶走。太陽越來越火辣，屁股下的水泥方塊也開始燙人。紅衛兵小將們仍然熱情高漲，歌聲不歇。安徽紅衛兵方陣高唱〈大字報，嘿！大字報〉：

大字報，嘿！大字報！
革命的烈火在燃燒，
大鳴大放大辯論，
文化革命掀高潮！
烈火燒掉舊世界，

牛鬼蛇神無處逃，無處逃！

陝西紅衛兵方陣在高唱〈拿起筆，作刀槍〉：

拿起筆，作刀槍，
集中火力打黑幫，
學校師生齊造反，
文化革命當闖將！
忠於人民忠於黨，
毛主席是咱親爹娘，
誰要敢說黨不好，
馬上叫他見閻王！見閻王！

福建紅衛兵方陣在高唱〈文化大革命就是好〉：

文化大革命就是好！就是好！

造反的旗幟舉得高！舉得高！

破四舊，立四新，

學毛著，樹目標，

全國上下紅彤彤，

辦成毛澤東思想大學校！

福建紅衛兵方陣過去，是陣營最爲強大的首都十萬紅衛兵，更是戰歌雄壯，響徹雲天：

老子英雄兒好漢，

老子反動兒混蛋！

要革命的跟我走，

不革命的靠邊站！

抄他媽的家，

罷他媽的官，

砸他媽的狗頭，

滾他媽的蛋！

滾蛋，滾蛋，快滾蛋！
滾蛋，滾蛋，快滾蛋！

……張志新簡直不相信自己的耳朵了，這種公開宣揚封建血統論的紅衛兵歌曲，竟然在天安門廣場上高歌入雲。聽聽，整座廣場上，外地紅衛兵小將們都開始應和著首都紅衛兵戰友的歌唱，此起彼伏地吼叫著：抄他媽的家！罷他媽的官！砸他媽的狗頭，滾他媽的蛋！……。

這時，天安門城樓上開始播放莊嚴雄渾的軍樂〈東方紅〉，廣場上數百根燈柱上的數百隻高音喇叭同時轟響，一下子把百萬紅衛兵小將們的吼叫、嘶喊聲壓了下去。張志新和她的伙伴們都忽然感到：毛主席要出來了！偉大領袖和中央領導人要接見來自全國各地的紅衛兵小將了。

由於遼寧紅衛兵方陣所處的位置距天安門城樓約爲一百多米，因而張志新她們能翹首看清城樓上的動靜。果然，在〈東方紅〉的樂曲聲中，偉大領袖、偉大導師、偉大統帥，偉大舵手毛主席身著草綠色軍服，出現在城樓上！緊跟在毛主席身後的，是手裡晃著毛主席語錄本的林彪副統帥，也是一身戎裝，很快和毛主席並肩站在了一起；他倆之後，拉下約十來米的距離，緩步跟上一隊人人都晃著手裡的紅語錄本的人馬，依序是：周恩來、陶鑄、陳伯達、鄧小平、康生、劉少奇、朱德、李富春、陳毅、賀龍、李先念、譚震林、聶榮臻、葉劍英、楊成武、江青、葉群、謝富治、張春橋等等。

張志新可是大開眼界、大長見識了：如今所有的中央領導人，除毛主席外，出場時每人右手都晃一本毛主席語錄，煞是整齊好看，也有些兒滑稽呢。難道他們都願意這樣做？而是不得不這樣做？一群紅衣主教簇擁著自己的教皇似的……妳該死？妳咋敢這樣想？她抿住嘴唇，生怕發出什麼聲音來。她聽身邊的幾名女生在議論：見著了！見著了！見到毛主席了……哪個是江青？都是一色的軍裝，男女都分不出來……看！就是那個瘦高個兒吧？毛主席的夫人，如今是中央文革的頭頭！不該稱頭頭，人說是旗手！她是旗手，毛主席就是那面旗了？毛主席的愛人不高舉毛主席的旗幟，難道還讓旁人來高舉不成……還有劉少奇，國家主席呢，過去和毛主席並排，現在降到第八位去了，說是犯了大錯誤……哼！中央領導人排位，誰該排頭，誰該排尾，還不是我們毛主席一句話？你沒看到，連朱總司令都排到後面去了……另有幾名戴近視眼鏡的女生急得哭了：毛主席在哪兒？毛主席在哪兒？

毛澤東出現在天安門城樓上，不管看得清、看不清，廣場上的上百萬紅衛兵小將早是一片沸騰，人人揮動語錄本，有節奏地呼喊著：毛主席！毛主席！毛主席！毛主席！毛主席……！

接見大會由周恩來主持，林彪代表黨中央講話，調子拉得很高，聲音拖得很長，一口湖北官話，節奏時快時慢，語調時緩時急，拖著個病病歪歪的身子，有時真擔心他喘不過那一口氣。好在紅衛兵小將們只管熱淚盈眶地一聲聲呼喊著「毛主席、毛主席」，根本不在乎林副主席講了些什麼。張志新祇是望見城樓上，有個女學生代表給毛主席佩戴上紅衛兵袖章。毛主席還俯下肥碩的身子，親切地和那女學生說笑著什麼……倒是周恩來總理很機靈，理解廣場上百萬紅衛兵小將們的心情，待林副主席的講話一落音，即通過播音喇叭，宣告說：報告紅衛兵戰友們一個特大的喜訊！我們偉大領袖毛主席，佩戴上了首都紅衛兵代表敬獻的紅衛兵臂章！毛主席問紅衛兵代表叫什麼名字？紅衛兵代表回答，叫宋彬彬。毛主席又問：是不是文質彬彬的彬呀？得到了肯定的回答後，毛主席說：不要文質彬彬嘛，不愛紅裝愛武裝，要愛武嘛！妳的名字可以改成「宋愛武」……同志們，這是我們偉大領袖毛主席對全國青年，尤其是對你們紅衛兵小將，最大的關懷，最大的愛護，最大的鼓舞！

周恩來總理的話一落音，整個廣場上立即沸騰起來了，上百萬紅衛兵小將歡呼、雀躍：毛主席，萬歲！毛主席，萬歲！毛主席，萬歲！……歡呼，吶喊，山呼海嘯，直衝霄漢。

毛澤東在城樓上，面對著百萬紅衛兵的歡呼叫嘯，也興奮地頻頻招手。他老人家還脫下頭上的軍帽，伏身在城樓欄杆上，朝廣場上的紅衛兵揮動著，並高呼：人民萬歲！紅衛兵萬歲！同志們萬歲！

上百萬紅衛兵小將開始一層一層、一波一波朝前擠，朝前湧，登時亂了隊形。原先那網眼似地穿插在各方陣之間的解放軍散兵線，瞬即被潮水般朝前湧去紅衛兵大浪淹沒……衝在最前面的紅衛兵突破了中央警衛團的警戒線，上了金水橋，直至天安門城樓下。五座圓拱形門洞被及時關閉了。

毛主席萬歲！毛主席萬歲……百萬紅衛兵小將如同脫繮野馬，拚命地揮舞紅語錄，拚命地呼喊、哭泣，拚命地朝前擠，朝前壓，彷彿腳下的水泥板，都在一齊朝前移，朝前滑……有人被撞倒，有人被踩掉了鞋、襪，有人把手中的紅語錄向空中拋去，拋去……。

第二十章　主席夫人的工資待遇

毛澤東接見過廣場上的百萬紅衛兵小將，興致盎然，無意離去，而進到天安門城樓內側一間臨時休息室，抽煙喝茶，找人談話。由於毛主席沒下城樓，候在休息室外的林彪、周恩來、陶鑄、鄧小平、劉少奇、朱德、陳毅、賀龍等人都不好離去。中辦主任汪東興進休息室請示。毛澤東已躺在長沙發上吸煙，揮揮手：讓他們回家吧，留下恩來、陶鑄、伯達、康生、江青、楊成武、謝富治、張春橋，我還要講幾句話。

由於林彪要乘電梯下城樓，朱德、劉少奇、鄧小平、賀龍、陳毅等人改為步行，沿磚砌階梯拾級而下。如今連年上八十的朱總司令都要給林彪讓道。幸而這些元老身體還算好，祇有朱德需要衛士攙扶。過去大家在一起有說有笑，現在各懷心事，相對無言，惟有相互示以關切眼神，暗囑保重。

周恩來、陶鑄、陳伯達、康生、江青一行人進到休息室時，毛澤東仍躺在沙發上吞雲吐霧。臨時休息室裡沒有多餘的椅子，大家祇好聽訓示似地圍站在沙發面前。

毛澤東思緒跳躍，張口就說：對於賀龍我還是要保的！這話，方才我也和賀鬍子本人講了。康生你到北大講賀龍勾結彭眞，曾在二月裡密謀兵變，查到證據沒有？上月二十五日，中南海警衛局把他帶走過一次，是總理報我批准的。後來並沒有在他家裡搜出多少槍枝彈藥，我指示馬上放人，不把事情鬧大。謝富治、汪東興，你們兩個怎麼搞的嘛！

謝富治看看汪東興，兩人立正站好，由汪東興回答：報告主席，是董老的小兒子從賀老總家裡弄到一把手槍，子彈上膛，被警衛局及時發現……警衛局的同志還擔心賀老總佩手槍出席政治會議，危及主席安全，又不能搜他的身，才報告總理，採取了一次防衛過當措施。

毛澤東彈了彈指間煙灰，不以爲然地說：你們相信賀龍會行刺我？我不相信。幾十年一起過來的老同事了。二七年八一南昌起義就靠了他的那個軍的人馬。算了，具體的事情我也管不了那麼多，只要求你們不要搞得那樣緊張。大家還都在一個西苑裡住著嘛。……好了，不談這個了。恩來啊，每次接見紅衛兵小將，我都很高興。文化革命就是靠這些小孫悟空大鬧天宮，也是向那些反對派示示威，讓他們看看，人民群衆是擁護誰，唾棄誰。下面，還有些什麼安排？都是你和陶鑄在忙碌啦。

周恩來看一眼陶鑄，試探著請示：主席，接見了三次紅衛兵小將，將近三百萬人次了。過去對人民子弟兵，都沒有這樣大規模接見過……我和陶鑄的意思，已經起到示範效果，下一階段是否暫緩一緩，小將們不再成百萬、成百萬地湧到北京來，吃、住、交通確有困難。

毛澤東目光轉向陶鑄，問：陶書記，你的高見呢？

陶鑄面帶焦慮地說：我同意總理的。主席年過古稀，接連三次大規模接見年輕一代，是前無古人的創舉，要載入史冊的……當然，這種大規模的活動若繼續搞下去，不單食宿、交通有困難，國家財政也吃不消。而且每次接見之後，衛戍區部隊打掃廣場時，都要拉走十幾卡車的鞋子、襪子、帽子、語錄本，還踩傷了不少娃娃……有的娃娃離京時大哭大鬧，沒有見到毛主席，沒有見到毛主席……

站在後排的江青看到老闆面帶慍色，當即銳聲插話：老陶同志，你身爲中央文革顧問，這是向主席報喪呢！是不是要把大喜事報成大喪事？你說衛戍區部隊每次清掃廣場，都要掃到許多語錄本？這話要讓紅衛兵小將知道了，你會下不來台呢！

陶鑄臉都漲紅了，欲爭辯，毛澤東扔掉手裡煙頭，坐起身子說：江青是中央的造反派，講話向來尖銳，陶鑄你莫介意……恩來，全國各地的紅衛兵娃娃們要來北京看看我，我能拒絕？三百萬不夠，至少一千萬。就是要讓全國都鬧起來，革命總是要伴隨一陣大吵大鬧、大喊大叫，以及一些必要的暴力。總之，打破常規，打掉舊秩序，打碎框框條條，黨和國家要進入一段非常時期，大震盪時期。這樣，才會鍛練和增強全體黨員、人民群衆的承受力和適應力。你們知道嗎？在常規時期十年都接受不了的政治動盪，在非常時期一月兩月就能全盤接受。革命的急風驟雨所產生的高壓空氣，能把許多龐然大物壓縮得很渺小……我這個意思，你們明白不明白？

陳伯達見毛主席的目光掃了過來，立即表態：主席的這段話，是馬列主義群衆運動理論的大突破,大建樹,我們文革小組的同志們要好好學習,深入領會。

康生也說:要組織力量寫文章,供兩報一刊同時發表。

毛澤東手一擺:不要寫文章!你們文革小組只管支持紅衛兵小將造反,到各地大串連。恩來啊,我剛才講到哪裡了?三百萬不夠,至少一千萬。具體的接待工作,你和陶鑄去安排。

周恩來暗叫一聲苦也,嘴裡卻趕忙答應:好,一千萬,一千萬,我和各機構、各省市去協調。

陶鑄倒也反應快捷,也顧不上和周總理商量了,脫口就說:我建議主席考慮改變一下接見方式……為了讓每個外地來的紅衛兵都能看到主席,可否請主席和其他中央領導人,分乘多輛敞篷吉普車,在每個紅衛兵方陣之間走一圈?這樣,既滿足了娃娃們的願望,又可避免他們潮水一般朝前湧,踩下滿廣場的鞋子、襪子,以及擁擠傷人。

毛澤東眉頭揚了揚,對大家說:陶鑄的主意好!變被動為主動,不是紅衛兵來見我,而是我去見紅衛兵。恩來、伯達、康生、富治、成武、江青,你們還有什麼高見?

眾人見毛主席稱好,討他老人家高興還來不及,誰會道個不字?此後,毛澤東又連續大規模接見各地紅衛兵五次。從八月十八日至十一月二十六日,毛澤東共計八次接見紅衛兵小將一千一百萬。

中南海靜園以西、春藕齋隔鄰有座小宮院,是原中央辦公廳主任楊尚昆一家的住所。楊家被趕出中南海後,陶鑄夫婦住了進來。搬家那天,老伴曾志還和老陶開了玩笑:永福堂原是彭德懷住的,後來田家英搬進去，五月間上吊死了。我們現在住進楊尚昆住過的院子，晦氣不晦氣啊？陶鑄卻說：我屬猴，今年是大小猴子鬧天宮！何況毛主席講我是一頭革命的蠻牛，什麼晦氣不晦氣？

宮院雖然不很寬大，遠比不上廣州東山湖的那座大園子，但幽靜、雅潔，老兩口住下，也算是較舒適的了。況且出了院門不遠就是萬字廊，順萬字廊向南百十米，可達南海堤岸，那兒碧波盈盈，荷葉團團，楊柳拂岸，散步散心的好去處。

陶鑄祇陪老伴散過一次步，就忙得吃晚飯都碰不上面了。在中央書記處書記們一一被勒令檢查、靠邊站之後，他已經取代鄧小平，成了中南海的第二大總管：書記處常務書記、國務院常務副總理。毛主席和周總理還吩囑他兼管中央文革。他最感棘手的就是中央文革一攤子，陳伯達、康生、張春橋、王力、戚本禹們個個手眼通天，更不用說主席夫人江青了。實際上中央文革是她一人說了算。連周恩來總理都在她面前唯唯喏喏，賠盡小心。林彪、葉群夫婦也對她笑臉相迎，曲意逢迎。

江青近些日子總是不給陶鑄好臉子。事出半個月前，周總理交給陶鑄一個難題：江青的行政級別是個正處級，工資級別也祇是行政九級，十幾年沒給調升過，和她現在擔任的工作不相稱。她本人曾經有過意願，但被少奇壓下了。最近她又提出來……陶鑄同志，你現在兼管著組織人事，這事就具體經辦一下吧。可以考慮在文化部班子中掛個職。你擬出方案後，代表書記處找她本人談談。

天爺，陶鑄調中央，成了三頭六臂，管了宣傳管組織，管了組織管統戰，管了統戰管外聯，還要管上主席夫人的提薪提級！陶鑄多了個心眼，請教周總理：給江青提級的事，要不要先報主席？主席一向對自己的家人要求嚴格。還有，江青提級，葉群提不提？

周恩來說：此一時，彼一時，主席現在重用江青，你還看不出來？主席忙運動大事都忙不過來，這麼具體的事務，就不要去打擾他了。葉群是軍隊幹部。總之，你先找中組部，給落實吧。

陶鑄向以辦事幹練、有魄力、有闖勁著稱。對於給江青提級提薪這事，他卻猶豫再三，煞費苦心。弄不好，主席怪罪下來，說你陶鑄調中央，不幹反修防修的大事，而替黨主席的老婆加官進爵，用心何在？那一來，陶鑄就聲名狼藉，不好做人了。再說，給江青提至什麼職別為好？低了，那個女人肯定不幹，還會和你記仇；高了，中央機關幾百雙、甚至幾千雙眼睛盯住你，看你是不是個溜鬚拍馬之徒。總理說，江青現在的行政級別是正處級。越過副局，提為正局？地方的正局級相當於軍隊的正師、副軍。江青肯定看不上。那婆娘現在權傾一時，膨脹得很。總理說，讓江青在文化部班子中掛個職。黨中央、國務院的部，高於部隊的軍，相當於兵團級。許多老紅軍出身、戰功累累的上將、中將，到了中央機關的部、委、辦，都只能安排副職。可是，江青會屑於掛個文化部副部長嗎？她仍然不滿足，不買帳，怎麼辦？對不起，陶鑄管人事，權限所制約，祇能做到這一步。江青實現四級跳，從正處到副部，陶鑄還要揹罵名，遭人背後指脊梁骨。

中央組織部部長仍是劉少奇的愛將安子文。奇怪的很，安子文倒是還沒有受到運動的衝擊。陶鑄找安子文談話。安子文沉思良久，滿面笑容地說：乾脆給提成正部級吧？不然江青同志會視為對她的人格侮辱，我們都吃不消的。陶鑄對安子文這話很不以為然，便問他有關提拔高級幹部的審批權限。

安子文說：按規定，提拔廳局級以上幹部，都先由中央組織部塡表格，報書記處審批。提拔副部級以上幹部，報政治局會議審查。提拔正部級以上幹部，一定要報中常委和毛主席親自審批。這是硬性規定。如果只是要組織部報送表格，兩、三天內就可以辦好。

陶鑄說：可見你剛才講給江青定個正部級的話，是空口打哇哇。安子文忽然問：這事，主席知不知道啊？陶鑄說：總理的意思，這事就不要去打擾主席了。安子文搖頭：繞過主席那一關，怕是不行呢！陶鑄苦笑：可這次是提拔他夫人呀，不能變通一下，先提個副部級？安子文說：陶書記啊，江青這事，最好還是先由你或總理向主席匯報一下，以免節外生枝。陶鑄斷然否定：明知不可爲囉，連總理都不敢去向主席提，我能去？一旦遭主席批評，甚至發脾氣，江青不是被固定在正處級上了？那時，江青怪罪下來，罵有人故意到主席面前搗她的鬼，破壞她和主席的關係！誰吃得起這個？

安子文這算理解陶鑄同志的苦衷了，於是對老朋友、新上司說了兩句知心的話：江青身爲中央文革第一副組長，還這麼著急自己的行政級別？主席的稿費那樣多，聽講好幾百萬人民幣，又不缺錢花……要謹防有人沒事找事。陶鑄說：是囉，江青提級提薪，葉群給不給提？葉群只是個中校，相當於地方的正處。我老陶到中央工作，竟要經辦這類頭痛事，當內務府主管！安子文說：如果在兩個夫人之間打轉轉，那就麻煩了，難有安寧日子了。

陶鑄說：人的慾望是沒有止境的，尤其是某些女人的慾望。葉群的事交由軍委去管。江青的事是總理交辦，江青本人也有意願。子文同志，這些話，到你、我兩人爲止，傳出去，不塌半邊天，也要天塌一角！按你的意思，只能給江青爲副部級，在文化部掛個副職？他娘的，咬咬牙，可不可以稱爲第一副部長！豈不就相當於正部長了？還有工資級別呢？

安子文讚道：陶書記，都講你到中央主持工作，有大智慧……好好，不當面吹捧領導。稱第一副部長，大妙。江青同志該知足了。工資級別嘛，副部長最高到行政七級。中組部給通融一下，給定個六級吧，正部級薪水。五級以上，屬黨和國家領導人系列，又要經主席那一關，我們無能爲力。

陶鑄送走安子文，隨即去到西花廳，向周恩來總理作了匯報。周恩來表示認可：難爲你和安子文同志動腦筋，費心思。江青嘛，身份特殊，早就該給予關照了。回回卡在少奇、小平手裡，惹得江青一肚子不高興。這次先提成副部，算第一步嘛。第一副部長相當於正部長，不報告主席，行不行得通啊？安子文說中組部那邊可以模糊一下，總理、常務副總理這邊也給模糊一下？工資定爲行政六級，也屬正部級。陶鑄同志，就由你代表中央，去找江青談談，聽聽她本人的意見，這很重要。

從西花廳出來，陶鑄感覺怪怪的，不是個滋味兒：按說給江青同志晉級提薪，職務提四級，薪水加三級，是個大人情呢，爲什麼周總理自己不去做，而要推給他陶鑄？陶鑄進京，最怕打交道的就是這個權勢通天的江青。總理也是哪壺不開提哪壺？難道、難道……毛主席硬要把陶鑄安排在中央常委第四位，總理已疑慮到什麼？或是聽信了什麼讒言，誣陶鑄直逼總理寶座？不，不！看看都想到哪裡去了？周總理一向襟懷坦白，光明磊落，怎麼可以這樣懷疑他？陶鑄呀陶鑄，總理要是看不上你，怎麼可能調你到中央來？就算調來了，也會寸步難行……。

回到書記處辦公室，又是一大堆各省市自治區的緊急報告、加急電報、要聞簡報等著他陶鑄批覆：武漢造反派要火燒王任重，油炸王任重；湖南兩大派群衆組織紅色政權保衛軍與湘江風雷已經街頭對壘；廣西的「四·二二」要堅決炮打韋國清，「聯指」要誓死捍衛韋國清；鄭州最大的造反組織「二七公社」衝進河南省委大院要奪權；成都最大的保守組織「產業軍」誓言揪出李井泉，保衛西南局；南京街頭出現打倒江渭清、清算許和尙（許世友）的大字報；上海即將出現最大的群衆組織——「上海工人聯合造反總部」，頭頭是國棉十七廠的保衛科長王洪文；天津造反派揪鬥市委書記，市委書記生病住院，被造反派從醫院裡揪出；西安交通大學教學樓被燒毀，紅衛兵司令部指稱是陝西省委的狗特務所爲；雲南成立「工字部隊」，揪鬥省委第一書記兼昆明軍區第一政委閻紅彥，閻紅彥命令警衛部隊：誰敢衝擊黨、政、軍機關，武力制止；青海軍區司令員趙本夫被造反派揪去批鬥之後，回到省軍區召開黨委會議，集體作出決定：無論什麼組織，打著什麼旗號，只要他們衝擊軍區機關，揪人搶武器，就是現行反革命，警衛部隊可以鳴槍警告，警告無效，格殺無論……。

不看了！每天都是這類急件、急電，怎麼批覆？天下已經大亂。娘的，還說是形勢大好，越來越好，人民群衆被眞正發動起來了……陶鑄憂心忡忡。忽又覺悟到自己的情緒不對頭，方才是不是罵出聲音來了？環顧辦公室四周，有沒有被安裝了偵聽設備？還好，只有他一人在辦公室。他按鈴喚來機要秘書，問：這些急件、電報，各地報上來時，是祇有書記處一份，還是有多份？機要秘書說：首長您忘記了？一般都是四份，書記處、西花廳、釣魚臺、毛家灣二號各一份。陶鑄稍稍放下心：噢，看看我這記性，一天到晚忙暈頭。他們都有，我這裡就不要批覆了。批了也沒用，沒人聽。

機要秘書是他從中南局帶來的小伙子，忠誠老實，靠得住，這時提醒他：首長，昨天晚上有兩個絕密特急件，你還沒有翻到，是中央機關內部的……對對，就是那兩件，特意替你劃了紅圈的。

陶鑄翻出兩份特急件，登時手被燙了似的：一是煤炭部機關造反派和紅衛兵小將揪鬥張霖之部長時，對其拳打腳踢皮帶抽，還搬出毛主席的最高指示：「誰說中央機關沒有走資派？煤炭部張霖之就是！」天啊，這話是毛主席在去年一月的中央常委擴大會議上，和劉少奇同志發生爭吵時脫口說出的，黨內從未傳達，也沒上過簡報、文件，如今怎麼傳到煤炭部造反派和紅衛兵小將那裡去了？就算張霖之有錯誤，可以批判、幫助，為什麼要動武？張是老紅軍出身，過去在部隊是兵團政委，進城後是中央委員，國務院部長，怎麼可以對他拳打腳踢皮帶抽？黨內高幹還有不有人身安全？此風不可長，應堅決制止，否則會出人命的……天爺！還有這另一件，更要命：中央組織部造反派和首都三司紅衛兵司令部一起查閱了解放前的敵偽報紙，揭發：薄一波、劉瀾濤、安子文等六十一人，一九三六年八月從國民黨北平軍人反省院出獄時，曾在《華北日報》上刊登〈反共啓事〉，表示悔過自新，從此脫離共產黨，效忠國民黨。後這六十一人重新混入黨內，從事革命活動，勝利後人人身居要職，實為一批暗藏在黨中央內部的變節分子，一個大叛徒集團！

陶鑄額頭上冒出層細細的汗珠。中央組織部窩裡反了。薄一波是副總理，劉瀾濤是西北局第一書記，安子文是組織部長，其餘的也大都是中央委員、國務院部長或者省委書記……他陶鑄也是一九三六年從南京軍人反省院出獄，葉劍英同志去辦的交涉，國共合作抗日嘛。國民黨方面並沒有要求他填寫〈反共啓事〉，放他回了延安。他掏出手絹抹了抹額頭，問機要秘書：這兩份，也是四家都有？

機要秘書恭敬地點點頭：上午釣魚臺那邊來過電話，問您看過兩份密件沒有，有什麼看法？我說您不在辦公室，等回來再匯報。

陶鑄說：去聯繫一下，問那邊今晚上有不有空，我想和江青同志談談。

機要秘書退出後，陶鑄在煤炭部長張霖之挨打的那份密件上批示：黨內任何幹部犯了錯誤，都應在運動中接受人民群衆的批評、幫助、教育，並作出深刻檢查。在這同時，也應愼防極少數人假革命之名，對老幹部使用暴力。今後再出現此類破壞運動的行爲，革命群衆和警衛部隊應立即制止，把壞人送交當地公安部門處理。以上，請周總理再批示。

當今之世，陶鑄的這段批示，祇能算作車薪杯水，聊勝於無。剛放下筆，機要秘書即返回，報告：電話掛過了，那邊的秘書請示了江青同志，讓您晚上八點過去，談半小時。九點以後，江青同志另有重要活動。這些都是那邊秘書的原話。

陶鑄按捺不住焦燥地揮了揮手，命秘書離去。他差點就當著秘書的面罵出來：什麼玩意？妳藍蘋不過爬上了主席的龍榻，也算一人之下、萬人之上？我老陶再不濟，也是黃埔三期生，中央蘇區時期的福建省委書記！那時你藍蘋在哪裡？在上海灘演藝界鬼混！藍蘋戀愛，寬衣解帶，當年上海報紙上的緋聞誰不曉得……讓晚飯後過去談半小時！我陶鑄堂堂中央常委，成了妳文革小組副組長的下屬了?老子今天中午還在替妳個處級幹部想辦法,提職提薪,讓妳實現四級跳,當上文化部副部長哪。

陶鑄閉上眼睛,靠在單人沙發上歇了一歇。他心裡空空的,悵然若失……革命幾十年,已被人稱爲「黨和國家領導人」了,卻還在患得患失。調中央工作未滿半年,已萌生悔意,悔不該來趟這灘渾水……要是仍留在廣州,主持中南局多好!在那裡,自己意氣風發,抓革命,促生產,一心撲在工作上,誰敢在自己面前放肆?就算有人造反,糊大字報,呼口號,可誰動得了自己這個中南局第一書記兼廣州軍區第一政委?軍區司令員黃永勝,林總的老下屬,對自己這位第一政委也是言聽計從的。中南局下轄五省區,毛主席、周總理、朱總司令都笑稱自己是「南天王」。包括江青每年冬天到廣州小島或是從化溫泉避寒、休養,更是要對自己笑出一臉的燦爛,一口一聲的叫著「陶書記」。

甘家口外釣魚臺國賓館,自五月份起即被中央文革小組佔用,成爲領導全國文化大革命運動的權力中心。反正你新中國鬧轟轟、亂哄哄,人家外國元首、政府首腦也不會來訪了。江青名爲文革小組副組長,實爲釣魚臺的新主子,包括陳伯達、康生、謝富治這些人物都要跟著她轉,看她的眼神和臉色行事。中央文革小組辦公室主任爲毛、江的女兒李訥。於是「毛澤東——江青——李訥」,眞正的新中國第一家庭一條龍作業,呼風喚雨,打雷閃電,號令天下。

陶鑄的座車準時駛入釣魚臺,在七號樓前停下。七號樓是陶鑄的辦公樓,他很少使用。也是隱隱覺得這裡的陰氣重,應當與之拉開些距離。七號樓距江青的十一號樓還有一百多米遠近。陶鑄下車步行。因江青要求她的住處保持絕對安靜,不能有汽車駛近的噪音。媽的,黨中央也有皇上娘娘了。

江青的衛士領著陶鑄進入十一號樓小客廳時，時間恰是八點正。正在看電視錄影帶的江青沒有起身，而是先關了電視，再看一眼牆上掛鐘，才旋過身子來，朝陶鑄笑笑：老陶呀，你很準時。坐下，坐下。調中央後夠你忙的吧？主席很信任你，讓你多管事。京官難爲囉。

陶鑄心裡窩著火，臉上保持住笑容：沒什麼，在中南局忙慣了，要不忙，反倒不舒服。江青同志妳不也很忙嗎？文革小組一攤子，全仗妳撐著。

江青忽然聽出陶鑄的話裡帶有某種諷刺意味，要笑不笑地問：中央文革一大攤子，上頭有你和老康兩位大顧問，還有陳老夫子那個大組長，怎麼是我一人撐著？我可不敢領這個情囉。算了，老陶你也是個大忙人，沒有時間扯閒篇。你讓秘書來電話，說約我談談，我洗耳恭聽啦。

擺出架勢來了？也好，談吧。陶鑄收斂起笑容，說：江青同志，總理交辦，由我來過問一下妳的行政級別和工資待遇問題。我知道，主席對自己親屬嚴格要求，妳至今只是個正處級……今中午，我找中組部安子文商量，擬出個方案，向總理匯報了，總理委託我來徵求一下妳本人的意見……

江青不動聲色，仍是要笑不笑地問：你和安子文擬出了什麼方案？

陶鑄說：根據妳政治上的突出表現和目前所擔任的重要職務，準備先破格提拔至副部級，工資提爲行政六級，屬正部級，掛靠在文化部，可宣布爲第一副部長，相當於部隊的中將，正兵團級……

江青的臉色忽然變得很難看，鏡片後目光如錐，彷彿受到某種傷害、侮辱似的，盡量抑制住心裡的憤怒，聲音有些發顫地說：老陶，你講啊，你把你們的方案，通通講出來。

陶鑄沒想到江青會變臉變色，登時倒吸一口冷氣，不得不硬著頭皮，強迫自己把話講完：我們原先是考慮給提拔成正部級的。但按組織原則，提正部一定要報主席親自審批。我們知道主席的脾氣，會罵人，甚至處分人……祇好先提至副部，報總理和常務副總理批准就可以正式發文。到文化部去宣布任命時，再宣布爲第一副部長，相當於正部級。安子文說中組部還可以模糊一下，工資定爲行政六級，也屬於正部級。五級以上，屬於黨和國家領導人系列，一定要經主席和常委會議審批。江青同志，妳聽我講完，這事，安子文，我，總理，動了腦筋，盡了最大的努力，妳要體諒才好……

江青冷不丁地問：老陶，你現在是行政多少級？

陶鑄見江青反倒問起他的級別來，這不是要找茬了？他還是坦然回答，以表明心迹：原先做省委第一書記，後做中南局第一書記，一直是行政六級，也就是中央的正部級，十多年沒有變動。去年一月三屆人大會議，給掛了個副總理，中央要定爲行政四級，我只要了行政五級……。

江青插斷：那是人家劉少奇、鄧小平安排你當總理的接班人，是個戰略性布署。

陶鑄有些急眼了：江青同志，我和劉少奇的關係，主席心裡有數。對不起，不能說這個。況且我本人是從沒有計較過在黨內的什麼級別的。按資歷，我是黃埔三期生，和林帥、徐帥同期。中央蘇區時期，我是福建省委書記，小平同志是江西省委書記……講句不該講的話，一些原先比我職務低的同志，甚至是我的下級，後來都超越了我。可我們共產黨人，能計較這個？想起那些犧牲在戰場上、地下鬥爭中的老戰友，千千萬萬的革命烈士，我們這些熬到最後勝利，享受到革命成果的人，還要計較個人得失的話，就太沒有道義、良心了，太不配做共產黨人了，甚至不配做普通的公民了！

說罷，陶鑄紅了眼睛，動了眞情。

江青卻是忍無可忍了，抬高聲調，正色道：陶鑄同志！謝謝你對我進行革命傳統教育。不管你配不配，我還是要感謝。我也要告訴你，你們擅自討論我的級別、工資問題，是對我的人格羞辱，也是對主席的人格羞辱！考慮到你們的處境，我可以不把這件事報告主席，你們可以免予紀律處分。哼！眞是的，平白無故的來羞辱我，安的什麼心？我這個正處級光明正大，心安理得！誰在乎你們封的那個文化部副部長？老娘根本不放在眼裡！鄧拓、吳晗、廖沫沙，周揚、田漢、夏衍，哪個的官不比我大？彭、羅、陸、楊的官比我更大，還不都敗在了老娘手下？老陶呀，你身爲中央常委，難道不明白，現在中央是四大家？主席講了，從下個月起，凡中央文件，四大家一起署名：中共中央、國務院、中央軍委、中央文革。你還是中央文革第一顧問哪，反倒不承認中央文革的權威地位？本人身爲中央文革第一副組長，代行組長職權，你們卻拿個文化部副部長的虛銜來搪塞我，羞辱我……。

陶鑄再坐不住了，原來這女人心比天高，要奔黨和國家領導人行列……遂站起來說：江青同志，這個誤會鬧大了，這個誤會鬧大了……不是周總理親口交辦，我會來討這個沒趣，惹這身騷嗎？

江青瞪陶鑄一眼，忽又變了聲調，語氣柔和地說：陶鑄同志，你坐下啦，現在是八點二十五分，我們還可以談五分鐘。我們是不打不相識嘛。其實我對你老陶一直抱有好感。一九四三年延安整風時，劉少奇把柯慶施關進窰洞，要往死裡整，你當時是軍委秘書長，路見不平，找我反映，讓主席出面救柯慶施一命。後來主席下令放了柯慶施，並委以重任……你還記得這事嗎？我可一直沒有忘記啦。今年年初決定調你到中央工作，主席是對你抱了大希望的！把話說白了，就是要你來參加和劉、鄧、彭、羅、陸、楊的鬥爭。主席把你擺到了這樣重要的崗位上，你卻不去抓大事，管大事，而來管給我加工資、晉級別這類芝蔴綠豆事，你會迷失方向的呀，陶鑄同志！你不要急著走，我還要說說正事。中組部造反派的揭發材料你看到了嗎？我怎麼也沒想到，薄一波、劉瀾濤、安子文等六十一名大人物，竟是一個變節集團！此事，文革小組已經上報主席。我們黨的高級幹部中，究竟有多少人是從敵人的狗洞爬出來的？不搞文化大革命，任由劉、鄧他們領導下去，江山變色，地主、資本家上台，千百萬人頭落地！陶鑄同志，我們還是要把心思和精力，放在抓大事、幹大事上頭囉。

陶鑄腦子裡轟轟響，眼前直冒火星子，但總算忍住了自己的火爆性子，平靜地站起身子，不亢不卑地告辭：江青同志，言歸正傳，回到原來的話題，根據妳本人的意見，你的級別和工資問題，只好先放一放了。容我回去向總理交差吧。至於我在中央的工作，謝謝妳的提醒，我一定會按主席的指示和中央全會的決議去做。我過去對劉少奇同志的某些做法是有保留，也抵制過，但少奇同志不是敵人，是同志。主席不也剛在政治局擴大會議上講過，劉、鄧的錯誤是工作中的錯誤，是公開的，不涉及陰謀活動，和彭、羅、陸、楊的性質不同？

陶鑄走後，江青對他寒了心：老娘現在總算鬧明白，你陶鑄是哪條路線上的人。

第二十一章　陶鑄誤施「換頭術」

陶鑄回到家裡已是深夜十二點。還有十多天就是國慶節，受周總理委託，「十・一」慶典的組織籌備工作歸他抓總。今年國慶不比以往。往年國慶，依例突出中央兩位主席，所有報紙頭版上半部分並排刊登毛澤東主席和劉少奇主席的標準像。今年的照片怎樣刊出？劉犯了錯誤，照片上不上？中宣部的張平化、新華社的吳冷西，請示過多次了。事關國家形象，陶鑄作不了主，請示周總理。總理說：少奇同志還是國家主席嘛。意思是照上。陶鑄怕口說無憑，囑中宣部和新華社寫出請示報告，請總理審批。周總理一見文字的東西，卻也猶疑起來了：陶鑄啊，少奇在中央常委排名已經到了第八位，再把他的照片和毛主席並列，是會有麻煩。還有十來天時間，你找吳冷西他們動動腦筋吧。

曾志親自下廚房，準備好了消夜。陶鑄剛進到小餐室坐下，忽地眼睛一亮：張志新！每逢見到這位年輕漂亮的弟媳，他總是很高興的：志新，出差來了？我調北京工作，妳還是頭次上門……。

張志新一向在姐夫面前無拘無束，總是那麼嫵媚頑皮：姐夫家的門坎越來越高啦，要不是大姐親自到警衛局門口領人，中南海是我這外地幹部進得來的？過去的皇家禁苑，今天的中央禁地……

陶鑄知道這個弟媳思想活躍，好發議論，便問：你們省裡的情況怎樣？負責人都靠邊站、挨批鬥了？也出現了兩大派組織？妳是造反派還是保皇派？

張志新說：我哪派都不參加，當消遙派……省委機關癱瘓了，幹部職工都不用上班了，誰還會派我出差？我是隨了瀋陽醫大的紅衛兵，擠了一整天的免費火車，又和兩百名女生擠坐在一間教室裡熬了一夜，算趕上了天安門廣場的接見。都見到了啥呀？一百萬人聚在一起，我們遼寧紅衛兵方陣離城樓一百多米，都只望見城樓上一些人影子在來回晃，我們後面的，就更望不到什麼了。紅衛兵小將們都哭嚷著沒有見到毛主席……大約只有你們在城樓上的首長們，才以為紅衛兵小將們見到了偉大領袖，激動得哭泣。姐夫啊，說句你不愛聽的話吧，這和回教徒去麥加朝聖，有什麼區別？

陶鑄瞪一眼弟媳，沒有吭聲。曾志端了一籠熱騰騰的湯包進來，張志新連忙接住，並給姐夫、姐姐各盛上一碗白粥。陶鑄當了大官，吃起東西來卻仍是行伍氣習，風捲殘雲。曾志忍不住發幾句牢騷：志新啊，我陪他進京，替他當老媽子來了。可我還是廣州市委書記，自己有一大攤工作。妳來得好，反正你們省委機關也不用上班了，就留下來陪陪妳姐夫，我回廣州去看看……。

陶鑄看老伴一眼：想回廣州去當走資派？怕沒人揪鬥妳呀？

曾志說：怕什麼？我童養媳出身，十多歲當小紅軍。連我這樣的人都要被揪成走資派，只怕黨內沒有乾淨的人了。

陶鑄一口一個湯包的吃著，也不怕燙：妳呀，我講什麼都不肯聽。我問妳，煤炭部的張霖之，衛生部的傅連璋，雲南的閻紅彥，青海的趙健民，內蒙的王逸倫，哪一位不是老紅軍出身？運動一起，就都首當其衝了。總理和我分頭發電報、掛電話，都不管用，照樣挨打。張霖之、傅連璋兩位部長還掛了彩，要到醫院包紮，又怎麼樣？

曾志心直口爽：我懷疑是釣魚臺那邊的人，把去年年初兩個主席吵架的話，傳到煤炭部去的，才使張霖之挨打。這叫什麼事？黨章黨紀都作廢了？還有傅連璋，可是在江西蘇區起就給主席當醫生，救過主席的命的呀。老陶，傅連璋救主席命的事，我們親眼所見，爲什麼不出面保保他？

陶鑄筷子一放，嘆口氣說：可上頭還說亂得不夠，還要亂上半年、一年的……告訴你們吧，老舍同志自殺了。五月份是鄧拓、田家英，八月份是李達、老舍。老舍是跳太平湖死的，身上還帶了本手抄的《毛主席語錄》。李達同志則是跳了武昌東湖。都是過了一星期，書記處才得到消息。

曾志和張志新都知道李達是毛主席的學長，黨的創建人之一；也都看過老舍的小說《駱駝祥子》和話劇《茶館》，曾經被周總理稱爲「人民藝術家」的老作家啊。

這時，電話鈴聲響了。陶鑄順手拿起話筒，什麼？中宣部造反派把陸定一、周揚抓走了？文化部造反派抓走了夏衍、田漢？張平化同志，你去傳達我的指示，告訴造反派頭頭：立即把人放回來！陸定一、周揚他們的問題只能由中央處理！已經死了一個老舍，再不要搞出人命來了……他們不肯放人,我再報告總理,派衛戍區部隊去把人要回來。好好,我報告總理,明天一定把人要回來。

陶鑄放下電話,忽然警覺地瞪張志新一眼,警告說:志新!妳在我這裡,什麼話都可以說,算童言無忌。妳大姐和我說的話,妳要是傳出半句去,日後肯定被人割掉喉嚨!知不知道厲害?

張志新兩手蒙住兩耳:我不要聽!割掉人的喉嚨,那是最黑暗的商紂王時代才會有的酷刑。

曾志伸手拍了拍弟妹:好了好了,別聽妳姐夫嚇妳啦。老陶呀,志新也是十年黨齡的幹部,不會像你擔心的那樣幼稚啦。

陶鑄仍盯住張志新問:妳什麼時候回瀋陽?

張志新撒嬌似地嘟了嘟嘴:你這是下逐客令呀?大姐還想留下我照顧你這大首長哪。現在我就給你提個意見,都下半夜了,還這麼狼吞虎嚥的,不利健康。

陶鑄轉而笑看一眼蒸籠,抹抹嘴巴:嘀嘀,妳們還沒有動筷子,就叫我一掃而光……放心,還有一堆急件等著我批覆,不到四、五點鐘上不了床。我在廣州也算個忙人,沒想到中南海的這個忙喲,每天都腰酸背痛。志新,妳有什麼話,現在就講講,講完拉倒。明天妳就回瀋陽去,不要留在這裡惹禍。我不反對妳在運動中當逍遙派。我和妳姐姐嘛,如今想逍遙也逍遙不了。

張志新仍嘟著嘴,心事重重地說:你們這院子的隔壁是不是春藕齋?毛主席星期六晚上會不會來跳舞?我想陪他老人家跳一次舞……。

曾志瞪大了眼睛:弟妹中什麼邪了?一表人才,被主席看上,江青恨上,妳脫得了身?

張志新趕忙解釋：我祇想找到一次機會，向毛主席進言，黨和國家都不容現在這樣胡整下去了。

陶鑄更是氣不打一處來：妳想進諫？異想天開！我說妳是異想天開。

張志新也學著姐姐、姐夫，故意瞪了瞪眼睛：我們的黨章上，不是明明寫著，黨員有保留自己意見的權利？並可以向上級組織、直至中央主席反映自己的意見？黨章都不作數啦？

陶鑄倒是不忙發火，耐住性子說：志新啊，都什麼時候了？主席講，現在黨和國家進入了非常時期，條條框框都要打破。自春上起，北京市委市政府，中央的二十幾個要害單位，就被軍隊接管了，妳明白不明白？

曾志說：老陶，志新妹妹從模樣兒到心性兒，都還沒有長大，是個畢不了業的大學生。

張志新爭辯：我八年前從人民大學政治哲學系畢業……毛主席可不是你們這樣說的！他老人家早在一九四五年五月的第七次黨代表大會上說：不能設想每個人不能發展，而社會有發展。同樣不能設想我們黨有黨性，而每位黨員沒有個性，都是木頭。這裡我記起了龔自珍寫的兩句詩：我勸天公重抖擻，不拘一格降人材。在我們黨內，我想這樣講：我勸馬列重抖擻，不拘一格降人材。不要使我們的黨員成了紙糊泥塑的人，什麼都是一樣的，那就不好了。

陶鑄看曾志一眼，彷彿在說：莫看這名省委宣傳部的理論幹部，還懂一點黨史資料呢，遂說：志新，一九四五年你才幾歲？我和妳姐姐都是參加了「七大」的……用不到妳搬出主席的話來提醒我們。看來妳確是名有個性的黨員。好，現在就先聽妳談談，想向主席進些什麼諫言？我也想了解一下妳所代表的黨內部分青年同志的某些活思想。

張志新說，那好，有個要求，不管中聽不中聽，姐夫、姐姐都要聽我講完，不要中途插斷。

曾志知道這個弟妹曾在遼寧省委黨校任教，口才甚佳：好啦，要我們聽妳演講，還先立規矩。

張志新目光堅定地望著姐夫、姐姐：不管以何種方式向黨中央主席提出，我都是以下幾點：第一，劉少奇是位久經考驗的革命家，黨和國家的傑出領導人，他的功績有目共睹。只有召開黨的全國代表大會，通過投票表決，才能改變他在黨內的地位。上個月的十一中全會，把他從第二位降至第八位，是違背了黨的組織章程的，何況他現在仍然是中華人民共和國主席，國家元首；第二，林彪同志是位傑出的軍事家，但不是政治家。他號召全軍學毛著，把毛澤東思想說成是「最高最活的馬列主義」，是「馬列主義的頂峰」，以及稱毛主席是「最偉大的天才」，「對革命的貢獻超過了馬、恩、列、史」等等，都是說過頭了，絕對化了，在理論上是站不住的，邏輯上是不通的，且是反馬克思主義的歷史辯證法的。奇怪的是，近幾年來，毛主席卻接受了這種庸俗吹捧，並表現出極大的興趣。林彪的地位也因此節節高升，直至上月的十一中全會上取代劉少奇，成爲黨的第二把手。這在黨內是極不正常、極不健康的，繼續發展下去，必然危及毛主席本人的安全；第三，自一九六二年以來，黨和國家陷入了「個人迷信」、「領袖崇拜」的狂熱之中，已經到了不顧國計民生的地步。全國紅衛兵大串連就是典型事例。毛主席負有直接的責任。全黨同志也都看到，毛主席十分熱衷於自我號召、自我迷信、自我崇拜，有計劃、有步驟地掀起了全國上下的大狂熱，高燒三十九度、四十度，到了生命的臨界點。再不及時煞車，黨和國家會有大災難；第四，這次的文化大革命運動，是一九五八年大躍進運動的重演。那次是經濟，這次是政治。那次大躍進引發三年大饑荒，死亡人口幾千萬……

電光火石，晴天霹靂。渺小挑戰偉大，雞蛋擊打巖壁。曾志見陶鑄雙眼發紅，臉膛漲成豬肝色，兩手拳頭都攥緊了。要是別的人敢在他們夫婦面前講這些話，陶鑄早叫警衛員把人帶走了。可這人卻偏偏是他們喜愛的弟媳……眞想不到，這樣一個年輕、俊俏的人兒，頭腦卻這樣複雜，這樣可怕，而且一團正氣，無所畏懼。有一刻，曾志彷彿看到了三十多年前的自己，遇事好鬧個獨立思考，絕對不肯隨波逐流，渾身都是反叛的細胞……不能不承認，張志新的這些看法，是當前滔天狂潮中的一股清澈細流，是排山倒海、地裂山崩中的一聲杜鵑啼唱，是撲向燎原烈火的一隻飛蛾。

奇怪的是陶鑄沒有勃然大怒，祇是面色陰沉，語氣艱澀地說：志新，后羿射日，妳也想射日？不知死活！莫看妳讀了些馬列的書，作爲一名老黨員，我不能不提醒妳，對於黨內鬥爭，妳是個白丁，屁事不懂。革命從來就是個充滿血腥氣的事業，哪有理論教科書上那麼高尙、衛生？不懂得腌臢，就不懂得革命。妳勝利後大學畢業，參加革命隊伍沒有聞到過血腥氣。妳剛才的一番議論，公開出去，要被割斷喉管的！我這樣講，妳不要不服氣。妳是一九三八年出生，對不對？我在一九二九年就是地下黨福建省委書記了，妳曾志姐不到十八歲就當了省委婦女部長。妳以爲革命是那樣白璧無瑕，紙上談兵嗎？我不給妳扣帽子，我們是至親關係，權當紙上談兵，只能到此爲止。小姑奶奶，妳到此爲止！永遠給我閉上嘴！妳提出想見毛主席，更是癡人說夢。妳以爲住在中南海裡的人，就那麼容易見到毛主席嗎？中南海才多大塊地方？現在分成甲、乙、丙三個區，拿丙區通行證的人到乙區去試試看？馬上被帶走！我算是黨內第四吧？小平同志靠邊了，我成為書記處當家書記，常務副總理，要見一次主席也不容易……我看妳志新呀，放棄妳的那些天眞幼稚、反動透頂的念頭吧，回去好好當妳的逍遙派！不然等妳闖出大禍來，誰都救不了妳。我和妳大姐不但救不了妳，還會被妳所拖累。今後，妳就好好在瀋陽家裡待著，不要再到紅衛兵組織裡邊瞎混，更不要到北京來惹禍！我現在也是泥菩薩過河，妳明白嗎？好了，我只能和你談到這裡，還有一大堆急件要看，要批覆。

說著，陶鑄進了書房，電話鈴聲響起。因書房門開著，坐在餐室裡的曾志和張志新能聽到電話談話內容：我是陶鑄。總理還沒有休息？上海市委的加急電報？我這裡也是急件一大堆……造反派要在上海鬧總罷工？目前全上海只有半個月的存糧，一星期的存煤……那整個上海就癱瘓，我國第一大港口、第一大工業基地就成為死港、死城……市委第一書記曹荻秋、市長陳丕顯都是紅小鬼出身，怎麼算走資派？不能讓造反派胡來，對造反派不能放縱，現在的問題是有人放縱……對了，總理，中宣部張平化來電話，陸定一、周揚、夏衍、田漢被造反派抓走了，請總理派衛戍區部隊……。

書房裡的聲音小了下去。餐室連著廚房，曾志和張志新收拾著籠碗杯盤：志新啊，妳也聽到一些情況了。回去把嘴巴關牢。北京成了是非窩，中南海更是敏感得要命，我是一天都不想待下去……當初我就反對妳姐夫進京。可他又不能不服從組織。這不？幾大攤子都堆在他身上，成了救火隊員。什麼黨的第四把手，我看是把他擱在火上烤哪，不定哪天就大禍臨頭……。

周恩來是救火隊長，陶鑄是救火隊隊副，時而中南海，時而人民大會堂，時而釣魚臺，時而京西賓館的，會見各部、委、辦造反組織的代表，各省市紅衛兵、革命群衆的代表，談話啊，聽取匯報啊，勸說要文鬥、不要武鬥啊，主持兩派談判，討價還價啊……單是首都紅衛兵總司令部擅自給北京的街道、公共建築物改名的事，陶鑄就陪著周總理和小將們談了兩個通宵。更有北京市三十四所中學的紅衛兵聯合造反總部，貼出大告示，聲言要把北京市改名爲「東方紅市」，把天安門廣場改名爲「東方紅廣場」，天安門城樓下金水橋前的兩尊石獅和華表，封建主義的東西應予拆除，改立毛主席的銅像和英雄人物塑像……你說荒唐不荒唐？要置國家形象、國際觀瞻於何地？

陶鑄佩服周總理的那種不依不撓的耐性和韌勁。周總理總是嚴肅中帶著笑容，聽取小將們各種似是而非、狂妄無知又不可一世的條件啊，要求啊，過去三娘教子，現在子教三娘，革命了大半輩子，如今卻任由那「五大學生領袖」信口雌黃、指手畫腳！要依了陶鑄在中南局的脾氣，早就送他們到農場勞動教養去了！可是在北京，紅衛兵小將們的背後是中央文革，中央文革的背後是偉大領袖毛澤東。你陶鑄只是個大辦事員！什麼第四把手？周總理是第三把手又怎麼樣？說來說去都不如江青那個旗手！紅衛兵簡直就成了那婆娘的「羽林軍」、「黨衛軍」……算了算了，思想又走火了，那婆娘惹不起還躲不起？看看人家總理，任遇上什麼難纏的對手，大吵大鬧，來勢洶洶的場面，總是不慍不燥，冷靜以待。關於紅衛兵小將們擅自給北京市街道改名的事，最後雙方各讓一步：

周總理和陶鑄代表中央，同意小將們把外國使館集中的東交民巷改名爲「反帝路」，把蘇聯大使館所在的揚威路改名爲「反修路」，把大專院校集中的中關村改名爲「紅民村」，把王府井大街上的「全聚德烤鴨店」改名爲「北京烤鴨店」，把「協和醫院」改名爲「首都人民醫院」，「同仁醫院」改名爲「工農兵眼科醫院」，琉璃廠改名爲「人民美術出版社第二門市部」，等等。這些改名，交由北京市政部門正式確認；

紅衛兵小將們則同意：北京市仍叫北京市，不改名爲「東方紅市」。天安門廣場仍叫天安門廣場，不改名爲「東方紅廣場」。天安門城樓下的石獅子、華表仍可保持，不予拆遷。東、西長安大街不改名爲「東方紅大街」，故宮博物院不改名爲「明、清帝王罪行展覽館」，景山公園、頤和園、雍和宮等等，亦保留原來的名稱。

那天凌晨，結束了和紅衛兵小將們的談判，精疲力竭的陶鑄，對已經累得步子都邁不開的周總理說：我們這是在忙些什麼呀？陝西、甘肅鬧旱災，安徽、江蘇鬧水患，分不出身去過問，卻把主要時間、精力耗在和娃娃們的沒完沒了的談判、周旋上，難道這就叫就文化大革命？周總理卻說：陶鑄同志，你還沒有進入角色？和小將們打交道，可要小心。文化大革命，實現毛主席的戰略目標，是壓倒一切的大事，其它事情都是次要的。陶鑄差點就要爭辯：西北大旱，華東大水，關係到幾千萬人口的安危，難道成了小事？但他一見到周總理的滿臉倦容，就不忍開口了。

轉眼就是國慶前夕。十月一日全國所有報紙頭版上的領袖照片怎麼刊登？陶鑄終於和總理辦公室、中央文革達成折衷方案：國家主席劉少奇不宜再和毛主席並列刊出標準像，而改發一組以毛主席爲首的中央十一位常委在天安門城樓上的照片。交新華社吳冷西他們辦。可是直至九月三十日晚上，新華社攝影部查遍了所有底片，獨獨少了一位鄧小平。陶鑄正在人民大會堂宴會廳出席國慶酒會，被工作人員請到休息室，見到一頭虛汗的吳冷西，聽了匯報，生氣地說：明天一早，小平同志的照片一定要和其他常委的照片一起見報！你們想不出別的辦法？除非做技術處理？吳冷西從公文包裡抽出一幅可做通欄刊出的照片來：就是這一張，你看陳毅同志站在康生的旁邊，但陳老總不是常委，可不可以換上小平同志？怎麼換？就是把陳老總的頭剪下，把小平同志的頭換上去。陳老總的身子略高點，也略胖些，刊在報紙上倒也不大看得出來。陶鑄說：你這是換頭術啊？還有不有其他法子？吳冷西說，還有一個小時，新華社必須向全國所有報紙發通稿，只好出此下策了。陶鑄說：那就換吧，反正你們是老行家了。吳冷西問：要不要請示一下總理？陶鑄說：總理忙得暈頭轉向，剛到宴會上露了個面，就被叫到菊香書屋主席那裡去了。我爭取今晚下半夜能聯繫上，說明一下吧。

十月一日一大早，一幅經過「加工處理」的以毛澤東爲首的黨中央十一位常委的照片，赫然出現在全國所有報紙的頭版上。毛澤東中午睡醒後，依習慣先靠在床頭喝濃茶，翻看當天的《人民日報》、《解放軍報》、《文匯報》等幾份主要報紙。看到頭版上的照片，嘀嘀笑了：劉克思的大照片沒有了，不再神氣活現……陶鑄會辦事。文化革命，新事新辦，好。

周恩來起床後，看了報紙照片，沒有吭聲。昨天深夜已聽陶鑄電話說明，想想也沒有大不妥。只要菊春書屋主席那邊、釣魚臺江青那邊不講什麼，事情就算過去。

劉少奇一早起來，翻了報紙，苦笑著對夫人王光美說：看看陶鑄他們幹了些什麼？我這個國家主席還沒有下台，照片先下來！王光美也感到不對勁，說：要不要問問總理？劉少奇說：算了，下來就下來，一切無所謂。還記得嗎？八月五日晚上，周恩來代表毛澤東給我一個電話，通知我今後不要再出面會見外賓，參加外事活動，我這個全國人民代表大會選舉出來的國家主席，不就被掛起來了？

當天上午，依例在天安門廣場舉行盛大集會，閱兵遊行。天安門城樓上，一身軍裝的毛澤東龍行虎步，把身著灰中山裝的劉少奇、鄧小平二位招到身邊來，說：少奇、小平，你們兩位的錯誤是路線錯誤，派工作組鎮壓學生運動，推行了資產階級反動路線嘛。但屬於人民內部矛盾。紅衛兵、造反派要打倒你們，我則是立足於保你們。反省一段時間，接受批評、教育，日後還可以出來工作。幾十年的老同志了，不要學彭德懷，就此分手，老死不相往來。劉少奇、鄧小平聽了毛主席的教導，自是感激涕零，當場表示，一定洗心革面，重新做人，爭取早日回到毛主席的革命路線上來。

毛澤東卻是漫不經心地當衆把劉、鄧的錯誤提升至「資產階級反動路線」的高度。林彪心領神會，從口袋裡掏出紙片匆匆寫下了什麼。周恩來聽在耳裡，記在心上。陶鑄也聽在耳裡，只是捉摸不透，主席是隨便說說，還是經過了深思熟慮？他同時留意到，當陳伯達、康生、江青、張春橋等人聽到這句話時，都按捺不住竊喜似的互使眼色，彷彿討得一道密詔了。

陶鑄始料不及的，是當天晚上，江青在天安門城樓上看過國慶焰火表演，回到釣魚臺十一號樓，文革小組成員王力即手拿一份《人民日報》前來報告：江青同志，您是專家，看過這幅照片沒有？江青是業餘攝影家，曾以李進、峻嶺等筆名發表過不少攝影作品，其中最有名的是毛澤東親自題詩的兩幅：〈題李進同志廬山仙人洞照〉、〈爲女民兵題照〉。聽理論愛將王力這一說，江青取過放大鏡，以行家的眼光很快看出報紙上照片的破綻：這個鄧小平，個頭有這麼高？這麼胖？對了！他的這顆腦袋是被人移植上去的！王力湊近身子，壓住嗓門說：我們派在陶鑄身邊的人密報，這照片上原是陳老總，被換上鄧小平的腦袋，太不像話了。陶鑄同志眞是煞費苦心！

江青登時面露春威：這個陶鑄，老娘總算看清他的眞面目了！他曾拜鄧小平爲師，現在挖空心思，不擇手段保他的師傅。他是隱藏在中央內部的最大的保皇派！王力，你現在就給陳毅同志掛電話，告訴他這件事，讓他去找陶鑄算帳！

王力要通了陳毅家裡的電話，向陳老總說明原委。陳毅卻在電話裡笑嘀嘀：王力啊，你們成天忙些啥子事情？格老子沒得興趣嘛。我不是常委，本不該站那位置。因去找康生談幾句話，被攝影師拍下了。小平同志是常委，那本是他的位置囉。這麼個事情，你們沒有必要做文章囉。

陳毅的回答，江青通過免提電話全聽到了，恨恨地說：陳毅和我們不是一路……我來給總理電話。說著，就要通了西花廳。江青一驚一咋地說：總理啊，不得了啦，出大事啦！不是我咋咋呼呼，是陶鑄膽大包天，搞陰謀搞到中央常委的照片上！都發明了換頭術啦！你事先並不知道？好，我立即報告老闆，由老闆來處理！

電話裡，周恩來卻勸江青不要專為此事去找主席，改由他向主席匯報，有了結果，再轉達給她。江青想了想，勉強接受了周總理的勸告。因為自己做為主席夫人，也常常捉摸不定老闆的心性、喜好，貿然直接去找，往往受到斥責，還是周總理辦事老成……。

打發走了王力，江青認眞思考陶鑄這個人的問題，老娘再忍一忍，總能揪住機會把他弄下來，還有那個王任重，也混上了中央文革副組長，和他一路貨色。江青恨王任重，超過了恨陶鑄。王小白臉十幾年來，在武昌東湖賓館梅嶺一號為老闆提供了一些什麼服務？淫窩！老娘這口氣忍了十多年了。王小白臉又是陶鑄屬下一條狗，狗主不倒，打不了狗……。

當天晚上，周總理回了電話：藍蘋啊，照片的事，我報告主席了。主席講，照片無大錯，錯在事先無請示，先給陶鑄記下一條，以後再說吧。這是主席的原話。我的意見，陶鑄同志調中央工作，幾大攤子堆在一起，忙中有錯，要給時間讓他熟悉新業務，適應新環境。當然我們要不時批評指正。如他堅持不改，就是另外一回事了。藍蘋啊，妳還有別的事沒有？要不，我放電話了。人民大會堂那邊還有三個省的群眾組織代表等著我，妳去不去呀？

江青說：總理呀，太晚了，這次接見我不參加了……我還要講講另外一件事。北大聶元梓、清華蒯大富他們和中組部機關造反派，給文革小組這邊送了一份揭發材料，揭發一九三六年關押在北平軍人反省院的原華北局幹部六十一人，集體刊登反共聲明出獄一案，為頭的就是薄一波、劉瀾濤、安子文、楊獻珍等人。我們這邊已把材料打印分送中央常委，不知總理看到沒有？

周恩來一聽這事，心裡登時一沉：當年高崗、饒漱石要挖的所謂「華北局叛徒集團案」，目的在打擊劉少奇同志；現在由江青出面，重新提出，關係到從中央到省市的一批高級幹部的政治生命啊！怎麼回答？可又不能不回答：妳說的那個材料，我還沒有細看。印象裡，一九三六年那件事，是經過了延安黨中央同意了的。好像是華北局書記劉少奇請示中央，張聞天批准的。那時張聞天是中央總書記……這樣吧，運動中對某些幹部的歷史問題，小將們和造反派大膽懷疑、挖叛徒、抓變節分子，出發點是好的，但落實起來，仍要堅持實事求是。當然，最後的決定，我們聽主席的……

周恩來把問題推給毛澤東。江青說：那好，我會拉上康生、謝富治兩位，就此事專門向主席匯報一次，要求把隱藏在黨內的大叛徒集團揪出來。陶鑄好像也是一九三六年從國民黨監獄裡出來的？

第二十二章　把彭德懷抓回來

周恩來接獲消息：北京地質學院紅旗戰團和北京航空學院東方紅戰團，一百多名紅衛兵小將組成兩支敢死隊，南下四川揪彭德懷，並要展開革命競賽，誰先「搶」到「彭老頭」，誰向中央文革請功。「天派」、「地派」都到成都「搶彭德懷」？原先以爲彭老總去了大西南，可以避過一劫啊。周恩來掛電話問陶鑄。陶鑄回說他也是剛剛聽到這事，該不是釣魚臺那邊授意的吧？總理哪，我建議報告一聲主席……周恩來頓了一頓，嘆口氣，放下電話。陶鑄的情況也很不輕鬆，中南五省的紅衛兵代表滿街上貼他的大字報，顯然也是有中央文革的人在背後支持。陶鑄是泥菩薩過河，自身難保囉。

周恩來無力阻止事態的發展，祇能順應時勢，起點緩衝作用。他徵得毛澤東的同意，代表中央發給西南局和成都軍區司令部一封急電：由成都軍區派出一個警衛班，和紅衛兵小將一起送彭德懷回京，不坐飛機坐火車，中途不要下車，不要對彭進行人身攻擊。電報簽發後，周恩來問機要秘書：成都現在的情況怎樣？找得到李井泉同志嗎？機要秘書回答：西南局機關和三線建委機關都被紅衛兵、造反派佔領了，聽講李井泉同志挨了打，躲到鄉下去了。周恩來又問：軍區司令員黃新廷哪？機要秘書答：黃新廷被造反派抓走，失去自由。周恩來再又問：軍區政委甘渭漢哪？機要秘書答：也被抓走了……成都軍區和西南局都有電報向中央告急。還有北京軍區抓楊勇，福州軍區抓韓先楚。……

周恩來心裡一沉：連野戰軍區的司令員和政委都被抓走，把老總們逼急了，要鬧武裝對抗的！他最擔心武漢軍區的陳再道，南京軍區的許世友，鬥得他們紅了眼睛，天王老子都不認。給毛主席起草一份報告吧，把大軍區司令員、政委，各中央局第一書記，各省市自治區第一書記，統統接到北京來，集中到西郊中央黨校休息、學習，保護起來，避過這一波運動大衝擊再說。

一年前，彭德懷來到四川成都，住進永興巷七號，出任大西南三線建設委員會第三副主任。三線建委屬大軍區級單位，主任由西南局第一書記李井泉兼任。第一副主任爲當過第十三兵團司令員的程子華，第二副主任爲成都軍區副司令員、原三十八軍軍長梁興初。程、梁二人過去都是彭德懷手下戰將，均因戰場上指揮有誤被彭德懷痛斥過、處分過，彼此存下心結。一九五九年廬山會議上，時任國務院商業部長的程子華成爲倒彭幹將。在隨後召開的中央軍委批彭整風會議上，梁興初更是堅決批彭的一員。這樣，在三線建委領導班子中，排在前三位的領導人李井泉、程子華、梁興初，都是彭德懷的政治對頭。老毛也眞是會替他老彭安排新的工作崗位啊。他名爲第三副主任，卻不准參與全局性機密決策，不准過問軍工生產，不准走訪國防工程。只讓他分管煤炭開採和天然氣供應。

他依然作風粗獷，大大咧咧，不注重言語小節。來到大西南，可以到處走走，看看，總比困死在北京西郊吳家花園強。他儘量不留在成都機關裡，而一頭扎進基層，在四川、雲南、貴州三省交界的大山區馬不停蹄地調查研究。連報紙都很少看。隨行的警衛秘書告訴他：全國各地的報紙都轉載了上海姚文元批海瑞的文章，中央開了上海會議，把羅瑞卿總參謀長撤職查辦。還有內部消息，毛主席講「彭德懷就是海瑞，吳晗替海瑞翻案就是替彭德懷翻案」……他也不以爲然，反駁說：六五年五月二十五日，毛澤東親口對我講了，廬山的事情已經過去，以後不要再提。當時劉少奇、鄧小平、彭眞都在場，中央才派我到大西南來工作的嘛。你們問我認不認得北京市那個吳晗？不認識，只知道是位歷史學家。至於羅瑞卿，老熟人囉，毛澤東的大保鏢，過去批我批得很起勁，沒想到他會下台。

他和隨行人員來到成昆鐵路工地。當他聽到匯報，負責烏斯河隧道施工的鐵道兵第十四師官兵，戰勝多次大塌方和泥石流災害，提前打通了三千米長的山洞時，他像戰場指揮員收到前線捷報那樣大爲振奮，日夜兼程趕到了部隊施工現場。

彭老總來了！彭老總來了！彭老總來了……

高山峽谷，山上山下，洞裡洞外，正在施工的第十四師官兵不約而同地停止工作，就地站成隊列，迎接自己的統帥到來。眞是天高皇帝遠了。官兵們無所顧忌，一遍又一遍地呼喊：

彭老總！歡迎您！歡迎您！彭老總……

呼喊聲遍山遍谷，此起彼伏，經久不息。表現出基層官兵對彭總的卓越功勳及其不幸遭遇的由衷崇敬與同情。場面大出彭德懷的意料。自一九五九年廬山會議以來，過去的老戰友、老部屬都和他劃清界線，唯恐沾上他的「邪氣」；而這支在崇山峻嶺中修築戰略鐵路的部隊，卻像過去在抗日戰場、內戰戰場、朝鮮戰場上那樣，依然崇敬他這個老兵、全軍副總司令……他眼睛模糊了，喉嚨哽噎了。他從陪同他的鐵道兵師長手裡拿過半導體話筒，拚足了力氣喊道：同志們好！同志們辛苦了！

彭德懷的吶喊，仍是八面威風，氣勢雄渾，聲震山嶽。

彭總好！彭總辛苦了！……彭總好！彭總辛苦了……

官兵們以更高的聲浪呼叫，遍山遍谷地叫嘯。

鐵道兵師長要求彭總給部隊講幾句話。彭德懷也就丟掉多年的禁忌，管他娘的豪興大發：同志們！我來三線工作時，毛主席對我講，三線建設要搶時間，要搶在新的世界大戰爆發之前！現在，我看到你們發揚我軍敢打敢拚、英勇善戰的優良傳統，幹得很出色，很漂亮，我很高興！你們過去是戰場上的英雄，今天是建設工地上的模範！我感謝你們！向你們學習，向你們致敬！

彭德懷就是彭德懷，到了部隊面前，他的平易、簡樸的講話，總是蘊含著極大的鼓動性和感召力，激勵將士們赴湯蹈火，衝鋒陷陣。

官兵們歡聲如雷，掌聲如雷。一列列隊伍，不再保持原來的隊列，而從四面八方、漫山遍谷地朝彭德懷湧來、湧來……更有那些懸掛在石壁上打炮眼的士兵、因身子無法落地，便紛紛以雙足蹬離石壁，在空中揮手、盪漾，如同隻隻山鷹般矯健……官兵們無非要滿足一個極樸素的願望，就近看看曾經威鎮三軍、打敗過美帝國主義的彭老總，長了個啥模樣。原來彭老總仍是剃著光頭，滿臉皺紋，布衣布褲，樸素得像個鄉下老農，正是士兵們老家父輩的形象。

站在彭德懷身邊的第十四師師長，也不避利害，激動地以半導體話筒對四周的下屬們說：同志們！我們的彭總從來走到哪裡，就把勝利帶到哪裡！今天，他來指揮三線建設大會戰，三線建設一定會捷報頻傳，取得全面的勝利！

彭德懷一行到貴州視察煤礦、銅礦。他順道尋訪當年紅軍長征作戰的舊址。他心裡有感覺，這是此生中最後一次舊地重遊。來到遵義城附近的一條戰略公路工地上，他俯瞰著煙雨濛濛的山谷平壩，問隨行人員：你們知道山下是什麼地方嗎？紅軍長征時，在這裡發生過什麼大事？隨行人員回答：知道，那是遵義城，召開過遵義會議，確立了毛主席在全黨的領導地位……彭德懷暗暗嘆口氣。他曉得如今的黨史教材上都這麼說，統一了口徑。他又不能對人解釋，歷史眞相不是這樣的。一九三五年初中央紅軍從湘南、桂北進入貴州。湘軍、黔軍、川軍、滇軍從四面八方包圍過來，要找我紅軍主力決戰，妄圖一舉把我殲滅。我們是腹背受敵，無路可走了囉。中央紅軍到了生死存亡的關頭，召開了遵義會議，撤銷了博古、李德、周恩來那個「軍事三人團」的瞎指揮，讓毛澤東協助周恩來指揮軍隊。周恩來仍是中央紅軍的最高負責人，那時叫做「受中央委託軍事上最後下決心者」。接著軍委召集各軍團司令員、政委開會，周恩來主持，毛澤東問，彭老總，下一步怎麼走？我說，我們再不能被人家趕鴨子樣的，從江西趕到湖南，從湖南趕到廣西，又從廣西趕到貴州。我們要變被動爲主動，甩開敵人，跳出包圍。我這個意見早對博古、李德講了，可他們聽不進……還有劉伯承、林彪、聶榮臻、楊尙昆等人也發表了很好的意見，提出大踏步前進，大踏步後退，在雲、貴、川交界處和敵人捉迷藏，先把敵人弄個暈頭轉向。之後，我主力紅軍突然北上，搶渡金沙江，進入四川……毛澤東聽了大家的意見，大聲叫好，說三個臭皮匠，賽過諸葛亮。從現在起，我們不但要調動紅軍，還要調動敵軍，讓敵軍聽我們指揮，繞著我們的屁股打轉轉。周恩來、毛澤東從此用兵如神，聲東擊西，迷惑敵人。帶兵打仗和下棋一樣，一子走活，全盤皆活。於是我主力紅軍四渡赤水，六出婁山，二進遵義，把敵人耍得團團轉。我們派出一支部隊過赤水河，擺出一個奔襲雲南、奪取昆明的陣勢，讓敵軍去保衛昆明；然後突然來個回馬槍，要南下攻占貴陽。果然敵人中計，各路白軍叫喊著「活捉朱毛、殺盡赤匪」的撲向貴陽方向，去保衛貴陽。因爲老蔣親臨貴陽督戰。這時我主力紅軍卻鑽到了敵人的屁股後頭，第二次打回遵義。在敵人還搞不清紅軍主力到哪裡去了的時候，我們一舉吃掉了它十二個團，打了自長征以來的第一個大勝仗。等敵人明白過來時，我主力紅軍已把敵人甩到了後面，日夜行軍二百四十里，突然出現在四川、雲南交界的金沙江畔，並搶渡到了對岸，跳出了幾十萬敵軍的重圍。

彭德懷身處逆境，仍堅持實事求是，不對毛澤東搞廉價的歌功頌德；不像周恩來、林彪、葉劍英等人說的那樣：毛主席在歷史的緊急關頭，挽救了革命，挽救了紅軍。周恩來這人也眞是能當小媳婦，遵義會議之後，仍是你當軍委主席，仍是你做「受中央委託軍事上最後下決心者」，毛澤東祇是你的軍事助手呢。黨總書記也不是別人，而是張聞天。那麼毛澤東是什麼時候當上軍委主席的？那是紅軍抵達陝北，結束長征不久，爆發了「西安事變」，周恩來代表中共中央赴西安找張學良、楊虎城，參加國共和談，解決「事變」去了，毛澤東在瓦窰堡主持了一次軍委會議，把周恩來給取代了。如今卻所有的黨史教材上都宣稱，遵義會議確立了毛主席在全黨全軍的領導地位。見你娘的鬼喲！

彭德懷趁視察川南石棉礦之便，來到當年紅軍強渡大渡河的崖岸。大渡河水深流急，吼聲動地。他深情地對隨行人員說：「你們還記得毛澤東同志的那首長征詩嗎？金沙水拍雲崖暖，大渡橋橫鐵索寒……就是這條大渡河，太平天國的石達開在這一帶全軍覆滅，也差點要了我中央紅軍的命。那時，川軍在河對面堵，桂軍、黔軍、湘軍的幾十萬人馬在後面追。中央紅軍要是不能強渡大渡河，就可能重蹈石達開的覆轍。那次，林彪、聶榮臻的紅一軍團渡河的地方有鐵索橋，我們紅三軍團渡河的地方沒有橋，要靠人工擺渡。過了大渡河，就能擺脫幾十萬敵軍的追剿，去川北和紅四方面軍會師。我們找到了幾十名船工，都是窮苦人出身，支持紅軍，不支持白軍。他們把紅軍送到對岸後，就把鐵索橋炸了，渡船燒了，人跑掉，使白軍過不了大渡河。是老百姓，窮苦老百姓救了紅軍的命啊。

當彭德懷獲知，在一個偏遠的小渡口，有位幫助過紅軍的老渡工還活著，就不顧隨行人員的勸阻，堅持步行，沿一條羊腸小道穿山越嶺，硬是在一棟四壁透風的茅草棚裡找到了那位老人。老人已經風燭殘年，骨瘦如柴，生活十分貧苦。一聽來人說是代表當年的紅軍戰士來探望他，老人激動地掉下眼淚，連說：紅軍，紅軍，過了大渡河，就再沒有回來……彭德懷緊緊握住老人的手：對不起，早就該來看望你老人家，日子過得怎樣啊？家裡只有你一個人？老人說：兒子走了，孫子也走了，都不肯回來守渡口。生產隊照顧我，每月二十斤穀子，糠糠菜菜，吃不飽，也餓不死……。

彭德懷含著眼淚，環顧老人的茅棚，盡是些破鍋破瓢，破衣爛被，眞正的一貧如洗。革命勝利都十七、八年了，還讓老百姓赤貧，我們都幹了些什麼啊！他一腔悲憤，不便當著隨行人員發洩，只好把身上帶著的幾十元錢留給老人，做個小的幫補。老人一再問他的大名，他只說是名紅軍戰士。

彭德懷念念不忘這位老渡工。在沿途的縣委、地委，他都囑咐縣委書記、地委書記，大渡河邊還有一位當年救助過紅軍的老渡工，現在生活很困難，需要地方政府照顧。

就這麼一件事，不久被人傳回成都三線建委，竟說彭德懷在四川鄉下以金錢收買人心！他勃然大怒：是我老彭用幾十塊錢收買人心嗎？我們給了人家什麼？看到老渡工生活還那樣苦，吃不飽肚子，我心痛，對不住他們！當年不是他們拚著性命把紅軍部隊送過河，我們就當了石達開了！紅軍走了，白軍來了，進行瘋狂報復，把幫助過紅軍的渡工都殺了，今天只剩下一個，還沒有人肯照顧……

彭德懷結束滇北、黔北、川南之行，回到成都時，中央政治局已在北京開了擴大會議，通過了開展文化大革命運動的「五．一六通知」。彭德懷仍然掛名政治局委員，但早就不通知他與會了。這次連中央文件都不送他看了。西南局和三線建委還成立了「批彭寫作小組」，要對他進行重點批判。

彭德懷寫信給李井泉，要求看中央文件。經李井泉批准，他看到了中央「五．一六通知」和林彪的「五．一八反政變講話」。他陷入了沉思。他沒有替自己的命運擔憂，而是替黨和國家的前途擔憂。果眞應了他五九年下廬山時的那句咒語：這次是我，下次是你們……按說，毛澤東這次要拱倒的彭、羅、陸、楊，或許還有他們上面的賀龍、鄧小平、劉少奇，特別是彭眞、羅瑞卿、賀龍、劉少奇四位，都是當年廬山上倒彭的大英雄，他彭德懷總算看到這些人遭到報應，本該暗自高興才是。可他高興不起來。黨內又有一大批高級幹部、開國元老要遭殃了。不管是左是右，都跳不出毛澤東的巴掌心。老毛啊老毛，你憑著自己所掌控的中央警衛系統、軍事指揮系統、東廠、西廠、錦衣衛之類，要拱倒、撤換一批黨內高幹，還不容易？何苦這樣來運動全國的老百姓？什麼群衆運動？從來都是你老毛煽動群衆，利用群衆，運動群衆！這次你讓學生娃娃們大鬧天宮，不就是利用年輕人的幼稚、狂熱？老毛確是一位政治大玩家，每次都能把大家玩個團團轉，讓大家在下面互相咬，甲咬乙，乙咬丙，丙咬丁，丙丁又聯合起來咬甲乙……我們這個黨，我們的老百姓，太容易盲目、盲從、迷信了。老毛看準了我們每個人身上的弱點，並利用這些弱點：一是自私，總是要保自己，保家室，保既得利益。和平歲月，很少有人願意清醒，願意挺身而出，堅持公義；二是勢利，叫花子烤火，那邊火大烤那邊。毛澤東勢力最大，追隨毛澤東入黨提幹，投靠毛澤東升級升官，不追隨、不投靠你全家遭殃……人啊人，其實是最自私的動物，從政治自私，到物質自私。你死我活的鬥爭規律，更是助長了人的自私自利，披著馬列主義紅袍的自私自利，爲了自己活，不惜他人死，甚至需要他人去死。

可悲啊，馬列主義、毛澤東思想，怎麼教育出這樣的黨員，這樣的人民，這樣的學生娃娃啊？

自廬山會議落難以來，彭德懷養成看得多、想得多、說得少的習慣。多少思索都悶在肚子裡。比如說：老毛去年爲什麼突然要把自己放逐到大西南三線建委來？當然不能講是發配、充軍，好歹給掛了個副主任職務，工資也沒減少……隨著運動的步步深入，隨著彭眞、賀龍企圖兵變的小道消息慢慢傳出，彭德懷總算悟出點頭緒：老毛以己度人，是怕我老彭留在北京，被人拉出來掛帥，把他弄成階下囚啊。老毛也是心虛得很，三年大飢荒，餓死了幾千萬人，欠著大筆人命帳，害怕他活著時就被清算。可今天，在黨內，老毛最怕誰？當然不是我老彭了，也不是賀龍、彭眞、羅瑞卿，不是周總理和朱總司令。他最怕劉少奇。對了，他最怕劉少奇搞兵變，推翻他！劉少奇也不是什麼幹大事、成大事的人，該出手時不出手，大約只想著別人替他動手，他吃現成……。

西南局和三線建委機關的批彭活動，只開過兩次會，就批不起來了。因為西南局和三線建委的主要領導人李井泉等人，也被紅衛兵小將和革命造反派批成「走資派」、「反革命修正主義分子」，自顧不暇了。在一般人眼裡，彭德懷已經是政治上的死老虎。不像李井泉，是吃人的活老虎，是賀龍在四川的代表人物。他是賀龍的連襟。賀龍若在北京搞兵變，四川即是後方戰略基地。

李井泉在西南局、四川省委、三線建委三大機關裡被輪番批鬥。有時彭德懷也被拉去陪鬥。被鬥者在台上還有張椅子坐，還沒有被揪住頭髮，臉塊前仰，彎腰九十度，雙手被扭向後，擺下「噴氣式飛機」。一次批鬥會上，李井泉指著陪鬥的彭德懷說：他有什麼資格和我一起接受革命群衆的批判、教育？他是早定了性了的右傾反黨頭子，廬山會議時我和他進行了堅決的鬥爭！毛主席、黨中央把他發配到三線建委來，是要我們對他實行監督、改造，只許他老老實實，不許他亂說亂動！

彭德懷唯有苦笑、嘆息。他可憐李井泉，同情李井泉。明明是在老毛那裡失寵了，明明是老毛、林禿子要搞掉賀龍，使他受到株連，他卻仍要充當「左派」，要和彭德懷分個死活。眞是笑話！就算我彭德懷會「死」，人家就會放你李井泉「活」嗎？黨內的所謂「左派」，實則是一批昧了天良的投機者。這次文化大革命，明明是老毛培植起一批「新左」來打倒「舊左」，李井泉們卻仍然想抱住「左」的祖宗牌位不放，三百斤的野豬剩下一張寡嘴，荒唐不荒唐？

成都街頭貼滿了大字報、大標語，一片「炮打」、「火燒」、「油炸」之聲：炮打西南局，火燒四川省委，油炸三線建委、踏平成都市委……接下來是紅衛兵小將們大抄家，從抄牛鬼蛇神、地富資本家的家，到抄各級領導人的家。官越大抄的越厲害。紅衛兵娃娃個個都是小孫悟空，打砸搶抄樣樣幹，打死人不償命，毛主席是他們紅司令。

一天黃昏，一直負責照顧彭德懷工作與生活的三線建委秘書長楊焙，神色驚慌地來通知彭老總：出去躲一躲！西南局、三線建委的辦公大樓都被紅衛兵、造反派占領了，領導同志都躲出去了，不然要出人命了！彭總，你今晚上就走，吉普車已經替你派好了。

機要秘書和警衛員聽這一說，也催促彭老總出去躲一躲，待形勢緩和後再回來。

彭德懷卻不爲所動：不是要相信群衆、依靠群衆嗎？我不怕，要走你們走，我不怕見群衆。

楊焙和秘書、警衛員都知道彭總脾氣倔強、固執，只好圍住他好說歹說，請他服從組織決定，暫時離開成都去外地。

彭德懷堅持說：黨中央、毛澤東派我到三線建委來，是組織決定，我無條件服從。你們要我出去躲運動，躲群衆，也是組織決定？共產黨員，爲什麼害怕見群衆？我不走。敞開大門，紅衛兵、革命群衆要來批判教育我，我隨時歡迎。

誰都拿這倔老頭沒有辦法。楊焙臨走時，眼淚都出來了：彭總，你老要保重，保重啊！

第二天下午，果然有大群紅衛兵來打門。彭德懷坐在院子中央，讓秘書開門。一下子湧進來幾十名氣勢洶洶的娃娃，爲頭的喝叫：哪個是彭德懷？彭德懷立即笑眯眯地起立，說：我是彭德懷。紅衛兵不相信這個衣著像個老農民的人，就是他們兒時在課本裡、小人書裡看過的共和國元帥？秘書在旁證實，他就是。於是紅衛兵小將們七嘴八舌地斥問：你爲什麼要反對毛主席？爲什麼要反對人民公社三面紅旗？爲什麼當了元帥還要裡通外國？坦白交代！彭德懷收斂起笑容，語氣懇切地說：我願意向革命小將們做交代。我的交代比較長，可不可以坐下來？你們站著也累，都坐下，好不好？

紅衛兵小將們稍作遲疑，忽地放鬆了警惕似的，在彭德懷面前席地而坐。於是彭德懷就像老紅軍講故事，把自己的貧農家庭、四兄妹餓死三人，自己十一歲下煤窰，十五歲投奔湘軍吃糧，十八歲參加北伐戰爭，二十歲發動平、瀏暴動，帶領起義軍上井崗山找毛委員。在山上，和毛委員同喝一缽南瓜湯、同吃一鍋紅薯飯，同住一棟茅草屋，甚至同蓋一床破棉被……紅衛兵們一個個瞪大了眼睛，豎起了耳朵，聽說書似地聽傻了，聽迷了。彭德懷足足「交代」了三小時，才「交代」到中央蘇區紅軍第五次反圍剿。天黑了，娃娃們還捨不得起身。彭德懷說：小將們，你們肚子餓了，我也肚子餓了，你們要批判我，教育我，我的院子大門天天開著，你們隨時都可以來聽我的「交代」，行不行？

聽彭老頭「交代問題」眞有趣！於是一傳十，十傳百，幾乎所有成都大中院校的紅衛兵都輪番上門，來聽彭德懷擺龍門陣。四川人本來就喜歡擺龍門陣。紅衛兵娃娃們有時也會提出一些問題。彭德總總是有問必答，給孩子們講紅軍長征，講八年抗日，講四年解放戰爭，三年抗美援朝。不知不覺地，成了彭德懷向年青一代進行革命傳統教育。彭德懷這個模樣兒像鄉下老農的「右傾頭子」，無形中成了娃娃們心目中的英雄，怎麼恨也恨不起來，想喊幾句「打倒」之類的口號都底氣不足。

還有不少群衆組織來找彭德懷調查了解某某「走資派」、某某「叛徒」的材料。彭德懷也總是有問必答，詳細講解某某人的革命經歷，某某人絕不可能是叛徒、特務。包括造反派要打倒西南局最大的走資派李井泉，也來找彭德懷「挖材料」。彭德懷雖然挨過李井泉、賀龍的整，但一談到歷史問題，就堅持實事求是；小將們，不好講李井泉是靠和賀龍的裙帶關係當上政治局委員的，要相信黨中央，相信毛主席。李井泉資格很老，大革命時期就是紅二方面軍的師長兼政委，紅軍長征時已是一名軍級指揮員，幾十年來爲革命立過不少功勞。他當政治局委員，完全夠資格。

有間中等專業學校的紅衛兵娃娃們，要沿著當年紅軍長征的路線步行串連，去「爬雪山」、「過草地」，來找彭德懷「交代」幾個問題：你們那時爬雪山爬了多久？帶多少乾糧？有不有壓縮餅乾？幾個人共一個帳篷？我們現在去「爬雪山」，每人要帶多少雙靴子？要不要配備氧氣袋、羽絨服？

彭德懷聽了哈哈大笑，笑出了眼淚。接下來，他含著淚水「交代」：作爲一名老紅軍，我要向小將們學習、致敬！紅軍當年爬雪山，過草地，是爲了躲過敵人的追剿，去川北和紅四方面軍會師，萬不得已的。……我們哪裡有什麼壓縮餅乾和帳篷？中央紅軍八萬五千人從江西蘇區出來，一路行軍作戰，到四川搶渡大渡河時，只剩下三萬人。爬雪山時，每人只揹了兩、三斤炒米粉，很多戰士身上還穿著單衣。不少幹部、戰士，在雪地裡走著走著，就倒下了，再起不來了，餓死、凍死在那裡了。我們花了六、七天，才爬過大雪山。到山下部隊清點人數，少了好幾千人。就是說，有好幾千名紅軍長眠在雪山上了。接著是過草地，那是無邊無沿的沼澤，我們晚上都不能宿營，只能手拉著手，沿著先頭部隊插下的標桿前進。稍不小心，失足跌進沼澤，眼看著那人陷下去，很快沒了頂，你想拉他都來不及……走出草地，部隊整休，又損失了好幾千人。所以我勸你們，沒有十分的把握，千萬不要去爬雪山、過草地。生命和時間，對你們很寶貴。國家等著你們學好本領，掌握科學技術，去建設。你們這一代，把國家建設富強了，就同樣的光榮、偉大。革命，不需要你們去做無謂的犧牲……。

彭德懷在三線建委的種種表現，自然有人匯報給中央。中央文革第一副組長江青看到材料，眼睛都氣烏了，回中南海菊香書屋找老闆反映：我早講了，放彭德懷去四川，是縱虎歸山！你看看，有關部門報上來的這些材料，彭德懷到鐵道兵工地上去視察，從師長到士兵，整個師的人馬湧向他，向他歡呼、致敬，只差沒有喊「萬歲」了。「五．一六通知」發出後，他更是天天在成都的院子裡接見紅衛兵小將和造反派群衆，都被他迷住了。他都快要成爲當地紅衛兵的顧問、參謀長了！中央再不派人把他抓回來，難道要等他效法諸葛亮六出祁山嗎？

十二月十五日，新任中央辦公廳副主任戚本禹，在人民大會堂接見北京航空學院「紅旗戰團」

（天派）司令韓愛晶、北京地質學院「東方紅戰團」（地派）司令王大濱等人，面授機宜：你們現在搞陳毅、葉劍英的材料，時機不成熟，要先揪「活海瑞」！告訴你們，彭德懷人在成都，是三線建委的副總指揮，那裡沒人敢動他。要把他揪回北京來，這是首長（江青）的指示，毛主席已批准。

十二月二十二日晚，北航紅旗「專揪彭德懷戰鬥團」和地院東方紅「赴川揪彭敢死隊」，在成都市永興巷七號院內，展開了一場抓人競賽。兩支北京紅衛兵隊伍可不像成都本地紅衛兵那麼斯文，抓住彭德懷就是一頓毒打，連彭的秘書、警衛員一起遭到毒打。之後把彭德懷抓走，臨時關押在成都地質局。就在韓愛晶、王大濱等人爭論要不要將「活海瑞就地解決」的危急時刻，成都軍區警衛處的人馬及時趕到，宣佈周總理代表黨中央發來的電報指示：由成都軍區司令部派一個警衛班，和紅衛兵小將一起坐火車，送彭德懷回北京。另，中央文革電告：韓愛晶、王大濱立即坐飛機回京。

一九六七年元旦之夜，彭德懷在北京西郊的關押地，給毛澤東寫了一封信：

主席，您命令我去三線建委，除任第三副主任外，未擔任其他任何工作，辜負了您的期望。十二月二十二日晚在成都被北京航空學院紅衛兵抓到該部駐成都分部，二十三日轉北京地質學院紅衛兵，於二十七日押解到北京。現在被關在中央警衛部隊與該紅衛兵共同看押。向您最後一次敬禮！祝您萬壽無疆！

第二十三章　菊香書屋生日盛宴

至一九六六年底，中央軍委直屬機關和各地軍區機關、軍事院校，也陸續掀起造反高潮。以軍事院校學員和文工團演員爲主體，配合軍直機關造反派，開始揪鬥高級將領。朱德、劉伯承、賀龍、陳毅、徐向前、聶榮臻、葉劍英等元帥都被抄家。他們以下，總參謀部揪鬥羅瑞卿、蕭向榮，總政治部揪鬥蕭華，裝甲兵揪鬥許光達，北京軍區揪鬥楊勇，南京軍區「火燒」許和尙，福州軍區揪鬥韓光楚，武漢軍區揪鬥陳再道，昆明軍區揪鬥閻紅彥，成都軍區揪鬥黃新廷，蘭州軍區揪鬥冼恆漢。有的司令員、政委甚至被造反派關押，回不了家。省級軍區情況更複雜。因爲省委第一書記都兼任省軍區的第一政委，省軍區司令員也都參加省委任常委。省委書記被揪鬥只好躲進省軍區司令部尋求保護，於是造反派包圍省軍區要人，軍區司令員、政委也就被運動拖下水。

各大軍區、各省級軍區紛紛向中央告急。周恩來擔心老總們脾氣火爆，動槍動刀。比如青海省軍區司令員趙本夫就命令衛隊向衝擊軍區大院的造反派開槍，內蒙古軍區司令員王逸倫也命令衛隊向造反派開了槍。如果其他省市軍區先後效法，槍槍炮炮地幹起來，局面如何收拾？周恩來拉上中央軍委文革小組組長徐向前，找毛澤東告急：軍隊不能亂，不能像地方一樣搞大民主、鬧造反，不能揪鬥司令員和政治委員。現在軍隊是唯一的穩定力量了。

其時毛澤東已經臨時住進人民大會堂浙江廳。中南海被北京十幾所大學的紅衛兵所包圍，每天二十四小時用高音喇叭呼口號，唱語錄歌，吵得毛澤東白天晚上都不能睡覺。聽了周恩來、徐向前的匯報，毛澤東不以爲然地笑笑；你們急什麼？文化大革命，軍隊不能例外。那些司令員、政委，平時做官當老爺，也是神氣活現，油炸、火燒、炮轟一下，受點衝擊、教訓，還是必要的嘛。關於軍事機關如何開展運動，你們可以擬出幾條來，比如軍以上單位（含軍級），可以搞批判、鬥爭；師以下單位（含師級），只搞正面教育，等等。擬好了，送林彪和我審批，作中央文件下發。

周恩來提出，把各大軍區、各省市自治區黨委那些正在受到衝擊的領導幹部集中到北京來，放到中央黨校去學習，保護他們幾個月。毛澤東說，各省市自治區的黨委第一書記可以集中到北京來學習，軍區司令員、政委沒有必要，他們還要帶兵、管事。

徐向前告辭。毛澤東留下周恩來談話：康生、江青他們送我一份材料，有人揭發王光美是美國中央情報局打進來的戰略情報人員。此事我持懷疑態度。但王光美的歷史可以查一查，也是對她負責嘛。已和林彪商量過，中央成立一個專案組，叫做王光美專案審查小組？還是叫做劉少奇、王光美專案審查小組？你可以參加意見。我和林彪的意見，江青和葉群不在專案組掛名。恩來，你向來辦事穩重，擔任這個專案組的組長，如何？具體的工作由康生、謝富治、汪東興他們去做。

周恩來倒吸一口冷氣，渾身襲上一股寒意。不是都在十月份的中央工作會議上宣佈了，劉、鄧問題屬工作錯誤性質，是公開的，沒有陰謀活動，要允許改正，生活上、政治上給出路？現在忽然成立專案審查小組，不就成敵我矛盾了？叫自己當組長，這可是要對歷史負責任的啊。

毛澤東見周恩來心存疑慮似地，即啓發說：你可以說說你的看法。包括反對的話，都可以說。

周恩來暗自咬咬牙，忙說：不不，我不反對，感謝主席和林副主席的信任。擔任王光美專案組組長，我責無旁貸。如果要掛上劉少奇的名字，建議召開一次政治局擴大會議，宣佈一下。

毛澤東忽地思緒跳躍，語鋒一轉：高崗不該自殺。高崗不死就好了，到今天能夠講清楚很多劉少奇的事情。可惜他死了。我的義弟是被人逼死的。

周恩來再又渾身打個冷噤。主席突然提到高崗的死，是不是提醒他周恩來也有一份責任？關鍵時刻，猶豫不得……想了想，心一橫，說：主席明察秋毫。不單王光美的歷史應當重新審查，劉少奇的歷史更有些疑點，他三次被捕入獄……我同意專案組的名字叫做「劉少奇、王光美專案審查小組」，暫不公開，先由康生、謝富治他們去搞調查，挖材料。

毛澤東點點頭：這就好。專案組不設框框，有什麼查什麼，最後由材料、證據去落案。這是文革小組那邊報上來的成員名單，你拿去，先召集開會，注意保密。你那個大助手陶鑄，近來表現怎樣啊？他寫了個報告，由林彪轉給我，說身體不適，要請假休息。他和林彪是老上下級關係。

周恩來暗罵陶鑄眞蠢！到中央工作大半年，還新媳婦摸不著碼頭？你去和林彪拉什麼老上下級關係？犯著大禁忌呢！嘴上卻說：陶鑄能幹，工作很辛苦，和釣魚臺那邊的關係比較緊張。

毛澤東說：他想休息一段，就休息吧。可以離開北京，回中南五省走走，邊做點調查研究……陶鑄人聰明，但不大老實。他調中央工作，是鄧小平推荐的。他還搞過一次換頭術，把陳毅的腦袋剪下來，鄧小平的腦袋換上去。埃及有座獅身人面像，我們有陳毅的身子鄧小平的頭像……。

離開人民大會堂浙江廳，周恩來心裡沉甸甸的，形勢瞬息萬變，使他不寒而慄：看來劉少奇是保不住了，要搞成敵我矛盾。專案審查，拉我進去當組長……一年來，出了多少專案組？羅瑞卿專案組組長是彭眞，彭眞專案組組長是劉少奇，劉少奇專案組組長是周恩來！這是個什麼順序？簡直是前仆後繼！還有，陶鑄也快完了，沒想到這麼快，中央第四把手，曇花一現囉。

一九六六年十二月二十六日，毛澤東七十三歲生日。晚八時，毛澤東返回中南海菊香書屋，宴開三席，招待一批特殊的客人。

往年菊香書屋生日酒宴，必到的客人是劉、周、朱、陳、鄧五位常委，加上北京市的父母官彭眞，解放軍總參謀長羅瑞卿，其餘的客人則多是臨時性質的：或來京開會的某位大區中央局第一書記，某位省委第一書記，或勞動模範、戰鬥英雄，或民主黨派人士如程潛、章士釗、張治中等等。

今年的座上客，幾乎全是新面孔。第一席是主人毛澤東，環繞他的是北京五大學生領袖：北大聶元梓、師大譚厚蘭，清華蒯大富，地院王大濱，北航韓愛晶。加上北京市委副書記謝靜宜，中辦主任汪東興，副主任遲群；第二席由周恩來代做主人，客人是毛的世交李富春，代總參謀長楊成武，副總理兼公安部長、北京市委第一書記謝富治，北京市委第二書記吳德，北京軍區代司令員鄭維山，瀋陽軍區司令員陳錫聯，毛澤東的姪兒毛遠新；第三席是女主人江青，客人是中央文革全套人馬。

林彪長期吃病灶，向來不出席酒宴應酬，只派葉群做代表。也不見陶鑄。很顯然，陶鑄已被排除至權力核心之外。

照例，客人們先到，依名單入席，正襟危坐，既誠惶誠恐，又無比榮耀。周恩來進來時，不讓大家和他握手，而是示意各人坐好，集中注意力，目光投向那扇通往書房的門，隨時恭迎毛主席。

不一會，毛澤東的衛士長領著幾名衛士及女服務員，站立在餐室四角及門口。

毛澤東由江青陪著步入餐室時，全體起立，齊頌「主席好！」五大學生領袖更是掏出各自的小紅書（語錄本），一齊在頭頂上來回晃動，激動地唸頌紅衛兵誓詞；敬祝我們偉大領袖、偉大導師、偉大統帥、偉大舵手，我們心中最紅最紅的紅太陽毛主席，萬壽無疆！萬壽無疆！萬壽無疆！

學生領袖們的這即席演示，使得周恩來和副總理、將軍們，甚至中央文革的成員們，都忙不迭地掏出各自的小紅書，也在頭頂上晃動，跟著齊頌萬壽無疆，萬壽無疆。

毛澤東親切地一一打量著在場的新面孔、老面孔，之後兩手巴掌朝下壓了壓，風趣地說：坐下，都坐下。今天是本人七十三歲生日，禁止賀壽，哪來的萬壽無疆啊？

周恩來適時地代表大家回答：是表現了同志們對主席的熱愛。

毛澤東知道歷來習慣，自己不入席，客人們是不敢自專的。照例，先喝茶、談話，毛澤東趁便詢問些外面的情況：譚厚蘭，妳告訴我，剛才你們帶頭把小紅書對著我 來 去，搞什麼名堂？

譚厚蘭湖南望城人，烈士後代，調幹生，見問，忙又起立，紅了紅臉蛋朗聲匯報：運動中出現新生事物……我們師大「齊向東戰團」步行串連到山西昔陽大寨大隊，學習取經，發現當地的社員群衆一早一晚集體搞「早請示」、「晚匯報」儀式，很受教育，很受感動，就學了回來，在北京的紅衛兵組織中一試辦，很成功，很快全國推廣。

毛澤東大約頭次聽到這新生事物，登時大感興趣，問：什麼「早請示」、「晚匯報」？

譚厚蘭立即示範似地以立正姿勢站好，右手握著小紅書，手臂半屈橫放胸前，將小紅書緊貼在左胸心臟部位上：報告主席，「早請示」、「晚匯報」是大寨人發明的崇拜儀式，每天出工前及每晚睡覺前，社員們都手握紅語錄，站在毛主席像前，向毛主席老人家宣誓。誓詞是這樣的：

最最敬愛的偉大領袖、偉大導師、偉大統帥、偉大舵手，我們心中最紅最紅的紅太陽毛主席，

我們一定要以林副主席爲光輝榜樣，讀您的書，聽您的話，按您的指示辦事，做您的好戰士！

我們最最衷心地敬祝您老人家萬壽無疆！萬壽無疆！萬壽無疆！敬祝您的接班人林副主席身體

健康！永遠健康！永遠健康！

周恩來大約也是頭次聽到這種崇拜儀式的介紹，立即帶頭鼓掌。大家跟著熱烈鼓掌。

楊成武心情激動地請示：主席呀，這種儀式太好了，我們太需要了。我請求中央批准，立即在全軍五百萬官兵中推廣。

謝富治即時跟進：我代表公安部和北京市委機關，要求推廣這個儀式，這是教育人民、統一思想、統一意志的好法子。

文革組長陳伯達更是不甘人後：毛主席是革命的聖人！那就由中央文革統一發個文件吧。

江青、葉群、謝靜宜、毛遠新等人亦急欲發言。

毛澤東威嚴地擺擺手，讓大家冷靜下來，之後問：恩來啊，你是總理，莫學他們做熱鍋子裡的螞蟻，給我參謀一下，這事怎麼看待？

周恩來神情肅穆地說：很好，全國工人階級、貧下中農、機關幹部、學校師生都可以效法，推廣。軍隊如何推廣，由總參、總政去研究、執行。

毛澤東卻蹙眉搖頭：你們都講好的，我可要反潮流，講點不好的。第一，不要稱作什麼崇拜儀式，那是對付死人的，我還活著，我不是神，也不是什麼聖人；第二，不要敬祝我什麼萬壽無疆，不可能的事，人活到八十、九十歲，已是老不死，活到一百歲更成怪物。今天葉群也在座，敬祝林副主席身體健康可以，永遠健康則辦不到，生老病死，誰也逃不脫自然規律；第三，此事不宜由中央發文件，莫看現在喊萬歲的人占了多數，但心裡仇恨運動的人肯定少不了。我還有這點子清醒；第四，「早請示」、「晚匯報」之類，人民群衆要自發地搞，不限制他們的自由，我也不敢得罪人民群衆嘛；第五，中央開會，無論大會、小會，都不准當了我的面或背了我的面搞這一套。你們要搞，我就退場，拒絕出席。恩來啊，還有伯達、康生、富春、成武、富治、江青、葉群你們諸位，同不同意我這五條？我是當事人，被人當作神明供奉，心裡總不是滋味。供起來，就是被架空，只剩下個名分。

周恩來帶頭表態：擁護主席的五條。五條再次體現出我們主席的偉大襟懷。一方面是出於全國人民對自己領袖衷心熱愛，一方面是我們毛主席對全國人民的溫暖關懷。我是很受感動、很受教育的。

毛澤東望著楊成武幾位將軍，說：軍委也不准下文，不要耽誤了部隊的訓練和值勤。

楊成武幾位將軍在筆記本上記下這段「最高最新指示」。

毛澤東另把目光投向第三席的江青、葉群、陳伯達、康生、張春橋們：中央文革管運動，管宣傳，從明年元旦起，也要管些黨務、政務。文革小組成員要出席每週的中央工作碰頭會。首要目標仍是黨內的走資派，特別是幾個最大的走資派。走資派還在走。

餐室內，一片唦唦的筆錄聲。五大學生領袖聆聽著偉大領袖的最新指示，更是激動得心潮澎湃，熱淚盈眶，恨不能騰躍起來，振臂高呼：毛主席萬歲！萬萬歲！但他們不敢放肆，菊香書屋畢竟不同於他們紅衛兵司令部。

毛澤東看看牆上掛鐘，大約覺得還有時間，便又環顧客人們一眼，再啓新話題：近一段，我注意到你們每個人胸膛上，都掛了塊金閃閃、銀晃晃的東西，韓司令能不能告訴我，是些什麼名堂？

韓愛晶，江蘇漣水人，新四軍老幹部的非婚生子，愛情結晶，見問，連忙起立，身子筆挺地回答：報告主席，我們胸前掛的是您老人家的像章！也是運動中湧現出來的新生事物。現在北京大專院校的實驗工廠，都在精心設計製作像章，作爲革命禮物供應紅衛兵戰友們。全國各地也都是這樣。表達的是對您老人家的無限熱愛、無限崇拜、無限敬仰、無限忠誠！

毛澤東點頭：韓司令請坐。你和王大濱剛從成都回來吧？你們的革命行動好得很。現在不說這個……現在新事物、新名詞很多。康生啊，你前天對我說「三忠於」、「四無限」，就是這個嚒？

坐在江青身旁的康生笑出滿臉皺紋：是的，都是紅衛兵小將、革命群衆在運動中總結、概括出來的。大批新詞匯、新詞組，足可編成一部文革大詞典。「三忠於」是：忠於偉大領袖毛主席，忠於偉大的毛澤東思想，忠於毛主席的無產階級革命路線；「四無限」就是剛才小韓講的四句；還有其它的，也很精彩，比如「四天天」：天天想念毛主席，天天緊跟毛主席，天天擁護毛主席，天天捍衛毛主席；「四敢鬥」：敢鬥黨內走資派，敢鬥地富反壞右，敢鬥美帝紙老虎，敢鬥蘇修大鼻頭；還有「紅寶書，指征途，天天讀，下功夫」；還有「革命方知北京近，造反倍覺主席親」……

毛澤東忽又想起什麼似的，朝康生搖搖手：算了，你那些都是些順口溜……對了，恩來，伯達、富春、康生，你們都是黨內的老同志了，每人胸前也都戴著我的像章，是會起示範作用的啊。

周恩來說:主席,正好相反,是紅衛兵小將、革命群衆給我們這些老同志起了示範作用。我和伯達、康生、江青、春橋每次接見各地的紅衛兵代表、群衆組織代表,他們都要先向我們贈送所帶來的毛主席像章。我一共收到了兩百多枚,囑咐小超好好保管,以後都是珍貴的革命文物。我現在佩戴的這枚,是國防科工委精密儀器廠的造反派代表送的,進口的有機玻璃,是製造飛機的材質。

毛澤東蹙了蹙眉頭:你們都給我講一下,每位收到了多少像章?是些什麼材料?

陳伯達扶扶眼鏡說:有,有不少,大多是幾個孩子去外地串連帶回家的,五花八門,看不大懂……

康生接著回答:報告主席,我已經收藏了四百多枚,金、銀、銅、鐵各種材質都有。這是文化大革命中湧現出來的革命文物,我已通知國務院文物局,注意廣泛徵集。

江青說:收藏革命文物,康老最具匠心。我那裡也有一些,大都轉送給了各地的革命小將們。革命禮物,從小將中來,到小將中去。

張春橋說:各地自發製作領袖像章,我是衷心贊成的。也和一些群衆組織的代表談過,盡量利用一些邊角材料,不用正材整材,愛惜進口物資,注意節約鬧革命。

楊成武說:現在一些軍工廠都在製作像章,用的是昂貴的進口材料,我同意春橋同志意見。

謝富治說:既算經濟帳,更要算政治帳。是好事,主席像章,多多益善。

葉群說:林彪同志每天都要敬看家裡珍藏的幾百枚領袖像章,都是各地所送,認作是全國人民敬送給毛主席的最好的生日禮物。

這時有工作人員來請示江青，是否開始擺杯盤，上酒菜？江青說：等一等，主席正和人談話哪。坐在毛澤東對面，一直癡情地望著偉大領袖的謝靜宜，忍不住指著自己高聳著的左胸上的那枚紅灼灼的像章，神情嫵媚地說：主席，還有俺這枚哪，不銹鋼嵌了顆紅寶石，是四機部直屬廠的精品。

毛澤東目光溫和了些，看一眼謝靜宜的胸脯，很熟悉嚒，兩粒紅櫻桃，比紅寶石更好把玩嚒。坐在謝靜宜身旁的是清華井崗山的蒯大富，這時也插言：現在全國各地的軍、民兩用工廠，都在製作像章，大競賽似的，把毛主席的寶像製作得越來越高級，越來越有紀念意義……前兩天我還在一張紅衛兵戰報上讀到一篇專門介紹像章的報導……。

周恩來見毛澤東神色有異，忙著過來拍了拍蒯大富的肩膀。

毛澤東說：恩來，你坐回去。我要了解情況。蒯司令，你繼續講。

蒯大富江蘇濱海縣人，十九歲考上清華工程化學系，能言善辯，敢衝敢闖，很受江青賞識。他表現慾極強，哪裡摸得清偉大領袖那神秘莫測的心性？只顧口若懸河地介紹那篇報導：偉大領袖的像章，赤、橙、黃、綠、青、藍、紫，七彩繽紛，美不勝收；金、銀、銅、錫、鋁、玉、貝，材質門類齊全，交相輝映；造型更是千姿百態，雅俗共賞，包括各式頭像系列。其中天安門系列全套二十八枚，青銅鍍金材質；長征系列全套二十五枚，鋁合金鍍銀材質；長城系列全套四十九枚，不銹鋼材質；兄弟民族系列全套五十六枚，景泰藍材質……大的有如銅鑼，重達三、四十斤；小的精巧如鈕扣、耳墜。最爲貴重的是紅衛兵系列，全套八枚，紀念偉大領袖連續八次接見全國一千一百多萬紅衛兵……

不知怎地，聽蒯大富談起「紅衛兵系列像章」，陳伯達、康生、張春橋等人頓時面露不安。江青走到蒯大富身後，制止說：小蒯，暫時介紹到這裡吧。時間已經過了，工作人員等著安排席面哪。

原來這八枚一套紅衛兵系列像章，是中央人民銀行製幣總廠的革命造反派幹部職工，爲了表示對毛主席的敬愛和對紅衛兵運動的支持，未經請示總行和財政部（領導班子均已癱瘓），以二十四K金磚鑄造，外表蒙上進口玻璃鋼，每顆毛金像頭下，均刻有毛第幾次接見紅衛兵的年、月、日。說是一共鑄造了一百套，每套價值人民幣八萬元，中央文革小組成員每人獲贈一套。毛澤東的一套由江青代收。因擔心受到喝罵，此事一直未向毛澤東、周恩來匯報。

毛澤東臉色凝重，燃上一支煙，深吸上兩口，才說：全國大造我的像章，早說過，我是被你們逼上梁山……周總理，這件事，你爲什麼不向我報告？造飛機、大炮、坦克的材料拿去造了像章，以後就拿這些像章去打仗，保衛國防？是不是又打算搞義和拳？

周恩來擔心毛主席發火，趕忙檢討：主席，這事我確有失察。我在接見各省市紅衛兵代表、群衆組織代表時，也勸告過，製作領袖像章，儘量用生產過程中截下來的邊、角剩料，注意節約原則。我們的外匯很少，帝國主義長期經濟封鎖，進口軍工材料不容易……國務院本打算和中央文革一起發個文件，但現在各級黨、政機關都不管事了，發下文件也沒人執行。此事，江青同志可以作證。

江青也欲解釋幾句，毛澤東揮揮手制止住，說：各地造像章的事，暫不禁止，以免傷害群衆的積極性。先做些說服、勸告，材質可以多樣化，比如陶質、瓷質、竹子、木塊、石塊都可以，毛澤東這夥腦袋任糟踏。但不准動用軍工材料。你們再不聽，我就要說：還我飛機！還我大炮！……當然，你們中間也有頭腦比較清醒的，一個張春橋，一個楊成武。恩來算半個清醒。康生當文物收藏，伯達不大把它當回事。林彪同志境界高，稱爲全國人民送給我的生日禮物。謝富治是韓信帶兵，像章多多益善。江青的像章從小將手裡來，再回到小將手裡去。在座的還有陳錫聯司令員、鄭維山司令員、汪東興主任、以及姚文元、王力、關鋒、戚本禹、毛遠新、聶元梓、王大濱等沒有發言。算了，我們的目光還是要盯住大事，抓大事，辦大事，不抓雞毛蒜皮。現在中央各部委，下面的省委、地委、縣委，都被造了反，奪了權，據說各級機關基本癱瘓，各級負責人靠邊站，進牛棚。地球照樣轉，中國革命照樣進行。各大軍區、各省軍區也受到衝擊。周總理、徐向前很著急，和我說軍隊不能大亂，尤其是野戰軍不能亂，是國家的穩定力量。我基本同意。可以考慮，對各級黨、政機關實施臨時性軍管，支持造反派從走資派手裡奪權。舊政府被打倒，要準備成立新的政權機構，實行三結合的原則：軍隊代表、革命群衆代表、領導幹部代表各占三分之一，叫做三結合的新生紅色政權。總之，形勢很好，是大好，不是小好。不要怕亂，還沒有亂透。無非槍槍炮炮，打打內仗。

毛澤東又一次對文化大革命運動作出新的戰略部署。大家吵吵地忙做筆錄。這時，工作人員開始給每席擺杯盤，上酒湯。酒菜上齊，毛澤東端起酒杯，說出一句地動山搖的話來：今天是十二月二十六日，再過四天就是一九六七年元旦。現在，我提議：爲一九六七年，開展全國全面內戰，乾杯！

當晚十二時，周恩來正在西花廳後院辦公室處理一批緊急電文，電話鈴聲響起，是江青的聲音：總理嗎？還在忙吧？有個事，要和你商量一下。周恩來忙說：可以，主席回大會堂去了？妳現在人在哪兒？江青說：在釣魚臺這邊啦。是這樣的，伯達、康生、春橋、文元幾位，替中央兩報一刊起草新年元旦社論，要把今晚上主席的一些指示精神寫進去。陳伯達主張用主席的那句「開展全國全面內戰」做社論大標題。康生不表態，張春橋和姚文元則有所保留。他們四位還發生了爭執。陳老夫子說，主席講的「內戰」，不是眞動刀槍，而是大鳴大放大辯論。所以我們這邊想請總理權衡一下。

周恩來心裡一愣，用這句話做元旦社論題目？哪不成了公開號召打內戰了？如果說不可以用吧，主席又說得那麼斬釘截鐵。況且陳伯達的解釋也不無道理。用吧，又要冒很大的風險，正值紅衛兵小將聯合各地造反派群衆衝擊各級軍區，揪鬥司令員、政委，萬一眞的釀成全國全面內戰，就要眞應了「一言興邦，一言喪邦」的古話了。沉思片刻，周恩來說：江青同志，這事關係重大，我也一時拿不準。反正離新年元旦還有四天，先把社論準備好，題目放一放，或許會有較成熟的意見出來。

江青說聲行，忽又提出一個新問題：總理呀，現在劉少奇、王光美優哉閑哉，躲在中南海裡，紅衛兵、造反派都夠不著他們，未免太讓他們優閑自在了吧？周恩來說：主席指示過，劉、鄧不宜放到外邊去批鬥。對他們的批判、鬥爭，還是背靠背的好。江青逼問：那王光美呢？清華大學準備開三十萬人大會，想要她去作檢查。周恩來說：恐怕不妥吧？當然，如果主席有批示，我馬上執行。

周恩來剛放下電話，鈴聲又響起。是值班秘書的聲音：報告總理，中南局有緊急情況報告，要不要轉進來？好，馬上轉進……中南局，請和總理通話。

電話裡傳來廣東省委第一書記兼中南局書記處書記趙紫陽的河南口音：總理，我是趙紫陽，從廣州給您匯報，周小舟自殺了，發生在今天下午，送醫院搶救無效。開始醫院認為周小舟是大黑幫分子，不肯搶救。周小舟最近一段在中南科學院內被鬥得很厲害，多次挨打，身有重傷……他有一封給毛主席的遺書，我們沒有拆……您看，要不要報告主席？

周恩來心裡一沉：又一名高幹自殺……這個周小舟，不早不遲，偏偏選了毛主席生日這天自盡，還給主席留遺書，他是主席的什麼人？好像是主席遠房舅舅的兒子……於是說：紫陽同志，你給了我電話，這事就算報告過中央了。明天上午，我會告訴汪東興主任。周小舟的遺書，你們密封好，交中央通訊專機送汪東興主任處理。這事還要轉告陶鑄同志？可以，我替你轉到。紫陽同志，近幾天廣州方面，省委、中南局、廣州軍區，情況怎樣？你們日子都不好過？你給我打這個保密電話，還和造反派討價還價老半天？北京有紅衛兵戰團南下廣州揪王任重和你？

第二十四章　光美，我們不自殺

自毛澤東在八屆十一中全會上貼出〈砲打司令部〉的大字報後，劉少奇即被停止一切職務，在家閉門思過，檢討錯誤。倒也過了幾個月的賦閒日子。兒子源源、女兒平平和亭亭還參加大串連，去過陝西、四川、雲南、兩廣、兩湖地方，帶回幾包毛澤東像章、紅衛兵小報，以及各地交通堵塞、廠礦停工、抄家游鬥、兩派群衆組織大規模武鬥等信息。

這次運動，不就是要把我劉少奇搞下來嗎？我都下台了，不再有任何權力了，目的已經達到，爲什麼運動還不停下來？全國上下還要這樣亂下去？到時候怎麼收場？不是指我和鄧小平往大、中學校派工作組，是製造、推行了一條「資產階級反動路線」？那麼這幾個月來，你們公然支持、縱容紅衛兵造反派打砸搶抄，揪鬥老幹部，逼得那麼多人自殺，又算推行了一條什麼路線？

不在其位，不謀其政。劉少奇仍然憂心如焚，愁腸百結。他的心事，卻只可以和王光美說說。幾個已經工作的孩子都和他劃清界線，不再回家。四個小的還在上學，還住在家裡，也都對他睜著警惕的眼睛……孩子們可憐，在單位，在學校受到批判、鬥爭，都瞞著父母親。已經有人罵他們是黨內頭號走資派的狗崽子，大黑幫子女。

一月六日下午，正在寫檢查的劉少奇夫婦接到一通電話，是女兒亭亭的哭泣聲：媽，爸！平平姐姐在學校裡被批鬥，出了校門口就被汽車撞了，現在到了醫院，醫生說要截肢，須家長簽字……

劉少奇登時火爆地拳頭擂在寫字檯上：就算我犯了天大的錯誤，為什麼要迫害我的孩子？為什麼啊？平平要被截肢，乾脆把我劉少奇截成兩段好了！我幹了大半輩子革命，和哪個有深仇大恨？

王光美淚流滿面，朝丈夫搖手，生怕他再說一些會被人報告上去的話：少奇，十指連心痛……我去醫院，你在家裡等著，我會求大夫盡量不要截肢……我們的平平才十四歲，十四歲……。

劉少奇仍在怒火中燒，倔強地搖頭：不！我和妳一起去，孩子是為我吃苦！

王光美哭著說：少奇，你冷靜……周總理一再囑咐，不要外出，出了中南海，安全沒保障……。

劉少奇卻不管許多，掛了電話，叫了那輛閑了幾個月的專車，並讓秘書立即報告總理。老司機一聽是去醫院看孩子，即時把車子開到福祿居院門口。劉少奇、王光美帶了警衛秘書上車。車子順利地駛出了中南海，幾分鐘後抵達醫院。下了車，迎著他們夫婦的卻是清華大學的大群紅衛兵。平平和亭亭都被看押住。亭亭一見爸、媽，想掙脫過來，但被兩名男紅衛兵死死揪住。亭亭哭喊：爸！媽！是他們逼迫我打電話，騙你們，姐姐沒有受傷……他們要騙媽媽出來，抓走媽媽！他們要抓走媽媽……。

劉少奇、王光美一聽平平沒事，登時冷靜下來。劉少奇不顧警衛秘書的勸阻，跨前兩步，去跟清華大學紅衛兵頭頭談判：你們哪位是蒯大富同志？我是劉少奇，我犯了錯誤，作了檢討，毛主席、黨中央已經表態，要在政治上、生活上給我出路。你們可以批判我，但我的女兒是無辜的，受到黨的政策保護。現在請你們把平平、亭亭交還。

身軀高大的蒯大富沒想到劉少奇會出面！黨內頭號走資派就在他面前……要不要一起抓走？這可是個難得的機會。他轉過身去和幾名戰友商量一下，轉過身來說：對不起！我們交換吧！平平、亭亭可以放回家，但王光美要跟我們走一趟，出席明天清華園舉行的批鬥大會！

還沒等到劉少奇答話，王光美已經挺身而出：好！你們先把孩子放了，我跟你們走！說話間，還沒有等到劉少奇和警衛秘書制止，王光美已被大群紅衛兵擄走，平平、亭亭也被放了過來……、

周恩來派出的警衛局人員乘吉普車趕到時，已經遲了一步。警衛局來人向劉少奇說，總理吩咐我們隨行保護您，請您立即帶孩子離開，免得再湧來一群紅衛兵，萬一把您也抓走了，麻煩就更大了。

這就是文革初期著名的「蒯司令智擒王光美」事件。

福祿居這個往日親情和睦的「中南海模範家庭」，丈夫第一次失去妻子，孩子第一次失去母親。一家老小都吃不下，睡不安。經過下午的「事變」，源源、平平、亭亭、小小四兄妹倒是明白了什麼道理了，不再瞪著警惕的眼睛看待自己的父親。天完全落黑下來，他們都願意跟著父親到南海岸邊去

散步。在刺骨的寒風中，迎著黑沉沉的夜色，劉少奇領著四名兒女，走啊，走啊，彷彿在絕望中抗爭，又在抗爭中絕望……，也是丈夫在黑暗中呼喚妻子，孩子在黑暗中尋找母親。

第二天，劉少奇一家老小守候在收音機旁，從中央人民廣播電台和北京市人民廣播電台的特大新聞節目中，聆聽清華大學三十萬人批鬥大會的現場轉播。他們只聽到一派山呼海嘯般的口號聲、萬歲聲，以及被拉去批鬥的「黑幫幹將」的長串名字，其中自然有令他們心碎的「王光美」三個字……。

直到第三天中午，王光美才被警衛局的吉普車送回來。據說還是經過周總理親自給蒯大富打了電話。老淚縱橫的劉少奇抱住妻子。王光美沒有見到孩子，孩子呢？劉少奇告訴她：連小小都兩天兩晚不肯睡覺，今早上阿姨才哄她睡著……源源、平平、亭亭天天出去打探妳的消息，我怎麼阻止都不肯聽。光美呀，這個家可以沒有我，但絕不能沒有妳……妳這兩天都是怎麼過來的？

王光美捂了捂少奇的嘴，隨即拉了少奇的手，出到後院園子裡，才說：不許講喪氣話，家裡老小，一個都不許丟掉，我們總要熬過去……我前天下午被抓到清華，晚上關在一間教室裡，由幾個紅衛兵組織的代表們輪流審問。態度凶狠。幸而有中央警衛團的人在場，他們沒有動手打人……審問些什麼問題？幼稚得很，無非問你一九五〇年初到天津為什麼講「剝削有功」啦，「八大」黨章為什麼刪掉「毛澤東思想」啦，還有什麼你的《論共產黨員的修養》是一本黑書啦，等等。最可怕的是昨天的三十萬人批鬥大會，陳伯達、康生、王力、戚本禹都坐在台上。蒯大富他們強迫我套上旗袍，掛上用乒乓球串起來的「大項鍊」，揪到台上示衆……少奇啊，你知道嗎？我在台上低頭認罪，偷望了台下幾眼，你道我望到了什麼？望到台下跪了一長排掛著大黑牌、五花大綁的「反革命黑幫」……眞是觸目驚心啊，他們之中有彭德懷、黃克誠、張聞天、彭眞、羅瑞卿、陸定一、楊尙昆、薄一波、安子文、王稼祥、鄧子恢、習仲勳、李維漢、楊獻珍、張霖之、劉仁、徐冰、孫月犂、萬里、鄭天翔、蔣南翔、周揚……還有許光達、楊勇、廖漢生。最悲慘難看的是羅瑞卿，他不是去年跳樓自殺摔斷了腿嗎？聽說醫院把他的小腿骨鋸掉，傷口一直流膿，那麼高大的個頭，竟是被塞進一隻竹筐裡抬進來的……那時刻，我也忘記了自己是被揪在台上示衆了，只想到：這是反革命政變！我們的黨，我們的國家，難道不是由這些人所創建的嗎？把這些開國功臣，不分右傾、左傾，全都五花大綁，跪成一長串！美帝、蘇修辦不到的，統統被他們打著革命造反的旗號辦到了！法西斯，我們中國黨內出了法西斯……。

劉少奇拳頭捶著膝頭，痛苦得臉都扭歪了：光美，妳輕聲一點……沒錯，我們中國黨內出了法西斯主義。很可怕，打著馬列旗幟行法西斯主義。我們黨有缺陷，我們的制度有大缺陷，事情才會發展到這步田地……過去人家外國朋友提醒我，高度集權的社會主義和法西斯主義只有一步之遙，領袖獨裁是對歷史進步的反撲。我還認爲人家是惡言攻擊……許光達、楊勇這些大將、上將也被批鬥了？搞亂了黨、政機關還不夠，還要搞亂軍隊？那就有好戲看，有好戲看囉！

王光美說：昨天晚上我被關押在化學系教學樓裡，聽紅衛兵頭頭們在隔壁爭吵，什麼周總理本來要出席白天的三十萬人大會，就因老蒯他們不肯摘下「打倒陶鑄」、「打倒賀龍」、「打倒陳毅、徐向前、葉劍英」、「打倒譚震林、李先念、李井泉」的大標語，才拒絕出席；還說什麼上海出現打倒張春橋的大字報，北京市委機關也有人散發打倒謝富治的傳單……少奇啊，你說蹊蹺不蹊蹺？

劉少奇聽到這些名字，只覺得心裡倒了一罐五味汁：他們不都是毛澤東的親信嗎？現在一切亂套，眞眞假假，不可全信。玩火者必自焚。

王光美說：少奇啊，我們也要有思想準備。講不定哪一天、哪一時，我會陪你上群衆大會。

劉少奇說：我不怕。我願意到群衆大會上接受批鬥，最好在天安門廣場上。我知道我已經被剝奪了發言權。那就讓全中國人民、全世界人民看看，我這個人民代表大會選舉出來的國家主席，像耶穌基督一樣受難。總比不死不活地被軟禁在中南海裡強。

晚飯時分，源源、平平、亭亭三個孩子從外面回來，見到媽媽又是大哭一場。他們給爸爸媽媽帶回來十幾種新印出的紅衛兵戰報，上面載有不少「爆炸性」新聞：

黨內第二號走資派那個在北京大學讀書的狗崽子（鄧樸方）從北大教學樓跳下自殺；

大叛徒、原衛生部部長傅連璋畏罪自殺；

大叛徒、老右傾反黨分子、原湖南省委第一書記周小舟畏罪自殺；

大叛徒、蛻化變質分子、原河南省委第一書記吳芝圃畏罪自殺；

大叛徒、原大西南三線建委秘書長、彭德懷死黨楊培畏罪自殺；

大戲霸、原北京京劇院院長馬連良畏罪自殺；
大叛徒、原紅四方面軍政委、張國燾死黨分子陳昌浩畏罪自殺；
大叛徒、原全國總工會副主席劉長勝畏罪自殺；
大叛徒、原國防科工委副主任趙爾陸（上將）畏罪自殺；
大叛徒、原軍事科學院副院長楊至成（上將）畏罪自殺；
大叛徒、原雲南省委第一書記、昆明軍區政委閻紅彥（上將）畏罪自殺；
大叛徒、原煤炭工業部部長張霖之畏罪自殺；
大叛徒、原南京軍區副司令、東海艦隊司令員陶勇（中將）畏罪自殺；
大叛徒、原裝甲兵司令員許光達（大將）畏罪自殺；
大叛徒、原中國作家協會副主席、《小二黑結婚》等小說作者趙樹理，畏罪自殺；
大叛徒、原統戰部副部長、中國人民銀行行長南漢宸畏罪自殺；
大叛徒、原中央調查部常務副部長鄒大鵬畏罪自殺……國務院副秘書長許明畏罪自殺……

讀著這長串「畏罪自殺」名單，劉少奇、王光美默默流淚：我們的黨啊，我們的國家啊，爲什麼要這樣大規模摧殘自己的忠誠戰士、棟樑之材啊？這些名字，本都是人民共和國的光榮和驕傲……還有那些大學校長、教授、講師、作家、音樂家、畫家、科學家等等，都成了紅色暴力下的屈死鬼。

劉少奇夫婦哭泣了好一會，繼續翻看紅衛兵戰報上披露的「爆炸性」消息：

上海爆發一月革命！上海市委被全面奪權！即將成立新生紅色政權——「上海公社」，張春橋同志任社長，姚文元、王洪文等同志任副社長；

「二月兵變」的主謀之一的賀×，被軍事院校紅衛兵和國家體委造反派連續抄家，賀×和他的臭婆娘成喪家之犬，東躲西藏；

天津南開大學、南開中學都出現「打倒周××」大字報、大標語；

周××的秘書陳××，火線起義！反戈一擊，大暴國務院黑幕；

黨內最大的保皇派頭子陶×，面臨沒頂之災，力圖擺脫被動，撈取救命稻草，在接見外地紅衛兵時說：全國抓叛徒、特務，可以懷疑一切！除毛主席和林副主席之外，其他的人都可以懷疑！陶×還在會上搶呼口號：我沒有保劉少奇！打倒中國的赫魯曉夫劉少奇！

文化大革命旗手、我們敬愛的江青同志在一次群衆集會上，對保皇頭子陶鑄的問題表態：同志們，小將們，毛主席最近講了話，陶鑄調中央工作，是鄧小平推薦的！陶鑄不老實！以上三句話，是我們毛主席的最新指示。今天，我代表中央文革，支持你們把陶鑄揪出來！打倒陶鑄！誓死保衛毛主席！誓死保衛黨中央！誓死保衛文化大革命！

周恩來總理在接見山東、浙江、湖南等省市的紅衛兵代表和革命群衆組織代表時高呼：向江青同志學習！向江青同志致敬！我們要像尊敬毛主席那樣，尊敬江青同志！我們要像執行毛主席指示那樣，執行江青同志的指示！江青同志也在會上高呼：向周總理學習！向周總理致敬！青海大慘案！省軍區司令員趙永夫下令衛隊向造反派開槍，西寧血流成河！趙永夫是大屠夫，血債血償！

內蒙古自治區破獲最大的蘇修地下組織——新內人黨！長篇小說《茫茫的草原》作者烏蘭巴干供出一百六十七名反動頭目名單！

……

一月十三日深夜，「毛主席辦公室」的一輛轎車停在福祿居院門口。一位青年軍人進院內通知：主席派車來接劉少奇同志。

福祿居前院、後院一片驚喜。值班人員人人面帶笑容。孩子們都睡覺了，不然眞會雀躍歡呼呢。後院裡，王光美趕忙招呼劉少奇洗臉、梳頭，換上那套會見外國元首才穿的毛料中山裝，還有皮鞋。嘴裡不免嘮嘮叨叨：要和主席好好談，多檢討，少申辯，要取得他的憐憫、寬諒，看在全家老小十幾口人的份上……我們鬥不起，躲得起……必要時，你可以給他老人家磕幾個頭……。

劉少奇說：妳放心，我會當面要求辭掉一些職務，只保留黨籍，之後帶著全家離開北京，到鄉下種地，自食其力。我自動下台，儘快結束運動，不要再搞紅色恐怖、逼老幹部自殺了。

王光美忽然心生疑懼，淚光一閃，警覺地問：少奇，該不是誘捕你吧?上星期就誘捕過我。他們什麼都幹得出……我是說那個副組長女人什麼都幹得出。

劉少奇身子晃了晃，雙腿有些發軟，嘴裡卻鎮靜地說：他不至出此下策吧?媽的!秘密逮捕?用一九五五年對付潘漢年的法子來對付我這個國家主席?那就準備一下，拿個小包，替我裝上牙膏牙刷，毛巾，內衣褲、筆記本……記住，萬一我天亮時分還沒有回來，妳叫孩子們把消息透出去，五個字：劉少奇被捕!那些紅衛兵小報會搶著刊登的。只要消息公開了，他們就不敢暗殺我了。還有，除非被他們整死，我們在任何情況下都不自殺。

工作人員已在院子裡催促少奇同志去門口上車。劉少奇又緊抱住妻子，不忘叮嚀一句：替我好好帶著孩子，一個也不要失散。

王光美強裝笑容，一如往常地挽起劉少奇的胳臂，送至院門口。在毛澤東的那輛蘇製吉姆車旁，青年軍人向劉少奇敬禮，開後座車門，並說：小包就不要拎了，談過話，馬上送你回來。

劉少奇稍作遲疑，把小包交還王光美，點點頭，進了車。車子啓動後，本來兩三分鐘就可以去到菊香書屋北門或是游泳池東門。但車窗簾子遮得嚴嚴的，似乎在下坡，進什麼地方……劉少奇對中南海的環境十分熟悉，忍不住問：這是要去哪裡?

坐在司機旁座的青年軍人回道：走地下道，去人民大會堂，主席臨時搬去那裡辦公。

劉少奇釋疑，閉上眼睛養神。問也多餘，聽天由命。中南海和人民大會堂之間的地下通道，是去年才作爲戰備工程完成的，規定只有中央政治局委員的座車才可以通行……噢，大約仍把我算做中央常委吧？怎麼能不算？什麼時候免除過我的黨內外職務？再無法無天，也得開次會，辦個手續嘛。

汽車停在人民大會堂地下車庫電梯門口。劉少奇由那青年軍人引領著，乘電梯上二樓，繞過幾道寬綽的長廊，來到浙江廳門口。對了，這是浙江廳，再過去是江蘇廳，劉少奇記得很清楚。二十九個省市自治區都在人民大會堂內擁有各自的會議廳，每廳可容兩、三百人開會，並附屬有男女洗手間，醫療室，首長休息室。人大會議期間還附設有臨時小賣部，賣些該省市的特產菸酒糖果等。

青年軍人輕輕揿了門鈴，隨即推開一條寬縫，繞進屏風去報告：主席，客人到了。劉少奇聽到那個熟悉的湘潭口音：好，帶進來。

劉少奇進門，繞過屏風，只見高闊的廳室燈光明如白晝，中間被一道深紅色絨幕隔成兩半，外一半擺著一列一列書架，大約把菊香書屋的線裝書都搬來了。進了絨幕，才是毛的辦公室兼卧室。室內只亮著大沙發旁的兩盞落地枱燈，以及隔著大茶几的一張單人沙發前，也亮著盞落地枱燈。整個大房間光線半明半暗，一種幽深莫測的神秘感。

毛澤東半仰半坐在長沙發上，手拿一本什麼書，見劉少奇進來，聽劉少奇顫著聲音說：主席，我來了……也沒有挪動身子，只放下書本，朝對面那單人沙發指了指：坐，坐。兩個多月沒碰面了吧？你好像衰老了點？思想鬥爭還很激烈？

劉少奇恭敬地點點頭，依指示坐下。他心裡明白，毛澤東召人談話，見面隨便問幾句，並不需要來人回答。你若回答，他會覺得你囉嗦，討嫌。

毛澤東取支菸含在嘴上，劉少奇欲起身替他點火，他手一晃：我自己來……你是從不吸我的菸，還吸那個大前門？平平的腳沒有事吧？是你和光美生的老二？

劉少奇眼睛一紅，心想你原來什麼都知道啊，或許正是你夫人江青幕後導演的一齣鬧劇……嘴裡卻說：謝謝主席關心。我和光美的幾個孩子，都是主席和江青同志看著成長，受到關懷愛護的。平平的腿沒有事。是清華大學的蒯大富他們騙人，抓住平平做人質，以交換光美去清華大學接受批鬥……主席呀，臨來時，光美哭著讓我求求主席，大人犯錯，孩子無辜，莫再抓孩子做人質。

燈影裡，毛澤東吸著菸，臉色凝重。停了停，說：紅衛兵，造反派，不好惹囉。小將們智多謀足。王光美參加清華大學工作組，在那裡犯下衆怒嘛。革命群衆要出氣，你們住在中南海，見不到面，只好使個計策……我已經和文革小組那邊的同志講了，轉告小將們，下不爲例，劉少奇家的孩子，也是「可以教育好的子女」，要立足於幫助、教育、挽救。

劉少奇有如被兜頭潑下一桶冰水，從頭到腳都凍住了似的。劉少奇家的孩子也是「可以教育好的子女」？要幫助、教育、挽救？這話可是從毛澤東主席嘴裡說出來的！劉少奇身子晃了晃，竭力穩住情緒，以討教的口吻說：主席，這幾個月我一直關在家裡寫反省，許多中央文件也不送我看了，你的一些新的最高指示，我沒有及時聽到傳達，認眞學習，深刻領會。

毛澤東警惕地望一眼劉少奇：你是指的什麼？「最高指示」？這個名詞是左派人士強加給我的。

有「最高指示」，難道還有「次高指示」？我的話叫「最高指示」，林副主席的話叫「次高指示」？周總理的話叫「次次高指示」？形而上學，文理不通嘛！好了，你說吧。

劉少奇謹記住光美的囑咐，態度恭敬，虛心認錯，不爭辯，不解釋。於是試探著問：我是想知道主席關於「可以教育好的子女」的指示……

毛澤東彈了彈菸灰：文革小組王力、戚本禹他們向我報告，說北京市紅衛兵組織裡，在辯論人的出身問題。一部份人宣揚血統論，強調階級出身決定人的思想言行，唱什麼龍生龍，鳳生鳳，老鼠生兒打地洞；另一部份人反對血統論，搬出馬克思、恩格斯、列寧等人做例子，否定人的思想會打上階級烙印。工農革幹子弟（現在叫做紅五類）以自己的出身為榮，忽視自身的思想改造。地富資本家出身的子弟（現在稱為黑五類狗崽子），以他們的出身為恥，但聲稱他們不能選擇自己的出身，是無辜的，在政治上受到排擠、打擊是不公平的。所以我提出「可以教育好的子女」這個名詞，對他們立足於教育、改造、挽救。他們當然不是我們黨的依靠、培養對象，是和工農革幹子弟有區別的。

劉少奇很想說一句：你毛澤東出身富農家庭，我劉少奇出身破落世家，照你這樣論出身，不也都是「可以教育好的子女」了？嘴上卻說：好好，我回去告訴家裡的幾個孩子，以後要好好做「可以教育好的子女」，努力改造思想，忠於黨忠於人民。

毛澤東看劉少奇一眼，彷彿頗為欣賞劉少奇承認自己的孩子是「可以教育好的子女」。是不是表明，劉少奇也間接地承認了他本人是「黨內頭號走資本主義道路的當權派」了？不見得，劉克思不會輕舉白旗的。要迫他投降，還需要進行大量的、甚至激烈的鬥爭。於是說道：少奇啊，你知道我現在很忙。今天擠出時間找你來，就是給你一個機會，想聽聽你對自己所犯下的錯誤，有不有新的認識？我現在也很爲難呢。黨內黨外，那麼多人要打倒你，逼中央表態。中南海西門外的「揪劉鄧陣線」，架起高音喇叭，日日夜夜喊口號，要求交出劉、鄧……吵得我都沒法休息，只好臨時搬到大會堂來。不說你也明白，我是一直立足於保你和小平過關的。幾十年的老同事了，不能輕易分手呢。但另外有一大批左派同志不答應，尤其是紅衛兵小將們不答應，堅決要和你們鬥爭到底，我也爲難呢。我只好吩咐周恩來和汪東興，不允許把你和鄧小平揪到中南海外去，包括王光美、卓琳都不要出去。革命造反派出於革命義憤，難免動手動腳，我怕你們吃虧。頂多，就在你們各自的住處，接受中南海幹部、職工的批評和教育。最近陶鑄要接受批評教育，也照此辦理。望你們端正態度，不要抗拒。

劉少奇溫順地點著頭，「嗯嗯」連聲地表示洗耳恭聽，心裡卻是反感透了，厭倦透了。幾十年來，毛澤東都是裝神弄鬼，一會是神，一會是鬼。一會唱白臉，一會唱紅臉，紅臉白臉一人唱。這次批甲，下次鬥乙，再下次鬥丙，利用多數整少數。劉少奇幫著毛澤東整倒過多少人？這次終於輪到自己……毛澤東明明把每一個鬥爭環節都掌控在手裡，卻把責任推給什麼左派、紅衛兵小將！連劉少奇的女兒平平、亭亭被抓作人質的事，你毛澤東都洞若觀火嘛！你眞要保護某個人，饒恕某個人，還不是一句話？自一九四九年進城以來，歷屆中央全會選舉出來的政治局委員，政治局常委，你不准誰出席會議，誰就不敢出席嘛，你早就比史達林還史達林了。你要是不放江青、康生、陳伯達、張春橋、姚文元、王力、關鋒、戚本禹這群惡犬咬人，他們敢咬？明明都是你在操控、指使、教唆嘛。

劉少奇見毛澤東正以審視的目光罩住他，立時省悟到自己的處境，記起了王光美的哀告……此次蒙毛召見，或許是命運給他的最後一次機會。爲了光美，爲了孩子們，他胸口一堵，喉嚨一酸，眼睛就火辣火辣的了：主席，我知錯，我痛悔，犯下這麼嚴重的錯誤，我痛心疾首，無地自容……記得在延安，我第一個提出了「毛澤東思想」這個觀念，並寫進了黨的歷史文獻。可也是我，在一九四九年進城之後，特別是最近幾年，一步一步背離了毛澤東思想……。

毛澤東插斷：不對，在延安，第一個提出「毛澤東思想」這個名詞的，是王稼祥。王稼祥人還在，你不要和他爭這個發明權。

劉少奇接著說：主席沒有記錯，是王稼祥第一個提出「毛澤東主義」，他一九四一年寫了篇文章。當時主席很謙虛，說已經有了馬列主義，中國黨沒有什麼毛主義，只有外國的馬列主義和中國的革命實踐相結合。我記得主席還專門寫了批示。過了不久，大約在一九四一年秋天，我到楊家嶺中央馬列學院作報告，第一次提出：馬列主義和中國革命實踐相結合，產生了毛澤東思想。中國革命要高舉毛澤東思想這面旗幟，才能從勝利走向勝利。主席，你開始也不同意「毛澤東思想」的提法，後來是全黨同志的強烈要求下，勉強接受。我今天向主席提到這個，不是要表示自己有什麼發明權，而是深刻反省自己，提出毛澤東思想的人，後來違背了毛澤東思想，甚至走到了對立面。

毛澤東說：少奇你這話算講對一半，你後來是要搞掉毛澤東思想，取而代之。你認爲搞社會主義建設，抓經濟工作，你比我高明，有本領。你有你的全套人馬。你甚至一度要把我排除在中央核心之外，當作泥菩薩供起來。

劉少奇急眼了，爭辯說：主席，我沒有！絕對沒有……那不是事實。自四九年進城以來，全黨都是在你領導下進行工作，我只是你的一名助手。

毛澤東笑道：年年國慶，元旦，我們兩個的照片並列在所有的報紙上，誰是誰的助手？你不但是國家主席，還代理過黨中央主席。有大半年時間，中央的兩個主席都姓劉，你能否認這個事實嗎？

劉少奇欲哭無淚，仍竭力辯解：主席，你這樣講，誤會就大了……。五九年二屆人大一次會議，你辭去國家主席一職，事前我反對多次，政治局會議有記錄可查。但你辭意堅決，後來大家勉強接受，才把我推出來，也是主席對我的提攜，我永不忘記。從一九五九年國慶節起，報紙開始刊出兩人的照片，我反對多次，強調黨和國家只有一個主席，就是毛主席。我錯在沒有堅持到底……至於代理黨主席，是一九六一年春天，全國爆發大饑荒，各省區餓死不少人，台灣老蔣又要反攻大陸，主席你焦慮得中了風，病休一段，親自委託我代理黨主席。我當時態度明確，我可以多做工作，為毛主席分勞，但不要代理。是我一再反對，政治局、書記處才沒有向各級黨組織發文。大半年後主席身體好轉，我立即在政治局擴大會議上宣佈，毛主席回來主持工作，不再代理。這就是事情的全部經過。

毛澤東說：你後來一定很後悔，尤其是現在。你失去了大好時機。三年困難時期，是大好時機。把毛澤東弄到某個地方幽囚起來，你就名正言順了，兩個主席就都姓劉了。你氣慨、膽識不夠。我要是換了你，一定那樣幹，永絕後患。

劉少奇委屈、傷心，落淚了：主席，我從來沒有那個念頭。我起誓，我要是有過那麼一絲絲念頭，天誅地滅，我一家老小天誅地滅……主席，的確沒有過啊！老天爺，主席，我劉少奇有這樣那樣的問題，但為人品行，卻是嚴格遵從我那個〈論共產黨員的修養〉在做的啊。

毛澤東說：少奇，我可以同意，你或許確是為你的〈修養〉所誤，也叫作作繭自縛。好了，你也不要起誓了，共產黨人不相信報應。你沒有搞會議逼宮、沒有搞兵諫兵變，是事實。因為你調動不了部隊。部隊在我手裡。你的幾名親信大將、上將，不敢貿然舉事嘛。少奇呀，你的某些念頭其實只有一層紙那樣薄，我就替你來捅破：今年春上，你自己沒有膽量搞兵變，卻盼望有人代你行事，把我打入冷宮，你來坐享其成……你很聰明，很懂得保護自己，只想坐享其成。所以我斷定你沒有搞陰謀活動，只是陰暗在心裡。不然，我今天也不會在這裡召你談話了，只怕是被關在某個「沙丘宮」裡，餓死生蛆了。你不知道「沙丘宮」的歷史掌故？

劉少奇想不起什麼「沙丘宮」不「沙丘宮」，惟有繼續傷心落淚：主席，沒有，我也從來沒有想過什麼坐享其成。沒有就是沒有，要尊重起碼的事實。主席尊重事實，肯定我沒有搞過陰謀活動，我很感激，我全家老小都很感激。

毛澤東新換上一支菸，咝咝吸著，將淚流滿面的劉少奇打量一陣，說：老夫有淚不輕彈，少奇你今年也六十八歲了吧？和恩來、德懷、康生同歲。你們四位都很出色。好了，那些舊帳新帳，我和你一筆勾消。況且和我有舊帳的人，我一直在團結他們，一起工作。周總理、朱老總、陳老總就是典型。你和我沒有舊帳，只是幾筆新帳。今天談完了，此後不再提。你同意不同意啊？

劉少奇沒想到毛澤東神機莫測，又忽然來個一百八十度的轉機，儘管心存疑懼，仍像個可憐的老小孩似地破涕爲笑：謝謝主席的海量！少奇和全家老小沒齒不忘！眞的，沒齒不忘！

毛澤東心裡陡地生出一種強烈願望，他願看到劉少奇跪在他面前磕頭，感恩戴德，感激涕零……爲什麼不磕頭？過去高崗、柯慶施、康生、許世友等等，等等，都曾經向他磕頭、討饒。當然，不是下跪磕頭就可以了結一切。

劉少奇彷彿省悟到什麼了，光美也曾經提醒過，爲了孩子，可以磕頭……但劉少奇站不起身子，實在的，也跪不下去，自己是一九二三年的老共產黨員，怎麼可以拜皇帝老子那樣給毛澤東磕頭？那是對馬克思主義的背叛，對列寧主義的反動。

毛澤東沒有等到劉少奇的這個動作。其實他最盼政治對手被他打垮之後能有這個動作。很失望，過去張國燾沒有，王明沒有，李立三沒有，張聞天、彭德懷都沒有，今天劉少奇也沒有……毛澤東揮起一隻大巴掌，趕蒼蠅蚊蟲似地趕走了什麼念頭，換了個話題說：好了，閑篇扯過，下面談點正事。你可以吸支我的菸。喝茶壺裡有。老同事了，我是想問問你呢，對近來的運動形勢，有些什麼看法？

劉少奇確是感到喉嚨乾澀，口苦。他顫著手替自己倒了一杯茶，喝了兩口。毛主席問自己對運動形勢的看法，什麼該說，什麼不該說？眞要命，思緒閉塞，腦子裡一盆漿糊。

毛澤東又以犀利的目光罩住劉少奇，等著回話。

劉少奇硬著頭皮，言不由衷地說：近三個月閉門思過，沒有參加過會議，很多文件也沒送我……只是看《人民日報》、《解放軍報》和一些紅衛兵小報……還有就是收聽電台廣播，形勢大好。

毛澤東問：你可以看到紅衛兵小報？儘是些似是而非、虛張聲勢的所謂消息。都是誰供給的？

劉少奇眞想掌自己的嘴巴！但不得不回答：是源源、平平、亭亭三兄妹外出串連時，帶回來幾份……其餘，再沒有人敢向我提供。主席可以下令中央警衛局調查。

毛澤東笑笑：你目前還是黨員、公民，沒有禁止你了解時事新聞。你不願意談點對形勢的看法？

劉少奇警覺到，還是少說爲佳，再不能講錯什麼話，連累幾個孩子了：主席，形勢很好，人民群衆是眞正被發動起來了。這次運動，是重新清理幹部隊伍、重新教育人民群衆的偉大實踐，非常及時、必要，是國際共運史上的光輝創舉，是發展馬列主義、毛澤東思想的里程碑，是劃時代的！

毛澤東再笑笑：少奇，你好像學乖了，竟來和我背誦兩報一刊社論，陳伯達、張春橋那班秀才寫的那些空話、屁話。你不想和我談形勢，我也索然。今天已經談了不少，最後問你一個問題，你對自己今後的出路，有什麼打算或要求？對這個問題，你必須和我講實話，否則後果自負。

劉少奇渾身打個激凌，明白到了這次召見的關鍵時刻，頭腦登時清晰起來。好在已有準備，遂從口袋裡掏出一頁紙片來，架上眼鏡，語氣懇切地唸道：

主席，我已想了這麼兩條，供主席和中央參考。

一、這次路線錯誤的責任在我，廣大幹部是好的，特別是許多老幹部是黨的寶貴財富，主要責任由我來承擔，儘快把廣大幹部解放出來，使黨少受損失；

二、辭去國家主席、中央常委和《毛澤東選集》編委會主任職務，和妻子兒女去延安或老家種地，以便儘早結束文化大革命，使國家少受損失。

毛澤東認眞聽過，又從劉少奇手中要了紙片，看上一遍，之後吸著煙，沉吟不語。這個劉克思，的確厲害，白紙黑字的寫著，一條「使黨少受損失」，一條「使國家少受損失」，分明誣衊文化大革命運動是黨和國家的大禍亂嘛！你還妄圖帶了老婆兒女回延安或老家，躲過一劫，好東山再起，捲土重來？鴻門宴放走劉邦，華容道放走曹操，西安事變放走蔣委員長，文化大革命放走你劉少奇？你也太低估你的對手毛潤芝了！當年太平天國洪秀全有句名言，對付北王韋昌輝的：朕寧可把江山讓給清妖，也不給你韋昌輝……洪秀全是個無原則、無出息的農民領袖……

劉少奇見毛澤東好一會沒有吭聲，不知在思考什麼，只得恭敬地問上一句：主席，是不是我的兩條有什麼不妥？我是覺得，近半年來，自殺的老同志太多了，傅連璋、吳圃芝、劉長勝、趙爾陸、楊至成、閻紅彥、南漢宸、鄒大鵬、陶勇、許光達……還有李達、老舍、趙樹理……毛澤東彷彿緩過神來，尖銳地問：你都做了統計啊？還可以統計得詳細些，肯定不止這些……數字是不是很有用處啊？

劉少奇懊悔自已節外生枝，趕忙補救：不是的。我指的是這些人不該自殺，不該背叛黨和人民。我和光美向中央保證，任何情況下不自殺，不叛黨……。

毛澤東已經很不耐煩了，決意結束談話：現在是自殺成風，叛黨成風，發洩對文化大革命的仇恨。他們嚇不住誰，我不憐憫……很好，你保證不自殺。你提出的兩條也很好，包含了你對運動形勢的眞實看法。兩條都很重大，我一個人也答覆不了你，留待研究吧。你呀，這段時間不管事了，也不要光寫檢查，還可以讀些書……德國動物學家黑格爾的《機械唯物主義》和狄德羅的《機械人》，兩本書都有點意思，出了中譯本，不錯……今天就談到這裡吧。有點累，想休息一會。

劉少奇連忙表示感謝，起身告辭。他到底也沒有向毛澤東下跪，磕頭，只感到大絨幕那邊一直有衛士的影子在晃動。

毛澤東也緩緩地從躺著的沙發上站起，趿著布鞋，堅持著要送送老同事，直到廳門口。

劉少奇見毛澤東執意送自己到廳門口，心情激動地請毛主席留步，並伸出手去，想和毛主席握別，並說：主席，請給少奇改過自新的機會……。

毛澤東卻隨便地揮了揮手，說：好好學習，保重身體。

劉少奇仍由那名青年軍人領走，回了一次頭。

廳門關上了。毛澤東趿著布鞋，嘴裡呢喃著：對不起，我要是再給你一次機會，就不會有我自己的機會了。他忽然想清唱一段京劇，《空城計》、《捉放曹》什麼的。

第二十五章　紫光閣國務會議

一個秘書造反，一個秘書自殺……看樣子，我這裡也是樹未倒，猢猻要先散了……。

周恩來提早幾分鐘，來到紫光閣國務會議室。他要靜下來想想近一段發生在身邊的事情。他日益明顯地感受到來自釣魚臺江青方面的壓力。何止是壓力，是明目張膽的咄咄威逼。上個月在工人體育場的一次數萬人參加的批鬥大會上，江青竟當著他這個國務院總理的面，突然厲聲喝令坐在他身後的兩名助手——國務院秘書長周榮鑫、副秘書長許明站到批鬥台上去，向紅衛兵、造反派低頭認罪！當時，他渾身血液都凝固了……他只看到那跟隨自己十幾年的許明，還有小八路出身的周榮鑫，乞求保護的目光……江青啊，妳欺侮人欺侮到家了，妳這是公然侮辱我周恩來啊……據說作家老舍自殺前，在北京市文聯的批鬥會上被打得頭破血流，拚著老命喊出六個字：士可殺，不可辱……有一刻，周恩來也要騰地站起，大喝一聲：江青！士可殺，不可辱！可是啊，他忽地眼前一晃，彷彿看到了江青身後那尊偉岸的形影，全黨崇拜的毛主席……心裡激憤的火苗頓時熄滅了下去：這口氣，賭不得也，會賭上自己最後的政治生命……他不得不咬緊牙關，鐵青著臉，冷冷地對周榮鑫、許明二人說：江青同志的指示，聽到沒有？還不快站到台前去，向紅衛兵小將、造反派群衆請罪？

周榮鑫、許明站到台上去了，低下頭顱，向首都數萬名紅衛兵造反派請罪了。而敬愛的周總理，則在他們身後振臂高呼：向江青同志學習！向江青同志致敬！向中央文革學習！向中央文革致敬！

許明啊許明，我知道，妳和周榮鑫是代我周恩來受過，你們積極參與了「國務院消防隊」，到處去平息紅衛兵武鬥，保護老幹部，而拂了江青娘娘的聖意……事後，妳還沒有來得及聽我解釋，當時那樣做，正是爲了保護你們。滿足了主席夫人的權慾發洩，她或許就不會深究了的。周恩來要是和她當面頂撞的話，就連自己也保不住……你們又不是不知道，近年來，主席對夫人江青言聽計從，江青提出打倒誰，誰就一定被打倒。陶鑄在黨內已經排名第四，江青要打倒陶鑄，主席就同意了。

許明，秀外慧中，多麼優秀的一位女同志，服下整瓶安眠藥自殺，還有更深層的原因。作爲國務院分管文教戰線的副秘書長，長期以來和插手文藝工作的江青軟磨硬頂，結怨已深。從五十年代初江青提出批《清宮秘史》，批《武訓傳》，到前幾年排演現代京劇，許明堅持原則，尊重歷史，尊重藝術，不大認同江青的爲人作派。特別是一九六四年十二月，江青跑去北京電影製片廠審看趙丹主演的新片《烈火中永生》（根據長篇小說《紅岩》改編），把該片批得一無是處，並指示「不准修改，原樣放映，邊放映邊接受批判」，使得北影廠、文化部都很被動。因爲事前影片已送中宣部陸定一、周揚等領導人看過，得到高度肯定。中宣部又請主持中央書記處工作的彭眞看了，也受到讚揚。北影廠不服江青的頤指氣使，通過國務院副秘書長許明反映情況，請周總理看片子。周恩來看後大加表揚，認爲是一部對全國青年一代進行革命傳統教育的好作品。果然，一九六五年初，《烈火中永生》在全國放映，創下票房新紀錄，獲得空前的成功……事後，江青了解到「周總理看片內情」，更是深恨上許明。也是夫人報仇，爲期不遠。文化大革命一來，江青遂直接向毛澤東告了許明的狀，指「許明是彭眞安插在周恩來身邊的人。於是「最高指示」下來了：許明是什麼人？即行查辦。

許明啊，我周恩來是妳的老上級，沒有來得及保護妳，妳就萬念俱灰了，厭世了。在文化大革命的烈火中，妳的家庭已經破碎！妳的丈夫——中央調查部部長孔原同志，被打成黑幫、特務（周恩來一手栽培的中央調查部部長竟是「暗藏在黨中央的特務頭子」）！妳心愛的小兒子因反對中央文革被公安局關押，連妳的老母親也被逮捕……妳是身陷羅網，跳不出江青的掌心了。可妳連對我這個總理、妳的老上級，也失去了信心，沒有給我時間，來替妳和孔原周旋……從來黨內鬥爭，無情打擊，要求革命者具備堅強的生命韌性。近年來這麼多的高級幹部自殺，就是缺乏這種忍辱負重的生命韌性……於是妳吞下整瓶安眠藥，兩小時後被衛士發現，沒等到送醫院搶救，身子已經冰涼。

周恩來坐在空蕩蕩的會議室裡，眼睛裡閃爍著淚光。一名女服務員欲近前添茶、問候，他揮揮手，沒讓走近。……另外，那個叛逆，男秘書陳家康，四川人，也是他一手提拔的。前些日子江青、戚本禹暗中策動中央首長們的秘書造反，揭發首長們的所謂「黑幕」，陳家康這傢伙就看準了風向似的，和清華蒯大富、北大聶元梓他們搞到一起去了，向中央文革揭發出「總理辦公室的十大問題」！平日一名溫文爾雅、人模狗樣的司局級秘書，搖身一變成爲一頭撲向主人的惡犬。周恩來對自己身邊出了這種惡犬，痛心疾首。對不起，趁這條惡犬還沒有來得及攀附上新主子，即以他參加了對賀龍、朱總司令兩家的抄家活動，下令中央警衛局予以逮捕，押送回他四川老家坐班房去了。

來人了。多位副總理、元帥們，二十幾位工交財貿戰線的部長們，陸續進入會議室內。他們之中，有的竟是戴著高帽子、掛著黑牌子進來的，進門就把帽子、牌子摔在門廳過道上。

會議室由茶几、沙發圍成一圈長方形，周恩來座位面西，環繞而坐的是三總四帥，即三位邊接受批判、邊堅持工作的副總理：李富春、譚震林、李先念，四位元帥：陳毅、葉劍英、徐向前、聶榮臻，以及鐵道部長呂正操，石油部長余秋里，冶金部長唐克，國家計委副主任谷牧……等等。

周恩來一臉焦慮、疲憊地望一眼堆放在門口的高帽子、黑牌子，說：開會。今天能把各位找來，很不容易啊。你們有的是直接從批鬥會上來，是我要求傅崇碧同志派衛戍區部隊去接的……你們把高帽子、黑牌子都帶來出席國務會議，很說明問題。有的同志則已經不能來了。說著，周恩來看一眼幾張空沙發。往常，那些沙發上坐著陶鑄、賀龍、薄一波、烏蘭夫、張霖之等人。

中央常委、副總理李富春插話：有幾位部長，是總理向中央文革那邊打了包票，才要回來的。

周恩來面帶戚容：我這個總理沒有當好，對不起大家……煤炭部長張霖之同志老紅軍出身，傷重不治；中央黨校校長林楓自殺；雲南省委第一書記閻紅彥自殺；山西省委第一書記衛恆自殺、河南的吳芝圃、安徽的曾希聖也都死了……我怎麼向黨和人民交代啊？

他沒有提到國務院副秘書長許明自殺的事。

座中，副總理、元帥們，各部部長們一片抽泣之聲。彷彿體諒總理的苦衷，大家都不敢哭出聲。

周恩來自己先堅毅起來，望著門口的那堆高帽子和黑牌子，彷彿還在盼著某位老戰友、老下屬能匆匆趕來……隨即，他稍稍抬高一點聲音：好了，能來的，都來了，不能來的，也就不等了。大家都替我把眼淚收起，把頭昂起。工作還要靠我們這些人去做。我去年就講了，爲了黨和國家，爲了毛主席的革命路線，我們要不怕下地獄。不瞞各位說，我別的都不怕，最怕鐵路、煤炭、石油、鋼鐵這幾大部門出現大罷工，那一來我們就癱瘓……呂正操同志，你先談談鐵道部門的情況。

呂正操原爲東北軍張學良部下，一九三六年參加西安事變，翌年加入中共，成爲八路軍將領，一九五五年獲授上將軍銜，並任鐵道部長兼鐵道兵司令員。他說：我已經挨了十幾場批鬥，部裡的造反派紅衛兵逼我交權，我告訴他們，鐵路交通是國家的經濟大動脈，只有毛主席、周總理下命令，我才可以離開工作崗位。因此挨了他們的牛皮靴和銅頭皮帶。還好，沒有重傷倒下。如今是造反高於一切，大於一切，要革命不要生產。鐵道部屬下有十四個鐵路局、三十二條線路已經半身不遂，動彈不得。因爲多數火車司機、調度員、扳道工、機修工，都參加大串聯、大造反去了。渝昆鐵路、湘桂鐵路停駛，連抗美援越的戰略物資都卡在半道上，運不出去。

周恩來埋頭記下要點。接著說：下面，冶金部。唐克同志，你儘量簡短點。

唐克說：好，我只匯報幾句。現在冶金系統停工停產現象嚴重。全國鋼鐵日產量已降至五十年代初的水平。鞍山、本溪、撫順三大基地工人造反派爲抗議走資派的所謂政治迫害，實行大罷工。這三大基地的煉鋼爐在日本人投降、國民黨撤退時都沒有熄火，都完整保護下來，今天卻熄了火，一爐爐鋼水冷卻，凝固在爐子裡，報了廢。一座煉鋼爐重建，需要花費好幾千萬元，加上好幾年的時間。

周恩來做著筆錄，手指在顫抖。他回過頭去對秘書說：通知空軍吳法憲司令員，替我準備一架飛機，我晚上去鞍鋼，說服工人造反派恢復生產，也可能把幾派頭頭接到北京來談判……下面誰講？煤炭部沒有來人？譚老闆，你的農林部，日子也不好過啊？

譚震林見問到自己，立時氣憤地茶几一拍：造反派王八蛋硬誣我譚震林是大叛徒，黑牌子我扔在那裡了，就是帶來給大家開眼界的！我譚某人藥店學徒出身，二六年入黨，二七年參加秋收起義，跟毛主席上井崗山，一路帶兵打仗，什麼時候被捕過？怎麼會是大叛徒？好，不講這個了……昨天晚上，我在電話裡和陳伯達幹了一通，質問他，你們不准山東沿海幾百條漁船出海捕魚，到處鼓動停產鬧革命，難道要叫全國人民喝西北風？你猜陳伯達和我講什麼？竟講他這個中央文革組長是劉禪稱帝，徒負虛名。我問他陳老夫子，你劉禪稱帝，幹的壞事還少嗎？要在戰爭時代，老子先解決你！

周恩來苦笑笑，搖搖頭：也只有譚老闆這尊大炮，如今還敢放兩炮了。有的事也不能全怪陳伯達。他近段身體不適，由江青同志代理文革組長職務。

一直悶坐著的陳毅，這時齉聲齉氣地說：我講句話放在這裡，這一「代」就「代」定了。就是不

「代」，中央文革也是江青一家子嘛，她女兒李納是文革辦公室主任。

周恩來擔心口無遮攔的陳老總扯上毛主席，而問：聽講你個元帥外長，戴了高帽子去接見來訪的尼泊爾王子？

陳毅大聲說：紅衛兵不准我脫下高帽子嘛！三反分子這頂高帽子，不准脫就高高戴著！不瞞總理講，反正是划爛船，國家不惜丟臉，陳毅怕丟啥子臉？我還準備戴了高帽子陪外賓去見毛主席！

周恩來瞪了陳毅一眼：陳老總，不可以。你要注意自己的情緒。國格人格是一體。下面，余秋里同志，你談談石油部的情況？

余秋里是人民解放軍著名的獨臂將軍，一九五九年後轉業任石油工業部部長，一九六〇年率十萬大軍會戰大慶油田，威震東北大草原。余秋里晃著空蕩蕩的左臂衣袖，漲紅了臉膛說：石油是工業血液，個人掛牌子、戴帽子、挨批鬥，都不算什麼，共產黨員活著幹，死了算！最叫人氣憤的他們的這種無法無天的行爲，得到了中央某些人的支持！總理，你知道嗎？現在我國石油日產量，已經降至國民黨統治時期……在大慶油田，冰天雪地裡，幾萬工人忍飢受凍、流血流汗打出的一口口油井，被紅衛兵和造反派強令停鑽封頂！北京的一些自稱是無產階段司令部的人跑到大慶，煽動工人組織造反隊，揪鬥油田的各級領導幹部。他們誣衊大慶紅旗是假的，是劉少奇修正主義路線的黑旗幟。他們還把大慶著名勞動英雄王鐵人抓起來，嚴刑拷打，逼他交代什麼反革命修正主義的罪行！周恩來停下筆，問：王進喜的「鐵人」稱號，是毛主席同意授予的！他是全國工人階級的典範，現在怎樣了？

余秋里是回答：被打傷了，仍然遭到關押。

周恩來手裡的筆一扔，站起來大聲說：到處私設公堂、牢房！余秋里同志！你馬上派人到大慶去，把王進喜接到北京來，住進中南海！不行的話，你去找瀋陽軍區陳錫聯司令員，傳我的話，說我周恩來要請王進喜同志進北京治傷，軍區保衛部協助完成任務。

余秋里起立：好！我去執行總理的命令。

周恩來繞著座位走了幾步，目送著余秋里離去，控制住激動的情緒說：谷牧啊，你也有個任務，協助富春、先念，替國務院起草一個緊急通知，要求一切廠礦企業的工人、幹部、技術人員在文化大革命運動中，必須堅持抓革命、促生產的方針，堅持八小時工作制，不要搞串聯，不要成立跨行業、跨系統的組織，不要以任何藉口停工停產……具體規定它十幾條。生產絕不能停擺，搞垮了國民經濟，八億人口靠什麼過日子？一個鐵路，一個鋼鐵，一個石油、煤炭，這些是骨架和血液……同志們，一定要堅持住，受再大的委屈也要堅守崗位，決不能讓國家經濟垮在我們手上……。

一直默默地、也是氣鼓鼓地坐在一旁的李先念副總理，這時站起來說：富春同志，我們就領著谷牧他們，再當一回救火隊吧，起草緊急通知去。

國家計委副主任谷牧卻坐著不動，抱怨說：十一月，不就起草過一份《關於廠礦企業開展文化大革命的規定》嗎？送給伯達、康生、江青，他們不同意，指我們以生產壓革命。後來由總理送給主席，主席給予否定……我們現在又起草緊急通知，通得過嗎？我主要指的是最後那一關……。

平日很少發脾氣的周恩來，這時火了：谷牧同志！我們總要作最後的努力吧？難道要我周恩來哭著求你，才肯再去起草文件嗎？

谷牧慌了，哽噎著喉嚨起立：總理……是我不好，我錯了，我這就和富春同志、先念同志去……

周恩來面色嚴峻：好！部長們也散了吧。記住，堅守崗位，誰都不許躺下。余秋里同志剛才講得好，共產黨員活著幹，死了算！大家都要有生命韌勁。幾位老帥留下，我還要和你們談事情。

看著副總理、部長們離開會場，聽見譚震林在門廳裡喊：各人的黑牌子、高帽子，各人拿走，留給總理算怎麼回事？周恩來回到座位上，忽然臉色發白，閉上眼睛，張著口出粗氣……。

陳毅、葉劍英、徐向前、聶榮臻一見慌了：總理！總理！你怎麼了？服務員！快叫醫生！

周恩來睜開眼睛，眼角沁出一粒細細的水珠子：老總們……你們咋呼什麼？我沒事……只是有點子累，胸口有點子悶，緩口氣，歇一歇……你們坐下來，坐下來，和我談談軍隊的情況……。

保健醫生、護士飛快地跑來了。周恩來揮揮手：沒事，你們下去吧。我這裡還要談工作。

保健醫生堅持替周總理把了把脈，說：還好。但這是心臟病的先兆。總理，您就是塊鐵，也會累化掉……六十九歲的人了……。

周恩來說：你們緊張什麼？我說沒事就沒事，下去吧。徐向前同志，你是軍委文革組長，先談幾句？還有葉帥、陳帥、聶帥。

徐向前從公文包裡取出幾份電文，望了望總理，猶豫一下，說：好，我匯報。軍委文革小組，被三軍總部造反派衝擊得沒法工作了。我手頭有幾份今早上收到的急電……瀋陽軍區陳錫聯司令員來電，昨晚九時有數千名造反派學生衝進軍區大院，毆打警衛戰士，揪鬥軍區領導。唐子安副司令員在揪鬥中被打成重傷，有生命危險。目前，衝擊仍在繼續。我警衛部隊不可能長時間罵不還口，打不還手。請軍委給予明確指示；南京軍區張才千副司令員來電：昨晚十一時，大約萬名軍事院校造反派和地方紅衛兵，包圍搜查了八名軍區領導的住宅樓，一名副政委和兩名部長被抓走，下落不明。請軍委指示！福州軍區司令員韓先楚來電：福州幾千名造反派、紅衛兵衝擊軍區機關，搶奪警衛部隊武器，葉飛政委被抓走。請軍委下令，允許警衛部隊自衛反擊……。

周恩來仰靠在沙發上，蒼白的額頭上冒出層細細的汗珠子。徐向前見狀，立即停住。周恩來問：怎麼不唸了？還有其他幾大軍區呢？

徐向前忽然心裡冒火，手頭電文朝茶几上一摔：北京軍區司令員楊勇被捕，海軍政委蘇振華被押，武漢軍區司令員陳再道、政委鍾漢華天天被批鬥，成都軍區司令員黃廷新被造反派抓走，至今下落不明，蘭州軍區司令員冼恆漢被造反派打傷，住進醫院……。

周恩來坐直了身子，雙目炯炯地望住葉劍英：葉帥，你是軍委秘書長，有什麼新情況？

葉劍英一邊擦拭著眼鏡片，一邊說：報告總理，昨天晚上，總參謀部、總政治部、總後勤部，空司和海司，也都受到軍事院校紅衛兵組織的衝擊。空軍司令員吳法憲、海軍副政委李作鵬、總後勤部部長邱會作、總政治部主任蕭華和副主任劉志堅，都被小將們抓走，到今天中午，還沒有放回……恕我直言，我看這是一次全國性行動，上上下下衝擊軍事機關，有大人物在背後唆使、策動。

陳毅憤怒地拍打著沙發扶手：他們誣衊朱總司令是黑司令，賀老總是大土匪、大軍閥！總司令、賀老總都被抄了家。賀龍一家妻離子散！這是對我們黨、我們軍隊的最大侮辱！

徐向前身子前傾，望著老上級周總理：帶了幾十年的兵，弄到這種局面。到處抄黨政軍領導人的家。連總司令的家都被抄了兩次，何況我們？如果沒人在背後指使，軍事院校的娃娃們吃了豹子膽？

一直未發表意見的聶榮臻，這時插言：總理，建議報告主席，軍委應立即拿出條令來。現在不是一般的混亂，已經亂向軍隊，天下大亂。今早上我接到告急電報：新疆核武試驗基地，甘肅酒泉導彈試射場，都受到外地湧去的紅衛兵小將們的衝擊！

陳毅滿臉通紅，衝口而出：我看北京有一個亂軍總指揮部，就在釣魚臺，中央文革！

周恩來瞪陳毅一眼，告誡說：老總！把住你的嘴。和釣魚臺那邊關係搞砸了，事情更難辦了……我們是要立即拿出辦法來，加強消防……不是一個一個軍區的去消防，需要整體意義上的消防。

這時，一名青年軍人手拿一份電報稿，快步進入會場，交給軍委秘書長葉劍英。葉劍英看上一眼，即以他的客家口音唸將出來：南京許世友報告，一些自稱來自北京的紅衛兵包圍了軍區司令部大樓，要抓軍區司令員和政委，我們久候軍委指示無著，已命令警衛部隊採取行動，驅離鬧事者，抓了十幾個打人凶手。誰敢衝擊司令部作戰室，機密室，警衛部隊格殺勿論！

陳毅聽罷，大聲叫好：許和尚是條漢子！幹得好！

葉劍英放下電文，兩手一攤：下面的司令員要採取自衛行動，我這個軍委秘書長有什麼辦法？徐向前是許世友的老上級，眼睛放亮：我這位軍委文革組長徒有虛名，也無能爲力。聶榮臻雙手握拳：行！幹，他娘的，狠狠地幹！

周恩來痛苦地閉了閉眼睛，隨後有些艱難地站起身子，口氣凌厲地對四位元帥說：老總們，不要逞一時之快呀，火上澆油，後果不堪設想……葉帥，立即通知許世友，就說是我的命令，把被抓的人放掉，任何情況下，軍區警衛部隊不得向學生開槍！並告訴他，中央正在採取措施，要相信中央，相信毛主席，會儘快控制住局面……你們都站起來做什麼？都是七十上下的人了，還一個個鬥士似的。坐下，我也坐下。葉帥、徐帥，剛才你們匯報的情況，向林彪同志報告過嗎？

葉劍英說：又病了，不接電話。我去過兩次毛家灣，只見到一次，講了幾句話。說他也急，吳法憲、邱會作、李作鵬這些還是他的老部屬嘛；又說不要怕亂，主席思想，是要通過大亂，達到大治。

徐向前說：我天天都往毛家灣掛電話，都是葉群接。我提出向林副主席報告緊急情況，那婆娘也去請示了，卻回我話，向總理報告吧，總理會處理的。

周恩來想了一想，說：好！我們一起來處理這些緊急情況。我初步想到以下三條：一、由葉帥、徐帥負責，立即起草出一個穩定軍隊、禁止衝擊軍事機關的軍委命令來，不要長，十條、八條即可；二、由中央軍委下通知，派專機，把八大軍區正在受到衝擊、揪鬥的司令員、政委、省軍區司令員、政委，接到北京來，住京西賓館，休息、養傷，學習，也是一種保護嘛；三、考慮召開一次軍委擴大會議，爭取把全軍正軍級以上幹部都找來。可通知京西賓館做準備。注意，這三條，都必須等我面見毛主席，得到批准之後，才去執行。葉、徐你們抓緊時間，今天晚上我和你們一起去見主席。

夜，中南海。

陳毅在家裡坐不住，步行幾分鐘，進到李富春的家院裡。正巧，譚震林、李先念兩位也在。李富春和毛澤東是長沙世交，消息最可靠。不用說，大家都是向富春同志摸動向來了。個頭瘦小的李富春滿面笑容，一口長沙鄉音幾十年不改：陳帥！你可是稀客。來來來，震林、先念也是剛到，一起喝茶，扯談。

陳毅坐下，開口就問：富春，賀龍被軟禁，第四號人物也說聲倒就倒了，究竟出了啥子鬼怪了？

李富春登時臉色一沉：陳老總，你問我，我問哪個？

李先念嘆口氣：你是中央常委，這樣大的事，都不知情？

李富春說：中央常委已經三個多月沒有開過會了。原先主席委託林彪主持。林彪召集了幾次會議，不幹了，主席又委託總理主持，總理也有他的難處，主席、副主席不發話，他怎麼召集常委會議？所以我只能告訴各位：不知道。

譚震林仍是半信半疑：中央常委沒有討論？

陳毅氣憤地說：這叫什麼章程？大多數常委、政治局委員被蒙在鼓裡，就把黨的第四把手、國務院常務副總理抓了，把軍委副主席、元帥軟禁了，眞是和尙打傘，無髮（法）無天了。

李富春、譚震林都一愣，「和尙打傘，無法無天」可是毛主席的名言……李先念一揮手：前天打倒劉鄧，昨天抓走陶鑄，今天軟禁賀龍，明天、後天，輪到誰？

譚震林拳頭捶著沙發扶手：沒人出面我出面！我去問主席，我們黨還有什麼黨紀？江青喊了幾句口號，就把陶鑄抓了？

李富春閉了閉眼睛，說：譚老闆，不消你去放炮，總理已經去問過了。

陳毅、李先念更爲詫異：連總理都不知道？主席怎麼講？

李富春極不情願似地從口袋裡掏出一頁紙片來，交給陳毅：老總，你給唸唸吧。是從總理那裡抄來的，有江青和主席的講話。不許擴散。

陳毅朗聲唸道：江青在北大紅衛兵大會上說，毛主席講了，陶鑄這個人很壞，他來中央沒有幹過什麼好事。他是劉少奇、鄧小平埋在中央的一顆定時炸彈，必須堅決把他挖出來，批倒批臭！

譚震林說：這個演員一向假傳聖旨。打著主席的旗子，也不知那句是主席的，那句是她自己的。口氣都不大像嘛。只能騙紅衛兵娃娃們。

陳毅唸下去：毛主席說，陶鑄問題很嚴重。這個人是鄧小平介紹到中央來的。我起初就說陶鑄這個人不老實，鄧小平說還可以。我八次接見紅衛兵小將，次次報紙上有劉少奇的照片，電視裡有劉少奇的鏡頭，這些都是陶鑄安排的。陶鑄領導的幾個部都垮了，那些部可以不要，搞革命不一定要這部那部。教育部我管不了，國務院也管不了，紅衛兵一來就管了。陶鑄的問題我們沒有辦法，紅衛兵起來就解決了。看來，我們的中央委員，政治局委員，還不如紅衛兵小將。

陳毅唸罷，手中紙片朝茶几上一扔，眼睛一閉，渾身疲軟地仰在沙發上。

譚震林憤憤地說：我們這些老傢伙過時了，沒用了，那就叫蒯大富、聶元梓他們來當副總理，當元帥，來領導軍隊和國家吧！

李先念咬緊牙關說：娘的！打了大半輩子江山，幹了幾十年革命，倒是不如幾個小王八蛋了！我就是不信這個邪，出水才見兩腿泥！

陳毅睜圓眼睛，說：乾綱獨斷，如今整個是乾綱獨斷……忽然，陳毅警覺地坐直了身子，盯住李富春問：富春，你府上沒有被裝上「暗器」吧？

李富春不知所指：暗器？我從來不讀勞什子武俠小說。

譚震林說：就是竊聽器。賀鬍子家就被安裝了。聽講六四年部隊取消軍銜，軍裝只配紅領章，士兵兩個袋袋，幹部四個袋袋。賀鬍子在家裡抱怨了一句：操雞巴蛋，一身黃鼠狼皮。第二天就傳到主席那裡去了……富春呀，我最是擔心，家裡有活的竊聽器！

李先念說：我們身邊的秘書、衛士、保母、勤務員，誰都不知道誰。

陳毅說：朝朝代代一個鳥樣！

李富春說：放心，在我這裡講話沒問題……主席對我放心，手下的人有事也不瞞我。

門口一聲「報告」，李富春的機要秘書手持一份緊急電文進來。李富春看過電文一眼，唸道：

上海百萬工人階級奪權成功，打倒舊市委、市政府，成立新生的紅色革命政權——上海公社！張春橋同志任公社第一主任，姚文元同志任公社第二主任……這是二十世紀共產主義運動的偉大創舉，繼人類第一個無產階級政權巴黎公社之後的又一光輝篇章……

譚震林憤怒地站起：狗屁，狗屁！把上海市改為上海公社，北京、天津、武漢、廣州、西安，也通通改做公社？乾脆，把中華人民共和國也改成公社，改成中華公社好了！

李先念顫著聲音說：你以為不會？講不定哪天電台一廣播，我們的國號就改成中華人民公社了。

陳毅倒是比較冷靜：名字改過去，還可以改過來。可是上海市委書記陳丕顯，市長曹荻秋，都是紅小鬼出身，黨中央委員，說聲打倒就倒了，張春橋、姚文元什麼東西？兩個搖尾巴的秀才，爬上了中國第一大城市一、二把手高位？

譚震林已經拿起了電話：接上海市委！什麼？上海線路不通？全國各地都在往上海發賀電？

陳毅說：要軍委總機，轉上海警備區司令部。也不通？我們這些政治局委員、國務院副總理，連個電話都打不到上海去？

第二十六章　開殺戒和百醜圖

毛澤東再次否定了周恩來委託谷牧等人起草的〈關於工業交通戰線抓革命、促生產的暫行規定〉，卻同意了周恩來的建議：把全國八大軍區、各省市自治區軍區正在受到衝擊的司令員和政委們集中到北京來學習、休息，並舉行一次全軍正軍級以上幹部參加的軍委擴大會議。

京西賓館，老戰友們見面，有的聲淚俱下，有的搖頭嘆息，有的高聲叫罵，有的沉默不語。門廳大堂裡，懸掛著一幅嶄新的巨型油畫：一九二八年春，毛主席和林副主席會師井崗山！

僅在兩個月前，同樣的地方，懸掛的是另一幅油畫：一九二八年春，毛主席和朱總司令會師井崗山。朱德身後有陳毅等人，還有一匹棗紅馬。

司令員、政委們站在新的會師圖下，指指點點，比比劃劃：連井崗山會師也改了人物了？這是歷史呀！邪乎……朱總司令、陳老總不去會師，派了手下一個連長去？邪什麼邪？那個連長後來升官了嘛！還有更奇怪的事哪，我們軍區收到一份軍史教材，八一南昌起義的領導人也給更換了，不再是周恩來和賀龍，而是周恩來和林總！可那時賀總是軍長，林總只是北伐軍一名排長……

軍委擴大會議前夕，年高八旬的朱德總司令在陳毅、葉劍英、徐向前、聶榮臻四位元帥的陪同下，來到京西賓館，看望八大軍區司令員和政治委員。進到大廳，朱德一眼就看到了新的井崗山的會師圖。他以手杖戳戳會師圖邊框，笑問陳毅：怎麼，有人代替了我，連我的那匹馬都不見了。

陳毅大聲說：報告總司令！你的那匹棗紅馬，由我老陳牽到井崗山博物館地下室去了！

朱德又問：還有我挑軍糧的那根扁擔呢？也給人了？

等候在大廳裡的將軍們跟著哈哈大笑，隨即紛紛擠前，爭先向總司令和四位老帥敬禮、致候。

在二樓小會議室，朱總司令和四位元帥接見八大軍區負責人。朱德年事已高，又受到中南海造反派的衝擊，原本無意來面見這些昔日的下屬的。這次卻是受周恩來總理的重託，來平息本次擴大會的一股暗潮：各大軍區司令員、政委們私下串聯，等毛主席接見軍委擴大會議全體成員那天，率領全軍幹部集體向毛主席下跪請願，要求他老人家停止批鬥「帶槍的劉鄧路線」，停止軍內外造反派、紅衛兵小將揪鬥軍隊老幹部，毛主席不當場表態，大家就長跪不起……幸而周恩來及時獲知信息，嚇出一身冷汗：近千名軍以上高級將領向毛主席集體下跪，長跪不起，是個什麼局面？要是被指爲一次變相兵諫，到時候怎麼收場？惹起毛主席雷霆之怒，豈不是要招來全軍大改組、大換班？那一來，全部換上林彪四野人馬，軍事指揮系統失衡，事情就更不好辦了，弄不好眞會釀成全面內戰……周恩來爲使自己保有回旋餘地，只得請朱總司令出面，力爭把這股可怕的暗潮在尚未洶湧橫流之前平息掉。

葉劍英元帥對八大軍區負責人一一點名。廣州軍區和北京軍區只到了一名副政委。朱德慈眉善目，望著南京軍區的許世友、武漢軍區的陳再道、福州軍區的韓先楚、濟南軍區的楊得志、瀋陽軍區的陳錫聯、蘭州軍區的冼恆漢、昆明軍區的譚甫仁、成都軍區的黃廷新等，語氣祥和地說：我曉得，近兩個月你們在下面受委屈了。革命者，在革命事業的進程中，常要受些委屈的。當年長征路上，張國燾還不是把我和劉伯承、葉劍英同志一批人，當成人質，扣留了好幾個月？有啥子了不起？

許世友光著腦袋、黑虎著臉膛，冒出一句：總司令，你有好涵養。我曾是張國燾的部下。那次是張國燾另立中央。這次算什麼？南京的造反派趁我外出開會，抄了我的家。軍區八個領導人全部被抄家。還要求我的衛隊罵不還口，打不還手！老子不幹！那個狗日的再來，老子叫他見閻王！

許世友抗戰時期的老搭檔陳再道，望一眼老首長徐向前說：武漢街頭有人貼大標語、大字報，稱我們紅四方面軍出身的人，都是張國燾的殘渣餘孽！

坐在朱德身邊的徐向前，狠狠地盯陳再道一眼：你放肆！誰敢貼這樣的大字報？

陳再道爭辯說：徐帥你不信？我叫秘書把大字報抄下來了，回頭送你審閱……一九三七年發生在延安抗大的事，十幾二十歲的紅衛兵娃娃怎麼曉得？肯定是中央有反革命。

韓先楚也按捺不住心頭怒氣，拍著茶几說：現在是老革命不如新革命，新革命不如反革命！淮海戰役時，我和葉飛都是兵團級指揮員。來北京之前，天天被軍區文工團、軍區院校的小王八蛋們批鬥！中央下令保護當年淮海戰場上被俘的杜聿明、黃維那些戰犯，爲什麼不肯保護我們這些替人民打天下的將軍？硬是逼得我們一個個都吊的吊頸，跳的跳井？

陳毅見陳錫聯、楊得志、冼恆漢等人也漲紅了臉膛欲發牢騷，於是插話制止：好了好了，如今在座各位都憋了一肚子怨氣。總司令住在中南海，他老人家的住處，也被造反派抄了兩次，你們知道不知道？還有人貼大字報，誣他老人家是黑司令、大軍閥，知道不知道？

朱德朝大家擺擺手，儀態穩重：要顧全大局，千萬不要意氣用事。許司令你那個衛隊不能子彈上膛，太危險。今天，我是受周總理的委託，倚老賣老，來和你們講幾句話。周總理很著急，聽講你們準備在本次軍委擴大會議期間，集體向毛主席請願……你們考慮到後果沒有？或許你們的魯莽行動，正好遂了另外一些人的心願！人家巴不得有此一舉，把你們一次性解決，削掉兵權……所以，如果你們還把我這個八十二歲的老頭子當作總司令，就聽我一句話吧，帶頭打消念頭，並說服你們下邊的各軍軍長、各省軍區司令員，還有政委們，爲了我們黨、我們國家、我們軍隊，保留住你們這批久經戰爭考驗的將帥骨幹。眼光放遠些，不要計較一時一事、一城一地的得失嘛！我們黨和國家的事情，還是要靠你們嘛：毛主席統帥全軍，還是要靠你們嘛！我是老了，今後要靠你們了……

朱德總司令一番語重心長的話，說得大家紅了眼睛。

葉劍英和陳毅交換一個眼神，趁熱打鐵地說：下面，大家表個態，同意總司令訓示的，舉手！

葉、陳、徐、聶四帥帶領舉手，許世友、陳再道、陳錫聯、韓先楚等人也都相跟著舉了手。

第二天，中央軍委擴大會議舉行開幕式，毛澤東、林彪沒有出席。當周恩來領著陳毅、葉劍英、徐向前、聶榮臻、李富春、譚震林、李先念、楊成武、傅崇碧等人步入會場時，將軍們全體起立、敬禮，齊喊「首長好！」之後是熱烈鼓掌，經久不息；可是緊隨其後的江青、康生、陳伯達、張春橋、謝富治、葉群、姚文元、關鋒、王力、戚本禹等人進場時，卻無人起立，無人敬禮、鼓掌。整個會場登時一派死寂。江青們就像一下子掉進了冰窖裡，四周嚴寒相逼，充滿敵意。江青咬著牙關和跟在她後面的親信戚本禹說：看到沒有？老娘今天是走錯地方了。等著罷！

開幕式後，軍委擴大會議分組討論軍隊支左的形勢與任務。

釣魚臺十六號樓會議室，爲軍委直屬組會址。林彪沒有出席開幕式，卻親自到軍委直屬組來坐鎮。出席會議的有三總部及各軍、兵種的負責人，加上中央文革一攤子近百人。

林彪首先講話，批評某些軍區，某些野戰部隊，不是旗幟鮮明地執行毛主席、黨中央關於軍隊要堅定不移地支持革命左派的指示，而是支持了保守派，庇護了走資派，形成了一條帶槍的劉鄧路線。林彪說，帶槍的劉鄧路線比不帶槍的劉鄧路線更厲害，這是絕對不能容忍的！整個運動不能在這裡卡殼。我們要颳起九級颱風，十級颱風，十二級颱風，把帶槍的劉鄧路線颳倒！不管什麼人，只要他鎮壓造反派，鎮壓革命群衆，我們就要把他繩之以法，該抓的抓，該關的關，該槍斃的槍斃！

當北京衛戍區司令員傅崇碧應中央文革組長江青的要求，領著青海省軍區司令員趙永夫進到會議室，並在最後一排找到空位置坐下時，身穿軍裝的江青正在義憤填膺地講話：我代表紅衛兵小將控訴！代表革命造反派控訴！好幾個省區，都出了屠殺革命左派的劊子手。在四川，在內蒙，在青海，他們命令部隊朝紅衛兵小將開槍，小將們血流成河……同志們，血債要用血來償！今天我們的毛主席、林副主席還健在，他們就敢命令部隊開槍，這是地地道道的現行反革命！對這些混進軍隊裡的反革命分子，我們要堅決鎮壓，先斬他幾個罪大惡極的，以謝天下！

江青的話剛落音，康生忽然厲聲喝道：青海趙永夫來了沒有？

坐在最後一排的趙永夫。晃著高大的身軀起立，中氣十足地說：趙永夫到！

江青喝令：趙永夫，你站到前面來！

頭髮花白的趙永夫將軍依言站到會議室前台，挺直了腰板。他感到林彪、江青、康生、葉群等人目光如錐，彷彿他是十惡不赦的罪犯。

康生抖了抖手中的一份什麼材料，說：趙永夫！你吃了豹子膽，竟敢命令警衛部隊向造反群衆開槍，打死、打傷二百多人，你罪無可赦，有什麼要交代的？

趙永夫身子晃了晃，即又鎮靜住，說：報告林副主席，各位首長，情況是這樣的，西寧市幾百名勞改釋放犯，趁文化大革命之機糾集到一起，組成造反兵團，衝擊我軍區軍火庫，先向部隊開火，萬不得已，我才下令警衛部隊自衛還擊……出事的當天，我就把事發經過、雙方傷亡情況報告了中央軍委。他們揪鬥我這個司令員、包括抄我的家，我都忍了。最後他們有恃無恐，和北京去的紅衛兵小將們幾百人一起衝軍火倉庫搶奪武器，又先朝警衛戰士開槍，我才忍無可忍……。

江青突然手舉一件紅衛兵小將的血衣，站起來破口罵道：趙永夫！你殺人不眨眼，當著林彪統帥的面還敢撒謊！這是什麼？同志們呀，這是首都三司紅衛兵赴青海的一位十七歲革命小將的血衣呀！青海一共送來了兩百多件血衣呀……。

江青的這一手果然極富煽動性，頓時全場嘩然，對趙永夫同仇敵愾，爆發出一派「打倒趙永夫」、「法辦趙屠夫」的口號聲。

趙永夫卻是臨陣不亂，竭力解釋：林副主席，各位首長，大家息怒。我不是隨意下令部隊自衛，是爲了大量武器裝備不被歹徒搶走……誤傷了幾名革命小將，我請求軍委處分……。

康生鐵青著臉，不再理睬趙永夫，而轉向公安部長謝富治，耳語幾句什麼。謝富治神情一愣，彷彿毫無思想準備似的，轉向江青討主意，江青吐出三字：你執行！

但見康生又轉向林彪，低聲請示了幾句什麼。林彪點了點頭。康生再又轉向謝富治耳語幾句。謝富治不再遲疑，站起身來，一字一句地大聲宣佈：經中央文革報請林副主席批准，對殺害紅衛兵小將和造反派群衆的青海省軍區司令員趙永夫實行逮捕，判處死刑，立即執行！

說時遲，那時快，三名衛士同時衝上，兩衛士動作純熟地扭住了趙永夫的雙手胳膊，一衛士擦擦幾下撕扯下趙永夫的帽徽、領章，之後將其拖出會場。

趙永夫一路大喊：冤枉呀！冤枉呀！我十三歲參加紅軍呀……我要見總理，我要見主席……

坐在最後一排的傅崇碧覺得事情太不正常了，原先江青吩囑自己領趙永夫來聽意見，現在變成槍斃？他立即奔出會場，飛快地奔跑到釣魚臺東大門值班室，抓起電話就要中南海西花廳。因爲不是紅機子（中央保密專機），叫了好一會才叫通，總理不在辦公室？去哪裡了？不知道？傅碧崇急出一頭汗珠子，眼看著趙永夫被押上一輛囚車，出了大門……傅崇碧一咬牙：不！一名省軍區司令員，紅小鬼出身的老將軍，就這麼被槍斃了不成？！他總算叫通了徐向前元帥家裡。徐帥一聽，大罵一聲：媽拉個巴子，要開殺戒？林副主席批准的？我立即報告總理，總理去找主席！

徐向前元帥以中央專線找到了周總理。周總理一聽：不能開這個頭！這還了得，我立即報告主席，命令警衛局去把囚車攔下來再說。

毛澤東運籌帷幄，深知此時槍決一名省軍區司令員，隨時可能激起軍隊將領嘩變，而同意周恩來「刀下留人」的要求，命警衛局火速派人前去阻止。

中央警衛局的兩輛紅旗牌轎車，開足馬力沿西長安大街風馳電掣，直追過復興門大街、木樨地大街，直到西郊公主墳，才把囚車攔下，救下趙永夫一命。

毛澤東出席了最後一天的軍委擴大會全體會議，坐在主席台對著麥克風談笑風生，四兩撥千斤：

……你們呀，看來對這場文化大革命運動，既無思想準備，也無組織準備，在下面受了一點衝擊，無非上了幾次台，彎了幾次腰，就以爲大廈將傾，山河變色，是不是？南京的許司令啊，周總理告訴我，你的一櫃子好酒被造反派抄走了？那叫共產嘛，你是大區司令員，人家共你一點產，聽講好傷心，是不是？我已經委託周總理，賠你兩櫃子好酒，包括你最喜好的茅台，加上山西汾酒，四川五糧液，瀘州老窖，全國八大名酒，都給補齊，算賠償損失，酒錢從我的稿費裡出，行不行啊？李白有首詩，怎麼講的？金樽清酒斗十千，玉盤珍饈直萬錢。停杯投筯不能食，拔劍四顧心茫然……我看呀，最近一段時間，我們的一些元帥、將軍們，是不是都有點「停杯投筯不能食，拔劍四顧心茫茫」了？革命革到自己頭上，造反造到自己頭上，不知道這個文化大革命要怎麼搞了。武漢陳司令，福州韓司令，瀋陽陳司令，濟南楊司令，蘭州冼司令，成都黃司令，等等，等等，你們是不是這樣？不要緊。我歷來講，天不會塌，地不會陷，地球照樣公轉和自轉。對文化大革命不理解、有抵觸，都不要緊。相信隨著運動的深入，不理解的會逐步理解，跟不上的會逐步跟上。你們有怨氣，有牢騷，不妨借酒澆愁。我有時就喝幾口悶酒，一醉解千愁，睡一大覺，愁就跑掉了。少年不識愁滋味，愛上層樓，爲賦新詞強說愁……你們都是老紅軍，老將軍，火氣旺一點，很正常嘛。古來聖賢皆寂寞，唯有飲者留其名。我就喜歡李白的狂放。我們黨內、軍內酒將不少，缺的是李白的那種瀟灑奔放。周總理是黨內酒量第一人，也是有瀟灑而無奔放。紅衛兵、造反派衝了一下軍區大樓，有什麼了不得？對人民群衆罵不還口，打不還手，世界上哪個國家的軍隊做得到？唯我人民子弟兵。我告訴你們，他們衝到一樓，你們可以退到二樓。他們衝上二樓，你們退到三樓。如果有人還要衝上三樓，壞人就暴露出來了。三樓以上，是作戰部，情報部，保密部，還要衝上來幹什麼？你們可以把壞人抓起來，但不要開槍。一開槍，就麻煩來了，子彈不長眼睛，把壞人和好人一起掃射掉了，人家把一件件血衣送到北京來，擺到中央文革，就不好做交代了。青海的趙永夫同志，還有雲南趙健明、內蒙王逸倫，你們都下令開了槍。這次我和總理出面保你們，林彪同志也高抬貴手，不等於你們沒有錯誤。當然犯了錯誤可以改，下令開槍也可以收回成命。……這次軍委擴大會，我和林彪同志，還有周總理，幾位老帥，一起研擬、審定了一個文件，叫做中央軍委八條命令。相信有了這八條，軍隊的文化大革命運動有章可循。你們啊，總是喜歡中央給訂些框框條條。我是不喜歡框框條條的，有時不能不同意你們……。

開完軍委擴大會議，葉劍英又在城裡處理了一些事務，第二天上午才回到北京西郊玉泉山的家裡。有了軍委八條，可以鬆一口氣了。

這裡是軍事禁區，二十幾座西式庭院環水依山，錯落有致，皆掩映於綠樹山石之間，自成格局。對外稱為西山別墅，實為中央軍委和國務院領導人的郊外住宅群。

葉劍英一下座車，赫然發現別墅院門被大字報糊住了。他憤然撕下大字報，進了門。好傢伙，大客廳如同遭到強盜洗劫似地翻箱倒櫃，一片狼藉：一對明瓷花瓶被摔得滿地碎片，靠牆的書櫃玻璃門開著，一冊冊線裝書撒了一地，連沙發、茶几都被掀翻，地板遭撬掉一角……

參加革命近五十年，葉劍英何曾在自己家裡見過這種局面？他顫著聲音問：都是誰幹的？我在城裡主持軍委擴大會議，家裡都被人搶劫！你們都是啞巴？講話！

一名值班秘書、青年軍人驚恐地起立、報告：不是紅衛兵……警衛局的人來逮捕您的女婿劉詩昆，留下謝部長簽發的逮捕證……對不起首長，您的家人不讓我們收拾，也不讓報告，只讓保留現場給您看。他們留下了逮捕證……把逮捕證唸給您聽聽？

葉劍英壓抑住心中的憤怒，冷笑著說：我認得字，自己唸吧。於是從秘書手裡接過那蓋有中華人民共和國公安部血色大印的紙頁，像他往日頌讀唐詩宋詞那樣，朗聲唸道：

逮捕證（公字第六七四二號）

劉詩昆，男，現年三十六歲，捕前係中央歌舞團鋼琴演奏員。劉犯於一九五九年赴蘇聯學習期間，叛國投敵，加入克格勃組織。回國後長期充當蘇修特務，利用其家庭關係盜竊大量國家機密。自一九六六年八月以來，又以寫匿名信、散發傳單等方式，惡毒攻擊偉大領袖毛主席和林副主席，攻擊無產階級文化大革命和中央文革小組負責同志。罪行確鑿，現依《公安六條》，准予逮捕。此證。

公安部部長謝富治　　年　　月　　日

葉劍英唸罷，當著工作人員的面，把公安部長簽署的這頁東西撕成一條條。撕到一半，彷彿變了主意，把三條紙片交給警衛秘書，低聲吼道：設法裱糊起來，是個紀念品，放到保險櫃去。

正說著，一名衛士進來報告：首長！陳帥、徐帥、聶帥看您來了，已經到了院門口。

葉劍英精神為之一振，立即容光煥發：接客！你們還傻愣著什麼？趕快收拾一下，沙發、茶几擺正，地板打掃乾淨。我的老夥計們來囉！

院子裡已經響起了陳毅的粗喉大嗓：劍公！劍公！你敢撕下門板上的大字報？好大的膽子！

葉劍英快步迎下台階：歡迎三位老總。剛被抄過家，客廳正在整理，我們先在院子裡轉轉吧。

聶榮臻：看來是統一行動，我也是今早上回到這邊，才發現家裡被抄得亂七八糟。不願進門，去看徐總，他家也被抄了。拉上徐總去看陳總，他正在院子裡發火……我們就一起上你家來了……

徐向前說：我們在城裡開軍委擴大會，他們到城外抄我們的家，共產黨還有不有王法？

陳毅說：剛剛通過了八條命令，管天管地，管不了釣魚臺那一夥凶神。

葉劍英說：你們的家是哪個抄的？我家是警衛局的人馬拿了謝富治簽署的逮捕證，來抓我女婿劉詩昆。竟說劉詩昆五九年赴蘇學習，參加克格勃，利用親屬關係竊取了大量軍隊秘密。我葉劍英豈不成了頭號賣國賊了？正準備進城去找主席，請主席下令逮捕我這名軍委副主席……你們就來了。

陳毅說：劍公息怒，我們都要息怒。沒想到文化大革命會發展到這一步。眞是搞不懂，五五年封了十個元帥，去世一個羅榮桓，病了一個劉伯承，抓了一個彭德懷，軟禁一個賀龍，升了一個林彪，剩下的五個，要一腳踢開？至於嗎？朱總司令八十二歲了，還被誣爲黑司令，都不肯放過？

徐向前說：前天宣佈恢復軍委文革小組，要我當組長，昨晚上卻抄我的家，把我當猴子耍？

聶榮臻說：主席倒是說了，朱德是紅司令，不是黑司令，朱毛不分家……我們黨和國家的這齣大戲，眞不知會怎樣唱下去。

葉劍英說：肯定有好戲在後頭！無非他唱我唱你唱大家唱。一會拉，一會打。總司令住在中南海，兩次被抄家。既是不分家，爲什麼不把壞人抓出來？中南海造反隊都由一些什麼人組成？外面的紅衛兵進不去，都是辦公廳、中宣部、中調部、警衛局的傢伙充當打手嘛！

徐向前說：我們一起進城去找總理吧，請總理代我們向毛主席提出要求，既然還讓我們抓工作，總得保障我們的人身安全嘛。

聶榮臻說：我看，還是分頭去找吧，免得人家誣我們搞小團體……總理的日子也不好過，江青已經好幾次在紅衛兵大會上，當衆指責他了。另外，聽說李富春、譚震林、李先念三位，也被抄家了。

葉劍英說：好好好，他們的打擊面越寬越好，但願他們有本領把我們這些人全部打倒。

陳毅說：我口袋裡還有個好東西，你們不可不看。說著，陳毅掏出一張折得四方四正的白紙來，一折一折的打開，原來是一幅大漫畫：中央黑幫百醜圖！

四顆花白頭顱湊在一起，逐一辨認起百醜圖上的變形人物來：劉少奇和王光美，鄧小平和卓琳，陶鑄和曾志，賀龍和薛明，以及彭眞、彭德懷、羅瑞卿、張聞天、高崗、饒漱石、陸定一、黃克誠、薄一波、安子文、劉瀾濤、劉仁、楊尙昆、楊獻珍、楊勇、萬里、胡喬木、蔣南翔、徐冰、林楓、劉寧一、張霖之、許光達、鄧拓、吳晗、廖沫沙、李維漢、李井泉、廖漢生、曹荻秋、陳丕顯……等，已打倒的，半打倒的，已自殺、尙未自殺的，共是一百零八人。

葉劍英眼睛發紅，聲音發顫：陳總，你這張百醜圖是哪裡來的？

陳毅說：我的秘書從街上撿的，如今貼得滿城都是。大約全中國都貼遍了。

徐向前以手指戳著百醜圖：一大半中央委員、政治局委員都畫上去了，還像共產黨的天下嗎？

聶榮臻仰天長嘆：變天了，是變天了。

人民大會堂北京廳。

毛澤東正召集周恩來、陳伯達、康生、江青、張春橋、謝富治、楊成武等人談話，氣氛輕鬆、熱烈。毛澤東指著茶几上的一張「中央黑幫百醜圖」說笑：恩來啊，你是第一次看到這張圖畫吧？少奇、小平、陶鑄、賀龍、彭眞、彭德懷、羅瑞卿、陸定一，一個一個都很像，雖然有所誇張，但一眼就能認出……連胡喬木都被畫得很逼眞、傳神。是哪個的大手筆啊？江青，妳知道畫家是誰？

江青抬手攏了攏頭髮，朝老闆一笑：清華大學蒯大富幾位小將出構思，中央美術學院的造反派師生集體創作。草圖送過中央文革，我們沒有表示意見。

周恩來說：沒有表示意見本身就是一種意見。

毛澤東說：紅衛兵小將眞是了不得，過去黨、政、軍一些久拖不決的問題，紅衛兵一起來，就解決了。這幅圖上，一共畫了多少人物？

康生搶著回答：我數了，共是一百零八人。

毛澤東繼續笑著：我們的八屆中央委員、中央候補委員共是二百人，除了羅榮桓、高崗、陳賡、李克農等二十幾人去世了，活著的還有一百七十多人吧？這裡畫了一百零八條好漢，將近三分之二，可見我們黨內的問題有多嚴重。

江青插話：小蒯他們向春橋同志匯報過，根據運動形勢的發展，還會有新的黑幫人物加上去。

陳伯達說：這張百醜圖也是文化大革命的新鮮事物，相信今後是珍貴文物。

康生說：我已經派人以宣紙複製幾份，當作革命文物保存。

張春橋說：若當成文物的話，上面的所有人物應等到中央正式給他們定性。

毛澤東忽然童心勃發，玩世不恭地大笑：你們那個不夠！何不把我和總司令、林彪、總理，包括你康生、伯達等等，通通畫上去？那樣才全面，要醜，大家一起醜嘛，群醜，群醜，哈哈哈……

周恩來尷尬地陪著笑笑。其餘人則都不敢笑，也笑不出。面對偉大領袖的惡作劇，還是周恩來腦子轉得快，找出話題打破尷尬：主席，最近中央美院油畫系的師生，創作出了一幅好作品，叫「毛主席去安源」。畫的是你一九二四年，挾了把油紙傘，穿著長袍衫，赴江西安源煤礦領導大罷工……很成功。我認為是一幅經典性作品，已批准新華印刷廠精印五千萬張，供全國軍、民懸掛、瞻仰。

毛澤東收斂起笑容，眉頭蹙了蹙，表示沒有多大興趣地說：油畫，我們的油畫能出經典作品？你們只管吹，反正我不信……倒是那天在京西賓館大堂，看到一幅新油畫，畫著一九二八年春，林彪和我在井崗山上會師……不要這樣宣傳林彪，那會鬧笑話，害了他。歷史就是歷史。朱總司令還在，陳毅還在。朱德是總司令，陳毅是軍長。儘管當時他們拉到井崗山的人馬不足兩千。毛澤東怎麼可能越過總司令，越過軍長、師長、旅長、團長，去和一名連長會師呢？

周恩來邊記錄著毛澤東的指示，邊對陳伯達、康生說：此事請文革小組立即落實一下，通知京西賓館，把原來的那幅朱、毛會師的大油畫掛回去。

說著，毛澤東忽又正色道：那幅百醜圖，我也不喜歡。一百零八名中央委員上榜，還剩下多少好人？現在思想大解放，挾帶一些無政府主義。陶鑄主張懷疑一切。紅衛兵主張打倒一切。小將們造反，也不是樣樣都好。文革小組不要支持無政府主義，把老幹部都打倒……。但要愛護他們的積極性，不要潑冷水，讓右派高興。文革尚未成功，同志仍須努力。恩來啊，我聽到匯報，中央書記處癱瘓了，工作全壓到國務院身上？國務會議，副總理、部長們哭成一團，高帽子、黑牌子一齊上？考慮了幾天，決定由文革小組暫代原先書記處職責。這樣，中央三個攤子，國務院、中央軍委、中央文革，各司各職。每星期開一兩次工作碰頭會，協調步驟。恩來，碰頭會還是由你召集……。

第二十七章　三總四帥大鬧懷仁堂

中南海，懷仁堂。

周恩來召集國務院、中央軍委、中央文革三家工作碰頭會。

在步上懷仁堂的台階上，譚震林轉過身子，問低他幾級台階的張春橋：小張，上海的陳丕顯、曹荻秋，爲什麼不讓接到北京來？

張春橋扶扶眼鏡，看一眼這位建國初期的華東局老首長：群衆不答應啊，現在群衆說了算。

譚震林盯住這名政治新貴，直想開罵：老子當第三野戰軍副司令員、華東局第三書記的時候，你在哪兒？今天小人得勢，就對我愛答不理了？遂加重了語氣說：群衆！群衆！如今你們滿嘴群衆！你不是新當上什麼上海人民公社社長嚒？你們把陳丕顯、曹荻秋關押到哪裡去了？

張春橋加快了步伐，竟以糾正的口吻說：主席教導我們，新生的紅色政權，還是叫做革命委員會好。我目前兼任上海市革命委員會主任。說罷，旁若無人地快蹬幾級，率先進了會議室門廳。

一張足有十多米長的長方形會議桌的一端，已經坐著碰頭會的主持者周恩來總理。他的右手一側，依次坐著副總理李富春、李先念、譚震林，軍委副主席陳毅、葉劍英、徐向前、聶榮臻，總政治部主任蕭華，國家計委副主任谷牧；他的左手一側，依次坐著中央文革成員陳伯達、康生、江青、張春橋、葉群、姚文元、王力、關鋒、戚本禹，加上謝富治。謝富治本是算國務院幹部，但每逢開會，他總是自覺地和中央文革成員坐在一起。

周恩來作了個簡短的開場白：根據主席指示，中央三個攤子，國務院負責國民經濟、對外關係；軍委負責國防安全、支左軍管；文革小組代行原先書記處職責。這是自上而下的三條粗的縱線。橫向聯繫呢，就是今後我們每星期一至兩次的碰頭會了，協調步驟，協同工作。三個攤子，也是你中有我，我中有你，密切配合。下面，先互通情況。哪位先講？譚老闆，你愛放砲，先放一砲？

譚震林盯住坐在對面的張春橋，說：好，總理點名，我就先講幾句。張春橋同志，一九四九年五月我三野部隊進駐上海的時候，你還是一名宣傳科長，算營級幹部吧？我不是要擺什麼老資格，那時候你要見我這個三野副司令員，還比較困難吧？奇怪的是，剛才在會議室門外台階上，我問你個新上任的上海市革命委員會主任，陳丕顯、曹荻秋為什麼不准到北京來？現在關押在哪裡？你竟是對我愛答不理，旁若無人，一甩手就進了會議室大門，這是哪朝哪代的規矩？我為什麼要問陳丕顯、曹荻秋的下落？他們是新四軍老同志，我的老下級。一個上海市委第一書記，一個上海市市長，怎麼的就成了走資派，被你和姚文元兩個秀才奪了權？你們想做大官，奪了他們的權也罷了，爲什麼不准他們到北京來？連他們關押在哪裡都保密？共產黨的天下是主席領著我們打出來的！我們這些打天下的老幹部，現在連起碼的人身安全都得不到保障。張春橋，請你回答吧。我豎起兩隻耳朵聽你的教導！

李富春、李先念、陳毅、葉劍英等暗暗叫好。譚老闆是個粗人，講起話來總是有股子殺傷力。

周恩來沉著臉，一動不動地坐在那兒。

張春橋看一眼江青、康生，左手食指頂了頂眼鏡，拿腔拿調地說：從剛才譚震林同志的發言中，我們可以看到，他作爲一位老同志，對我們毛主席所發動的無產階級文化大革命運動，是抱有某種牴觸情緒的。對運動中湧現出來的新生事物、新生力量，不支持、不愛護。上海市委、市政府被打倒、被奪權，建立了新生的紅色政權——上海市革命委員會，是得到了毛主席爲首的無產階級司令部的高度肯定和熱烈讚揚的。黨中央、國務院、中央軍委、中央文革四家聯名發了賀電，全國各市自治區發了賀電、賀信。難道可以無視這些事實嗎？至於陳丕顯、曹荻秋兩位，長期以來對我們毛主席、毛澤東思想陽奉陰違，是不折不扣的三反分子！最近更被革命幹部、群衆檢舉揭發，他們歷史上都被國民黨反動派逮捕過，叛變了革命。譚副總理，我就回答這麼多，可以不可以？

譚震林聞言大怒，桌子一拍，指著張春橋說：你憑什麼誣陳、曹兩人是三反分子？還是什麼叛徒？我用腦袋擔保，他們絕不是什麼三反分子和叛徒。倒是你張春橋，三十年代在上海文化圈鬼混，有被捕入獄的紀錄，你有不有變節嫌疑？你老婆歷史上就是托派分子！你的搭檔姚文元，對，姚文元的父親姚蓬子就是叛徒加托派；你們以為我們這些華東局的老人，一點不知道你們的底細嗎？

康生乾咳一聲，說：譚震林同志，冷靜點嘛，不要打亂仗。陳、曹二人是否有三反問題和變節行為，由上海革委會專案小組去調查落實啦。至於腦袋，每人只有一顆，不好隨便替人擔保囉。

陳毅拳頭一擂，接過話題：對！每人只有一顆腦袋。我陳毅作為新四軍軍長，第三野戰軍司令員，原上海市委第一書記兼市長，向譚老闆學習，可以用自己的腦袋替我新四軍的老下級陳丕顯、曹荻秋擔保，他們絕不是什麼叛徒，而是忠於黨、忠於革命的好同志。康生同志，你是肅反專家，你能用你的腦袋擔保，坐在你身邊的某位同志，歷史上沒有變節過？沒有托派嫌疑？

所有的目光集中到了張春橋身上，張春橋乞憐地望一眼周總理。周總理閉上眼睛養神。

江青冷笑一聲，衝著陳毅說：你們開口就是新四軍，搞山頭主義啊？我們的山頭可是多著呢，大大小小幾十個呢。至於春橋、文元的個人歷史，中央早就有結論，毛主席對他們很信任。

徐向前針鋒相對地說：關心老同事、老部下的生命安危，怎麼叫山頭主義？前一段，打倒了那麼多老幹部，近一段又要打倒大批軍隊高級將領，八大軍區的司令副司令，政委副政委，還有各省軍區的負責人，都受到了衝擊，有的軍區大樓被造反派佔領。把軍隊衝垮，搞亂，對你們有什麼好處？毛主席講，人民解放軍是無產階級政權的柱石。

江青厲聲問：毛主席號召向走資派全面奪權，林副主席號召批帶槍的劉鄧路線，你們為什麼按兵不動？紅衛兵小將、革命造反派為什麼衝擊軍事機關？因為軍區機關成了各地走資派的防空洞，避風港嘛！軍隊不是生活在眞空裡，爲什麼不讓批鬥？就是上頭有人壓著，充當保護傘嘛！

張春橋說：這種保護傘，總參、總政、總後、空司、海司都有，無非是要保護老下級、老戰友。總政副主任劉志堅就是一個，他歷史上是個大叛徒，國民黨特務。

聶榮臻激動地站起來，替劉志堅辯護：抗戰初期，我是接受改編後的八路軍一一五師政委（師長林彪），劉志堅同志的情況我最清楚。那是一九三七年，他在冀南一次戰鬥中負傷被俘，我師政治部通過內線情況，掌握了敵軍的行軍路線，乘敵不備，派縣游擊大隊打伏擊，第二天就把他搶了回來！事情的經過就是這樣，怎麼能空口誣指劉志堅中將是什麼叛徒、國民黨特務？

陳毅瞪眼怒斥：現在要打倒誰，就誣指誰是叛徒、特務！這是啥子搞法？我們這些帶兵的人，和老戰友、老部下出生入死幾十年，不了解他們的歷史，難道還不如十幾、二十歲的娃娃？格老子們槍林彈雨打天下那年月，龜兒子們還沒有出生嘛。

康生陰陽怪氣地衝著陳毅一笑：不要太過自信。劉志堅的叛徒問題，是《解放軍報》的蕭力同志揭發的，我們毛主席親自定的案，誰都否定不了。

譚震林問：誰是蕭力？有這樣大的神通？

沒有人回答。三總四帥雖是滿腔怒火，終歸礙著毛澤東的情面，不能捅穿：蕭力是李納在《解放軍報》工作的化名，李納是毛澤東和江青的寶貝閨女，最近奪了《解放軍報》社的領導權，自任社長兼總編輯。江青則提拔自己這個女兒兼任中央文革辦公室主任，眞正的家天下了。

葉劍英痛苦地閉上眼睛，說：幾個月來，整死、整傷了多少黨的老幹部、軍隊高級將領……自殺的自殺，關押的關押，抄家的抄家，搞的多少家庭妻離子散……

陳毅怒火中燒，盯住康生說：每次搞運動，開始說是打擊一小撮，結果總是一大片！康生同志，要記取血的教訓啊。大革命時期，江西中央蘇區消滅AB團，湘鄂川根據地殺改組派，多少紅軍官兵沒有死在對敵鬥爭的戰場上，而是死在了自己人的刀斧下！還有後來的延安整風，那個搶救運動，整錯了多少人？為什麼一次又一次，總是擴大化，殘酷鬥爭，無情打擊？

一直忍氣吞聲的李先念，這時插言：你們鼓勵紅衛兵造反派抄我的家，在我的屋裡屋外糊滿大字報，指我一九四六年中原突圍期間，投降了國民黨，是大叛徒！你們為什麼不顧起碼的歷史事實，光天化日之下搞誣陷？我李先念眞想大哭一場啊！我湖北黃安縣一個木匠，十八歲參加革命，二十幾歲當紅四方面軍三十軍政委，一九三六年到陝西，任西路軍政委，徐帥是總指揮。西路軍二萬四千多人兵敗祁連山，我領著五千人突出重圍……我李先念這條命是老天保佑，撿回來的。一九四六年我任中原軍區司令員，六萬人馬被國民黨的三十萬大軍合圍。在最緊急的關頭，今天周總理在座，可以作證，我執行中央軍委命令，把六萬人馬化成幾百小股，四面突圍，跳出了敵人的合圍圈，保住了部隊實力。我什麼時候當過國民黨的俘虜？……革命幾十年，今天我李先念想大哭一場，都沒有地方哭！在家裡都不能哭！家裡還有秘書，衛士，保母，隨時會把情況匯報上去……。

李先念邊說邊哭。蕭華插言：幾十年來，我們在前方打仗，他們在後方整人，這就是歷史！

江青一臉凌人盛氣，彷彿這才看到蕭華也出現在碰頭會上：好！蕭華，你對黨的歷史，軍隊的歷史，有全新的解釋！我一定負責替你報告毛主席。昨天晚上，三軍造反派不是抄了你的黑窩，把你揪走了，今天卻出席會議，是誰批准放你出來的？誰是你的大紅傘？

葉劍英面若冰霜：是我。要不要治包庇罪？請吧！作為主席指派的中央軍委秘書長，我這裡有幾個數字，向大家報告一下：全國軍分區（師級）以上單位，百分之八十遭到衝擊，百分之七十的司令員、政治委員等主要指揮員被揪鬥；全軍已有一千四百多名幹部戰士被打傷，二百五十八人被打死；有些地方造反派搶劫武器倉庫，衝了機要室；有的佔領司令部，砸毀電台，剪斷電話線，迫使軍事機關聯絡中斷，指揮失控；北京的三總部和軍種、兵種機關全部遭到衝擊，總後勤部癱瘓了，總政治部幾乎癱瘓，總參謀部部份癱瘓；還有空軍、海軍、炮兵、裝甲兵、防化兵、工程兵等司令部機關全部癱瘓。凡是癱瘓了的單位，只好把臨時指揮部設置到戰備工事中去。同志們，不是我葉劍英危言聳聽，一旦美帝、蘇修掌握了我軍內部的這種狀況，發動大規模入侵，我們用什麼去抵禦敵人？

江青聽了葉劍英的這番說詞，反而洋洋得意地偏了偏她優雅的腦袋：葉帥啊，國際國內形勢，並不像你講的那麼嚇人，而是好得很。林副主席講了，形勢不是小好，也不是中好，而是大好！人民群衆是被眞正地發動起來了。我們中央文革，就是要堅定不移地支持人民群衆的一切革命行動。

剛獲毛澤東任命為總政治部副主任的中央文革成員關鋒說：近幾年的情況表明，人民解放軍在某種程度上受到了資產階級的腐蝕，尤其是部份高級將領，生活靡爛。那些被革命群衆打死打傷的，多半是些混進軍隊裡的壞人，腐化變質分子。

戚本禹說：林副主席對近來的武鬥有精闢分析，他說打人分幾種，一種是好人打好人，誤會；一種是好人打壞人，活該；一種是壞人打壞人，狗咬狗；還有一種是壞人打好人，要堅決鎮壓！

葉群一直埋頭做筆記，不發言。

謝富治說：對反革命分子，革命群衆有權根據《公安六條》實行專政。群衆專政是一大發明。

康生說：要文鬥，不要武鬥。但革命造反派出於革命義憤，偶爾動動拳腳，無可厚非。

陳伯達說：毛主席早就教導我們，革命就是暴動，一個階級推翻另一個階級的暴力的行動。

王力說：革命不是請客吃飯，不是繪畫繡花，不是做文章，不能那樣溫良恭儉讓。

江青有恃無恐地喊道：打死幾個反革命算什麼？閻王爺請他喝燒酒！

一群中山狼，得志便猖狂。葉劍英再也按捺不住滿腔怒火，突然掄起胳膊狠命一擊，把面前的茶杯、茶盤打得粉碎！鮮紅的血汁從他右手指間滲出，滴紅了潔白的桌布。他像一頭暴怒的獅子，把淌著鮮血的手指直朝江青、康生們戳了過去，斬釘截鐵地怒吼：誰是反革命？請問各位，衝擊軍事機關，破壞戰備設施，搶劫槍枝彈藥，燒毀檔案文件，算不算反革命？四處打砸搶抄、打人、抓人、殺人，算不算反革命？炸毀列車，私設公堂，打死國家部長，逼死省委書記，鬥死解放軍大將、上將、中將，算不算反革命？上至朱總司令，下至我和其他元帥、副總理，哪家沒有被抄兩次以上？對這些壞人爲什麼不嚴懲？公安部長爲什麼不執法？你們把黨搞亂了，把政府搞亂了，把工廠搞亂了，還嫌不夠，還要把軍隊搞亂！一旦遭到敵人的大規模入侵，靠你們這些搖筆桿的人去保衛國家？

徐向前以拳頭敲敲會議桌，加入怒斥：軍隊是政權的柱石，搞垮軍隊，就是摧毀柱石！難道我們這些帶兵出身的老傢伙都不行啦？要靠蒯大富、聶元梓這樣的傢伙來指揮軍隊？全軍五百萬指戰員絕不答應！全國人民絕不答應！

一向被稱爲儒帥的聶榮臻，一反常態，怒不可遏地把面前的茶杯、茶盤一掌掃到地下，茶水四濺：誰要毀我長城，我就和他拚命！

陳毅雙手扠腰，劍眉倒豎，直逼江青、康生：那些想搞垮軍隊的人，最後總是自己垮台！王明、張國燾的下場，就是最好的證明！

一直沒有出聲的李富春也站起來：我沒法子和你們共事！我沒法子和你們共事！

譚震林騰地站起身來，取了掛在椅靠上的外套，拂袖就走，邊走邊回過頭來咆哮：你們以爲老子不曉得蕭力是誰？就是公主！江青的女兒。江青的女兒一張大字報，就可以把總政治部副主任劉志堅中將打倒、逮捕，這是哪家的王法？你們可以去報告毛主席，我一九二七年跟著他秋收起義，跟著他上井崗山，開闢江西蘇區，閩西蘇區，跟著他打日本，打老蔣，直到跟著他搞大躍進，三面紅旗……我譚震林白活了六十五歲！現在我跟不上，不跟了！要鬥就鬥，無非坐牢，殺頭，鬥爭到底！

會場突然寂靜下來，誰也沒有料到譚震林會咆哮出這麼一番驚天地、泣鬼神的話來。

沉默不語、聽任雙方唇槍舌戰的周恩來總理，眼看著譚震林已經走到門口，忽然厲聲喝道：譚震林！你給我回來！今天我主持會議，還沒有宣佈散會！

陳毅、李先念幾乎同時叫道：對！譚老闆回來，就是要留在裡頭和他們鬥！

已經有女護士在替葉劍英元帥包紮手指上的傷口。

更令周恩來吃驚的是，江青娥眉倒豎，鳳眼圓瞪，一臉殺氣，起身就走：這種碰頭會，右派翻天，老娘不開了！

周恩來眼睜睜地看著江青離去，沒有膽量喝令主席夫人回來。

江青、康生、陳伯達回到釣魚臺文革小組辦公室，立即責成張春橋、姚文元、戚本禹、王力四人執筆，整理出一份《懷仁堂碰頭會發言紀要》，包括葉劍英砸杯盤手指流血，陳毅擂桌子否定延安整風，李先念哭訴運動遭遇，徐向前替走資派鳴冤，聶榮臻摔茶杯咆哮，李富春揚言不再合作，譚震林怒吼不跟了……等等，均詳細記述下來。

當天深夜十二時，這份《發言紀要》由江青直接送到人民大會堂北京廳，呈給老闆毛澤東。毛澤東認真看過，臉色一忽兒白，一忽兒紅，老半天沒有吭聲。看得出來他心情激動、沉重：劉少奇尚未眞正垮台，鄧小平尚未完全繳械，陶鑄剛被軟禁，卻半道上殺出三總四帥這批程咬金……，周恩來主持會議，聽任雙方大吵大鬧，拍桌打椅，態度曖昧，更是耐人尋味……不是最擅長和稀泥？超級泥瓦匠，怎麼就不和稀泥了呢？貌似不偏不倚，實爲包庇縱容……。

毛澤東陰著臉，目光渾濁地盯住婆娘：依你們的意見，我該怎麼辦？

江青掂量掂量份量似地，回答：康生、伯達的看法，陳、葉、徐、聶、李、李、譚七人，是對文化大革命採取了一次集體對抗，也是對主席領導權威的一次公開挑戰，對毛澤東思想的猖狂進攻。這是一股反革命逆流。他們的背後是劉、鄧、陶爲代表的資產階級反動路線。所謂三總四帥大鬧懷仁堂事件，劉少奇、鄧小平他們知道了，肯定歡欣鼓舞，他們的戰略後備軍終於出動……

毛澤東巴掌一劈：你們是不是主張我把右的勢力一網打盡，來個乾淨、安全、徹底，甚至效法史達林，搞一次一九三七年式審判，把這些人通通除掉？

江青笑容可掬：我沒有這些的設想。相信康生、伯達他們也沒有。大家都等著最高最新指示。

毛澤東忽然問：林彪不是派葉群出席了碰頭會嗎？

江青說：葉群一言不發，坐山觀虎鬥。我想林總對於他的老下級劉志堅被打倒，肯定保留看法。

毛澤東說：他不是寫了信給我們的蕭力，表示支持她把劉志堅揪出來嗎？難道是做給我看的？算了，不談這個了。通知值班室，要周總理馬上來見我。

江青出到絨幕屏風外，按鈴傳來一名值班衛士，代老闆下了指示。轉回老闆面前，見老闆氣色已平和許多，不禁心裡打個冷噤：難道出了大鬧懷仁堂這種惡劣事件，都激不起老闆的雷霆之怒？她和中央文革的同事們原以爲可以趁此機會，把所謂的三總四帥劃成「反黨集團」、「劉鄧同路人」，掃除大革命道路上的一大障礙……忍不住進言說：老闆呀，當斷不斷，必致後患。長痛不如短痛啦！

毛澤東目光陰冷地盯住婆娘：住口！不消妳來和我捅火。成事不足，敗事有餘。叫妳讀點二十四史，也是一知半解，半通不通。想逞一時之快，得有本錢啦。你們手下幾個人？多大力量？就那幾枝筆桿子，成得了事？三總四帥，三個副總理四個元帥，加上朱總司令，加上劉鄧舊部，人家是紅一方面軍、紅二方面軍、紅四方面軍，即後來的一野、二野、三野。你們一定是看不起徐向前的吧？張國燾倒臺後，他成為紅四方面軍的代表，李先念曾是他的副手。他手下的大將有徐海東、王樹聲，上將有許世友、陳再道、陳錫聯、李聚奎、傅鍾、洪學智、郭天民、周純全、陳伯鈞、劉震……還有幾十名中將。紅四方面軍戰將多，都是硬打硬拚出來的。全國八大軍區司令員，四個是徐向前老部下。其餘，陳毅、聶榮臻、葉劍英、譚震林、李富春、李先念，哪個手下不是戰將一大批？妳身邊那幾個秀才相比起來，算得了什麼？夜郎自大，輕如鴻毛。用我老家的話來講，多一個不鹹，少一個不淡……所以我講呀，這次文化大革命，能夠處理掉彭、羅、陸、楊、劉、鄧、陶，以及「六十一人叛徒集團」之類，就大功告成了。你們還想把所有的人換掉，取而代之，蛇吞大象，那是妄想。

江青仍是不服地噘噘嘴：那我們也還有林彪手下第四野戰軍呀，雄兵百萬，戰將千員。林總可是對您忠心耿耿的啦！

毛澤東又瞪婆娘一眼：對牛彈琴，妳懂個鳥！用四野人馬去控制、取代其他三支野戰軍人馬？哪叫什麼軍事平衡？會是個什麼局面？林彪是妳支使得了的人物？講了半天，愚蠢之極，狗屁不通。

正說著，衛士在門口報告：主席，總理到了。

毛澤東手一招：請他來吧。

周恩來快步進入，見江青在場，連忙主席好、江青好的問候、致意。

毛澤東並不起身，只是隨便地揮揮手，示意周恩來在對面沙發上坐下，開口就說：恩來呀，林彪同志向我報告，上次軍委擴大會議，你事先沒有徵求他的同意，而直接向我建議，就通知全軍正軍以上幹部來開會，弄的他很被動，被架空，不符合組織原則。爲此事，我批了幾句話，讓國務院、軍委、文革小組三家傳閱，你都看到了？

周恩來欠欠身子，恭敬地回答：主席批得及時，中肯，我完全接受，決心改正……我已經給林副主席寫了份書面檢討，帶來了，請主席先看看……

說著，周恩來從隨身文件夾內抽出一頁十行紙，雙手呈上毛主席。

毛澤東架上老花鏡，卻又放下了，把紙頁轉交江青：妳替我唸唸。

江青心情複雜，看周恩來一眼，朗聲唸道：

> 林副主席，聽到主席的批評心中很不安。我完全接受主席和您的批評。儘管此事的發生有些客觀原因，當時葉劍英同志曾打電話向您匯報，葉群同志說您已休息，讓他找我。正好那天夜裡我向主席匯報工作，就順便講了此事，得到主席同意。但作爲我仍是不可原諒的，特向您檢討，並保證今後決不重犯。

祝您永遠健康！此致

敬禮。

周恩來年　月　日

毛澤東聽罷，囑江青把檢討書還給周恩來，說：可以了。林彪曾是你學生，過去三娘教子，現在子教三娘。三娘寫了書面檢討，可以了。你交給林彪去吧。不管事，但攬權。你們不可以直接請示我，非得先過他那關。下面要談點眼皮底下事。恩來啊，我委托你主持中央工作碰頭會，卻發生了三總四帥大鬧懷仁堂。據說你貌似公允，不偏不倚，放任雙方拍桌打椅，黨同伐異，算怎麼回事？譚老闆揚言要和我分道揚鑣，鬥爭到底，他哪來的這個膽識、氣焰？

周恩來渾身打個激凌，正襟危坐地回答：主席，是我主持會議不力……白天的事，我要負重要責任。也怪我對近一段各地奪權鬥爭的複雜性、艱鉅性，缺乏通盤的考查、認知。會議一開始，譚震林同志就發難，質問張春橋同志為什麼不放陳丕顯、曹荻秋兩人到北京來休息？陳、曹兩人過去是譚震林在新四軍中的老下級，自然也就得到陳毅同志的附和。徐向前同志則提出劉志堅被打倒的事，又得到李先念和聶榮臻兩人的附和，都是老上下級關係嘛。先念同志更是在會上失聲痛哭，說被紅衛兵抄家兩次，貼大字報指他為大叛徒；葉劍英同志火氣更大，原因是先一天晚上，警衛局的人拿了公安部長謝富治簽署的逮捕證，抓走了他的女婿劉詩昆，並抄了他西山的家……

毛澤東問：劉詩昆，不就是那個五七年世界青年聯歡節上得過金獎的青年鋼琴家？

周恩來說：逮捕證上指他一九五九年赴蘇聯學習期間，參加克格勃組織，利用特殊的家庭關係盜竊了大量黨和軍隊的機密……。

毛澤東又問：有證據嗎？現在一股風，叛徒、特務滿天飛。事涉葉劍英呢。

江青插話：我聽謝富治講，劉詩昆除了有蘇修特嫌，更主要的是他多次書寫匿名信，攻擊中央，攻擊文化大革命運動，用詞特別惡毒。白天的事，葉劍英是帥字號人物。

周恩來溫和地看江青一眼，說：主席，我看劉詩昆的案子，就交公安部門去管吧。葉劍英同志心裡坦然，說他決不過問此事，一切要重事實、重證據……剛才我匯報譚震林的問題。這次他表現特別反常，我就是想保他，都困難。他在會上大放厥詞，無法無天。主席已經了解到，我就不重複了。

毛澤東點點頭：你不想保譚老闆了？我卻還想保保他，看看他的三頭六臂，如何與我分道揚鑣，鬥爭到底嘛。恩來啊，三總四帥，公開挑戰文化大革命，也是向我下了道戰表，我拿他們怎麼辦？

周恩來看一眼毛澤東，彷彿看到他眼神深處的某種焦慮、遲疑，心裡權衡片刻，才說：主席啊，還有江青同志，我認爲對他們的錯誤言論，要進行堅決的批判。具體的做法，還是主席一貫提倡的懲前毖後，治病救人。畢竟他們都算你的學生輩。當然譚震林例外，可做這次鬧事的反面教材。

江青說：葉劍英比他更典型，也更危險。還有陳毅，否定延安整風，反得很徹底。

毛澤東停了停，問：他們目前所擔負的工作呢？李富春、李先念、譚震林幫你執掌國務院，陳毅掌外交，葉劍英掌軍委日常事務，徐向前掌軍委文革小組，聶榮臻掌國防科工委，各人都是一個大攤子，可以把他們都撤換下來嗎？

周恩來揣摸一下毛主席的意向，說：恐怕不行，他們七個都是獨當一面的，一次性撤換下來，各行各業青黃不接……譚老闆倒是可以撤，他分管農林，波及面較小，他態度又最惡劣。

儘管江青一再示眼色欲插言，毛澤東揮揮手，制止住。他閉上眼睛思考片刻，才說：恩來，那就明天再開一次會，原班人馬，一個不准少。我到會上講話，命他們接受批評，檢討錯誤。對譚震林的處理，我要等到明天看到他的表現再定。……江青嘛，妳立場堅定，旗幟鮮明，我一直給妳肯定。但有許多事情，欲速則不達，懂嗎？好了，替我送送總理，再回釣魚臺去吧。我累了，要休息。

第二天下午三時，在人民大會堂小會議室，召開政治局擴大會議。毛澤東、周恩來端坐正中央。毛澤東一側，依順序坐著陳伯達、康生、江青、張春橋、謝富治、姚文元、關鋒、王力、戚本禹；周恩來一側依順序坐著李富春、陳毅、李先念、葉劍英、徐向前、聶榮臻、谷牧。

毛澤東黑虎著臉子親自坐鎮，會議室無人交談，氣氛沉悶。葉群進來時，見大家已經坐好，連忙快步走近江青，笑容可掬地在一張空椅子上坐下，並和江青嘀咕幾句。

對於林彪又請病假，不出席會議，毛澤東心裡很窩火。做爲權力接班人，看到三總四帥鬧事，躲到一邊不出面，不吭聲，什麼意思？坐山觀虎鬥？等到人家把毛澤東鬥垮了，你就接上班了？每逢開會，你想來就來，不想來就派葉群做代表，你的架子比我毛澤東還大呢。

陳毅看著葉群坐下，忽然請教周恩來：今天是開政治局會議啊？來了這麼多不是中央委員的人？

毛澤東耳聰目明，思緒敏銳地掃了陳毅一眼，代周恩來回答：政治局擴大會。不具委員身份的同志，是擴大進來的，算我的客人。葉群代表林彪出席。

譚震林遲到了，是拄著根手杖進來的。

毛澤東指著周恩來身邊的一把空椅，語帶譏諷地說：譚老闆，你還是來了啊，看來缺了你這名要角，我們的這台戲還唱不成囉！

譚震林大大咧咧地坐下，回嘴說：不是中央委員的人都來了，我是政治局委員，不能來？我譚某人幾十年出生入死，不像有的人寫兩篇文章，坐直升飛機上來。

周恩來警告地看譚震林一眼：你昨天還沒有鬧夠？主席今天親自坐鎮，就是要解決昨天的事情。

毛澤東點點頭，勃然作色說：來而不往非禮也。昨天，你們幾位拍的拍桌子，摔的摔杯子、盤子，要大打出手啊？葉劍英今天帶傷上陣。我要告訴同志們，中央警衛局、中南海警衛師、北京衛戍區還是聽毛澤東的！所以毛澤東不怕你們……你們三總四帥大鬧懷仁堂，爲建國以來所未見。搞突然襲擊，向文革小組發難，向黨中央發難，想幹什麼啊？無非想搞宮廷政變，讓劉少奇重新上台！把張國燾、王明、彭德懷都請回來，把陳獨秀、瞿秋白、李立三都請回來，好不好？八屆十一中全會通過文化大革命十六條，你們都是舉了手的。爲什麼運動深入開展之後，就要拚命抵抗呢？只能叫做陽奉陰違，居心叵測。悔相道之不察兮，延佇乎吾將反……恨人神之道殊兮，怨盛年之莫當！……。

坐在毛澤東一側的中央文革成員們個個面帶得色，眉飛色舞。

坐在周恩來一側的三總四帥，則人人面露驚愕。

譚震林脖子一脹，頂嘴道：我認爲我在會議上的發言沒有錯，是符合十一中全會精神的。難道搞文化大革命可以不要黨的領導？可以不要穩定軍隊？可以把黨的老幹部、軍隊高級將領統統打倒？

也只有譚震林敢講這個話了。實在是他和毛的關係不一般，幾十年來都是毛最親信的幹將。

陳毅也坦然說：主席，我只是對文革小組的人有看法，一切武鬥、抄家、抓人、衝擊軍事機關事件，都有他們在背後支持。

葉劍英揮揮纏著紗布的手：目的是要搞垮軍隊，搞垮黨，搞垮國家！

李先念說：我哭都沒有地方哭！

聶榮臻說：主席，我們是忍無可忍了。

李富春說：我沒法和他們共事。

徐向前說：主席，部隊支左，已有一千四百多名指戰員被打傷，二百五十八人被打死，十幾名將軍被迫自殺，其中包括昆明軍區閻紅彥上將，東海艦隊司令員陶勇中將……。

毛澤東臉色發白，呼地站立起高大的身軀，粗暴地吼道：要奮鬥就要有犧牲，你們不要講了！文革小組執行八屆十一中全會決議，缺點是一二三，成績是八九十，這是鐵的事實。誰反對文革小組，就是反對毛澤東，我毛澤東就反對誰！你們妄圖中斷文化大革命運動，把劉少奇請回來？做夢！葉群同志，妳回去告訴林彪，不要再養什麼病了！他的地位不穩，人家要敲掉他的接班人那把交椅，要他早作準備。如果文化大革命失敗了，我就和他撤出北京，再上井崗山打游擊。你們說陳伯達、江青不行，就讓陳毅來當中央文革組長吧！把陳伯達、江青逮捕，槍斃！抓康生去充軍。我也下台，你們去莫斯科把王明弄回來當主席嘛！你陳毅昨天揚言翻延安整風的案，好徹底啊，全黨會答應嗎？解放軍會答應嗎？你譚震林、葉劍英也都是老黨員了，為什麼要站在資產階級反動路線一邊？

譚震林不管不顧，豁出去了：我不該早入黨四十年，我不該活了六十五歲！

毛澤東暴怒地手指戳向譚震林：你可以退黨！你已經活了六十五歲怎麼辦？你可以不活嘛！

周恩來見毛主席和三總四帥吵成這樣，不知如何是好！你們不要逼毛主席盛怒之下，作出不智之舉啊！於是連忙語帶哭聲地懇求道：主席息怒，不要傷了身子。他們幾個都是你的老部下，學生輩，這幾天鬼迷心竅，你不要和他們一般見識。我負責狠狠教訓他們，處理他們……昨天晚上他們已經找我做了檢討，沒想到今天見到主席又鬧，他們像些小孩子耍賴、撒嬌……

毛澤東仍然一臉盛怒：他們根本不認錯嘛！這件事，要再開政治局會議來解決，一次不行兩次，一月不行兩月。政治局解決不了，中央全會解決。中央全會解決不了，發動全黨同志來討論、解決！

說罷，大手一揮，劈開面前的什麼障礙物似地，憤然離開會場。

第二十八章　中南海內鬪戰場

春宵一刻值千金。

深夜十二時，謝靜宜來到人民大會堂北京廳。現在這裡被佈置成毛澤東的又一臨時住所。走道上，碰見長相秀氣的航空學院紅衛兵領袖韓愛晶，韓小白臉，大家都私下裡這麼叫。小白臉走路不對勁，謝靜宜拉住問：韓司令，你好像臀部受傷了？又是上哪兒武鬥弄的？韓愛晶飛紅了臉說：都弄發炎了……謝靜宜沒有讀過古書，自然不知道「童孌」之類，而問：主席又交給你啥光榮任務了？韓愛晶忙說：批鬥老反黨分子彭德懷！妳快些進去吧，主席等著哪。俺還得趕回北航司令部辦事去。

謝靜宜按了門鈴。厚重的房門開了半扇，一名美貌的女服務員迎著：謝副主任吧？主席在浴室，您自格去匯報吧。

謝靜宜認得這個大眼睛服務員，叫張毓鳳，是主席的生活秘書，隱隱聽說，有過生養……

這北京廳本是個可以容下四、五百人的會議廳，現被厚重的金絲絨掛幕分隔成三進，第一進爲女服務員值班室，第二進爲辦公室，第三進爲大臥室。臥室再往裡，有治療室和浴室。謝靜宜在浴室門外停了停，輕咳一聲，報告說：主席，俺到了。

一陣水響過後，裡面那個湘潭鄉音傳出：小謝吧？進來，花徑不曾緣客掃，蓬門今始爲君開囉。

謝靜宜把鞋襪脫在門口，光著腳丫進了水氣氤氳的大浴室，見主席光赤條條地泡在大浴缸裡，嬌羞地說：哎呀，您泡澡哪，俺咋匯報工作呀？

毛澤東招招手，開玩笑：妳講的不對，我這是泡伏爾馬林……人民大會堂，連個游泳池都沒有。妳還看著做什麼？解除武裝，也進來泡泡，彼此坦誠相見。

雖說已經和偉大領袖相好了一年多，謝靜宜還是紅了紅臉，才褪光衣物，晃著一雙修長的美腿進到大浴缸裡：真是的，泡澡就泡澡，怎麼是泡伏爾馬林？不吉利呢。

毛澤東把她摟了近去：從來不信那些，又不是真要做木乃伊……妳進來時，碰到小韓沒有？

小謝光潔的身子貼在那碩大的肚皮上：碰到了，他一蹶一蹶的，好像受了傷……俺也鬧不懂。

毛澤東笑笑說：妳替我點支菸來……不懂也好，男女有別……我最喜歡妳的這一對了，大小適中，堅挺……兩粒紅果子尤其好……我的保健醫生化驗過，精蟲存活率低，但不影響性能力……。

小謝已嬌羞無狀：見面就要，偉人一樣猴急……俺第一次還不是給弄腫了，疼了小半月……俺還替您點菸哪。是先要菸還是先要俺？

毛澤東說：囉嗦什麼？兩不誤……好，妳說妳有新情況？謝富治近一段怎樣？他是眞跟我？

謝靜宜說：親爺輕點……俺替您留意了這大半年，人家謝部長對您和江組長是死心塌地，每次碰到俺都說：小謝哪，咱是替主席看家院的，離了主席，咱就成喪家之犬。

毛澤東停止了動作，忽然問：小謝，和我講實話，是不是也和大謝弄上了？

謝靜宜嗔怪地掐了偉大領袖一把；看您都說了些啥呀？俺敢嗎？人家夫人是衛生部長，盯的可緊啦……您要是對俺不放心，給安個拉索好啦！

毛澤東哈哈大笑：不可取，不可取，遇上內急不好辦。

謝靜宜緊緊摟住那肥碩的身軀：咋的？這樣快，就完事……。

毛澤東渾身鬆弛下來，嗞嗞地吸著煙：有句俗話，好漢不提當年勇……我三十四歲上井崗山，三十五歲遇上賀子貞，只要不行軍打仗，常和她幹通宵，她年年都懷孕……妳不信？好了好了，不說這個了。妳不是有新情況要告訴我？

謝靜宜聽這一問，眸子一閃，彷彿立時進入另類興奮，於是把黃昏時分在中南海第一職工食堂院牆外，所見到的異常情況，說了一遍。

原來黃昏時分，謝靜宜到第一職工食堂院牆下看大字報。大字報內容豐富，無奇不有：什麼賀龍是大土匪、朱德是大軍閥啦，什麼譚震林是「二月逆流」急先鋒，陳毅是黑司令啦，什麼汪東興反江青同志，孔原反偉大領袖毛主席啦，什麼陸定一是老托派、楊尙昆是蘇修間諜啦，陶鑄是大叛徒，鄧小平是大革命時期的逃兵，劉少奇的〈論共產黨員的修養〉是反毛澤東思想的總綱領……

謝靜宜流覽著五花八門的大字報。在院牆的不遠處，劉少奇正由兩名警衛員陪護著，也在看大字報，並邊看邊在小本子上摘抄著什麼。

忽然，一小隊看樣子是剛換崗下來的軍人朝劉少奇停留的地方走來。謝靜宜靈機一動，立即抓住戰機似的，迎上前去，說：同志們！你們看到了嗎？前面那個老傢伙，就是黨內最大的走資派、睡在毛主席身邊的赫魯曉夫！我們把他包圍起來，開次現場批鬥會好不好？

領隊的軍官以不屑的目光掃了謝靜宜一眼，問：妳是誰？有什麼權利指揮我們？隊伍並沒有停下，而逕直朝劉少奇走去，把謝靜宜撂到了一邊。更令她氣憤的，那一小隊解放軍走到劉少奇身邊，竟然膽大包天地停了下來，圍著劉少奇一口一聲地叫嚷著「你好！少奇同志！」還輪番著和劉少奇握手。弄的劉少奇大感意外，趕忙從口袋裡掏出一包大前門香煙，一人遞上一支……

中南海裡，警衛部隊出這種狀況，要反天了？謝靜宜看得一雙美麗的眼珠子都要掉出來了。這太不正常，太危險了！你看那十幾名官兵圍著劉少奇，聊的多歡！彷彿時光倒流，又回到了文化大革命以前，劉少奇仍是和毛主席平起平坐的國家主席、國家元首……你聽你聽，那十幾名官兵在向劉少奇道別，一口一聲的「少奇同志保重」，「少奇同志要緊跟毛主席」……。

毛澤東聽罷，不禁渾身打了個哆嗦。他也不泡「伏爾馬林」了，出了浴缸，任由小謝用大毛巾上上下下擦了個遍，再替他裹上一件長浴衣。之後小謝自己也穿戴了，扶著偉大領袖出到臥室來。

小謝問：俺陪您到床上休息一會？剛完事，您不累？

毛澤東搖搖頭：到書房休息。妳去値班室，通知總理、伯達、康生、江青、謝富治、楊成武、汪東興、王力、戚本禹來見我，立刻就來，不准耽擱。如張春橋、姚文元從上海回來了，也一起來。

小謝一路扶著毛主席進到書房，在那張特製的高背沙發上仰坐下。見毛主席兩條粗腿外露，忍不住提議：俺替您把底褲套上？免得人來了，不雅觀……

毛澤東不耐煩地揮揮手：什麼雅觀不雅觀，從來如此。妳不要學藍蘋，也來管這些屁事。照謝富治、汪東興他們的意見，我最好睡覺都穿防彈衣呢。去通知他們來吧。謝富治可以先到幾分鐘。

十幾分鐘後，身兼國務院副總理、北京市委第一書記、公安部部長、中央政治保衛部部長四項要職的謝富治，快步進入北京廳毛主席書房。敬禮、握手之後，毛澤東指指謝靜宜，對謝富治說：現在我就靠兩謝，大謝和小謝。大謝啊，去年上半年，你到我老家去招了十八條好漢，訓練得怎樣了？

謝靜宜卻是頭回聽到這事。原來毛澤東對自己身邊的工作人員、特別是近身警衛人員十分警覺。五十年代初，他的近身警衛是讓江青回山東挑選來的，那時他認爲山東好漢最忠誠，講義氣。後來改由各大軍區推荐三代貧雇農出身、政治可靠的武林高手。文化大革命之初，他覺得還是湘潭老家的青年人靠得住，講一口湘潭鄉音，更覺親近。

謝富治說：報告主席，十八名您老家韶山公社的青年人，個個一米七五以上，經層層審查，家庭成份、個人出身，絕無問題。他們已在特種兵營地強化訓練了一年，前些天我還抽空去考核過，人人身手不凡，以一當十，武功高強。

毛澤東說：很好，馬上安排這十八名好漢來我這裡值班吧。這事，就你們兩個加上汪東興知道就可以了，不外傳。

半小時後，周恩來、康生、江青、楊成武等人同時進入北京聽毛澤東書房，一一向毛澤東請安。毛澤東並不起身，只是一人看上一眼，點點頭。他忽然問周恩來：怎麼少了伯達、春橋、文元三個？

周恩來本已坐下，即又起立作答：老夫子近幾天又感冒了，請假休息……春橋、文元還在上海。主席若要急見他們，可以派專機去接。說罷，周恩來溫和地看了江青一眼。實則，是陳伯達對江青在中央文革小組內專橫跋扈，忍無可忍，而和江青大吵了一架。雙方出言不遜，江青罵陳伯達不過靠了幾篇狗屁文章，爬上中央常委的高位，尸位素餐；陳伯達則罵江青是烏鴉：黑烏鴉！要不是看在主席的份上，誰會怕妳這種女人？吵架之後不兩天，堂堂中央常委、文革組長陳伯達全家，就被遷出中南海，住到一座前清貝勒的舊宅子去了。陳伯達也就賭了氣似的，好幾天不到釣魚台上班了。

毛澤東示意周恩來坐下：好，我們開個小會。為什麼突然把你們找來？是小謝向我報告了一個不大不小的情況……小謝哪，妳把那個情況，和大家講講？

江青正和小謝談私房話，咬著耳朵提醒小謝把頭髮弄弄乾，當心傷風哪，特別是剛了那事……。

謝靜宜飛紅了臉蛋，見毛主席問起，忙把當日黃昏時分，在中南海第一職工食堂院牆外看大字報時，遇到的情況重述一遍。

中辦主任汪東興一聽，發了急：主席，我兼任警衛局局長，警衛師政委，出了這種狀況，應負主要責任……我這就去把十幾個混蛋查出來，軍法處置。

毛澤東晃晃手：東興你坐下。中南海，我是暫時不回去了。三個月前，我所以搬出來住，就是有某種預感。警衛部隊也不是鐵板一塊……話說回來，少奇的問題，到現在中央也還沒有給他定性嘛，黨內文件上仍然稱同志嘛。有的官兵同情他，怎麼可以「軍法處置」？

周恩來說：警衛部隊出這種狀況，關係到主席安全。汪主任，你要把人查落實，妥善處置。

謝富治恨恨地說：通通關到秦城去，拷起來。

江青說：他們不夠資格進秦城，只配下地獄。

康生扶扶眼鏡：我斗膽說上一句，這個情況不單純，不是孤立現象，因此不能孤立地看待。

毛澤東說：還是我們的肅反專家看問題有深度。康生，本主席願聽端詳。

康生受到鼓舞，面帶得色，稍稍抬高了一點聲音：據我觀察，在中南海內，自出了「三總四帥大鬧懷仁堂」事件後，反文革的右派勢力大爲抬頭。劉少奇、鄧小平、陶鑄，包括他們的家屬子女、他們身邊的少數工作人員，近一段都異常活躍。據匯報，劉、鄧、陶三人已中止寫書面檢查，而天天要求外出看大字報。實際上是去觀風向、探消息，尋求某種呼應……所以我認爲，二月十六日的懷仁堂事件，是一些人蓄謀已久的反撲，是替劉、鄧、陶翻案的反革命逆流。我們必須在廣大幹部、群衆中，在解放軍指戰員中，掀起新一波的「反擊二月逆流」的鬥爭，把該揪的人揪出來，該罷官的罷掉，該交給造反派、紅衛兵去批鬥的，就交出去批鬥……只有把「二月逆流」的黑幹將們批倒批臭了，劉、鄧、陶就失掉了後備軍。事關文化大革命運動的興衰、成敗。我的這個意見，供主席參考。江青、謝富治、王力、戚本禹等人一面倒地贊同康生的看法；周恩來、楊成武、汪東興三人則不動聲色，等著毛澤東的明確指示。

毛澤東卻不急於發出什麼指示，忽然指著戚本禹問：你的那篇大文章，已替你修改過四、五遍，何時可以定稿？那是一篇擒王之作。六四年我們試爆了第一顆原子彈。六六年我們爆了顆「五·一六通知」，精神原子彈。六七年也要爆炸一顆。精神原子彈這個詞是林彪發明的，好得很。林彪不耐俗務，很少出席會議，讓我和總理代勞，很好嘛。他發明不少新名詞，正好用得著……戚本禹啊，你的那顆精神原子彈何時造好？

戚本禹見問，精神為之振奮：報告主席，昨晚上叫打字員加班，打印出了第六稿。中央兩報一刊發表之前，還想請主席抽空審改一遍。

毛澤東笑笑說：明天下午就送來吧。反正替你們改作文，改慣了。你和姚文元算勤快人，今年已各發表了一篇文章，一篇叫〈評陶鑄的兩本書〉，一篇叫〈反革命兩面派——周揚〉，我都修改過，有份量，起了大作用。

戚本禹說：謝謝主席。我是邯鄲學步……這次的題目，初步擬為〈愛國主義還是賣國主義——評反動影片《清宮秘史》〉，其中的八個「為什麼」，還是主席親自加進去的，畫龍點睛之筆。

周恩來等人對毛澤東布置戚本禹寫什麼文章的事一無所知。他們一向遵循著某項不成文的紀律，毛澤東沒吩咐的事，不接觸，不打聽。

毛澤東很響地咳了咳喉嚨，朝腳邊的痰盂缸裡卡出一口濃痰，再又很響地喝一口茶水，才說：好了，長話短講。第一，中南海警衛師極少數官兵的事，汪東興負責處理，謝、楊二位協助之。對人員要冷處理，調到邊防海防去繼續服役，保家衛國；第二，中南海內，劉、鄧、陶三家，三個戰場，新聞紀錄片廠可以拍片存檔。對三個人亦應有所區別。沒有區別就沒有政策。鄧小平，我還是立足於保。他在江西蘇區時期是跟我跑的。當年臨時中央局和江西省委整我的四員大將「鄧、毛、謝、古」，「鄧」就是鄧小平，「毛」是毛澤覃，「謝」是謝唯俊，「古」是古柏。後來毛、謝、古三位犧牲了，剩了一個鄧。雖然近幾年跟著劉犯了嚴重錯誤，我還是不忍丟下他。保留他的黨籍和中央委員。也知道這樣做，康生、江青、謝富治你們有意見。對你們左派作點讓步：劉、陶二位交你們手下的人去批鬥，我不管那麼具體了。只管一下鄧小平，手下留情，可不可以啊？恩來，你看哪？

周恩來說：主席的指示很明確，我衷心擁護。相信康生、江青、謝富治他們會認眞執行。

毛澤東說：好，接著講第三點，也是最棘手的一點。請周總理主持政治局擴大會議，文革小組全體成員參加，也可以稱做聯席會，對那個「三總四帥」進行教育、批判。江青立場堅定，愛憎分明，代表中央文革給總理寫了封信，總理把信轉給了我。下面給大家唸一下：

總理，散會後，文革小組全體同志又認眞學習了主席的重要講話，大家對懷仁堂事件表示了極大的無產階級義憤，並強烈要求政治局立即免去李富春、譚震林、李先念、陳毅、葉劍英、徐向前、聶榮臻等同志所擔負的領導工作，勒令他們停職檢查，接受批判。此意見康生已同意。也報告給了林副主席。此致無產階級文化大革命的戰鬥敬禮！

此事怎麼辦？我很爲難。江青你們是主張快刀斬亂蔴，不敎而誅。痛快是痛快，後遺症哪？一個「劉、鄧、陶」還半倒不倒掛在那裡，又一窩子端掉「三總四帥」？還下不了這個決心。懷仁堂上，當代七幹將反文革小組，還沒有反毛澤東。林副主席不表態，開會不參加。恩來的心情和我比較相近，不是不敎育，不鬥爭。恩來啊，你是總理，這次的事，還是你來處理，可以稱爲「二月逆流」、「右傾翻案」。江青不參加會議，不要把人都得罪光。先思想批判，後組織處理，視他們的檢討而定。包括鬧得最歡的譚大砲。總之，先劃在人民內部矛盾的框框以內。大家看看，怎麼樣啊？

毛澤東的話一落音，江青即舉起右手掌：我反對和稀泥，搞折衷。當斷不斷，必致後患。我這是給毛主席提意見。

康生也說：同意主席定的調子，七幹將接受群衆大會批判，組織處理應適當從嚴。

毛澤東吃驚地看了婆娘一眼。她當著這麼多人的面，這樣頂撞，還是頭一回呢。

周恩來神情有些緊張，看看江青，再看看主席，生怕主席發脾氣，給予痛斥，大家不好收場。

毛澤東卻是罕見地表現出了一次好脾氣，朝江青、康生笑笑，說：看看，現在全國搞大民主，搞到我這裡來了。江青有革命造反派的脾氣，我很欣賞。小不忍，亂大謀。送妳一句宋人蘇洵的話：一忍可以支百勇，一靜可以制百動。他兒子蘇軾也有言：夫君子之所取遠，則必有所待；所待者大，則必有所忍……妳聽不聽得進啊？總之，七幹將的事，就講這些，大的原則我定，具體的你們去辦。

江青、戚本禹奉行最高指示，佈署中南海造反隊在劉少奇、鄧小平、陶鑄三家所住的院子裡，闢下三個批鬥現場。

第二天中午，中南海電話局一夥人闖進福祿居，把前院、後院的所有電話線剪斷，電話機收走。劉少奇憤怒地捏著手中一本薄薄的《中華人民共和國憲法》，大聲抗議：我還是國家主席，政治局常委！我有憲法賦予我的權利！我要去找毛主席，去找周總理！

福祿居院內如同颳起一陣惡旋風。秘書、衛士們熟視無睹，甚至幫著扯斷電話線。誰還把國家主席國家憲法放在眼裡？電話局的造反派頭頭臨走時放下一句狠話：劉少奇！馬上有好戲等著你！

劉少奇仍是晃著手裡的《憲法》本本，望著一夥人揚長而去，欲哭無聲：光美啊，我要捍衛《憲法》的尊嚴，我要捍衛《憲法》的尊嚴……他們公然收走了我的所有電話機，今後就和外面失去了聯繫……毛主席剛找我談過話，要我安心讀幾本書，好好學習，保重身體……。

王光美拉住丈夫的手，淚眼婆娑：少奇，不要叫喊了，沒有她的批准，造反隊的人是不會這樣對待我們的……找周總理有什麼用？他終歸要聽娘娘的……。

劉少奇不肯罷休，立即寫下一封短簡：

主席、總理：我住處的所有電話機被造反隊收走，電話線被拉斷，今後怎麼和您們聯繫？我的職務還沒有被完全撤除，中央也還沒有對我的問題作出結論。我要求中央保護我作為一個國家公民的起碼權利。敬祝毛主席萬壽無疆！

短簡寫好，裝入保密信封，派辦公室機要員送至西花廳。機要員——一名平日很聽話的青年軍人，這時卻極不情願地說：現在送這種東西還有什麼用？按規定，要送也只能送給中辦汪主任。

王光美見劉少奇一臉怒氣，怕他又發作，趕忙對機要員說：求求你了，麻煩跑一趟，送汪主任也行。機要員走後，王光美說：少奇啊，我有感覺，主席和總理，不會有回音的……我們要有思想準備，過不久，他們該有更大的動作，單獨監禁，子女離散……

劉少奇困獸猶鬥地拍打著《憲法》本：拉去審判，拉去殺頭嘛！幹了幾十年革命，我劉少奇怎麼了？伺奉得還不夠？服從得還不夠？誰和我有這種深仇大恨？這不公平！不公平！

王光美伸出巴掌去，想捂劉少奇的嘴：少奇，不要叫喊了，憲法、黨章，早被廢掉了，你還不明白？前院、後院的工作人員，秘書、衛士、保母、機要員，都已經改變職能，變服務為監護。跟了我們十八年的廚師郝苗被逮捕……

當晚，劉少奇、王光美在自家院子裡，遭到激烈批鬥。

陶鑄所住的院子與春藕齋隔鄰。中南海造反隊幾十號人馬衝進他家開批鬥會，他態度惡劣，氣焰囂張。辦公廳一名幹部把黑牌子掛到他婆娘曾志脖子上時，他竟大吼一聲：曾志童養媳出身！十多歲跑出來當紅軍，她是賀子貞的義妹、戰友！你們知道賀子貞嗎？江西蘇區時期毛主席的夫人！吼罷，陶鑄一把搶過那塊寫著「陶鑄反革命臭婆娘曾志」的黑牌子，翻轉來掛到自己的脖子上。這個南霸天，此時刻還提到賀子貞，隱射、攻擊江青同志，是自找死！

於是三、四個造反派搶上前去，按下陶鑄的脖子、腦袋，強令他向毛主席請罪，向江青同志認罪。沒想到他像頭蠻牛，大吼一聲，奮力掙脫了按住他脖子的幾隻手臂，站直了身子：我是中央常委，國務院常務副總理，中央文革顧問！你們沒有權利對我搞武鬥！文鬥我接受，武鬥我反抗！

幾名穿軍裝的壯漢欲衝上去，「修理」這黨內最大的保皇頭子，主持批鬥會的頭頭揮了揮手，嚴厲地說：陶鑄！你要老老實實站好，聽取大家的批鬥，否則對你們夫婦採取必要的革命行動！

站在一旁的曾志拉了拉陶鑄的衣袖。陶鑄這才認出這頭頭是警衛局的一名處級幹部，頓時冷靜了些，以請求的口吻問：可不可以坐下來？戰爭年代，我和曾志都受過傷……你們給點人道主義嘛。

給他的回答是一派憤怒的口號聲：打倒反革命兩面派陶鑄！打倒大叛徒陶鑄！陶鑄不投降，就叫他滅亡！坦白從寬，抗拒從嚴！負隅頑抗，死路一條！……

口號聲停下，主持會議的頭頭喝問：陶鑄，曾志！剛才呼口號，爲什麼不舉手？可坐下回答。

陶鑄拉著曾志，在一張雙人排骨櫈上坐下，說：喊我兩面派，大叛徒，不是事實，所以不舉手。

人群裡有人喊：陶鑄不老實！這話是毛主席講的，你敢不承認？

陶鑄說：最早傳出這句話，是去年十一月。我曾經要曾志同志去請示了毛主席。曾志是主席在閩西根據地培養過的小紅軍，很熟悉。主席講，他不記得是否有過此話，要講了，也是講陶鑄這個人辦事不老成……現在被誤解成「陶鑄不老實」，出入太大了。

又是一派憤怒的口號聲：陶鑄篡改最高指示，罪該萬死！打倒中國最大的保皇派陶鑄！

口號過後，仍由那名頭頭盤問：陶鑄！你否認你是大叛徒，那你向大家交代，一九三七年，你是怎樣從敵人的狗洞裡爬出來的？

陶鑄昂頭回答：我是一九三三年五月在上海地下黨中央工作時被國民黨反動派逮捕的，判了無期徒刑，關在南京監獄，根本沒有想到要活著出來！在獄中，我們成立了秘密支部，多次組織絕食鬥爭，從沒有向敵人低過頭。一九三七年，國共兩黨實現聯合抗日，黨中央派葉劍英同志到南京，把我從獄中接出來……葉帥是毛主席司令部的人，他可以作證，我出獄的事一清二楚，絕無問題。

這時兩名穿軍裝的大漢忍無可忍似地衝到陶鑄面前，揮著拳頭痛斥：你他媽的大叛徒！葉劍英也不是什麼好東西，「二月逆流」的黑幹將！你他媽的就是從敵人的狗洞裡爬出來的！

陶鑄也被激怒了，騰地站起來與穿軍裝的大漢對峙，也大吼道：你他媽的才是大叛徒！你他媽的才是從敵人的狗洞裡爬出來的！

曾志一看情形不對，趕忙站起來說：同志們，同志們，我和陶鑄在閩西根據地跟隨毛主席鬧革命那年月，你們還沒有出世……作爲革命軍人，大家都要遵守三大紀律、八項注意……。

可是她的話沒說完，一群穿軍裝的造反派已經拳腳交加，把陶鑄打翻在地。個子瘦小的曾志，立即撲了上去，以自己柔弱的身子護住了滿臉是血的丈夫，並大叫：要文鬥！不要武鬥！你們再打下去，要出人命！我求求你們，你們是解放軍，人民子弟兵……我和陶鑄當紅軍的時候，你們還沒有出世……你們怎麼可以這樣毆打一個老紅軍，毆打一個老紅軍……。

陶鑄，這位大革命時期的福建地下黨省委書記，延安時期的中央軍委秘書長，解放戰爭時期的第四野戰軍政治部主任……就這樣被中南海內穿軍裝的造反派打翻在地，滿臉是血，爬都爬不起。

批鬥會沒法開下去了。幾十名造反隊員臨撤出時，衝著倒在地上的陶鑄呼喊了一陣口號：陶鑄不老實！陶鑄裝死狗！堅決把三反分子陶鑄打翻在地，踏上一隻腳，叫他永世不得翻身！

曾志在兩名工作人員的幫扶下，把陶鑄弄回臥室躺下。保健醫生來檢查、淸洗了傷口，安慰曾志：不礙事，都是外傷，敷敷藥就好。

醫護人員退出後，陶鑄拉住曾志的手問：革命了大半輩子，誰和我們有此深仇大恨？他們敢對我動拳腳，肯定是奉了某人的指示……毛主席誤會了我，周總理，你爲什麼不關照一下陶鑄啊？陶鑄調中央工作，不到一年時間，協助你搞消防，保護過黨內黨外大批幹部……。

曾志看了看門口，低下身子在陶鑄身邊說：你是得罪娘娘了……老陶，也怪你爲人太認眞，爲什麼去年只提她個副部級？應當提成副總理級，或許就不記恨了，就不會這麼快打倒你了……。

陶鑄瞪著眼睛想了好一刻，說：我要起來，給主席和總理寫封信，妳親自送去西花廳。

第二天一早，曾志裝成散步的樣子，把陶鑄寫的求救信送去西花廳。但剛走到中南西岸的游泳池附近，就被警衛人員截住，搜了身。陶鑄的求救信被送交中央辦公廳主任汪東興處理。

第三天，陶鑄家裡，所有的工作人員，包括秘書、衛士、廚師、保健醫生、護士等等，統統被撤換，換成一個個凶神惡煞的中央專案組人員。一項最令陶鑄難以忍受的「專案措施」是：無論寫檢查、看報紙、吃飯、上廁所、睡覺，都由兩名彪形大漢緊隨看守，有時甚至是貼身站著，陶鑄問他們爲什麼這樣？人家硬梆梆地回答：中央文革首長有指示，嚴防你自殺！

陶鑄家的客廳，原先西牆上有扇窗戶，窗外面隔一條小巷道，就是春藕齋。原先每逢周末舞會，那邊就會飄過來陣陣優美的圓舞曲……但現在，這扇窗戶從外面用木板封死，客廳裡大白天都要開燈了。你陶鑄嫌光線不足嗎？於是專案人員在陶鑄的臥室床頭，安裝了一盞一百五十支光的白熾燈，陶鑄睡覺，必須由這束特殊強光徹夜照射。陶鑄天天抗議，專案組頭頭天天回覆：中央首長有指示，就是要把你這個最大的保皇頭子的叛徒嘴臉，暴露在光天化日之下。

陶鑄革命大半輩子，從來都是他整人，而不是人整他。一九六四年社教運動，他作大會報告，曾說：誰講我陶鑄不抓階級鬥爭，搞階級調和?土地改革，我消滅了廣西、廣東兩個省區的地主分子……現在風水輪流轉，輪到他來品嚐階級鬥爭的苦果了。只是他不服氣、不明白：我何曾以這種非人的方式整過自己的同志?他們是要用這種方式來把人折磨死，然後宣佈你重病不治，而不是痛痛快快地判你死刑，把你槍斃……的確比史達林高明，比史達林高明……。

中南海內，在鄧小平家的院子裡，也舉行過幾次批鬥會，也呼口號：「打倒黨內第二號走資派鄧小平！」「鄧小平反對偉大領袖毛主席，罪該萬死！」「鄧小平不投降，就叫他滅亡！」等等。與劉少奇、陶鑄兩家的批鬥會不同的是，這裡的批鬥會「堅持文鬥，不搞武鬥」，每次都由中辦主任、警衛局局長汪東興坐鎮。造反隊員們只動口，不動手。鄧小平和他的「臭婆娘卓琳」還被允許坐在兩張靠背椅上，允許記筆記，甚至允許中途上一次廁所，抽一支菸。當然也要面對造反派提出的一些尖銳問題：一九二九年，你和李瑞明、張雲逸率紅七軍轉戰一年多，好不容易到達江西中央蘇區，你爲什麼不去和毛主席的中央紅軍會師，而當了逃兵，逃去香港，再由香港轉去上海?一九五〇年，四川省搞土改，你作爲西南軍政委員會第一書記，爲什麼要把地主婆母親接到重慶，庇護起來，逃脫你老家貧下中農的鬥爭?一九六〇年之後，你作爲中央書記處總書記，國務院常務副總理，爲什麼要配合劉少奇反對毛主席和毛澤東思想，進行了一系列罪惡活動?等等。

第二十九章　陳毅直聲滿天下

三總四帥拒絕檢討，周恩來嘴上嚴厲，心裡高興。保住這批黨和軍隊的台柱子，進而倚仗這些老同志，以在全黨上下不露痕跡地形成政治緩衝勢力，他周恩來或能避過一波波的險風惡浪，立於不敗之地。更重要的，他還揣摩準了毛主席的心性，批歸批，罵歸罵，卻也不想拋棄這批老同事。這批人的存在，對於權力日益膨脹的接班人林彪，是個有效的制約、平衡。毛澤東任何時候都不會忘記權力制衡。沒有制衡就得製造出制衡。政治就是三國志，三足鼎立。大鼎之上，才坐著他毛主席。

周恩來保陳毅，保葉劍英，保李富春、李先念，保徐向前、聶榮臻，竭盡全力，煞費苦心。尤其是挺身而出保陳毅，文革初期的腥風血雨中傳爲佳話。那是一月上旬在人民大會堂小劇場，周恩來陪陳毅接見外交系統幾十個造反組織的代表，包括一些從東歐國家回來的留學生代表和駐外使館造反派代表。人民大會堂東大門外，則聚集了數千名外交學院、第一外國語學院、第二外國語學院的紅衛兵小將，要衝進大會堂揪陳毅。警衛部隊手挽手組成人牆抵擋。但紅衛兵聲勢浩大，隨時可能衝破人牆，潮水般湧進大會堂……周恩來聽到緊急報告，立即離開會場，親自到東大門外勸阻。狂熱的紅衛兵們不聽勸阻，繼續一波一波朝上湧。周恩來一看大勢不妙，連忙從一名軍官手中要過半導體喇叭筒，大聲喝道：你們想進去揪陳毅？我周恩來就站在這裡！除非你們從我身上踩過去！……周恩來總理憤怒了！從來對人和藹可親的周總理憤怒了！紅衛兵小將們被威懾住，終於潮水般退了下去。

周恩來返回小劇場。陳毅正在向數百名造反派代表口若懸河，侃侃而談：你們要幹革命，我不反對。我只是盼望你們把這個運動搞得稍有規矩一點，不要犯我們過去在江西中央蘇區犯過的錯誤……路線鬥爭是很殘酷的。一九三一年，我曾經在贛南根據地被人綁起來，差點砍頭。說我是AB團，改組派，整得我抬不起頭。走路都靠邊邊，稍有不滿，隨時可能被拉出去砍了。是毛主席救了我，說我不是AB團，是革命者。不是毛主席，我陳毅脖子上這顆腦袋，就被搬了家。後來整我的那個同志向我認了錯，他就是紅一方面軍肅反委員會主任李韶九，湖南老鄉，一九三四年在前線犧牲了。現在想起來，還覺得他是個左得厲害的同志。今天我給你們講這個，只有一個目的，避免你們犯錯誤。

陳毅聲若洪鐘，台下鴉雀無聲。紅衛兵小將們眼睛瞪得大大的，不知陳老總葫蘆裡賣的什麼藥。無可否認，名不虛傳，陳毅講話最富刺激性，最能吸引人：

現在有些人，作風不正派。你要上去，你就上去嘛！不要踩著別人嘛，不要拿別人的血去染自己的頂子。現在中央開會的事，高級幹部還沒有來得及傳達，就被捅出來，印到了傳單上，紅衛兵小報上，弄一些不懂事的娃娃在前面打衝鋒，這正常嗎？劉少奇的一百條罪狀貼在王府井大街上，還有一張漫畫叫做「中央百醜圖」，是誰幹的？洩露了許多黨的重大機密！「八大」的政治報告是政治局通過的，報告中不提毛主席的思想，不再以階級鬥爭為中心，「八大」有決議嘛！怎麼叫一個人負責？寫大字報罵朱德是大軍閥，賀龍是大土匪，這不是在給我們黨和軍隊的歷史抹黑？人家會講共產黨連八十歲的老人都不放過，過河拆橋！現在胡說八道的東西太多。我看到一份紅衛兵小報，大標題是：打倒大特務楊尚昆之弟楊尚魁。眞是滑天下之大稽！一個四川人，一個江西老表，怎麼是兄弟呢？胡說八道是要整死人，出人命的！

還有更荒唐的事。我們這樣一個偉大的黨，現在被講成只有毛主席、林副主席、周總理、康生、陳伯達、江青是乾淨的！承蒙寬大，加上我們五個還在工作的副總理：我、李富春、譚震林、李先念、謝富治，也算乾淨。全黨就只有這十一個人乾淨？這成什麼話了？如果只有十一個人乾淨，我不願意當這個乾淨！把我揪出來示眾好了！格老子就不願當這個乾淨！

整個會場騷動了，發出嘈雜的議論聲。有幾十人欲站起來呼口號要打倒陳毅，另又有幾十人站起來要保陳毅……周恩來不安地注視著陳老總。但見陳毅對著麥克風，大氣磅礴、震耳欲聾地說：

要打倒陳毅的和要保陳毅的，通通給我坐下來！聽我講完話，再打倒我也來得及嘛！我還有更重要的事情告訴大家。相信你們大多數人感興趣，你們不聽要後悔的！現在大家頭腦發熱，包括我們這些老傢伙中很多人頭腦發熱。說中國是世界革命的中心，自以爲了不起，好像中國在世界上舉足輕重。什麼舉足輕重？我們是舉足撞頭喲！有的駐外使館，也成立造反組織，在人家國家散發《毛主席語錄》，宣傳國內文化大革命一套。這是強加於人，要引起外交糾紛的！有的武官在使館裡帶頭造大使的反。大使回國匯報工作，一下飛機就被外交學院的紅衛兵小將戴上高帽子，揪去遊街示衆。外國報紙上照片都登出來了，叫這位大使怎麼回去工作？什麼叫大使？中華人民共和國駐××國特命全權代表！

下面，讓我這個外交部長來摘要幾份我駐外使館拍回的緊急電報內容：

駐東歐某國使館的造反派，在人家首都的大街上散發「造反有理」的英文傳單，在使館附近牆上張貼「無產階級文化大革命勝利萬歲」大標語，東道國向我提出嚴重抗議；

駐非洲某國使館的造反派，在人家的公共汽車上朗讀毛主席語錄，在街頭向來往行人硬塞「紅寶書」和毛主席像章，對拒絕接受的人揮拳辱罵，引起當地群衆憤怒；

駐阿拉伯某國使館的造反派，攔住蒙黑面紗的伊斯蘭婦女，宣傳「解放思想」，鑽進穆斯林信徒的帳篷，宣傳無神論、游擊戰，被人家趕出帳門；

赴東南亞某國援建工程的建築隊造反派，要在工地上豎起一塊「社會主義一定要代替資本主義」的大標語，當地政府不允許，派警力拆除，雙方發生衝突，造成流血事件；據不完全的統計、估算，已經有上千名我國紅衛兵，越過國境線，進入緬甸、泰國、柬埔寨、老撾等國山區，和當地的游擊隊相結合，或自組游擊隊伍，去鬧什麼世界革命……。

不唸了！不唸了！再唸下去，我這個外交部長要吐血了！我們的外交工作從來沒有這麼混亂、丟臉過！造反造到了外國，作孽作到了外國，有的人還嫌不夠！我這個外交部長欲哭無淚！無語對蒼天哪！

陳毅在台上聲情並茂地講述著，時而詞鋒凌厲，時而語調低沉，整個會場上的紅衛兵小將、造反派代表都被他雄辯激烈的言語震撼住：

……同志們，我今天不是在這裡亂放炮。我是經過深思熟慮的。要我看，路線鬥爭要消除後果需要很長的時間，現在文化大革命的後遺症，十年、二十年不治！我們已經老了，是要交班的。倒是你們還年輕，要學會動腦筋想問題。你們現在就那樣凶，動不動就要把人打翻在地，踏上一隻腳，還跑到外國去胡鬧，如果掌了權，那還了得？所以我陳毅還要看，不正確的東西還要抵制。大不了罷官嘛！大不了外交部長不當了，我還可以去看大門，掃大街。格老子四川人，還會做擔擔麵嘛！沒有什麼可怕的，爲了革命，有時要忍受委屈。不是要向毛主席學習嗎？我告訴你們，當年在江西中央蘇區，我們毛主席就是最能受委屈。那時毛主席受王明路線的整，鬼都不上門！老實說，毛主席沒有十年忍耐，就沒有今天的毛主席！……。

陳毅講話，震聾發聵，肺腑之言，浩然正氣。

周恩來陪坐在台上，心裡又是佩服，又是憂心。如今也只有陳老總少數幾個人，敢於這樣無私無畏，直聲滿天下。釣魚臺那邊會放過他嗎？應當提醒陳老總，不要再放炮了！車薪杯水，熊熊大火，無濟於事的。陳老總也被打倒了，我這個總理就等於又斷一臂……周恩來緊張地注視著台下幾百名紅衛兵小將和造反派代表的反應，還好，暫時只看到一雙雙警覺的眼睛，以及一派吵吵吵的筆錄聲。

陳毅一口氣講了一個半小時。他的話一落音，會場氣氛驟然緊張，紅衛兵和造反派彷彿這才明白過來：上當了！上當了！本來是要批鬥他，讓他交代推行修正主義外交路線的問題，反倒聽他發表了一個多小時的演講，肆無忌憚地攻擊文化大革命，攻擊戰無不勝的毛澤東思想。

於是會場秩序大亂，局勢急轉直下，發出了一陣又一陣、一聲高過一聲的口號、吶喊：「打倒陳毅！」「陳毅惡毒攻擊文化大革命！」「陳毅是劉鄧路線的忠實推行者！」「陳毅反對毛主席，反對世界革命！」「誓死保衛毛主席！誓死保衛中央文革！誓死保衛無產階段文化大革命！」……。

陳毅毫無懼色，仍屹立在麥克風前，嗒嗒敲響兩下，又聲若洪鐘地壓下了會場上的亂哄哄的噪動：同志們安靜！你們不是講我陳老總反對毛主席嗎？下面，學習毛主席語錄！請大家打開語錄本，翻到第二百七十一頁，偉大領袖教導說：陳毅是個好同志！

台下的人不知就裡，傻乎乎地翻到小紅書的最後一頁，最後一頁爲第二百七十頁，根本就沒有第二百七十一頁！又一次上當了，被耍了！這時，紅衛兵小將和造反派代表不再是呼喊口號，而是紛紛離開座位，朝主席台上湧，要把陳毅揪下台，打倒他！陳毅僞造毛主席語錄，現行反革命！

警衛部隊立即在台前站起人牆，保護周總理和陳老總。

陳毅仍對著麥克風大喊：毛主席確有這條指示，周總理可以作證！

周恩來只好對著麥克風說：小將們冷靜！冷靜！我們毛主席的確說過，陳毅是個好同志！說罷，周恩來指揮警衛人員，掩護陳毅從側幕邊門撤出，邊走邊說：陳老總！你惹的事還不夠多？走，和我一起回西花廳。我要和你好好談談，交給你一個任務，今後停止在接見群衆代表的場合發言。再讓你鬧下去，我想保你都保不住……。

二月份發生「三總四帥大鬧懷仁堂事件」後，毛澤東怒斥陳毅、葉劍英、譚震林等七人，責令他們檢查，並接受政治局擴大會議的批判教育。周恩來忙著兩邊跑，居中調和，分頭找三總四帥談心，請他們找台階下。但七個老同志頂牛，不肯檢討。葉劍英還塡了一首詞，送給陳毅看：

串連炮轟何時了，
罷官知多少？
沙場赫赫舊威風，
頂住小將輪番幾回衝！
嚴冬過盡艱難在，
思想幡然改。
全心全意一爲公，
共產宏圖大道已朝東。

陳毅對於葉劍英在政治高壓下，仍能寫出此詞，大表讚賞：下半闋一般，上半闋絕妙；陳毅自己也吟哦出一首五言絕句，回贈葉劍英：

大雪壓青松，
青松高且直。

要知青松潔，
待到雪化時。

兩位元帥詩人，平日詩詞唱和，此時刻應是同心相應，同憂相救，生死與共了。

針對「三總四帥」的政治局擴大會議召開之前，周恩來又一次把陳毅請到西花廳，讓他帶個頭，作檢討，把風波應付過去。正好僑辦主任廖承志也在。周恩來見陳毅滿臉怒容地進來，問：又有什麼新情況了？近來你總是怒髮衝冠，影響健康囉！

陳毅從口袋裡拿出一份紅衛兵小報，上面刊登著「中央文革首長關於反擊『二月逆流』的重要指示」：總理，你看看這個，把我陳毅說成是反革命翻案的急先鋒，「二月逆流」的主帥！

周恩來對紅衛兵小報並無興趣，順手就遞給了廖承志：我不看這類危言聳聽、似是而非的東西。

陳毅瞪著眼睛：總理不信？我相信。上面登的，確是釣魚臺那夥人的話，學生娃娃們想編都編不出。我陳毅是什麼人？比帝修反還壞？三個副總理，四個元帥，中央碰頭會上講了幾句心裡話，天就塌下來了？字字句句都捅到社會上去了。我看呀，他們這樣恨我，就因爲我至今還講幾句眞話。這就犯忌了，非打倒不可了！哼，我陳毅也不是省油的燈，哼哼哈哈，恭喜發財，不是我的性格。現在不上班，不寫書，一個月接見兩次外賓，再不講講話，我憑什麼一個月領這四百塊錢的高薪？還叫什麼共產黨員？只要有機會，我還要講！大不了丟掉烏紗帽，回四川老家去賣蔴婆豆腐！

廖承志向來敬佩陳老總嫉惡如仇的脾性，感嘆道：許多老同志，都受不了這次的折磨，自殺了。昨天，我聽到一個數字，到今年三月底止，被鬥死、打死、自殺的副部長以上高幹，已有一百多人……老總，我和你訂個君子協定，別的不談，無論任何時刻，任何情況，我們都不自殺！

陳毅一聽，先是一愣，明白了廖承志的一番關切情意之後，大爲感動地說：老弟啊，人生最貴是親情，多謝你囉。我陳毅半生坎坷，戰爭年代多次被誣，甚至幾次差點被李韶久、譚余保他們當作AB團殺掉……好好，這次，我也答應你老弟，任何情況下不自殺。你我家裡的孩子都沒有長大囉。

周恩來趁機說：光是不自殺，標準未免太低了吧？陳老總，我還要交給你一個任務……。

陳毅問：又是啥子任務？

周恩來說：老總，我想讓你帶個頭，作檢討……你聽我把話講完。這麼大個國家，我總不能沒有幾個幫手嘛！部長們大部份被打倒了，工作誰來做？我想早些安排部長們向中央、向群衆做檢查，爭取儘快過關，把各部委工作抓起來。你的外交部能不能帶個頭？現在已是四月份，今年國務院連次經濟計畫會議都開不成，國民經濟、工農業生產都陷入無政府狀態，你講我這個當總理的急不急？

陳毅仍然眼睛發紅，桀驁不馴：叫我帶頭？外交部管得了內政？只要我在黨的會議上沒有講錯話，我就不低頭，不檢討！應該檢討的，是釣魚臺那夥破壞國計民生、縱容打砸搶抄的左派秀才。

廖承志也說：現在是佞臣得志，忠臣受罪。

周恩來搖搖頭，以懇求的口氣說：陳總！不要再打爛仗了。你們就忍了這一次吧！你是外交部長，外事工作一天都不能中斷。你要是總被人家發動紅衛兵和造反派包圍、批判，工作誰來抓？你再不能戴著高帽子去接見外賓了，國家形象要緊。國家這麼大，我一個人頂不下整個天哪。

政治局擴大會議之前，爲了給「三總四帥」一個下馬威，中央文革在工人體育場召開有十萬紅衛兵小將和造反派參加的「首都群衆反擊『二月逆流』誓師大會」。周恩來和受批判的「三總四帥」出席。露天會場上空忽然下起雨來。康生代表中央文革要求「三總四帥」向首都革命群衆亮相、請罪，整個會場一片狂熱的「打倒」、「鬥臭」、「火燒」、「油炸」的口號聲。「三總四帥」被迫站在批鬥台上去表示「請罪」，實際上是去淋雨。陳毅大聲對葉劍英等人說：天若有情天亦老，老天爺都落淚了！葉劍英說：開國元戎成罪臣，歷史又在重演……這時，忽然出現了一個所有的人都沒有料到的場面：周恩來總理挺身而出，和「三總四帥」站在一起，陪著淋雨。會場騷動起來，發出「給總理打傘」「給總理打傘」的叫喊聲。工作人員以爲周總理要發表重要講話，趕忙找來雨傘，給他張上。周恩來卻拒絕工作人員給他張傘，並對著麥克風說：同志們！紅衛兵小將們！我是奉偉大領袖毛主席的指示，陪我們的三位副總理、四位元帥來接受大家的批評教育的！如果不讓這七位老同志回到雨篷下面去，我就只好陪著他們淋雨！……但紅衛兵和造反派群衆無意讓這七名「二月逆流的黑幹將」躲雨，只要求給周總理打傘。周恩來更施出絕招，乾脆背過身子去，挺直了身子堅持淋雨。雨下得越來越大，十萬人的露天大會開不下去，只得宣布散會……事後，戚本禹、王力等人私下議論：江青同志不到會，誰都玩不過他，拿他沒辦法。張春橋更懷疑：是不是人工降雨？遲不下，早不下……。

中南海紫光閣。

周恩來主持政治局擴大會議。根據毛澤東的指示，會議暫定十天，先聽取陳毅等七人的檢討，之後接受會議的批判教育。毛澤東並指示江青迴避，不出席本次會議。

康生一改平日「理論權威」那份高深、矜持姿態，代表中央文革，目光陰冷地盯住陳毅，先給會議來了個定調式簡短發言：你們七個人大鬧懷仁堂，是自去年八月十一中全會以來發生的一次最嚴重的反黨事件，一次政變的預演！你陳毅身兼兩職，在國務院是副總理，在軍委是副主席，由你穿針引線，把文武兩幫都串聯起來了！在這次政變預演中，充當聯絡員的角色，起了特別惡劣的作用。

陳毅神情坦然，大聲問：總理啊，這是中央給我們安的名份？毛主席講了這個話嗎？既是政變預演，今天公安部長謝富治也在，何不把我們都抓起來，還要客客氣氣的開啥子會？

謝富治兩面討好地笑笑，沒有出聲。

周恩來面帶慍色，語氣嚴厲：陳老總！你們七個人現在的任務是虛心接受批判、教育。等你檢討的時候再申辯嘛。

王力逼問陳毅：你們在哪裡策劃政變陰謀？秘密聯絡點？使用什麼接頭暗號？

陳毅冷笑：大白天見鬼了。我們從來沒有搞過什麼串聯，更沒有策劃過什麼政變陰謀。同志哥，血口噴人，嘴巴裡還要有一口血。你王力同志噴到我臉上的只是口水。

張春橋和戚本禹同時翻動著筆記本。戚本禹搶先揭發：我這裡有登記，X月X日，陳毅赴西山葉劍英家，×點×分到，×點×分走，停留兩個半小時；×月×日，陳毅、譚震林、李先念到李富春家，×點×分到，×點×分走，聚會兩小時；×月×日，陳毅、葉劍英、聶榮臻到徐向前家，×點×分到，×點×分走，聚會三小時……還要我唸下去嗎？

陳毅目光如劍：戚本禹同志！你個行政十七級幹部，今天爬上了中辦副主任的高位，就對我們這些開國老臣搞這一套？

葉劍英、徐向前、李先念三人同時拍桌抗議：這是盯梢！過去我們被戴笠手下的人盯梢，今天被你們手下的人盯梢！誰給你們的權利？

譚震林更是怒火中燒：我們這些政治局委員、副總理、元帥，不能往來了？毛主席有命令嗎？

李富春臉色煞白：我要報告主席！去問主席，我們還有不有人身自由？

聶榮臻斥責：他們不正派，肯定是背著主席幹的！

康生在周恩來身邊嘀咕了幾句什麼。周恩來敲敲桌子：不要糾纏這件事了。你們七位老同志，今天是來接受批評教育的！先把人家的話聽下來，記下來，你們再作檢查、解釋不遲。都六、七十歲的人了，六十而耳順，七十而知天命，不要這個樣子嘛。虛心聽聽人家講話，天不會塌下來嘛。

經過周恩來話中帶話的一番勸說，「三總四帥」總算暫時平靜下來。

張春橋扶扶鼻樑上的鏡架，不看本子，聲音不高，有條不紊地說：你們都是些黨內資格老、地位高、名望重的人物，但一向反對毛主席，反對毛澤東思想。你們，實際上形成了第二個劉鄧資產階級司令部。主要是你們七個人物，形成兩個中心。一個是以李富春家裡為中心的「裴多菲俱樂部」，李富春、譚震林、李先念為主，還有谷牧、余秋里等幾個人參加，多次開黑會；一個是以京西賓館、玉泉山為據點的中心，陳毅、葉劍英、徐向前、聶榮臻，加上幾個別的人。三個副總理，四個軍委副主席，文武兼備，軍政合璧。在這兩個中心之間，穿針引線的超級聯絡員，就是副總理兼軍委副主席的陳毅。陳毅實際上是「二月逆流」的主帥，兩頭跑，一下子到軍委，一下子到國務院，起了特殊惡劣的作用。兩個中心，是一股反文革的勢力，實際上是一個中心，相互配合，企圖扼殺文化大革命運動，要把我們黨、軍隊、人民，引回劉鄧反革命修正主義的老路上去。所以，我認為，「二月逆流」不是一般的偶然的孤立的事件，而是有綱領、有組織、有計畫的反革命事件。

大家都聽呆了。好個張春橋，一竿子打落一船人。不管是贊同的，反感的，都不能不承認，張春橋這人平日不動聲色，卻有水平，要麼不發言，發言必有份量，條理清楚，擊中要害。難怪毛主席、江青那麼器重他，刻意栽培他。

葉劍英咬咬牙，心裡記下一筆帳：張眼鏡，走著瞧，只要葉劍英不死，一定等著看你的下場。

陳毅目光如炬，盯住張春橋，內心憤懣、痛苦：這就是自己在上海市委提拔、栽培過的青年幹部……子係中山狼，得志便猖狂，竟向過去的老上司的心窩捅刀子，捅刀子！

「理論權威」康生又在講話了：陳毅這個人是一貫反對毛主席的。我可以毫不誇張地說，他很會吹，早年在四川軍閥門下鬼混，學了一套政客作風。有人說陳毅外交有兩手，實際上外交政策方針都是毛主席制定的，他搞的卻是資產階級的上層外交，不支持各國人民的反帝反殖民主義鬥爭，他不是什麼軍事家、詩人……歷史上，他沒有打過幾次像樣的勝仗，第三野戰軍的幾次重大戰役，實際上都是粟裕指揮的。當然，我們不是要否定他在軍事上的功績。他的要害中的要害，就是一貫反對毛主席，反對毛澤東思想，反對毛主席的無產階級革命路線。他是老幹部中的反面典型，右的代表……

謝天謝地，康生大人總算不再提陳毅等人預謀反革命政變了。那項欲置人於死地的罪名終因沒有事實依據，搬不到枱面上來了。康生這個小人，這隻老狐狸，當年在華東局受到饒漱石的排擠，為了拉攏我陳毅，又是送字畫，又是送圖章，那一臉諂媚的笑容，至今想起來都噁心……毛主席啊，中央蘇區時期你重用李韶九，到了延安你重用康生，都是吃自己的同志不吐骨頭的傢伙……。

會議開到第三天，陳毅總算接受了周總理的勸告，在會上帶頭作檢討。他作檢討也是語調鏗鏘：

康生講我不是什麼軍事家、詩人。他講的太對了。本人從來沒有承認過是什麼軍事家。詩人的桂冠更是戴不起。自一九二七年參加八一南昌起義，幾十年來打過無數敗仗，也打了一些勝仗。歷史擺在那裡。我陳毅還有點自知之明，曉得自己的那點子斤兩。至於胡謅過百十首順口溜之類的東西，出過一本薄薄的《陳毅詩選》，打油性質，講我不是詩人，正確之極，虛心接受。還講我一貫反對毛主席，這一條是重中之重，刺刀見血，不知有何依據？當年我陳毅軍長隨朱總司令上井崗山，和毛主席會師的時候，林副主席還是我手下一名連長，在座的好多人更是還不知道在哪裡喲！看看，又擺老資格了，諸位莫生氣。一九三〇年，在江西蘇區，我是和毛主席有過工作上的分歧。紅軍總前委派我去上海找地下黨中央匯報根據地工作，我反映了自己的意見，也客觀地肯定了毛主席的功績。周總理那時是中央軍委書記，代表黨中央要求我回江西後，要尊重毛委員的領導，中央是支持毛委員的。我回到江西根據地，一字不漏地傳達了黨中央的指示，表示今後一心一意服從毛委員。毛委員緊緊握住我的手說：陳毅同志，你和我是不打不成交，今後是莫逆之交囉，難得你是個正直忠誠的同志！我和毛主席的交情就是這樣建立起來的。幾十年來，我在黨內愛放炮，犯各式各樣的錯誤，但我不反毛主席，毛主席總是不忘我在江西蘇區時期的表現，每次都鼓勵我改正錯誤，繼續放炮，講眞話。

康生和張春橋兩位都講懷仁堂發生的事情不是偶然的，是有計畫、有組織、有目的、有綱領的。他們講得很對，我是醞釀了很長一段時間了。從一九六六年十一月起，我幾乎每天都聽到許多老幹部被揪鬥、被逼得自殺的消息，以及本人也不停地受到外交部內外紅衛兵、造反派的批鬥，我很傷心，很氣憤。我不相信像陳丕顯、李井泉這樣的同志會是走資派，也不相信我們共產黨內還有另外一個資產階級司令部。我的路線覺悟很低，毛主席思想領會不深，而懷疑這些都是中央文革搞的，甚至懷疑是林副主席。林副主席當接班人我舉了手。我也講過有些人表面上支持紅衛兵小將，實際上是要借這次文化大革命運動自己上台。我這個話很惡毒，很錯誤，是針對文革小組和江青同志。我也講過馬克思在世的時候，伯恩斯坦對馬克思佩服得五體投地。馬克思一去世，伯恩斯坦就當了叛徒，反馬克思主義；史達林活著的時候，赫魯曉夫對史達林比親生父親還親，什麼吹捧肉麻的話都講了。史達林一死，他就焚屍揚灰，背叛了列寧主義。在我們中國也有伯恩斯坦、赫魯曉夫這樣的陰謀家、兩面派。有人指我這話是影射林彪同志的。不對，我只是一種擔憂，一種潛意識。我不是先知先覺，算命先生。事情還沒有發生，怎麼可能指明誰是我們黨內的伯恩斯坦、赫魯曉夫式人物呢？林副主席一貫忠於毛主席，我相信林副主席也不會相信我影射了他。

關於我參加鬧事的目的，我坦承，目的很明確，就是妄圖扭轉文化大革命的方向。因爲我錯誤地認爲文化大革命搞左了。特別是上海搞了個「一月風暴」以後，全國到處奪權，批鬥老幹部，衝擊軍事機關，生產破壞到不可收拾，國民經濟陷入無政府狀態。再這樣下去怎麼得了？我是有意識地要跳出來發洩一通不滿情緒的，這是不以人的主觀意志爲轉移的。作爲一名老黨員，我不隱瞞自己的觀點嘛！我的綱領，很清楚，康生同志批得很對，就是要否定文化大革命，讓中國再回到一九六五年以前的那個樣子。如果講這就是資本主義復辟，我是主張復辟的。一九六五年以前也是毛主席領導新中國嘛。

康生同志和張春橋同志都曾揭發我，在這場鬥爭中充當聯絡員，講我到過李富春同志家裡三次。看來戚本禹同志你們掌握的那個情報欠準確。說實話，給我定個聯絡員太低了，我是主要召集人。講我是主帥則不敢當，還有其他三帥嘛。幹什麼了？打橋牌，全是我做東。連紅衛兵娃娃都講我是黑幫頭子。過去在江西蘇區講我是AB團頭子。我到富春同志家也不止三次，而是五次。李富春和毛主席是世交，他家裡我們爲什麼不能去？毛主席有命令嗎？另外，還到過葉劍英同志家四次，徐向前同志家兩次，譚震林同志家三次。先念家也去過，聶帥家也去過，三次還是四次？記不清了。對了！我還到過人民大會堂北京廳和浙江廳主席那裡四次，到過西花廳總理家無數次。至於首都機場，外交部大樓，北京飯店，我去過的次數就更多了。外交部長，迎來送往，笑口常開，握手言歡。如果有必要，你們可以多派些人跟著，一邊保護我免得被紅衛兵娃娃們劫走，一邊避免我犯錯誤。文革小組要批判我，歡迎。我也批了你們。誰有錯誤就批誰。不過犯錯誤歸犯錯誤，我還是要鄭重聲明一句，我的所作所爲是不是有野心？是不是在向黨伸手要權？是不是在串通一批人拉隊伍、佔地盤？這個問題請中央審查。這種人肯定是有的，但不是我。我陳毅入黨四十多年，政治局委員、副總理、軍委副主席、國家元帥，拿行政二級高薪，官已經做到頂，野心是沒有了，只有一顆憂國憂民之心。我可以剖開胸膛給你們看：陳老總路線覺悟不高，但紅心一顆，憂國憂民！

轉眼已是四月下旬。毛澤東召周恩來商談「五一」勞動節慶祝大會哪些人上天安門城樓的事。正好江青回來看老闆，在場。

毛澤東問：那個三總四帥，檢查得怎樣了啊？

周恩來答：都檢討了，不是很深刻，但態度算誠懇。我建議，七個人都上天安門城樓。

江青欲說什麼，被毛澤東制止住：七個老同志的事，妳不要插嘴。紅軍時期三個方面軍，解放戰爭時期四個野戰軍。紅一方面軍還有朱老總、林彪、劉伯承、陳毅、聶榮臻、葉劍英。紅二方面軍關向應、任弼時早去世了，剩下個賀龍，還保不保得住？林彪要拔釘子，文革小組也主張打倒。紅四方面軍只剩了徐向前、徐海東、王樹聲，有代表性。後來發展成四支野戰軍，一野彭德懷不行了，習仲勳也倒了。二野劉伯承養病，鄧小平成了第二號走資派。三野陳毅還在，饒漱石早進了秦城。四野林彪倒是尾巴結大瓜……小半興旺，大半凋零。陳毅的檢討我在簡報上看到了，毛病不少，有個性，敢說敢當，本人比較欣賞。他反對文革小組，反對妳江青，但還沒有反對我。他是林彪的老上級。還有個譚震林，曾說過要和我分道揚鑣。我不放他，還要和譚老闆鑣到一起。江青妳隔天去看他一次，溝通一下。元帥、大將、上將、中將，盡量不得罪，要團結，要五湖四海。總之，三總四帥，包括那些靠邊的、半打倒的委員、部長，都上天安門城樓。文化大革命，重新教育幹部，批歸批，鬥歸鬥，還是要團結多數，孤立少數。還有個劉、鄧、陶，鬥得怎麼樣了？

周恩來趁機問：是不是考慮……也上天安門城樓？

毛澤東臉一沉，反問：你看呢？

周恩來趕忙改口：那就不安排了。

江青忍不住插話：我們的總理，抓住一切空隙和稀泥。

毛澤東沉吟一刻，說：恩來，你召集伯達、康生他們去擬個名單。不但要有老幹部代表、軍隊代表，還要有革命小將代表，工人農民代表。民主黨派也要有代表。老中青，他們左中右，都要有。

第三十章　周恩來喊冤

江青對周恩來一直懷有某種複雜而特殊的感情。一九三八年在延安，毛、江非婚同居，周恩來是力排眾議的撮合者。江青曾稱周副主席是她和老闆的介紹人。此後，每逢毛氏夫婦失和，江青受到老闆的痛斥、冷遇，周恩來又總是江青唯一可以投訴、救助的人。五〇年代初，為了周恩來的乾女兒孫維世，毛澤東一度要與江青分手，也是虧了周恩來說好說歹，使毛澤東打消了休江娶孫的念頭。加上周恩來夫婦快刀斬亂蔴，讓乾女兒嫁給了戲劇家金山，才算挽救了中南海第一家庭的面子。對此，江青是感激涕零的。反過來，老闆幾次為國民經濟大政方針對周恩來動怒，如一九五八年初因周「反冒進」，毛下決心欲改組國務院領導班子，江青就曾私下裡幫過周的大忙，從中緩解了毛、周矛盾，加上政治局常委劉、朱、陳、鄧等人也力挺周恩來，周的總理職務才得以穩固。也叫做一報還一報吧：你關懷我的家室名份，我關懷你的仕途前程。

自去年文化大革命以來，江青對周恩來的情感愈加複雜化了。的確，周恩來對已竄升為中央文革第一副組長的江青，百般順從、尊重，公開高呼「向江青同志學習，向江青同志致敬」的口號，公開宣稱「要像服從毛主席那樣服從江青同志」，「要像執行毛主席指示那樣執行江青同志的指示」，使江青感到空前的受用。可以說，周恩來對江青表現出來的這種最高規格的敬意、禮遇，無形中極大地提升了江青在黨、政、軍各業各界的地位與份量。總理帶了頭，誰人不跟從？

還有一件令江青快慰的妙事發生在三月間，江青徵得周總理的特許，委託林彪夫人葉群派出空軍司令部的特勤小組赴上海，避過上海市革委和市公安局，查抄了上海檔案館及趙丹、鄭君里、顧而已、金焰等一批演藝界名人的住所，抄走了所有二、三十年代那些載有影星藍蘋種種緋聞艷事及被捕入獄出獄情況的敵偽檔案、報刊，從趙丹、鄭君里等十幾戶人家中則抄得當年藍蘋寫下的書信、留下的合影等等，整整裝了兩蔴袋，打上密封簽，由空軍專機運到北京，送抵毛家灣二號葉群府上。葉群作為林副主席夫人，很會辦事，也徵求周總理同意，請江青同志本人坐鎮，並通知公安部部長兼北京市委第一書記謝富治、北京衛戍區司令員傅崇碧兩人到場監督開封，就在毛家灣二號西院空坪裡，把兩蔴袋材料澆上燃油焚燒，化為灰燼。這就去掉了江青一塊心病，免得有朝一日被人挖出二、三十年代混跡上海灘的那些糗事，影響了她那風光無限的政治前程。

以上，周恩來對江青可說是百般呵護、有求必應了。

且慢！周恩來還有他可瞋可怒的另一面，即在運動中千方百計保護他的老戰友、老部屬。只要毛澤東沒有點名打倒誰，他就力保到底，黨政軍高幹一總包攬，充當「政治消防隊隊長」。周恩來是不是藉機收買人心，欲使那些靠邊的、半打倒的高幹們投向他，尋求他的保護，從而在黨內軍內形成一股強大的消極抗衡勢力？沒錯！你看他在「三總四帥大鬧懷仁堂事件」之後，是怎樣不遺餘力、煞費苦心地保護那幾個「二月逆流」的黑幹將的吧。加上老闆也考慮到諸種利弊因素，黑幹將們才被放過一馬，「五一」勞動節仍讓他們上了天安門城樓，出席首都百萬群衆的慶祝大會。節後仍各在各位，照樣參加每星期一兩次的中央工作碰頭會。

周恩來啊周恩來，難道你眞要成爲黨內那股對抗運動的頑固勢力的保護傘，成爲運動的消音器、防火栓了？該拿你怎麼辦？乾脆發動紅衛兵、造反派把你也給轟下來？但老闆會答應嗎？老闆會讓她江青的親信張春橋接手總理職務嗎？今後要囑咐春橋，以後陪自己跳舞時手臂不要摟得太緊。

五月上旬，天助江青，有了一個修理周恩來的絕佳機會：周的母校——天津南開中學的紅衛兵小將們，從查抄的敵僞時期報紙中發現了幾份重要材料，立即送交天津市軍管會。市軍管會見事涉重大，以絕密件專送方式呈交中央文革江青同志親啓。

原來是一則刊登在一九三二年二月二十日上海《申報》上的〈伍豪等二百四十三人集體脫離共產黨啓事〉：

敝人等深信中國共產黨目前所取之手段，所謂發展紅軍牽制現政府，無異消殺中國抗日之力量，其結果必爲日本之傀儡，而陷於中國民族於萬劫不回之境地，有違本人從事革命之初衷。況該黨所採行之國際路線，乃蘇聯利己之政策。蘇聯聲聲口口之要反對帝國主義而自己卻與帝國主義妥協。試觀目前日本侵略中國，蘇聯不但不嚴守中立，而且將中東路借其運兵，且與日本訂立互不侵犯條約，以助長其侵略之氣焰。平時所謂扶助弱小民族者，皆爲欺騙國人之口號。敝人本良心之覺悟，特此退出國際指導之共產黨。……。

一時，江青都看傻了，簡直不敢相信自己的眼睛：伍豪，不正是周恩來早期從事革命活動的化名？想不到堂堂的周恩來總理，歷史上還有這麼腌臢的一筆！石破天驚，天字第一號的黨史新發現……周恩來啊周恩來，你在黨內巧妙隱藏了這麼久，或許是顆比劉少奇更危險、更可怕的定時炸彈？你裝模作樣，竊據了國務院總理這樣的高位，你把我江青、毛主席、黨中央，把全國人民騙得團團轉，你眞是新中國歷史舞臺上最出色的演員……。

當天晚上，江青帶上這份寶貝資料，去到人民大會堂北京廳，向老闆匯報。老闆一聲不吭地看完《申報》上的「伍豪等脫離共產黨啓事」，臉色凝重。他依稀記得，一九三二年在江西蘇區，是聽說過這麼一件事，但具體細節，已很模糊。想了想，說：藍蘋，事體重大，妳先不要咋呼……恩來的歷史問題，我會派人重新調查。在查出結果之前，不要對任何人講。下個星期，妳倒是可以做一件事，把《申報》上的這個「啓事」，複印三份，一份送我，一份送林彪，一份送恩來，看看他本人的反應……難道眞要應了那句老話：畫龍畫虎難畫骨，知人知面不知心了？若是這樣，周就太會演戲了。

江靑說：老闆，我斗膽建個議，你也應當考慮考慮安排一名候任總理人選了，免得措手不及。

毛澤東瞪了瞪眼，妳想推薦什麼人？是不是張春橋？

江靑徐娘半老，嫵媚地笑笑：那就只能說，我和老闆想到一起了。春橋比我還小兩歲，年輕能幹，有理論水平，在上海抓過全面工作，普遍反映不錯……

毛澤東說：剛剛提了他任南京軍區第一政委，許和尙還沒有認帳。下一步還準備安排他接蕭華的總政主任……不要太快。過年把再提他兼個副總理，名字排在前面。總要一步一步來嘛。好了，妳不要再和我說這些了。妳中意的人，我不一定都中意囉，還有個能不能服衆的問題。

江靑離開後，毛澤東命值班衛士立即找到公安部長兼政治保衛部長謝富治。謝富治匆匆趕來，不知主席深夜單獨召見，出了什麼重要情況。毛澤東說：是很重要，絕密任務，你親自帶一個小組，成員必須都是最可靠、嘴巴很緊的人，到上海去查閱一九三一年至一九三二年前後的敵僞報紙，到監獄去提審有關的歷史案犯，以及察訪那些知情人，重點替我搞淸楚周恩來同志一九三一年下半年在上海地下黨工作的行踪，整理出一個「大事紀」之類的材料來。不訂框框，範圍，有什麼查什麼。明白沒有？這件事，你直接對我負責，再不要告訴其他的任何人。做得到嗎？

謝富治胸口砰砰跳，劉、鄧、陶的問題沒解決，周恩來也要給端出來，然後端朱德，端陳雲，一路端下去，娘的，什麼三總四帥……見毛主席愣盯住他看，心裡一哆嗦，本能地挺直身子，立正站好：是：主席，保證完成任務！

毛澤東又問：給你七到十天的時間夠了嗎？

謝富治回答：是！保證十天之內，帶調查結果向主席匯報。

第二天下午，周恩來帶了李富春、李先念、張春橋三人向毛澤東匯報河北、天津、河南、安徽、山東、江蘇等省市全面武鬥、嚴重影響「抓革命、促生產」等各種情況。毛澤東聽匯報時，顯得有點心不在焉。聽完匯報，也沒有像往常那樣發出幾條「最新最高指示」，只是留下周恩來，還要單獨談談。毛澤東忽然問：恩來，你是哪一年到達江西中央蘇區的？

周恩來不知毛主席爲什麼心血來潮問起這個問題，想了想，才答道：大概是一九三一年底吧？

毛澤東又問：究竟是哪一年？自己都搞不清楚了？

周恩來更感到蹊蹺了：具體的日期，我回去查一查，再報告主席。

毛澤東的思緒彷彿鎖定在某個歷史疑點上：顧順章呢？是個什麼人？可不可以談談？

周恩來見毛主席問得如此認眞，難道又要重算當年自己推行的瞿秋白、李立三錯誤路線的舊帳？只好儘量詳細地回答：顧順章啊，讓我想想……又名顧鳳鳴，上海寶山人，學徒出身。一九二五年入黨，參加上海工人運動。人長得高大、勇武，擔任上海工人糾察總隊隊長。一九二六年初被黨中央派去蘇聯學習政治保衛工作，年底回國，能雙手開槍，百發百中。中央政治保衛局成立，抽調一批政治可靠、武功高強的工人組成「紅色恐怖隊」，他任局長兼隊長。一九二七年黨的「五大」上當選爲中央委員，又兼任蘇聯顧問包羅廷的衛隊隊長。黨的「八七會議」上當選為政治局委員。蔣介石實行血腥清黨，我黨中央轉入地下，他任中央特科科長，負責地下黨中央的安全保衛和情報交通工作……

毛澤東說，你記性好。你們那個中央特科，是不是又叫做什麼紅科？

周恩來恭敬地點著頭：對，主席瞭解很準確。中央特科下面有個行動科，也是由顧順章任科長。行動科黨內稱為「紅科手槍隊」，當時搞到幾十把捷克造快慢機，負責保衛中央領導人及處決叛徒、奸細，也暗殺過一些國民黨特工。顧順章雖是工人出身，但地位變了以後，個人主義嚴重，生活上追求享受。他裝扮成富商，住在一棟花園別墅裡，老婆孩子、保鏢保姆十幾口人，成了工人貴族。我那時是中央軍委書記，算是他的上級，曾多次內部開會幫助他，他卻陽奉陰違，自以為了不得。一九三一年四月，中央派他護送張國燾、陳昌浩等負責人經武漢潛赴鄂、豫、皖蘇區根據地。完成任務後，他返回途中又經過武漢，住進一家妓院，被國民黨暗探識破，抓獲。

毛澤東插問：慢著，那個工人出身的黨總書記向忠發，不也是在妓院裡被捕的？怎麼那時候的地下黨中央負責人，都喜歡逛窯子啊？邊搞女人邊搞革命？

周恩來額頭上已冒出層細細的汗珠子：那時，蔣介石實行白色恐怖，對共產黨人趕盡殺絕，地下黨中央的確在一些妓院、煙館內設立過秘密聯絡點，也利用過杜月笙、黃金榮那些幫會勢力……還是匯報顧順章的事吧。他在武漢被捕後，立即出賣了黨組織。在他的指認下，地下黨的重要領導人惲代英、鄧演達等很快被就地處決。他成了地下黨中央的最大威脅，因為他知道黨中央機關的秘密地址、重要聯絡點以及所有領導人的住處。他甚至在武漢對國民黨特務說，他投誠的事，千萬不要以打電報、電話的方式向南京方面報告，肯定有人打入了你們內部，但這人是誰，連他顧順章都不知道。他可以親自帶人去上海，把共產黨中央機關一網打盡。但國民黨特務沒有聽從他的勸告，也是急於向南京的國民黨中央調查科邀功，還是發了密電。結果那份密電被我打入國民黨中央調查科的錢壯飛同志看到，立即單線通知李克農，李克農十萬火急通知陳賡，陳賡通知我，我連夜和陳雲、康生等人一起，組織地下黨中央機構大遷移。多數領導人也於一夜之間改換了住地。第三天，等叛徒顧順章領著大批國民黨特務趕到上海，撲了個空……

毛澤東插問：顧順章一家被殺，又是怎麼回事？

周恩來說：那是一次萬不得已的非常行動。我們指揮地下黨中央機關緊急轉移時，由於部份領導人聯絡不上，而無法通知他們。顧順章的家屬、保鏢、保母等，卻可能知道這些同志的秘密地址，以及一些重要的接頭地點、暗號……情急之下，沒有辦法，於一天晚上，我和陳雲、康生、鄧穎超，率領紅科四、五十人（事先買通了法租界巡捕房和街道上的幫會勢力封鎖消息），進入顧家，不能開槍，以鐵錘、斧頭、菜刀、棍棒，滅了他家十六口人，並於當夜悄悄掩埋……

毛澤東說：嘀嘀，鄧穎超也參加了，女丈夫，不錯不錯。那時，你們都血氣方剛嘛。……風高放火，月黑殺人，斬草除根，不錯不錯。

周恩來試探著問：主席，關於這段歷史，是不是現在有人提出質疑了？陳雲、康生都是當事人，我講的這些，你可以向他們瞭解，核實。

毛澤東說：不要多心。不過偶然想起，隨便問問。你在大革命時期搞地下工作，沒有被捕過。不像劉少奇，歷史上多次被捕。都是怎麼出來的？向組織交代清楚沒有？當初高崗他們就懷疑過。

此次談話後，周恩來照常忙碌，無分晝夜。但心裡總有一份忐忑不安。毛主席爲什麼要突然問起上海地下黨中央的事？運動以來，全國到處抓叛徒、特務，都抓紅了眼睛……誰又會是眞正的叛徒、特務？天曉得。

一星期後，一封密件從釣魚臺十一號樓送達中南海西花廳總理辦公室。因信封上寫著周總理親啓，秘書沒有拆閱。周恩來拆開一看，是江青的仿毛體手迹：

總理，有份敵僞時期的報紙，送你一閱。有個叫伍豪的人是誰？可以來和我談談。

周恩來再打開那張發黃的舊剪報，一行醒目的標題映入眼簾，腦袋裡轟地一炸：〈伍豪等二百四十三人集體脫離共產黨啓事〉！怎麼回事？懷疑一切，打倒一切，抓叛徒特務抓到我這個總理頭上來了？看來，是有人利用這則當年敵人製造的假啓事，拉周恩來下台。

周恩來心都冰涼了，好快喲，打倒劉、鄧、陶的手續還沒辦完全，就輪上自己了，能不驚惶、恐懼？周恩來閉了閉眼睛，依習慣以右手拇指和食指使勁掐住左手掌虎口，作幾次深呼吸，努力使自己平靜些，才要過了釣魚臺十一號樓的專線電話：江青同志嗎？我是恩來。對，收到妳派機要員送來的材料。對，主要是那張舊報紙上刊登的所謂「伍豪啓事」。我以自己的政治生命向妳和主席保證，那個「伍豪啓事」是假的！此事當年在江西中央蘇區就搞清楚了。康生和陳雲同志都可以作證……。

江青在電話的另一頭不冷不熱地說：伍豪是不是你呀？康生同志好像沒有到過江西中央蘇區吧？他去了蘇聯，怎麼替你作證？

周恩來極力穩住自己的情緒和語氣：是的，我用過伍豪這個化名，因爲我在地下黨中央被編爲「五號」。康生同志是沒有到過江西蘇區，但一九二八至一九三一年底，我在上海地下黨中央期間，一直和陳雲、康生他們共事，領導中央特科工作。

江青有些不大耐煩了：好的，你的事在電話裡也講不清楚。我這裡收到不少紅衛兵小將的揭發。你可以另外約時間來和我談一次。當然，還有另外一個關鍵性問題，不去糾纏歷史，而是現實表現。你爲什麼要在運動中保護那麼多人？特別是對那批反文革的黑幹將，你眞是不遺餘力。還記得嗎？五一勞動節前夕，你當著主席和我的面，連劉、鄧、陶要不要上天安門城樓這樣的問題都提出來了。好啦，今天就先談到這裡。

這個一向把他周恩來視作「恩公」的女人，現在講話口氣大變。不行！這事得立即找主席講清楚。否則，文革小組那邊聞雞起舞，紅衛兵小將們跟著鼓噪，他周恩來也就會像劉、鄧、陶那樣，滿身長嘴說不清，跳進黃河洗不清了。看看手錶，已是下午三點，估計主席已經起床了，他要通了人民大會堂北京廳的電話。還好，衛士長報告周總理，主席已在看文件了。

電話那頭，傳來毛澤東的聲音：是恩來嗎？有什麼新情況？

周恩來雙手捧話筒，一時竟控制不住情緒，帶著哭腔說：主席啊，我要向你喊冤了！

毛澤東頓了一頓，才又問：怎麼回事？喊什麼冤？我冤枉你了？

周恩來趕快表白：不是的，主席。現在有人要利用從三十年代敵偽報紙上的一則所謂的「伍豪啓事」，把我也打成叛徒、特務！主席，我用我的性命向你保證，我周恩來自參加革命以來，犯過多次嚴重的左、右傾機會主義錯誤，但從沒有被捕過，絕不是什麼叛徒、特務。

毛澤東在電話裡嗬嗬笑了：恩來，你不是向稱臨危不懼、臨陣不怯，有大軍事家、外交家風度嗎？現在怎會也進退失據、亂了方寸了？「伍豪啓事」的事，上星期我對江青講了，一九三二年在中央蘇區，是聽講過這麼件事，但具體的來龍去脈，記不起了。恩來，還是那句話，相信黨，相信群衆。當然，你自己也可以寫個材料，把整個事情回憶一下，向中央做個說明。

周恩來堅持著在電話裡向毛主席做了個粗略的回憶。之後，情緒稍安。值班秘書送進來一疊急件、急電之類，無非某省某市又爆發大規模兩派武鬥、某座公路鐵路橋樑被某派群衆組織佔據、鐵路公路交通中斷，某座大發電廠打派仗鬧罷工，某輸電網系統瓦解……等等，等著周恩來立即批示。周恩來揮揮手，支走秘書。顧不了那麼多了，先救自己要緊。動手整理出一份一九三一年的「大事紀」來！找哪位秘書幫忙？許明心細筆頭快，許明要是還活著就好了！多精明能幹的一位女同志，已經自殺半年了……龔澎！對，外交部的龔澎妹子，好久不見了……。

周恩來匆匆寫下一張便箋，按鈴叫來鄧穎超：小超，對不起，要勞動妳一次。事情很急，妳不要多問。立即坐我的車去外交部，接上龔澎，憑這張條子，到北京圖書館資料室把一九三一年上海的幾份主要報紙《新聞報》、《時報》、《申報》的合訂本，替我借回來……妳順便告訴龔妹子安排一下家裡的事，她今晚上要在我這裡開夜車，整材料。許明自殺了，現在唯有借重龔妹子了。

鄧穎超不知出了什麼大事，只知道事情緊迫，忍不住說：要不要把孫維世也接來幫忙？她們劇院黨委班子被奪權，光運動，不演出，金山被抓走，她閑在家裡……

周恩來一臉焦急：維世不行，只會添亂。快去接龔澎吧。趕一份材料，明天中午送主席哪。

兩個小時後，也沒讓工作人員幫忙，鄧穎超和外交部部長助理龔澎提著幾大捆從北京圖書館借來的敵僞時期報紙合訂本，進了西花廳後院總理辦公室。周恩來見到龔澎，心情登時開朗了些，歉意地說：龔妹子，幾個月沒見了吧？妳和冠華都還好吧？

龔澎臉上已現皺紋，神色顯得憔悴，只是一對大眼睛依舊又亮又嫵媚：謝謝，我和冠華都只是受到些衝擊，造反派認我們是陳毅的親信、黑爪牙。每次批鬥陳老總，都拉我們去陪鬥……沒什麼，用毛主席的話講，經風雨、見世面啦。

她隱瞞了自己在外交部曾被紅衛兵、造反派殘酷批鬥，有次命她跪在一張長條櫈上接受訊問，直到她頭暈倒地下，造反還罵她「裝死」、「演戲」……。

周恩來說：對，我們都要在運動中經風雨，見世面，接受考驗。我眼下就正經受著大的考驗。

龔澎說：你讓大姐去找我，找的那樣急，又讓去北圖借來這些一九三一年的舊報紙，我就猜到，有人在你的背後搞大動作。

周恩來見鄧穎超離去，門也帶上了，才放低了聲音：我的事，妳從來那麼敏感……這事，我沒有對妳大姐講，免得她擔驚。但頭一個想到的就是妳，要妳來幫忙。還有個許明可以做這些事，可惜去年十二月自盡了。她得罪了藍蘋。我沒有來得及保護……其他的秘書，各有背景、來頭。總理辦公室，幾十號人馬，也像個聯合國。當然絕大多數同志是好的。看看，我怎麼和妳講這些？

說話間，鄧穎超親自送了一壺熱茶進來。龔澎趕忙起身道謝。鄧大姐說：謝什麼？都誰對誰呀。你們忙吧。恩來的重要事務，從不讓我過問。我會通知衛士長，今天下午、晚上，除了主席那邊的電話、急件，其它的一律停送。

周恩來說：小超啊，不是停送，而是分送。軍事方面的送林副主席、葉帥、徐帥，外交方面的送陳老總，工交財貿的送富春、先念，武鬥、派仗方面的送釣魚臺。

鄧穎超退出後，龔澎問：究竟出了什麼大事，逼得你這樣急？

周恩來把江青的短簡和那張登有「伍豪脫黨啓事」的舊報紙交給龔妹子過目。

龔澎幾眼溜完，想起什麼來了：爲這事？記得在重慶時候，聽你講過，是敵人刊出的一則假啓事……現在翻出來，居心叵測。

周恩來說：找妳來，就是幫忙整理出一份一九三一年的「大事紀」。要開夜車，熬通宵。妳的偏頭痛，最近沒事吧？

龔澎說：放心，醫生講是腦神經紊亂。近來沒事。外事活動少了，我這個部長助理工作輕鬆多了。不奉命去做陳老總的陪鬥，或接受批鬥，我和冠華就都是逍遙派了。……好好，談正事。我建議，咱們先務虛，後務實。

周恩來望著貞靜、聰慧的龔妹子，心裡忽地一陣清亮：呂端大事不糊塗，龔澎大事也不糊塗，有女丈夫氣概。具體談談妳的務實和務虛？

龔澎說：有的事，本不想講，現在只好告訴你了。我不是向你推荐過兩名外事聯絡員嗎？一個叫王海蓉，一個叫章含芝。你個大總理，各行業的聯絡員上百人之多，大約沒有注意到她們兩個。她們現在隨時可以去見「最紅最紅」，極受信用。「最紅最紅」不但讓她們兩個注意外交動態，也注意國內的運動情況。上星期，我囑章含芝去匯報了一個新動向：近來天津、上海、長沙、北京，出現一股反周總理的風潮，大字報、大標語都出來了，這不是妄圖分裂黨中央無產階級司令部？章含芝回來告訴我，主席都聽進去了，說現在社會上出現一股極左思潮，要打倒一切。北京就有個「五．一六」的組織，連中央文革的負責同志都懷疑，都要炮打。上海還出現反張春橋的大字報。對極左思潮，要進行批評、教育。不然，身邊的人都打倒了，我就成了孤家寡人，光桿司令……。

周恩來聽這一說，感動得眼睛都紅了：冥冥中有高人相助，龔妹子，妳就是我背後那高人。王海蓉、章含芝都是外交界新秀。我記起來了，王海蓉是王季範老先生的孫女兒，主席的侄孫女；章含芝是章世釗先生的養女，做過多年的主席的英文教師。今後，我這做總理的，是要重視這兩名新秀囉……對了，趁主席下午、晚上辦公，我還可以做點什麼，把江青送來的這件事緩衝一下？

龔澎在便箋上寫下一行字：萬歲老來瘋，娘娘比蛇毒，冠華近段常往那邊湊，要當心。

周恩來瞄一眼，臉一沉，嘆口氣，命龔澎當即擦根火柴把那頁便箋燒掉：知道了。冠華做的對，要學會周旋啦。好，不談這個，回到正題。

龔澎忽地眼睛一亮：你這裡不是堆著大摞急電、急件嗎？爲什麼不挑出一兩件來，直接送給萬歲爺，看看這個國家，這個運動，亂哄哄天下，沒有總理，誰來收拾？

周恩來苦笑著搖搖頭：沒有我，地球照樣轉……主席就是主席，不是什麼萬歲爺，被人聽了去，不得了的！說著，周恩來隨手拿起擺在最上頭的兩份急件，先看一眼，遞給龔澎：這個怎樣？

龔澎迅即流覽，一件是：交通部聯絡員報告，鄭州、株洲、柳州、徐州、蚌埠、金華、宣化等鐵路樞紐站因兩派工人武鬥，炸毀機車，停止作業，致使京廣、津浦、隴海、浙贛、湘桂等五條鐵路幹線均處於癱瘓狀態，僅徐州站就停開貨車六十九列，開赴越南的國際列車在廣西柳州被截停，車上裝載的援越武器被搶掠一空，包括新研發出來、內部稱爲「見血封喉」的刺刀！另，大連港、天津港、煙台港、連雲港、寧波港、汕頭港，大量工農業生產物資堆積碼頭貨場，致使北煤無法南運，南糧無法北調。鐵路航運關係到全國經濟命脈，持續中斷下去，局面將難以收拾；另一件是：軍委聯絡員報告，國防科工委屬下第七機械工業部「九．一六造反總部」近千人佔據國防部辦公大樓，在大樓門口架設高音喇叭，高呼「打倒徐向前」「打倒聶榮臻」等口號。國防部和總參謀部是一棟大樓兩塊牌子，全軍的指揮中心。軍工系統造反組織如此佔據，不肯撤離，一旦發生外軍大規模突然襲擊，中央軍委如何指揮反侵略戰爭？

龔澎說：好，就這兩件，一件地方，一件軍方，全國亂象，很有代表性。今天就送上去！這種時刻，還有人想打倒國務院總理……問題是怎樣送上去？

周恩來說：龔妹子，我現在確像個維持會會長，勉力維持國家機器運轉……妳這個建議好是好，但會不會引起毛主席的懷疑和反感？認作有人向他施壓啊？那就適得其反呢……當然，鐵路航運癱瘓這一件，可讓李富春去送；七機部造反組織佔領國防部大樓不肯撤離這一件，可交軍委文革小組去送。總之，我不能出面。否則，弄巧成拙。用一句紅衛兵小將的話來講，搬起石頭砸自己的腳。

晚飯前，周恩來派機要員把兩份急件分送了出去。

晚飯後，周恩來領著龔澎把那一冊冊一九三一年的《新聞報》、《時報》、《申報》合訂本攤開在辦公室地毯上，邊翻閱邊摘抄。九時半左右，陳毅不顧衛士長勸阻，硬是大大咧咧地闖進總理辦公室來，見面就說：總理！我還是外交部長呢，把我的部長助理弄來了，連聲招呼都沒打囉。

周恩來知道陳老總有急事才闖來的，嘴上卻說：老總，我越忙，你倒是越添亂啊？無事不登三寶殿，有話快講，我和小龔要忙通宵哪。

陳毅四周看看。他常來的這間總理辦公室寬大得可以擺下三張乒乓球檯練球。他忽然壓低了嗓門問：總理，你能肯定你這裡沒有被人裝了暗器？

周恩來已經把收音機擰開了，室內飄蕩起革命民歌〈十送紅軍〉：什麼暗器？你指的是偵聽器？放心吧，我相信是沒有的。當然也不時放點音樂。有話請講，小龔不是外人。

一時，陳毅眼睛泛紅，情緒激動地說：匯報三件事。

頭一件，我算瞭解清楚了，外交戰線造反派的幕後指揮是王八蛋王力。他憑著寫了幾篇狗屁文章，混了個中聯部副部長、中央文革成員還不過癮，還想奪外交部長的權？我陳毅也不是吃素的；黃克誠都和紅衛兵小將打架、拚命，下次他王八蛋敢指著我的鼻子叫喊，格老子揍他狗日的！

周恩來問：黃克誠和紅衛兵打架了？不可思議，那麼老實的人……看管他的戰士沒有制止？

陳毅說：我是在紅衛兵小報上看到的，說黃克誠被人打急了，像狗一樣咬人……不管怎麼講，人家黃克誠是大將……。第二件，外交戰線的造反組織，近一段常去包圍人家印尼、印度、緬甸等國的大使館，還有英國外交部駐京聯絡處。已經鬧出國際糾紛，印尼出現反華浪潮。我這個外交部長的話沒人肯聽了，請總理報告主席，要釣魚臺那夥人不要在背後鼓動了。特別是王力、戚本禹兩個無法無天，毛主席為什麼要重用這種傢伙？關鋒當了總政治部副主任，戚本禹當了中央辦公廳副主任，張春橋榮升南京軍區第一政委，毛遠新剛大學畢業就成了遼寧省革委會副主任、瀋陽軍區政委……。

周恩來說：陳老總，不要扯那麼散了。講你的第三件事吧。講完就走。

陳毅說：第三件事，和總理有關。近兩天我幾次路過天安門廣場和王府井大街，都看到了「周××——二月逆流總後台」、「周××——文化大革命的絆腳石」、「打倒折衷主義的總代表周××」這類大標語，大字報。我家老三還在天壇公園外牆上看到鉛印的「伍豪等脫離共產黨啓事」！總理啊，你日忙夜忙，維持局面，人家卻在背後放暗箭，捅刀子，要把你也打成叛徒！我已經和徐帥、葉帥、富春、先念他們通了氣，達成一致看法，黨、軍隊、國家，可以沒有陳毅這些人，但不能沒有周總理。因此，格老子準備再豁出去一次，聯絡在京的還沒有被宣佈打倒的老同志、老戰友們，來個集體上書，保總理！我們相信黨、政、軍絕大多數老同志都會起而響應！但葉劍英多慮，囑我一定報告你本人，並尊重你的意願……。

龔澎一聽這個，立即繞至陳毅面前，深深一鞠躬：陳總，當今之下，也只有你們幾位共和國元帥、副總理，有此壯舉、豪舉，我和冠華要向你們鞠躬到地。

周恩來卻臉色凝重，厲聲喝道：陳老總！胡鬧台！你們是要陷恩來於不義呢。想到過這樣做的後果嗎？只能促成我立即倒台。你們如果眞想讓我繼續留在總理這個崗位上爲黨和國家鞠躬盡瘁，就立即停止你們的愚行！什麼壯舉、豪舉？十足的不智。聽明白沒有？我周恩來投身革命半個世紀，經歷過多少風雨險阻，都是靠自己去周旋，才避過一次又一次的致命打擊……

說著，周恩來已是淚流滿面，忽地一把抱住了陳老總。一個總理、一個元帥，相擁著飲泣。

第三十一章　毛澤東閱「案」

人民大會堂北京廳。

下午三時，毛澤東起床，洗漱、吃早點之後，生活秘書兼機要秘書小張把兩份急件送到他慣常看材料所仰躺的沙發前的茶几上。毛澤東未能完全掌握的情況是，近十天內，除了他親自指派謝富治率六人小組赴上海，密查周恩來一九三一年前後在地下黨中央的活動情況外，釣魚臺和毛家灣二號，也派出了各自的秘密小組赴上海去挖周的「脫黨變節歷史問題」。眞是緊鑼密鼓，劍拔弩張了。

公安部的六人小組已從上海返回。謝富治於昨晚向毛澤東作了口頭匯報：沒有查到周有過叛變投敵行為的證據，但在一九三一年七、八、九三個月，周的行踪不明。那時相繼出了顧順章、向忠發被捕投敵事件，國民黨憲警對我地下黨中央人員進行大搜捕。周等殺顧順章一家十六口，後被掘屍，輿論大嘩。周是躲進了宋慶齡府上？還是受到幫會頭子黃金榮、杜月笙等的保護？不清楚。

毛澤東說：沒有證據，先存疑吧。這個人最善於保護自己。你那個六人小組到此爲止，撤銷。記住，讓他們管住自己的嘴巴，誰走漏風聲，後果自負。

謝富治說：記住了。我會再叮嚀一次，誰犯紀律，誰腦袋搬家。

毛澤東笑笑：你個刑部大臣，活閻王囉。上海之行，還有什麼情況？

謝富治忽然面帶難色，有些猶豫：還、還發現了兩組人馬……。

毛澤東盯住問：誰的人馬？爲什麼要吞吞吐吐？

謝富治頭皮發緊，但不得不說：一組是釣魚臺的，另一組是毛家灣二號的……

毛澤東點點頭：好嘛，都動起來了嘛。可見總理寶座，大家都盯住不放哪。你們又是怎樣發現人家的秘密行蹤的？

謝富治說：離開上海前，我多了個心眼，殺了個回馬槍，調閱了上海檔案館的訪客登記……

毛澤東問：你們登記了沒有？人家不也會發現你們？

謝富治說：公安部長出馬，還用登記？包括到提籃橋監獄提審知情人，都不准登記，不留痕跡。

毛澤東笑了：刑部大臣誰敢惹？釣魚臺和毛家灣二號那邊，大約都只是派去了小人物嘛。毛家灣二號爲什麼這樣快就有動作？也想撤換總理，推上自己的人？現在天下紛爭，派別林立，群雄並起，但還不能說已經亂徹底。許多事情還要靠周去辦。這件事先談到這裡。你不要走，還有個事，兩個月前中央警衛局向我報告，他們給毛家灣二號派去一名警衛秘書，不讓進門，就給退了回來？

謝富治見問，一時渾身涼颼颼的，天爺，這類涉及中央一、二把手之間的敏感事務，弄不好眞掉腦袋的！但面對毛主席，他不能不硬著頭皮匯報：是有這個事。後來我和汪東興商量，安排那名警衛秘書在毛家灣二號胡同對面那棟三層樓的頂層上班。汪東興說這也是請示了主席的。那警衛秘書已匯報了幾件重要情況，一是常去對面院子裡聚會的有空軍的吳司令，海軍的李政委，總後勤部的邱部長。廣州軍區黃司令員去過多次。還有陳伯達同志也去過多次。

毛澤東說：知道了。以後，這些情況要及時告訴我。總理是不是常去？我不是懷疑什麼人，但必須掌握情況。

謝富治支支吾吾：我以爲汪東興報告過了。總理去過幾次，等我了解清楚之後再匯報。

現刻擺在毛澤東面前兩份材料，一份是謝富治昨晚上留下的，一份是今中午周恩來派機要員專送的，都叫做「一九三二年大事紀」。毛澤東先看周恩來附在「大事紀」前面的一封信：

主席，連日因忙於四川和內蒙問題，並同內蒙軍區請願戰士分批談話，直至今天才抽出一天功夫翻閱上海各報，江青同志也於昨日轉來各件，現在弄清楚了所謂的「伍豪等啓事」，就是一九三二年二月十八日的僞造啓事，它先在《新聞報》二月十八日登出。登後，同天，上海臨時中央方面就向《申報》報館設法，結果《申報》二十日、二十一日登出僞造的啓事，二月二十二日登了廣告處給伍豪先生另一廣告啓事的拒登回答，大概這是當時所能做到的公開否認僞造啓事的辦法。我在記憶裡，有通過《申報》報館設法否認的處置，但結果不明。昨日午間已向主席這樣説了。不過我原來將僞造的伍豪啓事記在通緝殺人犯周恩來、趙蓉（即康生）之前，現在證明是我記錯了，查遍一九三一年顧順章、向忠發相繼叛變後的上海各報，並無一個所謂的伍豪啓事，而紅衛兵也未發現另一啓事。可見在我記憶中的僞造啓事和通過《申報》設法的處置，均在我到達江西之後發生的，所以我只能從電報和來信中查得，也就不全瞭解了。

現在，把四中全會後與此有關的情況編爲大事紀送閱。同時，送上報導最詳細的上海《時報》一九三一年十二月合訂本一册，《申報》一九三二年一月、二月合訂本一册，請翻閱。此事需否專門寫一報告，待主席、林彪、康生、江青各同志傳閱送上各件後，請再約談一次，好做定奪。

敬祝毛主席萬壽無疆！敬祝林副主席身體健康，永遠健康！

周恩來，五月十七日。

接下來，毛澤東把謝富治和周恩來所提供的兩份「大事紀」參考著審閱，發現並無大的出入：

一九三一年一月，地下黨中央召開六屆四中全會，向忠發仍當選爲中央政治局主席，顧順章仍當選爲政治局候補委員，情報交通局局長兼中央特科科長。

四月，顧順章化妝成民間雜耍藝人，護送張國燾、陳昌浩等經武漢入鄂豫皖蘇區。顧於返程逗留武漢時，被國民黨特務識破，在一家妓院被捕。顧當即自首，願去南京見蔣介石。我上海地下黨於當夜得到消息，中央機關立即全部轉移。

五月，地下黨中央決定消滅顧順章全家，是基於這樣的考慮：顧本人雖在南京，但他的家屬了解我地下黨中央的許多機密和領導人的情況，包括住址等等。經中央特科偵察及內線報告，取得了他的家屬準備向敵人告密的可靠證據。他們還給顧寫信報告我地下黨中央機關轉移後的新地址，對我黨安全構成極大威脅。爲了保衛黨的安全，我們只有採取非常措施，將顧的家屬秘密處決。對顧的幼女，由我地下工作人員譚鍾玉送回老家代爲撫養。

毛澤東把兩份「大事紀」一扔：周恩來欲蓋彌彰，不能自圓其說。謝富治不動腦筋，不加分析……周恩來們殺顧順章一家老小十六口人，明明是爲了報仇。殺人報仇就殺人報仇嘛，何必強說這堆站不住腳的理由。地下黨中央早就知道顧順章叛變了，爲什麼還要讓他上海的家屬知道中央機關轉移後的秘密地址呢？殺他的父母妻兒，連同保母、保鏢有什麼用？完全是黑道行徑，不足取。

毛澤東呷一口茶，重拾兩份「大事紀」，仍對照著審讀下去：

六月二十二日，向忠發在上海一家妓院被捕，隨即向國民黨特務投降。可是南京的蔣介石第二天即下令將其處死（可見蔣介石亦不喜歡叛徒）。地下黨中央機關再次緊急轉移。有兩處機構遭到破壞。

九月，發生「九、一八事變」，東北瀋陽被日軍侵佔。

十一月二十日，中央特科成員王世德（化名老先生）被捕叛變，向敵人供出我消滅顧順章全家之情況。至二十一日，國民黨下令發掘屍身。由王世德帶路、指認，在法租界姚主教路愛棠村三十七號、三十三號，在膠州路和武定路交匯的修德坊六號、在新閘路和麥特赫斯脱路交匯的陳家巷九十一號，從二十一日至二十八日先後掘出男女屍身各八具，共十六人。

毛澤東邊吸菸邊饒有興味地翻閱著，心裡不能不嘆服，當年周恩來、陳雲、康生、鄧穎超們在一個晚上摸進顧順章家裡，以斧頭、捶子、棍棒幹掉他家老小十六口人，再將十六具屍體分別送到四座院子裡去掩埋，是個多麼大的行動！動員了多少人馬？大約半個上海的幫會勢力都投入幫忙了。甚至還買通了巡捕房！在人家法租界內幹這種勾當嘛。《水滸傳》寫武松殺張都監一家七口，血濺鴦鴛樓，那是是單槍匹馬，殺完就走。恩來他們是在大都市勞師動衆，殺完十六人還要分運到四個地方去掩埋，之後消聲匿跡，比《水滸傳》更富戲劇性、傳奇色彩了。

當時上海各報登出掘屍消息、特寫、專訊的有：

時報（二十二日至二十五日，二十七日至二十九日共七天）；

申報（二十三日至二十八日共六天）；

新聞報（二十二日、二十四日至二十九日共七天）；

時事新報（二十四日至三十日共七天）；

民國日報（二十四日至二十七日共四天）。

其中登得最詳細並配大幅照片的爲《時報》。其餘北平、天津等大中城市報紙亦有陸續轉載。毛澤東停了一停。怪事，怎麼沒有國民黨機關報《中央日報》的報導？看來人家國民黨宣傳部門也玩了一手，自己不出面，而儘量發揮所謂的民間新聞輿論的影響力，達到把我地下黨中央搞垮、搞臭的目的……難怪了，那些留戀大城市、嘲笑山溝裡出不了馬列主義的國際派，博古、周恩來、瞿秋白們，是在上海搞得聲名狼藉，混不下去了，才不得不遷移到江西蘇區來的。他們打著中央旗號，一到江西蘇區，就撤了毛澤東的職務，周恩來就當上了紅軍總政委，蘇區中央局軍委主席。看下去、看下去，這些事情過去三十多年了，還是頭次較詳細地接觸。

十一月底至十二月底，顧順章在全家被殺半年之後，於上海各大報紙登出「懸賞緝拿殺人凶手周恩來等緊要啓事」（附全文）。

刊登該則啓事的上海報紙有：

時報（十一月二十九日至三十日，十二月一日至二日共四天）；

新聞報（十一月二十九至三十，十二月一日至二日共四天）；

申報（十一月二十九日至三十日，十二月一日共三天）；

時事新報（十一月二十九日至三十日，十二月一日至三日共五天）；

民國日報（十一月二十九日至三十日，十二月一日至二日共四天）。

其餘北平、天津等各大中城市報紙亦有轉載……。

毛澤東嘴叼煙卷，邊翻閱邊嘲弄：恩來啊恩來，你爲什麼要不嫌醜陋、不厭其詳地列數各大報紙刊出這些消息的日期？無非是向毛澤東和中央表明，當時你領頭搞暗殺，是與叛徒不共載天，也是對黨內某些不堅定分子的嚴厲警告，中央特科對叛徒是要斬草除根的！而且你的這些舉措，都是經過各大報紙大量報導、公諸於世的。此種情形之下，你周恩來還怎麼可能向國民黨屈膝，成爲革命的叛逆呢？對了！周恩來的本意在此，苦心也在此了……不忙不忙，還是先來看看顧順章的這則「懸賞緝拿殺人凶手周恩來等啓事」。這哪裡像工人大老粗顧順章的口氣？明明是國民黨特務文人的刀筆。……

審讀至此，毛澤東不能不承認，周恩來的這段歷史是不應有疑義的了。接下來，周恩來在「大事紀」中列出自己的行踪：

一九三一年十一月底，化妝成商人，乘坐火輪離上海由海路南下。

十二月上旬，經廣東汕頭，從永定進入福建蘇區。在閩西根據地停留十來天，得知十二月十四日寧都暴動五軍團起義成功。

十二月二十日左右，抵達中央蘇區首都江西瑞金，在葉坪與先期到達的項英、洛甫、任弼時、王

稼祥、李富春等人匯合。

毛澤東漸次心生厭惡。好個上海地下黨中央，就幹了些此類「革命」？鬧的驚天動地，臭名遠播，於革命何益？偏偏是這些「大城市出來的革命家」，嘲笑「山溝裡出不了馬列主義」！對於「大事紀」的最後兩頁，毛澤東只掃了幾眼，已無興趣。

毛澤東扔下兩份「大事紀」，站起來踱開了步子。思考良久，斟酌再三，才在周恩來的那封信的天頭處，寫下一句既不否定、亦不肯定、語帶玄機的批示：

此件交文革小組各同志閱，存。

此一批示，實際上是把周恩來的「歷史疑點」掛了起來，並擴散開去。日後若有需要，可當作「法寶」重新祭出。

這時，秘書小張又送上兩份急件，一份是李富春呈交的關於鐵路、航運處於癱瘓狀態的情況匯報，一份是葉劍英報上的關於第七機械工業部造反派佔據國防部大樓拒絕撤離的緊急請示。

毛澤東只看了個題目，放下了，囑咐說：小張哪，通知值班室，要總理、富春、伯達、康生、江青、春橋、葉群七人，立即來我這裡碰頭。

像往常一樣，江青早到幾分鐘，例行手續似地問候老闆的飲食起居情況及私下交換些意見。

毛澤東把周恩來呈報的「大事紀」及自己的批示交給婆娘。

江青一看，眉開眼笑：妙，太妙了。

毛澤東問:笑什麼?妙在哪裡?

江青說:老闆不是把人掛起來,而是把「問題」掛起來……現在運動中流行一種說法,革命群衆把「反黨反社會主義」這頂帽子拿在手裡,隨時可以給黨內的當權派戴上,也可以不給戴上,這就更具威力,讓當權派惶惶不可終日。當然,我說呀,周的問題也可以當機立斷,一步到位。

毛澤東問:什麼意思?你們誰想做總理?誰能做總理?

江青說:老闆呀,難道還沒有看出來?周已成了黨內保守勢力的總代表,一面旗幟。他實際上是贊成劉、鄧、陶路線的。文革的成敗,很大程度上就看能否戰勝這股頑固的保守勢力……

毛澤東沉默一下,說:不要性急。總理、老幹部,只要不是叛徒特務或劉少奇的頑固追隨者,還是要使用。我不能一邊倒,一邊倒會出更大的問題。過去對蘇聯一邊倒,我們吃過大虧。我需要的是西花廳、毛家灣二號、釣魚臺三足鼎立,缺一不可。這個話不能傳出去。

張秘書進來報告:主席,總理他們到齊了。

毛澤東點點頭,起身朝外間大書房兼會議室走去。

江青拉住張秘書的手,親熱地咬著耳朵問:小張,我把主席交給妳照顧,謝謝啦……他的性慾怎樣?一星期幾次?時間能持續多長?妳最好記錄下來,這是衡量身體狀況的依據……

小張秘書飛紅了臉蛋,羞煞人了,快走幾步,追上毛主席去了。

毛澤東出現在大家面前時,全體起立。毛澤東一人看上一眼,自己領頭坐下,大家才跟著落座。

江青坐在周恩來和康生之間的位置上。

毛澤東再又看周恩來一眼，張春橋一眼，葉群一眼，說：很好，葉群代表林副主席。什麼時候，也有人能夠代表我，就好了。林彪同志近來身體怎樣了啊？

葉群起立回答：報告主席，是舊傷復發，醫生要求他靜養一段。

毛澤東點點頭，很響地咳了一聲，喝口茶水潤潤嗓門：靜養就靜養吧。今天臨時找各位來，是要談幾件事。你們不要做筆記。今後我說的一些話，你們用腦子記，而不是筆記。第一，紅衛兵小將前不久在敵偽時期的報紙上查到一個「伍豪等脫離共產黨啓事」，如獲至寶，送交文革小組，江青送給了我。伍豪何許人？就是我們的總理嘛。恩來你不要發急，也不要喊冤，我會替你主持公道。康生同志過去化名趙蓉，也在場嘛。恩來編出一份一九三一年的「大事紀」，我看過，事實基本清楚。恩來沒有被捕過，沒有坐過牢，沒有機會當叛徒。已經把「大事紀」批給文革各同志閱，存。算一份黨史材料，春橋、江青、葉群你們是不懂那段歷史的。姚文元、戚本禹他們就更不懂了，因而批給文革小組閱，存。我也是看了恩來的那份「大事紀」，才瞭解一點當時情況。二〇年代末，三〇年代初，我們的那個地下黨中央是很留戀大城市的，要在大城市裡走十月革命道路，攻打中國的冬宮，但沒有搞清楚是北京的故宮還是南京的總統府。陳獨秀是這樣，瞿秋白、李立三、向忠發、王明、博古、張聞天等等，都是這樣。像我和朱總司令，加上一個陳毅，上井崗山會師，搞根據地，他們是看不上的，農民起義，聚嘯山林，出不了馬列主義。馬列主義只出在大城市，何以見得？不久見了分曉。我提出農村包圍城市，槍桿子裡面出政權，人家不買賬。但到了一九三〇年，井崗山根據地站住了，並向山下發展，上海黨中央就派項英到江西蘇區，搞了個中央局，加強領導來了。不是上山摘桃子。到了三一年，更是一批一批大人物進入江西蘇區，也是逼上梁山來了。在大城市鬧革命，不是很好嚒，爲什麼也要來落草？山溝裡鬧革命，沒有牛奶麵包，只有南瓜紅薯加辣子，有時連鹽巴都吃不上，條件艱苦。是因爲在上海搞暗殺，殺了人，報紙新聞天天登照片，報導掘屍案，血淋淋的，名聲大壞，待不下去了。於是一批大人物跑在江西蘇區來，發號施令，作威作福。別的本事不大，背教條，賣嘴皮，抓權攬權，本事最大。整毛澤東整了十年，有次還要開除黨籍，後改成留黨察看。最後給掛起來，送我去閩西養病。恩來哪，那時博古、李德、洛甫加上你，逼我交出紅軍指揮權，只差沒有把我當作王倫來火拼。搞武裝、佔山頭，也要講個先來後到嚒。城市裡的革命家，沒有江湖義氣這一套。

周恩來起立檢討：主席，我那時執行李立三、王明的左傾路線，犯了盲動主義的錯誤。是江西蘇區給了地下黨中央一塊棲身之地。林冲投奔梁山，黨中央投奔江西。眞正的革命是從江西蘇區開始。

毛澤東說：恩來坐下，不要總是做檢討啦。不說江西蘇區那些事了。你和康生、陳雲在上海殺顧順章一家老小十六口之時，我和古柏、李韶九在江西殺AB團、閩西殺改組派，殺得更多，連王佐、袁文才都被殺掉。富田事變，紅二十軍副排長以上幹部全部殺掉，番號取消。革命嚒，不殺人放火，不打家劫舍，不劫富濟貧，還叫革命？當殺不當殺，情急之下，是顧不了那樣多的。三五年一月遵義會議之後，我立下一條規矩，不在革命隊伍內部濫用死刑。除非證據確鑿的叛徒、特務，一個不殺，大部不捉。一九四七年延安撤退，賀龍下令殺了王實味，很不應該，批評多次。四九年進城後，黨內只殺了天津的兩個貪汙犯。後來的高、饒，潘、楊，胡風，彭、黃、張、周，包括去年的彭、羅、陸、楊，等等，統統不殺，都養起來，給飯吃。有的還保留黨籍、幹籍。高崗自殺死了，至今覺得可惜。高崗不死，今天可以說清楚許多劉少奇的問題。所以恩來啊，紅衛兵小將揭出你個「伍豪等脫離共產黨啓事」，不要緊張，不要喊冤。康生、陳雲、鄧穎超這些人都在，可以替你作證。對某些疑點，一時間搞不清楚，可以先放一放，叫做掛起來，冷處理。因爲那不是當務之急。當務之急，是總理這把交椅，仍是你恩來坐。也不是說無人窺視。有志於斯者，恐怕不在少數。

周恩來再次起立，表示感謝主席的信任。

毛澤東擺擺手：恩來坐下，不准起立。主席講話，總理起立，形象不佳。下面談第二件事。什麼事啊？噢噢，謝謝富春提醒，是富春報上來的，說鐵路、航運大事不妙，基本陷於癱瘓，車站、碼頭，大量物資積壓。恩來，情況眞有那樣嚴重嗎？

周恩來說：那份材料，我看到了。昨天爲了「大事紀」，忙一通晚。富春見情況緊急，報給了主席。據我的辦公室派在鐵道部、航運局的聯絡員報告，現在全國各鐵路局、鐵路分局下屬機務段、車站，幹部職工都分裂成兩大派組織，火車司機不上車，扳道員不扳道，打派仗去了。實際上就是變相罷工，停產鬧革命。在江蘇徐州站有六十九列客貨列車卡在那裡，動彈不得。在廣西柳州站，連開往越南、裝載著援越武器的國際列車都停駛，武器被搶掠。

毛澤東問：你當總理的，打算怎麼辦？

周恩來說：這正是今天要請示主席的。鐵路、公路、航運一天都停頓不得。據瞭解，上海、天津這些大城市都只有半個月的存糧、一星期的存煤。交通癱瘓，經濟就垮了，城市居民連飯都吃不上。

張春橋插言：總理反映的情況基本屬實。事實上，上海的工業用煤，是靠臨時運進。幾十家用煤用焦大戶，比如上海火電一廠、二廠、三廠，上鋼一廠、二廠、三廠、四廠、五廠等等，都沒有大的煤炭堆積場，只能靠幾條鐵路線日夜從外地運進，基本上是邊運邊用。

李富春還想講點什麼，毛澤東不耐煩地揮揮手：不要講那樣多了。恩來，你們國務院方面擬出了什麼具體方案沒有？

周恩來說：我前天向主席請示過，對全國鐵路、公路、航運等交通部門實行軍事管制，不能拖下去了。已經召集富春、先念、劍英、蕭華、楊成武、谷牧、余秋里等同志開了會，擬出三條：一、儘快公開頒發中共中央、國務院、中央軍委、中央文革關於不許中斷鐵路、輪船交通的緊急命令；二、把鐵道部屬下全國十八個鐵路局、幾十個分局及其機務段、電務段、列車段、車站等，分給附近的駐軍實行包幹，把沿海、沿江航運碼頭和船隻交給海軍去實施包乾；三、參加軍管的人員來自野戰軍部隊，均與當地軍分區、縣人武部分開，不再介入地方支左工作，以便統一鐵路、航運管理，免受干擾；四、責成總參謀部負責擬定調動部隊的實施計畫，經主席批准後，限二十四小時內拿出方案來。

毛澤東說：三月份起，解放軍開展「三支兩軍」，支左、支農、支工，軍管、軍訓，還不能解決問題，只好實行全面軍管了。對了，山東濟南，兩派組織占領黃河鐵路大橋的事，後來處理得怎樣了？

周恩來說：已命令濟南軍區司令員楊得志派徒手部隊上去勸離。不肯離開的，用軍車把人送回原單位去。太不像話了，一派占據橋北頭，另一派占據南橋頭，互相架設機槍，南邊還有迫擊炮。

毛澤東笑了：各省武鬥，機槍火炮，和平時期，練練兵也好。還有內蒙古軍區幾百名士兵到北京請願，四川省五萬群衆要赴京告狀，我的家鄉長沙大武鬥，浙江金華大武鬥，陝西西安大武鬥，廣西柳州、南寧大武鬥，雲南出現工字部隊，還有四川產業軍，武漢百萬雄師……天下英雄齊奮起，各路豪傑競折腰，熱鬧得很啊，也虧了你這個做總理的打八面拳囉。

周恩來周到地望望江青、葉群：也不是我一個人，還有中央文革、軍委文革的同志一起辛苦。

毛澤東說：還有第三件事，葉劍英報告，七機部造反派占據國防部大樓，提出「打倒徐向前」、「打倒聶榮臻」的口號，幾天了，爲什麼不肯撤離？

周恩來說：建議作出統一處理。國務院名下七個機械工業部，除一機部、二機部屬民用，其它三至七機部都是軍工部門，部隊編制，國防科工委管。爲解決問題，需要對包括這七個機械工業部在內的國務院所有部、委、辦，實行軍管。部長們早就打的被打倒，靠的靠邊站，不管事了。

毛澤東說：恩來，目前地方各級黨、政機關已實行軍管，今天又決定對鐵路、航運交通實行軍管，再對國務院所有的部、委、辦實行軍管，不就全國軍管了？

周恩來說：看樣子不得不走這一步。全國完成奪權，局勢穩定之後，即可宣佈撤銷軍管。

張春橋、江青、康生三人交頭接耳，商議著什麼。

毛澤東說：春橋啊，你們有話大聲講吧。

張春橋紅了紅臉，說：剛才江青同志說，和平時期，使用軍事管制手段，要慎重，對運動、對左派恐怕有負面影響。我同意這個看法。起碼在上海市，目前不需要軍管。

毛澤東說：全國軍管，勢在必行。上海可以例外。康生顧問大人，你的看法呢？

康生扶扶眼鏡，說：天下大亂，主要是亂了敵人。對各省武鬥，不要太過擔心。這派那派，槍槍炮炮，殺紅眼睛，口號卻是一樣的：保衛毛主席，保衛黨中央，保衛文化大革命。所以我不擔心。

陳伯達插言：軍事管制，古今中外，容易出新的問題。

葉群見毛澤東正看著她，她不得不表個態度：我想林總也是對全國軍管持保留意見的……林總每次都要求我帶耳朵來聽，回去向他傳達。

周恩來說：我對人民解放軍有信心。我們的子弟兵不同於古今中外其它時代或國家的軍隊。這支軍隊是主席一手締造、指揮的。要是沒有解放軍做中流砥砫，我們的運動早堅持不下去了。

江青說：軍隊也不是生活在眞空裡，也出彭德懷、羅瑞卿、趙永夫這樣的壞人。

毛澤東說：我和總理都是秀才變丘八，拉隊伍出身，不怕軍管。下面鬧武鬥，打派仗，既然口號都是保衛我，保衛中央，局勢亂是亂一點，最終還是鍛鍊群衆，考驗幹部，暴露壞人。所以張春橋你們一班造反秀才、文人，不要怕軍管，怕軍隊。你現在是上海市黨政一把手，又宣佈了你做南京軍區第一政委，姚文元也兼了上海市警備區第一政委，秀才變丘八，或是正在變丘八嘛。

第三十二章　天下水，武漢的好

全國各行各業實施軍管，特別是鐵路、航運交通實施軍管後，混亂狀況稍有緩和，卻又因此引發出更大的危機，國家機器的最後支柱——五百萬人民解放軍，也被捲進文化大革命的漩渦之中。二百七十萬軍人投入軍管工作，但又不是全面接管各級政權。毛澤東規定，在新生的紅色政權——革命委員會裡，實行三三制：軍隊代表、群衆組織代表、革命領導幹部代表各佔三分之一，叫做「革命的三結合」。這一來，原以爲奪權到手的造反派和紅衛兵組織，與軍人之間產生了權力再分配的尖銳矛盾。於是全國各地又掀起新一輪衝擊軍事機關的狂潮。軍人豈是吃素的?紛紛暗中支持所在地方的保守派群衆組織，去與造反派抗衡。更有不少省市的軍區、軍分區支持保守派，而駐紮當地的野戰軍卻支持造反派，且都私下裡發給槍枝武器。全國武鬥，眞槍實彈，由此升級。

位於長江中游的水陸交通樞紐、工業重鎮武漢市，成爲全國武鬥規模最大、戰況最激烈的城市。

武漢三鎮有個工人造反聯合總部，簡稱「工人總部」，由大專院校紅衛兵聯合部分工廠工人組成，奪了湖北省委和武漢市委的權，其代表人物多次上北京，獲得中央文革江青、謝富治、王力、戚本禹等的接見、支持。於是越加有恃無恐，認爲武漢軍區司令員陳再道、政委鍾漢華是湖北省委走資派的保護傘，軍區大院是走資派的避風港；進而組織人馬圍攻軍區大院，要求把躲在裡面的走資派交出。目的不能達到，全市大街小巷便貼滿了「打倒陳再道」、「打倒鍾漢華」的大標語。

陳再道、鍾漢華兵權在手，豈肯示弱？他們任由下屬們去暗中聯繫成立了一個觀點保守的群衆組織「武漢地區百萬無產階級革命派聯絡站」，簡稱「百萬雄師」。其成員大多爲共產黨員、共青團員、產業工人、城市民兵、公檢法幹部、人民武裝部幹部，實爲一個龐大的準軍事化組織。「百萬雄師」遊行示威時，更有湖北省軍區、武漢軍區的官兵們參加，其威武雄壯，聲勢浩大，可想而知。

四月間，陳再道以執行「中央軍委八條命令」的名義，下令解散「工人總部」，並逮捕了多名造反頭目。受到中央文革支持的「工人總部」立即作出激烈反抗，誓與「百萬雄師」血戰到底，不打倒陳再道、鍾漢華，決不罷休。

天上九頭鳥，地下湖北佬。湖北民風，自來性情剛烈，驃悍好鬥。「工人總部」一派以工廠自製的武器彈藥，與「百萬雄師」一派展開大規模武鬥，演出街頭喋血大劇。「工人總部」打不過「百萬雄師」，緊急向中央文革求救。中央文革會同中央軍委，把兩派頭頭加上陳再道、鍾漢華等人召到北京開座談會，要求兩派停止武鬥，實現革命大聯合。江青、謝富治、王力等並指出，中央文革是堅定支持「工人總部」的，「工人總部」才是眞正的無產階級革命派，武漢軍區在支左工作中出了偏差。

兩派代表返回武漢，沒有實現聯合，繼續眞刀眞槍地開打。陳再道、鍾漢華對中央文革支一派壓一派越加反感。一時間武漢市成爲全國武鬥死傷人數最多的城市。「工人總部」一派街頭對壘處於劣勢，宣傳攻勢卻十分凌厲，「打倒武老譚，解放全中原」，「絞死陳再道，人民哈哈笑」之類的標語口號貼滿江邊、碼頭。

六月下旬至七月上旬，武漢三鎭驕陽似火，酷熱難當。昔日繁華的中山大道，現在展開街壘戰，雙方勇士們架起輕、重機槍，從沙袋堆成的掩體後面向對方射擊，吐出條條火舌……機槍手都是二十出頭的大學生或工人民兵。隨後又在漢陽軋鋼廠、華中工學院、武漢水電學院、漢口友益街、武昌航運學校等地爆發激戰。據統計，單是一九六七年上半年，武漢地區就發生武鬥事件三百多起，一千六百多人被打死，二千多人重傷，一萬五千多人輕傷。

「激戰」之時，紅衛兵小將們寫下許多壯烈詩篇，抒發他們爲「保衛中央文革、保衛偉大領袖毛主席」赴湯蹈火、英勇戰鬥的青春激情和大無畏襟懷。茲錄下當年曾經廣爲流傳的兩首：

獻給戰友

請鬆一鬆手，鬆一鬆手啊，

把你手中這本《毛主席語錄》，

交給我吧,親愛的戰友!
朝著北方,捂住流血的胸口,
你英勇地倒下了,我的戰友!
紅衛兵的戰旗,是你青春的熱血浸透。
劊子手的刺刀,插進了你的咽喉!
白色的花圈,擺滿了你倒下的街頭。
你親愛的媽媽一滴眼淚都沒有,
她加入了我們的隊伍,
昂起頭顱,迎著朝霞,
和我們手挽手,走在了最前頭!
讓走資派劊子手們發抖吧!
爲徹底埋葬封、資、修,
我們萬衆一心,投入最後的戰鬥!
讓最紅最紅的紅太陽,
永照我神州,永照我神州!

放開我，媽媽

放開我，敬愛的媽媽！
別爲孩子擔驚受怕。
到處都有我們的隊伍，
暴徒的刺刀算得了啥！
我絕不做繞梁呢喃的乳燕，
終日徘徊在低矮的屋檐下；
要作擊搏長空的雄鷹，
去迎接疾風勁雨的衝刷！
二十年前，爸爸犧牲在反動派的屠刀下，
今天哥哥又高舉「造反有理」的大旗，
在殷紅的血泊中衝殺！
爲捍衛毛主席的革命路線，
他年輕的生命，迸發出萬丈光華！
想一想吧，媽媽！

我們這些活著的人應該幹些啥？
造反派從來不向保皇軍的槍口低頭，
頂天立地的英雄從來不怕鎮壓和屠殺！
等著勝利的捷報吧，媽媽！
總有一天，我們會相聚在勝利的紅旗下。
不徹底砸爛舊世界，
不掃除一切害人蟲，
不奪取文化大革命的最後勝利，
兒誓作千秋雄鬼，死不還家！

七月上旬，北京進入「伏暑」天氣。往年這個時候，毛澤東不是去了北戴河，大連棒棰島，山東青島，就是上了廬山，到那些清涼世界度夏去了；今年卻仍然滯留北京。一次中央文革碰頭會上，毛澤東忽然提出：到長江游泳去。周恩來立即勸說：主席還是就近休息，密雲水庫、北戴河都不錯。毛澤東說：天下的水，武漢的好啊，我先到武漢游長江，再到長沙游湘江。

林彪、江青、楊成武等人也加入勸說。林彪說：武漢局勢不穩，兩派武鬥激烈，主席安全沒有保障。江青說：陳再道一邊倒，支持保守組織「百萬雄師」，鎮壓造反組織「工人總部」，和中央文革對著幹，這種時候，你怎麼能到武漢去？楊成武說：現在紅衛兵繼續串連，造反派上京告狀，到處爬火車，成百上千的見車就爬，主席的專列遇到這種情況怎麼辦？

毛澤東忽然問：恩來你前天說，四川有五萬人攔火車，要到北京來請願，要求打倒李井泉、廖志高，後來怎樣了？

周恩來說：謝富治、王力帶韓愛晶、譚厚蘭去了雲南，我要求他們立刻趕到成都去勸阻，左派對左派，較易溝通。昨晚上謝富治同志有電話，只要把李井泉送回去，成都的五萬人就不來北京了。

毛澤東說：很好。四川有「產業軍」對「紅造聯」，雲南有「工字部隊」對「滇保軍」，廣西有「聯指」對「四·二二」，湖南有「湘江風雷」對「省無聯」，湖北有「工人總部」對「百萬雄師」，河南有「二七公社」對「黃河縱隊」……各省兩派對峙，都打我的牌子。

周恩來說：各省都停工停產，打派仗，無視中央要求，實現革命大聯合。

毛澤東不由分說：恩來你替我通知謝富治、王力，還有韓愛晶、譚厚蘭他們，到武漢去會我。楊成武、汪東興跟我走，戚本禹代理中央辦公廳主任。

周恩來見勸阻不了，只得說：那就帶上海軍政委李作鵬、空軍政委余立金吧。楊成武做主席和我之間的聯絡員，全責主席此行的安全。

楊成武說：是！全力以赴。

毛澤東笑說：陸、海、空齊上陣，再來一次五千健兒游長江。大江東去，浪淘盡千古風流人物。

周恩來和林彪、江青商量幾句什麼，之後說：我替主席去打個前站吧。先找武漢兩大派頭頭、武漢軍區陳再道、鍾漢華他們座談，做工作，停止派仗，實現大聯合，再請主席游長江。

碰頭會成員們一致同意周總理去武漢打前站。此種時刻，也只有周總理能在造反派、保守派、軍隊幹部之間周旋得來了。

七月十三日深夜，周恩來乘專機夜航武漢之前，召來代總長楊成武，問：主席什麼時候啓程？

楊成武報告：他老人家說走就走，通常只給兩小時的準備時間。我已組織一個隨行班子，保密電話、電台，隨時和總理聯繫。主席點名謝靜宜陪去，江青同不同意啊？那麼年輕漂亮的女同志……

周恩來說：不要管那些。主席詩人氣質，江青信任小謝，總比到外面找臨時的放心些。你主要負責主席此行的安全，怎樣安排的？

楊成武回答：地上、水上、天上，專列、艦艇、飛機，全時空、全方位，立體保衛。調派兩架「子爵」、兩架「伊爾十四」、四架「伊爾十八」，配備四架「米格八」護航兼飛短途；地面準備了三列火車，前驅車，主車，後衛車。水上已從東海艦隊調去一艘護衛艦加幾艘快艇，可於明天下午抵達武漢水域待命，必要時封鎖長江航道。隨行衛隊仍是警衛局一中隊。

周恩來說：很好，以海、空為主，機動性強。……長征時，就是你率紅四團打先鋒，人稱你是紅軍的趙子龍嘛，每有大行動，主席總是想到你。成武啊，武漢這一趟，不同往常囉。那裡的兩大派殺紅眼睛，聽講屍體都擺在大街上，扔進長江裡。近半年來江邊的魚蝦特別肥，我們不要吃。

十四日淩晨四時，周恩來一行人乘空軍專機抵達武漢王家墩機場。只通知了武漢空軍副司令員劉豐接機。驅車到空軍司令部時已是清晨五點。氣溫三十五度，異常悶熱，周恩來渾身汗濕，隨行人員也都汗流浹背。清晨尚且如此，到中午，還不身上流油？

在空軍司令部聽取簡單匯報，得知連東湖賓館的服務員都分成兩大派，不收拾房間，天天搞辯論。周恩來仔細詢問了各派死傷情況，社會治安、近期天氣、長江水文等等。

早餐，周恩來只吃了一個鹽水煮雞蛋。隨即來到東湖賓館百花山一號院。一九六一年，他曾和劉少奇、鄧小平共住這裡，研究撤消全國農村公共食堂，記憶猶新。由於事先沒有通知，值班的服務員們正站成兩堆，又在激烈辯論，陡見周總理到了，才住口。周恩來裝做什麼都沒看到，主動和服務員們一一握手，詢問：妳是哪一派，妳呢？「工人總部」還是「百萬雄師」？我這個當總理的來了，妳們可不可以實現聯合？來來，妳們站好隊，我打拍子，領妳們合唱〈團結就是力量〉，好不好？

姑娘們見周總理渾身汗淋淋的，還指揮大家唱歌，一時也受感動，隨即站成隊列，跟著唱起了：團結就是力量，團結就是力量！這力量是鐵，這力量是鋼，比鐵還硬，比鋼還堅……。

唱完歌，有服務員替總理送上濕毛巾。周恩來接過毛巾，擦幾把，向姑娘們說：我熱，妳們也熱。妳們只顧鬧派性，把正常的服務工作都丟下了。這樓裡爲什麼沒有冷氣？妳們哪一派管冷氣？

一位大約是頭頭的姑娘上前一步，說：總理，電廠罷工，已經有十幾天不送電了。

這時，武漢軍區司令員陳再道上將、政委鍾漢華中將匆匆趕來了。陳再道邊走邊罵：吳法憲這個王八蛋，把我們當什麼了？封鎖消息……總理，對不起，我們來遲了。

周恩來和陳再道、鍾漢華握手：武漢天氣熱，你們火氣大囉……先不談別的，鍾政委，你們軍區大院有不有電？

鍾漢華說：早沒電了，只好啓動戰備柴油機發電，保障司令部作戰室。能不能送些過來？我們試過，超負荷，跳閘。軍區負責人家家點蠟燭照明。

周恩來說：那你馬上派人到發電廠，不管遇上哪一派，告訴他們，我這個當總理的到了武漢，他們不送電，我沒法子工作……說著，周恩來脫下身上擰得出水的襯衫：把這個帶去，給他們看看。

陳再道氣鼓鼓地站在一旁。鍾漢華接過襯衫，看看總理身上的汗背心也濕得貼在皮肉上，即和陳司令員商量兩句，把襯衫交給服務員：我這就派一個連隊去，把罷工的人押到生產崗位上去。

周恩來嚴肅地一揮手：不准派部隊！只去傳我的話就夠了。軍隊不是用來對付工人的。

一小時後，周恩來正在會議室聽取軍區司令員、副司令員，政委、副政委們的情況匯報，機要秘書進來報告：電廠軍管小組已經找到兩派頭頭，達成臨時協議，立即通知各自的工人師傅上班，檢修設備，晚八時前一定恢復生產，保證送電。

中午，周恩來接到楊成武代總長從專列火車上拍來的密電：已經行至河南，晚九時可抵武昌。

周恩來沒想到毛主席來得這樣快，顧不上奔波通宵的疲乏，即又趕去毛將要下榻的梅嶺一號院，召集兩派服務員們做工作，實現聯合，收拾房間，打掃院子內外，四周道路。周恩來最擔心的是發電廠能否恢復供電。不然，主席身子那麼富態，只好留在有冷氣的專列火車上過夜了。

毛澤東領著楊成武、李作鵬、余立金、鄭維山、汪東興一行人，乘坐他那列流動的綠色行宮南巡。毛澤東點名北京軍區司令員鄭維山隨行，是要聽聽天子腳下的河北省的情況匯報。

楊成武奉命把鄭維山領到毛澤東的書房兼臥室的主車廂裡，讓坐之後，毛澤東問：鄭司令，你們那個老司令員楊勇，現在怎樣了？

鄭維山上將原是北京軍區政委兼第一副司令員，楊勇被捕後升任司令員：他涉入賀龍的案子，被軟禁在三十八軍駐保定的一座營房裡，聽說天天喊冤，拒絕交代問題。

毛澤東若有所思：有人要辦賀龍、楊勇嘛，康生他們也很積極。解放軍三楊，如今剩下兩楊，楊成武，楊得志。要是查不出名堂，賀龍、楊勇還要當中央委員。……成武啊，你講講，一個保定，一個石家莊，爲什麼也叮叮噹噹，打個沒完？

楊成武已經習慣了毛澤東的跳躍式思維、跳躍式談話風格。「有人」是指林彪。但這絕不能插嘴。主席對自己的接班人既信任又猜忌、防備。保定和石家莊的武鬥情況倒是不難回答：根子在河北省軍區和三十八軍。我把省軍區司令員和三十八軍軍長請到京西賓館，談了一個通宵，批評他們，省軍區和三十八軍都是抗戰時期一一五師的老班底，本是同根生，爲什麼還要各支持一派？他們答應回去做兩派的工作。可回去之後，兩派照樣武鬥不止。

毛澤東看住鄭維山：為什麼楊總長放屁不香，講話作不得數？現在是楊總長直接對我負責。

鄭維山稍作猶豫：陳伯達同志到石家莊、保定走了一圈，代表中央文革表態，說省軍區支持的一派才是眞正的造反派……另一派意見很大，三十八軍也不買帳。

毛澤東說：書生瞎指揮，秀才打橫炮……一個單位分兩派，一個學校分兩派，一個工廠也分兩派，熱鬧得很囉。

楊成武匯報：現在工人忙於打派仗，鐵路不通，公路不通，航運也大部份停頓了。

毛澤東說：不通的反面就是通。不通是暫時的，相對的；通是長遠的，絕對的。既對立，又統一，就是辯證法。

鄭維山匯報：現在群衆組織搶部隊的槍枝，到處揪趙永夫式人物，部隊不敢開槍自衛。

毛澤東瞪一眼：你們緊張什麼？什麼趙永夫，什麼譚震林式人物，大土匪，大軍閥，讓人家罵罵，有什麼要緊？鄭維山，楊成武，你們也要準備聽聽人家的罵嘛。

楊成武說：群衆組織搶奪槍枝，還是要制止。

毛澤東說：搶點也不要怕。四川重慶，搶去一萬發子彈，一下子就打光了。沒有子彈，槍枝就成了吹火筒。我們打了那麼多年的仗，還怕這個？河南有個造反組織叫做「二七公社」，你們聽見過嚒？提出以造反派的武裝，反對保皇派的武裝，還有帶槍的劉、鄧路線。什麼是帶槍的劉、鄧路線？

楊成武說：是林副主席指示，公、檢、法系統鎮壓革命左派，稱為帶槍的劉、鄧路線。

毛澤東不吭聲了。難怪全國各地，都有群衆組織去衝擊公安局，包圍、佔領公安局。

鄭維山又匯報：河北、山西一些地方，請農民進城參加批鬥，一天發一塊錢做工分補貼，農民很踴躍，願意幹。

毛澤東笑了：當然願意。農民平日要種地，沒有機會進城。一塊錢一個工，比人們在地裡辛苦一天的收入好。還可以開開眼界，見見世面。

楊成武匯報：主席，我看過你們老家湖南長沙一份材料。中央不是發了個〈中共中央關於禁止工人下鄉武鬥的通知〉嗎？中南礦冶學院的紅衛兵小將，就印發了一個〈中礦中央關於禁止農民進城武鬥的通知〉，也是十條若干款，行文語氣都一樣。

毛澤東哈哈大笑了：中南礦冶學院也稱「中央」？紅衛兵小將聰明絕頂，敢想敢幹……當年我在長沙讀師範，也總是想作反，和當局搗搗蛋。……現在年輕人思想活躍，有一點無政府主義不要緊。不是運動主流。主流還應當亂一陣，亂徹底。一年開張，二年發展，三年收場。可以考慮明年開「九大」，結束運動。

車過石家莊，毛澤東談興正濃。楊成武提議：鄭維山司令員不下車，陪主席去武漢，路上繼續談。……車過鄭州，黃河鐵橋上貼滿「二七公社」的大標語、大橫幅。毛澤東全無睡意，對楊、鄭二上將說：河南「二七公社」，搞「文攻武衛」，好啊！

……晚九時，毛澤東的專列抵達武昌。周恩來、余立金、李作鵬以及剛從成都飛來的謝富治、王力等人在車站迎接。毛澤東下車後沒有發現陳再道、鍾漢華，想是周恩來沒有通知他們。隨即讓汪東興派出幾名衛士，分乘吉普車去漢口、漢陽街頭看大字報，把有代表性的文字摘抄些回來參閱。亦是毛澤東做調查研究的一種方式。

漢陽火電廠復工，已於當日下午六時恢復供電。毛澤東一行入住東湖賓館梅嶺一號院時，室內有了冷氣，涼爽宜人。東湖位在武昌東南郊，湖面三十三平方公里，湖與湖接，岸與岸連，大湖套著小湖，大園套著小園，曲折迴環，港汊交錯，盡湖光山色之美。有聯云：

鶼比翼，花顰眉，柳拂裙，畫意更兼詩意
林蘊幽，水凝碧，山環翠，東湖不讓西湖

梅嶺是東湖園林內的一座小山包，三面環水，是個半島地形。因山坡上植滿梅樹，最是個幽靜的去處，曾做過黎元洪、蔣介石等人的別墅，因而得名。梅嶺附近有行吟閣、聽濤軒、九女墩、水雲鄉、長天樓、湖光閣、朱碑亭、磨山等名勝，正是碧波萬頃，蘆荻含碧，叢林飛翠，山巒吐秀，樓閣嵯峨，美景天成了。

毛澤東入住梅嶺後的頭件事，是由新寵謝靜宜陪伺著，洗浴更衣。過後，穿一襲寬鬆的長睡袍，出到外間客廳裡，見周恩來還領著楊成武一班人在商量事情，便問：恩來，你們都住哪裡呀？

周恩來領著大家起立，說：安排好了，成武、維山、立金隨我住百花山一號，富治、作鵬、王力住百花山二號，房間寬敞、充裕，就是離梅嶺稍遠點。

毛澤東揮揮手：你們也散了吧。都去休息，睡一大覺，明天下午跟我遊長江去。恩來不會水，站在岸邊看。

周恩來暗自發急，看楊成武一眼，說：主席呀，遊長江的事，還是要先做好準備……我和楊總長，今晚上去看地方，探水情，以及安排治安警衛等等。如果明天不行，不妨晚兩天。武漢街頭，兩派武鬥，還在打槍。

毛澤東指著楊成武說：你不是擔心沿途有人爬車嗎？結果鬼都沒見一個，完全杞人心態。

楊成武陪笑說：主席，托你的洪福。火車都停駛了，交通中斷，加上動員三省駐軍沿途封路……主席既已到了武漢，不要急這一兩天的，安全問題，要萬無一失。

毛澤東再又朝大家揮揮手：也好，這次來，順便把湖北問題解決一下。現在是河南大亂，安徽大亂，江西打做一團，湖南要搞踏平，廣西要搞血洗，四川、貴州、雲南也是龍爭虎鬥。我看湖北情況算輕的，武漢小打小鬧，開幾槍，放炮竹似的，怕什麼呢？

周恩來等人離開後，毛澤東返回大臥室，支走生活秘書小張，只留下小謝。他躺到床上，撩開睡袍：靜宜呀，來看看這私處，火辣辣的，怕是燒襠了，不雅得很。

謝靜宜腰肢款擺，粉嫩的臉蛋紅了紅，湊近來，以爽身粉替他輕輕撲著：你呀，眞是的，見了俺，就和管高射炮似的，打飛機哩。

毛主席任其擺弄，嘴裡呢喃：靜宜靜宜，隨遇而起……

正鬧著，門外嗒嗒敲響兩下，是生活秘書小張的牡丹江口音：報告主席，街上的大字報抄回來了，要不要現在就看看？

毛澤東把小謝一放：靜宜，披我的袍子，武漢動態，去拿進來，我聽聽。

謝靜宜披上領袖睡袍，扯塊大毛巾掩了領袖肚腹下體，再去開一條門縫，接進來幾頁抄件，邊往回走邊唸：

此件摘抄自武漢長江大橋南、北橋頭堡，打油詩兩首。橋北的一首是：

陳再道，你算老幾，
老子今天要揪鬥你！
掌你的嘴，斷你的蹄，
看你還保不保「雙徐」！
抽你的筋，剝你的皮，
看你還反不反毛主席！

毛澤東哈哈大笑，揉著鼓凸的肚皮：大字報，打油詩，口語化，生動得很。湖北話「徐」唸做「習」。

謝靜宜問：什麼是「雙徐」？

毛澤東說：徐向前、徐海東呀，一個元帥，一個大將，都是陳再道、許世友他們在紅四方面軍時的老上級。這些歷史妳不懂，要學習。下面一首呢？貼在橋南的？

謝靜宜朗聲唸道：

陳再道，大麻子，
張國燾的乾兒子，
劉少奇的狗腿子，
手裡握著槍桿子，
心裡想著鬼點子，
嘴裡喊著舉旗子，
實際幹著保主子，
亂搞護士是痞子，
胡吃海喝二流子，

鎮壓左派動刀子，
庇護省委黑班子，
王任重是你小叔子，
陶鑄是你大舅子，
百萬雄師是你利爪子
十麻九怪壞坯子！……

毛澤東不笑了。凝神片刻，認眞地對謝靜宜說：好了，剩下的等會再唸。來來，妳過來，妳剛才的工作沒做完……誰講我們沒有言論自由？輿論一律？這次運動，人民的自由就大得很！比美國人、法國人、英國人的自由還要多。在他們那裡，誰敢貼大字報罵國家元首，軍隊司令？他們敢像我們這樣放手搞運動？不出三天就垮台。所以我講呀，我們的民主、自由，比西方資本主義國家多囉。誰都可以罵，罵了打了，抄了砸了，痛快痛快，不會被法庭起訴。

謝靜宜唇舌滑膩，仍仰起臉蛋說：主席、林副主席還是不能罵的。

毛澤東按下她的粉頸，撫著：七、八億人口，保留一兩個不准罵的，比例最小嘛。

第三十三章　「百萬雄師」，惹不得也

周恩來、楊成武拉上陳再道、鍾漢華，於黎明時分到長江岸邊查看水情，商量主席在何處下水，何處上岸，組織多少人陪泳，沿途如何警戒等。他們發現三伏炎天的武漢市是座不夜城，街道上，江岸邊，到處是一隊一隊的人馬，手提武器在巡邏，吆喝，不時這裡那裡的，傳出幾響沉悶的槍聲。

周恩來坐在吉普車裡，早又是一身大汗。他想起，去年七月這個時候，毛主席在五千游泳健兒的陪同下，暢游長江三十里，發表了「人說長江很大，大並不可怕」的著名講話，武漢三鎮一片歡騰……毛主席是想重現去年的熱烈場景，再次向全國人民宣示「一定要把文化大革命進行到底」的決心？周恩來問守護在車窗外的陳再道：今年還能組織起五千健兒陪主席游長江嗎？

陳再道回答：省體委、市體委都分成兩大派，手裡都有武器……除非從軍區水警師調五千官兵作陪，岸上則由獨立師戒嚴，否則安全沒有保證。

周恩來說：那肯定不行，主席會生氣，他要和人民群衆在一起，有男女民兵，有大中學生……你們水警師有多少女兵？沒有？一色的和尙兵？更不行，想叫你們化裝成男、女民兵都不成……去年主席游長江多熱鬧，王任重同志全程陪同，武漢市民奔走相告……王任重現在關押在哪裡？

陳再道回答：中央文革點了他的名，聽講主席也不保他了，被造反派押到長沙、廣州游鬥去了。

周恩來「喔」了一聲，忽又問：去年八月，李達究竟怎麼死的？是自殺還是被殺？李達啊，主席的同窗，黨的「一大」代表，武漢大學校長哪。

陳再道回答：軍區政治部派人參加過調查。在珞珈山下的湖灣裡發現他的屍體時，已經浮腫腐爛。當時判斷，至少死了四、五天……死前，被武漢大學紅衛兵鬥了幾天幾晚，聽講打得頭破血流，死的不清不白。罪名是反主席，反文革……娘的，這次運動，很多老同志都死得不清不白。

正說著，站在前面一輛吉普車旁的楊成武、鍾漢華卻被路邊的群衆認了出來：楊成武？楊總長！

楊成武連忙晃手否認：我不是楊成武，你們認錯人了。

幾十名佩紅袖章的青年糾察隊員圍了過來，有人喊：沒錯，他就是楊成武！去年在北京接見紅衛兵，他和毛主席同一輛敞篷車，站在毛主席旁邊！

楊成武立即警覺到後面一輛車裡的周總理，若是也被人認出來，引來成千上萬革命群衆圍觀，就脫不了身了。於是不多解釋，朝後一招手，閃身進了車，趁包圍圈尙未形成，兩車一溜煙開走了。聽得到一兩句叫罵聲：楊成武！你算個鳥！怕見湖北佬！

毛澤東午後起床，在餐桌上召見陳再道、鍾漢華。周恩來、楊成武、謝富治等人作陪。

毛澤東邊喝麥片粥邊說：陳司令哪，我到武漢來保你哪，人家要打倒你，也不容易哪。

陳再道連忙起立，表示感謝，並承認自己工作沒有做好，犯了錯誤，讓主席和中央操心。

周恩來讓陳再道坐下，聽主席指示。

毛澤東說：陳司令這次犯的是方向路線錯誤，支持保皇派，壓制造反派，是不是這樣？你不要緊張，不要一提方向路線就緊張。犯錯誤改了就好。還是當你的大軍區司令，指揮二、三十萬軍隊。你是荊楚節度使，權力大得很，要學郭子儀，不要做安祿山。

周恩來、楊成武等都笑了。陳再道、鍾漢華卻笑不出。

毛澤東說：我對湖北、武漢的運動有信心。比起安徽、河南、四川、湖南、廣西的大武鬥來，湖北、武漢算先進的。有報告講我老家湘潭、長沙，軍工廠打派仗，坦克車都開出來了，把馬路壓爛；四川「產業軍」則用上了火焰噴射器，澎的一聲，對方的工事就燃成灰燼……你們武漢，坦克車沒上街吧？火焰噴射器也還鎖在倉庫裡。所以我講武漢是比較先進的。

周恩來說：武漢兩大派，「百萬雄師」和「工人總部」都有不少武器，包括輕重機槍，是很大的殺傷火力。陳司令，鍾政委，這是怎麼回事？

陳再道漲紅了臉膛。毛澤東注意到，陳再道並不是什麼大痲子，只是神情激動時，臉上才有些痲斑顯現。陳再道說：總理啊，我和「百萬雄師」的人從沒見過面，怎麼曉得他們的武器是哪裡來的？

鍾漢華說：有人報告，「工人總部」一派的武器，都是用漢陽兵工廠的老機器造出來的，每天三班制，二十四小時趕工。

周恩來不悅地說：這就怪了，「工人總部」的武器是哪裡來的，你們清楚；「百萬雄師」的武器哪裡來的，你們就糊塗？

謝富治說：武漢市人民武裝部，各區縣人民武裝部，加上公、檢、法，都公開加入了保守組織，這在全國是少見的。他們的後台是誰，武器哪裡來，還不清楚？

陳再道不予理會，照說自己的：軍區司令部根據中央指示精神，發過兩次通令，要兩派群衆都交出武器，可是誰都不交……中央文革又一再表態，他們支持「工人總部」，一碗水端不平。

毛澤東不耐煩地擺擺手：我為什麼講你們犯了方向路線錯誤？因為你們支持保皇組織「百萬雄師」。在這個問題上，我站在中央文革一邊。你們抓了「工總」的頭頭，人放了沒有？

陳再道苦著眉眼說：放了。昨天總理一來，要我們放人，就放了。

毛澤東說：放了好。哪裡有壓迫，哪裡就有反抗。砍頭不要緊，只要主義眞，殺了我一個，還有後來人。造反派、紅衛兵，連死都不怕，你奈他何？這就叫做：天高皇帝遠，民少相公多，一日三遍打，不反待如何？話講回來，對「百萬雄師」，也不要全盤否定。一個群衆組織，號稱百萬，成員又都是黨團員、工人貧下中農。要做好工作，實現革命大聯合。根子就在你們軍區機關。你陳司令沒有見過「百萬雄師」的頭頭，我或許可以相信。但並不表明你不支持它。具體的，我不管了，總理也管不下那樣多。這樣吧，由謝富治、王力、余立金、李作鵬，加上北京來的幾名小將，組成中央代表團，先和你們軍區負責人開會，再和兩派代表開會，把問題攤開來，就地解決。行不行啊？

陳再道、鍾漢華起立：我們服從主席命令。

毛澤東晃晃手，目光轉向坐在餐桌一側埋頭吃喝的秀才王力：王任重究竟是些什麼問題？他給我寫了信，申辯他不是壞人，沒有被捕過，不是叛徒特務。工作還有成績。你可不可以具體講講？

王力擦嘴回答：王任重當了幾個月的中央文革副組長，和陶鑄打得火熱，保劉少奇，保鄧小平，保賀龍。他還反對紅衛兵，反對大串連。總之是保字當頭。他把賀龍的兒子賀鵬飛、女兒賀曉明都弄到了釣魚臺去了，要在中央文革內部搞名堂，被江青同志及時發現，才把他挖了出來……。

毛澤東點點頭：王任重啊，我過去對他印象不錯，當做忘年友。看來也是個扶不起的天子。

王力進而加油添醋：王任重的讀書筆記很多，發到中南五省縣以上幹部學習，而不學毛著。他寫詩稱主席爲兄長，以兄弟自居。

毛澤東目光暗淡下來：五九年陪我回過一次韶山，他作了首歪詩，什麼「何須衣錦還鄉」……交群衆批判吧。湖北王任重，廣東趙紫陽，都和陶鑄關係密切。武漢軍區和陶鑄沒有關係。

陳再道、鍾漢華再次起立：我們聽從主席的。

周恩來說：還要思想通，心悅誠服。我們都要對主席心悅誠服，體諒主席的苦心。這麼炎熱天氣，主席到武漢來，就是不放心這裡的局勢。武漢一亂，南北交通中斷，影響全局。你們都是忠於主席的老紅軍，老將軍，遇到問題不要鑽牛角尖，使性子。要顧全大局。大局就是文化大革命，就是主席和中央的戰略部署。好了，我們不要耽誤主席太多的時間了。問題留到會議上去解決吧。

毛澤東說聲不忙，轉向余立金，問：武漢空軍有多少人馬？是不是有個空降軍？歸誰領導？

余立金不知毛主席為什麼忽然問起這個，忙回答：武空有兩個殲擊機團，兩個運輸機大隊，一個轟炸機團，一個偵察機團，一個直升機團，總共一百多架飛機，分佈在幾個機場；空降軍編號為第十五軍，有七個傘兵團，十個地勤支援團，總計兩萬多人，直屬空軍司令部指揮，平時訓練由武漢軍區雙重領導。十五軍軍長由武漢空軍副司令員劉豐兼任。

周恩來說：很好嘛，我軍唯一的空降軍，就擺在武漢，機動性強，可見武漢戰略地位之重要。

這話明顯是說給陳再道、鍾漢華聽的。

毛澤東隨即宣佈一項經與周恩來、楊成武商定的命令：楊總長，即日起，駐武漢第十五軍由周恩來、楊成武、余立金三人直接指揮，提拔劉豐任武漢空軍政委，仍兼第十五軍軍長。

楊成武把筆錄下的「中央軍委主席命令」交毛澤東過目，簽字生效。毛澤東旋又對海軍政委李作鵬說：李政委你稍留一會。其餘同志，先散了吧。

周恩來主持了兩個半天的中央代表團與武漢軍區領導人的談話會。中央代表團成員依次是謝富治、王力、余立金、李作鵬，加上北航紅旗司令韓愛晶、北師大紅衛兵司令譚厚蘭；武漢軍區則是陳再道、鍾漢華、副政委葉明、副司令員孔慶德、武漢空軍司令員傅傳作、新任政委劉豐等。

談話會一上場，謝富治、王力和陳再道、鍾漢華之間就展開了激烈爭吵。謝、陳兩人同是四方面軍出身。論過去的戰功資歷，紅軍長征時，陳已是紅四方面軍一名軍長，謝才是一名師政治部主任（副師級），陳強過謝；論現在所擔負的職務，謝是國務院副總理、公安部長、北京市革委會主任，當然高過陳了。但身在武漢論實力，陳畢竟是大軍區司令員，毛澤東稱其爲「荊楚節度使」呢。

謝富治是死心踏地跟了毛夫人江青的。中央文革已經取代了中央書記處和中央政治局，江組長實際上已處在一人之下，萬人之上的位置上，連林副主席、周總理都對她畢恭畢敬，你陳再道算老幾？因之一開口，謝富治就指責武漢軍區支持保皇派，做「百萬雄師」的大後台，對眞正的造反派「工人總部」搞白色恐怖，犯了方向路線錯誤，是直接對抗中央文革，對抗毛主席思想路線，對抗文化大革命運動；如不幡然悔悟，必然陷入錯誤的泥坑，越陷越深，最後難以自拔。

陳再道雖然不善言詞，還是竭力否認自己是「百萬雄師」的大後台：「百萬雄師」是自發的群衆組織，成員都是清一色的黨團員、工人、貧下中農、機關幹部，政治上過得硬，怎麼輕易定爲「保皇派」？而你們所支持的那個「工人總部」，成份複雜，五花八門，街道壞分子、勞改釋放犯、被工廠開除的「四不清」幹部，打砸搶抄分子，流氓團夥分子。他們多次衝擊省軍區機關和武漢軍區大院，先後打傷我警衛部隊兩百多人，幾十人重傷；軍區警備師和獨立師的指戰員一直嚴守紀律，罵不還口，打不還手。我親眼看到，幾個造反派流氓圍毆一名警衛員，警衛員本有很好的武功，可是被打得口鼻流血，都沒有還手自衛。臨了倒在地下，還被那幾個造反流氓吐了口水……請問，是誰對我們的子弟兵有這樣的深仇大恨？告訴你們吧，現在軍區警備師和獨立師的廣大指戰員，早就人人憋下一肚子怒火了。要不是軍區領導一再做工作，強調紀律性、組織性，大家早就不幹了。

周恩來插話：部隊的對立情緒要疏導，要給幹部戰士講清楚，造反派裡混進了壞人，是極少數。

王力說：陳再道同志，北京軍區、北京衛戍區的幹部、戰士在運動中也受到衝擊，但就沒有出現你講的那種怒火，對立情緒。毛主席教導我們，政治路線決定之後，幹部就是決定的因素。首先是你們軍區司令部的負責同志，對運動中所產生的許多新情況、新事物，缺乏認同，思想牴觸嘛！當然，毛主席講了，不通也要通，不通的反面就是通。林副主席也一再強調，對毛主席的指示，理解的要執行，不理解的也要執行，在執行的過程中去加深理解……還有，我們也不能同意陳司令員你所使用的一個名詞：造反流氓。我看全國只有武漢軍區負責人講這個話，用這個詞，很不恰當，很不健康，希望今後注意。對造反派要有感情，無產階級的感情，而非資產階級的個人好惡、恩怨，等等。

鍾漢華說：我們歡迎中央文革的筆桿子王力同志，抽空給軍區機關幹部講演，上理論課。

陳再道平日最看不起、也最痛恨王力這種靠耍嘴皮、搖尾巴混上高官厚祿的所謂文人、秀才了：造反流氓就是造反流氓！難道造反派裡沒有混進一些流氓壞分子？社會上的打、砸、搶、抄，是怎麼搞起來的？打死了中學校長、大學校長、學者、教授還不夠，還想打進軍區機關來，是革命造反還是反革命翻天？我已經命令警衛部隊，如果再有流氓團夥衝我軍事機關，毆打我幹部戰士，搶劫我軍械倉庫，部隊有權自衛！所以，「造反流氓」這個詞，我不收回，今後照用。

謝富治已是一臉怒意：再道同志啊，你說造反派裡混進了流氓、壞分子，保皇派裡會沒混進流氓、壞分子？你如果堅持使用「造反流氓」這種名詞，那麼人家是不是也可以使用「保皇流氓」這個詞？不要對造反派存偏見嘛。我和王力同志這次到武漢後，已對「百萬雄師」和「工人總部」兩派做了初步調查，摸清了一些基本情況。我們堅信，以江青同志為旗手的中央文革，支持武漢「工人總部」一派造反群衆，是正確的決策。毛主席也確認了「工人總部」是造反派，「百萬雄師」是保皇派。這就是中央的立場。你們作為大軍區的司令員、政委，為什麼不擁護中央的這個立場？

陳再道渾身著火，拍響桌子：主席的批評，我接受；說我犯了錯誤，也願意改正。但你謝富治和王力對武漢的群衆組織的一面倒態度，我拒絕接受！老子就是不尿你們這一壺！

王力看謝富治一眼，也拍了桌子：你這是什麼態度？你難道不是一面倒的倒向「百萬雄師」，才造成武漢地區的這種混亂局面？

陳再道見王力狗仗人勢，也敢對自己拍桌子，更是怒不可遏：放屁！給老子閉嘴！

謝富治看到老戰友露出蠻橫的丘八嘴臉，不禁冷笑：陳再道同志，你不要這樣情緒化嘛！王力同志是毛主席司令部的人，江青同志很信任的，要懂得尊重。我們知道你受了些委屈，心裡有氣。武漢的大街上，車站碼頭上，都貼著有關你的打油詩，順口溜，你氣什麼？有則改之，無則加勉嘛！

韓愛晶、譚厚蘭等人聽謝富治一說，立即想起貼在長江大橋橋頭堡上的打油詩：「陳再道，你算老幾，老子就是要揪你……」忍不住幸災樂禍地嘻嘻笑。王力掩住嘴，沒有笑出。

周恩來見陳再道被撩撥的怒火中燒，將要大發作，忙敲敲桌沿，先嚴肅地制止了韓愛晶等人的嘻笑，之後說：陳司令員、謝政委啊，我還是頭次見到二位上將同志這樣針鋒相對、炮火猛烈呢。但是不要忘記了，你們兩位還是我們軍隊的「五同將軍」！哪「五同」？你們同是湖北老鄉，九頭鳥，一同了吧？你們同是一九〇九年生，年齡相同，二同了吧？你們同是在老家參加革命，三同了吧？你們同是紅四方面軍出身的戰將，四同了吧？一九五五年，我代表中央軍委，同時授給你們上將軍銜，五同了吧？有此五同，革命緣份，不值得珍惜？本是同根生嘛，要相互友愛，相互幫助。參加革命有先有後，對運動的認識也可以有先有後，只要最後統一到毛主席的旗幟下，就是了。所以從現在起，不要一碰面就爭，一開會就吵。我這個做總理的，就對你們提這麼個要求，你們同不同意啊？

周恩來簡短幾句話，化解了一場拍桌打椅、相互叫罵的激烈紛爭。是資歷、威望、智慧，加上對幹部歷史的了解，不能不佩服，不服也得服。謝富治、王力表示：我們聽總理的。陳再道、鍾漢華也跟進：好，大家聽總理的。

周恩來說：你們不是聽我的，而是大家都聽毛主席的。我看這樣吧，對群衆組織，你們兩方都不要「一邊倒」，要團結大多數。謝富治、王力同志，你們中央代表團除了做好「工人總部」一派的工作，也要去做做「百萬雄師」的工作，拜訪拜訪嘛。武漢市，湖北省，實現大聯合，還是兩派都要參加，不然，怎麼叫大聯合呢？要告訴「百萬雄師」，保守派就保守派，也要團結，最後大家合成一派：無產階級革命派。另一方面，武漢軍區的同志，也應當去找「工人總部」一派談談，聽聽意見，批評的意見更要聽。主席常和我們講，兼聽則明，偏聽則暗，就是這個道理。今天上午的會，就開到這裡，你們可以利用下午、晚上的時間，去做兩派的工作。主席還在等著你們做好了工作，才公開露面，暢遊長江。在這之前，對主席的行踪高度保密。陳司令、鍾政委，你們在主位，我和謝部長、余政委、李政委以及王力同志在客位，喧賓不奪主，你們還有什麼建議沒有？

鍾漢華和陳再道低聲商量幾句，說：我和再道同志有個建議，想請謝富治同志給軍區機關幹部作個大會報告，也是做做思想工作，對緩和幹部、戰士的情緒有好處。

謝富治肚裡沒有幾滴墨水，也不擅長大會演講，登時面帶難色地望望周總理。

陳再道瓮聲瓮氣地說：有什麼可難的？軍區獨立師和二十九師，是你原先在晉察冀帶過的部隊，下屬們都想見見你這個老首長。

周恩來笑了：部隊的同志就有這個爽快，火氣來得快，消得也快。我看呀，謝富治同志，既然來了武漢，就還是去軍區機關作次報告吧。算個見面禮也好。這樣吧，加上王力同志作陪，你講過之後，王力同志做補充。理論家嘛，代表中央文革，全面闡述一下文化大革命運動的前因、後果，來龍去脈。余政委，李政委，你們還有什麼高見？沒有？散會。但大家不要走，我己吩咐廚房了，中午請大家吃涼麵，喝綠豆湯，管飽不管好，也是降降火氣。

中央大人物光臨武昌，武漢市街頭照樣棍棒槍彈，打個不停。軍區一位副司令員坐吉普車路過漢陽水運碼頭，遇上兩派工人正打群架，還沒有來得及要司機倒車繞道，一把長矛已不分青紅皂白戳進車來！好險，長矛從副司令員的腋下穿過，只在椅背上捅了個洞……副司令員也不敢命令警衛員下車捉拿凶手，而讓司機一溜煙倒車離開，跑出去老遠才開罵：媽的，教唆年輕人發瘋，也叫做革命？戰爭不像戰爭，運動不像運動，完全是街頭流氓暴行，青幫紅幫搶佔地盤！

八月十八日晚，住在東湖賓館深處梅嶺一號的毛澤東，認為武漢地區的局勢已經晴朗化，問題也解決得差不多了，而吩咐周恩來返回北京，去解決湖南、江西問題。湖南兩派武鬥大半年，「湘江風雷」打「高司」，「高司」打「省無聯」，大約都打累了，相互往湘江裡扔屍體也扔夠了，都派出代表到了北京，同意實現革命大聯合。毛澤東聽到匯報，信心滿滿地指示：恩來你回去找他們談，把湖南省革命委員會成員名單確定下來，由華國鋒當主任吧。過幾天我要到長沙，游湘江。楊成武、汪東興反對我游長江，但不反對我游湘江。長江、湘江都是我喜歡的，都要游。

深夜，周恩來臨上飛機前，對送行的楊成武、謝富治、王力、余立金、李作鵬等人交代：武漢局勢，主席比較樂觀，我是既樂觀又不樂觀。兩大派都像火藥桶。楊總長、余政委你們要把空十五軍佈署好，保障空中交通安全；李政委你的東海艦隊特遣分隊，則要保證控制長江航道。總之，主席的安全，大意不得。最後，周恩來還有句令楊成武驚心動魄的耳語：必要的時候，提醒主席，留意一下南京軍區的動向……陳再道和許世友，同是紅四方面軍出身的鐵杆兄弟，戰友。要是一個在武漢鬧，一個在南京鬧，文章就做大了。都是帶兵的老紅軍，不要太過逼他們……。

送走了周總理，謝富治忽然向王力提出：走，這裡離他們空軍司令部不遠，拉上劉豐，到水電學院看看，那裡是全武漢市最堅強的造反派堡壘，我們還從沒去過。

王力明白謝富治的意思，白天他們去了「百萬雄師」總部，受到冷遇，話不投機，不對味，不到一個小時就離開。但以後可以向主席、周總理匯報，去過「百萬雄師」，談了話，做了工作。他們堅信，支持革命造反派，把文化大革命進行到底，才是江青同志的本意，也符合毛主席的本意。天下的造反派，見面就親熱。保守派不投降，不改邪歸正，只好搞垮他，分化他，最後吃掉他。

在武漢空軍司令部，劉豐要留住謝、王兩位「中央首長」喝幾杯，謝、王豈是好酒貪杯之輩？還是幹正事吧。一行人分乘兩輛吉普車，來到武漢水利電力學院校園。全院數千名革命師生聞訊傾巢而出，歡聲雷動：謝副總理來了！王力同志來了；中央文革首長來了！歡迎！歡迎，熱烈歡迎……高音喇叭播放革命歌曲：革命方知北京近，造反倍覺主席親！革命方知北京近，造反倍覺主席親……

比起在「百萬雄師」總部受到的冷遇，謝富治、王力面對盛大的歡迎，感動得渾身發熱，眼睛發紅，欣然接受兩名女大學生替他們佩戴上「工人總部」的紅袖章。在手持棍棒的糾察隊員的陪護下，他們先去視察了學院大門外沙包壘成的工事、據點，以及校辦工廠自製的各式武器，竟然造出了迫擊炮、六〇炮，可打飛機的高射機槍！王力看一路，誇一路：好！江青同志「文攻武衛」的指示，你們落實得好！文化大革命，我們造反派就是要有兩手準備，一手文攻，一手武衛。

隨後，謝富治、王力、劉豐被迎進那可以容納全校師生的體育館，上了主席台。面對紅旗飛舞，鼓樂轟鳴，紅衛兵戰友們的歡呼聲，一向表情木訥的謝富治，竟也豪情高漲，熱情沸騰，對著麥克風叫喊：同志們！紅衛兵戰友們！你們好！我和王力同志，代表中央文革，代表江青同志，看望你們來了！你們是好樣的！我們是支持你們的！你們立場堅定，鬥志高昂，大方向是正確的！我和王力同志堅決和你們站在一起，把武漢地區的文化大革命運動進行到底！

王力這時也早就按捺不住了，謝富治的話一完，就鸚鵡學舌仿著林副主席的腔調，幾乎是咆哮似地接上去：武漢地區運動形勢大好！不是小好，也不是中好，而是大好！武漢的問題一定要解決得最好最好最好。因爲武漢有一支鋼鐵般頑強的造反隊伍。毛主席，林副主席，黨中央、中央文革，是支持你們的！你們受打擊、受迫害的狀況再也不允許存在下去了，要把顛倒了的歷史顛倒過來……今天，我可以負責任地向你們宣佈四條：第一，武漢軍區「支左」的大方向錯了，犯了方向路線錯誤；第二，釋放所有被抓的造反派戰友，並向他們賠禮道歉；第三，「工人總部」是造反派，革命左派，是有功勞的；第四，「百萬雄師」是保守組織，王任重是黑後台，武漢軍區是保護傘……

歡呼啊，雀躍啊，手舞足蹈，淚水紛紛，熱血賁張，毛主席萬歲，謝富治萬歲，王力萬歲。

劉豐代表武漢空軍作政治表態：紅衛兵戰友們，同志們！過去，我對毛主席的革命路線理解不深，執行不力，學習不夠，在「支左」工作中犯了錯誤。現在我向你們賠罪認錯！向你們學習，向你們致敬！今後盼望造反派幫助我。我們武漢空軍從現在起，堅決站在造反派一邊，做你們的後盾！

……至此，半年來一直受到武漢軍區和「百萬雄師」壓制、打擊的「工人總部」，在武漢三鎮的上千個分支部，隨即發出排山倒海的歡呼：我們翻身了！我們解放了！我們勝利了！

造反派組織動作很快，連夜複製出上百盒謝富治、王力、劉豐「三首長」的講話錄音帶，由上百輛廣播宣傳車到武漢三鎮的大街小巷上去做徹夜播放，展開前所未有的、一面倒的宣傳攻勢，把「百萬雄師」一派弄了個暈頭轉向。

住在花木幽深、碧波萬頃、遠離塵囂的東湖賓館內的中央大員們，並未及時了解到，武漢三鎮已經鬧翻天。他們或許遠遠的聽到了什麼。天天都是這派、那派，大喇叭、小喇叭的鬧，全中國凡有人群的地方都在這麼鬧，聽多了，久了，也就無產階級睡得著覺，資產階級也睡得著覺了。

七月十九日上午，「百萬雄師」一派彷彿從晚上和早上的挫折中緩過氣來，展開了聲勢更爲浩大、更爲激烈的反擊。幾十萬人從四面八方湧來，遍佈武漢三鎮的主要街道、江濱、碼頭。以產業工人、武裝民兵爲主體，結合當地駐軍，隊伍威風八面，浩浩蕩蕩。他們高唱「大刀向鬼子們的頭上砍去」，高唱「說打就打，說幹就幹，練一練刺刀手榴彈」，高唱「東風吹，戰鼓擂，現在世界上誰怕誰」，高唱「這是最後的鬥爭，團結起來，到明天！英特耐雄那爾，就一定要實現」……。

數百支「橫掃千軍如捲席」的雄壯隊伍，邁著整齊的步伐，呼著憤怒的口號，播著刺耳的高音喇叭，攪得整個武漢在七月流火中顫抖。文化大革命造就了無數辯論疾才，文章快手。所有「百萬雄師」的宣傳車上，高音喇叭配上激越的女高音，一遍又一遍播放著一篇「討王檄文」：

王力究竟是人還是鬼？

王力自竊據中央文革小組成員以來，一貫以極左面目出現，欺上壓下，橫左蠻右；舞文弄墨，指鹿爲馬；鼓唇搗舌，顛倒黑白。在他插手的四川、內蒙、江西、河南、湖北、浙江、雲南、貴州等省區，無一例外出現了大武鬥、大流血、大混亂、大停工、大破壞。這是爲什麼？他大喊「懷疑一切」以亂黨，大抓「譚氏人物」以亂軍，大搞「反奪權」以禍國，大封「保皇派」以挑動群衆鬥群衆……他令革命派水深火熱，反動派歡呼雀躍，又何其毒也！他就是埋在毛主席身邊的一顆定時炸彈！

揪住王力的狐狸尾巴當老虎打！

把王力交給湖北三千二百萬人民和各兄弟省市革命群衆，進行徹底的批判鬥爭！

王力從中央文革滾出去！

打倒王力！火燒王力！油炸王力！

……可惜王力本人並沒有及時聽到、讀到這篇「討王檄文」。

「討王檄文」卻於當天下午被放到了梅嶺一號毛澤東的書案上。毛澤東命他的臨時秘書之一的謝靜宜唸了一遍，嘆了口氣，什麼都沒有說。

當天下午三時，謝富治、王力依原計畫準時出席武漢軍區司令部召開的師以上高級幹部大會，並由他們兩位中央大員作報告，講演文化大革命的形勢與任務，意義與前景。

一個大軍區，副師級以上幹部竟達七、八百人，小禮堂將星齊集，座無虛席，絕大多數都是爬雪山、過草地、身經百仗打拚下來的老紅軍。

謝富治畢竟行伍出身，知道台下這批人的份量，加上不擅長言詞，給老將軍、老戰友們問了好、致了意，作了個簡短的開場白，就打住了，把餘下的大把時間留給了中央文革的「理論家」王力。

王力一表人物，站在主席台上，對著麥克風，居高臨下，鳥瞰衆將。他曾經參加過中共中央代表團，面對面地和蘇共中央代表團激辯；中共中央的「九評蘇共中央公開信」，他更是主要的執筆者之一；文化大革命前夕，他已位居中共中央對外聯絡部副部長的高位，若要硬套軍政級別，也已相當於大軍區副職。所以現刻面對台下數百名老紅軍出身的軍隊高幹，仍是一付筆走龍蛇、口若懸河的大首長氣派。也是嫌謝富治剛才的開場白一般化，不夠勁，他抬高了聲調說：你們在座各位，都是師以上領導幹部。我們中央代表團已在武漢地區活動了幾天。看來你們對我們偉大領袖、偉大統帥毛主席親自發動的這場文化大革命運動，很不理解。因此，我要在這裡花點時間，給你們上上課，或者叫補補課，從最基本的ＡＢＣ常識講起，從一九六五年姚文元的〈評新編歷史劇《海瑞罷官》〉講起，包括一九六六年批〈二月提綱〉、批《三家村》、頒〈五．一六通知〉，十一中全會通過〈十六條〉，紅衛兵運動的興起；直到今年的〈評陶鑄的兩本書〉、〈賣國主義還是愛國主義〉……。

謝富治沒有興趣聽王力的書生之論。十個書生九個猖狂。得意時牛氣衝天，不是天下第一也是天下第二，忘了自己吃幾兩乾飯；失意時像洩氣皮球、斷脊梁犬，趴在地上踢它不動，趕它不走……因而只在台上陪了個十來分鐘，就悄悄離開，返回百花山二號院和衛士、護士玩撲克牌去了。

陳再道、鍾漢華等十餘名軍區領導，出於對「中央文革」的禮貌，卻不能不在台上坐著！尤其是陳再道坐不住。娘賣屄的，老子們掖了腦袋九死一生打天下的時候，你個地主少爺還在茶來伸手、飯來張口喝窮人血汗呢！什麼東西，雞巴玩意，混到中央工作，也來武漢軍區指手劃腳，做欽差大臣！依了戰爭年代的性子，早就一個巴掌掃過去了。他怒目圓睜，胸脯起伏，像一尊煞神。

台下呢，那些熬白了頭髮的師長、軍長們，少將中將們，一個個或驚愕，或憤怒，或冷笑；有的咬牙，有的捏拳，有的捶椅背。有的欲拂袖而去，但被老戰友拉住：陳司令員都還沒有走哪！宜將冷眼觀螃蟹，看它橫行到幾時。

王力在台上放言高論，滔滔不絕，不知死活：當前的主要矛盾，就是要揪帶槍的劉、鄧路線。中央認為，武漢軍區在支左工作中犯了方向路線錯誤……。

就在這時，一批接一批的軍人，分乘一輛接一輛的卡車，黃波濁浪似湧進了軍區大院，湧進了大操坪……，驕兵悍將們鳴喇叭，呼口號：我們要見王力！我們要見謝富治！王力出來辯論！

終於引爆了「百萬雄師」這隻武漢三鎮最大的火藥桶，也是南中國地區最大的火藥桶。

第三十四章　武漢兵變　海空逃離

深夜，東湖賓館百花山二號。

王力在大套間裡踱步。作過大會報告，精神仍然亢奮：軍隊幹部的文化水平普遍偏低，理論素養更是差勁，回京後向江青同志建議，編幾本小冊子供他們學習……

主套房裡，謝富治洗漱完畢，正準備讓小護士來做按摩，之後上床休息，忽然聽到賓館正門方向，傳來陣陣口號聲，廣播喇叭聲，人群騷動聲。娘的，白天鬧不夠，晚上繼續鬧，吃了炸藥呢。

房門「砰」地一聲被撞開，陳再道揮著把大蒲扇，一頭汗水地進來：謝老弟！你和王力幹的好事！「百萬雄師」的人要找你們辯論，我不管，也管不了！

畢竟是老戰友，老同志，爭吵歸爭吵，私下裡情面抹不開的：出了啥情況？「百萬雄師」的人在哪裡？要和中央代表團辯論？

陳再道蒲扇拍得叭叭響：你和王力在水電學院大會上講了武漢軍區四大問題？公開宣布「百萬雄師」是保皇派？是代表黨中央講話？主席有授權嗎？總理有指示嗎？

謝富治已隱隱覺得有什麼不妥，但嘴上仍硬：我沒有講！王力講了，他代表中央文革，不代表我。我倒是要說你老兄呀，武漢軍區，整個一幫驕兵悍將，哪有軍隊直接參加地方群衆組織的？全國只此一家，你曉得嗎？

陳再道怒目相向：你放屁！你們侮辱我個人事小，侮辱整個軍區事大。狗咬呂洞賓，不識好人心，你闖下的局面，你收拾吧！

說罷陳再道正欲拂袖而去，幾十名軍人已經湧進院子，堵在了謝富治的臥室門口。謝富治大吃一驚，這些人是陳再道引來的？不然士兵們怎麼知道自己住在這裡？他計較不了許多，而挺身迎了上去：我是謝副總理，你們是哪個部隊的？我正在和你們陳司令員商量工作，誰叫你們闖進來的？

堵在門口的軍人稍稍後退，擁塞在走廊裡的軍人們卻是一片叫嚷：出來辯論！出來辯論！

陳再道把謝富治擋在自己身後，大聲喝斥：目無紀律！成什麼體統？退出去！有話到院子裡說。

軍人們退到了房外草坪上。謝富治的兩名警衛員雖然被人下了槍，但不忘搬來兩把椅子，請謝政委、陳司令坐下。謝富治沒有坐下，面對團團圍住他的軍人們說：大家都是人民子弟兵，武漢軍區的很多老同志是我的老戰友、老下屬。現在這麼晚了，你們不讓我這個老上級和你們陳司令員休息？明天上午，我到軍區禮堂，去聽你們的意見，要辯論也行。現在，你們可以解散了。

陳再道說不清心中竊喜還是佯裝惱怒，以打雷似的嗓門下令：退出去！太不像話了，人家還以爲你們鬧事！退出去！

第一波軍人剛被喝退，第二波軍人又蜂湧進來，且是全副武裝的，見到謝富治的警衛員就是一陣槍托。混亂中，陳再道也挨了幾槍托，被打倒在地，還有人叫喊他是「投降派」。謝富治身手快捷，閃回臥室，藏進衣帽壁櫥裡。

千不該，萬不該，原本躲在屋子裡發抖的王力，以爲謝、陳二位上將已把士兵們勸服，於是屎克郎掉進馬槽，愣充大料豆，硬著頭皮出來露個臉，以顯他中央大員的威儀……沒想到青年軍人立即認出了他：王力！那傢伙是王力！揪出來，揪到軍區去……王力見大事不好，返身躲回臥室，門未關住，就被衝進來的士兵一頓拳腳，拖了出去。緊接著，謝富治也被抓了出來，押上大卡車……

陳再道躺在草地上無人管。立即有工作人員跑去百十米外的一號院，向總參謀長楊成武報告：不好了，軍隊鬧事了，佔領了賓館大門，衝進二號院，把謝副總理和王力抓走了！

軍隊嘩變？楊成武渾身毛髮都豎了起來！除了江西蘇區時期富田事變那一次，我軍幾十年來從未發生過劫持領導人的嘩變。他想到毛主席的安全，立即命令警衛排緊急出動，封鎖百花山和梅嶺之間的所有道路，同時以保密電話通知汪東興、余立金、李作鵬三人火速趕來碰頭。在等候汪、余、李三人的短暫時刻，他要通了北京中南海西花廳的直線電話，向周恩來總理報告剛發生的突變事件。

周恩來在電話裡問：陳再道、鍾漢華人在哪裡？

楊成武說：陳再道被士兵打傷，鍾漢華去向不明。我現在全力保衛主席安全。總理有什麼指示？

周恩來說：對！千方百計，天上地下，陸、海、空齊行動，保障主席安全，千萬大意不得！命令守衛梅嶺的第一中隊立即構築工事，封鎖道路；海軍的幾艘炮艇駛入東湖水域，必要時，請主席上砲艇避避……成武啊，又是一次大考驗，前所未有的！注意不要去激化矛盾，「百萬雄師」有什麼要求，先答應、穩住他們。我這裡立即向林副主席報告，請江青同志他們碰頭。估計最快，也要等到中午，我才能帶中央警衛團坐飛機趕來。所以，你們一定要準備好堅持到今天晚上，一定要堅持到我來接主席離開。成武，這是軍令狀，以你、我兩人的腦袋擔保。好，不多講了，請隨時和我聯繫。

楊成武掛完電話，汪東興、余立金、李作鵬三人趕到。

楊成武威嚴地手掌一劈，斬釘截鐵地說：出事了，謝富治、王力被綁架到軍區去了！現在，你們執行我的命令：第一，汪東興率領一中隊，立即在通往梅嶺一號的長堤上堆沙包，構築工事，封鎖道路。沒有蔴袋？把賓館的所有枕頭套、被套之類統統用來灌沙子。把輕重機槍架上，無論誰帶人衝梅嶺主席住處，格殺無論；第二，李作鵬你傳令海軍的七艘炮艇，立即開進東湖水域，沿梅嶺半島作扇形展開，任何船隻闖向梅嶺，予以擊沉。還有那艘護衛艦，封鎖長江與東湖的進出口；第三，余立金和劉豐，負責指揮第十五軍（空降軍），立即佔領山坡機場，切斷山坡機場與武漢軍區的一切聯繫。並在民用機場王家墩機場附近佈防，暫時不要接管。好，不要問什麼了，爭分搶秒，分頭行動！

汪東興還是轉過身來問了一句：要不要報告主席一聲？

楊成武說：我去。不要驚了老人家……

幾分鐘後，在梅嶺一號主套間裡，毛澤東穿著長睡袍，在小謝的陪伴下，聽了楊成武的簡要匯報。

毛澤東倒是不慌不忙，邊吸菸邊踱步。他吸菸很凶，隨手彈落菸灰。俊俏的小謝托著個大菸缸跟在他身旁，不讓灰燼及火星子撒落在紅地毯上。毛澤東出至外間書房坐下，才笑笑說：成武啊，自長征路上起，你就是我的常山趙子龍，渾身是膽又計多謀足。那些具體佈署，任你做，我不管。武漢軍區眞敢鬧啊？部隊出面抓中央代表，是小鬧，或是中鬧，還是大鬧？抓去謝富治、王力，若是今晚上放人，算小鬧，我們和他小計較；抓了謝、王當人質，和中央談條件，算中鬧，我們和他中計較；抓了謝、王，再衝梅嶺，就是要搞武漢版的西安事變，想抓我做蔣委員長了。張學良、楊虎城抓蔣介石，是要逼蔣抗戰；陳再道、鍾漢華若抓毛澤東，是要逼毛停止文化大革命。胃口都很大，這就轟動世界了。我相信他們只是小鬧，至多中鬧，鬧給我看。

楊成武說：在軍事上，只能作防備大鬧的佈署。

毛澤東說：贊同。不然，紅色趙子龍一世威名，代關雲長走麥城。這裡的事，報告北京沒有？

楊成武嘆服主席偉人胸襟，變亂當前，仍然輕鬆幽默，談笑從容：已向總理作了簡報。總理說他會趕在今天中午到武漢，來接主席出去。

毛澤東說：我哪裡都不去。留在武漢，看陳再道的三頭六臂。還沒有游長江哪。總理講了什麼？

楊成武說：總理提醒過，要注意南京許世友，陳、許兩人關係不一般，情急之下，容易蠻幹。

毛澤東冷笑：那就熱鬧了，一個中游，一個下游，膏腴之地，半壁江山。他們敢聯手？我不信。陳、許不是劉邦、項羽，不是掛帥人物。劉、鄧、彭、賀是。陳、鍾二位不露面了？在哪裡坐鎮？

楊成武說：聽百花山二號內衛報告，陳再道被士兵打傷了，倒在草地上……鍾漢華不知去向。

毛澤東問：是不是演苦肉計啊？不理他，你去通知武漢軍區放人，再通知北京，要張春橋回上海，注視南京許和尚的動向。

楊成武起立：我這就去。若不放人，他們就是大鬧了。如有必要，只好請主席上砲艇避一避。

毛澤東說：我不走。你敢送我上砲艇？

楊成武舉手敬禮：敢！對黨中央和全國人民負責。

電話鈴響了。毛澤東揮揮手，接電話，是江青從北京打來的：老闆呀，你受驚了吧？我馬上飛武漢來陪你。

毛澤東生氣：妳不要來！留在北京看家！看家，懂不懂？也想學「西安事變」時的蔣夫人？

北京。中南海西花廳，總理座車已在前院候命。

要不要先通知釣魚臺江青？周恩來稍作遲疑，還是搶第一時間報告已移住在人大會堂浙江廳的林副主席。葉群接電話：總理啊，一號正等著哪。下面，一號講話。

林彪已經收到武漢方面的密報了？他有自己的情報管道。周恩來仍堅持簡報了武漢軍區部隊嘩變的情況。林彪開口就說：我擔心主席的安全。總理，馬上見面，我來西花廳。

周恩來忙說：不，不，林總，我過來。我的車子已到。主席在武漢的保衛工作，由楊成武負責，剛通了電話，暫時沒有問題。我馬上過來談。

總理座車走中南海與人民大會堂之間的中央常委專用地下通道。數分鐘後，周恩來已出現在浙江廳。林彪正佇立在一幅有半堵牆壁那麼大的掛圖前。

葉群親自端來茶水，笑容可掬：總理請坐。一號你也坐下吧，好談話。

林彪一臉嚴肅：近幾天總是擔心出事，果眞出事。總理，告訴江青沒有？沒來得及？葉群，去掛個電話，講得緩和一點，告訴她總理到了。是我去釣魚臺，還是她來浙江廳，由她決定。

葉群到隔壁房間去了。周恩來以請示的口吻說：武漢出事，北京要有適當反應，相應措施。

林彪點點頭，從口袋裡掏出一張紙片來，他已拉出了「條子」，幾乎是照著唸道：第一，武漢事件屬什麼性質？反革命的！劫持中央代表，武裝對抗中央，是否兵變、叛亂？要嚴防其他軍區的個別人起而效仿；第二，陳再道是紅四方面軍張國燾餘孽，他這次暴露出來狼子野心，毫不奇怪。北京有他的後台，南京有他的同黨。北京的後台徐向前、徐東海，中央警衛局要加強監護，掌握他們和武漢勾結的情況。要防止南京的許世友和他武漢的難兄難弟陳再道聯手；第三，請示主席，同意我代表軍委發佈緊急命令，全軍立即進入一級戰備，所有軍人停止休假、探親，部隊結集待命。命令東海艦隊封鎖長江出海口，派一支特遣艦隊進入南京與浦口之間的水域佈防；第四，命令駐河南的××軍，駐安徽的××軍，駐江西的××軍，駐湖南的××軍，駐川東的××軍，從東、南、西、北四個方向擠壓湖北，擺下合圍武漢、關門打狗的陣勢。總理，請隨我看地圖。

周恩來隨林彪去到那幅大掛圖下。林彪操起那根靠在牆下的鋁合金細棒，把河南、安徽、江西、湖南、四川五省野戰軍駐防位置指劃一番，邊說：陳再道敢叛亂，我還有吳法憲的空軍，李作鵬的海軍，天上地上水上，天羅地網，他個張國燾餘孽插翅難逃。

之後，他們又返回到沙發座位上。林彪望著黃埔軍校的老上司：總理，你的意見呢？

周恩來心裡別是一番滋味，嘴上卻說：林總分析局勢，有戰略高度，條理清晰……我的不成熟的想法，武漢事件的性質，還要等一等，看進一步的發展變化；軍隊的部署，形成合圍陣勢，向武漢方面施壓，我沒有意見，相信主席也會同意；關於北京「雙徐」和武漢陳再道、南京許世友有無勾結，是否後臺，還是要看事實。同意警衛局對「雙徐」加強保護，但暫不限制他們的人身自由。當務之急，北京由林總坐鎮，我盡快趕到武漢去，設法把主席接出來，並請主席赴上海坐鎮、休息。

林彪說：好，主席赴上海。你要帶機動部隊去，命令吳法憲空運幾個團的兵力。

周恩來說：謝謝林總。我想用不了那麼多。起碼，武漢那個空降軍會聽我們的，可以控制機場和附近地區，管制空中交通。

林彪說：對，那個空降軍是我們的人。你打算帶多少部隊去？要配備強火力，包括反裝甲武器。

周恩來這才明白，是武漢空軍的劉豐和林副主席保持密切聯繫：我想調用四架空軍運輸機，帶警衛團的兩個中隊去就夠了。如須執行突擊任務，部隊多了也用不上。

林彪說：可以，現在就要吳法憲準備飛機，警衛團要做好緊急動員，但不必向部隊說明詳情。

周恩來說：知道了，林總從來用兵如神。

正說著，江青由葉群陪著，一陣風似地進來了，見面就說：林總，總理，我反對軍事上現在就搞大動作！那樣會逼陳再道那些傢伙狗急跳牆，作困獸鬥，危及主席安全。尤其不能出動空軍戰機到武漢上空去盤旋示威。

周恩來點點頭。顯然，中央文革也有自己的消息渠道：坐下，坐下。沒有人提出出動戰鬥機啊。

林彪狠狠地瞪婆娘葉群一眼。

江青會意，忙替葉群解脫：林總，不是葉群說了什麼，是韓愛晶他們向我報告，說中央要派飛機轟炸武漢……我不相信小將們的無稽之談，並已經和主席通了電話，主席說他很安全，不用我到武漢去陪他。當然，我們要作兩手準備，一手文，一手武，文軟武硬。我認為先還是展開宣傳攻勢，以黨中央、國務院、中央軍委、中央文革四家名義，發表兩封公開信，一封給武漢地區全體黨員、幹部、工人、貧下中農、城市居民，一封發給武漢軍區全體指戰員，把武漢事件的眞相，儘快告訴他們，讓他們認淸軍區少數壞人的眞面目，堅決劃淸界線，以求達到最大限度地孤立陳再道、鍾漢華的目的。

周恩來說：好，文攻輔以武衛。公開信的事，就由文革小組負責起草吧。

林彪說：此事抓快抓緊。今天下午，派空軍飛機到武漢上空散發。

周恩來起身：刻不容緩。我現在去找警衛團交代任務，佈置動員。江青同志，天已經大亮了。請妳轉告戚本禹下通知，上午十點，在釣魚台十六號樓開政治局緊急碰頭會，徐向前不出席，葉劍英、聶榮臻出席，文革小組全體成員出席。張春橋也不出席了，立即飛上海，準備迎接主席。

林彪起立相送，留下江青談事情。

林彪很快返回，神色凝重地說：江青同志，妳是主席夫人，賢內助，我很擔心主席的安全！向總理提出到武漢去，總理要求我留在北京管點事……我本想給主席寫封信。考慮一下，既然主席不讓妳去武漢，這封信還是由妳寫較合適。建議包括以下內容：一、武漢事件的性質，是叛亂？兵變？二、命令全軍進入一級戰備狀態，警告武漢陳、鍾不得輕舉妄動；三、以中央名義向武漢地區軍民發出公開信；四、嚴密監察南京許世友，防止陳、許聯手。他們的後台是北京的「雙徐」，紅四方面軍張國燾餘孽；五、建議主席盡早離開武漢赴上海。主席坐鎮上海，南京許世友就不敢呼應武漢陳再道。這是重中之重，關鍵的關鍵。

江青一向敬佩病夫元帥的智慧、謀略：好，我馬上回釣魚台給主席寫信……可不可以和你聯名？加上葉群？

林彪起身，表示送客：我和葉群不掠美。這種時刻，主席最需要自己夫人的關切。我的這點苦心，妳心裡知道就行。忠不忠，看行動。下面，我要找空軍、海軍的人來談，看看陳再道有幾顆腦袋。

江青對林副主席感激涕零。

武漢三鎮，紅光灼灼，氣焰衝天，反叛四起。

這座四百餘萬人口的華中工業重鎮，如同一大鍋沸水翻滾蒸騰。數不清的旗幟，數不清的人流，大街小巷，人們呼號：「打倒王力！」「火燒謝富治！」「欽差大臣從武漢滾出去！」「打倒中央文革一小撮！」「百萬雄師萬歲！」「人民解放軍萬歲！」……

大遊行開始了。首先是武漢市軍分區屬下的民兵師，四列縱隊，清一色的柳條帽，清一色的藍工裝，清一色的牛皮靴，清一色的步槍、刺刀，叫做「召之即來，來之能戰，戰之能勝」。牛皮靴唰唰唰，踩得街道都在抖動。整齊的口號聲，戰歌聲，吼得整個城市上空都發出顫音。

武裝民兵師過後，是產業工人的隊伍，人人手拿棍棒、鐵杖之類的武器。以每一工廠爲單位，旗幟上面，有的稱爲「打鬼隊」，有的稱爲「掃黑隊」，有的稱爲「雷霆隊」，有的稱爲「鋼管隊」，有的稱爲「鎮暴隊」……高唱的歌曲是：咱們工人有力量，嘿！咱們工人有力量，革命意志堅如鋼，牛鬼蛇神無處藏，無處藏！

產業工人的隊伍後面，是郊區貧下中農大軍，人人頭戴草帽，肩扛鋤頭，大都背心短褲，顯露出古銅色肌膚，呼喊的口號是「不吃二遍苦！」「不受二回罪！」高唱的是訴苦歌：天上佈滿星，月兒亮晶晶，生產隊裡開大會，訴苦把冤伸！萬惡的舊社會，窮人的血淚恨……

郊區農民大軍的後面，是此次大遊行最爲雄壯、最具震撼力的部分：兩百多輛軍用卡車，滿載著全副武裝的湖北省軍區警備師官兵、武漢軍區獨立師官兵，轟隆隆壓過來，鐵流一般壓過來……滿街都是馬達轟鳴，車輪滾動，噴出青煙，揚起土塵。士兵們嚎叫一般的歌聲，如同聲聲霹靂，撕天裂地：叫打就打！叫幹就幹！我們是人民的武裝，一支不可戰勝的力量……武漢軍區官兵明目張膽的武裝大遊行，是向文化大革命運動挑戰，向中央文革小組示威！向毛澤東抗議，向黨中央施壓。誰說人民解放軍不敢反對毛主席？張開耳朵、睜大眼睛吧，這可是歷史大劇，連台好戲。

戒備森嚴的東湖賓館，精銳的中央警衛團第一中隊已占據了所有的制高點、要道口，掘下壕溝，壘起沙包牆，架設起輕、重機槍，還有穿甲彈、火焰噴射器、單兵火箭筒。如果叛亂軍人駕卡車來衝，以火焰噴射器擊毀；坦克強攻，則穿甲彈、火箭筒對付。到時候，賓館門外屍體如山，堆成路障。

謝富治已於凌晨時分被釋放。他怎麼都想不通，武漢軍區士兵竟敢抓、敢打他這個政治局委員、國務院副總理，用槍托打，以牛皮靴踢！人家王力也是堂堂中央文革成員，代表江青同志啊，被打的更凶！這一切，豈不是直接衝著偉大領袖毛主席來的？人民解放軍，無產階級專政的柱石，毛主席親手締造、林副主席直接指揮的人民子弟兵啊，毆打、劫持、關押黨中央代表，什麼性質的問題？是兵變，武裝叛亂！對抗以毛主席爲首的黨中央……但這怎麼可能啊？多麼荒謬啊，毛主席號召全國學習解放軍，林副主席稱解放軍是全國學毛著標兵；武漢軍區官兵卻在毛主席的眼皮底下搞叛亂。

謝富治額角上青腫了一大塊，回到百花山二號，見陳再道還沒有走，還躺在床上，不禁大怒：陳大痲子！你的部隊翻天，你還挺屍裝死？老子和你沒完，操你姥姥，操你一家，恨不能一槍斃了你！堂堂國務院副總理兼公安部長，情急之下，也潑婦罵街了。陳再道草莽歸草莽，心裡自有盤算，他冷冷地回道：你罵娘是你的水平問題，管毬毬用？我被打傷了，下不了地，能上哪裡去？

謝富治兩眼冒火：起去管束你的下級！你們軍區警備師和獨立師在搞武裝大遊行，向黨中央挑戰，向毛主席挑戰！

陳再道閉上眼睛：我管不住了，沒有人肯聽我的話了。你和王力有本事闖禍，沒本事收場？

謝富治吼道：你帶的好部隊！和地方軍閥有有什麼區別？你不要和我玩苦肉計。昨天晚上那些士兵來抓我和王力，就是你帶的路！你搞陰謀詭計。

陳再道說：任你怎麼講，我就是不離開這裡。我一離開，就會有人誣指我指揮了部隊，領導了你們所講的那個叛亂。

正爭吵著，楊成武進來了，見謝富治只是額頭上紫了一塊，其餘無大礙，笑了笑，先對躺在床上的陳再道說：我代表中央軍委命令你，從即刻起，不准離開這間房子，否則逮捕！宣佈過命令，楊成武拍拍陳再道的手，說：陳司令，冷靜冷靜，軍委的命令，也是爲了保護你，免得越陷越深。

陳再道臉朝牆壁，回了一句：老子要跑，早跑了。

雖說楊、謝、陳三人同是上將軍銜，但此時楊成武已經總攬軍事。他嚴肅地對謝富治說：走吧，隨我去見主席。

兩人出了百花山二號，忽見一位穿工裝的中年人快步走近楊成武，立正，敬禮。楊成武瞪了一眼，才認出是總後勤部部長邱會作：怎麼這身打扮？從哪裡冒出來的？

邱會作回答：報告楊總長，是江青同志派我來給主席送信……下了專機進城，一路上都受到工人糾察隊的盤查，我自稱是空軍基地的修理工，他們驗了工作證才放行。

謝富治關切地問：信沒有丟失吧？

邱會作回答：沒有。江青同志吩咐，人在信在，人亡信毀。

楊成武說：辛苦了。走，隨我上車，去見主席。

不一會，到了梅嶺一號下車。楊成武讓謝富治領著邱會作在值班室稍候，他先進去通報。

毛澤東問：哪個邱會作呀？誰的部下？

楊成武報告：就是總後勤部長，中將銜，林總的部下。

毛澤東笑笑：江青派這麼大個信使來，還化裝？現在是中將當家，空軍吳法憲是中將，這個總後部長是中將，海軍李作鵬是不是中將？反正都是他四野的人馬。叫進來吧。

楊成武把謝、邱兩人領進來。謝富治上前敬禮握手。毛澤東並不起身，只是伸出手去，讓邱會作也握了握。卻先不問北京的事，而對謝富治說：你受驚了？挨了打？公安部長挨幾下，以後提高警惕……他們不放王力，不知關到哪裡去了？不要緊，一名中央文革成員，抓住不放頂屁用？你們到水電學院發表的言論，我聽過錄音了。十個書生，九個狷狂，自以爲了不得。秀才賣嘴皮，軍人講實力。秀才遇到兵，受些教訓也好。清朝有個黃景仁，寫過一首詩，大概是這樣的：

仙佛茫茫兩未成，
只知獨夜不平鳴。
風蓬飄盡悲歌氣，
泥絮沾來薄幸名。
十有九個堪白眼，
百無一用是書生。
莫因詩卷愁成讖，
春鳥秋蟲自作聲。

揚成武讚道：主席記性眞好。這首詩我從未聽到過。

看得出來，邱會作在暗暗發急，有些坐不住。

毛澤東說：百無一用是書生，講得好。書生只會惹事，惹下事又收不了場。我講啊，作者算有點自知之明，從來秀才充當不了老虎、大象，至多只是春鳥、秋蟲。邱同志，我過去對你沒有印象，是林彪同志派你送信來的？信呢？

邱會作恭敬地說：報告主席，不是林總，是江青同志。對不起，我要脫下衣服……說著，邱會作脫下充滿汗臭味的工裝，再撕開內衣口袋，掏出一封以防水紙包裹著的信來。

楊成武代毛澤東接過信，拆了外層防水紙，再將打著火漆的保密信呈上。

毛澤東親手撕下封條，很快把信瀏覽一遍，即對邱會作說：你是不是要馬上飛回去？我也不寫了，帶我的口信回去，成武你替他記一記。告訴林彪同志，還有江青，信上寫的，我基本同意。北京的朋友不要太緊張。你看到了，我在這裡不是好好的？百萬雄師也好，軍區部隊也好，他們只是在街上搞武裝遊行，並沒有來攻打賓館，攻打梅嶺。你們緊張什麼？軍事動作要適當，不要過度。尤其不要提出什麼「紅四方面軍張國燾餘孽」。武漢的事還是要和平解決。我也暫時不會離開這裡，並未放棄游長江。我派出去的人都回來告訴，外面的遊行隊伍喊了一堆萬歲，其中還有毛澤東。好了，你回去，就講這些。其餘的，等下午總理到了，再商量。我另背一首唐人絕句你們聽吧，也是自嘲呢：

乘輿南游不戒嚴，
九重誰省諫書函？
春風舉國裁宮錦，

半作障泥半作帆。

北京西郊空軍機場。

跑道的首端依次起動著四架運輸機，螺旋漿嗡嗡嚶嚶轉成一個個烏濛濛的圓圈。前面的三架已經關上機艙門，滿載著中央警衛團荷槍實彈的士兵，配備了超強火力：每人都是一大一小兩件武器，大件爲手提機槍，小件爲六五式快慢機，外加四枚反裝甲手雷，組成一支空中突擊部隊。

周恩來化了裝，穿一身藍工裝，戴一頂安全帽，配一副大墨鏡。他在兩名貼身警衛的隨護下，登上第四架飛機時，見機艙的前半部已坐滿了士兵。那些士兵也沒有認出他這個總理來。

四架運輸機相繼滑行升空。一路上，周恩來都在研究一幅軍用武漢三鎮地形圖，分別標出空十五軍駐地、山坡機場位置、王家墩機場位置、東湖賓館位置，等等。北京飛武漢只有五十分鐘航程。就在航機接近武漢地區上空時，突然收到空軍司令員吳法憲發來的急電：王家墩機場已被「百萬雄師」佔領，有人揚言要劫持周總理，請改降山坡軍用機場。

周恩來惦記著毛主席的安危，命令機長：繼續飛王家墩，現在能見度好，確定不能降落才去山坡機場。機組人員明白，山坡機場離市區六十多公里，路況又不好，進城到東湖賓館需要兩小時；而從王家墩機場進城只有二十多公里，到東湖賓館只需半小時……不一會，到了王家墩機場上空，從機窗看下去，果然跑道上人流如蟲蟻，熙熙攘攘，像趕廟會一般，還停有無數車輛。只好改降遠離市區的山坡軍用機場。誰給「百萬雄師」透去消息？難道北京的空軍司令部裡也有他們的人？

余立金和劉豐領著韓愛晶、譚厚蘭等少數人在山坡機場迎接。直到周恩來出了艙門，下到地面，摘掉墨鏡，余立金和劉豐才認出總理，原來化裝成老工人模樣了，汗淋淋的渾身都汗透了。

在簡陋悶熱的候機室裡，周恩來聽取了關於「武漢兵變」的簡要匯報，隨即問：怎麼進城？劉豐報告：這裡進城比較麻煩，汽車要走兩小時不說，更主要的是要經過漢口市中心、漢陽市中心，「百萬雄師」在沿途設有無數糾查站，檢查進出車輛。周恩來說：請劉政委安排直昇飛機送我到主席那裡。劉豐搖搖頭說：武漢上空已很久沒有飛過直昇飛機了，「百萬雄師」的成員可能見到直昇飛機就開槍，很容易被擊落。還是等王家墩機場上的人群散了，再轉去那邊較易進城。

周恩來不停的抹汗，武漢眞是一座火爐。他忍著一肚子怒氣沒有發作。余立金、劉豐兩個怎麼搞的！爲什麼不派十五軍控制王家墩機場？而讓自己率領的兩個中隊的人馬降落到離市區這樣遠的地方來！窩囊不窩囊？萬一毛主席出了事怎麼辦？……他盡量不讓自己的焦燥情緒流露出來，以免影響身邊的工作人員，而耐心地吩咐：弄些水給警衛部隊喝吧，他們全副武裝的，中了暑，執行不了任務。

好不容易熬到下午七時，王家墩機場報告，「百萬雄師」的人已經離去。周恩來立即命令：全體登機，飛王家墩。

又上機、下機地折騰了一個小時，周恩來及其所率領的警衛部隊抵達王家墩。周恩來命令，警衛部隊一個中隊留機場待命，另一個中隊潛往最靠近東湖水域的岸邊隱蔽、警戒。傍黑時分，周恩來仍裝扮成一名老工人，在劉豐及其多名警衛員的隨護下，分乘兩輛吉普車，急駛東湖賓館。還好，沿途只看到一輛輛被掀翻、焚燒的大、小汽車，以及一批批手舞棍棒的工人糾察隊。沒有人阻攔他們這兩輛空軍吉普車。倒是在東湖賓館遇到了三層工事的阻攔，直到看清楚是周總理才放行。

周恩來先到百花山一號，召見楊成武、謝富治、李作鵬，開口就問：主席怎樣？我急死了，在山坡機場耽擱了三個小時。王力還沒有回來？

楊成武報告：主席還好。整個晚上、白天都沒有睡覺，由小謝、小張她們陪著打撲克牌，唸詩詞，開玩笑，說他當不成蔣委員長。我和謝部長、李政委、汪主任都勸他離開武漢，他不肯，說等總理到了再議。

謝富治討好地說：總理到了，我們有主心骨啦。

周恩來問：這裡的工作人員怎樣？沒有走漏消息吧？

楊成武說：很惡劣，有幾個男服務員參加了打人。女服務員也不像話，因禁止她們上街參加遊行，晚上不讓她們回家，她們竟拒絕打掃房間，也不送開水，以示抗議。暫時把她們都隔離了。

周恩來說：走，去見主席，請主席赴上海。

爲了縮小目標，不讓那些已生反叛之心的服務人員看到，周、楊、謝、李四人擠進一輛吉普車內，幾分鐘後來到梅嶺一號。

周恩來見到毛澤東就說：主席，你好啊，我下午四點就下了飛機，換了兩個機場，現在是晚上十點，差點進不了城。爲了安全，北京的同志們一致要求主席離開武漢。

毛澤東一晃手：我哪裡都不去，就是要留在武漢，看看是哪些人，要怎樣對抗我，對抗中央。我看他們不敢動手。

周恩來說：武漢局勢已失控，進入無政府狀態。

毛澤東反問：無政府？武漢軍區兩百多輛軍車上街搞武裝遊行，怎麼是無政府？

周恩來看楊、謝、李、汪等人一眼，示意他們一起勸說。毛澤東制止道：免了，他們早勸過無數次了，我不聽。毛澤東從來不是讓來就來、讓走就走的人。想來才來、想走才走。過去封建時代，還講個普天之下，莫非王土，率土之濱，莫非王臣。我這個共產黨的主席，連那些封建帝王都不如？

楊成武說：主席是人民領袖，從來要求我們用階級和階級鬥爭觀點看問題。現在武漢地區階級鬥爭複雜激烈，部隊情緒失控，已被壞人利用……

毛澤東不耐煩地插斷：成武啊，你們幾位離開一下，莫放人進來，我要和總理單獨談談。許多事情，單獨談談。

楊成武四人退出後，毛澤東讓周恩來盡量坐得靠近自己，忽然問：你們關心武漢，我關心北京……有人手舞足蹈了吧？林總住到大會堂浙江廳去了？我回北京，他怎麼辦？難怪要我去上海。

周恩來心裡一驚，沒想到毛主席在這種時刻，對林副主席還有這樣深的猜忌……於是小心地回答：是江青同志建議的，毛家灣二號冷氣機壞了，更換新設備。這事報告過我，我告訴過汪東興，可能是小汪忘了報告主席了。

毛澤東思維跳躍：這次他軍事上搞大動作，要調動五省野戰部隊合圍武漢，只差命令吳法憲派空軍來轟炸了。還搞全國武裝示威，大遊行……是不是有點像「西安事變」時南京的那個何應欽？

周恩來驚悸之餘，心頭一鬆，看樣子毛主席爲了防備林彪，今後仍要借重自己……於是嘴上答道：不盡相同。況且江青同志坐鎮北京，情勢都在掌握之中。

毛澤東說：江青不成熟，被人當槍使……爲什麼不要我回北京？而讓去上海？

周恩來看一眼門口，壓低了聲音說：今天大清早一得到武漢出事的消息，我和林總、江青立即碰了頭，分析局勢。我們都擔心南京軍區、福州軍區跟進，鬧出更大的事件來……近幾個月，許世友被南京造反派衝擊得很厲害，抄了三次家，被稱爲「許老譚」；韓先楚在福州挨了打，被稱爲「韓老譚」，譚震林式「右傾反黨」人物。林總還特別指出，陳再道和許世友都是紅四方面軍出身，張國燾餘孽。我對這個提法有保留。但我同意主席赴上海坐鎮，防止南京、福州再出亂子。若和武漢形成三足鼎立，中南、華東局勢就失控了。

毛澤東說：許和尚會和我撕下面皮？韓先楚更不會……北京方面，徐向前、徐東海有動作？

周恩來說：目前看，沒有。「雙徐」和武漢事件沒有直接聯繫，至多算間接影響，思想上的。

毛澤東點頭：徐向前是紅四方面軍代表，徐東海是大功臣。賀龍是紅二方面軍一面旗幟。陳毅是個好同志。聶榮臻是老實人，幾十年代人受過。有的人從來不作檢討，聶榮臻只好檢討……老帥們可以衝一衝，但我還要他們。如果都弄掉，只剩下一個野戰軍的人，清一色，怎麼行。

周恩來知道「一個人」是指林彪，「一個野戰軍」是指「四野」，但不能點破。主席可以說，其他任何人絕對不可說也。當務之急，是勸主席盡快離開武漢這塊變亂之地：主席，今下午臨上飛機前，我得到總參三部一個密報，許世友率一個獨立師，離開南京，去向不明……

毛澤東身子爲之一震：許和尚去向不明，也想搞大動作？林彪爲什麼不到上海去？

周恩來說：許和尚不賣林總的帳，他去鎮不住吧！

毛澤東拍拍腦門：還是靠毛澤東啊，好！恩來，我同意你們的，去上海，會許世友。你留下來處理武漢問題。把王力要回來，和謝富治返北京去。另外，設法把陳再道、鍾漢華請到中央去開會。

周恩來終於說通了毛澤東。當即命楊成武、汪東興等作撤離準備。空中走？水上走？陸路走？選擇空中走，兵貴神速。毛澤東已經十多年沒有坐過飛機了。停在武昌站支線上的專列火車同時啓動，基本上是空車赴上海，以迷惑「百萬雄師」的人。

凌晨二時，毛澤東就穿著一襲長睡袍，由小謝、小張等人扶持著，在梅嶺一號山坡下的游泳碼頭上了海軍的一艘炮艇。其它數艘炮艇護航。至最靠近王家墩機場的江岸邊上岸。再換乘中央警衛團的吉普車赴機場。抵達王家墩機場時，東方已經放亮。毛澤東堅持坐在停機坪草地上，和男女工作人員們合影留念，並開玩笑：海空逃離，歷史見證，珍貴囉。

由於空軍運輸機沒有舷梯，毛澤東碩大的身子，是從駕駛員登機用的小踏腳板上，手腳並用地硬爬進機艙去的，還虧了小謝、小張在上面拉，腦袋都鑽進兩名女子的美腿間，再由一名衛士在地上扛著他的肥臀朝上拱。

第三十五章　驕兵悍將迫毛讓步

上海西郊虹橋機場戒嚴。

只有中央文革副組長兼上海革命委員會主任張春橋孤零零地前來迎接毛澤東一行。

毛澤東以狗爬式姿勢被衛士、護士們弄下空軍運輸機後，什麼話都沒有說，即乘車去到西郊賓館一號院。洗漱後，出到客廳，才對守候著的楊成武、張春橋等人說：不是稱我做偉大統帥嚒？在我這個偉大統帥的眼皮底下，武漢軍區公然劫持中央代表，兩百多輛軍車上街搞武裝大遊行……這次，我的威信盡失、威風掃地囉。春橋，上海要武裝十萬工人造反派，王洪文當司令。

楊成武說：主席，我堅信，你在五百萬人民子弟兵心裡，擁有絕對的權威。

毛澤東苦笑：絕對權威？等於零。差點就做了蔣介石第二。西安事變是張、楊，武漢事變是陳、鍾。都是英雄好漢……楊總長，去給總理掛個電話，告訴他我已經到了上海，先休息幾天。總理應盡快找到王力，帶謝富治、王力回北京。

楊成武離開後，毛澤東問張春橋：南京許司令哪裡去了？你是軍區政委，司令員行蹤不知道？

張春橋回答：聽講帶了獨立師一萬多人馬，去了安徽金家寨，揚言武裝割據，對抗中央文革。

毛澤東眼皮抬了抬：又是獨立師，快成他們的私人武裝了。回頭告訴楊成武，各大軍區的獨立師要定期換防，不要長期駐守某個城市……武裝割據，重拾舊業哪，我可是他許和尚的師傅囉。春橋，你去把許司令請到上海來，他有委屈，和我談。

張春橋面露難色，卻又不得不遵命。

毛澤東看在眼裡：你和許司令搞得很僵。所以要你出面去請。廉頗、藺相如也鬧得很僵過。文官不怕武將。我叫楊成武先掛電話。還有福州韓司令，叫造反派不要再鬥他了。鬥得火起，武漢、南京、福州連成一片，東南半壁河山。

許世友，河南新縣人①，一九〇六年出生於一戶貧苦農民家庭。六歲跟一位武術師當小雜役，偷師學藝。八歲搶奪成人槍枝，投奔嵩山少林寺。數年後學成武功，成爲一名少年武僧，武藝超群。十四歲空手殺人，犯下寺規，打出十八銅人陣，到軍閥吳佩孚部隊當兵。二十歲在國民革命軍第一師第

① 河南新縣與安徽金寨縣毗鄰，同屬大別山區，故許世友亦稱自己是金寨老鄉。

一團任連長。一九二七年參加工農紅軍，歷任班長、排長、連長、營長、團長、師長。他作戰勇猛如虎，身先士卒，揮舞一柄大刀上陣廝殺，如入無人之境。七次參加敢死隊，兩次任敢死隊隊長，八次負重傷。一九三四年升任紅四方面軍主力第四軍軍長，陳再道任副軍長，成為張國燾、徐向前麾下著名戰將。許世友和陳再道都是打不死的程咬金，紅軍將領中的黑旋風。一九三五年許世友出任紅四方面軍騎兵司令，第四軍軍長由陳再道接任。

一九三六年十月十日，紅軍三大主力——紅一方面軍、紅二方面軍、紅四方面軍在甘肅南部重鎮會寧會師，結束長征。紅四方面軍仍有四萬人馬，兵力遠遠超過紅一、紅二兩個方面軍。這時毛澤東已經當上中央軍委主席，周恩來為副主席、朱德為紅軍總司令，張國燾掛名紅軍總政委。中央軍委隨即作出決議，將紅四方面軍人馬一分為二：由徐向前、陳昌浩、王樹聲率二萬四千人組成西路軍，去打通甘肅、新疆的通道，以和蘇聯取得直接的軍事聯繫；另一萬多人則隨張國燾留在陝甘寧邊區。

同年十一月初，西路軍出發征戰。許世友、陳再道等留下來的紅四方面軍將領則奉命進入紅軍大學學習。軍委主席毛澤東委派中宣部長何凱豐發起一場轟轟烈烈的「批判張國燾分裂黨中央嚴重罪行」運動，要求許世友、陳再道他們揭發張國燾，與之劃清界線，回到黨中央的正確路線上來。由於「批張運動」採行極左做法，把大批紅四方面軍官兵牽扯進去，進行殘酷鬥爭，無情打擊，罵他們是托派，土匪，反革命，極盡人身攻擊。許世友、陳再道、陳錫聯、洪學智等人猶如困獸。

一九三七年春，紅四方面軍西路軍兵敗祁連山，全軍覆滅的消息傳回延安。許世友等人在紅軍大學內更陸續瞭解到，西路軍弟兄們的慘敗主要在於中央軍委的十幾封電報命令。「西安事變」後國共達成合作抗日，軍委的電報一會兒命令西路軍停止前進，準備返回；一會兒又命令西路軍繼續西進，打通前往新疆的道路；一會兒又命令就地結集，建立政權；一會兒又命令開赴祁連山區，搞游擊根據地……兩萬四千人馬就這樣被指揮得無所適從，舉棋不定，而被凶悍的馬步芳的草原騎兵圍困，彈盡糧絕，一萬八千多人英勇戰死、餓死、凍死，包括李先念、秦基偉等人在內的五千多人則被新疆軍閥盛世才俘虜。西路軍的高級將領中，只有徐向前、王樹聲等少數幾個人化裝成叫花子，一路討飯回延安……許世友聽過這些，忽然大吼一聲：這是存心滅我紅四方面軍！即口吐鮮血，昏死過去。

許世友被送到醫院搶救，活了過來。在他養病期間，「批判張國燾」的鬥爭越演越激烈，連張國燾的衛士都被指爲「走狗」、「反革命」。紅四方面軍的營、團、師、軍四級幹部紛紛來看許世友，沒有不哭的。尤其是軍、師級幹部的哭訴，給他強烈刺激。都是血火裡打拚過來的老戰友啊，到了延安反倒沒有出路。他躺在病床上想了幾天，想出一條：三十六計，走爲上計。當陳再道、陳錫聯、詹才芳、洪學智、王建安等軍級幹部又來看望時，他說出自己的計劃：我們回四川去，劉子才在川北還有一千多人馬，都是我們的老部下。在這裡毛澤東說我們是反革命，遲早像弄掉西路軍那樣弄掉我們。我們到四川去闖出新地盤，新局面，叫老毛他們看看我們是不是幹革命的。你們去個別聯絡紅軍大學的弟兄們，願去的就走，不願去的也不要報告中央，大家生死戰友一場，後會有期。

第三天，共有紅四方面軍的五位軍級幹部、六位師級幹部、二十多位團級幹部、兩位營級幹部願隨許世友、陳再道出走。他們準備了乾糧和輕便武器，約定下半夜出發，過了三十里鋪，有老部下為他們提供馬匹。正是英雄虎跳出牢籠，咆哮山川唱大風了。

可是，許世友和陳再道的老戰友、紅四軍政委王建安，原答應一起出走川北的，卻臨時變卦，向黨中央告密。於是中央保衛局局長周興和紅軍大學副校長羅瑞卿率領中央警衛團，連夜衝進紅軍大學宿舍，將許世友、陳再道、陳錫聯、洪學智、詹才芳、朱崇德、劉世模等三十餘人一舉抓獲，關進大牢。三十多名「叛將」中許世友武功高強，給戴上手銬。許世友怒不可遏，戴著手銬還一掌把牢房的厚木門擊得粉碎！於是又給他加上腳鐐。

中央軍委主席毛澤東把許世友、陳再道等數十名紅四方面軍高級幹部的出走事件定為「組織反革命集團」。其中為首的許世友受到最嚴厲的懲罰，戴上手銬腳鐐不算，有時還把他捆綁得像粽子一樣不得動彈。雪上加霜的是，許世友的妻子雷明珍迫於政治高壓，寫下一紙「劃清界限」的離婚書，要他簽字。許世友看後大怒，立即在離婚書上寫道：堅決離婚！

捆綁、審訊、辱罵、離婚，許世友把自己所有的不幸歸咎到毛澤東身上。他豁出去了，天天當著看守人員的面怒罵毛澤東，毛澤東的祖宗三代都罵遍，並替西路軍的死難弟兄們鳴冤不已。反正不想活了，巴不得有人匯報上去，讓毛澤東動怒，下令槍斃他。他要一路鳴冤去死，要死得轟轟烈烈，要不愧為紅四方面軍一名鐵骨錚錚的戰將。老子十八年後再打出少林寺，又是一條闖天下的硬漢。

一九三七年初，中央紅軍剛剛在陝北立住腳跟，準備接受南京政府的改編，開赴抗日前線。這時的毛澤東當上軍委主席不到一年，黨中央總書記張聞天、紅軍總司令朱德、軍委副主席周恩來，都還擁有各自的發言權。他們認爲，張國燾過去在紅四方面軍中批毛澤東，沒有批一個戰士；現在毛澤東同志批張國燾，居然連戰士一起批了；打擊面太寬，不利革命事業，不利紅軍內部的團結。

毛澤東接受多數人的意見，把責任推給主持「批張運動」的中宣部長何凱豐。聽說許世友每天在牢房裡大罵他祖宗三代，他要親自去看看這個少林武僧出身的紅四方面軍戰將，究竟是怎樣的三頭六臂，和他有什麼深仇大恨。

許世友一見毛澤東，登時成一頭暴怒的雄獅，戴著腳鐐手銬還要蹦上去和毛澤東拚了。嚇得負責保衛工作的羅瑞卿趕緊命令幾名衛士用麻繩把許世友捆成一個肉粽子。倒在地下動彈不得的許世友仍然破口大罵：姓毛的！老子要是有桿槍，今天斃了你狗日的！你連張國燾的一根屌毛都不如！

毛澤東本欲效法古代帝王招安一名草莽英雄那樣，親手給許世友打開腳鐐手銬，讓許世友感恩戴德的；沒想到遭許世友一通臭罵……不禁怒從心頭起，惡向膽邊生。當負責政治保衛工作的周興、羅瑞卿提出處決許世友時，毛澤東簽了字。

羅瑞卿帶著行刑隊前往紅軍大學窯洞牢房執行任務。毛澤東忽又動了王者之思，惋惜許世友是條漢子。其實爭天下、圖霸業，許和尚這樣的梟雄人物是可以蓄爲「死士」的。三國時曹操不也蓄養了一批像許褚那樣的死士？正在這時，羅瑞卿從紅軍大學那邊打來電話，報告許世友臨死前提出三個要求，一是吃一頓狗肉，二是喝十碗高粱酒，三是再見毛澤東一面，「理論」一下紅四方面軍的事。

也是好漢惜好漢，梟雄惜梟雄。毛澤東豪情陡漲，告訴羅瑞卿，許世友的狗肉慢吃，高粱酒慢喝，馬上把他帶過來「理論」……沒想到過了一會，羅瑞卿又打電話向毛澤東報告：許世友說他是個軍人，要求除掉腳鐐手銬，把手槍還給他，不然堅決不上鳳凰山①。

毛澤東哈哈大笑：好啊，羅長子，尊重許世友的紅軍將領身分，除掉他身上刑具，手槍也還給他，並告訴他，可以子彈上膛。

在紅軍大學牢房，當羅瑞卿親手替許世友除掉身上刑具，把手槍還給許世友，並告訴，毛主席講了，你可以裝上子彈，上鳳凰山。許世友手抖了起來，心顫慄了，淚水盈滿眼眶……過去，他長期在張國燾手下幹革命，從沒有到過江西中央蘇區，不了解毛澤東是個什麼領袖人物，相反受到張國燾的影響，對毛澤東抱有很深的成見。張國燾在四川另立中央時，他更是旗幟鮮明地擁護過……而眼前的事實，卻忽然使他強烈地感受到，毛澤東是個更大的英雄，更有氣魄的領袖……

羅瑞卿和幾名武功高強的衛士把許世友帶到鳳凰山毛澤東的窰洞書房裡。許世友從來沒有見過紅軍領導人的住處有這樣多書籍。媽的，這樣多書籍。

毛澤東從書桌前起立相迎，喚了聲：許世友同志，你受委屈了！你受到這種對待，我有責任……

---

① 鳳凰山位於延安郊外，當時爲毛澤東等人的住地。

許世友懷疑自己的耳朵聽錯了。當毛澤東過來和他拉手時，許世友鼻樑發酸，渾身發熱、發軟，忽然「撲」地一聲雙膝跪地，雙手將壓滿子彈的駁殼槍舉過頭頂，喊道：毛主席！他們要繳俺的傢伙，俺不幹。俺現在把它繳給你。能在死前見你一面，夠了！俺許世友只有一句話，姓許的窮苦人出身，不是反革命，王建安、陳再道、陳錫聯、洪學智、詹才芳他們也不是反革命，是替窮人打天下的將領，紅四方面軍是窮人的隊伍，幹革命的。就這句話，現在下令槍斃俺吧！

毛澤東雙手要把許世友扶起來。許世友卻跪在地下不肯動。毛澤東只好蹲下身子勸導：許同志，革命道路很長，不要輕言生死！男兒壯志在疆場……紅四方面軍的幹部、戰士，都是革命者，黨的寶貝，不是他張國燾私人的隊伍。張國燾當初也是黨中央派去鄂皖豫蘇區的，他的錯誤他本人負責，和你們這些同志沒有關係。前一段「批張運動」嚴重擴大化，我犯了官僚主義，要做自我批評呢。

許世友這才哽咽著站起身來：毛主席，要是早聽到你這句話，就什麼事都沒有了，我們也不會搞什麼出走計畫，犯下嚴重罪惡了。

毛澤東大聲對羅瑞卿等人說：一筆勾銷，一筆勾銷！羅長子，快去把陳再道他們通通放了，都請到我這裡來，到小禮堂擺酒席，請許司令、陳軍長他們吃狗肉，喝高粱酒！快去，快去。

事後，黨中央還是象徵性地給了許世友紀律處分：停止黨籍八個月。同時又任命他為紅軍大學校務部副部長。

許世友的鐵杆兄弟陳再道比他先返回前線，任八路軍賀龍一二〇師三五八旅副旅長。許世友則於一年之後的一九三八年十月，才到一二〇師三五八旅，和陳再道一起同任副旅長。他們早就是捧打不散的患難兄弟，都有一身豪氣、霸氣。英雄惜英雄，兩人受到賀龍師長的賞識重用。不久，經賀龍力薦，許世友被派往山東戰場，陳再道被派往冀南戰場，各自獨擋一面去了。兩人也都不負賀龍期望，在各自的地盤上建功立業，壯大隊伍，戰績卓著。

一九四二年，許世友任八路軍山東縱隊參謀長，膠東軍區司令員，智勇雙全，侵華日軍聞風喪膽。這期間他和一個漂亮的膠東姑娘田普結婚，英雄美女，戰場鴛鴦。一九四六年國共內戰，他任第三野戰軍第九縱隊司令員，成爲陳毅手下悍將，參加著名的萊蕪、孟良崮戰役，爲殲滅蔣介石的王牌軍第七十二師立下戰功。隨後出任山東兵團司令員，山東軍區司令員。一九五三年春率第三兵團赴朝鮮作戰。一九五四年任華東軍區第二副司令員，並兼全軍副總參謀長。一九五五年任南京軍區司令員。同年，獲頒上將軍銜。

都說許世友是許褚、李逵、魯智深式人物，從來吃軟不吃硬，欺強不凌弱。平日叫叫罵罵，風風火火，每到緊要關頭，卻是粗中有細，有膽有略。自文化大革命以來，滿南京城都貼著「打倒許和尚」、「火燒許叛徒」的大字報，大標語，家也被抄了三次。更從北京傳來消息，他的紅四方面軍老首長、老戰友徐向前、徐東海、王樹聲被抄家揪鬥，抗戰初期對他有知遇之恩的賀龍元帥則被逮捕；加上武漢軍區的陳再道被揪鬥，福州軍區的韓先楚被綁架，東海艦隊司令員陶勇老弟被人扔進井裡淹死……林彪一夥上台，專整我紅四方面軍的人？老子不能坐以待斃。他當機立斷，說走就走。以軍事演習爲名，帶上一家老小，率軍區獨立師一萬多人馬，於一個晚上離開南京，開赴大別山區的戰略後備基地去！金家寨基地四面大山，廣有田土，又儲存有大量的糧食、軍火裝備。你們想整我？老子不會像陳再道、韓先楚那樣老實。你天下大亂，我武裝割據，堅持它三年兩載再說。

許世友指揮獨立師部隊在金家寨四周的山頭、路口掘下濠溝掩體，架設輕重機槍，構成火力網，再圈出警戒線：哪個王八蛋敢來衝擊軍事禁區，機槍掃射，決不手軟。

再說張春橋奉毛澤東之命，和許世友通電話。費了許多口舌，直到打出楊總長、周總理、毛主席的牌子，許世友才肯接電話。張春橋剛說了幾句要「正確對待運動、正確對待造反派」之類的大道理，請許世友到上海來看毛主席，談南京軍區的問題；許友世就在電話哪頭吼了起來：老子不去！受人格汙辱不行！還想打毛主席的牌子來壓我？我許世友要命有一條，要別的沒有！

張春橋聽到許世友的住處有戰士的喊殺聲，演武聲，震耳欲聾，便問：你那裡是什麼聲音啊？

許世友回道：沒什麼，我的衛隊在操練，在刺殺！

張春橋問：你這是什麼意思？向誰示威？

許世友回答：你管不著！他們天天操練，軍人不是吃素的，天天都練殺！殺！殺！

張春橋說：許世友同志！你不經軍委批准，拉部隊到金家寨，什麼性質的問題？中央是要審查的，矛盾也會轉化的。

許世友回答：四眼狗，你放屁！老子根本不把你這個臭秀才放在眼裡！誰想對我搞人格汙辱都不行，國民黨不行，造反派也不行！

張春橋不敢和許世友對吵，只得放低了姿態：許司令，你不要罵人嘛。當然，我可以不計較。但你要頭腦冷靜，不要太衝動……中央準備派兩架飛機來接你……

許世友回答：敢派飛機來，老子就擊落！敢汙辱我，老子打死他！沒有什麼冷靜不冷靜，我參加過七次敢死隊，這條命是撿來的！我怕什麼？敢來就打死！

張春橋說：你這不是公開對抗中央文革，要造反？

許世友反問：該我造反還是該那夥小流氓造反？

張春橋堅持說：許世友同志，中央準備派兩架直升飛機來接你，有話，到了上海和主席說……

許世友在電話裡吼道：這裡是軍事重地，誰也休想來！我這裡就是有部隊，他們服從我的命令，是保護我的。我不同意，誰都休想來！

張春橋和許世友越談越僵，焦頭爛額了。

當天晚上，還是由楊成武出面，代表周總理、毛主席，在電話裡和許世友好說歹說，許世友總算同意派兩架直升飛機去。

第二天，張春橋坐著直升飛機飛臨安徽金家寨上空。許世友卻只准那架沒有坐張春橋的直升機降落，接來的也不是許世友本人，而是他愛人田普。

毛澤東在西郊賓館靜思兩日，多次找楊成武問話：軍隊裡真有一大批人反對我嗎？威信掃地啊？

楊成武一再堅定地回答：不會，絕對不會。團級以下不算，師級以上將領，都是跟了主席三、四十年，一路打拚出來的。沒有主席，就沒有大家的今天。主席是最高統帥，擁有絕對權威。

毛澤東問：那麼，怎麼解釋武漢軍區發生的事情？兩百多輛軍車上街搞武裝遊行……軍區領導人明明知道我就住在東湖。你怎麼看？

已經是問第四遍了。楊成武知道這句問話的份量，想了想，說：作亂犯上，主要針對中央文革部份同志。但我還是覺得，陳再道、鍾漢華沒有那麼大的狗膽，敢反主席……周總理中午來過電話，陳再道、鍾漢華等七人接到中央的開會通知，立即去了北京。

毛澤東瞪了瞪眼睛，沉默一會，點了頭：陳再道是個蠢人……他眞要搞兵諫，我就出不了武漢，被困在那裡了。他和鍾漢華到了北京，很好。可以坐下來談，彼此的弦不要繃那麼緊。這幾天北京很熱鬧吧？又是機場迎接王力，又是天安門廣場百萬人聲討，林副主席帶頭高呼「揪軍內一小撮」、「打倒帶槍的劉鄧路線」。北京帶頭，各省市、各軍區都開大會，上街遊行。

楊成武說：是的，各地都開了大會，全軍官兵宣誓，誓死捍衛毛主席，誓死捍衛黨中央，誓死捍衛文化大革命。

毛澤東說：好，這個好，是一個方面。還有另一個方面……南京軍區許世友聯繫上了沒有？福州軍區韓先楚在哪裡？還在挨批鬥？

楊成武回答：許世友答應兩架直升飛機去金家寨，韓先楚已被周總理派專機接到北京休息。

毛澤東眉宇開朗了些：事情在朝好的方面發展。我就擔心再出陳再道式人物……成武啊，你馬上回北京一趟，告訴總理，對陳再道、鍾漢華，要保護起來。還請總理向陳、鍾兩位傳達我的三句話：有錯誤就檢查。注意學習。注意安全。還有，告訴江靑、陳伯達、康生，對劉、鄧、陶、彭的批判要抓緊。武漢出了事，他們可能心存妄想，希望變天。

楊成武依習慣把「最高最新指示」筆錄下來，交毛澤東審閱，簽字認可。他鬆了一口氣，毛主席終於決定對武漢事件做冷處理，避免了一次軍內大淸洗。但他還是多了個心眼，問：我回北京，只見周總理和江靑？

毛澤東在陳再道的名字後面都加上「同志」二字，之後交還筆錄：叫你見誰就誰，快去快回來。

楊成武明白了：不讓去見林副主席……日後林總、葉群怪罪下來，只好自己扛起這個厲害囉。

許世友派自己的妻子、南京軍區司令員辦公室主任田普來上海拜見毛澤東。田普英姿颯爽，幹練潑辣，人稱押寨夫人，是員愛講愛笑、敢怒敢罵的女將。

毛澤東聽了衛士長的報告，心裡窩火：許世友自己爲什麼不來？派他婆娘來，不見！叫她走。

衛士長退至門口，忽又站住了，彷彿在等偉大領袖權衡利弊，改變主意。

毛澤東瞪衛士長一眼，手一招：好吧，叫她進來。這個田普我認得，女八路，替老公探路的。

田普一身戎裝，出現在毛澤東面前，立正，敬禮。膠東女子好健美。

毛澤東穿著長睡袍，仰坐在沙發裡，並不起身，只伸出手去讓田普握了握，笑嗬嗬地問：田主任，剛從火線上下來？許司令好嗎？都講他是我的愛將，為什麼不來見我？

田普外向型性格，心事都掛在臉上：報告主席，許司令不好，日子難過。他賭氣去了金家寨，不敢來見主席囉。

毛澤東大惑不解似地：不敢來見我？為什麼？

田普像個飽受冤屈的晚輩見到長輩，登時紅了眼睛：都是叫張春橋那個狗娘養的害的……對不起，我就罵張春橋是狗娘養的。他掛名軍區第一政委，暗中支持軍區內部的造反派，加上地方造反派，圍攻軍區機關，把部長以上幹部的家全抄了。我們家被抄三次，都是選了老許外出時下手……我們老許帶了大半輩子兵，哪裡受得了這個？不是記著主席的教導，早派警衛部隊幹上了！中央要求我們對造反派罵不還口，打不還手。一次、兩次，我們忍了。三次、四次，老許就不幹了。

毛澤東認眞地聽著。田普罵張春橋狗娘養的，有股子潑辣勁。忽然想起什麼：對了，周總理告訴過我，南京許司令家的兩櫃子茅台酒，被造反派抄家抄走了。我請周總理轉告過許司令，不就是幾箱茅台嘛？我給他補上，錢從我的稿費裡出。

田普心急口急：主席，不是幾十瓶酒的事，還抄走了老許珍存的十多把紀念槍。我們老許喜歡玩槍。每次打勝一次大戰役，他都要收藏一把繳獲的槍……三次抄家，三次把我家裡翻了個底朝天。老許回家看到，氣得拳頭擂到餐桌上，把兩寸厚的硬木板都打穿……打電話給狗娘養的張春橋，他講：

許世友同志，要正確對待造反派，正確對待文化大革命。老許問張春橋：你的家在哪裡？上海還是北京？老子也派人來抄你狗日的！老子只抄你一次。當然，老許是講氣話。他張大秀才如今住在北京釣魚臺，老許怎麼可能從南京派人去北京抄他的家？

毛澤東笑了：政委、司令員打架。老將軍受氣，秀才翹尾巴……不要著急，告訴你老許，大區司令，火氣太旺，影響健康。我和總理，加上江青他們，都是保許司令的，相信林彪同志也是這樣。

田普不鬆口：中央保老許，南京揪老許，大家搞得稀里糊塗。

毛澤東問：妳還沒有告訴我，許司令爲什麼帶著獨立師，浩浩蕩蕩，離開南京大本營？

田普說：報告主席，不瞞你，是我勸他離開的。我知道老許的蠻牛脾氣，再讓他留在南京被揪鬥，受氣，會玩命的。主席，你知道，軍區警衛部隊聽他的，一怒之下命令開槍，子彈不認人。造反派那伙烏合之衆，派一個營就收拾乾淨。我是怕他動眞格的。

毛澤東又笑了：少林上將嚒。少林功夫了得，張春橋秀才一個，手無縛雞之力……原來許司令在南京受了大委屈。還有別的？

田普向稱「鐵娘子」，這時卻拿起茶几上的小毛巾去捂眼睛：主席，對不起，過去在戰場上掛彩、流血，我都沒有掉過淚……人講我沒有淚腺……爲了老許的老鄉、老戰友陶勇的死，爲了陶勇一家，我哭過多回……主席，你知道東海艦隊司令員陶勇中將是怎麼死的嗎？

毛澤東神色凝重：陶勇？他不是自殺的嗎？中央對黨員自殺，有嚴肅紀律，作叛黨處理。

田普滿臉通紅一搖頭:不是自殺!主席,東海艦隊司令部一伙造反派,在海軍總部某人的支持下,把陶勇鬥了七天七晚,把人整死了,丟到一口井裡,再向中央軍委打報告,誣陶勇畏罪自殺。

毛澤東眼睛眯縫起來:有這種事?

田普淚水止不住:主席,我田普什麼時候講過假話?我們老許什麼時候講過假話?主席,我承認,老許和陶勇是好友加酒友,酒量都很大,平日就像兩兄弟,我們兩家從來不分彼此的。主席啊,你沒有看到啊,陶勇和他愛人朱蘭感情好,生了八個娃娃。陶勇被害後,朱蘭領著八娃娃從上海來,在老許面前跪成一大片,求老許替他們孤兒寡母作主……我們拉都拉不起,老許和我只好也跪下了。

毛澤東的臉色越來越難看了:所以許司令就拉了部隊出南京,到安徽金家寨落草去了。

田普說:不,是去開荒種地。帶了朱蘭和陶勇的八個孩子走的。他沒能保住陶勇兄弟,有責任保護他愛人和孩子們。我們老許講了,誰敢去衝金家寨,他就命令部隊自衛……他不會像武漢陳再道那麼老實,叫上北京就上北京。我們老許琢磨,陳再道上北京,凶多吉少,又會失去一個老兄弟……

毛澤東知道許世友和陳再道當年是紅四方面軍的「哼哈二將」,生死兄弟。這個田普啊,是奉了她老公的命,來替陳再道探探口風呢。想了想,遂說:田普哪,陶勇的事,我會另外派人查清楚。陳再道上北京,是好事不是壞事。我已經吩咐總理把陳再道同志保護起來……武漢出了那樣大的事,妳是知道的。我已決定冷處理。人民內部矛盾,團結——批評——團結。對我這個中央軍委主席來說,紅一方面軍,紅二方面軍,紅四方面軍,手心手背都是肉呢。我講了,賀龍是紅二方面軍的一面旗幟，徐向前是紅四方面軍的代表，徐東海、王樹聲是大功臣。這些人都是許司令的老首長，他很敬重的。這是一個方面。另一方面，田普啊，我不是批評你們，許司令帶部隊去金家寨，被人講成搞武裝割據，對抗中央文革，影響不大好。派張春橋坐直昇機去接，也不肯來，揚言要擊落直昇機，很不冷靜。他若堅持下去，我也會很被動，到時候不好替他講話呢。再說，一個獨立師，能在大別山堅持多久？不行的，很孤立。我講啊，許司令不要和中央鬥氣了。田普妳去說服他回來。共產黨的天下，他一名共產黨的上將，怎麼可以去落草，佔山為王？告訴他，毛澤東才是山大王。許司令只是山大王的兄弟。山大王到了上海，許兄弟不來拜見？不守共產黨的規矩，也要守江湖上的規矩呢。

田普聽了毛主席一番詼諧的話語，破涕為笑了：主席，我們老許，可是從來沒有反對過你……他常在家裡講，要是可以立活人的牌位，他就立個主席的，天天三鞠躬。

這下輪到毛澤東笑了：不要不要，那是迷信。紅衛兵有言，忠不忠，看行動。現在只看許司令一個行動，肯不肯來上海見我。可以派我的專機去接。金家寨通不通火車啊？也可以讓我的專列去。

田普仍然心有疑慮：主席，金家寨是大別山區，不通火車，也沒有機場……我們老許是對中央文革某些人有意見，中央文革支持軍內和地方造反派，衝擊軍事機關，揪鬥軍區領導人。

毛澤東說：田普妳個膠東女子，厲害角色。咬死理，咬住就不放。我欣賞。妳回去告訴許世友同志，他受了中央文革秀才的氣，我負責替他出。但要給我一點時間。將軍們都憋了一肚子氣。我今天對你講的話，你可以向許世友同志傳達，叫妳不傳達都不行。下面，給許世友同志寫個條子，算一道金牌，由妳田普回去頒旨。我會叫汪東興他們安排好，派兩架飛機。妳先坐我的飛機到合肥，再改坐直昇機到金家寨，接上許司令到合肥，再坐我的飛機來上海。這樣安排，可以不可以啊？

北京。陳再道、鍾漢華入住中央軍委招待所——京西賓館後，立即成爲中央文革的「獵物」。先是江青著一身嶄新軍服，乘坐紅旗牌防彈轎車，率領清華井崗山、北大東方紅、北航紅旗等院校的三千多名紅衛兵，繞著京西賓館遊行示威，高呼「把陳再道、鍾漢華揪出來鬥倒鬥臭」之類的口號，折騰了近一個小時，衝不進衛戍區部隊嚴密把守著的南、北兩座大門，才憤憤然離去。緊跟著，是「第二夫人」葉群率領三軍造反派隊伍，也來繞著京西賓館遊行示威，高呼「打倒軍內一小撮」、「打倒帶槍的劉、鄧路線」等口號。「第一夫人」的隊伍衝不進京西賓館去抓人，「第二夫人」的隊伍也吃了閉門羹。皆因衛戍區司令員傅崇碧根據周恩來的指示，派部隊把陳再道等人保護起來了。由此，「第一夫人」和「第二夫人」都恨上了傅崇碧。

保護起來不等於不接受批判鬥爭。武漢軍區幹出那麼大的壞事，不批不鬥何以平黨憤、民憤？以中央軍委擴大會議名義召開的「陳再道、鍾漢華問題討論會」，由周恩來主持。總參、總政、總後、北京軍區、北京衛戍區負責人，中央文革全體成員出席。開會前夕，「第一夫人」江青忽然以身體不適請假。「第二夫人」葉群來到會場，才發覺江青不出席，有什麼微妙似的，但想退場已經來不及。她和林總現在對楊成武很惱火。

姓楊的幾次飛回北京只向周總理傳達毛主席指示，竟然避開毛家灣二號，把林彪蒙在鼓裡。一次葉群知道他回來了，特意打電話去請他都請不動。什麼意思？林彪自江西蘇區任紅一軍團司令員起，就是你楊成武的老上級哪！如今攀上了主席的高枝，就想架空老上級？那個衛戍區司令員傅崇碧更不是個好東西，眼裡只有周總理。

陳再道、鍾漢華被指定坐在兩把木椅上，斜對著會場。台上坐了周恩來、陳伯達、康生、謝富治、姚文元、戚本禹等人。工作人員奉命把葉群請上了主席台。陳毅、徐向前、譚震林、李先念等人則坐在台下，是來接受教育的。

周恩來首先講話，疾言厲色批評陳、鍾犯上作亂，目無黨紀軍紀，縱容部下向中央文革示威，施壓，直到綁架中央文革成員，性質特別惡劣。武漢事件轟動國內外，是文化大革命以來所發生的最嚴重事件。陳、鍾等同志的問題，要按黨紀、軍紀嚴肅處理。云云。

聽話聽音。葉群鬼精明，聽出來周總理對陳、鍾二人的批判，調子相當低，非但沒有用上「兵變」這個詞，連「軍人暴亂」都避免提及。江青臨時請假不出席會議……這中間肯定有什麼「貓膩」。對，北京人稱那些不曝光的事情為「貓膩」。

謝富治大約不知就裡，仍然帶頭放砲，力圖替陳、鍾二人定下調子：「七、二〇事件」是陳再道等人操縱武漢軍區獨立師、武漢地區公檢法、人武部和武裝民兵搞的一次反革命叛亂，矛頭直接對準毛主席、林副主席和中央文革。也可以說是一次兵變，反革命兵變。當然，靠了我們偉大領袖的崇高威望，林副主席的英明指揮，陳再道等人所操縱的這次兵變失敗了，幾名主犯都被揪到北京來了。

陳再道不服地回了一句：我們不是被揪來的。接到中央會議通知，立即坐飛機來北京報到。

還敢回嘴？空軍司令員吳法憲騰地一下子站起來，憤怒地喝斥：陳再道不老實！罪該萬死！我要求陳再道、鍾漢華起立，不准坐，站著聽批鬥！

會場上一派「陳再道罰站」、「鍾漢華罰站」的叫喊聲，以及「不投降，就滅亡」的口號聲。陳再道看看台上的周總理。周恩來不示可否。他只得和鍾漢華起立，低頭，表示接受批鬥。

接下來，吳法憲祭出一頂一頂的大帽子，扣向陳、鍾二人：「陳再道是武漢反革命暴亂的總頭子」，「鎮壓革命派的劊子手」「屠殺造反派的眞兇」，「中國的蘇哈托」，「現代的張國燾」，「今天的蔣介石」，「劉、鄧的打手」，「解放軍的敗類」，是「最壞最壞的壞蛋、臭蛋、烏龜王八蛋」！「老子恨不能抽你的筋，剝你的皮，挖掉你的眼睛吃你的肉」……

堂堂中央軍委擴大會議，變成潑皮罵大街了，周恩來不得不數度打斷吳法憲的發言：請講道理，講事實，批判錯誤，以理服人。

吳法憲卻越罵越起勁，忽然把矛頭指向陳再道的老上級徐向前：徐向前！「二月逆流」期間，你們大鬧懷仁堂的時候，你就替陳再道打包票，說他不是三反分子，有錯誤也打不倒！有錯誤也不倒，還是你包庇親信不許他倒？武漢問題，你徐向前是要負責任的！建議中央追究這個責任……

徐向前身爲元帥，竟被一名中將這麼當衆喝斥、羞辱、誣陷，氣得渾身發抖，寫了個條子遞給周總理，憤然離開會場。畢竟是元帥，沒有人阻攔。

吳法憲見徐向前這個老傢伙威風不倒，不把自己放在眼裡，不禁怒上心頭，無處發洩，晃著肥碩的身子前行幾步，掄起巴掌左右開弓，把陳再道打了個猝不及防！吳大胖子下手很重，陳再道登時嘴角冒出血珠子。

周恩來喝斥：吳法憲！這是中央的討論會，你怎麼動手打人？你個空軍司令，又不是小孩子……陳伯達看一眼葉群，出面打圓場：中央開會，君子動口不動手。吳法憲同志造反派脾氣，出於革命義憤，出於革命義憤。

康生臉色陰沉，目光陰冷，坐在周恩來旁邊一聲不吭，聽任會場上兩種意見爭論：「不許打人！」「好人打壞人，活該！」「打人不成體統！」「保衛毛主席、保衛黨中央才是最大的體統！」「把社會上的一套搬到中央軍委的會議上來？」

會議難以繼續，周恩來只好宣佈休息二十分鐘。

陳再道、鍾漢華被允許回房間喝水、上廁所。可兩個「罪人」走在舖著紅地毯的走廊上，立即遭到守候在那裡的服務人員圍毆，拳腳齊上，把他們打翻在地。京西賓館的男女服務員都是現役軍人。幸而周恩來總理聽到了走廊上傳來的呼救聲、哎喲聲，立即派警衛人員把陳、鍾兩人「搶」了回來。由保健醫生驗了驗傷，還好，兩人只是傷及皮肉，青腫了幾處。周恩來寫了個條子給衛戍區司令員傅崇碧，讓把打人的服務員查出，調離賓館，去辦學習班。

會議繼續，周恩來宣佈了紀律：要文鬥，不要武鬥；並傳達了毛澤東主席關於陳再道等人的「三句話」，仍然稱同志，會場氣氛有所緩和。

陳再道見康生坐在台上一言不發，表情嚴肅，以為康生不同意吳法憲等人的做法，便求告地說：康老！你是老革命，我是放牛娃出身，十幾歲參加紅軍，對革命沒有存過二心！我快六十歲的人了，念我革命四十幾年，你講幾句公道話，公道話……

康生講話了，句句像石塊，砸地有聲：你是紅小鬼出身，不錯！向忠發、顧順章還是產業工人出身呢，後來還不是當了可恥的叛徒？你不要以為毛主席稱你一聲「同志」，你就不是反革命了。當年你的老上級張國燾另立中央，分裂紅軍，混不下去才回到延安，中央也曾經稱他為「同志」。三十年前（一九三八年），張國燾在武漢叛黨，向蔣介石投降；三十年後的今天，你陳再道在武漢發動反革命叛亂，對抗黨中央。這是張國燾事件的重演。而你又恰恰是張國燾的老下級，手下愛將！

陳毅、譚震林實在看不下去，也聽不下去了，悄然起身，離開會場，以示無聲的抗議。

對於陳、譚二人的離去，周恩來裝做沒有看見。康生也裝做沒有看見，繼續他刀刀見血的批判：是的，毛主席在中央的請示電文上作了批示，第二條提到你陳再道，是這樣講的：「對於犯了嚴重錯誤的幹部，包括你們和廣大群眾所要打倒的陳再道同志在內，只要他們不再堅持錯誤，認眞改正，並為廣大革命群眾所諒解之後，仍然可以站起來，參加革命行列。」對毛主席的這段批示怎麼理解？「仍然可以站起來，參加革命行列」，說明你現在不在革命行列，屬於被打倒之列，是敵我矛盾按人民內部矛盾處理，但要有下面三個前提，一是你不再堅持錯誤；這還不夠，所以二是你必須認眞改正；三是還必須被人民群衆所諒解。你本來是敵我矛盾，是反革命。三條有一條做不到，你就是頑固不化的反革命，比反革命還反革命，比階級敵人還階級敵人……

面對「大理論家」康生的批判，陳再道就像被人一刀一刀剜心似地慘痛。寧願再挨吳胖子的百十個嘴巴，也不願挨康生這個魔王的口誅筆伐。毛主席啊，在武漢，我們並沒有對你老人家怎麼樣啊，天地良心，我哪裡搞了什麼兵變，又乖乖的自己跑到北京來找死啊？

僅此一次批鬥會，就長達七小時。陳再道、鍾漢華挨打兩次，罰站六小時，其中彎腰五小時。周恩來只能背後去做工作，不宜公開制止。爲了向毛主席表忠，主張打倒陳再道的，占了多數。

第三十六章　北京「好戲」連台

轉眼到了七月底。恰逢「八一」建軍節四十周年前夕。

一南一北相隔近千公里，毛澤東目光盯住坐鎮北京的接班人林彪同志。自他毛澤東從武漢倉皇逃離，出了一次「大洋相」，林彪同志在北京似乎空前活躍，甚至有些興高采烈，天安門城樓上領頭高呼「揪軍內一小撮」、「堅決鎮壓武漢反革命暴亂」，唯恐事情鬧得不大。林彪的兒子林立果，更是在《解放軍報》上發表文章，題目就叫做〈揪軍內一小撮〉。林立果是在公開傳達他父親的「聖旨」啊。林彪同志欲在全軍進行一次大清洗，以通通換上他第四野戰軍的人馬？

還有林彪身邊的某工作人員密報，毛澤東批准武漢軍區班子改組、並決定「武漢事件」冷處理之後，林彪竟在家裡說：他的目的達到了，我的目的還沒有達到。這個「他」，自然是指毛澤東了。

林彪同志另有目的。什麼目的？難怪表現得那麼活躍，興高采烈。

毛澤東不動聲色，兩天後忽然發出一道出人意料的指示：北京舉行紀念八一建軍節四十周年酒會，由楊成武同志代表中央軍委講話，其他同志就不用講了。

四兩撥千斤，一道「最新最高指示」，身爲中共中央副主席、中央軍委第一副主席、國防部長的林彪，就被剝奪了在八一建軍節四十周年盛大酒會上代表黨中央、中央軍委發表重要講話的機會。

又過了三天，七月三十一日，毛澤東更是心平氣和地坐在上海西郊賓館碧波粼粼的游泳池旁，命衛士長筆錄下他給北京林、周、陳、康、江的「六條指示」電文：

一、八一建軍節招待會，軍委各副主席都出席。徐向前同志也要參加。街上有大字報不要緊，做工作。

二、朱德、劉伯承也要參加（劉有病，可請假，但要發邀請）。

三、各軍區在京同志都要參加，韓先楚一定要參加。

四、各兵種頭頭吳克華、崔田民可不到，其他可到。總參彭紹輝不到。

五、其他方面參加的人由北京定。

六、同意楊成武同志的講話稿。

毛澤東一言九鼎，選在最迫近的時間發出指示（七月三十一日晚八時的招待會，七月三十一日下午發電報指示），不給潛在對手以任何迴旋的餘地。吳克華中將，第二炮兵司令員；崔田夫中將，第二炮兵政委；彭紹輝上將，副總參謀長。三位將軍不准出席招待會，是已被毛澤東點名批判。

過了「八一」建軍節，楊成武仍回上海隨侍毛澤東。這次返京，他又沒有去拜見林彪副主席。毛主席沒允許，他能去？他被夾在中間了。倒是在釣魚臺遇到陳伯達時，建議老夫子做篇大文章，說了武漢事件後，毛主席感到自己的權威受到挑戰、威信大不如前，等等。陳伯達和楊成武一樣護主心切，當即表示可通過中央兩報一刊，搞一組大樹特樹毛主席絕對權威的文章。文章首先針對的是解放軍內部思想狀況。怎麼署名？講軍隊的事，還是用軍隊同志的名義比較好。楊成武說：那就用總參理論學習小組的名義吧。陳伯達卻執意要巴結楊成武：何不就用楊總長的大名？近兩年你一直在主席身邊，對主席的指示領會最及時，最準確啦。

楊成武知道陳老夫子和林副主席關係密切，本欲謙讓，建議用林副主席的名義；但一想到毛主席對林副主席的那個防範態度，便住了口。反正做篇文章，重要的是內容，署誰的名字在其次。

林彪已從大會堂浙江廳搬回到毛家灣二號，對楊成武恨得牙癢癢。他很少動氣罵人，要罵也只是罵給葉群聽：楊成武這忘恩負義的東西！對我封鎖消息，幾次回北京傳達主席指示，都避開我，不見面，好大的狗膽。妳兩次請他都請不來？只是鬼鬼祟祟去見總理？

葉群和丈夫相反，好活動，好聯絡，凡有中央會議必出席，還三天兩頭的跑釣魚臺，和江青套近乎。她比丈夫更能瞭解中央領導人之間那些彎彎繞繞的微妙關係，遂勸道：老總啊，人家楊成武怕是身不由己呢。主席不叫他來，敢來嗎?他是你老下級，去年還寫了篇〈林彪教我當師長〉嚒。

林彪冷笑:羅瑞卿不也曾是我老下級?提名他當總參謀長那陣子，也講過他和林總「棒打不飛、炮轟不散」。結果怎樣?還不是暴露野心，想取代我當國防部長。

葉群說:那楊成武還是嫩了點。他的總參謀長前面還掛著個「代」字。我打電話給他老婆，讓她帶孩子們來看電影，也不肯賞光。

林彪咬了咬牙，不吭聲了。他暗自下了決定，楊成武必須下來，總參謀長應換上自己信得過的人，比如黃永勝。如能這樣，那總參、總後、空軍、海軍的第一把手，就都是「四野」出身了。近半年來，黃永勝、邱會作、吳法憲、李作鵬，常來毛家灣二號聚會，表示效忠老司令……提拔黃永勝，最終要過毛澤東那一關，林彪自有對應的辦法，其中之一就是「輕易不開口，開口即堅持到底」。前年十二月上海會議處理羅瑞卿，毛澤東本不打算拿掉的，單獨找林彪談四次，連「羅長子只反對你林彪，沒有反對毛澤東」這樣的話都講了。但林彪堅持不鬆口，身子坐得筆挺，恭恭敬敬地一言不發，意思是你不拿掉羅瑞卿，我仍回蘇州養病。結果毛澤東權衡全局，而依了他，羅瑞卿就一敗塗地了。現在輪到楊成武了。要找到拿掉楊成武的突破口。大小戰役，致勝的關鍵在找準突破口。

協助毛澤東處理過武漢事件，周恩來總算鬆了一口氣。他明顯感覺到自己熬過了政治命運的高風險期。毛澤東越來越依靠他充當黨、政、軍方方面面的調停人，去緩和各類矛盾，擺平各類紛爭。

遵照毛澤東關於「抓緊對劉、鄧、陶、彭等人的批鬥」的指示，周恩來作爲「劉少奇、王光美專案審查小組」組長，批準了中央文革江青、康生報上的方案，將劉少奇一家在福祿居院內就地關押：前院的二層小樓原是劉少奇的辦公室，用以單獨囚禁劉少奇；後院南房原是餐室、廚房和四名未成年子女的宿舍，用以隔離四名子女；後院北房原是劉少奇、王光美的臥室加私人圖書室，用以單獨關押王光美。擬在前院和後院南房之間砌一堵牆，以阻斷劉少奇和子女們相互觀望，傳遞信息。

周恩來批了「同意，照江青、康生同志所訂方案辦」幾個字後，心裡嘆息一聲：劉少奇是沒有希望了。外地鬧得越凶，北京對「頭號走資派」的懲罰越重。原本，江青、康生曾提出把劉少奇、王光美、陶鑄都關到秦城監獄去。毛澤東不同意：關他們進秦城，須先公開撤銷他們的黨內外職務，宣佈正式逮捕，手續就麻煩囉。劉、鄧、陶、彭，問題程度不同，可在中南海內就地隔離、批鬥。

八月五日，爲配合天安門廣場上召開的首都百萬群衆聲討劉、鄧、陶大會，中南海內亦同時進行了三場批鬥：在陶鑄家院子裡批鬥陶鑄，在鄧小平家院子裡批鬥鄧小平，在劉少奇家院子裡批鬥劉少奇、王光美。江青委託康生夫人曹軼歐，指揮三個電影、電視拍攝小組，分別拍攝三個批鬥現場的新聞紀錄片，準備全國放映。

在福祿居前院舉行的批鬥會上，參加者主要是中央警衛局幹部和中央調查部人員，絕大多數是軍人。劉少奇、王光美的三名讀中學的子女劉源、劉平平、劉亭亭被押來現場觀看。每名孩子的後面都站著一名戰士負責看守。當劉少奇、王光美一前一後被幾名彪形大漢押進會場時，全場響起一陣震耳欲篡的「打倒中國最大走資派劉少奇」、「打倒美蔣戰略特務王光美」的口號聲。劉少奇的三名子女不肯跟著舉手呼喊打倒爸爸、媽媽的口號，看押他們的解放軍戰士即以槍托抵住他們稚嫩的腰背，喝斥：為什麼不喊？跟著反革命父母跑，死路一條！

口號聲中，手臂如林。劉少奇不肯低頭。王光美也不肯低頭。電影、電視機對準他們拍個不停。立即有幾名穿軍裝的大漢將他們夫婦的雙手胳膊擰向身後，再按下他們的頸脖。劉少奇仍在掙扎反抗：我還是政治局常委！國家主席！你們對我搞武鬥，違反黨章！違反憲法！違反憲法……

中央辦公廳一名幹部揮起紅語錄本，劈劈啪啪抽打著劉少奇的嘴巴，邊打邊罵：你還政治局常委！你還國家主席！你個中國的赫魯曉夫，老子今天就替毛主席揍扁了你！揍扁了你！

劉少奇的腮巴立時紅腫，嘴角流出血絲。王光美見丈夫挨打，竟忽地掙脫了身後那擰住她胳膊的大漢，邊叫喊「反對武鬥」、「毛主席萬歲」，邊撲了過來，欲以身體護住劉少奇，但立即被趕上來的軍人擰小雞一樣擰住了……正在這時，忽然有人「哇」地一聲大哭了起來。

這麼莊嚴、激烈的批鬥場面，竟有人敢號哭？人們不禁尋聲望去，原來是劉少奇、王光美最小的女兒、年僅六歲的瀟瀟，看到父母被解放軍叔叔們毆打，嚇得跌在地上，邊哭著邊向院門口爬去。劉源欲跑過去抱起妹妹，被看守他的戰士喝住：你找死！敢逃跑？中學生劉源挺身面對戰士的槍刺，也大聲叫道：那是我最小的妹妹！她才六歲！你們要嚇死她嗎？她才六歲！

劉少奇、王光美被人扭住雙手胳膊，又被強按下頸脖，淚水、汗水雨滴般灑落地下。王光美動彈不得，哭著求告：你們放過我的孩子，孩子沒有罪，沒有罪呀……他們是解放後毛主席看著出生、成長的呀，毛主席對他們很關心、很愛護的呀，是新中國的後代呀……

批鬥會的主持者終於同意把劉少奇的四名子女帶離會場，隔離到後院南房去。

在長達兩個多小時的批鬥過程中，劉少奇一直被人強按下頭顱，彎腰九十度。只准他認罪，不准他答辯。一次，劉少奇欲掏出手絹來擦擦臉上的淚水、汗水，被人一掌劈過來，打掉手絹，緊跟著又以紅語錄本抽打他的頭部。只因他挨打時叫喊了一句：你們這樣打我，不人道！不人道……更惹惱了那群革命鬥士，四、五個人一轟而上，拳腳交加，把年上七十的國家主席打翻在地，像踢一條死狗似地翻來滾去。王光美拚命大叫：你們要打死人了！你們要打死人了！天呀，這裡是中南海呀，毛主席、黨中央辦公的地方呀……批鬥會的主持者才喝令戰友們住手。

劉少奇捂著胸部，被兩名戰士從地上架起來，命令他老實站好。劉少奇一頭亂髮，一臉青腫，搖晃著，竭力站穩。事後被檢查出，斷了兩根肋骨。

批鬥會結束前，全體呼口號，打倒包括鄧小平、陶鑄、賀龍、彭眞、彭德懷在內的二、三十名黨和國家領導人。劉少奇沒有舉手。喝問他爲什麼不舉手？他歪著被打得腫翻了轉來的嘴唇，仍堅持回答：如有錯誤，應由我一人承當，這些老同志，是黨和國家的寶貴財富……

他話沒講完，又遭到好幾本紅語錄劈哩啪啦的劈打。

王光美忽然大叫一聲「少奇啊——」，便發瘋似地從警衛局幹部手中掙脫出來，衝到丈夫面前，死死拉住丈夫的手，四目相望……便是那伙殺人不眨眼的「造反幹部」都愣住了，一時忘記了動作。但聽劉少奇囁嚅著對夫人說：光美，妳要活下去，活下去……把孩子拉扯大，拉扯大……

這便是中華人民共和國主席劉少奇和夫人王光美的最後一次拉手，丈夫向妻子留下的一句遺囑。電影、電視機拍錄下全過程，稍作剪輯後由江青送毛澤東審看，才決定是否在全國放映。

批鬥會後，劉少奇仍然被單獨囚禁在福祿居前院，他在床上躺了些日子，才能扶著牆壁艱難走動，透過玻璃窗，觀望著被隔離在後院南房裡的四名未成年子女。幾天後，窗戶被人從外面用舊報紙糊死了，他連孩子們的影子都看不到了。他仍扶著牆壁走動，耳朵貼著窗戶玻璃傾聽，以圖聽到一點孩子們的動靜。

王光美仍然被單獨關押在後院北房。白天，中央辦公廳分派給她一項體力勞動：挑磚頭。她被解放軍戰士押著，從院外朝前院裡運磚頭。她看不到劉少奇，可以看到孩子們朝媽媽打手勢，但不准許講話。她不知道每天挑來的這些磚頭用來幹什麼。扁擔磨破了衣服、磨腫肩膀。她咬緊牙關、汗流如雨地堅持著，以向中南海造反派，也是向毛主席和江青同志表明，她這個大資產階級出身的人，國家主席劉少奇的臭婆娘，願意勞動改造，願意脫胎換骨，願意重新做人。

王光美每天挑磚頭，一直挑到九月上旬。一天，宣佈她不用挑磚了，允許和四個孩子見一次面。四個孩子仍由保母趙阿姨照料。她或許意識到這可能是和孩子們見最後一面了，孩子們也即將被攆出中南海去……她替孩子們整理出四包換洗衣物，千叮嚀、萬囑咐，要聽毛主席的話，讀毛主席的書，做革命的接班人；同時，對自己的父母要有信心，父母都是革命者，不是叛徒、特務。她最不放心的是六歲的女兒瀟瀟，還是個嫩芽般的孩子啊，今後怎麼經得起苦難歲月的折磨？她只能把瀟瀟托給保母老趙。她流著淚向趙阿姨鞠躬、磕頭，演出了中南海托孤一幕。

九月十三日，周恩來簽署逮捕令，王光美被宣佈爲「美國戰略情報特務」，關進中共高級政治犯監獄——秦城。同一天，劉源、劉平平、劉亭亭、劉瀟瀟四名孩子被趕出中南海，成爲紅色瘋狂時代的棄兒。那時，流落在北京街頭的中共高幹的孩子們達數百名之多。劉少奇、彭眞、賀龍、張聞天、羅瑞卿、王稼祥、陸定一、楊尚昆等等的孩子在街頭巷尾拾垃圾、果皮，揀菸頭、瓶罐，幫人推三輪車，互通信息，彼此救助，重複的是中國古代皇室貴冑、王孫公子從天堂淪落地獄的辛酸故事。

王光美和孩子們離開中南海時所不知道的新情況是：就用王光美挑運了整一個月的那十幾垛磚頭，忽於一個晚上，在福祿居前院裡奇蹟般地砌起一堵高牆，把囚禁劉少奇的小樓給堵死了。自此，福祿居無福祿，前院小樓名符其實成爲一座二十世紀六十年代的沙丘宮。

七、八月間，一直被關押在北京衛戍區的彭德懷元帥，輪番著被拉去北京航空學院、北京師範大學、北京工人體育館等單位批鬥。密集批鬥達一百餘場次，即平均每天二至三場次。

在北京航空學院的小型批鬥會上，單是毛澤東、江青所寵愛的紅衛兵領袖韓愛晶一人，就把年上七十的彭德懷打翻七次，打倒了揪起來，揪起來再打倒，直到彭德懷暈死過去才住手。

在北京師範大學的批鬥大會上，彭德懷被幾個彪形大漢強扭住手臂，呈「噴氣式」姿勢押上場。另有幾人以同樣的架式將他夫人浦安修推到彭德懷面前。他們已經兩年多沒有見面了。當浦安修一眼認出彭德懷之後，再也忍受不了摧殘折磨，慘叫一聲倒在地上。隨即一群人對他們夫婦拳打腳踢，打倒在地，再又腳不沾地被架了起來……彭德懷見浦安修也遭到毒打，發瘋似地喊道：你們打我吧！打我吧！我早就和她分手了，分手了！他還沒喊完，即被背後飛來一腳踹倒在地，再強迫他跪下低頭認罪。他掙扎著堅決不下跪，不認罪，拚命叫喊：我有什麼罪？我幫著毛主席打江山，領著八路軍消滅了幾十萬日本鬼子，領著解放軍打敗了蔣介石……回答他的自然又是一頓更爲猛烈的拳腳。

在北京工人體育館召開的十萬人批鬥會上，彭德懷被提前押到會場。沒等彭德懷站穩，一位將軍就怒氣衝霄地上來大罵：彭德懷，你也有今天呀！抬起頭來看看，你還認得老子嗎？彭德懷抬頭看看，一時沒有認出面前這位驕橫的將軍就是原三十八軍軍長梁興初中將。一九五〇年志願軍赴朝作戰打響第一戰役時，因三十八軍貽誤戰機，梁興初曾遭到彭德懷總司令痛斥，幾被軍法處置，而懷恨至今。梁興初掄起拳頭朝彭德懷臉上打來：你眞的不認識我了？我就是差點被你槍斃的那個三十八軍軍長！彭德懷身子一晃，差點倒下。他仔細看對方一眼，猛然想起什麼來了，剛要開口說話，只見梁興初已伸開手掌，左右開弓，「啪啪啪啪」四個耳光劈了過來，接著又猛踢一腳……此爲文化大革命中，解放軍中將毒打解放軍元帥的惡例。

七、八月間北京無產階級革命派對彭德懷元帥的一百餘場密集批鬥，全部在北京衛戍區官兵的

「監護」下進行，眞正把彭德懷打殘、打倒了。後來資料證實，以上對劉少奇、鄧小平、陶鑄、彭德懷等人的殘酷批鬥，都是經由毛澤東夫人江青的幕後策劃掌握分寸。

另說武漢事件的「英雄人物」王力，自回到北京後即成爲大專院校紅衛兵小將和中央機關造反派心目中的政治大明星。他輪番受邀到學校、機關演講，介紹「武漢事件」，號召「揪軍內一小撮」。他的報告、講話被大量印製成「中央首長王力重要指示」，到處張貼，全國散發。

八月七日，王力在接見外交部造反組織代表、外語學院紅衛兵小將時，代表中央文革講話，全力支持造反派奪外交部黨委的權，並帶頭高呼「打倒三反分子陳毅」。王力的講話，被稱爲「王八七講話」，得到江青、陳伯達、康生的認可。自此，陳毅的外交部長地位搖搖欲墜。陳毅本人數度被紅衛兵小將劫走，經周恩來下令衛戍區派部隊接回。爲此，周恩來曾邀約陳伯達、王力兩人談話，以圖緩和局勢。陳、王兩人竟以工作太忙爲由，不肯赴約。

周恩來自新中國成立以來苦心經營的外交系統，面臨全線崩潰。外交工作被指爲「全面推行了一條反革命修正主義路線」，是「投降派、調和派當家」。周恩來明白，打倒陳毅之後，王力們的下一個目標就是他了。

八月中旬，那位被印度尼西亞政府驅逐回來的「紅色大使」姚登山，率領外交部造反派宣布成立「外交部革命委員會」，奪下外交部黨委的領導權。姚登山自封「革委會主任」。姚登山們爲了不給「陳毅的親信幹將喘息、反撲的機會」，還強行封閉了所有副部長以上領導幹部的辦公室，勒令他們回家寫反省，交代「反革命修正主義罪行」。

外交部一夜變天，周恩來、陳毅措手不及。如果沒有江青、陳伯達、康生的背後支持，王力、姚登山敢搞這種大動作?誰都知道周恩來是拚了老命要保陳毅的。江青的上面就是毛主席了。毛主席什麼態度?周恩來一時摸不準、猜不透。只能等待時機，再回擊。

沒想到時機很快來到。八月二十二日晚，王力、關鋒、戚本禹等人支持的外交部系統紅衛兵小將，反修反帝反暈了頭，竟然數千人包圍反帝路（原西交民巷）上的英國駐華代辦處，並縱火焚燒。此代辦處爲當時西方國家唯一的駐華外交機構。

北京紅衛兵火燒英國駐華代辦處，立即成爲一則轟動世界的重大新聞。二十三日凌晨，周恩來接獲報告，心裡叫聲苦也，……也好，也好，這一燒，燒出轉機來了。外交部被奪權，他沉默十多天，現在終於等到轉機了。他立即給上海的毛澤東通話匯報。毛澤東命他全責處理。於是他連夜召集中央工作緊急碰頭會，並命衛戍區派卡車把外交系統造反組織的頭頭們統統接到人民大會堂小會議廳，當著江青、陳伯達、康生、王力、關鋒、戚本禹、姚登山們的面，提出嚴厲批評：

你們擅自奪了外交部黨委的權，又火燒英國代辦處，製造國際事端，只能説明一個事實，你們目無黨中央和國務院。是典型的無政府主義。眞沒想到你們會來這一手，事前不打招呼，事後也不報告。你們剛奪了外交部的權，就要搞獨立王國了?就以爲自己有本事製造外交事件了?

我還要指出，姚登山等人在奪權之後，以「外交監督小組」的名義發電報給國外，完全非法，不算數的。外交大權是毛主席、黨中央授權國務院來管。如果你們說國務院沒有這個權力，你們要來行使這個權力，我今天就去報告毛主席。我知道，我在你們心裡沒有威信，你們不把我這個總理放在眼裡。可是你們不要忘記根本的一條，毛主席仍在委託我主持中央工作。中央文革和我之間，你們沒有任何空子可鑽。江青同志，伯達同志，康生同志，都是支持、愛護我的工作的，你們是挑撥不了的……同志們啊，武漢出了那麼大的事，中央剛剛處理過，有的工作還沒有掃尾。可是現在出現了另一種浪潮，對形勢做了根本錯誤的估計，什麼「全國正處在反革命復辟的前夕」，「軍隊武裝奪取政權」，完全不對，完全錯誤。人民解放軍五百萬官兵，仍是忠於毛主席、黨中央的，仍是毛主席和林副主席親自率領、指揮的人民子弟兵，保衛無產階級文化大革命的鋼鐵長城。這是任何人都動搖不了的。毛主席和林副主席有這個信心，我和江青同志、伯達同志、康生同志以及陳毅同志等等都有這個信心！

周恩來發表了一篇很帶個人感情色彩的講話，這在過去是很少有的。由於紅衛兵造反派火燒英國代辦處闖下大禍，江青、陳伯達、康生等人也都在會上發言，表態支持周總理，譴責無政府主義。

會議結束時，周恩來宣佈兩項果斷決定：姚登山停職反省，奪權無效；外交部副部長以上領導幹部的辦公室立即全部啓封，恢復機關的正常運作。

兩天後，楊成武從上海返京，向周恩來傳達毛澤東的多項「最高最新指示」。其中最主要的一項：中央工作，仍請周總理主持一切。周恩來則詳細詢問楊成武：主席講這句話時，是坐著講的、還是站著講的？打了什麼手勢？表情輕鬆還是凝重？還有不有別的人在場？等等。

傳達完了，周恩來對楊成武表示關切地說：成武啊，這次你去不去見林副主席？楊成武為難地回答：主席沒吩咐，我怎麼去？犯紀律呢，林副主席和葉群要鬧下誤會，我也沒有辦法……周恩來嘆口氣，表示理解、同情，並請他放寬心，林副主席那邊，有適當時機會代為做些解釋。如果主席沒有交代，釣魚臺那邊你也不要去了，晚上就回家和家人團聚吧。明天回上海前，你再來一次，我有幾件事要報告主席。

第二天，楊成武乘專機回上海前，聽周總理口述，做成筆錄，務求委婉、準確，不刺激毛主席：

一、王力同志近月來成了紅衛兵、造反派心目中的英雄，政治明星，到處講話，支持「揪軍內一小撮」、「打倒帶槍的劉鄧路線」，使全國各省市軍區、軍分區仍然受到衝擊；

二、《紅旗》雜誌最新一期社論〈揪軍內一小撮〉已查明是王力、關鋒兩人執筆，戚本禹同志參加修改潤色。江青同志、康生同志說他們不知道有此事。陳伯達同志簽發時，因工作忙，沒有仔細審閱；

三、王力同志八月七日接見外事口紅衛兵、造反派組織代表講話，支持姚登山等人奪外交部黨委權力，並封閉了所有副部長以上幹部的辦公室。現附上「王八七講話」錄音及文字紀錄，請主席審查；

四、外事口紅衛兵、造反派火燒英國代辦處，事前得到過王力、關鋒、戚本禹三同志的鼓勵。這是一起惡劣的外交事故，影響國家聲譽。應考慮向英政府道歉及作出經濟賠償，包括替其重修代辦處；

五、八月五日，中南海內舉行三場批判會。其中對鄧小平的批判較正常，堅持說理鬥爭，遵守了黨的政策。但對劉少奇、陶鑄的批鬥，則有打人現象，劉被打斷兩根肋骨，陶被打倒地下三次。三場批判會，新聞製片廠和中央電視台都拍了新聞片。中央文革要求在全國放映。我建議不作公開報導、放映。此事請主席定。另據報，七、八兩月，彭德懷已被密集批鬥一百餘場，負重傷，有生命危險，可否批准救治。今後是否放緩這類批鬥？傅崇碧他們亦有此種請示；

六、有少數人在文革小組和我之間挑撥離間，使我工作中遇到一些困難，也易產生群衆組織之間的誤解，我講話不大有人聽了。但我一定堅定地和文革小組站在一起，把主席發動、領導的文化大革命進行到底。已宣佈姚登山停職反省，外交部恢復正常工作。

楊成武返回上海西郊賓館一號院，毛澤東擁玉偎香還沒有起床。楊成武向秀麗嬌媚的女護士長打聽：前天送上去的那篇稿子，主席看了沒有？講了什麼話？女護士長燦然一笑，搖了搖滿頭秀髮。她明白楊總長指的是那篇〈大樹特樹毛主席的絕對權威〉。

對於這篇由陳伯達指導總參謀部理論學習小組寫作出來的大文章，陳伯達交楊成武轉呈毛主席審閱之前，告訴楊成武：林副主席已看過，同意用你的名義發表，效果會更好，影響會更大。楊成武隱隱感到有什麼不妥似地，對陳老夫子說：我哪有那個理論水平，懂許多馬列主義？況且我連修改討論都沒有參加過，怎麼可以掠美？還是用寫作小組的名義發表好。陳伯達說：現在稿子上沒有署名，先送主席審閱，只要主席不反對，署名的問題並不重要。你也不要拂了林副主席一番美意。

護士長進毛主席起居室探視，臉蛋飛紅地出來報告楊總長：主席在批閱文件了，叫你進去呢。

楊成武進到大書房，見毛主席裹著長睡袍半仰在沙發上，兩條光腿露在外面。楊成武依習慣立正，敬禮，報告：主席，我回來了。

毛澤東沒有像往常一樣伸出手來讓他握握，而是一臉怒意，甩過來一句生硬的問話：楊成武，你回北京，聽到蕭華犯下的事嗎？

楊成武心裡一驚，蕭華不是剛被主席保了下來，又犯什麼事？他如實回答：我回北京，遵照主席的指示，只去見了總理，其它地方都沒有去，在家住了一晚。

毛澤東從茶几上拿起一塊透出血紅色字跡的白細布，遞給楊成武：你看看吧！汪東興交上來的，蕭華幹的好事……蕭華，扶不起的阿斗，糊不上牆的稀泥巴。

楊成武打開白細布一看，原來是一封血書：敬愛的毛主席，我是聶帥的保健護士小楚，陪您跳過舞的。蕭主任要流氓強姦我，我不想活了，主席要替我申冤！

毛澤東問楊成武：你認得這個小楚嗎？我叫她「楚楚動人」，很單純一個小同志……我看蕭華是流氓成性！男女之事，兩情相悅。他卻霸王硬上弓，搞了那麼多女文工團員還不夠！總政治部造反派有份報告，稱蕭華作檢討時說：老子爬雪山、過草地，提了腦袋幹革命，勝利後搞了百十個女人算屁事……混帳不混帳？

楊成武事後瞭解，蕭華免除批鬥、靠邊站後，閑著沒事幹，一天中午到玉泉別墅去拜望首長聶榮臻元帥。恰逢聶帥和家人外出了，家裡只留下那名保健護士，見護士天姿國色，就餓狼般撲上去，在客廳沙發上扒下人家的裙子幹上了，才知道又幹了一名處女……護士要尋短見，被聶帥家人發現，原來已寫好一封血的遺書。

毛澤東見楊成武不吭聲，不滿地問：一個總參，一個總政，都是上將，你想包庇？

楊成武說：不！蕭華是老毛病，應當受到處分！

毛澤東說：好，你等會去傳我的話，蕭華停職反省，在他家裡關半年禁閉。並請聶榮臻同志代我向小楚致候，想開些，我以後還要邀她跳舞的。她要願意，也可以到我這裡來工作一個時期……看看，我這個黨主席加軍委主席的，還要來處理這種問題。下面談正事。你這次回北京見總理，他要你帶了些什麼話給我？

楊成武這才打開筆記本上夾著的兩頁記錄稿，欲呈上周總理所講的六條，請毛主席過目。毛澤東不接：唸給我聽吧，之後留下。楊成武清晰地、逐字逐句唸了周恩來所講的六條。

毛澤東閉上眼睛，仰在長沙發上聽著。待楊成武沒有聲音了，才睜開眼睛，問：就這些？

楊成武遲疑一下，說：總理講，主席信任他，委託他主持日常工作，一些人根本不聽他的……

毛澤東慢慢坐起身子，操起茶几上一本新出版的《紅旗》雜誌，指著其中的社論〈揪軍內一小撮〉：他們也不聽我的！〈揪軍內一小撮〉是大毒草。還有「打倒帶槍的劉鄧路線」，大大的毒草。有人要分裂軍隊，搞垮軍隊，好叫我當光桿司令。

楊成武趕緊做筆錄，心裡亦喜亦憂。喜的是毛主席批這篇社論，肯定大得軍心、民心，軍隊從此能少受衝擊，漸趨穩定；憂的是包括林副主席、江青、陳伯達、康生等領導人在內，都高呼過「揪軍內一小撮」這些口號，他們肯服輸、改口嗎？

毛澤東說：成武，你把我的話記下來，向總理傳達。一、把外交部那個姚登山逮捕法辦；二、追查《紅旗》雜誌社論的政治責任。我要給軍隊的同志們一個交代；三、中央文革混進了壞人，王力、關鋒、戚本禹是三個壞分子，破壞文化大革命的。他們寫過幾篇文章，尾巴翹到天上。王力不會滿足當個副部長、副總理。關鋒、戚本禹也是這樣，到處伸手，慾望大得很。立即把這三個人抓起來。這事要總理去宣布、辦理，不要和別的人說；四、火燒英國代辦處，是無政府主義的犯罪行爲。北京衛戍區要加強對外國駐京使領館的警衛工作，不允許再發生這類事情。就這四條，你馬上飛回北京去向周總理作傳達，完了立即返回。

楊成武把筆錄交毛澤東過目，簽字認可。隨即告辭出來。剛走到門廳，卻被護士長叫住：楊總長，主席讓你回去，還有話呢。

毛澤東已在大書房內踱步，見楊成武回來，也不停下，邊踱步邊說：王力、關鋒、戚本禹，還是要區別、分化一下。先抓王力、關鋒，暫時不抓戚本禹，給兩個月的觀察期，看看能不能把他教育、挽救過來。但要狠狠批，批深批透。不行再抓。你帶來的中南海三場批判會錄像帶，還有那個「王八七講話」，我會慢慢看、聽。看過、聽過才決定是否全國播放……還有，你前天送來的那篇「大樹特樹」的文章，林彪同志已看過，又是吹捧的，我不看了，你帶回去交給陳伯達處理。

第三十七章　大廈將傾，名女玉殞

中央文革小組的六名主要成員，江青、康生、陳伯達、王力、關鋒、戚本禹，前三名被稱爲「大三」，後三名被稱爲「小三」，早就有人等著看他們的興亡。

「小三」中的王力、關鋒，於「武漢事件」過後的第三十七天成爲階下囚，鋃鐺入獄。戚本禹亦於數月後的一九六八年二月上旬被捕。三位風雲一時的文革英雄被關進中共高級政治犯監獄——秦城，當了解放軍實力派將領與偉大統帥毛澤東公開、半公開較勁的祭品。甚爲滑稽的是，五〇年代主持修建秦城監獄的前公安部長羅瑞卿、前北京市委第一書記彭眞、前中共中央辦公廳主任楊尚昆等，都已經被關在秦城，自己蓋了監獄自己來蹲了；現在又把積極打倒他們的惡犬王力、關鋒、戚本禹也關了進來，彼此都是「秦城難友」，也算二十世紀六十年代中國政治舞台上的一道詭譎風景。

對「小三」的兩次逮捕行動，都是在周恩來的坐鎮下，當著中央文革全體成員的面，由代總參謀長楊成武、北京衛戍區司令員傅崇碧親率士兵執行。革命的筆桿子不如槍桿子了吧？在革命的槍桿子面前，革命的筆桿子直如一灘稀糞。特別是那位代理過中央辦公廳主任的戚本禹，在中南海懷仁堂東大廳被捕時，像一條斷了脊梁的哈巴狗，哭叫著「江青啊，江青啊，江青同志你要救救我，救救我……」兩名士兵拖死狗一般把他給拖了出去。

毛夫人江青就在屏風的另一邊開會，她是不是也應當有所心理準備？

客觀地說，「揪軍內一小撮」、「打倒帶槍的劉鄧路線」，發明權並不在「小三」。兩個口號最先都是由林彪提出，得到毛澤東的多次認可。「武漢事件」後毛澤東避走上海，就指示「上海可以武裝十萬工人造反派」；聽說駐防湖南的第四十七軍軍長黎源發槍給造反派，毛澤東更說：「發得好，造反派就是要武裝起來」；聽說四川、雲南、浙江、山西的駐軍都給群衆組織發了槍，廣西南寧被搶走了援越槍枝七千多支、子彈一百多萬發，毛澤東也說了：全民皆兵，全面內仗，形勢大好……等等，完全是欣賞、贊同的口吻。不幸之中的大幸，毛澤東的這些「最高最新指示」，都沒有被「認眞貫徹執行」，而被夜以繼日、力撐危局的周恩來消了音，就連林彪、江青都不敢玩火。

「小三」被捕之日，林彪當面囑咐楊成武、傅崇碧：你們不要給幾個老帥打電話了，過去打了就算了，今後不要再打了。

楊成武、傅崇碧覺得總算替軍隊幹部出了一口惡氣，還是忍不住分頭給陳帥、徐帥、聶帥、葉帥打電話。陳毅大聲叫好：抓得好，早該抓他三個龜兒子了，今後還要抓；徐向前平日不苟言笑，此時哈哈笑，他已兩年多沒有笑過了；聶榮臻欣喜之餘，不忘關照老下級傅崇碧：抓了「小三」，還有「大三」，打狗欺主，狗主還在，今後凡事留神囉；葉劍英喜好詩詞，反應平靜：成武啊，幹得不錯嘛，總算開了個頭……你讀過〈哀江南〉嗎？沒有？唱宦海沉浮、前朝興亡的，我背給你聽聽吧：

俺曾見金陵玉殿鶯啼曉，秦淮水榭花開早。誰知道容易冰消。眼看他起朱樓，眼看他宴賓客，眼看他樓塌了。這青苔碧瓦堆，俺曾睡風流覺，將五千年興亡看飽。那烏衣巷不姓王，莫愁湖鬼夜哭，鳳凰台棲梟鳥。殘山夢最眞，舊境丟難掉，不信這輿圖換稿。謅一套哀江南，放悲聲唱到老！

楊成武不知道葉帥爲什麼要給自己背誦這首古詞，只感到葉帥心境太蒼涼、悲苦。

周恩來終於累倒了，暈倒在人民大會堂西大廳旁的洗手間裡。秘書、衛士、服務人員都哭了。周總理怎能不累倒呢？他們親眼所見，爲了解決湖南問題，總理和湖南兩派的代表談判四次，總理很不喜歡那個華國鋒，華國鋒目光閃爍，四處觀望，不像個老實厚道的幹部；爲了解決四川問題，總理和四川三派代表談判五次，苦口婆心、好說歹說，總算答應回去實現革命大聯合……全國二十九個省市自治區，總理一個省市一個省市的接見、談判，一次不成、二次、三次、四次。有的會上談成了，會後又鬧翻；北京談成了，回到省裡又鬧翻。只好又回到北京，由周總理再找他們談……期間還要處理各種緊急事件：內蒙古軍區七百軍人集體到北京請願，不獲接見，揚言要衝中央軍委機關；鄭州兩派組織搶佔黃河大鐵橋，致使南北交通中斷，江青同志還在北京號召他們「文攻武衛」，對保皇派要以牙還牙；江蘇徐州鐵路局又發生兩派工人大武鬥、大罷工；廣西柳州貨運站發生群衆組織哄搶援越物資，五列火車被哄搶一空；專門研製原子彈、氫彈的第七機械工業部第六研究院，兩派爭鬥激烈，大批核科學家、工程師被關押，打成什麼美蔣、蘇修間諜，一批絕密設計圖紙竟被運走，下落不明；中國人民大學、北京大學、清華大學打死、自殺、殺人滅口的幹部、教師最多……周總理什麼都要管，都是十萬火急，等著他發電報，打電話、下命令，把兩派群衆組織的人找來談話、談判。他把要求放到最低：不要開槍、不要搶武器、不要搶機密檔案，鐵路交通不能停，援越物資不能劫，不要把省部級幹部、科學家教授都打成反革命整死了，到時候我這個總理就成光桿司令了。

周恩來被診斷爲心臟負荷過重、供血不足、心肌勞損。毛澤東獲知後，特准他臥床休息三天。周恩來卻一天也躺不住。國事如麻，十二名副總理，六十多名正部級幹部，多數已被打倒，剩下的也都是半打倒、半靠邊了，怎麼辦啊？整個國家經濟在運動中大滑坡了……春節之前，周恩來委託李先念、余秋里等人，把一九六七年全年的國民經濟做了個粗略的統計。筆筆數字，眞叫膽戰心驚：

一九六七年全國工業總產值一千三百八十二億元，比一九六六年下降百分之十四；其中煤炭減產四千六百萬噸，下降百分之二十；鋼鐵減產五百零三萬噸，下降百分之三十二點八；化肥減產七十六萬八千噸，下降百分之三十二；發電量減少五十一億度，下降百分之六點二；原油減產六十七萬噸，下降百分之四點六；其它主要的輕、重工業產品亦是大幅下降。一九六七年全國貨運量比一九六六年減少兩億多噸，其中鐵路貨運量減少一點八億噸，下降百分之二十以上。一九六七年中央政府財政收入比一九六六年減少一百三十九億元，下降百分之二十五……。

而一九六六年全年國民經濟各項指標又比一九六五年下降了多少？一九六七年初武鬥全面爆發，工作停擺，根本沒有做出統計來。

更叫人無奈的是，一九六七年未能開成全國經濟計劃會議，進入一九六八年後，此類會議更不可能開成了。國家經濟處於無政府狀態，工農業生產將以更大的勢頭、更快的速度繼續全面下滑。面對如此形勢，周恩來作爲國家總理，怎麼能躺下休息？找誰來談談？幾位元帥、副總理之中，現在還能和毛主席、林副主席說上幾句話的，只有葉劍英和李富春了。讓葉、李上去匯報，建議儘快召開「九大」，儘快結束運動？主席聽不聽得進去？會不會產生誤會？只好拚力去試試。頂多被扣個「以生產壓革命、以經濟壓政治」的帽子，也顧不及許多了。

周恩來總算說服了小超和保健醫生，同意讓葉劍英、李富春來談半小時。其實葉劍英、陳毅、李富春等人昨天一聽到總理在大會堂洗手間暈倒的消息，立即趕來西花廳探望，但統統被擋了駕。

葉劍英神色憔悴，比李春富早到半小時。就坐在周恩來的病榻床頭，握住彼此的手，好一會說不出話。周恩來想起來了，葉劍英家裡正蒙受沉重打擊，兒子、女兒、女婿，都被捕了。八名子女，五名入獄。都是些什麼罪名？好像牽涉進什麼「中國共產黨中央非常委員會案」……。

周恩來示意葉劍英坐到沙發上去喝茶：孩子們的事，我前幾天才知道。謝富治告訴我的，公安部和北京市公安局，把流落在北京街頭的兩百多名未成年的高幹子女，收容進監獄裡去了。你知道那個什麼「中共中央非常委員會案」嗎？

葉劍英點點頭：孩子們是無辜的。有的人看我現在還沒有被主席、林副主席端掉，就對我的晚輩下手，以從精神上擊垮我。幾個孩子也不爭氣，運動初期跟著造反，我批評他們聽不進。後來看清了某人的面目，就又想造另一種反。那個什麼「非常委員會」，聽講把朱總司令也扯了進去，矛頭對著江青和林彪，被列爲運動的第一反革命大案。賀龍、彭眞、董必武、李先念、張聞天、羅瑞卿、王稼祥、孔原……幾十位中央負責人家裡的孩子，一網打盡。包括劉少奇家裡的三名中學生。老一輩還沒有整完，晚一輩先斬草除根。革命革了幾十年，革到這個下場。

周恩來目光冷峻地看葉劍英一眼：不對！你的這些牢騷，在我這裡發發，就打止。那件案子，沒有那麼嚴重的，我會設法化解。相信主席也不會同意傷害到這麼多和他一起奮鬥過來的老同志。把孩子們收進監獄去，是我同意的，簽了字……你不要急，聽我把話講完。你知道嗎？劍英，許多家庭被掃地出門，父母被抓，孩子們無家可歸。據說有兩三百名高幹子女流落街頭，靠撿破爛爲生，隨時可能被人認出是誰家的孩子，現在都叫做「狗崽仔」、「黑幫子女」，而遭到毆打，甚至被打死。我所知道的，已經死了十幾個。劉少奇的長子，搞導彈設計的，在包頭市郊被火車碾成兩截……所以我簽了字，同意把孩子們都收容進監獄裡去。我是會因此揹上歷史名份的，講我下令逮捕這些無辜的子女。但以後，誰能理解，今天的監獄裡，反倒比社會上要安全些？

葉劍英被感動了：總理，我理解你的苦心。只要劍英不死，以後可以作證。中國現在是兩座監獄，全社會是一座大監獄。那些有形的小監獄，反倒比無形的大監獄要安全些。今古奇觀啊。

周恩來正色道：你這話黑得很，傳出去不得了。大家尊你爲「儒帥」。既是「儒帥」，就要「大肚能容天下難容之事」嘛……你最近去見過林彪同志沒有？

葉劍英不知總理爲什麼突然問起這個：見過。向他匯報軍隊支左，不能捲進地方派性，必須禁止向群衆組織發槍，那些被搶去和發下去的槍枝武器，儘快、儘可能地收回。我建議中央四家聯合發一個緊急通知。林彪表示同意，準備和主席專門談一次，槍到群衆手裡，子彈不長眼睛。

周恩來說：這很好，很好……對了，還有廣西、湖南大規模活埋五類分子，連幾個月大的娃娃都活埋掉，林副主席命令四十七軍下去制止，你知道這件事嗎？

葉劍英眉頭抬了抬：爲這事，我掛電話向廣西南寧的韋國清瞭解過情況。韋國清竟說，活埋了好，活埋了乾淨。說是廣西各地社員群衆自發組織起「貧下中農最高法庭」，每個生產隊都有這樣的「法庭」，活埋隊裡的地、富、反、壞、右分子及其家屬子女，成爲風潮，自治區革籌和軍區制止不了。許多地富子女跑到縣武裝部、縣公安局尋找保護，多數仍被送回去，活埋掉。還出現了吃人心、人肝、人鞭的情況……現在這股殺人風潮已蔓延到了湘南、黔北、粵北。湘南已活埋四萬多人，有的地方屍體堵塞河道。四十七軍軍長黎源倒是及時向中央軍委匯報了，林彪同志下令四十七軍分頭制止。韋國清和謝富治認爲，被殺了的，不追究了，都是貧下中農幹的，我們還要依靠他們；沒有被殺掉的，就勸告貧下中農不要再殺了，留下些農村勞動力。這也是中央的處理原則。總理啊，和平時期，怎麼允許這種大規模殺人？聽說廣西全境五類分子基本殺光，不再有剝削階級。過去戰爭年代，我們對待敵人都實行繳槍不殺，優待俘虜。以後的歷史怎麼看我們這一段？主席知不知道這情況？

周恩來停頓一下：歷史，現在顧不上歷史……應該是向主席匯報過的，但沒有表態。主席要考慮的問題太多了……有林副主席的明確指示，也就代表中央了。

正說著，李富春進來，握手，問候。

周恩來請李富春先看那份關於一九六七年國民經濟情況的統計材料，之後說：再拖不起了。煩請二位出面，幫我去說動主席，政治上要打倒誰，就打倒誰，儘快召開「九大」，使運動告個段落吧。人家會不會又指我們「以生產壓革命，以經濟壓政治」？

李富春近年來身體也瘦弱多了，說話有氣無力：主席那邊，大約不會有太大問題。昨天晚上還和我通了電話，問了情況。老人家的意思，也是想快些開「九大」，結束運動。就怕欲罷不能。

葉劍英說：抓了「小三」，還有「大三」。搞成這種局面，想收攤子也難囉。

周恩來瞪葉劍英一眼，問李富春：主席還講了些什麼？他有這個意願就好。我們再加幾把勁。經濟是基礎，基礎保不住，也就談不到什麼上層建築。主席還講了些什麼？

李富春遲疑一下：主席還講了……他沒讓傳達。不過向總理和葉帥傳一下，可以吧？主席講了，看樣子，少奇、賀龍、陶鑄三個是保不住了，「九大」之前要作出結論。康生、江青領導的專案組已查出劉少奇、陶鑄歷史上的變節問題；賀老總，則是有國務院參事室一名姓李的參事，寫了封揭發信，說早在一九二七年八一南昌起義之前，賀龍就和南京政府有勾結。主席已經相信了那封信。

周恩來心裡一驚：國務院參事室姓李的？是不是叫李仲公？富春你不認識？

李富春搖頭：參事室參事一大堆，都是些舊時代留下來的老人，統戰對象。新社會給他們一人一份薪俸，竟也摻和進來攪事。聽講揭發信是寫給林副主席的。

葉劍英說：現在是偽滿洲國皇室、國民黨戰犯，都養起來，保護得好好的，倒比我們共產黨的老幹部的遭遇要好得多，起碼不被毆打、批鬥。難怪有人講，老革命不如反革命，小反革命不如大反革命，走資派不如溥儀皇帝。

周恩來苦笑：這個李仲公我認得。他一九二七年當過蔣介石的秘書長。一九四九年留下來了，給他安了個參事閑職，給口飯吃。他能揭發賀龍什麼事？

李富春說：他指賀老總一九二七年曾向蔣介石寫過一封乞降信，要槍械、糧餉什麼的……。

葉劍英茶几一拍：是不是被人屈打成招？這個老反動分子，他是活夠了。

周恩來說：主席相信了，賀鬍子的麻煩就大了。

李富春說：對了，主席還講了，賀龍保不住了，要派人去南京向許世友通氣，做好工作。主席也派人瞭解過，李仲公的揭發信是自發的，並沒有紅衛兵小將威逼他。

葉劍英說：現在要打倒誰，就挖誰的什麼歷史問題。除了主席和林副主席，誰都可以被稱作叛徒、特務嘛。也有人在我家門口貼了「打倒蘇修間諜葉××」的大標語。我問他們，共產黨內若真有這麼多叛徒、特務，中國革命怎麼可能取得勝利？

周恩來說：我也有個「伍豪啓事」懸著，有人要抓住不放。我不怕，那個「伍豪啓事」是敵人僞造的，康生、陳雲可以作證。

談話進行了近兩個小時，保健醫生和護士長進來提醒三次，最後還是鄧穎超出面，周恩來才讓葉劍英、李富春告辭，特別囑咐：你們跑一趟上海，到主席那裡匯報情況，不要說在我這裡商量過。

送走客人，鄧穎超見周恩來精神還好，順帶著問問：小孫的事，你管不管啊？

周恩來一時沒有想起，反問：哪個小孫？什麼事？

鄧穎超說：孫維世呀，咱們的女兒……她來過幾次電話，說有緊急情況向你報告。她一再說事關幾位中央領導……她已經進不了中南海，到不了西花廳。

周恩來拍拍腦門：這個維維，我越忙，她越添亂……再來電話，妳替我告訴，實在抽不出時間見她。有事可寫份材料來，也可以直接寫給主席，我替她轉上去。十幾二十年來，她和江青關係那麼僵，又不聽勸告，現在嘗到苦頭囉。

的確，自延安時代起，烈士遺孤孫維世就成了中共領導們的共同寵兒、寶貝閨女。年輕漂亮，多才多藝，又赴蘇聯留過學，林彪曾向她求婚，毛澤東曾拉她上龍榻，和義父也具雙重角色；她也就從不把江青、葉群兩人放在眼裡。江青多次約她個別談談，多次送她禮物，她也總是敬而遠之，拉開距離。文化革命後，兩位夫人得勢，孫維世成爲「共同情敵」。先抓她的丈夫、中央戲劇學院院長金山入獄，罪名是「黑幫、叛徒、特務」；繼而抓她的曾任朱德秘書的胞兄、人民大學黨委副書記孫泱，江青親自給定罪：「孫泱是三料特務，日本特務、蘇修特務加國民黨特務」。幾天後，孫泱渾身血汙地死在人民大學一間黑屋裡。哥哥猝死，孫維世被蒙在鼓裡，仍然四處求告，給毛主席寫信，給林副主席寫信，給總理、給朱總司令寫信，申訴：我哥哥是烈士子弟，從小參加革命，從未被捕過，怎麼可能是三料特務？中央要重事實呀，我哥哥是一九三二年入黨的呀，對革命忠心耿耿的呀！

孫維世本人則被她的工作單位中央實驗話劇院的造反派勒令：白天監督勞動，晚上交代罪行。

金山被捕不久，一伙穿軍裝的人抄了孫維世的家，翻箱倒櫃，把她五〇年在莫斯科替毛澤東當翻譯組長時，和毛澤東合影的幾十幀照片，之後毛澤東寫給她的十多封親筆信，送她的題字，以及收有她和林彪、周恩來、朱德、劉少奇、張聞天、王稼祥、陳毅、陳雲等領導人合影的兩大本珍貴影集，統統抄走。這些合影、信件、題字，被送到釣魚臺十一號樓江青那兒。江青請來葉群，兩人一邊看，一邊撕扯，恨得咬碎銀牙，商定毫不容情地來剪除她們共同的仇敵。

先是加大精神折磨，順藤摸瓜，狠挖孫維世的「黑後台」。

大街上出現「打倒陳毅」的大字報。馬上有大批紅衛兵衝進孫維世所住的四合院，逼她「證明陳毅瘋狂反對毛主席的罪行」。孫維世回答：陳毅元帥熱愛毛主席，我們黨和國家的大功臣，他有什麼罪行？

緊跟著街上又出了一批稱朱德爲「大軍閥、黑司令」的大標語。當天晚上就有幾名穿軍裝、自稱是「調查組」的人，來逼迫孫維世交代：妳和朱德是什麼關係？朱德佈置妳幹過些什麼勾當？和哪些人保持聯絡？孫維世得知來人是中南海警衛局幹部，坦然回答：朱德老前輩是毛主席的老戰友，也是我父親的老上級。父親犧牲後，總司令像照顧自己的孩子一樣照顧我。我沒有什麼可交代的。

一天清晨，有人在東長安大街上貼出「打倒大叛徒、大資產階級周恩來」的大字報、大標語。早飯後，孫維世正要出門去單位勞動改造，一夥紅衛兵造反派衝進她院子裡，迫令她「交代周恩來反黨反毛主席的嚴重罪行」。終於向義父下手了，妄圖從她這裡打破缺口……孫維世乾脆坐在台階上，一言不發，以沉默相抗。紅衛兵們圍住她又叫又罵，把喉嚨都喊嘶啞了。孫維世始終一言不發。紅衛兵造反派倒也知道她是烈士子弟，而沒有動手揪她，打她，踢她。

批鬥、訊問，沒完沒了。孫維世預感到，自己隨時可能被捕入獄。她也明白，自己的對頭，是那兩個現在權勢熏天的第一夫人和第二夫人……該怎麼辦？近來第一夫人、第二夫人胃口大得很，不僅要打倒金山、打倒孫泱、打倒她孫維世，還妄圖打倒陳老總、朱總司令、周總理！但孫維世以自己的政治經驗觀察，毛主席只會讓人們貼貼標語，呼呼口號，掃掃朱、周的「威風」，卻不會同意眞的把朱、周打倒……毛主席啊毛主席，孫維世對您還是比較了解的，維世曾和您有過那麼親密的關係，曾和您度過那麼多良宵呢。特別是一九五〇年在莫斯科同居的那兩個來月，您甚至發誓要和藍蘋離婚，再娶維世，您甚至借用宋人趙松雪學士的題贈管夫人詞，來譬喻和維世的戀情呢：

> 我儂兩個，忒煞多情？譬如一塊泥兒，揑一個妳，再塑一個我。忽然歡喜啊，將他都來打破，重新下水，再團再煉，再揑一個妳，再塑一個我。那其間，那其間，我身子裡有妳也，妳身子裡也有了我！

毛主席啊，您個偉大領袖，大約早就忘記了，那時節您每回貼住我幹那事兒，總要邊幹邊唸：我身子裡有妳，妳身子裡有我……您那時才五十幾歲，粗壯得很。一天，您和史達林會談時，竟也唸出這段淫詞來譬喻親密無間的中蘇關係。您還要求我當場口譯給史達林。羞死了，又不能不口譯。史達林倒是聽懂了，說：毛澤東同志，你把中蘇關係比作男女性交，有意思，但不夠貼切……。

毛主席啊，毛主席！一九六四年之前，維世還能不時去拜見您，您對維世還很關心、愛護的。可一九六四年之後，您就不再讓去了，不再讓您大汗淋漓、氣喘呼呼地愛過的女子去見您……不見就不見,您可以棄之如敝屣。但您也不應放任您的夫人,還有林副主席夫人像兩頭發狂的母狗,去吠去咬您的老同事、老戰友朱總司令和周總理他們!

家裡的電話被造反派撤走了。孫維世趁著白天被監督勞動後,下班回到家裡還有點行動自由,天天傍黑時分到附近街道用公用電話找中南海西花廳的鄧媽媽。鄧媽媽倒是接過幾次電話,卻總是告訴她,爸爸太忙、太累了,白日黑夜很少回家,連媽媽也見不著爸爸……妳也不要到這裡來,這裡天天被紅衛兵小將們包圍,西門、西北門外都搭著批鬥台,輪番著批鬥從中央到地方的走資派……終於有天黃昏,鄧媽媽在電話裡說,爸爸囑咐,妳有事可以寫封材料,送北門傳達室,請西花廳衛士長收。爸爸講了,如有必要,他可以替妳轉上去。

整天在驚恐焦灼中度日,在黑暗中掙扎沉浮的孫維世,彷彿看到一線獲救的曙色。她徹夜不眠,伏桌疾書,給親愛的毛主席寫下一封長信,反映近年來,胞兄孫泱如何被打成「三料特務」,丈夫金山如何以「大戲霸、大叛徒」的罪名下獄,一批又一批的紅衛兵、軍人、公安幹警,如何來逼令自己「交代、揭發」陳老總、朱總司令、周總理等老一輩的所謂「反毛主席罪行」……信的最後,孫維世不管不顧豁出去,把矛頭對準中央文革組長江青,提醒親愛的毛主席,江青打著您的旗號,四處策動紅衛兵和造反派,慘無人道地整您的老同事、老戰友,整咱們黨和國家的一大批重要領導人。

幾天後的某晚八時,周恩來在人民大會堂小會議室召集中央工作碰頭會,討論解決東北三省成立革命委員會的領導人選事宜。東北遍佈重工業基地,又是大糧倉之一,面對蘇修社會帝國主義的虎視眈眈，再不能槍槍炮炮地鬥下去了。毛澤東已經同意，由他侄兒毛遠新出任瀋陽軍區政委兼遼寧省革命委員會副主任。江青從釣魚臺掛電話過來，說她還沒有顧上吃晚飯，由大會堂這邊替她準備幾樣清淡的素食。周恩來囑咐自己的衛士長守候在西大門，江青同志一到，先請她去小餐室用餐。

誰想江青一下紅旗牌防彈轎車，見是周恩來的衛士長在等著她，就氣不打一處來。衛士長不知就裡，照常立正、敬禮，報告首長：總理吩咐，請您先用餐……江青登時臉一沉，眼一瞪，喝道：你敢阻擋我？不讓我去開會？衛士長連忙賠小心解釋：釣魚臺那邊有通知，說首長還沒有用晚餐，叫這邊做了準備，有您喜歡的白洋淀活鯽魚……江青頭一扭，徑直朝會議室走：看哪個有膽不讓我開會，我不聽你解釋，你走開！我要去問周恩來！

江青進到會議室，周恩來即率領出席碰頭會的所有政治局委員和中央文革成員們起立相迎。此一起立相迎儀式，自去年年初以來形成慣例，因為江青代表偉大領袖毛主席。江青一屁股坐下，誰都不理睬，劈面就問周恩來：你們開什麼會？有什麼見不得人的東西？為什麼叫你的衛士長擋在門口？今天主席、林彪同志還健在，你就敢對我這樣，今後還了得！對，我就是問你，周恩來！

周恩來見江青大發雌風，吵鬧得不成樣子，影響不好，連忙宣佈休會半小時。待其他人都識趣地退出會議室之後，周恩來和顏悅色坐在江青同志身邊來：妳不要生氣，不要生氣嘛。有話慢慢講。恩來有什麼不周之處，妳儘管提出來，讓我檢討、改正嘛。但妳一定不要生氣，不要傷了身體。我早宣佈了一條工作紀律，要像尊重主席那樣尊重妳。

江青仍是那句硬梆梆的質問：爲什麼不讓我進來開會，你那個衛士長阻攔我，肯定是你授權的！

周恩來仍是滿臉堆笑：江青同志，怎麼可能呢？今天來開會都是些老同志，主席信得過的幹部，怎麼可能不讓妳進來開會呢？

江青以不屑的目光盯住周恩來：你的衛士長是壞人，目有凶光，身帶殺氣，我不要再看到他！

周恩來一直摸不清江青發火耍潑的由頭，只得滿口應承：可以，可以，我保證你不再見到他，明天就通知他進學習班……江青同志，我這樣做，你可以原諒了吧？

江青冷笑道：諒解？我倒是想諒解你哪，已經多次建議主席，把那個「伍豪啓事」做冷處理，並要康生出面作證，是歷史假案……可你卻替你的乾女兒轉信！讓你的衛士長到中南海北門傳達室去取的，你以爲沒有人向我匯報？告訴你，這封信，已經到了我手裡。

周恩來心裡一驚，這才明白過來，是爲了孫維世給主席的那封信啊，難道主席把信批給她本人了？那就糟糕了。周恩來說：對，是替小孫轉過一封信。因她寫的是主席親閱，我原樣上呈，並不知道她寫了些什麼。我以我的人格對妳保證……我猜想，她是替她丈夫金山和胞兄孫泱求情吧？

江青忽又厲聲嚷道：她是向老闆告老娘的刁狀！哈哈，鬼迷心竅，死到臨頭，還敢告老娘的刁狀，挑撥老娘和老闆的夫妻關係……恩來，我現在問你，孫維世究竟算你什麼人？

能言善辯的周恩來一時語塞，心裡冒出一股火苗，欲發作，但很快壓下去，主席夫人，今非昔比，惹不得，惹不得也：江青同志，我和鄧大姐，只是把小孫當晚輩，她不長進，不爭氣，我們長期教育她，可她就是聽不進……

江青目光如錐：一些話，一些事，我也不戳穿了，好歹大家留個面子吧！說她像古羅馬的海倫娜，中國的潘金蓮，都不恰當。是個淫婦加蕩婦！她破壞過我的家庭，也勾搭過林副主席，破壞過葉群的家庭！這樣的壞人，爲什麼一直逍遙法外？不就因爲有你這個總理和朱德保護她？

周恩來一路陪著小心：江青同志妳息怒，息怒……請給我一點時間，我一定負責處理好這件事。

江青直愣愣地逼住周恩來：你要是有誠意，就大義滅親，下令逮捕孫妖精！其餘的，我們都好商量。坦白講，我就和你交換這麼個條件。

周恩來遲疑了：逮捕？可她是烈士子女啊。

江青咬住不放：烈士子女就不出反革命？顧順章、向忠發還是產業工人出身哪，不照樣當大叛徒？告訴你吧，我和葉群，隨時都可以下令抓她。青海軍區司令員不是被你們保下了嗎？對不起，上個星期我把他叫到辦公室，命令警衛把他送到秦城去了。對孫維世，爲什麼拖著沒有抓？就是給你這當總理的留著面子，讓你來採取主動。

周恩來閉了一會兒眼睛，終於點了點頭：好，我同意，把孫維世送到監獄去，讓她好好反省一段，免得留在外面再搞事……

江青衝著門口喊了一聲：謝富治同志，進來一下，總理有事交你辦！

公安部長聞聲而至，在周總理和江組長面前立正站好。江青見周恩來又有所猶豫似的，便搶先說：謝部長，總理讓你派人去逮捕孫維世。

周恩來嚅動兩下嘴皮，點點頭。

謝富治倒也慮及孫維世在黨中央領導人之間的關係，而說：總理，這事，這事口說無憑，您給寫個便條吧？或是簽個正式的逮捕證。

一九六八年三月一日晚，中央實驗話劇院院長兼總導演、周恩來夫婦的養女孫維世被捕入獄。公安人員出示了她周爸爸親筆簽署的逮捕證。同年十月十四日，孫維世香消玉殞，慘死獄中。死時仍戴著手銬，渾身一絲不掛，倒臥在一層乾草上，下體腫大瘀血，疑爲遭受拷打、輪姦。

說是周恩來聽到孫維世的死訊後，曾憤懣地唸道：烈士後代，她是烈士後代呀！爲什麼要弄死她？並要求公安部門驗屍。但屍體已經火化。歷經半年的審訊、嚴刑拷打，孫維世沒有講過半句有損毛主席、周總理人格的話，眞有乃父之風骨了。歷史也留有疑點：孫維世在獄中受盡非人折磨的整整半年時間裡，周恩來爸爸並未有過半句關切。或許是出於萬般無奈吧，爲了籠絡好第一夫人和第二夫人，他唯有讓心愛的乾女兒充當政治祭犧。

第三十八章　夫人聯手　上將驚魂

夫人報仇，廿年不晚。清除了孫維世這名仇敵，江青、葉群總算出了一口惡氣。緊接著，她們倚仗丈夫權勢，鎖定了各自新的目標：江青決心端掉衛戍區司令員傅崇碧，葉群決心端掉代總長楊成武。

毛澤東家鄉韶山鐵路通車，於他生日那天（十二月二十六日）舉行盛大典禮，給他發來喜報、賀電，《人民日報》等全國所有報紙均刊出頭條消息，都是「大樹特樹毛主席的絕對權威」、「大樹特樹毛澤東思想的絕對權威」。豈知毛澤東自「武漢事件」後一直心情欠佳，多次和人談到「討嫌四個偉大」，「是誰封了我四個官呀？」這次看到家鄉的喜報及報紙頭條消息，認眞動了肝火：從來權威都是相對的，世上哪來的絕對權威?而且是大樹特樹！我的這點威望、地位，是哪個樹起來的?他把火氣遷怒到自己的愛將楊成武身上：都是你那篇「大樹特樹」的狗屁文章惹的事！

楊成武竭力辯白：主席，同意文章用我的名義發表，我錯了。文章是陳伯達他們寫的，我沒有參加。陳老夫子硬要用我的名義發表，我沒有辦法……楊成武到底也沒敢點明文章是林彪拍的板，署名也是林彪決定的。若因此惹下個挑撥黨中央主席、副主席關係的罪名，就更揹負不起了。

毛澤東也不願把這件事扯到林彪身上去，進而斥責楊成武：你還強辯？最終還是你自己同意！這下子好了，我毛澤東這點權威，是你楊總長大樹特樹起來的了。名曰樹我，其實是樹別人，樹自己。和你說過多次，我討嫌四個封號，四個偉大。你就是聽不進去，不肯替我想想……

楊成武欲哭無淚。他這個代總長當得好辛苦。從黃克誠到羅瑞卿，幾任總長都沒有好下場，現在輪到自己了。這個勞什子官不做也罷。你既要絕對服從毛主席，還得服從林副主席；你既要聽周總理的，又得聽幾個老帥的，還得看江青、葉群的臉色。人家怕你又恨你，你卻哪尊菩薩都惹不起。

過了不久，中央辦公廳和軍委辦公廳舉辦春節文藝晚會，請黨和國家領導人在人民大會堂劇場觀看革命樣板戲《智取威虎山》。林彪是很少出席文藝晚會的。楊成武特別囑咐秘書給毛家灣二號掛電話，請葉群同志務必出席。

葉群出席了。幕間休息時，葉群把楊成武叫進一間休息室，質問：你現在官做大了，不肯親自打電話了？楊成武身為上將總參謀長，豈可被葉群這名中校喝斥？看林總的面子，耐心解釋：葉主任，送戲票不是什麼大事啊，以後我注意就是了。葉群又尖銳地問：不是大事？這麼重要的演出，主席都來了，為什麼不通知首長來？楊成武忍氣吞聲：對不起，是我的秘書沒有講清楚，我回去查一查，再向林總報告。葉群卻不依不饒，指著楊成武的鼻子喝斥：你眼睛裡還有一個林總？他是你紅一軍團的老首長哪！你沒有看到羅瑞鄉、蕭華的下場？你要走羅瑞卿、蕭華的老路，小心我打斷你的脊梁骨！

母狗的鼻子真靈，自己剛被毛主席遷怒，第二夫人就敢侮罵羞辱了。這算什麼規矩？封建王朝還嚴禁後宮親政，共產黨這一朝代卻搞夫人專政，兩隻母狗可以咬遍滿朝文武。不對不對，罵兩隻母狗，主席、林副主席成什麼了？

接著，楊成武又遇到一件更棘手的事，空軍政委余立金，轉來空軍文工團幾名女演員的聯名信，控告吳法憲的親信、空軍黨委辦公室副主任王飛、作戰部副部長周宇馳等人，在京西賓館內飛揚跋扈，胡作非爲，多次誘奸她們，把她們肚子搞大了，棄之不顧，並恫嚇、威脅……楊成武因考慮到吳法憲、王飛、周宇馳這些人和毛家灣二號的親密關係，王、周二人更是林立果的鐵桿哥們，只好把告狀信轉呈林副主席處理，以免節外生枝，影響空軍黨委的威信。

好心卻沒有得到好報。楊成武自己那在空軍司令部工作的女兒，被王飛等人揭發與余立金的秘書發生了「奸情」，遭到隔離審查。過了兩天，林彪通知楊成武去毛家灣二號談話。由於毛澤東有囑咐，楊成武已經大半年沒有造訪過林府了。他準時進到林府大客廳，林彪、葉群已經坐等在那裡了。楊成武立正、敬禮，報告：林總！我來了。

葉群請他坐下，喝茶。林彪卻目光直直地盯住他，半天不吭聲。楊成武過去在戰場上渾身是膽，智勇雙全，這會兒在林彪面前心裡發毛，冷噤連連。別的都不怕，就怕林彪問起主席南巡期間，都講了些什麼？作了哪些沒讓傳達的指示？批評了哪些軍隊幹部？眞的講了討嫌「四個偉大」，「是誰封了我四個官」？等等。自己回答不回答？哪些可講、哪些不可講？還是根本就不能講……楊成武想到了後果：你不想得罪林副主席，就必然觸怒毛主席，也可能既冒犯林副主席，又冒犯毛主席。

見林彪死盯住不言聲，楊成武身子坐得筆挺，硬著頭皮問：林總，找我什麼事……請指示。

約摸挨了五、六分鐘，林彪總算開了口，不緊不慢地說：是有件事，找你幫忙。葉群同志十六歲入黨，千眞萬確。可是陸定一的婆娘，賀龍的婆娘，還有幾個什麼人，硬講她沒有履行過入黨手續，是假黨員。怎麼辦？

楊成武鬆一口氣。謝天謝地，不是逼他匯報毛主席南巡期間的私下交談。也眞是滑稽，一九六六年五月十八日政治局擴大會議上，林彪命秘書在每位與會者的座位上放一紙鉛印的「證明書」，證明葉群和他結合時是處女！現在哪，大約又要找人證明，葉群同志是眞黨員而不是假黨員了。全國上下揪假黨員、抓叛徒特務，搞了兩年多時間，搞到林副統帥家裡也不安寧啊？

林彪繼續說下去：有人說她是假的，只好找人證明她是眞的。你是福建人，葉群也是福建人。因此找你幫忙，寫個證明。

楊成武愣住了。怎麼也沒有想到今天要辦這麼件事。人說林彪是小諸葛。不簡單啊，是欲通過這件事，把楊成武收編進他林家的小圈子啊……別人或許求之不得，楊成武卻感到可怕。

林彪見楊成武沒有反應過來似地，便又韵味十足地說：我看重我的一批老下級。你寫過一篇〈林彪教我當師長〉，江西蘇區時期的回憶，很有感情的……葉群的事，吳法憲已經寫了一個證明。按組織手續，要找兩個證明人。你也可以是一個。你是總參黨委書記，寫這個證明合適。

楊成武嘴唇哆嗦兩下，目光恍惚，欲迴避開去。黨內鬥爭的殘酷、險惡告訴他，這種私人圈子進不得也。但老領導林彪目光深邃，黑森森的，鐵水一般灌住他。他一咬牙，尷尬地陪著笑，橫下心來作正面回答：林總，我是你的老部下，福建長汀人，長汀緊靠著江西瑞金……我和葉群同志從沒有共過事，直到一九六〇年才認識……葉群同志，我是怎麼認識妳的？那年我患面部神經麻痹，住在協和醫院治療。妳到醫院來看我，說，「我是林總愛人，代表林總來慰問你，林總讓把我們的兩斤肉指標給你吃。」那是飢荒年景，過苦日子，每月每人只供應一斤肉。我說謝謝林總關心，老首長的愛護關懷心領了，肉指標不能要，我和愛人也每月有兩斤供應。……我就是那次才認識妳的，至今很感激。但替妳十六歲入黨的事寫證明，我有些困難。如果共過事，了解情況，我義不容辭……林總從來教導我們，軍人辦事，最重要一條，就是遵守紀律。

彼此的話，都到了這份上，還有什麼可說的？

林彪陰冷的目光就那麼罩住楊成武，彷彿要溶化他，吞下他。直到楊成武哆嗦著兩腿起身告辭，林彪的目光都沒有移開，只把巴掌劈了三下，表示「走，走，走」。連葉群都沒有起身相送。

楊成武出到大院門外，上了汽車，才吐一口氣，完了，在林副主席面前自己是完蛋了。就看毛主席了。夾在黨中央主席、副主席之間當參謀長，眞他媽的不是人幹的！知趣點，從明天起請病假——

的確患有多種疾病，先在家裡休息吧。可自己的女兒還落在人家手裡，不會被吳胖子他們弄死吧？

中央文革辦公室向周總理報告，兩箱魯迅手稿失竊，請北京衛戍區協助查找。周恩來覺得事關重要，應當儘快找回這批國寶級手稿，不然等到毛主席追問下來，壓力就更大了。

衛戍區司令員傅崇碧接到周總理指示，不敢掉以輕心，立即親自出馬，帶上一名副政委、幾名警衛員，分乘兩輛車子，先去魯迅紀念館查問。魯迅紀念館的工作人員翻出資料借閱登記簿，結果查到釣魚臺十一號樓的借據一張，借走兩箱魯迅書信手稿，時間已超過兩年。

釣魚臺十一號樓，江青同志辦公、起居之所啊。爲了把事情查落實，傅崇碧等兩輛車子直駛甘家口釣魚臺。在東大門內停下車，傅崇碧用傳達室電話和裡面的文革辦公樓第十七號樓聯繫，恰好是陳伯達接電話。陳伯達忙說：傅司令員？請，請，我和姚文元同志在這裡。

傅崇碧知道江青不允許汽車駛近她的第十一號樓，太吵；只得率領一行人步行去第十七號樓。陳老夫子一看借據，說：走走，我們去十一號樓看看，說不定東西就在他們那裡，擺了個大烏龍。

一行十來人，除了陳伯達、姚文元，其餘人都穿軍裝。來到十一號樓會客室，秘書進去報告。靜悄悄地等了好一會，江青風姿綽約地出來了。一見傅崇碧和幾名軍人在場，江青臉色突變，厲聲喝問：傅崇碧！你好大的膽子，竟敢帶這麼多軍人到我這裡來，是不是要抓人？誰讓你們進來的？

傅崇碧見誤會鬧大了，忙賠笑解釋，是周總理吩咐查找文革辦公室報失的魯迅手稿。在東門傳達室，給陳伯達同志掛了電話，他同意了，才進來的。姚文元同志也在場嘛。

姚文元立即站到江青一邊：不對！你們進來的事，我根本不知道。

江青不聽解釋，大耍雌風：傅崇碧你越來越目中無人，膽大包天了！你們到我住的地方來，爲什麼事先不報告？衛士長，去把謝富治找來！我要公安部長來管管這個衛戍司令。這還了得，軍人強闖釣魚臺，身上還帶著武器！無法無天，無法無天！

傅崇碧遇到這麼個蠻不講理的毛主席夫人，心裡叫聲苦也，趕忙命幾名警衛員退出，到大門口去候著。他也有些窩火，忍不住頂嘴：江青同志，請聽我解釋。我是衛戍司令，釣魚臺的警衛人員都是我的部下，就算我今天不是來執行周總理指派的任務，而是來檢查警衛工作，也可以隨時進出啊。

不待傅崇碧說完，江青的手指已經戳了過來：還敢犟嘴！替自己強闖十一號樓辯解。好！你下令搜查十一號樓，搜查我住處好了！你們動手吧，翻箱倒櫃去吧！老娘不怕！

換了別的人，包括周總理在內，早就會向江青同志認錯。傅崇碧是位紅小鬼出身，半輩子打硬戰、惡戰的將軍，卻不肯認「第一夫人」這一套，遞上去那紙魯迅紀念館的借據：江青同志，我今天是來執行公務的。這張借據，是不是妳這裡開出？請落實一下，魯迅手稿是不是還在你們十一號樓？

江青看了借據，仍不減一臉盛怒：這個寫借據的人是誰？秘書，這個人到哪裡去了？

一位佩眼鏡的秀才過來看一眼，小聲說：報告首長，這人原是從成都軍區借調來替戚本禹管資料的，戚本禹被捕後，他回了原單位。

江青說:馬上派專機把人接回來!不然,栽贓到老娘頭上。氣死我了,敢對我這樣……

正鬧著,謝富治氣喘呼呼地趕到了。謝富治身為解放軍上將,卻一貫在江青面前笑出一臉燦爛:江青同志,對不起,我來遲了,讓您受驚了,請諒解……傅崇碧同志嘛,我負責帶他回去批評教育,他兼著市革委副主任,一個班子裡工作,可以開生活會……

那位佩眼鏡的秘書這時又在江青耳邊提醒一句:那兩箱手稿是在我們樓裡,鎖進大保險櫃……

江青狠狠瞪秘書一眼:你給我住嘴!你們都是在變著法子欺侮老娘……都散了吧,煩死人!

從十一號樓出來,陳伯達聳聳肩膀。姚文元身子矮胖,走得昂首闊步。傅崇碧跟著謝富治步行老長一段路。公安部長的座車也只能停在大門口。謝富治臉上詭秘地笑笑:夥計,你領教不多,我是家常便飯。回去寫份檢查,我負責替你上交。江青同志火氣來得快,消得也快,幾天就過去了的。

當天晚上,江青回中南海游泳池向老闆告狀。對於傅崇碧,這次算找到突破口,或者說略施小計製造出一個突破口。她已忍了一年多。楊成武和傅崇碧利用手中兵權,唯周恩來的話是命令,和釣魚臺這邊較勁:紅衛兵小將要揪鬥劉、鄧、陶,他們說這三個人被拉出中南海去影響不好;紅衛兵小將們要批鬥彭眞、羅瑞卿、陸定一、楊尙昆,還有五九年就打倒了的彭德懷、張聞天、黃克誠等等,都需要向衛戍區寫借條,並且衛戍區派人隨護,不准把人打殘打死……總而言之,黨內、軍內的走資派,凡是躲到北京來的,他們就通通保護到軍營去。連「武漢事件」的主凶陳再道、鍾漢華,他傅崇碧都派重兵保護。文化大革命開展兩年多了,表面上轟轟烈烈,槍槍砲砲,打打殺殺;遇到實際問題，卻是周恩來、楊成武、傅崇碧幾個人說了算，中央文革只能眼睜睜看著他們四出救火、消防。一次，江青當面質問傅崇碧：你爲什麼總是聽總理的？爲什麼總要保護一批批走資派？傅崇碧竟回答：江青同志，總理執行主席指示，我不聽他的聽誰的？

江青最感到寒心、恐懼的，是楊成武、傅崇碧率領士兵，兩次當著中央文革全體成員的面抓人。第一次抓王力、關鋒，第二次抓戚本禹。打狗還須先問主人。兩次都是突然得很，中央文革正在開會，坐得整整齊齊的，周恩來宣佈一道主席命令，楊成武、傅崇碧就領著士兵衝進來，咔嚓幾聲，給王力、關鋒、戚本禹手銬一拷，就押了下去！她江青、陳伯達、康生、張春橋、姚文元等，臉色寡白……在楊成武、傅崇碧這些軍人眼裡，中央文革成什麼了？要抓就抓，要關就關？事前連招呼都不打一個？中央文革早就取代書記處、政治局，是黨中央主持日常工作的機構！過去，劉少奇主持政治局，鄧小平主持書記處，你們敢到會議上來抓人嗎？有過這種先例嗎？今天江青主持中央文革工作，你們卻可以帶著手銬到會議上來拷人，拷了一次拷二次！長此下去，你們不會有三次、四次、五次？我看根子不在楊、傅，也不在周恩來，而在老闆。老闆對軍人太放縱。黨、政幹部一批一批讓打倒，軍隊幹部卻絕大部份不讓動，怕出安祿山、史思明，更怕出項羽、劉邦。

江青每次來到老闆的住處就有氣，但不敢發作。老闆住到哪裡都搞成一座鳳凰台，館娃宮，姓章的，姓唐的，姓李的，姓謝的，姓廖的，西施南施一大堆，輪流進侍，還喜歡下泳池裸泳！當然少不了皮條客。說出來都羞煞人了。十幾二十年來，老娘睜眼閉眼熬下來，相忍爲黨，相忍爲國。

江青進來時，老闆剛裸泳過，由謝靜宜做全身按摩。謝妮子這名機要員出身的北京市革委會副主任，竟也懂按摩。謝妮子見了江青，臉蛋兒紅粉粉的，說聲首長，俺到市裡上班去。江青隨和地笑：妳在主席這裡也是上班嘛，好走，好走。

毛澤東裹著長浴衣，露出兩條光腿，仰在長沙發上抽菸、休息，看得出來心情頗佳：藍蘋啊，妳來了。衛士長報告，妳有重要事情和我談？

女服務員上茶，退下。江青先扯條大毛巾蓋住老闆的兩腿：找你告狀！我忍受了一年多，本不想多嘴，但實在看不下去。

毛澤東溫和地看婆娘一眼：妳啊，還是那個造反派脾氣，告什麼狀？告哪個？

江青知道老闆的習性，當他心情舒暢的時候，是喜歡聽人告狀或是打小報告的。你要是吞吞吐吐，閃爍其詞，他會認作不老實：我告傅崇碧！日久見人心，這個衛戍司令對我們存二心。

毛澤東眼睛眯縫起來：傅崇碧？相當於過去的京師九門提督，職務敏感囉。

江青身子前傾，聲音委婉，有條不紊：好，我盡量具體些。第一，傅崇碧利用他手中的衛戍區部隊，充當走資派、黑幫們的保護傘，連彭、羅、陸、楊這些中央點了名的大黑幫分子都不讓批鬥；第二，他和他的部隊只服從周恩來指揮，周的話百靈百驗，叫他派多少部隊去哪裡，保護誰，逮捕誰，他都堅決執行。很多時候，把你和林彪都架空了。第三，他和楊成武兩個，兩次到中央文革的會議上去抓人，一次抓王力、關鋒，另一次抓戚本禹，事先都不通氣，一聲令下，當著文革小組全體成員的面，士兵衝上去，咔嚓一聲，手銬一拷，就把人帶走。老闆，你想想，他們這樣幹，我和陳伯達、康生、張春橋這些人是什麼滋味？我知道是在執行你的命令。但豈有這樣執行的？一種什麼氣氛？文革小組是中央的辦事機構，軍人一次、兩次的衝進來拷人，成什麼體統？陳伯達、康生講他們在中央工作了三十幾年，從沒有見過這種局面，現在搞到軍人跋扈，人人自危。他們要我來向老闆反映，此例開不得！軍人們一次、二次的得手，嚐到甜頭，可能三次、四次地抓下去，直到威脅中央主要負責同志的人身安全；第四，你不要生氣，聽我講完嘛。就在今天中午，傅崇碧帶了兩汽車軍人，事先不報告，先衝到中央文革辦公的十七號樓，後衝到我住的十一號樓。我問他傅崇碧，你帶這麼多人到我這裡來幹什麼？他說來查找什麼魯迅手稿！查找報失的魯迅手稿需要他這名衛戍區司令員親自出馬，還帶領兩車軍人？我差點就罵他是董卓、十常侍，亂臣賊子了。但我忍了又忍，硬是忍住了。

毛澤東閉上眼睛，臉色越來越凝重，好一會沒有出聲。江青不知道老闆心裡在想些什麼，忙陪小心地說：看看，我一來就和你匯報些不愉快的情況，惹你生氣……北京發生的這些事，我看不下去，也擔心他們利用你的信任、重用，繼續胡作非為。

毛澤東睜開眼睛，坐起身子，吐一口粗氣，欲吸菸。江青忙取過一支含在嘴上，擦根火柴吸燃了，再遞上去，讓老闆咻咻地吸著。僅吸兩口，便吸出來小半截白菸灰。毛澤東彈掉菸灰，才說：養虎為患，縱虎為患，驕兵悍將……傅崇碧年輕，能幹，京畿防衛，重任在肩，忘乎所以。我這裡早收到一封他們衛戍區一名副政委的信，告他和楊成武相勾結，要奪北京市革委謝富治的權。還有空軍司令部的信，反映余立金和楊成武相勾結，要奪吳法憲的權。本來半信半疑，想壓一壓，再看一段。現在經妳這麼一講，好像可信度更大了些。可以考慮採取些預防性措施了。但這個話，妳不要傳，包括對陳、康、張。要掉腦袋的。一個首都衛戍司令，一個三軍參謀總長，高度敏感呢，何況他們也不是要反對我。相信他們反這個、那個，就是不會反對我。這事就談到這裡。妳還有不有別的情況？

江青心裡一陣輕鬆，原來老闆已掌握著楊成武、傅崇碧的動向。她心裡掂量一下，又說：還有，總參造反派揭發，空軍政委余立金和楊成武、傅崇碧密謀，準備弄一架空軍專機，把劉少奇偷運到蘇聯去，好以後回來復辟修正主義……

毛澤東眼睛都瞪圓了：有這種事？把劉少奇偷運到蘇聯去，楊、傅、余裡通外國……我不信。

江青說：老闆呀，非常時期，什麼離譜的事都可能發生。這類事，寧可信其有，不可信其無。

毛澤東說：那先把余立金抓起來！這事妳不要插手，不要透風。在我這裡，妳講什麼都可以。

江青說：我是你的一名流動哨兵啦……我還想講講總理這個人。文革以來，他在你面前唯命是從，忠心耿耿。但他是個多面派，一天到晚搞調和，保這個，保那個。如今他是大得人心、軍心、黨心。我親眼看到，幾次軍委擴大會上，元帥、將軍，軍以上高級將領，見到周總理就像見到救星，一個個熱淚盈眶，感激涕零。每逢周作報告，鼓掌長達三、五分鐘……在北京，楊、傅成了他哼哈二將，把接班人林彪都涼到一邊。明眼人都看得出來，林彪空有其名，實權落在總理手上。一個直接的原因，就是他有楊、傅、余三個大將軍。康生和我私下議論，周是多面體，老機。

毛澤東盯住婆娘問：還想動周？我卻少不得他這個維持會長。老機也好，折衷派也好，這個角色少不得。當然可以考慮給他安排個接班的……我知道妳和康生都想推荐張春橋。現在還不行，今年下半年至遲明年上半年開「九大」，重新安排人事……關於我的那位接班人，妳是不是也想講幾句？

江青嫵媚地一笑：老闆讓講，我就斗膽。運動搞了兩年多，一路觀察下來，這個人還是靠得住。文革小組的同志每次去請示、匯報工作，他總是一句話：聽主席的！主席的指示理解的要執行，不理解的也要執行，在執行過程中去加深理解。這話很地道了。我曾經在他書房裡看到一幅他自己的書法：悠悠萬事，克己復禮，唯此唯大。我問這不是孔夫子的話嗎？他解釋：禮，就是毛主席的領導，毛主席思想掛帥。每個共產黨人都要自覺地、隨時隨處地克服自己的私心雜念，來服從毛主席領導這個最高最大的禮，這個壓倒一切的無產階級革命派的禮。你說，他忠誠不忠誠？

毛澤東吸著菸，沉思一會，說：藍蘋妳只講對一半。林副主席從來不那麼簡單。他無爭無求？自擔任軍委第一副主席，安排了多少四野的人？空軍吳法憲，海軍李作鵬，總後邱會作……如果再動總參、總政、北京衛戍區，把其他三支野戰軍的人都換下來，那會是個什麼局面？妳想過沒有？

江青笑答：就算全部換上，還不是對你忠心耿耿？總比四支野戰軍，這山頭、那山頭的好。不用他，還能用陳毅、葉劍英、徐向前、聶榮臻這些人？這些人可以養著，但不能重用，況且……

毛澤東見婆娘忽然打住：妳「況且」什麼？有屁放出來。

江青一笑：這個接班人半條性命，身上有四十幾處槍傷，至今脊椎上一粒彈頭取不出，靠吸鴉片止痛……豈是有壽之人？他肯定活不過你……老闆是用他來頂替劉少奇，過渡而已……。

毛澤東佯怒：住嘴。誰允許妳講這些？放屁。

爲解決傅崇碧問題，毛澤東找林彪商談四次。

林彪堅持一條：要下，楊成武、傅崇碧、余立金三個一起下。三匹害群之馬。文人是王、關、戚，武人是楊、傅、余，都是野心家，害群之馬。

毛澤東問：爲什麼要拉上楊成武？他，你的老部下，我的白袍將軍，長汀趙子龍。

林彪身子坐得筆直，不卑不躬，言語簡潔：報告主席，我看幹部，只看忠不忠，正不正。不忠不正，再是老部下都不能用。像謝富治，雖是紅四方面軍出身，但爲人很忠，就重用。

毛澤東再問：楊成武有哪些問題？他對你或許不夠尊重，可對我還算忠的。

問過這句話，毛澤東心裡襲上一道陰影。彷彿又在重覆一九六五年十二月處理羅瑞卿的過程。那次林彪堅持要把羅瑞卿拿下來。毛澤東也說，羅長子或許反對你林彪，但沒有反對我。他只反對我游長江，那是爲了安全。……也是談了四次。林彪就那麼筆直地坐著，堅持不鬆口。毛澤東掂量了又掂量，林彪、羅瑞卿孰輕孰重？只好同意把羅瑞卿拿掉了。羅瑞卿也曾是林彪的老下級。

林彪說：以下幾點，我匯報出來，供主席參考。一，近兩年來，楊成武身爲代總參謀長，在主席和我之間搞封鎖。主席每次派他回來傳達指示，他只找總理，從不和我這個副主席通氣；二、他和王、關、戚關係密切。王、關、戚入獄後，交代出一些問題。包括講主席在上海指示「要武裝十萬工人造反派」、「湖南駐軍向造反派發槍好得很」等等，都是楊成武向王、關、戚傳達的；三、衛戍區司令部、空軍司令部都有檢舉信，楊成武與傅崇碧相勾結，要搞掉謝富治，奪北京市的權。楊成武與余立金相勾結，要搞掉吳法憲，奪空軍的權。楊、傅、余，楊是掛帥的。他們三個甚至密謀用空軍專機，把劉少奇偷運到蘇聯去……總之，材料都報告主席了，請主席派人核實。

毛澤東沉默了。偷運劉少奇去蘇聯的事，可信度不高。但對另兩份揭發材料，毛澤東已命汪東興去暗中核實過，衛戍區的那名副政委，空軍司令部的那名副主任，都算不上誰的親信，也不是四野出身，不像背後受人指使。

毛澤東聽林彪講完，情神不大愉快，顯得有些疲累。他揮揮手：楊、傅、余的事，我還要考慮。我們改天再談，好好商量。

第二次談話，仍在主席、副主席兩人之間進行。先談了組織軍宣隊、工宣隊進駐全國所有大、中學校，結束紅衛兵運動，號召城市知識青年上山下鄉、支農支邊，籌備「九大」等等。之後仍回歸到楊、傅、余問題，林彪不肯鬆口，毛澤東也沒有鬆口。

第三次談話增加了江青、陳伯達、康生、張春橋四人。江青頗得意，老闆這次沒有讓周恩來參加決策。四人竟是一邊倒，建議主席早下決心，拿掉楊、傅、余，消除中央隱患。毛澤東問，不讓楊、傅、余幹了，誰來幹總參謀長、衛戍區司令、空軍政委？林彪同志，你有不有現成的人選？

林彪說：請主席指定。

毛澤東說：你可以提出人選。

林彪把目光轉向江青，堅持說自己沒有考慮過人選。

毛澤東把目光轉向江青、陳伯達、康生三人。

江青恭敬地望著老闆：沒人提，我提一個，黃永勝。把代總長那個「代」字摘掉。楊成武就是想摘掉這個「代」字，野心太大，沒有得逞。

毛澤東看林彪一眼，不示可否：江青在軍隊裡沒有職務，文革組長亂點鴛鴦譜。

林彪說：江青同志是軍委文革小組顧問，可以指導軍隊工作。

毛澤東搖搖手：還有衛戍區司令員呢？康生同志，林副主席不提名，你來提一個？

康生扶扶眼鏡，笑出一臉皺紋：我、我提名？斗膽，斗膽……建議衛戍區司令員……由副總參謀長溫玉成兼任。僅供參考，僅供主席、林副主席參考。

毛澤東不動聲色：溫玉成？四野出身的吧？我不太熟悉。還有余立金下來，誰上去？陳伯達，陳夫子，提名人人有份。你提一個空軍政委人選？

陳伯達受寵若驚：空軍政委？空軍情況比較敏感、複雜……是否，是否可考慮由吳胖子兼任？吳胖子人忠誠，不會放跑飛機。

毛澤東笑笑，今天遇上文武合璧了：讓你提名，不是算命。是要防備有人駕機投奔蘇聯……毛澤東忽然把目光投向一直沒有言聲的張春橋，問：春橋同志，你兼任總政治部主任的任命，我早批下了，中央發了通知沒有？噢，發了就好。我總算保舉了一個總政主任。今天是三個文官，提名三個武將，算是給中央文革爭回面子，出一口氣。林彪同志，他們的提名，你比較滿意吧？都事先商量過？

林彪不苟言笑，一臉嚴肅：聽主席的。我就是一句話，最後聽主席的，決定權在主席。

第四次談話，周恩來、謝富治參加進來，毛澤東這才把楊、傅、余三人下，黃、溫、吳三人上的決定告訴大家。周恩來毫無怨色，立即表示贊同，稱道主席、林副主席的決定非常及時，非常英明，快刀斬亂痲，新人新氣象。

毛澤東說：恩來的一大長處，就是轉彎快，進入角色快。怎麼實施啊？你辦事周密，提個方案？

周恩來望望林副主席，望望大家，再望著毛主席……昔周瑜三步一計，孔明一步三計。周恩來計上心來：還沒有通知楊、傅、余本人吧？千萬不能透出風聲去。我看這事拖不得。主席既已決定，今晚上就辦了吧。我建議今天下半晚，在人民大會堂緊急召開軍委駐京機關、北京軍區、北京衛戍區團以上幹部大會，由林副主席宣佈黨中央、中央軍委的重要決定。在這之前，通知楊、傅、余開會。三人來後，分別看起來，再請林副主席逐一向他們宣佈毛主席命令。宣佈之後，他們就不要回家了。

毛澤東讚許地點點頭：還是恩來會想事、會辦事囉。我和林彪商量，明天晚上通知吳法憲準備兩架飛機，已決定楊成武調任瀋陽軍區第一副司令員，傅崇碧也到瀋陽軍區掛個副司令員。不准批鬥楊、傅。到瀋陽後安排他們在不同的地方休息、學習。宣佈完了就送機場。家屬以後遷去。余立金性質惡劣，送秦城。今天下半晚的會，由總理陪林彪出面宣佈。文革小組成員全部上主席台。總理也要準備一個講話。會議結束時，我出來接見大家。現在先搞清楚，楊、傅、余，人在哪裡？

周恩來說：楊成武病了，請假在家休息。傅崇碧的情況，謝部長清楚吧？

謝富治說：我是剛從市革委常委會議上趕來的。傅崇碧兼任市革委副主任，還在會議上，研究軍民聯防、加強治安等問題。

林彪這時開了口：余立金已被空軍司令部保衛處監控。

毛澤東說：老的下去，新的上來。晚飯後我已和新的三位見過面，談了話。黃永勝任總參謀長，溫玉成兼首都衛戍司令，吳法憲兼空軍政委……算處理了一件不大不小的亂子。沒有「二月兵變」和「武漢事件」那麼大，和「二月逆流」相當吧。我下面的話，你們可以作記錄。應立即著手籌備「九大」，不要再拖了。籌備工作三大件：一、劉、鄧、陶的問題要拿出結論來，特別是劉少奇，不處理好，怎麼開會？此事，委託江青、康生去落實；二、由恩來抓總，上半年全國各省市自治區都要實現大聯合，三結合，省、地、縣、社四級都要完成革命委員會的設置，全面恢復黨組織生活，並推舉黨的「九大」代表；三、替「九大」準備兩個報告，一是林彪同志的政治報告，一是關於修改黨章的報告。兩個報告，由陳伯達、張春橋、姚文元負責起草，康生參加指導……我就講這三條，是大原則，具體的工作，你們去抓，分工協作，齊頭並進。

小會議室一片唦唦記錄聲。周恩來舒一口氣：謝天謝地，總算著手籌備「九大」，結束運動了。

一九六八年三月二十二日凌晨，以毛爲首、林爲副的黨中央和中央軍委，成功地對代總參謀長楊成武、北京衛戍區司令員傅崇碧、空軍政委余立金，實施了迅雷不及掩耳的組織處理：三人臨時接獲會議通知，從不同的入口進到大會堂的不同房間。余立金被立即逮捕，由警車押送秦城；楊成武、傅崇碧則分兩批接受林彪和周恩來的五分鐘召見，宣布新的職務任命，不得回家，不准打電話通知家人，立即送西郊機場，分乘兩架空軍專機赴瀋陽。

忙亂之中，周恩來還是不忘表現出人情關懷的一面。傅崇碧接獲新任命，並被限令即刻離京後，人都傻了、懞了：怎麼會這樣？有這樣調動工作的？周恩來用力握住他的手，安慰：小傅，不要再問了，我也是今晚上才知道的……你要經得起委屈、考驗。你還年輕，養好身體，將來有的是工作可幹。你的家屬，我會安排好，過幾天就搬去陪你。你想不想回一趟家？我的意見莫回了，免得一大批警衛幹部跟著去，把你愛人、小孩嚇著了。……我陪你吃個消夜吧，心情平靜一下。

服務員端來兩份首長消夜。周恩來沒有味口，傅崇碧更是一口都吃不下。他是名堂堂漢子，再坐不住了，起身告辭：總理！我服從中央決定，這就走吧！說罷，大步跨了出去。立即有七、八名彪形大漢跟了上去。傅崇碧是怕自己堅忍不住而嚎啕大哭。他一個出生入死專打硬仗、惡仗的將軍，怎麼可以當著總理和服務人員的面嚎啕大哭？

傅崇碧離開後，周恩來又趕往另一房間看望楊成武。還好，楊成武剛聽完林副主席的「新任命」，還坐在那裡發愣，彷彿還沒有緩過神來。門口有七、八名彪形大漢把守著。周恩來進來緊緊握住楊成武的手，動情地說：成武啊，長征路上，靠你的紅四團一路打先鋒……那裡戰鬥最吃緊，毛主席總是喊上一句：楊成武帶紅四團上！山頭就攻下，陣地就守住……主席是了解你的，中央是了解你的。你去瀋陽休息一段，好好讀幾本書，保重身體，將來還有的是工作做。你的家屬我會做好安排，不久就送過去……成武啊，日久見人心哪，你、我都要經受住新的鬥爭考驗哪。去瀋陽軍區好。蘇修亡我之心不死，東北邊境局勢越來越緊張，情況你都瞭解，講不定主席那天就會命令你掛帥上陣……好了，好了，長汀趙子龍，我和你吃頓消夜吧。沒有胃口？沒有味口也要吃！人是鐵，飯是鋼哪。

楊成武沒有哭。連死都不怕，還哭？楊成武要死，早在戰場上死過百十回了。紅軍白袍將，長汀趙子龍，豈會哭？

周恩來總是在黨、政、軍高幹遭遇厄運時，習慣性地頑強表現出他人性、人情的一面。五九年對彭、黃、張、周是這樣，六六年對彭、羅、陸、楊是這樣，六七年對劉、鄧、陶是這樣，此次對楊、傅、余也是這樣。

這並不妨礙他的另一面。一個半小時之後，在駐京部隊團以上幹部緊急大會上，林彪宣布完毛主席、黨中央「關於楊、傅、余事件的重要命令」之後，他以清晰冷靜的聲音，批判了楊、傅、余的嚴重錯誤及罪行，說：這是無產階級文化大革命的又一次偉大勝利，是毛主席革命路線、毛澤東思想的又一次偉大勝利。

第三十九章　劉少奇啞了

毛澤東指定了新的「中央工作十二人碰頭會議」名單：周恩來（召集人）、陳伯達、康生、江青、張春橋、李富春、李先念、謝富治、黃永勝、葉群、溫玉成。自此，「十二人碰頭會議」成爲毛、林之下中央工作的決策機構。從這個名單亦可以看出不久後「九大」政治局成員組成的端倪；周恩來、李富春、李先念、謝富治代表國務院，陳伯達、康生、江青、張春橋代表中央文革，黃永勝、吳法憲、葉群、溫玉成代表中央軍委辦事組。軍委辦事組已取代軍委常委辦公會議，把朱德、劉伯承、陳毅、葉劍英、徐向前、聶榮臻等老帥排出軍委權力核心之外。新任總參謀長一職的黃永勝，更兼任了「中南海軍事管制委員會」主任。這就是說，連中共中央、國務院也被軍管了。

周恩來已和江青建立起更爲密切的工作關係。當今之勢，惟有事事取得江青的支持、諒解，方可立於不敗之地了。劉、鄧、陶、賀等人所以倒台，從某種意義上說，就是沒有把江青同志的位置擺正囉。周恩來和江青商議出一個「籌備九大六項工作要點」，一起去游泳池向毛主席匯報。

毛澤東裹著浴袍，半躺半仰在長沙發上，吸著菸，聽取六項工作要點：

一、爭取在七、八月間，至遲在九月中旬之前，二十九個省市自治區全部成立革命委員會，實現全國山河一片紅。在這同時，全面恢復各級黨組織生活，完成對黨員的政治審查和重新登記，該清除的清除，該吸收的吸收，為推舉黨的「九大」代表做好組織準備；

二、替劉少奇、鄧小平、陶鑄、賀龍等人作出政治結論。解決劉少奇等人的問題，掃除籌備「九大」的政治障礙。這項工作由康生、江青具體指導；

三、著手起草「九大」政治報告及修改黨章的報告。成立報告起草領導小組，請主席親任組長，林彪同志任副組長。具體工作由陳伯達、康生、張春橋、姚文元四位負責；

四、建議在九、十月份召開擴大的八屆十二中全會。原來的中央委員九十七人，候補中央委員七十三人，多數已被打倒，哪些人能出席？哪些人不能出席？所以建議稱為「擴大的」中央全會，並根據新的情況，增補適當人數的中央委員及中央候補委員，以達到黨章規定的有效出席人數。十二中全會的主要議題，一是討論並原則通過「九大」的政治報告稿和修改黨章報告稿，二是通過關於劉少奇專案審查報告及其處理決議。此項工作由周恩來、康生、江青、葉群、汪東興等人負責；

五、結束紅衛兵運動，派解放軍毛澤東思想宣傳隊、工人階級毛澤東思想宣傳隊進駐全國大、中學校，縣以下中、小學校則派貧下中農毛澤東思想宣傳隊進駐，領導教育戰線的鬥、批、改，並爲大規模動員城市知識青年上山下鄉，支農支邊做準備；

六、中央和地方的各級革命委員會及其黨的核心小組成立後，原來黨、政機構應大幅精簡，幹部隊伍應大幅消腫，下放勞動，重新安置。原則上不回原籍，不下農村。由各級革命委員會開辦「五七幹校」，實際上是辦農場，以使他們自食其力，成爲新型勞動者，並逐年減少工資，取消國家口糧供應，最後轉爲農場職工。

毛澤東認眞聽完周恩來的匯報，滿意地掐滅了手裡的菸頭，說：恩來啊，天下大亂，國事如麻，靠你來抓……六條很好，千頭萬緒，抓到經緯了。總理總理，還是靠你這個總理囉。

周恩來趕忙謙遜地說：這六條是我和江青商議出來的，包括了江青的很多智慧在內。

毛澤東看婆娘一眼：江青嘛，要向總理學習呢。今後，中央文革處理重大問題，都要先聽總理的意見。總理當「碰頭會議」的召集人，就是黨、政、軍工作由總理總協調，他向我負總的責任。

江青筆錄下老闆的指示：好，我回去向文革小組全體成員傳達。

周恩來說：請主席對六項工作要點作指導、補充。

毛澤東重又燃起一支菸：當前要務，也就是這六條了。有個順序問題……可不可以把結束紅衛兵運動那個第五條，擺在第二條位置上來？軍宣隊、工宣隊、貧宣隊進駐大學、中學、小學，我前幾天已講過，要立即進行，不能再放任娃娃們到處插手，飛天蜈蚣，自以為了不得，鬧得從中央到地方的新生政權革命委員會不能正常工作。大鬧天宮、大亂天下的歷史任務已經結束，現在是解決他們自身問題的時候了。小兵歸營，學校復課。工人宣傳隊要在學校中長期留下去，參加學校中全部鬥、批、改，並永遠領導學校。唯這樣，十二中全會才開得成，「九大」的籌備工作才不會受到干擾。

周恩來、江青筆錄著毛澤東的最新指示。周恩來邊說：主席畫龍點睛，指出了要害中的要害。

毛澤東目光望著前方，揮揮手：各級黨組織都要吐故納新，吸收新鮮血液，把運動中湧現出的新生力量，先進分子，發展到黨組織中來。黨的機體也要實行老、中、青三結合，煥發出新的生命力……劉少奇專案要下大力氣抓。其他鄧、陶、賀專案可放慢一步。劉克思是去年八月被隔離的？他的福祿居前院變成沙丘宮，待遇要比齊桓公、趙主父好些……他近來有什麼動向？

周恩來示意江青匯報。江青說：齊桓公、趙主父最後都只被關了幾個月，就長了蛆蟲。我們對劉克思是革命的人道主義。聽專案組匯報，劉被單獨隔離後，有段時間天天吵鬧，要求開中央全會辯論，開全國人大會議辯論。他甚至叫喊要公開辯論三年大飢荒、餓死人口三、四千萬的問題，可以在天安門廣場開百萬人辯論大會，向全國人民播放實況錄音，人相食，要上書，要上史書的！

毛澤東臉色越來越難看了，深深地吸著菸，目光閃出橫蠻的針刺來：困獸猶鬥……我不放過少奇，少奇也不放過我囉。還想在中央全會上辯論？算那個餓死多少人口的帳？他為什麼不早做？一九六二年春天，也是在這個游泳池邊，他就和我講，鄉下人相食，要上書的！我就開始對他產生警惕，覺得這個人有野心，靠不住……中央已經剝奪了他的言論自由，專案組為什麼不執行？

江青報告：專案組請示過康生，康生找過我，允許對劉採取了一些特殊措施。他鬧絕食，醫務人員對他強行鼻飼；他大喊大叫要求辯論，工作人員往他嘴裡塞毛巾；他躺倒地上裝死狗，工作人員把他抬到床上按住，手腳四肢固定在床的四柱上。

毛澤東心裡解恨，臉色見好。忽又問：我看過專案辦公室一份材料，說劉少奇一直發低燒，有生命危險？不要讓他提前結束生命。應等到「九大」結束，讓他聽到黨代會替他作出政治結論，把他永遠開除出黨。我還是那句話，高崗不該自殺，高崗不死，能說清楚劉少奇的許多問題。

周恩來忙說：在康生、江青的督導下，專案組近段已有重大突破，劉歷史上三度被捕，一九二五年在長沙，一九二七年在武漢，一九二九年在奉天，都有變節嫌疑。

江青說：我有個初步的設想，建議把劉定性為叛徒、內奸、工賊。

毛澤東瞪了瞪眼睛，點頭：三頂帽子……重要的是要從證人口裡掏東西，要經得起時間考驗。

江青說：專案組有個問題，想請示……我和康生還沒有明確答覆。就是醫療服從專案、配合專案。包括劉少奇在內，現在很多被審查的對象動不動就裝病、裝死，要求住醫院治療，拒絕交代罪行，採取「拖」字術。陶鑄、賀龍、彭真、彭德懷、張聞天、陸定一等等，無一不是採用這種方法來和我們磨時間，負隅頑抗……還有，劉少奇專案組醫務人員提出，為避免劉少奇再叫喊胡鬧，瘋狂放毒，可用醫療手段使他失聲。但這樣做，必須由上級下決心，有具體的文字批示。

毛澤東閉了閉眼睛，說：告訴辦案人員，對敵人的仁慈，就是對人民的殘忍，這是辯證法。我們和劉少奇的鬥爭，是兩條道路，兩個階級、兩種前途的鬥爭，是和帝國主義、修正主義的鬥爭在黨內的繼續，是和國民黨反動派幾十年鬥爭的繼續。道理就這麼簡單。具體的，你們請示總理吧。總理還掛著劉少奇專案審查小組組長一職。組長組長，一組之長，組長說了算。

周恩來脊梁骨又是一陣寒意，嘴上卻不能不答應：主席放心，我們同意去辦，同意去辦。

毛澤東說：很好，這個話就談到這裡。你們建議九、十月間召開擴大的八屆十二中全會，時間來得及嗎？恩來，你做十二中全會的秘書長，「九大」也是你做秘書長，張春橋可以做個副秘書長。你們把具體的工作抓起來。關於提議增補中央委員和中央候補委員，有初步的名單嗎？

周恩來溫和地看江青一眼：籌備小組草擬了一份意見，供主席參考。提議增補十名中央委員，九名中央候補委員，根據一九六六年運動以來，中央機構人員職務變化、工作需要提出。十名新增補中央委員是江青、張春橋、姚文元、葉群、黃永勝、吳法憲、李作鵬、邱會作、溫玉成、汪東興；九名中央候補委員是王效禹、李德生、丁盛、毛遠新、譚甫仁、陳先瑞、聶元梓、蒯大富、韓愛晶。

毛澤東插斷周恩來的匯報：新增補的十名中央委員，江青的名字不要打頭，為什麼不按姓氏筆劃排列？黃永勝是大區司令員，還不是中央委員？候補委員中，王效禹、丁盛、陳先瑞我不太熟悉。

江青說：我已聲明不加入增補，更不願打頭，他們就是不聽……王效禹是原青島市委書記，積極造反，工作得力，現在是山東省革命委員會主任；丁盛是接任黃永勝的廣州軍區司令員，黃永勝是八屆中央候補委員；陳先瑞是新任北京軍區副政委兼北京衛戍區政委，中將，當過三十八軍軍長。

毛澤東搖手打斷江青的匯報：妳個軍委文革小組顧問，也插手軍委人事啊？增補中央候補委員，我提四個人：大慶的王進喜，大寨的陳永貴，上海的王洪文，湖南的華國鋒。學生領袖有聶元梓做代表就夠了，蒯大富、韓愛晶的名字拿下來，他們可以當「九大」代表。

周恩來趕忙作筆錄，邊檢討：主席，我們的工作有重大疏忽，全仗主席及時指出，補上大慶王進喜，大寨陳永貴，還有上海王洪文，湖南國華鋒，太重要、太重要了。我們要深刻檢討……

毛澤東說：恩來啊，知錯就改，是你一大長處。對了，是不是還有紅衛兵組織在追查你那個「伍豪脫黨啓事」的案子？我可以在下次中央工作碰頭會上明確講一次，不要追查了，那是敵人謠言，想分裂我們內部。你自己也要在適當的場合解釋清楚。對於大革命失敗後，黨中央在上海搞地下鬥爭的那段歷史，連許世友這樣的高級幹部都不瞭解，光罵娘、觀念糊塗。

周恩來大大地鬆了一口氣。這事是去年夏天被他母校天津南開中學紅衛兵從敵僞報紙上翻出來的，上報中央文革，毛澤東拖了整一年時間，現在總算鬆了口，表示不再追查。不過，周恩來還是要申述一下：謝謝主席的愛護，還有江青同志關心、信任。那個「伍豪啓事」，我是清白無辜的。康生、陳雲都是當事人，也是證明人。早在江西蘇區時期、延安整風時候，就多次向組織講清楚了，也都有組織結論……好好，不說這個了。總之，謝謝主席關心、信任。

劉少奇被單獨監禁在福祿居前院，境況愈來愈壞了。原先的工作人員撤走了，換上一批凶神惡煞的專案監管人馬，勒令他自己上食堂打飯（由監管人員押去、押回），自己洗衣服、做清潔。批鬥時打斷他兩根肋骨，腳也受了傷，彎不下腰，蹲不下地，移步都困難。要求醫治，也得不到批准。

他一度表現出頑強的生命力，忍受著胸部和兩腿的劇烈疼痛，一步一停地扶著牆根，向食堂移動。從福祿居前院到第一職工食堂，原本四、五分鐘路程，他卻渾身虛汗地來回掙扎一小時。雙手也抖得厲害，幾次把飯盒裡的饅頭抖到地下，押送的人也不肯幫他，喝斥他彎腰去撿……可他哪裡彎得下腰去？只得含著淚水說，對不起，浪費糧食了，我的肋骨斷了好幾個月，沒給治療，蹲不下去了……

不久，劉少奇身上的傷勢加重，不能移步了，下床都困難，上廁所只能在地上爬。原先的衛士倒是留下兩名，也不敢對他表示同情。一天兩餐替他去食堂打飯，還被中南海裡的幹部們罵成保皇兵，保皇狗，替頭號走資派服務！於是衛士也不敢替他「服務」了，乾脆每次打回來夠他吃上三天的饅頭、窩窩頭，就擺在地下，讓他這個國家主席、黨中央常委爬在地上吃，像狗一樣吃食。夏季天氣炎熱，饅頭、窩窩頭擺在地上都餿了，長毛了，怎麼能吃？還是勒令他吃！不吃就拉到，餓死活該。

劉少奇在戰爭年代患下胃病，這時舊病復發，腹瀉不止，腸胃絞痛，痛得滿地下打滾。沒有人給他止痛藥。倒是怕他在「九大」召開之前就完蛋，專案人員層層請示上去，最後由康生、江青批准，派政治可靠的軍隊醫生去治療，維持生命。穿軍裝的醫生、護士來診病，先開現場批鬥會，唸毛主席有關對敵鬥爭的語錄，呼喊一通「打倒中國的赫魯曉夫」之類的口號。給他診病時，竟用聽診器在他胸部、背部敲敲打打，痛得他滿頭冷汗如撒黃豆。男護士打針，也故意在他身上亂扎。

劉少奇就這麼接受了幾次治療，藥物還是起了作用，病情算穩定下來。醫生護士再來診視時，他搖頭謝絕：我現在連俘虜都不如，連國民黨戰犯都不如！你們哪裡是替我治病？是變著法子折磨我。我要求你們實行革命的人道主義，人道主義！

當然不會有人理睬他，也不會有他要求的人道主義，哪怕是「革命的」。毛主席、江青開了口，就什麼都會有；毛主席、江青不開口，就什麼都不會有。專案人員都懂得，劉是毛主席的死對頭，毛主席派了自己的夫人親自抓……劉少奇每天從床上爬到地上，像狗一樣，上廁所。但他不如狗，狗還可以跑出跑進，有行動自由。他卻不能爬向門口。那扇通往走道的房門是永遠地朝他關閉了，門內、門外都有士兵把守。幾個月來，他沒有洗過澡，沒有換過內衣內褲。背部長滿褥瘡。長時間腹瀉，拉在身上，裡外都臭了，真正的臭不可聞了，才有人用剪子把他的褲子剪掉，替他裹上睡袍。由於無法站立，也就不能洗臉、漱口刷牙。他臉孔烏黑像煤礦工人。患上嚴重的牙周炎。加上一年多時間沒人給他理髮，頭髮長成一尺多長，亂得像窩蒿草。說是爲了防止他自殺，禁止他使用剃鬚刀，鬍鬚長成半尺長，像個大叫花。他沒有水喝，專案人員竟把他拖進洗手間，在抽水馬桶裡按下他的「狗頭」去喝！……就在中南海，就在他的住處福祿居前院，把他這個中華人民共和國主席從人變回猿。

劉少奇身體殘了，夫人被抓走了，孩子們被掃地出門了，見不到一個親人了，頭腦卻沒有停止思索。他曾經是中共黨內首屈一指的理論家、思想者。毛澤東在五十年代曾說：三天不學習，趕不上劉少奇。有段時間，他寄望軍人發動兵變，黨內群起反抗。但武漢兵變被毛澤東擺平了，全國各地的戰亂也正在被周恩來擺平。他知道自己來日無多，不再沉默下去。他轉而大喊大叫，大吵大鬧。病殘成那付模樣，竟可以發出那麼大聲的吼叫：

你們誰開除我的黨籍了？誰撤銷我的國家主席職務了？沒有！沒有！你們連會都沒有開一個，連過場都沒有走一走！你們違背黨章，違背憲法！你們目無黨紀國法……對不起，我劉少奇，兩次代理過黨中央主席！一次是一九四五年，一次是一九六一年。我今天也仍然是中央政治局常委，仍然是中華人民共和國主席！你們這樣對待我，歷史總有一天算你們的帳！……你們，你們爲什麼不開中央全會？爲什麼不開全國人大會議？爲什麼不到會上批鬥我？我要求開會，到會議上辯論！你們不是自封爲眞正的共產黨人嗎？眞正的共產黨人是無所畏懼的！我劉少奇現在無所畏懼，要求和毛澤東同志辯論！辯論一九四九年建國以來的路線方針……你們現在所指控我的一切罪名，都是強加的！新中國成立後，先發展新民主主義，後發展社會主義，是黨在西柏坡召開的七屆二中全會的決議！城市發展民族資本主義工商業，農村發展個體農民經濟，都是黨的決議。毛澤東同志一九五五年後的所作所爲，違反了黨的決議！

我劉少奇的錯誤是軟弱，是順從，是爲虎作倀……不是我劉少奇右傾，而是毛澤東左傾……你們現在反咬一口，誣我走資本主義道路，要在中國復辟資本主義……中國幾千年來都是小農經濟的天下，資本主義工商業十分薄弱。我們新中國是從半封建、半殖民地社會過渡來的，根本沒有經歷過資本主義社會的發展階段，何來復辟？狗屁不通！秦檜哲學，欲加之罪，何患無詞？叫做「莫須有」！

……黨啊，人民啊，這次的運動，是全黨全民的大瘋狂……對，百分之百，全黨全民大瘋狂，沒有理性，沒有道德，沒有正義，沒有社會良心。不顧起碼的歷史事實，社會現實。只有個人迷信，領袖崇拜。比史達林走得更遠。史達林搞過一次一九三七年的大審判，處理了百分之九十的黨中央委員。可人家史達林還走了法律過場，搞了法庭審判。布哈林、李可夫、季維諾夫，等等，都曾經出庭受審，並允許答辯……今天的文化大革命，卻不經任何手續，只教唆青年學生和群衆造反，號召打、砸、搶、抄、抓，就把絕大多數的黨中央委員，全國上上下下的黨委書記、領導幹部罷了官，關進牛棚，關進班房。多少優秀幹部被迫自殺，被打死打殘……規模之大，人數之衆，前所未有。這是自中國共產黨成立以來最爲黑暗的時候，新中國成立以來最醜惡的歷史……這是流氓政治，流氓運動！是中國黨的法西斯主義！你們殺了我吧，殺了我吧，反正是個死，我什麼都不怕……

……全體黨員！全國人民！列寧教導我們，忘記過去，意味著背叛。你們太健忘了！良心都叫狗吃了！全國大飢荒的日子才過去五年，短短的五年……你們眞的這麼快就忘記了一年大躍進，三年大飢荒？一九五八年的大躍進是誰一意孤行發動的？三年大飢荒是誰一手造成的？一九五九年、六〇年、六一年，全國活活餓死人口三千多萬！叫做「非正常死亡」。中央有兩個統計數字，一個三千多萬，一個四千多萬。各省市自治區也都有統計數字。河南、安徽都出現無人村、無人鄉。不少地方發生了人相食，父食子、子食母、兄妹相食的慘劇。我們中華民族有五千年歷史。夏商周秦漢，魏晉南北隋，唐宋元明清，哪朝哪代，餓死過這麼多無辜的百姓？就算過去的封建帝王，某省某郡發生大飢荒，都會祭拜天地，下罪己詔，之後賑災救災。我們共產黨這一朝，餓死幾千萬人口，毛澤東下罪己詔了？沒有！毛澤東開始想抵賴，不承認有大飢荒，想轉移成階級鬥爭、地富份子搗亂破壞。後來實在抵賴、轉移不了，他毛澤東就向中央請病假，躲到杭州西湖、武昌東湖去養病，讀《資治通鑑》，研究帝王之術，加上聽戲跳舞，和一些女子偷歡去了。他讓我劉少奇代理黨中央主席，和恩來、陳雲、小平、彭眞等人，全力以赴，夜以繼日，調整政策，撤銷食堂，恢復生產，領著全國人民從大飢荒中走出……他在南方養病，我們在北京拚命。我們對他君子得很，從沒有想到過要改變他的領袖地位……讓他這個養病的仍然管著我們這批拚命的！可是到了一九六二年，全國農村的「非正常死亡潮」剛被制止住，國家經濟剛剛恢復了一點元氣，我們共產黨政權剛剛度過了大難關，他卻即刻變臉，過河拆橋，大抓社會上的階級鬥爭和黨內的路線鬥爭。他靠了什麼？靠了他死死抓住的兵權和情報系統、警衛系統，靠了他無孔不入的特務政治。我劉少奇仍然委屈求全，立黨爲公，依著順著。直到他一九六四年底六五年初，提出社教運動的重點是整黨內那些走資本主義道路的當權派，走資派地方有，中央也有，要特別警惕中央出修正主義！我這才看到了他出爾反爾、以怨報德的用心，不得不在中央政治局常委擴大會議上和他發生爭論……那場爭論，被周恩來、陶鑄、葉劍英、安子文幾個和事佬平息下去，勸我向毛澤東作了檢討。萬萬沒有想到，毛澤東背後來了一手，策劃出這場文化大革命運動，一步一步置我劉少奇於死地，使我劉少奇家破人亡，妻離子散。

……毛澤東！劉少奇要求和你辯論！你爲什麼不開會？不敢和我公開辯論？說到底，是你心虛，理虧！你的許多事情都見不得人！你政治上是流氓，生活上也是流氓！

有一個來月，劉少奇時而叫叫嚷嚷，時而咕咕噥噥，作垂死掙扎。起初，負責看押的專案人員懶得理睬他，只是把他的「惡攻言論」記錄下來，留作罪證。一次，江青看到匯報材料，大發雷霆，下令追查是誰讓記錄這類「變天帳」的？爲什麼不掌他的嘴，任他放毒？

於是專案人員對劉少奇採行強制性措施，每當他一叫喊，就用毛巾把他的嘴塞住，有時也使用髒抹布。直到他答應不反抗、不叫喊，才將毛巾或抹布從他口中拔出。再喊再塞，隨喊隨塞。

劉少奇被折磨得奄奄一息，還絕食抗議，只求速死。但中央文革康生、江青有明確指示，在「九大」召開之前，不能讓劉少奇死掉。專案人員只得安排醫護人員替他注射葡萄糖鹽水維持生命。劉少奇不合作，醫護人員一轉身就拔針頭。只好把劉少奇的四肢捆綁在床的四柱上，動彈不得，再替他注射或鼻飼。

劉少奇被「固定」在床上，時間最長一次達四十二天。可他眞是顆茅坑裡的石頭，又臭又硬啊，一有機會就又大喊大叫，要求中央開會，要求和毛澤東辯論……一次，劉少奇口腔發炎，喉嚨充血，那名穿軍裝的醫生奉命來替他治療喉疾，給他的聲帶裡注射了某種特效藥劑。此後，劉少奇就安靜了，說不出話了。他啞了，再想大喊大叫，也只能發出啞巴那種「哇哇」、「嗚嗚」的單音節了。

周恩來得知劉少奇失聲之後，倒是動了惻隱之心，不管有著怎樣的罪行，畢竟是幾十年一起出死入生過來的。周恩來指示：從北京醫院選派兩名服務好、技術強的女護士，照顧劉少奇的日常生活。

兩名年輕護士來到劉少奇的囚室，對落難的國家主席態度頗好，服務盡心。她們每天替劉少奇洗臉刷牙，餵飯餵湯，定期擦澡更衣。由於長時間被固定在床上，劉少奇的背部、臀部長滿褥瘡，處處潰爛，也得到藥物治療，身體有了好轉，也肯吃東西，也肯睡覺。只是不時「哇哇」大哭。不知道他哭些什麼。兩名女護士自然不會知道病人是什麼時候變成啞巴、爲什麼變成啞巴的。絕對不能打聽，也不敢打聽。中央警衛局以黨紀國法嚴厲警告過，她們執行的是黨和國家最機密的政治任務，絕對不允許有一絲一毫的情況洩露出去。

周恩來任組長，江青、康生直接指揮的中共中央劉少奇專案審查小組，晝夜不息地對有關的歷史證人進行密集審訊。實施車輪戰術，即連續幾天幾夜，每天二十四小時對同一名「知情人」進行不間斷的逼供。辦案人員每隔六小時換一班，那名「知情人」不作出辦案人員滿意的口供，則不給水喝，不給飯吃，不准上廁所，不准休息。

主要審查劉少奇的三段歷史：一九二五年在長沙被捕，一九二七年在武漢被捕，一九二九年在奉天被捕，都是如何獲釋，得以活命的？

劉少奇一九二五年回老家湖南從事工運，被軍閥趙恆惕抓捕的事，專案人員五下長沙，花去幾個月時間，未能從敵僞檔案中查到有用的資料。大致的情況是，由劉少奇的有影響力的親友們出面營救，趙恆惕作出寬大處理，送劉少奇一套《四書》，驅逐出湘境了事。

劉少奇一九二七年在武漢「變節」一事，專案組倒是尋獲兩名活著的知情人，一名叫做丁覺群，原武漢國民黨市黨部工作人員，同時也是共產黨地下工作者；一名叫做陳元楨（又名陳冠英），當時任武漢警察分局偵查班的班長。

專案人員對丁覺群進行了四天四晚不間斷的密集審訊，疲勞轟炸。丁覺群已是個七十多歲的老人。起初還堅持說，劉在共產黨總工會工作，他在國民黨市黨部工作，雖然見過面，但並不了解多少情況。到了第三天、第四天，實在經受不住非人折磨，開始胡亂招供。因爲招供了才給水喝，才給上廁所，才允許吃飯、睡覺。他一共「揭發」出劉少奇的十三個問題。其中一個要害問題，是劉少奇以共產黨工人領袖的名義，下令武漢總工會屬下的工人糾察隊向國民黨政府繳槍，一共繳了多少槍？聽說五千多枝。那劉少奇算不算內奸？算！那劉少奇算不算工賊？算！好，你簽字打手模。

可是丁覺群老人睡了一覺，第二天就寫申訴翻供，聲明自己的招供不是實情，當時武漢政府的工作人員都聽講了，是陳獨秀要求劉少奇下令工人糾察隊繳槍，以表示和武漢政府聯合反蔣的誠意。那時國民黨正鬧寧漢分裂。可是劉少奇不答應，拖著不辦。後來陳獨秀以黨中央決議壓劉少奇，劉少奇使了個計謀，把幾千名工人糾察隊員連人帶槍送進了賀龍、葉挺的部隊……當時地下黨內同志都佩服劉少奇，既執行了黨中央繳槍的決議，又保存了革命實力，成爲幾個月後「八一」南昌起義、湖南秋收起義的骨幹力量……丁覺群老人隨後被關押五年，翻供五年。可是再無人理睬他。他死後，由他兒子繼續向黨中央申訴，聲明第一次的招供是被逼迫出來的假口供。

按中共肅反工作的有關規定，一個問題須有兩名證人。武漢市的另一名「歷史證人」陳元楨的招供過程，是七天七夜的連續審訊，車輪戰，連軸轉。陳元楨沒有多少文化，身體卻比丁覺群健壯。後來也是實在熬不住了，任由專案組人員代他寫下「口供」，唸給他聽，讓他抄一遍，以示他的親筆，完了打上血紅的手模，成爲「鐵證」。也是事後長期遭受關押，在獄中一再翻供，無人理睬。

就這樣，劉少奇一九二七年在武漢「下令工人糾察隊向國民黨政府繳槍，出賣革命利益，向反動派投降」，被定性爲「工賊、內奸行爲」。

關於劉少奇歷史上是「大叛徒」問題，中央專案組也找到了兩名「證人」，一個叫孟用潛，原中共滿洲地下省委組織部部長，一九二九年在奉天（瀋陽）與劉少奇一起被捕，當時劉少奇是滿洲地下省委書記；另一個叫劉多荃，原張學良衛隊上校團長，統戰對象。

專案組對孟用潛也是採用無往不勝的車輪戰術，連續幾天幾晚不間斷。孟用潛終於精神崩潰，胡亂招供、揭發他當年的老上級劉少奇被捕後，出賣黨的地下組織，致使滿洲省委四十多人被捕下獄，遭到殺害……也是在口供上簽字畫押。也是被允許睡了一覺之後即行翻供，申訴自己交代的不是事實，是逼迫出來的假口供。歷史的眞相是，當時的東北少帥張學良在他父親張作霖於一年前的皇姑屯事件遇害後，十分痛恨日本人，內心同情革命者，不願鎭壓自己的同胞。他找劉少奇等人訓示一頓，要求劉不要再到奉天搞事了，你們統統離境，回關內去，案子了結。這樣，被捕的人獲得釋放，劉少奇也沒有出賣過什麼黨組織。四十多人被捕遇害是假口供，不是事實。至於劉少奇是否給張學良寫過一封感恩信，講過什麼「恩同再造」之類的話，就不知道了。

另一名「證人」劉多荃的「口供」，亦是以此種方式取得。在江青、康生親自指揮下，中央專案組的車輪戰術，所向披靡。孟用潛、劉多荃兩人被關在獄中，也是多年翻供，無人理睬。孟用潛五年黑牢，翻供二十次，給黨中央寫信，向毛主席申訴，直到去世之前，仍在申訴，前後翻供四十幾次。

中共中央關於劉少奇歷史問題專案審查報告，依據丁覺群、陳元楨、孟用潛、劉多荃四名「證人」的「口供」，把劉少奇定性爲「叛徒、內奸、工賊」，是「潛伏在黨中央最凶惡、最危險的階級敵人」。建議黨中央將劉少奇永遠開除出黨，判以極刑，立即執行。

江青甚爲滿意。收拾了劉少奇，再懲辦他的臭婆娘王光美，老娘不費吹灰之力。

第四十章　毛主席賜下萬歲果

劉少奇專案取得突破，審查報告的初稿也已打印出來，江青可以安心地睡上一覺了。相信老闆也可以釋懷，睡個好覺。卻萬萬沒有想到，她代表中央文革親自抓的鬥、批、改試點單位「六廠二校」中的「二校」，忽然鬧出亂子！「六廠」爲北京二七機車車輛廠、北京化工三廠、北京針織總廠、北京新華印刷廠、北京南口機車車輛機械廠、北京北郊木材廠；「二校」爲清華大學、北京大學。

由上述六廠選派優秀職工組成的工人階級毛澤東思想宣傳隊，由北京衛戍區派出的解放軍毛澤東思想宣傳隊，奉中央文革之命，舉著隊旗，揹著背包，於七月二十五日浩浩蕩蕩進駐清華大學、北京大學校園時，遭遇到兩所大學數千名紅衛兵小將的激烈抵抗。小將們組成武裝糾察隊，關閉校園大門，堵塞了所有進入學校的道路。原來紅衛兵消息靈通，早於半個月前獲知工宣隊、軍宣隊即將進駐，感到莫大的屈恥、羞辱：我們被利用過了？造反造錯了？要被當作改造對象了？於是群起反抗，保衛校園。尤其是清華大學，以蒯大富爲司令的紅衛兵戰友們，乾脆佔領學校實驗工廠，學以致用，日夜加班製造出一批梭標長矛、槍枝彈藥、手雷手榴彈，誓死捍衛革命左派的尊嚴。

工宣隊、軍宣隊都是徒手隊伍，被堵在清華、北大校園之外。這還了得？紅衛兵娃娃們造了幾年反，連毛主席、黨中央派來的隊伍都敢阻擋，無法無天了？六座國營大廠和衛戍區立即增派人馬，把兩所大學校園團團圍困，架設起數十個高音喇叭展開強大的宣傳攻勢，反覆宣讀最新最高指示：工人宣傳隊要在學校中長期留下去，參加全部鬥、批、改，並且永遠佔領學校！永遠佔領學校……

紅衛兵小將們則在校園圍牆內設置廣播站，日日夜夜向外播放另一類最高指示，播放語錄歌曲進行反擊：世界是你們的，也是我們的，但歸根結底還是你們的！你們年青人，朝氣蓬勃，正在興旺時期，好像早晨八、九點鐘的太陽，希望寄托在你們身上！以及一九六六年八月一日毛澤東寫給清華大學附中紅衛兵的那封親筆信：清華附中紅衛兵，親愛的同志們！你們的行動，……說明對反動派造反有理。我向你們表示熱烈的支持！……

天公不作美，下起瓢潑大雨。包圍校園的工宣隊、軍宣隊淋成落湯雞。忠不忠，看行動，爲貫徹毛主席、黨中央的戰略佈署，不完成進駐資產階級教育陣地的光榮政治任務，決不罷休！校園內的紅衛兵小將們則冒雨加固工事，添置各式武器，誓與學校共存亡，頭可斷，血可流，陣地不可丟！

滂沱大雨中，包圍清華園的工宣隊和軍宣隊，與保衛清華園的紅衛兵糾察隊發生正面衝突。徒手的工宣隊、軍宣隊員面對武裝的紅衛兵小將，吃了敗仗。小將們手中的梭標、長矛果眞戳進了工宣隊員的胸膛，土製的手榴彈果真在軍宣隊員們之中開了花，當場四名工人、一名軍人光榮犧牲，還有幾十人光榮負傷，血染清華院牆。蒯大富手下的紅衛兵小將們倒是毫髮無傷。

六廠工人階級憤怒了，北京衛戍區官兵們憤怒了！清華紅衛兵是暴徒。工人民兵上場了，軍宣隊員們也配備了武器，只等中央一聲令下，就炸開圍牆，衝進校園，解除暴徒們的武裝……北京衛戍區還提出「斷水斷電」方案，以使蒯大富及手下人馬放下武器，投降。

江靑、康生、張春橋們沒想到會演變成這種局面。對清華、北大實施「斷水斷電」？可兩所校園裡，都住著幾千名幹部及家屬，其中包括中央黨、政、軍領導人的衆多親屬子女……眞正遇到大事，中央文革的文臣們沒轍，只好連夜向周總理匯報。周恩來一直靜觀局勢，不同意「斷水斷電」，也不同意工宣隊、軍宣隊配備武器搞大動作，隊員仍然一律徒手。如何緊急處置？要請示毛主席。

毛澤東白天剛接見過來訪的巴基斯坦外交部長阿薩德·侯賽因，客廳裡還擺放著客人敬上的禮物：兩紙箱巴國芒果，透出陣陣果香。聽了周恩來的匯報，毛澤東作出三點指示：第一，把這兩箱芒果送給淸華、北大校園外面的工宣隊、軍宣隊，是我對他們風雨中日夜堅守戰鬥崗位的慰勞；第二，犧牲了五位同志，傷了幾十位，事態不要再擴大，矛盾不要再激化，水不停，電不斷。堅持文鬥，不要武鬥；第三，明天找聶元梓、蒯大富、譚厚蘭、王大濱、韓愛晶來我這裡談話。他們不是號稱五大學生領袖嗎？不是誓死捍衛我、捍衛黨中央嗎？共產黨的領導，就是工人階級領導。他們武裝抵抗工人階級進駐學校，就是抵抗我的領導，抵抗共產黨的領導。

偉大領袖明確表態，問題有了解決的契機。第二天中午，由中央警衛局派出五輛專車，把五大學生領袖接至中南海游泳池。周恩來、江青、張春橋陪同接見。毛澤東仍穿著一襲寬鬆的浴袍，沒有和五名學生頭頭握手，也沒再讓他們當面高呼萬歲，只允許他們，坐下談話。談話先繞遠些，笑著來點輕鬆的：韓司令，聽講你一次批鬥會上，把彭老總打倒了七回？好你個韓司令，兒子打老子呢。

韓愛晶忙起立，小白臉紅了紅，臀部又有些作癢似的，匯報說：主席爺，是那個老反黨分子態度頑固，激起我們年輕人的革命義憤，不得不狠狠教訓他。您問彭德懷怎麼個頑固法？就是我們訊問他一句，他頂一嘴，吼一聲，不肯低頭，不肯認罪。我們問他：你都幹了哪些反黨勾當？他竟回答：我幾十年先後帶領紅軍、八路軍、解放軍、志願軍，打敗了幾百萬國民黨軍隊、日本軍隊，還有美國侵略軍；我們問他：抗日戰爭時期，你爲什麼要發動百團大戰，幫蔣介石的忙？他竟說：我打日本鬼子有錯？國共合作抗日，日本鬼子占我國土，殺我人民，姦我姐妹，我爲什麼不打？打得不夠！從延安到現在，這個問題批了我幾十年，我就是不服！……我們問他，你爲什麼要反對偉大領袖毛主席？他竟說：沒有反對，只是寫了封信，反映大躍進的問題。後來不是餓死了幾千萬人口嗎？誰的責任？……彭德懷太反動了，我們實在忍無可忍，才動了手，把他打翻在地，是有七回。

周恩來插話：你們革命小將要聽主席的教導，要文鬥，要觸及靈魂，不要把人打死、打殘。

毛澤東吸著菸，笑笑：彭老總長了顆花崗岩腦殼，我也拿他沒有辦法，才同意交你們紅衛兵小將去教育他。總理講得對，不要把人弄死弄殘了，以後歷史書上不好看……譚厚蘭，我們是老鄉呢。韓司令是地派，妳和王大濱是天派，去年差點把山東曲阜的孔府、孔廟、孔林給毀了，造老祖宗的反，你們天派最徹底了……聶元梓啊，他們幾個是學生，妳是教師，帶頭寫了第一張馬列主義的大字報，打響北京市文化大革命第一炮，如今當上了北京市革委副主任兼北大革委主任？……

周恩來見沒有提到清華蒯大富，便輕聲提示：主席，還有蒯司令，運動中也是衝在最前列的。

江青、張春橋瞪蒯大富一眼，滿臉的不屑。

毛澤東嗞嗞地吸著菸，目光鎖定蒯大富，聲音忽然變得又冷又硬：蒯司令？大人物囉，翅膀硬了，拉起好大一支隊伍，把清華園搞成山頭，武裝割據，不把中央放在眼裡囉！

蒯大富晃了晃壯實的身子，滿臉通紅地起立：蒯大富是貧農的兒子，對偉大領袖最忠最忠！

江青冷笑：你還有嘴表白自己忠不忠？你指揮下面的人打死打傷工宣隊、軍宣隊成員！工宣隊、軍宣隊是奉毛主席、黨中央的命令進駐大中學校。你是明目張膽地對抗毛主席、黨中央。

蒯大富爭辯：主席，總理，各位首長，我們清華紅衛兵、革命師生的確很不理解，學校的鬥、批、改，爲什麼不依靠學校自己的左派，而要派工人、軍人進駐？事先沒有給我們通知，沒有人做工作，一下子把校園給包圍了，我們清華紅衛兵才自發組織起來，保衛校園。

毛澤東見蒯大富竟敢當著他的面抗辯，登時臉膛一陣泛白，目光一陣泛橫，茶几一拍，怒斥道：蒯大富！你不老實！當了兩年什麼司令，自以爲了得，把中央保衛部門看扁了。當著我的面還撒謊。說你們事先不知道工宣隊進駐學校？那你們爲什麼半個月前，就佔據學校的實驗工廠，私自生產槍枝武器？清華是工科大學，你們有條件自制武器。但屬於非法，應該抓起來判罪！你們，你們……

周恩來見毛主席氣得話都說不下去，忙勸解道：主席，主席息怒，不要傷了身體，不要傷了身體……蒯大富！你個不長進的東西，還有你們四位，還不趕快向主席老人家認錯？

五大學生領袖從未見偉大領袖如此龍顏大怒，早嚇得渾身篩糠似地抖索著……蒯大富見大事不妙，倒是識相，噗通一聲，雙膝一軟跪了下去。聶元梓、譚厚蘭、王大濱、韓愛晶遲疑一下，也跟著跪了下去。

文化大革命號稱無產階級專政條件下的大民主運動，卻出現了北京五大學生領袖向偉大的毛澤東下跪、討饒的場面，滑稽不滑稽？毛澤東滿不在乎地吸著煙，怒氣未息。這算得了什麼？二、三十年來，黨、政、軍幹部向毛澤東下跪、討饒的人還少了？連高崗、柯慶施那樣的政治局委員，許世友、謝富治那樣的解放軍上將，都不一次地下跪過；五大學生領袖、紅衛兵娃娃頭，向毛澤東下跪、認錯，值得大驚小怪？

江青、張春橋看在眼裡，無動於衷。活該！當了幾天紅衛兵司令，搞了幾天打、砸、搶、抄，連中央文革的話都不聽了，自找死，活該罰跪三天，嚐嚐厲害。

倒是周恩來看著五大學生領袖在毛主席面前長跪不起，有些過意不去似地，代為求情：主席，他們知錯了，讓他們起來……起來！都坐回位置上去。也是身在福中不知福。我們老一輩，在你們這個年紀，早在戰場上為革命出生入死了，許多人已經為黨的事業獻出年輕的生命了。而你們，自稱是毛主席的紅衛兵，只想打倒別人，改造別人，卻不願批判自己，改造自己！你們不是最愛讀毛主席的書嗎？誰是我們的敵人？誰是我們的朋友？這是革命的首要問題。這一條，你們就沒有讀懂，可以說根本不懂。不然，你們怎麼會以刀槍對待黨中央派去的工宣隊、軍宣隊？毛主席早在今年年初就告誡過，現在是你們小將犯錯誤的時候了。你們卻聽不進。好，下面，大家繼續聽主席的教導。

經周恩來的一番緩衝，毛澤東氣色平緩了些，重又燃起一支菸，邊吸邊談：讓你們大鬧天宮，鬧了兩年多，還沒有鬧夠？現在我宣布，工、農、商、學、兵，東、西、南、北、中，黨是領導一切的。要立即恢復各級黨組織生活，各級革命委員會內要成立黨的核心小組。什麼是共產黨的領導？就是工人階級領導，在農村則是貧下中農領導。工人、農民要永遠佔領教育、文化陣地，要在所有上層建築、意識形態領域起領導作用。這是黨中央的戰略佈署。蒯大富，你以為帶頭造過王光美、劉少奇的反，是文化革命的大功臣？沒有中央的支持，你們學生娃娃動得了劉少奇夫婦？我看是蚍蜉撼樹呢。你講你是貧農的兒子，就是天然的革命派了？你現在正走向革命的對立面，一不鬥，二不批，三不改。你和你的同夥公然用梭標、長矛捅死工宣隊員，用手榴彈炸死炸傷解放軍戰士，已經構成反革命罪行。為什麼不讓公安部把你們抓起來？念你們年輕幼稚，自我膨脹厲害，中央才決定給你們一次反省罪行、改正錯誤的機會！現在擺在你蒯大富面前的是兩條道路，兩種前途。也包括你們四位在內。一是你們返回學校，宣布解散你們的組織，撤除警界線，交出武器，敲鑼打鼓歡迎工宣隊、軍宣隊進駐；二是立即通知公安部門逮捕，追究你們殺死工宣隊、軍宣隊成員的法律責任。

蒯大富又渾身篩糠似地抖索起來，又噗地一聲雙膝跪下：主席，總理，各位首長，小蒯知錯，小蒯告罪……打死人的事，是清華紅糾隊一夥人背著我幹的，我負政治責任……今天上午，我已經把幾名凶手看管起來了，聽候上級發落……我認錯，謝謝主席和中央給我機會……我堅決擁護主席的指示，執行中央的戰略佈署，回學校去解散紅衛兵組織，清繳所有武器，敲鑼打鼓開大會，熱烈歡迎工宣隊、軍宣隊進駐，領導學校的鬥、批、改。

周恩來和江青、張春橋商量了幾句什麼，又轉身向毛澤東請示了幾句什麼，之後說：好，主席苦口婆心的和你們談了這麼久，你們就是五塊頑石，也該點頭了。特別是蒯大富！你可以站起來了。年紀輕輕的，也學會下跪，還是老一套。下面，你們可以記錄，我說說中央的意見。

蒯大富從地上爬起，聶元梓、譚厚蘭、王大濱、韓愛晶也離座起立，各端一本記錄本，齊齊的站成一排。江青、張春橋也作筆錄。

周恩來說：小蒯吃敬酒、不吃罰酒，中央表示歡迎。你們五名學生領袖返回各自學校後，立即解散各校的紅衛兵糾察隊，清繳所有的自製武器，之後敲鑼打鼓，拉大標語、大橫幅，開全校師生員工大會，熱烈歡迎工宣隊、軍宣隊進駐學校。新華社要發消息，中央兩報一刊要發社論，各級報刊要大張旗鼓投入宣傳。至於學校的紅衛兵組織解不解散，中央暫不作統一規定。根據主席思想，隨著教育戰線鬥、批、改各項工作深入開展，共青團組織恢復活動，紅衛兵同學可以申請成為共青團員。對於你們五名頭頭，主席剛才也表示，只要你們遵從中央新的戰略佈署，起好模範帶頭作用，你們還可以受邀列席擴大的八屆十二中全會，以及當上黨的「九大」代表。你們都是黨員吧？好，你們回校後，就以實際行動來表明你們是些合格的黨員，而不是革命洪流中的沉渣。

五名學生領袖離開後，江青和張春橋也返回釣魚臺去了。毛澤東留下周恩來個別談話。毛澤東讓周恩來在對面沙發上坐下：總理啊，我有個想法，紅衛兵運動可以結束了，娃娃們大鬧天宮的任務已經完成。再鬧，就像清華、北大那樣，要鬧到我們自己頭上來了。

周恩來說：主席決定派工宣隊、軍宣隊進駐全國大中學校，非常及時。

毛澤東說：我指的不是這個。六六年至今，全國大學、中學，一共有多少在校生和畢業生？

周恩來說：大約一千幾百萬吧？這大批青年人，如果不回學校，就會逗留在社會上，找工作，討生活，給城市就業造成極大壓力，也容易引發社會騷亂。

毛澤東說：你們提出的那個籌備「九大」的六項工作要點中，不是有城市青年下放農村一項？什麼時候開始執行？我看現在城市人口要消腫，不再需要他們鬧事了。他們根本不知道每天吃的飯、身上穿的衣是怎麼來的！缺乏勞動人民的思想感情，必須通過工人階級、貧下中農的再教育，再改造，才能成爲社會主義的新型勞動者，革命事業的接班人。聶元梓、韓愛晶可以留下來當「九大」代表。蒯大富逮捕。譚厚蘭、王大濱下放。他們可以不下農村，分到工廠去，不准留在北京。

周恩來點頭稱是：不能讓他們留京，郊區都不行，仍可能串連搞事。逮捕蒯大富可放緩一步，不止他一人……主席呀，一千多萬城市知青下放，下鄉上山，支農支邊，是項大工程，需要幾個月時間來做組織上、財政上的準備。而且涉及上億人口的城市居民家庭。

毛澤東問：是囉，到時候，城裡人家，家家都會有孩子下去，你們國務院有不有擬訂計劃？

周恩來說：已委託計委谷牧他們草擬方案。我先向主席報告一下……首先是去向，兩大方向：一是支農支邊，把城市知青直接分配到邊疆去，比如北大荒生產建設兵團，新疆生產建設兵團，內蒙草原、雲南西雙版納，廣東海南島等地方，可以集中吸納北京、上海、天津、瀋陽、西安、廣州、重慶、成都等大城市的數百萬人，既學農，又學軍，加強國防；二是上山下鄉，主要吸納各省省會以及地、縣級市鎮知識青年，實行各省區包乾，就地消化，到人民公社當社員。還應該鼓勵知青們去革命老區、老根據地安家落戶，和老區人民打成一片，接受革命傳統教育。當然，國家也不是簡單地甩包袱，從國務院到省、地、縣各級革命委員會，都要成立專門機構，叫做知青工作辦公室，專責下放知青的安置管理，直到他們完成和當地農場職工或貧下中農結合爲止。國務院還要新增一批貨幣投放，給每名知青七百元至一千元的安置費。安置費不發給個人，交接收單位統一使用……

毛澤東滿意地閉了閉眼睛：啊，國務院已先行一步。還要大力抓好宣傳，形成輿論。中央兩報一刊要組織寫作班子，從馬列經典著作中找出理論根據，把這件事提高到消滅三大差別，知識分子工農化，工人農民知識化來認識。發它一系列社論、專論，全國上下大張旗鼓。知青下放，各地要敲鑼打鼓放鞭炮，可以給他們披紅掛彩戴光榮花，辦成大喜事。避免母送子，兄送妹，哭哭啼啼，悲悲戚戚。總之，要熱熱鬧鬧，轟轟烈烈，讓城市父母們想悲都悲不起……你們準備什麼月份執行？

周恩來說：主席高屋建瓴。輿論宣傳太重要了。務虛與務實相結合，理論指導實踐，我們一定能打好這個大戰役……執行時間，先交由中央工作十二人碰頭會議討論，確定方案，最後請主席批准。我和谷牧他們也有設想，分三步走。現在七月份走第一步，工宣隊、軍宣隊進駐全國大、中學校，把娃娃們管起來；十月份走第二步，全國幹部下五七幹校，幹部隊伍消腫，估計精簡四百萬人左右。九、十月份若能開成擴大的八屆十二中全會，城市知青上山下鄉、支農支邊可在年底全面鋪開。

毛澤東又吞雲吐霧地吸起菸來：幹部下放，知青下鄉，都要抓好宣傳，在馬列著作中找到理論根據，我的書裡也有一些。輿論可以壓倒一切。就是湊熱鬧嘛，我們中國老百姓最喜歡湊熱鬧，隨大流，跟風跑。魯迅講的國民性，我們要用好這個國民性……對了，爲什麼不把幹部家庭的孩子一起下放到五七幹校去？一樣的務農，最後都成爲農場工人。

周恩來說：谷牧他們曾經考慮過這種方案。經研究，弊多利少。一是五七幹校是專門用來安置下放幹部的，如果加上子女，人數增加兩到三倍，宿舍、耕地、生活設施都難以容納；二是把父母、孩子弄在一起務農，全家人一下子從城市居民變成農場職工，容易引發集體鬧事；三是這樣做，對普通工人、市民的子弟也不公平……所以，考慮來考慮去，還是父母、孩子分開走，去不同的地方，各奔前程，負面影響較少……

毛澤東讚許地「噢」了一聲：具體事務，你們比我強囉。就照你們的法子辦吧。還有，全國大、中學校已經停課兩年半，沒有招收過新生。從現在起，中、小學可以恢復上課，大、專院校怎麼辦？

理工科大學還是要辦的。文科大學辦不辦？過去是全國統考統招，閉門考試，用對付敵人的方法對付考生，提倡讀死書，完全抄襲資本主義和修正主義的教學方法，所以培養不出無產階級的人才。我主張，今後的青年人，中學畢業後，先不上大學而下放農村，讀社會實踐這本大書，各方面表現好的，再由當地貧下中農評議推薦，政治鑑定，保送他們上大學。今後的大學生，不再每年由國家統考統招，一律改爲由工人、貧下中農推薦保送。恩來，你看怎麼樣？

周恩來邊作筆錄邊讚嘆：主席啊，幹部下幹校，知青下農村，工農兵推薦上大學，都是重大的革命事件，對馬列主義全新的發展，要載入世界共運史冊的啊。

毛澤東說：從工農兵來，到工農兵去，教育爲無產階級政治服務，與生產勞動相結合，這個馬列主義的路線方針，要堅持幾十年甚至幾百年，直到進入共產主義。

……數天之間，北京數十座大、專院校，數百座中、小學校，完成了工宣隊、軍宣隊進駐。座座校園紅旗招展，鼓樂喧天，歌聲激昂，歡呼全國學校復課鬧革命，工人階級領導鬥、批、改。

中央文革趁毛主席向清華、北大軍工宣隊贈送珍貴的革命禮物——兩紙箱巴基斯坦芒果之機，掀起全國新一輪領袖崇拜、個人迷信熱潮。從中央到地方，所有的電台、報紙、雜誌，幾乎同時發表社論、專論、消息，宣稱偉大領袖送下芒果，是對全國工人階級、全體解放軍指戰員的最大關懷，最大愛護，也是給全國人民送來了最大的溫暖；這是全黨、全軍、全國人民的最大光榮，最大幸福！如此一來，九百六十萬平方公里熱烘烘、紅彤彤的土地上，所有的工廠、機關、學校、街道、公社生產隊，也都連夜舉行了慶祝遊行，一千遍、一萬遍地呼喊毛主席萬歲，萬萬歲，一千遍、一萬遍地歌唱：天大地大不如黨的恩情大，爹親娘親不如毛主席親……

芒果，金黃色，紡棰形，多汁甜膩，含豐富維生素，有「熱帶水果之王」的稱譽。在中國大陸，除廣東海南島有少許出產，其他廣大地區民衆都不知道芒果爲何物。於是狂熱的左派子民們發揮出天才的想像：外國領導人敬奉給咱們偉大領袖的貢品，必定是世界上最珍稀、最寶貴的，吃了強筋健骨、延年益壽，甚至可以返老還童。毛主席啊，這麼珍貴的果品，您老人家捨不得受用，而把它送給工宣隊、軍宣隊，轉送給全國人民，您和人民心連心，您是人民的大恩人……

工人階級、解放軍官兵、貧下中農不知芒果爲何物猶小可，好幾個省級農業科學院的紅色科學家、學者也出來湊趣，傳播農科知識：芒果，水果之王，價比黃金，上古水果的活化石，已在地球上生長了數百萬年。它每隔百八十年一開花，百八十年一結果，百八十年一成熟，從開花到果熟，須時五百四十年到六百年之久！它採日月之精華，納山川之靈異，營養特別豐富，補中益氣，生血生精，抗病抗衰老。在外國只有億萬富翁吃得起。因之它又被稱爲神仙果，萬歲果。據考證，當年秦始皇、漢武帝欲長生不老，派出一批批方士，率領童男童女赴海外尋找不死藥，就是想找到這種神仙長生果。但那時，我們的老祖先並不知道海外仙山上的這種數百年一熟的長生果叫做芒果……。

農業科研部門傳出的消息，一傳十，十傳百，百傳千，千傳萬的，很快傳遍大半個中國。於是人們不再把芒果稱作芒果，而稱爲「領袖果」、「萬歲果」了。當然，不能說七、八億人口的偌大個國家，就沒有吃過芒果（至少在海南島尙有少量種植嘅），瞭解芒果只是一種普通熱帶水果，核大，皮厚，肉薄，甜膩黏手，易腐爛，不耐貯藏。可是誰能說出眞相？誰敢說出眞相？

毛主席送下萬歲果，進駐清華、北大的工宣隊、軍宣隊成員們，還能以刀子削它，動嘴啃嚙它？她既成爲最最珍貴的賜品，只能一顆一顆做了防腐處理，分別裝進一隻隻襯墊了紅絨布的錦盒裡，代表毛主席的偉大溫暖和恩情，再轉贈給國務院、中央文革、中央軍委，以及中直機關、軍直機關，還有全國二十九個省市自治區革命委員會。可是數量不夠。送完中央黨政軍機關之後（清華、北大已各留下一顆供革命師生瞻仰），只剩下幾顆，只夠送給北京、上海、天津等幾座大城市。送了北京，能不送南京？送了天津，能不送河北？送了上海，能不送浙江？還有全國八大軍區哪……馬上就會鬧翻天，毛主席的溫暖只給你不給我？像話嗎？外地紅衛兵造反派很可能又趁機組織起浩大的隊伍到北京請願、靜坐……於是，國務院、中央文革、中央軍委發揮集體智慧，想出萬全之策，下令以生產景泰藍出名的北京市傳統工藝品製造廠複製，務必微妙微肖地仿造出萬歲果，以便給各省市自治區革命委員會、八大軍區司令部送去毛主席的偉大關懷。

一顆顆萬歲果被精心仿製出來後，由黨中央派出專機，分送到各省市自治區革命委員會的所在地。各省省會、自治區首府，都舉行盛大、隆重的恭迎儀式，百萬人集會，由省革命委員會第一把手親捧錦盒，樂隊旗隊相隨，一步一挪，繞場數周，供萬衆瞻仰：毛主席送下萬歲果啊，自己捨不得嚐啊，他老人家心裡只裝著全國人民啊……普天同慶，四海歡騰。雖然老百姓並沒有看清楚神奇的萬歲果到底長了個啥模樣兒，但他們的眼眶早被激動的淚水模糊，他們的喉嚨早被萬歲的呼叫灌滿。

第四十一章　娘娘，妳下了一子絕棋

「天山南北凱歌嘹亮，西藏高原陽光燦爛……」

九月五日，中國大陸最邊遠的兩大自治區新疆、西藏，分別成立革命委員會。自此，二十九個省市全部成立了革命委員會，實現全國山河一片紅。受毛澤東委託全責辦理此事的周恩來總理心知肚明：要不是毛主席急於召開八屆十二中全會，為明年春天的「九大」作好準備；要不是江青、陳伯達等人暫停背後煽風點火、挑動群衆鬥群衆；短短幾個月時間達成這一局面，豈是他周恩來疲於奔命、唇乾舌燥地與各省區群衆組織代表進行沒完沒了的談判所做得到的？還是毛主席這張王牌管用，太上老君，幾道符咒，吉吉如令。

各省市自治區都舉行了盛大的群衆集會、慶祝遊行，向毛主席、黨中央呈上大紅喜報和致敬電。中共中央、國務院、中央軍委、中央文革也聯名發去賀電賀信。中央兩報一刊則逐一發表套紅社論，如甘肅省革命委員會成立時，社論標題爲〈春風已渡玉門關〉，湖北省革命委員會成立時，社論標題爲〈長江萬里起宏圖〉，江西爲〈井崗山紅旗飄萬代〉，吉林爲〈紅日高照長白山〉，貴州爲〈西南的春雷〉，湖南爲〈芙蓉國裡盡朝暉〉……堪稱略抒文彩，稍見風騷。其間又數新疆、西藏兩大自治革委會成立之時，中央兩報一刊的慶賀社論最乏味了，竟用的同一個標題：〈無產階級文化大革命全面勝利萬歲〉。但也透出一個重要訊息：既是「全面勝利」，運動豈不進入尾聲？

十月二日，北京開始幹部下放，一批批赴五七幹校勞動改造。也是鼓樂喧天，口號喧天，旗幟飄揚。前此，中央機關各部委、各省市自治區革命委員會，均已擇地辦起農場，搭建臨時宿舍，迎候大批幹部的到來。比如中共中央辦公廳開辦了河南五七農場和江西五七農場，國務院文化部開辦了張家口五七農場和湖北咸陽五七農場，商業部開辦起甘肅五七農場，等等，用於安置被新生紅色政權所清洗、淘汰下來的大批「學員」。這些五七農場均由軍人當家，一切按軍令行事。於是小排長、小連長們神氣活現，領導中央機關的那些被打成走資派黑幫的部長、局長、主任、司長。而這些部長、主任大都擔任過軍隊的軍長、軍政委，相當於少將、中將呢。一切都顛倒了。革命就是歷史的大顛倒，兜底翻，上翻作下，紅翻作黑，小翻作大。一九二七年八一南昌起義時，賀龍是起義軍軍長、總指揮。林彪當時只是起義軍中的一名小排長。歷史不也顛倒過來了？如今林彪是副統帥，毛澤東的接班人；賀龍則淪爲階下囚，被單獨監禁在北京西山象鼻子溝，渴了無水，餓了無食，病了無醫，求生無望。小排長挾毛統帥之威，要置老軍長於死地。

北京，眞是座喧囂詭秘、神鬼莫測之都。

一方面，開動所有宣傳機器，大張旗鼓地下放幹部：幹部們接獲通知後三天之內，必須攜妻別子，帶上簡單的被服行李，跟隨各自的隊伍登上那一列列北上、南下、西出、東去的火車，長途汽車，開赴遙遠的荒灘野地，安家落戶，「努力改造成爲社會主義的新型勞動者」。別了，北京！別了，機關。昔蘇武出使匈奴，被扣十八年，牧羊北海邊（今西伯利亞貝加爾湖）；今日數百萬名「蘇武」不是出使外域，而是被自己的領袖、自己的政權發配到野地邊關。

另一方面，卻在悄悄地召開中國共產黨八屆十二中全會。用轟轟烈烈的幹部下放運動掩護秘而不宣的中央全會，堪稱政治運作的絕活。第八屆中央委員會原有九十七名委員和一百零三名候補委員，共是兩百整數。本次全會除病故、自殺、被鬥死、遭關押者外，實到五十九人，僅爲百分之三十七，遠不足黨章規定的有效出席人數。非常之事執非常之法。憲法都可以作廢，國家主席都可以群毆，黨章不可以變通？因而稱之爲「擴大的八屆十二中全會」。經全會秘書長周恩來與江靑、康生、陳伯達、葉群、黃永勝等人商議出名單，報請毛主席、林副主席核准，「擴大」七十四人出席，並具選舉權及被選舉權。此七十四人全都是中直機關和省級革委會的軍代表、群衆組織頭頭，一批聽到毛主席指示就熱血賁張的文革積極分子、左派骨幹同志。先開預備會議。預備會議上，由五十七名原中央委員以鼓掌通過方式，歡迎擴大的七十四名文革左派出席，並增選江靑、葉群、張春橋、黃永勝、姚文元、吳法憲、李作鵬、邱會作等十人爲中央委員，溫玉成等九人爲中央候補委員。

原中央政治局委員中，朱德、陳雲、董必武、李富春、李先念、劉伯承、鄧子恢、陳毅、徐向前、葉劍英、聶榮臻獲准出席會議；已被立案審查的劉少奇、鄧小平、陶鑄、彭眞、賀龍、羅瑞卿、陸定一、王稼祥、烏蘭夫、楊尙昆等人註銷資格，接受缺席判決；政治局委員譚震林因「二月逆流」一案表現惡劣，又拒不檢討，亦被取消資格。關於至今沒有批深批透的「二月逆流」案，毛澤東對林彪、周恩來、黃永勝面授機宜：先分組討論，你們可以唱唱紅臉，把他們的氣焰壓一壓。防止有人在會上，破罐子破摔，陷我們於被動。方針：先壓後撫。必要時，殺雞儆猴。但盡量不走這一步。

江青參加黨章修改領導小組。組長毛澤東，副組長林彪、周恩來，成員江青、陳伯達、康生、張春橋、姚文元、葉群、謝富治、黃永勝、吳法憲、李作鵬、邱會作、溫玉成等。下設秘書組、資料組、保密組、警衛組等。

在討論新黨章總綱時，陳伯達、張春橋起草了一段話：

中國共產黨以馬克思主義、列寧主義、毛澤東思想作爲指導思想的理論基礎。毛澤東思想是帝國主義走向全面崩潰、社會主義走向全世界的時代的馬克思列寧主義。

這已經是對毛澤東及其思想的最高評價和讚頌了。林彪卻認爲還不夠，親筆加上自己的一段話：

> 半個世紀以來，毛澤東同志在領導中國完成新民主主義革命的偉大鬥爭中，在領導中國社會主義革命和社會主義建設的偉大鬥爭中，在當代國際共產主義運動反對帝國主義和現代修正主義、反對各國反動派的偉大鬥爭中，把馬克思列寧主義的普遍眞理和革命的具體實踐相結合，全面地、完整地、創造性地繼承、捍衛和發展了馬克思列寧主義。把馬克思列寧主義提高到一個嶄新階段。毛澤東思想是當代最高最活的馬克思列寧主義。中國共產黨的每一名黨員應當永遠忠於偉大領袖毛主席，永遠忠於偉大的毛澤東思想，永遠忠於毛主席的無產階級革命路線。

林彪像毛澤東一樣，很少出席小組討論會，而習慣於在家中批閱會議簡報，聽取會議成員的個別匯報，包括親信人員的小報告。周恩來主持領導小組討論會時，倒是含蓄地說：黨章的總綱，歷來言簡意賅，文字精煉，概括性很強。我贊同林副主席加上的這段話，是不是文字上稍長了點?不要送到主席那裡，又被批回來返工。大家都發表一下意見?

康生彷彿嗅出什麼來了，針對性很強地說：林副主席這段指示，應當一字不易，寫進總綱。

陳伯達說：同意康生高見，林副主席的指示，我是要捍衛到底的。

江青說：內容很好，贊成保留。

張春橋說：擁護總理和江青同志意見，內容很深刻，文字可做些加工。

姚文元也說：贊同以上同志意見。

周恩來目光溫和地轉向謝富治、黃永勝、吳法憲幾位武將。武將們對於這類文件起草、字句推敲向無興趣，他們來開會，也是做個陪襯而已。

黃永勝算半個儒將，是死心塌地站在林彪一邊的。他先看身邊的葉群一眼，說：總理啊，我們是幾個丘八老粗呢，攻城掠地，還能來幾下子，文字彎彎繞，可就乾瞪眼了。江青同志、伯達同志、康生同志都是理論高手，就由他們去定，反正最後都報主席批准。

會議桌下，葉群腳掌輕輕踏上了黃總長的腳：總理啊，我看就照江青同志的意見辦。林總歷來敬重江青同志，聽江青的話，就是聽主席的話……。

黃永勝以腳尖輕輕挪開了葉群溫軟的腳掌。這婆子的膽子也忒大了。會議場合也來挑逗，是不是底下又潮了？自三年前北戴河度假，送上門來操了幾回，就糾纏個沒完。黃永勝的腦袋還長在自己的脖子上呢。林副主席這樣重用、提拔，自己卻在背後幹他的夫人，虧心呢。林副主席身體不行，葉群這婆娘卻細皮嫩肉，保養得法，正值虎狼之年，一天可以操上十回，慾壑難填……不想了，不想了，這麼嚴肅的修改黨章的會議，思想開小差，黨性不強喲。

周恩來的目光移向這邊來了。現在主持會議可好了，三總四帥被取消了資格，成員們清一色的文革左派，比賽誰的調門兒高罷了。

江青忽然提議：我主張在黨章總綱上加一條，林彪同志一貫高舉毛澤東思想旗幟，是毛澤東同志的親密戰友和接班人。大家看看，文字上夠不夠簡約？

眞是個前所未有的新鮮話題。半道殺出個程咬金似地，在會上引起一陣震動。

周恩來不動聲色，心裡直打鼓點：黨章嘛，本應是一些簡明條文，黨員守則，權利義務，怎麼把接班人的名字也列上去？國際共運史上從無先例。但此事由江青同志提出，是不是代表了毛主席的意願？於是，周恩來愼重其事地問大家：是不是把江青同志的這條重要意見記錄在案？大家應當表態，在座的人人表態。首先我表示兩個字：擁護。下面誰來？

康生舉了舉手：很好，接班人的名字寫進黨章，別的人免了窺伺之心，有利黨和國家局勢穩定。

陳伯達說：我擁護。有了這一條，主席和中央，無後顧之憂。江青同志政治上越來越成熟，不讓鬚眉，我們枉作七尺鬚眉囉。

江青眼角掃了一下老夫子，嘲諷一句：滿腦袋大男人主義，馬克思是怎樣批判大男人主義的？

陳伯達漲紅了臉膛，結結巴巴欲回嘴，周恩來知道江、陳兩人同爲中央文革組長，愛在毛主席面前爭寵，常有齟齬，於是打圓場說：伯達同志，江青同志不過幽你一默嘛。下面，春橋同志表態？

張春橋扶扶眼鏡：江青同志的提議，關係到黨的千秋大計。恩格斯是馬克思的接班人，史達林是列寧的接班人。史達林沒有把自己的接班人安排好，蘇聯黨出了赫魯曉夫修正主義。我們中國黨拋棄了劉少奇、鄧小平、陶鑄這些人，選擇林彪同志做毛主席的接班人，是文化大革命的勝利標誌之一。

黃永勝表態：軍人講不出許多道道，我們誓死捍衛毛主席，誓死捍衛林副主席。林副主席的接班人地位，是鐵板上釘釘子，雷打不動的。

接著，謝富治、吳法憲、李作鵬、邱會作、溫玉成等人也是一片誓死捍衛、雷打不動之聲。最後一位輪到葉群。葉群臉蛋兒紅紅的，早是心花怒放了。林總的接班人地位由黨章確立下來，主席百年之後，自己就可以代替江青同志，成爲黨和國家的最高領袖林主席夫人了，黃總長就是國防部長。但此時刻，在總理面前，特別是在江青同志面前，一定要低眉歛目，盡量收縮自己：從我對江青同志的個人感情來說，自是無條件遵從。只是事涉林總，我不便表態。我可以把會議情況報告林總。我想林總不會同意把他的名字寫進黨章。當然，主席是一黨之主，由主席最後裁定……

林彪搶在第一時間掛電話，向毛主席報告，不同意把他的名字寫進黨章總綱，就算主席已經選定自己做革命事業的接班人，也仍然要在今後的鬥爭中不斷接受鍛鍊和考驗，才能服衆，符合黨心民望。硬性寫進黨章，黨的歷史上無先例，亦不宜成爲今後的先例。

不管怎樣，林彪的態度使毛澤東感到欣慰。林彪同志十幾年來讀了不少經史，諳熟王儲韜晦。都是江青這婆娘自作聰明鬧下的！混帳東西，妳這是替毛澤東走下一步絕棋，簡直是妖孽！

毛澤東召來江青，見面就大怒，痛斥：接班人寫入黨章，妳找死！豬狗不如！妳個爛屄臭屄，老子太放縱妳了！當了幾天文革小組長，就忘乎所以，刀架在你腦殼後面還眉飛色舞，以爲得計！還想學呂雉、武曌，在我死後弄權，連人家一根屄毛不如！竟替老子走這樣一步死棋、絕棋！妳拉下的臭狗屎，自己吃掉！明天到會議上去把話收回！

老闆近兩年已經很少這樣破口大罵江青了，罵得那樣粗俗，哪像個外面宣傳的偉大領袖？和他老家湘潭鄉下的村野匹夫別無二致。足足罵了一刻來鐘才罵乏停住。工作人員都躲得遠遠的。

江青在外面頤指氣使，雌風八面，連林彪、周恩來都對她賠盡小心；唯在老闆面前像個賤婢、使女，挨罵不敢還嘴，挨巴掌不敢吱聲。你以爲老闆氣急了不打人？不打別人，卻打婆娘。在長沙打楊開慧，在瑞金打賀子貞（賀子貞和他對打），在延安打藍蘋，在北京打江青。好在江青腰肢靈活，左躲右閃，很少中掌。有時追著打著，繞桌椅轉圈圈，老闆卻笑起來，氣也消一大半。

這次老闆沒有動手，言語暴力，仍屬文鬥範疇。江青眼淚含含，可憐楚楚地討饒：老闆，我弄錯了，我檢討……，只是話已經出去了，總理、伯達、康生、春橋、謝富治、黃永勝他們都在會上表了態，一致支持……我若明天到會上去把話收回，誤會就鬧大了，事情傳開來，林彪、葉群也多心……。

毛澤東怒不可遏：造成事實，逼我認帳？毛澤東不信這個，劉少奇當了二十幾年的二把手，兩度代理過我的黨主席職務，他當成了接班人嗎？蠢得像豬！狗都比妳懂事！妳是不是覺得我老了，靠不住了，需要新的靠山了？讓林彪捧妳做娘娘？妳鬥得過葉群？妳知道葉群和黃、吳、李、邱是什麼關係？妳在軍隊裡有一個這樣的關係？妳和哪位元帥、大將、上將、中將搞得到一起？尿得到一壺？連林彪都和我講，葉群當著他大半個家，拿他婆娘沒辦法。所以我講妳是個不知死活的東西！

江青見老闆罵歸罵，情緒卻漸次平穩下來，便仰起淚眼問：老闆，我可不可以談談我的活思想？

毛澤東坐下來抽菸，餘怒未熄，手指還在顫抖，不讓江青點火：活思想這個詞是林彪的發明。他發明了不少新名詞。妳有什麼活思想？

江青掏手絹抹抹臉上淚水：我就講講，錯了，你指正……五九年八月在廬山上，我就看出來，老闆用病號林彪取代彭德懷，這次又安排林彪取代劉少奇，因爲林是半條性命，過渡而已……葉群近兩年常往釣魚臺我那裡跑，講過不少私房話，說林自四九年進城後，就不能人道了，害她守活寡……

毛澤東轉移了注意力：什麼不能人道？

江青說：就是陝北漢子的日，東北漢子的操，湖南漢子的搞……葉群講，林總身上十幾處槍傷，至今一粒彈頭嵌進脊椎裡取不出，時時傷痛發作，隨時都可能去見馬克思……不像主席，龍威虎猛，精氣旺過年輕人，江青同志有福氣……葉群是含著眼淚和我講到這些。她才五十來歲，沒有停經，月月都有要求，夜裡只好自慰……放心，我沒有對她講過，老闆和我也早就是政治夫妻了。但我很爲老闆的健壯而高興，還可以駕馭那麼些年輕人兒，幹的小謝、小張她們要死要活……

毛澤東又瞪起眼睛：放屁！妳放肆！我是保健醫生意見，促進新陳代謝。妳還有什麼活思想？

江青說：可以肯定，以林的健康狀況，他是活不過老闆的。葉群很悲觀，林至多還可熬個五、六年……那個自殺了的傅璉璋也講過類似的話。就是基於這樣的想法，我才提出來把林的接班人地位寫進黨章去。位置由林暫時佔著，把局面穩定下來，老闆好騰出時間，挑選更年輕、中意的。

毛澤東忽又警覺起來：接班人病弱無能……漢高祖劉邦、唐太宗李世民，就是這樣安排東宮太子的。結果，劉邦之後冒出個呂雉，李世民之後冒出個武曌，妳是不是這個意思？

江青連忙否定：沒有，從沒有。老闆熟讀經史，不是罵我連呂后、武則天的一根屁毛不如？林彪多病，但絕非無能之輩。我的意思是，可惜岸英犧牲了，不然全黨上下，都會擁戴……

毛澤東已經不生氣了：少廢話！共產黨也搞父子相傳？虧妳想得出！除非黨內外一致推荐……岸英已矣！雖萬人何贖。我老家湖南，有個郴州蘇仙嶺，一塊三絕古碑，秦少游詞，蘇東坡跋，米南宮的字。蘇跋云：少游已矣！雖萬人何贖。……彭德懷沒有保護好岸英，斷我子嗣。不說這個了，妳去通知值班室，要周總理馬上來我這裡。妳可以走了。記住！這次就饒了，下不為例。

江青離去後一刻來鐘，周恩來匆匆趕到，氣喘呼呼的。毛澤東搖搖手，示意免禮：恩來啊，這次全會，你又操勞一回……正在分組討論吧？共是幾個小組？討論進行得如何？

周恩來說：五天的分組討論，主席沒有收到簡報？春橋、文元負責編發……啊，主席每天都收到了。這次全會，分中直、軍直、華北、東北、西北、華東、西南、中南八個討論組。第一階段主要是座談形勢，端正對文化大革命的態度，各組發言踴躍，氣氛熱烈。

毛澤東說：恩來，不要四平八穩……我是問你討論會上有什麼新鮮事，上不了簡報的？

周恩來不知毛主席臨時把自己找來，究竟要問些什麼，或是要查證些什麼，只得試探著回答：新鮮事每個組都有……對了，今上午我去華東組聽會，許世友同志當著大家的面問我：賀龍究竟是個什麼問題？共產黨的元帥，政治局委員，軍委副主席，怎麼就成了「大軍閥」、「大土匪」？為什麼不能出席中央全會？誰把賀龍開除了？中央有辦過手續、下過文件嗎？許世友的問題問得很尖銳，大家大眼瞪小眼。因沒來得及請示主席，我只好先應付幾句，說賀老總請假，身體欠佳，住在西山養病，不見人，也不出席會議，情況就是這樣。許世友提出要去拜訪老上級賀龍，我答應先聯繫，再做安排。主席，半道上殺出個許和尙……我正要約時間向主席匯報，主席就傳我來了。

毛澤東問：不是早就要張春橋去做許和尙的工作嚒？張掛了南京軍區第一政委職務，中央交給他的那幾份揭發賀龍的材料，爲什麼不轉給許和尙看？

周恩來說：我看春橋同志也有他的難處。秀才當大軍區政委，將軍們不服……許世友在南京軍區黨委會議上公開講，老子紅四方面軍時期就當軍長、騎兵司令，打了幾十年惡仗，才混到個上將；他姓張的搖了幾下筆桿，寫幾篇鳥文章，就爬到老子頭上當第一政委？不是大笑話？所以許和尙根本不把春橋同志放在眼裡。南京軍區的幾個主力軍軍長都是中將，五十七軍尤太忠，六十軍聶智鳳，十二軍李德生，這次都擴大進來出席中央全會，哪一個都不是省油的燈。

毛澤東嘆口氣：驕兵悍將囉……這樣吧，晚上我請客，請許司令、尤軍長、聶軍長、李軍長，你和張春橋作陪，唱一曲《將相和》。我這個黨主席的面子，他許和尙不會不給吧？不然，元帥、大將不鬧事，幾個大區司令在會上鬧起來，也不好應付。這個許和尙，粗人直性子。賀龍不行了，徐向前也半倒了，我考慮推荐他進「九大」政治局，代表紅四方面軍。還有瀋陽軍區的陳錫聯也可以考慮，毛遠新稱他是大忠臣。「九大」政治局成員中的軍隊代表，不能淸一色「四野」的人。

周恩來說：主席考慮周詳，不搞一邊倒。

毛澤東說：已經是一邊倒了，林是副統帥，黃是總參謀長，吳是空軍司令，李是海軍司令，邱是總後勤部長，加上葉群，軍委辦事組就由他們組成。解放軍是「四野」當家，「四野」的天下。

周恩來說：相信「四野」幾位同志都是忠於主席的。還有謝富治是「二野」出身，粟裕、徐東海、王樹聲、蕭勁光四位大將也可以讓他們管些事。就是幾位元帥，身體也都健旺……

毛澤東問：粟裕、徐東海、王樹聲、蕭勁光都出席了全會吧？我點了三次名，都通知到了？

周恩來回答：都到了，在會上作了自我批評，檢討了對文化大革命不理解，有抵觸情緒……大將、上將、中將、少將們都發誓，把他們化做灰，也忠於毛主席。

毛澤東笑了，忽然想起什麼似地問：陳再道分配工作沒有？還在寫檢查？他一個粗人，檢查一年多，沒個完？此事已講多次，為什麼沒人聽？

周恩來說：我已提議陳再道同志任工程兵司令員……主席放心，我會做好軍委辦事組那邊的工作。陳再道、鍾漢華等人安排妥當，有利於穩定將軍們的情緒。不是一犯錯誤就打倒、軟禁。

毛澤東說：所以嘛，任何時候都不能搞一邊倒……你來之前，我已把江青臭罵一頓。她自作主張，替我走出一步絕棋，把接班人的名字寫進新黨章。說是你們已一致同意。林彪本人已知道此事，來電話婉拒……這麼大的事，你們不匯報，不請示，作成決議，迫我簽字？

周恩來心裡一驚，明白這才是今天找他來談的正題。事涉中央主席、副主席，掂量掂量，以檢討的態度解釋：看來有些誤會了。我一聽江青同志提議，以爲傳達主席的指示……我主持會議沒有保留意見，要負責任。現在頭腦都很熱，易起哄。我也有私心，怕又犯錯誤……

毛澤東喝著茶，茶罐重重一放：恩來，你去會上替我宣佈，江青是江青，毛澤東是毛澤東，她只代表她自己，把接班人寫進黨章的提議不代表我。你們一致擁護也不行。林彪同志本人也不贊成。

周恩來登時兩手冷汗，這可是鬧出大事來了，十二中全會正在進行，「九大」還沒有召開，就爲接班人的名份發生爭執？事情傳出去，怎麼收場？

毛澤東見周恩來不出聲，知道他有難處，停了好一刻，才說：我知道你們把事情辦到進退維谷了。所以江青是頭豬，蠢豬婆，好表演……恩來，你這個總理也難當呢，一開會，就要當著黃、吳、葉、李、邱幾員大將的面，得罪不起呢。我也得罪不起，陳、康、江、張、謝，加黃、吳、葉、李、邱，衆意難違囉。我也想通了，不過他吹捧我，我扶起他，一宗交易，不賠不賺。

周恩來沒想到毛主席這麼快就又改了口，於是順著說：主席明察秋毫，絕棋也可以走活……

毛澤東說：不要盡揀好聽的話。我就不相信三個副詞，四個偉大。這樣吧，你代表我，個別找元帥、大將們徵求一下意見，看看他們同不同意把接班人的名字寫進新黨章去……還有，林彪堅持要加一段吹我的話，權衡利弊，作了刪節，你帶回去吧。接班人，要小心囉。

周恩來不敢再講什麼，答應去找老帥們談後，再來匯報。

老帥們天天都在中央全會的分組討論會上遭到批判。

朱德總司令八十二歲了，分配在軍委直屬討論組。座中三十幾名將軍，都是小他二、三十歲的下級晚輩，原都是很敬重、愛戴他的。林彪、江青授意黃、吳、葉、李、邱開火，也一時抹不開情面。一天，林彪親臨分組討論會場，大家起立鼓掌相迎。唯朱德老人沒有扶杖起身。

林彪落座之後，張口就說：我今天來打破堅冰。敬老尊賢，是我們的傳統。但有個前提，老，必須賢。老而不賢，怎麼尊敬？事關黨性立場，大是大非，不能因爲老，就妥協，就放任，就不批判、不鬥爭。我這裡要講講我們的總司令。總司令在黨內幾次大的路線鬥爭中，究竟表現得怎麼樣啊？一九二九年推行瞿秋白路線，一九三〇年推行李立三路線，一九三二年黨中央從上海遷到江西蘇區，又起勁地推行過王明、博古路線，反對我們毛主席的正確路線。怎麼次次都站在錯誤路線一邊？長征到達陝北，紅軍接受改編，你爲什麼那樣倚重彭德懷？彭德懷發動百團大戰，過早地暴露我黨我軍的力量，犯下戰略性錯誤，你個總司令幹什麼去了？躲在延安享清福，把八路軍的指揮權交給彭德懷整八年。直到一九五九年的廬山會議上，你仍在保護彭德懷，稱彭爲民族英雄。他那個軍事俱樂部，你有沒有份？是不是大莊家？彭德懷被罷官，謫居京郊吳家花園那幾年，你經常去陪彭下棋，總司令、副總司令惺惺相惜。直到這次文化大革命，你還公開講，劉少奇是打不倒的！去年「二月逆流」期間，你又是站在那幾個大鬧懷仁堂的人物一邊。同志們，如此重大的原則問題，路線分歧，對朱德同志，不是敬老尊賢問題，而是劃淸路線、明辨是非問題。今天，我不怕得罪人，乾脆把一層紙捅穿了吧！

朱德同志這個總司令，是誰教他當的？是我們毛主席。我黨我軍歷史上所有重大戰役，可以說都是我們毛主席親自統帥、親手指揮的。江西蘇區反圍剿、萬里長征、八年抗戰、四年內戰、三年抗美援朝，請問哪一仗、哪一役，總司令打過大勝仗？數得出來嗎？所以，是個空頭總司令嘛。我們毛主席封你做這個空頭總司令，茅坑讓你佔著，彭德懷就扶不了正，當不成總司令。這是我們毛主席的良苦用心。可是你老人家，爲什麼次次路線鬥爭，都要站在錯誤路線一邊，站在毛主席的對立面？我知道，毛主席襟懷廣大，一路強調朱、毛不分家，要保你保到底。但這不等於你的問題，大家碰不得，批不得。革命不分年齡，造反無論先後，我們黨和黨的事業才會生機蓬勃、興旺發達……

林彪小朱德二十歲。朱德應是林彪的父輩。可是朱德老人涵養到家了，就那麼靜靜地坐著，閉上雙目，臉不紅，心不跳，身子紋絲不動，聽憑當年的小排長對他這位當年的總司令無情羞辱……同組的葉劍英元帥、徐東海大將、王樹聲大將、蕭勁光大將，都只能淚水在眼眶裡打轉轉，不敢抬頭望八十二歲的總司令一眼。他們心裡明白，林禿子不經毛統帥授意，是講不出這番悖逆天道的話的。

林副統帥帶了頭，黃永勝、吳法憲、李作鵬等人積極呼應，乾脆指朱德爲黑司令，空頭司令，錯誤路線、牛鬼蛇神的保護傘。朱德聽了兩天「批判教育」，向毛澤東主席請了病假。毛澤東批准：總司令年紀大了，不要和年輕輩計較許多，身體不適，在家休息，看看會議簡報算了。

朱德不再出席分組討論，軍直分組的批判矛頭指向葉劍英、徐東海等人。葉劍英元帥效法朱總司令，始終一聲不吭，閉目聆聽。他心裡又在默頌那首古詞〈哀江南〉，等著看一些人的興亡。

陳毅元帥在華東組受到圍攻。華東組的左派隊伍可謂兵強馬壯：陳伯達、康生、張春橋、姚文元、馬天水、徐景賢、王洪文、王效禹……等等。形成一批沒有打過仗的文人黨官對一位身經百戰的共和國元帥的集體討伐。康生還陰陽怪氣地在陳毅和許世友之間挑撥離間：我斗膽講一句，論資歷，或許陳毅同志比許司令老，論地位，陳毅也比許司令高；但論戰功呢？恐怕就要倒過來，許司令要比陳毅打的勝仗多，立的戰功大。陳毅同志啊，你、我是老相識了，講句不客氣的話，你這位三野司令員，一輩子沒有打過幾次像樣的勝仗。你要是不服氣，我們可以在這裡數一數、擺一擺……

陳伯達則歷數陳毅歷史上是個老牌子的機會主義者，打仗不行，搞機會主義行。

康生、陳伯達搖唇鼓舌做大官，沒上過一天戰場，參加過一次戰鬥，卻大談陳毅元帥戰功不夠。張春橋則指出：陳毅是去年「二月逆流」的主帥，葉劍英、徐向前、譚震林是急先鋒。

奇怪的是南京軍區司令員兼江蘇省革命委員會主任的許世友，竟沒有在批判他老上級陳毅的會議上仗義執言。毛澤東請許司令吃了飯，允諾「九大」進政治局，只好睜眼閉眼、保持緘默了。

陳毅本人這次心地坦蕩，任人家潑髒水，他不發火，不動氣。聾子不聽犬吠。幾十年沉沉浮浮，這種場面見多不怪。倒是要心平氣和，保重身體。除了陳伯達、康生，這些人都是華東局培養出來的秀才呢。當年，怎麼就培養了這麼一批人？張春橋，父親是個國民黨的官商特務，他老婆是托派分子，他本人讀中學時參加過國民黨特務組織復興社。一九三八年到延安，資歷很淺啊，後來當了柯慶施的政治秘書，地位節節竄升。之後又巴結上了江青娘娘。這次運動飛黃騰達了；姚文元的父親姚蓬子，國民黨文化特務，魯迅寫文章痛斥過，華東局、上海市委人人皆知；那個徐景賢最可笑了，本是上海教育局一名科級幹部，竟因運動之初撰寫了一副時髦對聯：「革命方知北京近，造反倍覺主席親」，而受到張春橋賞識，推薦給江青娘娘，竟一步登天，當上了上海市革委會副主任；王洪文呢，上海國棉十七廠的保衛科長，六六年扯旗造反，自封上海「工總」司令，幾個月後竟也當上了上海市革委會副主任。中國第一大都市喂，過去三野代司令員粟裕，副司令員譚震林都只能當一名副市長哇，是個多大的官？到如今卻被這批傢伙所把持，你陳老總還能不等著看大戲，看精彩演出？

在華北組，則是集中火力批判聶榮臻；

在西北組，則是集中火力批判徐向前；

在中央直屬組，則是集中火力批李富春，李先念，譚震林。譚震林不准參加全會，獲缺席批判。

經過十來天的分組討論，批判鬥爭，形勢一邊倒，文革左派大獲全勝，達成了毛澤東關於會議第一階段的預期目的：把元帥、副總理們的反文革氣焰打下去。

全會第二階段，討論新黨章草案。一致同意加上林彪副主席那段讚頌毛主席的文字，一致同意江青的提議，把毛主席的接班人林彪的名字寫進新黨章。全會進行舉手表決時，包括朱德、陳毅、葉劍英等人都舉了手。黨章草案將交由全黨討論，再到明年春天的「九大」上都通過、定案。

全會進入第三階段：審查、通過〈中共中央關於叛徒、內奸、工賊劉少奇罪行專案審查報告〉，並作出「把劉少奇永遠開除出黨、撤銷其黨內外一切職務」的決議。在毛澤東和林彪出席、坐鎮的全體會議上，當周恩來秘書長宣布，由康生、張春橋兩同志負責監票，把「開除劉少奇黨籍的決議」付諸表決時，卻出了個意想不到的情況：中共中央委員、原新四軍第五支隊政治委員陳少敏（司令員李先念），雙手抱臂，不肯舉手！康生惱怒地趕到陳少敏身邊，喝問：陳少敏！現在表決開除劉少奇的決議案，大家都舉手贊成，妳爲什麼反對？毛主席、林副主席、周總理都在臺上舉著手、看著妳哪！

這位身負十三處槍傷的當年新四軍女戰將，黨的「七大」上僅有的三名女中央委員之一的陳少敏（其他兩位是老資格的蔡暢和鄧穎超），就是不肯抬頭、舉手。全體會議出現了尷尬局面。這個陳少敏，刀架在脖子上不屈服，得過劉少奇的什麼好處？那麼深的資歷，那麼大的功績，司令員李先念當了國務院副總理，她這個政委只掛名全國總工會副主席，部級幹部，明明受到劉少奇的壓制呀……陳少敏，或許只有這個一身傷病、半條性命的陳少敏，還代表著中國共產黨僅有的一點道義、良心。

還是主席台上的毛澤東宣布：大家把手放下來，一票反對，棄權，開除劉少奇，載入史冊。毛澤東揮揮手，全會免除一次尷尬。一切通過如儀。舉手表決、鼓掌通過是世界上最簡便、快捷的選舉及表決方式。共產黨的新聞公報上總是「一致通過」、「全票當選」。擴大的八屆十二中全會一直開到十月三十一日落幕，開成一次「團結的會議，勝利的會議，圓滿成功的會議」。會後發表新聞公報，兩項主要內容：一、把劉少奇永遠開除出黨；二、明年春天召開第九次全國代表大會。

會後，陳少敏受到江青、康生所指揮的中央專案組審訊、迫害，擰斷了她的右手胳膊，作爲她不肯舉手同意開除劉少奇黨籍的懲罰。

第四十二章　量小非君子

毛澤東號令「知識青年到農村去，接受貧下中農的再教育」，禍亂中國近三年之久的紅衛兵運動進入歷史的死胡同。一九六八年十二月，北方冰天雪地，南方陰冷潮濕。全國一千多萬知識青年揹著簡單的行李用品，在鼓樂鞭炮聲中坐上火車、長途汽車，離開他們出生、上學的大中城市，上山下鄉，支農支邊。許多幹部、知識分子家庭出身的孩子，只比他們那些被下放到「五七幹校」安家落戶的父母遲走兩個來月。此時刻，他們反倒羨慕起普通市民或工人家庭出身的知青同伴來了，人家好歹父母仍住在城市裡，還有個城裡的家！而他們，今後探親都回不了城，只能去那同樣偏遠、荒涼的五七幹校，與父母短暫地相聚。青年們開始覺醒，朦朧中悟出什麼道兒來了：我們一代人是否被玩弄了？像掃帚，像抹布，用以清除政治舞台上各式各樣、大大小小的「垃圾」之後，自己也成爲「城市垃圾」，被打掃出去。廣大農村被當作了城市的「收容所」、「垃圾場」。城市革命風暴橫掃出來的走資派黑幫，反動資本家，「漏劃」的右派分子，歷史反革命分子，如今加上知識青年，通通發配到農村去，接受貧下中農的監督改造。大字不識幾個的貧下中農們得以監督改造從城市下放來的「文化人」，是偉大領袖毛主席和黨中央對他們最大的政治信任，給了他們最高的階級榮耀。

幹部下放，知青下鄉，彭羅陸楊、劉鄧陶賀等主要政敵被清除，期待已久的黨的「九大」可望召開了。在「九大」的籌備工作中，卻也出了些原先料想不到的情況。負責替林彪起草「九大」政治報告的陳伯達和張春橋、姚文元，文人相輕，不能共事。陳伯達近年來跑毛家灣二號跑得勤，事事聽命於林彪、葉群。既然十二中全會決定由林副主席代表中央作「九大」的主報告——《政治報告》，當然要尊重林副主席的意見，報告的內容應突出「抓革命、促生產」，文化大革命進入全面勝利階段，不能再忽略發展社會生產力和抓好國民經濟；張春橋和姚文元則揣摩毛澤東的聖意，堅持報告主旨應突出階級鬥爭和路線鬥爭，仍然是「階級鬥爭，一抓就靈」。爲此，陳伯達與張春橋、姚文元爭論多次，互不買帳。陳伯達資格老，地位高，提出：既然我們弄不到一起，那就分頭起草吧！我起草一份，你倆起草另外一份。最後兩份報告稿都送給主席、林副主席，由他們決定採用。

陳伯達背後站著林彪，張春橋、姚文元背後站著江青。陳伯達熟稔馬列理論，不愧文章快手，單槍匹馬一星期內即趕出了報告初稿，親送毛澤東批改。毛澤東圈圈點點，指出許多不足，但大的框架可用。此時張春橋、姚文元的稿子才起草一半，只得向江青娘娘匯報情況。江青赴游泳池向老闆告陳老夫子的狀。娘娘告狀，一告就准，引起毛澤東的驚覺：讓某人代表中央在黨代會上作《政治報告》，只是出個名義，豈可決定報告的內容？那一來，毛澤東這個黨主席不是被人架空？陳老夫子先走一步，去巴結上新主子？也是太性急了些兒呢！共事三十幾年，仍然是個混帳東西！

陳伯達不知事情出了變故，以爲只要文章做得好，有深度、見地，中央兩主席必定採用無疑。他只用一名秘書幫忙查資料，很快把報告稿修改完成。這次他先呈林副主席審閱，並說毛主席已看過初稿。林彪聽秘書唸了一遍，傳來陳老夫子，面授機宜：我暫不作批示，你仍送主席批改，再交政治局討論吧，到時候我會發表意見的。陳伯達躊躇滿志，只要主席再次點頭，張、姚兩個小子的稿子就半途而廢了。他喜孜孜地又親自把修改稿送到游泳池。這次，毛澤東沒有見他，只讓值班衛士代收。陳伯達離開後，毛澤東不屑於翻看衛士代呈的稿本，即以紅鉛筆在封頁上批示：退陳伯達同志。

當天傍晚，陳伯達收到游泳池值班室的退件及退件上那句冷酷無情的批語，眞是被兜頭澆了一桶冰水，欲哭無淚了。一定是江青、張春橋到毛主席那裡告了陰狀。毛主席聽信了自己婆娘的讒言，他陳伯達嘔心瀝血、日夜加班趕出來的稿本，翻都不肯翻動一下，就判了死刑……找誰去訴訴心裡的冤屈？替領袖捉刀幾十年，不敵娘娘枕邊風。憑著黨內鬥爭的經驗教訓，此事不宜再去找林彪、葉群了，只能去找周總理，或許總理還能對自己一視同仁，說上幾句公允話的。

周恩來於當晚在西花廳家中接見陳伯達，耐心聽完老夫子的訴苦。周恩來也不肯翻看老夫子帶來的稿本：既然主席已明確批示，我看了也沒有用，還是你拿回去自己保存。正好主席約了晚上十二點去匯報情況，如能替你說上幾句話，我一定幫這個忙。回家休息吧，不要再和江青同志搞那麼僵了。

我就堅持一條，像尊敬主席那樣尊敬江青同志，像服從主席那樣服從江青同志。

陳伯達告辭，走至門口，又回過頭來向周總理補充訴說：我怎敢得罪娘娘？是娘娘一直看我不順眼嘛！中央讓我掛名文革小組組長，名字擋在她前面，文革小組早就是她一人當家，說了算……還有個情況，總理，或許我不該說。原先我一家人住在菊香書屋隔鄰，我二兒子和李訥一起長大，有點青梅竹馬的意思。就為這事，江青命汪東興安排，把我一家遷出中南海……

周恩來苦笑：伯達同志，你是理論家，和我講這些家務事有什麼用？你呀，不要想那樣多了，要相信主席，相信中央，你也跟了主席三十幾年的老同志了嘛。

晚十二時，周恩來準時去到游泳池，向半躺半仰在床上的毛澤東匯報有關「九大」人事安排問題。事涉敏感機密，沒有第三人在場。周恩來照著一頁打印文件唸道：中央負責同志「九大」代表名單及預擬名單，經擴大的十二中全會協商，一致通過，有毛澤東、林彪、周恩來、陳伯達、康生、江青、張春橋（以上同志建議進入政治局常委會），姚文元、謝富治、黃永勝、吳法憲、葉群、李作鵬、邱會作、汪東興、溫玉成（以上同志建議進入中央政治局）；上屆中央委員、中央候補委員預擬提出作為「九大」代表的，還有朱德、董必武、蔡暢、鄧穎超、滕代遠、鄧子恢、胡耀邦、范文瀾、李富春、李先念、王震、曾山、劉伯承、徐向前、聶榮臻、葉劍英、陳毅、楊得志、許世友、韓先楚、陳錫聯、賽福鼎等三十九人；上屆中央委員、候補中央委員會須經討論並提請主席、林副主席批准才能擬作「九大」代表的，有陳雲、張鼎丞、方毅、楊勇、譚啓龍等人。

毛澤東聽完名單，仍仰身躺著，讓周恩來替他點上一支菸，吸著：江青不進常委會，也不進政治局，只當個中委。葉群可以進政治局，代表林。

周恩來為難地說：江青不進政治局，恐怕不好做工作，難於通過。黨內呼聲那樣高，擁護她進常委會……而且影響到葉群，軍委辦事組一攤子。

毛澤東問：葉群現在是個什麼官？

周恩來說：軍委文革小組副組長，軍委辦事組成員，林副主席辦公室主任。相當於過去的中央軍委常委、副秘書長。

毛澤東若有所思：大官囉。軍委辦事組，取代軍委常委辦公會議。原先軍委常委由元帥、大將擔任……也是夫榮妻貴，中校當上軍委辦事組成員。黃永勝是組長，吳法憲是副組長，李作鵬、邱會作也都是成員。我看實際上是葉群當家。不簡單哪……黨內有呼聲，勸進江青當常委，還不是打我的牌子，給我面子？我就從不讓她當我的辦公室主任。文化大革命，她招怨大，樹敵多。人稱旗手。大家寬容她，是不想得罪我。你周總理也是這樣。孫維世死了？我是最近才聽說。

周恩來趕忙辯解：我從來敬重、支持江青同志，主席你了解情況……這次運動，她立場堅定、旗幟鮮明，樹的是劉、鄧、陶、賀、彭、羅、陸、楊這些敵，也是招這些人的怨。我一直認為，江青是黨內少有的優秀女同志，政治上很強，是主席的好幫手。她若不進政治局，恐怕難以服眾。至於孫維世，她反對江青、葉群，是我同意逮捕的，關了幾個月，死在牢裡，原因不明。考慮到主席念舊，才遲遲沒有匯報。

毛澤東面有戚容，嘆口氣，以憐憫的目光望著周恩來，坦率地說：五〇年訪問莫斯科，維世陪伴我兩個月，給過我快樂……本來要離婚的，是你們這些常委不同意。她是個不錯的女子，相信也給過你快樂。難爲你這個做義父的了，怕得罪江青、葉群兩個夫人囉……好，我們不講這個了。衆意難違，也是方便工作，那就讓她們兩個都進政治局吧，不然擺不平。還要進幾個老帥，老將軍，朱德、董必武、劉伯承、葉劍英、李先念、陳錫聯、許世友由我來保舉。恩來，還漏掉哪個沒有？

周恩來一邊做筆錄，一邊緊張地思考、掂量、試探著說：還有陳雲、李富春、老中央常委。主席也一直保陳老總陳毅同志……

毛澤東搖搖頭：陳雲、李富春，身體不好，要養病，不考慮了。陳毅啊，上海方面，指他是老右，反對他當「九大」代表。我說，那就讓陳毅當右的代表吧！進政治局，恐怕是不行了。他們可以當中央委員。我還保過鄧小平，他和劉少奇有區別，要保留他的中央委員資格。現在看來也難以通過，能保住黨籍就不錯了。林彪講，我的話，句句是眞理，一句頂一萬句。實際上，有時候，我的話也沒人肯聽，一句都不頂，等於零。我保鄧小平，就沒有人聽，等於零。

周恩來轉而安慰地說：那就先放一放，過些時候，再設法安排小平出來做點適當的工作。

毛澤東說：還有徐海東、王樹聲要出席「九大」，和徐向前一起，代表紅四方面軍。釣魚臺和毛家灣反對，要做工作。我也講過賀龍是紅二方面軍一面旗幟。現在賀龍不行了，關向應、任弼時早去世了，剩下蕭克、王震做代表。五九年廬山上跟我跟得最起勁的李井泉、譚震林、曾希聖，也都不行了，他們後來緊跟劉、鄧。曾希聖還帶頭搞包產到戶，颳單幹風。

周恩來看一眼茶几上的名單，再又試探著說：主席考慮周到，徐、王、蕭、王四位，安排當代表，我去說服軍委辦事組那邊提名……新的政治局常委會，是五位好？還是七位好？

毛澤東說：恩來，我知道你傾向於七人常委會。「八大」毛劉周朱陳林鄧，「九大」毛林周陳康江張？江青、張春橋進常委會，或許是你們多數人的意見，但不具備黨內多數。江、張剛在十二中全會上補選爲中央委員，進常委會是三級跳，難服衆。張春橋可以，但放到下一屆……恩來啊，和你說件私人性質的問題，你嘴巴緊，不會傳出去。聽到反映，江青和張春橋關係過於密切，跳舞時摟得很緊。你常去釣魚臺，發現過什麼沒有？江的子宮切除，和我早就是政治夫妻。張的婆娘當過托派，也分居了，單身一人在京囉。她只比他大兩歲，年齡倒還般配……等我見馬克思去了，他們可以公開在一起。如有必要，恩來你替我規勸一下，欲速則不達，天下事，性急不得。

周恩來大吃一驚，想不到主席心裡還有這種猜忌。怎麼可能呢？捕風捉影，暗箭傷人，不能不替江青說上幾句：主席，這個傳言難以置信，甚至是別有用心。相信張春橋一個秀才，也沒有那麼大的膽，他腦袋還要不要？要提防有人分裂中央內部……主席，說句心裡話吧，平日，我對江青、春橋在某些事件上的表態，也不是沒有看法。但他們的主流是好的，基本面不錯，忠心，是主席領導文化大革命的好幫手……常委會成員，就照主席的意思，先安排五位吧。

毛澤東說：我有了一個同盟者。江、張的事，有逆常情，我也不大相信。我的消息來源，無惡意。這事就談到這裡。「九大」的人事，靠你和康生、黃永勝三人小組安排。陳毅當右的代表，陳雲、李富春也是。譚震林也參加，可以到會上去接受教育。哪個再反對，請他來見我，當面談。

周恩來從游泳池出來，寒風一吹，渾身一陣冷噤。好險！主席是否用江青、張春橋關係密切的傳言來試驗、考查自己？幸而替江、張說了幾句好話，不然自己就可能被懷疑成「分裂中央內部」的「隱患」了。主席隻字不提退回陳伯達報告稿的事，自己也隻字未提，很妥當。陳老夫子起草的報告不用，人卻進了常委會。可見塞翁失馬，焉知非福？

江青不知道從哪兒獲悉自己和春橋的名字被老闆劃掉，陳伯達卻要當上常委的事，也不管老闆答應不答應，一通電話之後，就逕自闖到了游泳池。老闆正在偌大的、碧波蕩漾水氣氤氳的泳池裡裸泳。這次沒有撞見裸女陪泳。

毛澤東見婆娘不請自到，就讓她在岸上守候。婆娘是從不陪他游泳的。夏天到了北戴河也不下水。婆娘的右腳掌多長了根趾頭，六根腳趾，羞於見人。死愛面子。有什麼見不得人的？

老闆浪裡白條，游了個痛快才上岸。江青沒讓服務員來幫忙，自己動手替一絲不掛的龍體拭乾水漬，裹上一襲長浴衣。老闆四腳八叉地仰在躺椅上歇息，吸上菸，才說：藍蘋哪，妳如今也是大忙人哪。無事不登三寶殿。有話開門見山，無事不要閒談。

江青果然開門見山：我來提意見！提一條反對意見。不要一封朝奏九重天，夕貶潮陽路八千……

毛澤東接唸：本爲聖明除弊政，敢將衰朽惜殘年。雲橫秦嶺家何在，雪擁藍關馬不前。知汝遠來應有意，好收吾骨瘴江邊。……妳欲除本朝什麼弊政？想當個女韓昌黎？放心，我不會貶妳去做潮州刺史。妳現在是文革組長，算一品當朝。政治局委員都是一品當朝。

江青說：我反對陳伯達老夫子進常委會。他不夠格。

毛澤東眼睛瞇縫起來：哪個告訴妳陳伯達要進常委會？是不是周恩來？

江青說：不要錯怪人。總理從沒有找我談過「九大」的人事安排。我是根據一份名單推測出來的，毛、林、周、陳、康、江、張，他排在第四位，原先陶鑄的位置。

毛澤東說：那妳不是排在第六位了？原先林彪的位置。陳伯達爲什麼不能？可以申述妳的理由。

江青說：他不夠格。三七年到延安，做你的秘書，從沒有獨立工作過，他只是你的文字幫手。

毛澤東手一晃，以訓斥的口氣說：妳看不起老夫子，老夫子也看不起妳。中央文革雙組長制，互相看不起。陳伯達，理論家，筆做刀槍，立過大功囉。他到延安之前已是教授，在楊家嶺的中央黨校講課，現在的許多負責人都是他的學生。他寫過《三民主義概論》、《中國四大家族》、《人民公敵蔣介石》、《論毛澤東思想》等著作。也參加了我的《矛盾論》、《實踐論》的寫作，對推動黨的事業取得勝利起過大作用。他的著作，妳一篇也寫不出。一九四八年春天，我在河北城南莊被國民黨飛機轟炸那次，要不是陳伯達及時跑來喊我走，就沒有後來的毛澤東了！這還不重要？四九年進城之後，也是我需要他這位理論家去幹甚麼，他就到那個部門去掛職。一九五四年處理高、饒問題，我派他去中央組織部兼副部長；一九五五年合作化運動，我派他去農村工作部兼副部長；一九五六年搞公私合營，我派他兼商業部副部長；一九五七年抓經濟工作，我派他兼國家計委副主任。一九五八年中央辦《紅旗》雜誌，我派他任總編輯……都是直接對我負責。幾十年來，他的最主要的工作，就是把我在每次運動中的講話、指示，理論化、馬列化。妳知道我的一些講話，談古論今，夾帶詩詞，文白參半，不大好懂。全虧了他去理論化、系統化、口語化之後，公開發表出去，爲全黨全國所接受。沒有他做理論化工作，我的許多講話難以自圓其說。過去胡喬木、田家英他們也替我做過大量的這方面的工作。但以陳伯達做的最多。我的馬列理論，有一大半來自陳老夫子。所以不管這個人有多少缺點，我都予以諒解。除非他今後投靠別人，反過來和我搞理論對抗……藍蘋，我這樣和妳講了，妳還不服氣？他當個常委有什麼了不起？妳是怕誰會多出一票？常委會從不投票表決什麼。本主席有一票否決之權。想叫誰有權，他不當常委也有權。汪東興、謝富治不比常委有權？不想叫誰有權，他就是當了副主席也白當。還不明白？正是妳這個蠢婆子帶頭起鬨，把林彪的接班人名份，寫進新黨章去了。現在接班人也要借重陳伯達的理論，提議安排他進常委會，能因此去得罪你們的林副主席？

老闆一番話，說得江青啞口無言。江青在老闆面前，每遇複雜艱深話題，就總是淺薄得有如一名初中學生。但她不肯就此罷休，而說：那我推薦一名年輕些的同志進常委班子。

老闆問：是不是張春橋啊？放這一榜還是放下一榜？也可以先不要上，以後到全會上去補選。還有別的事沒有？

江青見老闆要結束談話，便抓住時機：我再講個事，你不要生氣……。

毛澤東瞪起眼睛：什麼事？有屁放。

江青說：我對黃永勝不放心……他在廣州軍區是鎭壓造反派的，抵制中央文革。當上總參謀長後，又提名他的副手溫玉成到北京，任副總參謀長兼北京衛戍區司令。這次，溫玉成也要進政治局，豈不搞成他們一家班了？

毛澤東明白婆娘講的「他們」是指的林家：妳是軍委文革顧問，有屁爲什麼不早放？原來傅崇碧幹得好好的，你們非要撤換！現在拿溫玉成怎麼辦？

江青眉頭一抬，一笑：我放了個長線……讓姓溫的兼管了北京市的兩個京劇樣板團。現在他天天往釣魚臺跑，向我匯報工作，對我馴服得很……說著，江青湊到老闆耳邊，低聲說了幾句什麼。

毛澤東這才笑了：好，好。也是有其夫，必有其婦了。

江青離開後，又有林彪來電話求見，說有重要事情向主席匯報。那就來吧。毛澤東親自移步到游泳池門口相迎，拉住林彪的手，往裡走，先問身體情況，舊傷又復發？還靠鴉片鎭痛嗎？

林彪說：一身舊傷，老毛病，活著幹，死了算。今天報告兩件事。頭一件，不同意葉群進政治局。資歷淺，無功績，當個中央委員已很勉強。不搞家庭政治，黨內生活不健康。

毛澤東說：完全同意你的看法。我也反對江青進常委會。過去封建王朝嚴禁後宮親政，歧視婦女，還是出過呂雉、武曌、西太后。

林彪說：西太后誤國，挪用海軍經費修頤和園，賀六十大壽，加速清帝國滅亡。

毛澤東說：本朝還沒有出過同治、光緒之類的主子，葉群也當不成慈禧。

林彪說：防微杜漸，葉群不能進政治局。這個婆娘的毛病太多，貪圖享受。我從不進她的卧室，不中不西，一屋的骨董，恨不能砸掉，又沒有力氣。

毛澤東饒有興味地問：育容，你對葉群這樣反感？鬧這樣僵？是不是發現她有別的問題？

林彪覺察到自己的話過頭了，不得不往回收：朝夕相處，我了解她。好表現，好攬事，好賣弄。近兩年好往釣魚臺跑，和江青同志套近乎，不正常嘛。干擾江青同志的工作。她竟對人說：林彪緊跟主席，葉群緊跟江青。很沒有組織原則。這次「九大」，我只推薦一個人進常委會，那就是江青同志。她是我們黨內少有的優秀女同志，水平高，政治強，文化革命以來表現卓越，有代表性。

毛澤東嘴上不說，心裡失笑：原來你和江青早有默契，她提議把接班人名字列入黨章，你提議他進政治局常委會。

林彪見毛澤東不出聲，不表態，便進一步說：江青不進常委會，對女同志不公平。七億人口，三億多女性。我堅持這個觀點。

毛澤東燃起一支菸來，嗞嗞地吸著：育容啊，你把藍蘋捧得太高了。我對葉群的印象不錯。你身體不好，她長期照顧。軍委辦事組，她當著大半個家，和黃、吳、李、邱幾員大將關係融洽，是個難得的人才囉……這樣吧，你我各讓一步，我們兩個的老婆都進政治局，做女同志的代表，如何？

林彪一臉嚴肅，不鬆口：江青行，葉群不行。她至多當個中央委員，免得給我生事、招禍。

毛澤東不悅地晃晃手：不談這個了。江、葉的事，交總理他們去安排，你、我不要作主。我剛才的話，也不作數。盡討論我們老婆的官銜，你推我讓的，算怎麼回事？你不是還要和我談第二件事？

要是換成周恩來，毛主席一生氣，早就檢討了，認錯了。林彪從來不檢討，不認錯。他是當面公事公辦，有甚講甚；背後才喊萬歲，搞崇拜。林彪逕自說開了第二件事：新疆軍區、內蒙古軍區、東北軍區，都有緊急軍情，蘇修在我數千公里邊境沿線大舉增兵，大搞軍事演習，雙方邊防部隊的武裝衝突已發生近百起。我不能不做好反擊蘇軍大規模入侵的準備。

毛澤東馬上轉移了注意力：蘇軍大規模入侵？勃列日涅夫、柯西金有這個膽量？中國是塊大肥肉，硬得很，只怕他啃不動，會噎死。

林彪說：蘇軍已在邊境沿線結集了四十多個野戰師，大都是機械化裝甲部隊，還有三支戰略火箭軍，總計一百多萬人馬，對準我方目標。

毛澤東吸著菸，臉膛在煙霧中半隱半現：蘇修亡我之心不死，要準備打仗囉。我們搞文化大革命，搞掉了劉鄧陶賀、彭羅陸楊這些人，他們沒有了內應，動了肝火。育容，他一百多萬部隊，邊境線那樣長，只能和我打局部戰爭吧？你估計他會從哪裡下手？

林彪說：主席這裡沒有地圖……這麼說吧，蘇軍可以選擇三個方向，對我實施突襲。在西線，新疆伊犁河谷、阿爾泰山谷地，坦克、摩托部隊可以長驅直入，摧毀我羅布泊核武基地，佔領我新疆油、氣田資源；在東線，黑龍江、烏蘇里江沿線，蘇軍可趁冬季江河封凍，以坦克裝甲對我實施大規模突襲，摧毀我東北地區的重工業；我最擔心的是中線。蘇軍已在外蒙古草原上集結了二十幾個坦克、摩托化師，兩個戰略火箭軍，六、七十萬人馬。顯然，這是他們的主攻方向。我初步估算了一下，如果蘇方的機械化部隊長驅直入，四十八小時內，可穿越內蒙古草原和燕山山脈，兵臨北京城下。

毛澤東眼睛瞪大了。近兩年忙於文化大革命，處理黨內大事，疏於關照邊境局勢了。中蘇關係，已從理論大戰，發展到軍事對抗。毛澤東從來不怕打仗。要打就打世界大戰，扔氫彈、原子彈。遲早要打，不如早打。反正中國還一窮二白，沒有多少罈罈罐罐。不是嫌中國人口多了嗎？世界大戰、熱核戰爭一打，人口減少一半。窮人最不怕打仗。槍炮一響，黃金萬兩。況且，蘇聯的戰略要害仍然在歐洲，不會這麼輕易轉移到亞洲……毛澤東這麼一想，心裡寬亮了些：育容啊，你是軍委當家，人稱副統帥，你估計，蘇修可能橫下一條心，傾其全國之力，來和我打一場全面戰爭嗎？

林彪說：主席統帥，當家。除非勃列日涅夫、柯西金們是瘋子，否則不可能和我打一場全面戰爭。它不可能把最主要的戰略打擊力量，轉移到烏拉爾山以東的中蘇邊境沿線來。那一來，北約聯盟就會在背後抄它的老巢。歐洲才是它最要害的利益所在。

毛澤東說：你我所見略同。那蘇修會和我打一場什麼規模的戰爭？

林彪說：集中十幾二十幾個機械化師，在西線、中線、東線選其一點，進行大規模閃電式突襲，摧毀我有生力量，佔領我戰略要地，務求速戰速決。這是他的優勢，也是他的弱點。

毛澤東說：戰爭一打起來，就由不得他了。我幅員遼闊，可以先放它進來，拖住它，和它打人民戰爭，讓它進得來，出不去，最後關門打狗。依你分析，蘇軍最可能選擇哪一地段對我突襲？

林彪說：我思索、推演了很久。想過它可能選擇中線，打擊我政治、經濟、軍事神經中心，直逼北京。但它也會瞭解到，我一定在內蒙古草原和河北陰山、燕山一帶構築了縱深火力，進行最頑強的反擊。單是我在內蒙古廣種「瓜田」，埋下幾百萬顆反坦克雷，就夠它吃的了；東線的軍事行動則太受季節影響，江河大地一解凍，機械化部隊就會陷入沼澤泥濘；我想，他可能選擇我防禦較弱的西線下手，摧毀我新疆核武基地，使我對他的核武庫失去還擊能力，再分割我大片國土。

毛澤東目光泛橫：他做夢！我早講過，我們要準備兩面作戰，同時打兩場戰爭。讓美帝從南邊打上來，蘇修從北邊打下來，我黨我軍撤退到黃河、長江之間的大山區去和他們周旋。那才過癮呢，把全世界的反動派都吸引到我國土上來，把中國變成世界上最大的戰場，讓敵人陷入我人民戰爭的汪洋大海。再來一次八年抗戰，十年內戰。我們有的是兵源。人多，不怕拚命。

林彪說：還是要盡量避免兩面作戰，同時對付兩大強敵……外電有大量報導，美國共和黨的尼克松總統上台後，一再表示願意改變對華政策，緩和中、美關係。幾十萬美軍陷在越南戰場不能自拔，無意北上對我大規模入侵。美國的頭號對手是蘇聯，第二號對手是越、老、柬，第三號對手才是中國。我建議，如果尼克松有意聯我抗蘇，我不妨將計就計，也來個聯美抗蘇，以牽制老毛子，減輕我北方幾千公里邊境線的軍事壓力。中、美、蘇，新三國志。在國際關係上，沒有永遠的朋友，也沒有永遠的敵人。往往是昨天的朋友，今天的敵人，昨天的敵人，今天的朋友。

毛澤東說：育容，你的敵友觀可以討論。策略可調整，原則不可丟。怎麼沒有永久的朋友？各國反帝反修的左派，馬列主義政黨和人民，是我們永遠的朋友；各國反動派，是我們永遠的敵人。這個問題很複雜。緩和中美關係的事，交給周總理他們去相機辦理吧。回到原來的話題，如果蘇軍選擇某邊境地段對我實施突然襲擊，我軍怎麼布置反擊？

林彪說：有個初步的設想，供主席決策參考。無論蘇軍選擇西線、中線、東線的任何地段搞大規模突襲，我軍先行戰略轉移，至少空出它幾百平方公里的地帶，成為無人區。一旦蘇軍大部隊進入該無人區域，我即在該區域進行一次核爆，之後由新華社向世界發布電訊：某月某日，我國北方地區成功試爆一顆核裝置。其餘隻字不提。量小非君子。在我國土上搞核子試爆，誰管得著？中國人想到、做到。當然，這種核爆，最好在西北大沙漠。

毛澤東興奮地站起來：好！育容，量小非君子。他敢入侵，我敢核爆。讓他幾十個裝甲師來做試驗品。此事你我暫時放心上，不要對人透露。目前，最好在邊境上打好一、兩場小規模自衛反擊，殲滅它幾個連排單位，狠狠教訓蘇修一下，告訴他中國這塊骨頭不好啃，七億人口七億兵，和他拚命。

林彪跟著起立：是！我馬上通知瀋陽軍區，擬訂方案。

京華風雲錄（卷四）：血色京畿（上）

2002年8月初版　　定價：新臺幣480元
2012年7月初版第九刷

著者　京夫子
發行人　林載爵

出版者　聯經出版事業股份有限公司
地址　台北市基隆路一段180號4樓
台北聯經書房　台北市新生南路三段94號
電話　(02)23620308
台中分公司　台中市北區健行路321號1樓
暨門市電話　(04)22371234 ext.5
郵政劃撥帳戶第0100559-3號
郵撥電話　(02)23620308
印刷者　世和印製企業有限公司
總經銷　聯合發行股份有限公司
發行所　台北縣新店市寶橋路235巷6弄6號2F
電話　(02)29178022

責任編輯　莊惠薰
校對　崔小茹
　　　陳麗華
封面設計　閣晶晶

行政院新聞局出版事業登記證局版臺業字第0130號

本書如有缺頁，破損，倒裝請寄回台北聯經書房更換。　ISBN 978-957-08-2457-5 (平裝)
聯經網址 http://www.linkingbooks.com.tw
電子信箱 e-mail:linking@udngroup.com

國家圖書館出版品預行編目資料

京華風雲錄（卷四）：血色京畿（上）/京夫子著．
--初版．--臺北市：聯經，2002年
792面；14.8×21公分．
ISBN 978-957-08-2457-5(平裝)
〔2012年7月初版第九刷〕

1.中共政權-歷史-1949-1968

628.7　　91013006